D1987243

Pietro Redondi

Galilei – der Ketzer

Pietro Redondi

Galilei – der Ketzer

Übersetzt von Ulrich Hausmann

Verlag C. H. Beck München

Der Übersetzung liegt folgende Ausgabe zugrunde:
Pietro Redondi, Galileo Eretico
© Giulio Einaudi editore s.p.a., Torino, 1983

Mit 19 Abbildungen auf 16 Tafeln

CIP-Titelaufnahme der Deutschen Bibliothek

Redondi, Pietro:
Galilei – der Ketzer / Pietro Redondi. Übers. von Ulrich Hausmann. – München : Beck, 1989
Einheitssacht.: Galilio eretico ⟨dt.⟩
ISBN 3 406 33981 6

ISBN 3 406 33981 6

Für die deutsche Ausgabe:
© C. H. Beck'sche Verlagsbuchhandlung (Oscar Beck), München 1989
Satz: Fotosatz Otto Gutfreund, Darmstadt
Druck und Bindung: May & Co., Darmstadt
Printed in Germany

Inhalt

Einleitung

Für gewöhnlich verhält es sich so, daß der Geschichtsschreiber zu Beginn das Modell der Abhandlung dartut; dennoch hielt ich es für angebracht, davon abzuweichen [...] und es als Bild der schon berichteten Dinge erstehen zu lassen. Ich hatte es entschieden, meinen gesammelten Erinnerungen eine Form zu verleihen, die meine [Fähigkeit] nicht überstieg und der Materie angemessen wäre, [...] und so glaubte ich die Form des Tagebuches für angebracht.

Fra Paolo Sarpi, *Istoria del Concilio Tridentino* (1619), Buch VII, Kap. 1

Der Blick des Inquisitors

Ein Bild kann sich im Verlauf von dreihundert Jahren ändern.

Am Morgen des 11. Juni 1982 wartete ich voller Ungeduld im ersten Stock des Palastes der Heiligen Offizien darauf, ein bisher unbekannt gebliebenes, geheimnisumwittertes Dokument über Galilei in Augenschein nehmen zu dürfen.

Aus dem Fenster des Raumes, in dem ich mich befand, hatte man einen einzigartigen Blick auf die Kuppel von Sankt Peter, die in einem unvergeßlichen Gegensatz von Licht und Schatten perspektivisch in unmittelbare Nachbarschaft gerückt zu sein schien; zur gleichen Zeit sah man zu ebener Erde die Kolonnaden des Platzes vor dem Palast sich in den dunklen Fenstern der Aula der Udienze generali spiegeln.

Das Innere des Raumes hingegen war in eine Art purpurfarbenes Licht getaucht, das von einem Bild auszugehen schien: dem Portrait des Heiligen Roberto Bellarmin, der als Kardinal und Inquisitor lange Jahre in diesem herrlichen Palast residiert hatte. Beim Anblick des Portraits war mir, als sei der Hausherr erschienen, um mich persönlich zu empfangen.

Das Bild zeigt die zierliche Gestalt des Kardinals, stehend vor einem Pult, die gefalteten Hände auf ein aufgeschlagenes Buch gestützt. Überall auf dem Pult verstreut liegen Bücher, vielleicht eine Anspielung darauf, daß der Kardinal zu seiner Zeit als Gelehrter hochgerühmt war (Abb. 13).

Ganz offensichtlich handelte es sich um ein wenig bekanntes Portrait Bellarmins, aber dennoch hatte ich das merkwürdige Gefühl, als verberge sich dahinter ein anderes, ähnliches Portrait, eines, das ich irgendwann einmal gesehen hatte, ohne daß ich mich zu erinnern vermochte, wann und wo.

Erst nach längerem Betrachten erkannte ich die Ursache für meine Erinnerungslücke. Es war der Heiligenschein, der aufdringlich wie eine Neonschrift das Haupt des Kardinals krönte und das Portrait als eine Kopie auswies, die möglicherweise in den 20er Jahren angefertigt worden war, als Bellarmin nach einem langandauernden und aufsehenerregenden Verfahren seliggesprochen worden war.

Ich besann mich, eine Fotografie des Originals gesehen zu haben: Sie ist abgebildet in dem Artikel *Roberto Bellarmino* in der berühmten *Enciclopedia Italiana*. In der Legende zu dem Foto heißt es: „Nach einem Bild Pietro da Cortonas. Rom, Curia Generalizia der Gesellschaft Jesu“[1] (Abb. 14).

Über den Verbleib des Bildes selbst und über die Richtigkeit der Zuschreibung vermag ich nichts zu sagen[2], und es ist in unserem Zusammenhang auch nicht von Bedeutung.

Die Fotografie des Originalportraits zeigt – wie auch die Kopie – einen sehr alten Bellarmin, der sich mühsam bis an die Schwelle seiner 80 Jahre geschleppt hat. Mehr noch als das weiße Haupthaar und der Bart verraten die wirklichkeitsgetreuen, überproportionierten Ohren und die Nase ein sehr fortgeschrittenes Alter.

In etwa so muß der Kardinal ausgesehen haben, als er Galilei am Vormittag des 26. Februar 1616 in die Stanze del Paradiso des Vatikan-Palastes rufen ließ, um ihm persönlich die Verurteilung Kopernikus' mitzuteilen.

Diese private Form der Mitteilung bedeutete eine außergewöhnliche Ehre und bewies die tiefe Hochachtung des Kardinals für den Wissenschaftler. In jener Situation, die, wie wir alle wissen, noch eine entscheidende Rolle spielen sollte, hatte Galilei Gelegenheit, Takt und Einfühlungsvermögen seines Gastgebers schätzen zu lernen.

Schenken wir dem Verismus jenes Bildes Glauben, so dürfte wohl auch Galilei, der „groß und breitschultrig war“, den durchdringend scharfen Blick Bellarmins gespürt haben. „Lebendiger Blick“[3] ist ein wichtiges persönliches Charakteristikum des Kardinals, von dem die Zeitgenossen übereinstimmend berichten; alles Männer, die die Kunst beherrschten, Physiognomien genau zu erforschen, um in den Gesichtszügen die Zeichen der Seele zu erhaschen[4].

Auf dem Foto, das uns vom Original erhalten geblieben ist, lebt die zierliche Gestalt Bellarmins einzig und allein aus der Kraft des Blickes. Wie auf anderen, jugendlicheren Portraits blickt er den Betrachter unverwandt an, und das sagt viel über die charakterliche Bestimmtheit aus, die Teil seiner Persönlichkeit war und die man auf diese Weise hatte hervorheben wollen[5].

Der Blick des Kardinals ist Ausdruck seiner Persönlichkeit: Bellarmin galt als ein berühmter Intellektueller, der in allen bedeutenden politischen und religiösen Affairen seiner Zeit eine beherrschende Rolle spielte; er war ein Politiker von europäischem Format und war zweimal als Kandidat für die Tiara benannt worden. In der Leichenrede im Heiligen Kollegium würdigte man ihn als den „Hammer gegen die Haeretiker“[6]. Die Zeitgenossen bewunderten Bellarmin als unerschrockenen Kämpfer, der nicht gezögert hatte, das ganze Gewicht seines Amtes bei der Auseinandersetzung *de Auxiliis* in die Waagschale zu werfen.

Die Kopie, der ich mich nun im Heiligen Offizium gegenübersah, war eine Reproduktion, die in allen Details dem Original entsprach: dieselbe Haltung, dasselbe Kardinalskepi, das mit liebenswürdiger Schlichtheit von diesem Kirchenfürsten getragen wird, dieselben Bücher, dieselben Utensilien, die Zeichen eines unerschöpflichen Mühens sind.

Und doch unterschied sich dieses Portrait in einem kleinen, aber bedeutsamen Detail: Es war der Blick. Der Bellarmin auf diesem Portrait schaut nicht mehr in Augen und Herz seines Beobachters, er sieht vielmehr über das Bild hinaus, und sein Blick verliert sich irgendwo an den Wänden des Heiligen Offiziums.

Was soll dieses Spiel der Blicke bedeuten? Bellarmins Blick ist ein anderer geworden, weil auf der Kopie ein anderer Mensch dargestellt werden sollte.

Ein Kopist kann in seiner geheimen Kunstfertigkeit so weit gehen, daß das Original vollkommen genau gefälscht wird. Diese Kopie hier trug dagegen die Zeichen eines ganz anderen und viel weniger verborgenen Bemühens und Interesses. Ganz offensichtlich hatte der Kopist versucht, das Original nachzuahmen und es dann so retuschiert, daß das Resultat schließlich zugleich identisch und doch nicht wiederzuerkennen war.

Die Auftraggeber dieser Kopie sind unbekannt, aber höchstwahrscheinlich unterschieden sich ihre Motive nicht von denen, die hinter den zahlreichen Heiligenbildern aus den 20er und 30er Jahren standen. Nachdem die umstrittene Kampagne zu seiner Seligsprechung, die über drei Jahrhunderte hinweg von der Gesellschaft Jesu hartnäckig betrieben worden war, schließlich ein gutes Ende gefunden hatte, war Bellarmin in nur wenigen Jahren blitzartig vom Seligen zum Heiligen und Kirchengelehrten „befördert" worden. Das tröstete seine Verteidiger über die Frustrationen und die politische und intellektuelle Ablehnung hinweg, die sie in der Vergangenheit erfahren hatten, aber auch über manch kritische Anmerkung hinsichtlich der heroischen theologischen Tugenden Bellarmins[7].

Die Bemühungen seiner Anhänger konzentrierten sich nun darauf, Bellarmin als „unbefleckten Gelehrten", als Heiligen darzustellen. Ganz offensichtlich aber reichte es nicht aus, ein realistisches Portrait des Kardinals mit einem Heiligenschein zu versehen, um das gewünschte Bild von ihm zu erhalten; sein Bild mußte vielmehr einen überzeugenden Eindruck unabweisbarer Seligkeit, die sich aus Milde und Askese speist, ausstrahlen[8]. Um die nun auch offiziell anerkannte Seligkeit sichtbar werden zu lassen, mußte jener Blick „frisiert" werden, oder man mußte zumindest in jene Augen einen der langen Momente von Entrückung hineinlegen, die – so berichten die ersten Hagiographen – den alten Politiker in seinen letzten Tagen immer häufiger überfielen. Dann „hob er die Augen etwas, seufzte stoßweise und bewegte ein ganz wenig die Lippen".[9]

Der Kopist – sicher kein Guido Reni oder Andrea Pozzi – ersetzte also den unerbittlichen, durchdringenden Blick des Originals durch den Ausdruck sanfter Spiritualität und weltentfernter Entrückung. Das Bild hatte sich verändert. Das Bild eines Staatsmannes, eines großen Polemikers, der sich bei seinen Zeitgenossen das Epigramm „mit Gewalt brach er den Willen des Hochmütigen" verdient hat – zu lesen auf seinem Sarg in der Kirche Gesù mitten unter den Säulenheiligen der Wissenschaft und der Religion –, war nun zum Zwecke der Erbaulichkeit verändert worden: Dieser Staatsmann wurde nun als ein verträumter Glaubensmann präsentiert.

Fragestellungen und Absichten

Das Portrait Bellarmins, dem ich mich unerwartet in jenem Raum der Heiligen Offizien gegenübersah, ist in der Tat das Paradigma für die Geschichte, die ich hier erzählen will. Was mich in diese Räume geführt hatte, war ein heikles, historisch-kritisches Problem, das in Zusammenhang mit dem physikalischen Denken von Galilei stand. Es wies, wie wir noch sehen werden, verblüffende Analogien zu jenem Portrait auf.

Um es ganz kurz anzureißen: es ging darum, daß Galilei in einem scheinbar unveränderten theoretischen Gesamtrahmen einen „Theoriewechsel" vorgenommen hatte.

Die zuvor beschriebene Geschichte von Originalen, die verschwinden, von anonymen Kopien, von retuschierten Gefühlen und Gesichtern, von offenkundigen Modifikationen und verhüllten apologetischen Absichten stellt in Wirklichkeit nicht nur eine psychologische Vorwegnahme der Untersuchung dar, von der ich berichten möchte; auch in methodologischer Hinsicht ist sie lehrreich.

Ein verändertes Detail kann, wie wir sahen, viele Dinge in ein anderes Licht rücken. Eine solche Veränderung kann sich ausschließlich internen, technischen oder auch zufälligen Ursachen verdanken. Jedoch lehrt uns das Beispiel des Portraits ganz deutlich, daß auch vollkommen äußerliche Gründe die Oberhand behalten und ganz unauffällig wirken können: Opportunitätserwägungen, die ebenfalls unsichtbar, aber historisch ausschlaggebend sind.

Spontan könnte der entrückte Blick des Kardinals auf jener Kopie eine oberflächlich betrachtet merkwürdige Frage aufwerfen. Könnte eines Tages vielleicht auch Galilei Gegenstand einer solchen Fälschung sein, wie sie dem Kardinal Bellarmin widerfuhr? Welche Maskerade wird man wohl für Galilei bereithalten, sollte man ihm eines Tages jene Rechtgläubigkeit zugestehen, die man ihm zu seiner Zeit, und über sehr lange Zeit hinweg, bestritt?*

Die Frage ist weniger müßig als es scheint. Waren Galileis Argumente über die Beziehungen zwischen Wissenschaft und Offenbarung der Bibel nicht seit 1893, seit der Enzyklika *Providentissimus Deus* von Leo XIII., offiziell anerkannt? Würde nicht das Zugeständnis reichen, daß Galilei das

Opfer eines tragischen Justizirrtums in einem allzusehr von persönlichen und politischen Motiven überschatteten Prozeß geworden war, und schon – einfach zum Zwecke der Rehabilitierung – würde sich das Bild ändern, das viele seiner Zeitgenossen von ihm hatten? Würde nicht eine Rehabilitierung durch die Aufhebung des Urteilsspruches im Prozeß gegen Galilei auch jeden Verdacht hinsichtlich seiner rechten Anschauung in Fragen der Glaubenslehre zu seiner Zeit außer Kraft setzen?

Aber so einfach liegen die Dinge nicht. Die Gründe, die zur Anklage gegen Galilei führten und seine Beziehungen zur Kirche zersetzten, waren komplexer, als dies aus dem Prozeß ersichtlich ist. Eine ganze Reihe von Dokumenten, von Ereignissen und Fragestellungen, die in der Geschichte der philosophischen und wissenschaftlichen Ideen eine tiefe Spur eingegraben haben, erlauben es, eine solche Feststellung zu treffen.

Diese Komplexität wurde auch an jenem Vormittag spürbar, als man mir das Dokument aushändigte, dessentwegen ich im Heiligen Offizium vorstellig geworden war. Diesen Palast muß ein jeder aufsuchen, der sich auf die Spuren der Ideengeschichte des modernen Europa begibt. Hier haben kleine und große Verräter, kleine und große Ankläger und kleine und große Angeklagte zahlreiche – bekannte und unbekannte – Abschnitte jener mühevollen Geschichte geschrieben.

Mich interessierte ein Abschnitt, der sich auf ein dunkles Kapitel in den Beziehungen zwischen Galilei und dem Heiligen Offizum bezog und der interessante Informationen für das historisch-kritische Problem, von dem ich oben sprach, hätte liefern können.

Ein Dokument aus dem 17. Jahrhundert, das Galilei betraf und das ganz korrekt katalogisiert und dort aufbewahrt wurde, wo es der Sache nach hingehörte, war mysteriöserweise trotz allem gänzlich unbekannt geblieben. Wer nicht so leicht geneigt ist, an Zufall zu glauben, wird dieses Rätsel besonders aufregend finden. Es fehlt nicht an Emotionen und Entdeckungen in der Geschichte dieses Fundes. Um seine Bedeutung ermessen zu können, haben wir den geschichtlichen und logischen Zusammenhang, in den der Fund gehört, zu neuem Leben erweckt, so wie man das fatale fehlende Stück in das noch lückenhafte Bild eines Mosaiks einfügt. Das eine wie das andere, die Geschichte einer Entdeckung und die Entdeckung einer verlorengegangenen Geschichte, die ihr zugrunde liegt, verdienten es in der Tat, erzählt zu werden.

Wie war es möglich, die Doppelbödigkeit des Stils so lange zu verkennen? Mit einem Abstand von dreihundert Jahren machen unsere Nachforschungen die Vergangenheit gegenwärtig, und die Grenzen der Zeit verwischen sich.

Zu Beginn existierten nur einige Bilder, um diese Vergangenheit zu rekonstruieren. Man mußte in sie hineinschlüpfen und sich bisweilen völlig aufgeben, um den Gang der Handlung und die Motivationen erhellen zu können, um aus den Motiven und Passionen jener Zeit ein gegenüber heute völlig verändertes Universum der Politik, der Gesellschaft, der Kunst, der Religion, und nicht allein der Wissenschaft zu erstellen. Verstehen, und zwar von innen heraus, das ist für uns um so schwerer, als drei Jahrhunderte verstrichen sind. Dabei handelt es sich nicht allein um wissenschaftliche oder ideengeschichtliche Probleme, sondern auch um Menschen: ein ganzes Panoptikum menschlicher Einzelfälle mit all ihren Rankünen, ihren Abhängigkeiten, ihren Wünschen, ihrem Enthusiasmus und ihrer Angst, mit ihren Verrücktheiten und ihrer Poesie...

Der chronologischen Abfolge wegen, und um die Dinge im rechten Licht zu sehen, begeben wir uns jetzt zum Ausgangspunkt zurück.

Erstes Kapitel

„Theoriewechsel"

And new philosophy calls all in doubt,
The element of fire is quite put out;
The sun ist lost, and th'earth, and no man's wit
Can well direct him where to look for it.
And freely men confess that this world's spent,
When in the planets and the firmament
They seek so many new; they see that this
Is crumbled out again to his atomies.

John Donne, *An Anatomy of the World. The First Anniversary (205–212)*

Die Materie des Lichts

Am Beginn meiner Nachforschungen stand die Frage, welche Vorstellungen Galilei sich über die Natur des Lichtes gemacht hatte. Galilei hatte zwar niemals eine allgemeine Theorie dieses grundlegenden Phänomens formuliert und zu diesem Themenkomplex auch nur kurze Texte geschrieben oder veröffentlicht. Dennoch hatte er am Ende seiner Reise nach Rom im Frühjahr 1611 eine bemerkenswerte wissenschaftliche Erfahrung aus der Optik vorgestellt, die seine aristotelisch gebildeten Gesprächspartner tief beeindruckte.

Außer seinem Teleskop hatte Galilei nach Rom auch noch ein „Schächtelchen" mitgebracht, das Splitter eines Steins enthielt, den Bologneser Alchemisten erst kürzlich entdeckt hatten. Hatte sich das Mineral erst einmal verfestigt, dann besaß es die Eigenschaft, im Dunkeln zu strahlen. Heute kann man diese leuchtende mineralische Substanz als Bariumsulfid bestimmen. Die Alchemisten, die die Leuchtfähigkeit des Minerals auf künstliche Weise herausgefunden hatten, gaben ihr aber einen viel faszinierenderen Namen: *spongia solis* (i.e. Sonnenschwamm)[1].

In einem dunklen Zimmer bewies der schwache und kalte Schein dieser mineralischen Gesteinsbrocken, die kurz zuvor dem Tageslicht ausgesetzt worden waren, daß das Licht ein Phänomen war, das unabhängig von der Idee der Wärme und einer erleuchteten Umgebung existierte. Galilei hielt das für bei weitem hinreichend, seinen Gesprächspartnern – die angesichts seines jüngsten Einfalls sprachlos waren – zu demonstrieren, daß die philosophischen Ansichten vom Licht als Qualität eines durchscheinenden, erleuchteten Trägers falsch waren.

Die Absonderung des Lichts war eine kühne, eine unbegreifliche Erfahrung biblischen Ausmaßes; in den Augen der – literarisch und aristotelisch gebildeten – Zeitzeugen rief sie den Gedanken an Seiten aus Torquato Tassos *Mondo creato,* an Bilder von Guido Reni über die Absonderung des Lichts aus der Finsternis[2] und an physikalische Studien wie *De Naturae luce physica ex Genesi desumpta* des Paracelsusschülers Gerard Dorn[3] wach.

Wenn das Licht unabhängig von einer erleuchteten Umgebung Bestand hatte, und darüber hinaus auch noch in einem opaken Material wie jenen Steinen leuchtete, dann schien das zu bedeuten, daß das Licht keine Qualität, sondern ein Körper („quantum") war; folglich kommunizierte es durch die Aussendung unsichtbarer Korpuskeln. Eine besonders geartete Substanz wie jener künstliche Stein vermochte es dann vielleicht, die Lichtkorpuskel anzuziehen wie der Magnet die Eisenspäne.

Diese grobe, aber wirkungsvolle Analogie und die Interpretation des Lichts als Korpuskel wurden beide Galilei zugeschrieben, ohne daß dieser offiziell als Autor firmiert hätte[4].

Dessenungeachtet hatte bereits wenig später, nämlich zur Zeit der aufregenden neuen Entdeckung der Sonnenflecken und ihrer physikalischen Deutung, ein direkter Gefolgsmann Galileis, Don Benedetto Castelli, die Korpuskelhypothesen Galileis ziemlich explizit verallgemeinert, und Galilei seinerseits zeigte sich von dieser Entwicklung angetan[5].

Das Licht offenbarte einen mechanischen Vorgang. Es konnte die Struktur von Körpern modifizieren, wie dies die Wärme durch die Veränderung ihrer Temperatur tat. Es übertrug sich, traf auf Gegenstände und wurde von ihnen reflektiert. Für Galilei und seine Schule waren Qualitäten ohne Körper nicht zulässig, und mechanische Vorgänge auf mikroskopischer Ebene konnten nur auf mechanische, körperhafte Ursachen zurückgehen.

Eine extrem schnelle, vielleicht sogar augenblickliche Ausbreitung des Lichts und die Eigenschaft, viele Substanzen durchdringen zu können, ohne dadurch erkenntliche Veränderungen ihrer physikalischen Eigenschaften herbeizuführen, machte die Probleme um das Licht komplexer, als man eigentlich nach dem kurzschlüssigen Vergleich zwischen dem leuchtenden Stein und dem Magneten hätte schließen können. Natur und Verhalten der Lichtpartikel ließen sich nicht ohne weiteres mit denen der Mikrokorpuskeln von Flüssigkeiten oder Festkörpern gleichstellen. Galilei entmutigte seinen Schüler Pater Castelli nicht, behielt sich aber einen gewissen Zweifel vor.

Allerdings vertrug sich die kritische Vorsicht des Naturphilosophen Galilei nicht gut mit seiner Waghalsigkeit angesichts von Einwendungen und Schwierigkeiten. Das sollte bald deutlich werden.

Als einige Jahre später der Vorwurf des „Telesismus", der die Physik des Aristoteles untergrabe, und eines gegen die Bibel gerichteten Kopernikanismus aufkamen, da verteidigte Galilei sich gegen die möglichen Zweifel an der Übereinstimmung seiner Ideen mit der korrekten katholischen Lehre durch einen aufsehenerregenden Gegenangriff. Dieser stützte sich auf die neuen Hypothesen über die Natur des Lichts und verfolgte die Absicht, ein neues Bündnis zwischen Glauben und Vernunft zu schmieden.

In dem berühmten Brief an Pater Castelli vom 21. Dezember 1613 rechtfertigte Galilei die tiefe Religiosität der „zwingenden Schlüsse" und der Erfahrungen mit den „Sinnen". Mit ihrer Hilfe nämlich werden die „scharfsinnigsten Wissenschaften" für die Menschen zur Quelle der Enthüllung der Natur und der ihr auferlegten Gesetze.

„Denn da die Heilige Schrift und die Natur in gleicher Weise aus dem göttlichen Wort hervorgegangen sind, jene als Einflößung des Heiligen Geistes, diese als gehorsame Vollstreckerin der göttlichen Befehle", so erklären sich mögliche Widersprüche zwischen wörtlichen Formulierungen der Bibel und Schlußfolgerungen der Naturphilosophie aus der Bildhaftigkeit einiger Passagen der Heiligen Schrift. Die Kommentatoren haben also die Aufgabe, jene Unstimmigkeiten durch eine neue, im Lichte der natürlichen Gründe aufgeklärte Hermeneutik der Bibel zu erhellen.

„Es ist das Amt der weisen Ausleger, sich darum zu bemühen, die wahren Sinngebungen der Stellen aus der Heiligen Schrift zu finden, die mit jenen natürlichen Schlüssen übereinstimmen, über die wir uns zuvor dank der zutage liegenden Bedeutung oder der zwingenden Beweise Aufschluß und Gewißheit verschafft haben."[6]

Der Brief an Pater Castelli fand ein weites Echo. Zu Beginn des Jahres 1615 trug er Galilei ein Anzeige seitens des florentinischen Domenikanerpaters Lorini bei Kardinal Sfondrati ein. Da heißt es, die neue Exegese, die Galilei vorschlage, sei gleichbedeutend damit, „die Heilige Schrift auf eigene Weise und gegen die gewöhnliche Auslegung der Heiligen Väter deuten" zu wollen[7].

Der Hinweis ist angebracht, daß nach dem Konzil von Trient die Beachtung des Autoritätsprinzips hinsichtlich der theologischen und exegetischen Tradition für Rom einen Fixpunkt darstellte. Während Galilei und Castelli ihre Forderungen aus *De Genesi ad litteram* des Heiligen Augustinus ableiteten, begründete Pater Lorini seine Beschwerden mit den *Loci theologici* des großen Theologen des tridentischen Konzils, Melchior Cano. Andererseits hatten auch wissenschaftliche Gesprächspartner, die Galilei wohlgesonnen waren, wie Pater Christophe Grienberger, Mathematiker am Collegium Romanum und Nachfolger von Clavius, Vorbehalte zum Ausdruck gebracht, denn es existierte keine Erfahrung und keine Beweisführung, die „Aufschluß und Gewißheit" für die kopernikanischen Wahrheiten zu liefern vermocht hätte. Wie konnte man bei diesem Stand der Dinge die Forderungen erheben, die offizielle katholische Exegese solle sich dem Konkordanzgebot zwischen der Schrift und der von Galilei für sich in Anspruch genommenen Naturphilosophie unterwerfen?

Da griff Galilei mit einer Abhandlung zum Problem jenes Konkordismus ein, die aus religiöser Sicht den Standpunkt seiner Naturphilosophie bestimmte. Es handelt sich um den bekannten Brief an Monsignor Pietro Dini, Theologe und apostolischer Sekretär in Rom.

Galilei sprach als Wissenschaftler, aber als religiös inspirierter; er nahm die explizit exegetische Haltung eines Vertreters der religiösen Mystik ein, und zwar einer spekulativen Mystik in Anlehnung an Elemente des Heiligen Augustinus, die sich ganz offen auf den Neuplatonismus des Heiligen Dionysius Areopagita bezog – eine Quelle, die durch die neue Theologie des Heiligen Johannes vom Kreuz an Bedeutung gewonnen hatte.

Galilei führte weniger die „zwingenden Beweise" für den Heliozentrismus an, sondern verteidigte vielmehr die Metaphysik von der Sonne als Mittelpunkt des Universums, von der Kopernikus im ersten Buch *De revolutionibus* gesprochen hatte. Er zelebrierte einen regelrechten „Triumph des Lichts" und nahm dabei Punkt für Punkt auf das Buch der Genesis, auf die Psalmen und die Propheten Bezug: „Dem Sonnenball setzte er ein Zelt an ihnen, der fährt wie ein Bräutigam aus seinem Gemach, entzückt wie ein Held, zu laufen die Bahn [...]". Ganz auf den Spuren von Dionysius Areopagita verwies er auf die suggestive Übereinstimmung zwischen diesen poetischen Versen des 19. Psalms* und den Ideen über die Emanation des himmlischen und des irdischen Lichts, das von dem Stein von Bologna ausging. Das Funkeln der Sterne und die Sonnenflecken hatten in ihm den Gedanken an eine Alternative zur aristotelischen Theorie des Lichts geweckt: „Ich würde das", so schlägt Galilei vor, „als Ausdruck für die strahlende Sonne verstehen, das meint das Licht und den schon erwähnten wärmespendenden Geist, der alle körperlichen Substanzen befruchtet, was alles vom Sonnenkörper ausgeht und sich äußerst schnell auf der ganzen Erde ausbreitet".

Was konnte besser zur göttlichen Gnade passen, welche die Vernunft erleuchtet, als dieses Licht, dieser Geist der Welt, „eine höchst geistige, zarte und schnelle Substanz, die das Universum durchflutet, alles ohne Widerstand durchdringt, wärmt, Leben spendet und alle lebenden Geschöpfe fruchtbar macht?"[8]

Jener hermeneutische Wert für die Schrift und der theologische Mystizismus, die von Galilei mit der Substanztheorie des Lichtes in Verbindung gebracht werden – stellten sie bloß eine negative Rechtfertigung aus dem Augenblick heraus dar? Oder sollte dieser biblische Fundamentalismus eine Waffe sein, in Rom die neuen Ideen einer antiaristotelischen Philosophie durchzusetzen? Beides: ein Rechtfertigungsversuch und eine Philosophie mit neuen geistlichen und kontemplativen Inhalten.

Der wirkliche Adressat dieses offenen Briefes an Monsignor Dini waren aber die theologischen und kirchlichen Kreise Roms, die sich noch voller Sympathie an die Öffnung der Kirchenkultur unter Papst Clemens VIII. erinnerten, als gegen Ende des Jahrhunderts Francesco Patrizi mit seiner hermetischen, neuplatonischen und antiaristotelischen Philosophie Zugang zur Sapienza erhielt; er hatte das Licht als einen immateriellen Körper angesehen, an dem die Welt teilhatte und durch den sie befruchtet wird.[9]

Der neuplatonische Hermetismus von Patrizi war nun verurteilt worden. Paul V. war nicht Clemens VIII., und auch die Philosophie des Lichts war weiterentwickelt worden: Galilei verfügte jetzt über Erfahrungen und Beweise für eine substantialistische Theorie des Lichts und der Wärme, mit der man der herkömmlichen Metaphysik der Qualitäten im Sinne von Aristoteles begegnen und die hermetische Metaphysik überwinden konnte.

Stellte man die neue Philosophie im Namen der Aussöhnung mit einigen Stellen aus der Heiligen Schrift und mit der Inbrunst einer kontemplativen Erleuchtung vor, so weckte man unter neuen Vorzeichen den Wunsch nach einem christlichen Naturalismus wie z. B. dem neuplatonischen Humanismus eines Ficino oder eines Giovanni Pico della Mirandola, deren religiösen Wert die gebildetsten und offensten theologischen Kreise in Rom, ja sogar Kardinal Bellarmin anerkannten.

Weder der Kardinal noch Papst Paul V. bezweifelten die vollkommene Rechtgläubigkeit von Galileis Bemühen, der Kirche den Kopernikanismus und die neue Philosophie des Lichtes zu Füßen zu legen, um aus ihnen ein Instrument der Exegese und des Glaubens zu machen. Schließlich wurde Galilei ja auch nicht wegen der Dinge verurteilt, die er an Pater Castelli geschrieben hatte.

1616 wurde vielmehr seine Initiative zu einer um die modernen Naturerkenntnisse erweiterten Bibelexegese verurteilt. Neben dem Werk des Kopernikus wurden auch gedruckte Arbeiten katholischer Theologen augustinischer Ausrichtung wie die des Paters Diego da Zuñica und des Karmeliterpaters Paolo Antonio Foscarini verurteilt und, bis zu einer Korrektur, auf den Index gesetzt. Sie vertraten eine heliozentrisch ausgerichtete Hermeneutik der Bibel. Galilei, der offiziell ermahnt worden war, hielt sich an die Warnung und verzichtete von nun an allem Anschein nach darauf, sich je wieder exegetisch zu betätigen. Bis zum Erscheinen des *Saggiatore* enthielt er sich auch weiterer Publikationen.

Dagegen beschäftigte er sich weiter mit der Naturphilosophie. 1623, im Erscheinungsjahr des *Saggiatore*, war für alle ersichtlich, daß Galilei, wenn auch mit großer Vorsicht, seine ziemlich präzisen Vorstellungen über die Natur des Lichts beibehalten und weiterentwickelt hatte. *Il Saggiatore* stellte tatsächlich für das Licht, ebenso wie bereits zuvor für die Wärme und für die Struktur des Festen und des Flüssigen, die Hypothese einer Beschaffenheit aus Korpuskeln auf.

Jetzt äußerte sich Galilei ganz offiziell zu den Möglichkeiten, im Licht eine „sehr hohe Auflösung in tatsächlich unteilbare Atome zu erkennen". Dabei machte er sich allerdings keine Illusionen über die inhärenten Probleme einer Korpuskeltheorie. Der Begriff des Atoms, der sofort den Gedanken an Demokrit nahelegt, war im *Saggiatore* allein dem Licht vorbehalten. Die Wärme und die Partikel der anderen Elemente oder Körper wurden anders bezeichnet: „Feuerteilchen", „kleinste Feuerelemente", „ganz feine Teilchen" und „kleinste Quanten".

„Kleinste Quanten" und „Atome, die keine Quanten sind"

Die uneinheitliche und schwankende Terminologie des *Saggiatore* war ein deutliches Anzeichen dafür, daß Galilei sich zwar bewußt, andererseits aber doch nicht sicher über die unterschiedlichen Strukturmerkmale der Materie war. Ihr letztmögliches Stadium der Auflösung war das Licht. Ein Stadium auf der Ebene der Atome, ganz in der Nähe zu einem mysteriösen Zustand des Übergangs „aufgrund seiner, soll ich sagen Feinheit, geringen Dichte, Immaterialität oder irgendeiner anderen Bedingung, die sich von diesen unterscheidet und nicht benennbar ist"[10], wie Galilei zu den besonderen Eigenschaften des Lichtes bemerkte, nämlich seiner augenblicklichen Geschwindigkeit und seiner universellen Ausbreitung.

Schon in seinen ersten Arbeiten hatten die interessanten Perspektiven einer Erneuerung des Atomismus in der Physik Galileis Aufmerksamkeit erregt. Die Naturphilosophie, das *De rerum natura* von Lukrez oder die *Pneumatica* von Airone aus Alexandrien forderten die Beschäftigung mit diesem Thema geradezu heraus[11]. In seinem *Discorso intorno alle cose che stanno in sull' acqua* (1612) hatte Galilei die Ideen des Demokrit hinsichtlich der Wärme, die aus Feueratomen gebildet sein sollte, einem hydrostatischen Test unterworfen. Das Ergebnis war trotz einiger Vorbehalte und Kritikpunkte durchaus ermutigend. Der Atomismus stellte eine legitime und fruchtbare Forschungshypothese dar, mit deren Hilfe die Qualitäten der aristotelischen Physik als kinetische und mechanische Aktionen von Materiekorpuskeln dargestellt werden konnten. Es handelte sich nun darum, diese Hypothese in ein hinreichend allgemeines theoretisches Programm umzusetzen, so daß sie ein wirkungsvolles Kampfinstrument gegen die aristotelische Weltsicht werden konnte.

Dieses Programm stellt der *Saggiatore* vor. Er lieferte eine Korpuskeltheorie für alle natürlichen Elemente und für alle wahrnehmbaren Phänomene – mit Ausnahme des Klangs, dem eine Interpretation auf der Basis einer Theorie von Wellen vorbehalten blieb. Im übrigen aber wurde die Welt der Sinne als ein dichtes Geflecht aus Bewegungen von Materiepartikeln gesehen.

Niemals zuvor hatte Galilei eine so fortschrittliche und zugleich eine so stark verallgemeinernde Theorie formuliert. Und selbstverständlich handelte es sich hierbei nur um einen schematischen Abriß: von logischer Unangreifbarkeit und einer Lösung für die alten Aporien der atomistischen Erklärungsmodelle der Natur konnte noch gar keine Rede sein. Aber Galilei spielte im *Saggiatore* mit offenen Karten: weder vor sich noch vor den anderen versteckte er diese Schwierigkeiten.

Die ältesten Schwierigkeiten standen mit der Tatsache in Zusammenhang, daß die Atome leere Zwischenräume brauchten, um sich bewegen zu können. Das schuf Probleme, die innere Kohäsion der Körper zu erklären. Interpretierte man andererseits einen Körper als die Zusammensetzung aus einer gewaltigen Anzahl winziger Materiepartikel und mußte man zugleich eine prinzipielle Undurchdringlichkeit dieser Partikel zugeben, dann wurde es außerordentlich schwierig, das Phänomen der Kondensation und Kontraktion zu erklären.

Der *Saggiatore* gestand ehrlich zu, daß es sich hier um Schwachpunkte in der Atomphysik handelte. Die Phänomene der Kondensation und Rarefaktion bildeten „eines der geheimnisvollsten und unerklärlichsten Probleme der Natur"[12].

Andere Mängel wurden weniger offen zugegeben. Galilei traf keine klare Entscheidung zwischen der Hypothese unterschiedlicher Korpuskel für jedes natürliche Element und der Hypothese von Partikeln einer homogenen Urmaterie, was näher bei den traditionellen atomistischen Hypothesen gelegen hätte. Tatsächlich nahm Galilei beide Vorstellungen auf: Beispielsweise wird Wärme im *Saggiatore* gedeutet als Bewegung der Korpuskeln einer Substanz, die wiederum durch die Bewegung der homogenen und überallhin durchdringenden Feueratome in Gang gesetzt wird.

Der *Saggiatore* kündete frohlockend an, daß die Philosophie im Buch des Universums geschrieben stehe und daß die Buchstaben dieses Buches durch die geometrischen Figuren gebildet würden. Dem Leser jedoch blieb die Enttäuschung, nicht ausmachen zu können, welche genaue geometrische Gestalt die unterschiedlichen Typen von Partikeln denn nun hätten. Galilei begnügte sich damit, zu behaupten, die Partikel, Korpuskeln und Atome „seien so aufgebaut"[13]. Aber in welcher Gestalt? In der verführerischen des pythagoreischen Atomismus des *Timaios* vielleicht?

Noch eine Frage ohne Antwort: Welche wirklichen oder vorgeblichen Kräfte bewirkten den Zusammenhalt der Atome und der verschiedenen mikroskopischen Komponenten der Körper?

Wundern wir uns nicht: Galilei verfügte zwar über eine Kinematik, nicht aber über eine Dynamik. Die Korpuskeltheorie des *Saggiatore* lieferte ein kinetisches Modell von der Struktur der Materie. Auch später, in den *Unterredungen*, geht Galilei, wenn er sich bemüht, das Problem des Zusammenhalts der Körper zu verstehen, von der Vorstellung aus, es gäbe von den leeren Zwischenräumen ausgelöste Gegenkräfte gegen die Leere, die ein intermolekulares Gleichgewicht bewirken: Diese Idee von Gleichgewichtskräften ist nach dem Vorbild der atomistischen, hydrostatischen Theorien geformt.

Noch peinlicher offenbarten sich die Lücken auf der Ebene der physiologischen Erklärung bei der Wahrnehmung der Phänomene. Die Wahrnehmung der Wärme z. B. vollzieht sich, folgt man dem *Saggiatore*, durch die mehr oder minder schnelle Penetration der Substanzpartikeln, die durch die kleinsten Feuerteilchen in Bewegung gesetzt werden und es vermögen, die Poren der Haut auf angenehme oder weniger angenehme Weise zu durchdringen.

Wie aber konnte man nun völlig gleichartige Wahrnehmungen erklären, wenn doch jede erwärmte Substanz unterschiedliche Partikel aussonderte? Und auf welche Weise hing eine mehr oder weniger angenehme Wahrnehmung von der Geschwindigkeit der Durchdringung von Korpuskeln ab?

Fragen wie diese waren Galilei schon lange vor dem Erscheinen des *Saggiatore* 1619 in einem bedeutenden Brief des Genoveser Wissenschaftlers Giovanni Battista Baliani gestellt worden. Galilei hatte sich nicht sonderlich beeindruckt gezeigt, denn am Rande des Briefes vermerkte er: „Daß sich die kleinsten Teile, in welche sich das Wachs auflöst, der Substanz nach von denen unterscheiden, in welche sich das Eisen auflöst, ändert fast gar nichts dabei, in uns die Wärme zu erzeugen, wenn sie sich denn nur beide in feinste, empfindliche und bewegliche Teile auflösen, also in solche, die in unsere Poren einzudringen vermögen“[14].

Diese Erwiderung belegte die Überzeugung und die Kraft einer korpuskularen Konzeption, die durchsetzt war mit Rückgriffen auf Demokrit. Auch wenn diese Theorie weder auf der Höhe aller wünschenswerten logischen, experimentellen und mathematischen Standards war, mit denen Galilei sie hätte absichern sollen, so handelte es sich dennoch um eine ganz große Intuition in der theoretischen Physik. Im *Saggiatore* war das Vertrauen auf eine korpuskulare Beschaffenheit der Materie zutiefst verankert.

Ein starker Beweggrund für das Vertrauen in diese Theorie lag in der Möglichkeit, die Körperlichkeit des Lichtes kohärent und plausibel darzustellen. Aber Galilei äußerte, er wolle sich noch nicht mit jenem „unendlichen Ozean“ der schwierigen Fragen zu dieser „ewigen Substanz“ befassen, welche aus den kleinsten Atombestandteilen zusammengesetzt ist, vielleicht den einzigen wirklich Unteilbaren der Materie.

Im *Saggiatore* wurde aber auch angekündigt, daß dieses Thema bei einer „nächsten, günstigeren Gelegenheit“ gründlicher untersucht werden würde[15].

Diese Gelegenheit bot sich mehr als 10 Jahre später bei den *Unterredungen und mathematischen Demonstrationen über zwei neue Wissenszweige, die Mechanik und die Fallgesetze betreffend*, die dann in Leiden 1638 veröffentlicht wurden. In dieser langen Zwischenzeit war eine Menge geschehen: die aufsehenerregende Abfassung des *Dialogs*, der Prozeß und schließlich die Verurteilung.

Auf den ersten Seiten der *Unterredungen* untersuchte Galilei das Problem der Kohäsion und der Resistenz der festen Körper. Damit kehrte er nach sehr langer Zeit zu den problematischsten Elementen seiner Korpuskeltheorie zurück, und zwar diesmal in der erklärten Absicht, die Frage der inneren Kräfte zu untersuchen.

Anscheinend handelte es sich nur um die Fortführung einer Thematik, die bereits im *Saggiatore* behandelt worden war. Galilei schien immer noch vollkommen überzeugt, daß sich die Materie in den verschiedenen Aggregatzuständen auf Korpuskeln aufbaue. Er spricht weiterhin von Licht- und Feuerkorpuskeln. Das grundlegende Phänomen der Wärmeausbreitung wird noch immer in mechanistischen Begriffen erklärt, und die wunderbare Kraft des Lichts wird in ihre unsichtbaren Bestandteile verlegt.

Dennoch tauchen einige neue Hypothesen auf, die hier erstmals ausgeführt werden. Insbesondere wird die Theorie des *Saggiatore* von der augenblicklichen Ausbreitung des Lichts aufgegeben. Sie wird durch den faszinierenden Vorschlag ersetzt, auf der Erde durch experimentelle Meßverfahren die Lichtgeschwindigkeit zu untersuchen.

Es handelte sich um die Hypothese zu einer neuen und bedeutsamen Forschung, die allerdings keine entscheidende Problematisierung der Korpuskeltheorie darstellte. Auch wenn sich Galilei oder seine Schüler hieran festbissen, die Theorie, mit der das Licht im *Saggiatore* untersucht worden war, hätte mit oder ohne Erfolg bei diesen Messungen keinen Schaden genommen, im Gegenteil[16].

Im Kern scheint es so, als wäre das korpuskulare und mechanistische Konzept von vor zehn Jahren substantiell beibehalten worden, so daß es nun mit neuen Begründungen aus dem Bereich der Physik der Leerräume weiterentwickelt werden konnte. Nun schrieb Galilei den inneren Zusammenhang der festen Körper eben dem Vorkommen von Leerräumen zwischen den Korpuskeln zu, den „Vakuums". Die flüssigen Körper, die keine Vakuums zwischen ihren Partikeln aufweisen, besitzen für Galilei in der Tat keine nennenswerte Kohäsion. Mit anderen Worten: Bei den festen Körpern hält die Existenz der „Vakuums" die inneren Kräfte der Kohäsion in Gang, denn die natürliche Tendenz der Materie ist es, sich dem Vakuum entgegenzusetzen – wie es das traditionelle empirische Prinzip des *horror vacui* besagt[17].

Wie aber konnte man das traditionelle Prinzip des Kontinuums mit einer Physik des Diskontinuierlichen in Übereinstimmung bringen, nämlich den *horror vacui* mit der verführerischen Theorie einer Physik der Leere? Um auf diese Frage eine Antwort zu finden, entwickeln Salviati und Sagredo in den *Unterredungen* die berühmte Lektion über das Problem des Unendlichen in der mathematischen Philosophie.

Es handelt sich bekanntermaßen um eine bedeutende Seite in der Geschichte der Geometrie der kleinsten Teile (*gl'indivisibili*). Galilei gelangt durch die schmale Tür dorthin, die der *Saggiatore* offen gelassen hatte: die Möglichkeit, die damals allein der besonderen Materie des Lichtes zugestanden worden war, nämlich die Auflösung der Materie ins Unendliche.

Diesen Ausweg macht Galilei nun zu einer Bresche für die neue Theorie der Struktur der Materie im allgemeinen. Er läßt die Protagonisten seines Dialogs die Behauptung aufstellen, die Leerstellen zwischen den Partikeln der festen Körper seien unendlich kleine Größen. Die Partikel selbst seien demzufolge unendlich teilbar: ein fester Körper enthält „kleinste Vakuums" und „kleinste Partikel"[18].

Die Erklärung liefert Salviati mit einer geometrischen Beweisführung, die den Schlüssel dafür abgibt, das sogenannte Paradox des Rades von Aristoteles mit Hilfe infinitesimaler Begriffe zu lösen. Die Lösung zeigt auf, daß eine Größe von unendlich vielen ausdehnungslosen Teilen gebildet werden kann – gegen die traditionelle, aristotelische Zurückweisung dieser Möglichkeit.

Dieses Problem ist so oft studiert und wiedergegeben worden, daß es hier nicht noch einmal dargestellt werden muß. Nur eine ganz kurze Anmerkung: Es handelte sich darum, zu erklären, daß zwei konzentrische Platten unterschiedlichen Umfangs, die sich gemeinsam drehen, lineare Projektionen gleicher Länge ziehen können, wie dies in der Wirklichkeit auch geschieht. Bei der Lösung für dieses alte Paradox in den *Unterredungen* bedient Galilei sich der Vorstellung von Leerstellen zwischen den Korpuskeln auf der Linie, die vom kleineren der Kreise gezogen wird[19]. Galilei bestand darauf, daß diese Lösung auch für die Oberflächen und die festen Körper gelte. Die physikalischen Gegenstände, wie die festen geometrischen Körper, die in Platons Himmel vorkommen, wären also auch aus einer unendlichen Zahl von Atomen zusammengesetzt, die getrennt sind durch eine unendlich große Zahl von Leerstellen. Aber das ist, wie wir noch sehen werden, deshalb möglich, weil wir uns im Himmel Platons befinden, im Bereich der mathematischen Abstraktion: Man spricht von Atomen, um kleinste Teilchen (indivisibili) zu sagen.

Nichtsdestotrotz war die infinite geometrische Argumentation offenkundig von Vorteil und verfolgte einen bestimmten Zweck. Sie stellte eine starke intuitive Affinität her zu einer Physik der Diskontinuität, die darauf abzielte, auch die schwierigen Probleme der Kondensation und der Verdünnung zu erklären.

Wenn die gegenständlichen Körper ebenso wie die geometrischen aus einer unendlichen Zahl von Leerstellen und Partikeln gebildet würden, dann könnte man zulässigerweise etwas annehmen, was dem gesunden Menschenverstand zwar widersprach, nicht aber der Mathematik, nämlich „die Einschaltung endlicher leerer Räume" oder auch „die Zwischenlagerung unendlich vieler unendlich kleiner Räume" als Komponenten dieser Körper.

Das Geschäft der Verdünnung und der Kondensation, diese ewige Quelle von Widersprüchlichkeiten für die Atomisten, wurde auf diese Weise besorgt, ohne daß man es noch mit den Schwierigkeiten zu tun gehabt hätte, die sich im Zusammenhang mit der Undurchlässigkeit der körperlichen Materie ergaben.** Auch der Wechsel des physikalischen Zustands, wie er in den *Unterredungen* behandelt wird, verdeutlicht die Vorzüge dieser neuen mathematischen Theorie des physikalischen Diskontinuums.

So könnte diese Theorie, getragen von einem brillanten, kühnen und vollständig neuen Streben nach Mathematisierung, als eine Neuauflage der atomistischen Ansichten des *Saggiatore* erscheinen. Schließlich spricht Galilei auch hier von Atomen, einem scheinbar unmißverständlichen Begriff.

Forscher von Kurd Lasswitz bis zu Lynn Thorndike, E. J. Dijksterhuis und Marie Boas, die sich mit dem Denken Galileis befaßten, konnten bis vor gar nicht langer Zeit davon ausgehen, daß Galilei im Laufe seines Lebens vom *Discorso sulle cose che stanno in sull'acqua* bis hin zu den *Unterredungen* einen einheitlichen atomistischen Standpunkt entwickelt habe. Trotzdem sind ihnen etliche Inkohärenzen nicht entgangen, die auf eine Reihe schwerverständlicher Schwankungen im Denken Galileis hindeuteten – was dem Atomismus Galileis den hartnäckigen Ruf eintrug[20], konfus zu sein.

Erst in der letzten Zeit haben Forscher herausgearbeitet, daß in Wirklichkeit in einem scheinbar unveränderten Gesamtbild etwas Substantielles verändert worden war. Ein Detail der vorhergehenden Theorie war durch ein anderes Detail ersetzt worden; aber das war nicht unmittelbar einsichtig, denn Galilei erklärte es nicht expressis verbis, ja er gab ihm sogar denselben Namen: „Atom“. Dieser Austausch eines Begriffs vollzieht sich unter den Augen der Leser, aber er ist fast nicht wahrnehmbar.

Durch den Mund Salviatis spricht Galilei von Punkten, Räumen und Linien. Fasziniert folgt der Leser jener kühnen infinitesimalen Lösung eines schwierigen geometrischen Paradox', und bemerkt schließlich, daß Salviati begonnen hat, von Partikeln und nicht mehr von Punkten, von Leerstellen und nicht mehr von Räumen, von Körpern und nicht mehr von Linien zu reden, und daß die Termini bei jedem Paar synonym sind.

Galilei führt keine Argumentationen zur Rechtfertigung an, und er distanziert sich auch nicht von seinen früheren Überzeugungen. In der Tat erklärt er weder offen noch versteckt, welche Kritiken und welche Probleme der Physik ihn dazu bewogen, schlagartig seine Konzeption der unendlich kleinen Teile auf die Struktureigenschaften der Materie zu beziehen. Wir wissen bereits, welche brillanten Perspektiven diese methodologische Entscheidung in spekulativer Hinsicht eröffnete, aber wir werden möglicherweise niemals erfahren, welche Beweggründe zu ihr führten.

In den *Unterredungen* stellt Galilei eine mathematische Theorie der Materie vor. Ihre konstituierenden Elemente bilden „Theilchen, die nicht mehr theilbar sind“, d. h. die unteilbaren, „die kleinsten Theile (*gl'indivisibili*)“.

Er nennt sie „unendlich kleine Atome, die nicht mehr theilbar sind“[21], aber in Wahrheit handelt es sich um mathematische Punkte. Wir bewegen uns im Gebiet der mathematischen Abstraktion und nicht mehr in der materialen Welt der Physik.

Man könnte einwenden, daß Galilei bereits im *Saggiatore* von den Lichtatomen als Unteilbaren sprach. Das stimmt, aber wenn sich der theoretische Kontext ändert, ändert sich auch die Bedeutung der einzelnen Begriffe, die zu ihm gehören, auch wenn die Namen, die zur Bezeichnung dienen, in beiden Kontexten gleich sind.

Im *Saggiatore* stand das Wort „Unteilbare“ für die feinsten Teile von derselben Natur wie das sie beinhaltende Kontinuum. Praktisch handelte es sich in einem atomistischen und materialistischen Kontext um die lateinische [eben: *individems*] Übersetzung des Wortes atomos. Auch im Bereich der feinsten Auflösung der Lichtmaterie behielt der *Saggiatore* eine atomistische Begrifflichkeit bei, die noch ganz nahe bei einer materialistischen Konzeption lag[22]. Das war jetzt nicht mehr der Fall. Aber wie schon erwähnt, hatte Galilei im *Saggiatore* mit offenen Karten gespielt, und nicht immer waren es gute Karten gewesen. In den *Unterredungen* dagegen vertauschte er die Karten auf dem Tisch und brach unversehens die Brücken zu dem ab, was in seinen früheren Arbeiten noch an Elementen eines Materialismus und klassischen Atomismus vorfindbar war.

Der Einfachheit halber nennen wir diesen Bedeutungswechsel so, wie man ihn erkenntnistheoretisch korrekt formulieren müßte: einen Theorieaustausch, d. h. Austausch von metaphysisch-materialistischen Spekulationen aus dem *Saggiatore* durch neue und zudem weitergehende mathematische Spekulationen in den *Unterredungen.* Welche wissenschaftlichen Überlegungen Galilei dazu bewogen, diesen Theorieaustausch vorzunehmen, wissen wir nicht, denn bedauerlicherweise vollzog sich dieser Wechsel heimlich.

Auch wenn es sich um eine Entscheidung im verborgenen handelte, sprechen die methodologischen Konsequenzen, nimmt man bestimmte Aussagen beim Wort, eine deutliche Sprache.

Hypotheses non fingo

In der privaten Korrespondenz aus seinem letzten Lebensjahrzehnt, also der Zeit nach der Verurteilung von 1633, finden sich Belege dafür, daß Galilei nichts mehr wissen wollte von seinen ursprünglichen philosophischen Optionen in Richtung auf eine Korpuskeltheorie; er äußerte sich im Sinne eines expliziten wissenschaftlichen Phänomenalismus, der praktisch keinen Widerspruch mehr zuließ und seine Gesprächspartner zutiefst erstaunte. Das Echo auf die kühnen naturphilosophischen Hypothesen und die mitreißenden Aussagen Galileis über das unsichtbare Verhalten der Phänomene hatte im Kreise der Wissenschaftler und Philosophen auch nach seiner Verurteilung nicht nachgelassen.

Die briefliche Auseinandersetzung mit einem dieser Philosophen, mit Fortunio Liceti, dem Aristoteliker und Universitätslehrer von „großem Ruf“ (wie man im *Dialog* nachlesen kann), einem bedeutenden Teratologen, Professor für Medizin und Philosophie, stellt eine der bezeichnendsten Episoden aus dem letzten Lebensabschnitt Galileis dar.

Professor Liceti besaß eine unvergleichliche Bildung auf dem gesamten Feld der Medizin, der literarischen und archäologischen Forschung, aber auch in der Astronomie und der Naturphilosophie. Ihm waren 22 Hypothesen über die Kometen sowie sämtliche Theorien der Aristoteleskommentatoren über die Natur des Lichts bekannt[23].

Wir sind also immer noch beim Thema. Die Diskussion zwischen Galilei und Liceti, die letzte wissenschaftliche Publikation Galileis, drehte sich nämlich um das Phänomen des leuchtenden Steins aus Bologna, von dem wir ausgegangen sind.

Im Jahr 1640 hatte Professor Liceti zwei Bücher über das Licht publiziert: ein allgemeines[24] und ein spezielles, das er dem neuen Phänomen, das dreißig Jahre zuvor von Galilei als erstem bekannt gemacht worden war, widmete. Dies trug den Titel *Litheosphorus sive de lapide bononiensi.* Liceti war es gelungen, jenes Phänomen in die aristotelische Theorie des Lichts einzubauen; unter den zahlreichen Themen des Buches wurde auch das Problem des sekundären Mondlichtes behandelt, das die im Dunkeln liegenden Teile des Gestirns bei zu- und abnehmendem Mond erleuchtet. Liceti vertrat die Auffassung, es könne sich um ein Lichtphänomen handeln wie bei dem Stein aus Bologna und sei eben nicht auf die Wirkung des von der Erde reflektierten Sonnenlichts zurückzuführen. Genau das hatte Galilei seit dem *Sidereus Nuncius* im Jahr 1610 zur Untermauerung der heliozentrischen Theorie des Kopernikus angeführt.

Das Buch von Liceti erinnerte auch an die berühmten und eindrücklichen Ausführungen Galileis über die korpuskulare Beschaffenheit des Lichts, die in dem Bericht über die denkwürdige Erfahrung mit dem leuchtenden Stein zu Rom verbreitet wurden[25]. Der Autor sandte ein Exemplar des Buches an Galilei, der, kaum daß er den Inhalt überflogen hatte, seinem Schüler Viviani einen Brief diktierte, der ganz nach einem präventiven Dementi roch. Er distanzierte sich sehr auffällig von jeder Art materialistischer Interpretation des Lichts und sogar der Wärme.

Der Brief vom 23. Juni 1640 brachte emphatisch zum Ausdruck, daß Galilei immer „im Dunkeln getappt sei", was das „Wesen des Lichts" angehe; und wenn er denn je hätte eine Idee haben können, was „das Feuer und das Licht sein könnten", dann hätte er auch Phänomene von „wundersamer Kraft und Schnelligkeit" wie die Explosion des Schießpulvers begreifen können, ein Problem, das in den *Unterredungen* erwähnt wird.

Solcherlei kühnen Spekulationen habe er die „Wahrheit der Tatsachen" und die Untersuchung der Erfahrung vorgezogen, „die bei allen Wirkungen der Natur [...] mich des *an sit* versichert, mir aber überhaupt keinen Gewinn für das *quomodo* bringt". Mit anderen Worten, Galilei erklärte, er halte sich an das Studium der Frage, *wie* die Phänomene wirken, und untersuche nicht die Art und Weise ihrer Entstehung[26].

Nachdem er das Buch von Liceti über den Stein aus Bologna gelesen hatte, in dem die Zitate zur Korpuskeltheorie wiedergegeben wurden, die nach allgemeiner Ansicht ihm zuzuschreiben waren, da beeilte sich Galilei, noch ein weiteres Dementi loszuschicken. Er bekräftigte wiederum, daß er keine materialistischen philosophischen Spekulationen über das Licht anstelle noch jemals angestellt habe. Um seinen Standpunkt zu untermauern, erinnerte er daran, er sei bereit, sich in einer dunklen Zelle bei Wasser und Brot einschließen zu lassen, wenn er nur ans Licht zurückkehren könnte und dann wüßte, wie es sich wirklich damit verhält[27].

Müssen wir diese Hyperbel zum Thema Gefängnis wirklich ernst nehmen im Sinne eines feierlichen wissenschaftlichen Statements? Oder täten wir vielleicht besser daran, aus diesem bitter warnenden Selbstzitat die feine Ironie Galileis herauszulesen?

Offensichtlich verspürte Galilei, nach seiner Verurteilung zu lebenslanger Haft durch das Heilige Offizium keinen Drang mehr, zu diesem Fragenkomplex Hypothesen zu formulieren.

Nachdem er also denjenigen sein Mißtrauen ausgesprochen hatte, die ihm immer noch Hypothesen zuschrieben, nach denen das Licht ein „materiales und körperliches Ding" sei, verteidigte sich Galilei gegen die Beschuldigung, jemals ein Gegner der aristotelischen Doktrinen gewesen zu sein. Vielmehr nahm er für sich eine „religiöse" Treue zu den philosophischen Grundsätzen des authentischen Aristotelismus in Anspruch:

Gegen alle Gründe dieser Welt werde ich beschuldigt als Gegner der peripatetischen Doktrin, wo ich doch künde und gewiß bin, auf viel religiösere Weise die Peripatetiker, oder um es besser zu sagen: die aristotelischen Lehren, zu beachten als viele andere, die mich schändlicherweise als Gegner der guten, peripatetischen Philosophie ausgeben[28].

Dieses aristotelische Glaubensbekenntnis wurde am Ende des Briefes weitgehend gerechtfertigt. Galilei hatte immer den Kanon der korrekten Logik beachtet und ausgehend von gesicherten experimentellen Voraussetzungen immer streng nach den Regeln der Deduktion argumentiert. Auch in diesem Fall stellte Galilei seine aristotelische Logik unter Beweis und bekräftigte ohne allzuviele Rücksichten und Verstellungen seinen kopernikanischen Standpunkt hinsichtlich des indirekten Lichts auf dem Mond.

Galilei äußerte sich also verwundert darüber, daß ihm Hypothesen einer korpuskelhaften und materialistischen Beschaffenheit des Lichts zugeschrieben würden. Wir wollen fair sein und Liceti zugestehen, daß er ebenfalls verwundert war, als er diesen Brief erhielt. Hatte er doch wie all die anderen aristotelisch ausgerichteten Universitätslehrer im stillen in Galilei den Autor der *Discorsi sulle cose che stanno in sull' acqua* und des *Saggiatore*, den großen Gegner einer Physik des Kontinuums und des Prinzips der Qualitäten in der Wissenschaft der philosophierenden Peripatetiker bewundert und bekämpft.

Liceti konnte sich nur beglückwünschen, doch auch ihm muß dieses Glaubensbekenntnis ziemlich seltsam vorgekommen sein. Aber da er sensibel genug war, einen besiegten Gegner nicht in die Ecke zu drängen, zumal dieser nicht frei sprechen konnte, glaubte er Galilei aufs Wort. Am 7. September erwiderte Liceti:

„Euer Bekenntnis, der aristotelischen Doktrin nicht zu widersprechen, achte ich wohl, auch wenn es mir (um es geradeheraus zu sagen) ganz neu ist, schien mir doch aus Euren Schriften das gerade Gegenteil. Aber es mag wohl sein, daß ich mich irre in diesem besonderen Punkte mit vielen anderen, die derselben Ansicht sind wie ich. Es schmerzt mich, wenn Ihr sagt, mehr als einmal schriebe ich Euch Ansichten zu, die nicht die Eurigen sind..."[29].

Professor Liceti verhielt sich mehr als freundlich, aber die Situation war in jedem Falle peinlich: Galilei konnte zwar ohne weiteres die Berichte – die ja von anderen stammten – über die Erfahrungen mit dem Stein aus Bologna aus dem Jahr 1611 dementieren. Er konnte sogar ohne Scheu einfach zurückweisen, daß „einige von Herrn Mario Guiducci vorgebrachte Gedanken im strengen Sinne auf mich zurückgehen"[30].

Was er jedoch beispielsweise im *Saggiatore* geschrieben hatte, das konnte er nicht mit derselben Unbekümmertheit bestreiten. Tatsächlich präzisiert Galilei diesen Punkt; er zitiert nicht direkt den *Saggiatore,* sondern die berühmteste Seite aus seinem viele Jahre zurückliegenden Buch, und zwar jene Seite, die vom Universum handelt, das in mathematischen Zeichen geschrieben sei.

Galilei bekräftigt hier ein weiteres Mal, er sei ein „Bewunderer eines solchen Mannes wie Aristoteles", und er sucht jeden Zweifel an seiner Treue zu den grundlegenden methodologischen Canoni zu zerstreuen. Zugleich aber erklärt er, daß nicht die ganze Welt in den Büchern des Aristoteles geschrieben stehe, denn diese sei gleich einem Buch, das man durch die Erfahrung erschließen und in der Sprache der Mathematik entziffern müsse[31].

Es ist deutlich, was klargestellt werden soll: Galilei hatte immer und ausschließlich von „Erfahrungen mit den Sinnen" und von gesicherten Beweisen gesprochen. Diese abschließende Erklärung, die gedanklich mit seinen früheren Arbeiten in Beziehung gesetzt wird, enthält das methodologische Testament eines mathematischen Phänomenalismus. *An sit* und keine metaphysischen Spekulationen über das *Quomodo*[32] – wie er zu Beginn seines Briefes an Liceti betonte.

Hypotheses non fingo? Es scheint kein Zweifel möglich. Ganze Tintenströme sind vergossen worden bei den epistemologischen Erörterungen dieser letzten Erklärungen Galileis, die als suggestiver und wichtigster Beleg für eine im Grunde mathematisch-phänomenalistische Ausrichtung der galileischen Erkenntnistheorie behandelt wurden. Dem Wortsinn nach kann es keine Mißverständnisse geben. Selbst für uns, die wir Klarheit und Eindeutigkeit als Tugenden der Epistemologie schätzen gelernt haben, könnten die Worte Galileis nicht deutlicher sein.

Vergessen wir aber nicht, daß – auch wenn Klarheit und Eindeutigkeit als Tugend galten – die Philosophen und Wissenschaftler des 16. Jahrhunderts, die sich ja auch „Virtuosen" nannten, noch über eine andere intellektuelle Fähigkeit verfügten, ihre Vorstellungen zum Ausdruck zu bringen: die Kunst der „ehrbaren Verstellung". Die Regeln dieser Kunst waren in den historisch-methodologischen Arbeiten von Traiano Boccalini, von Virgilio Malvezzi und später dann von Torquato Accetto konsequent ausgearbeitet worden.

Wir sollten das deshalb nicht außer acht lassen, weil die Begriffe im Briefwechsel mit Liceti, *an sit* statt *quomodo,* die Galilei im Zusammenhang mit der Methodologie der Wissenschaften verwendete, dem damals allgemein üblichen Sprachgebrauch der Historiographie und der Politik entsprangen. Soll man bei den Wirkungen stehenbleiben oder bis auf die Gründe zurückgehen? Um diese Frage gab es eine große Debatte. Die Autoren der politischen, moralischen und historischen Traktate in jenen Jahren hatten die lateinischen Formeln aus der scholastischen Philosophie in Mode gebracht, um zu diskutieren, ob man aus politischer Sicht die Geheimnisse der Geschichte und der Menschen enthüllen oder sich lieber damit begnügen sollte, schlicht die nackten Fakten zu beschreiben.

Die allgemeine Lösung bestand in der Empfehlung des „Nutzens, ja gar der Notwendigkeit, die der weise und freie Mann hat, keine inexistenten Künste vorzutäuschen (was immer verwerflich ist), sondern [sich] zu verstellen", also aus Liebe zur Wahrheit einen Teil der eigenen Gedanken zu verschweigen. So schrieb Torquato Accetto in seinem Werk über die Künste der Täuschung aus dem Jahr 1641.

Als wolle er uns daran erinnern, daß ihm die „Verstellung gegenüber einer ungerechten Macht" auferlegt war, wie das Accetto bezeichnet hätte, schrieb Galilei im Jahre 1635 aus Arcetri an seinen Freund Nicolas Fabri de Peiresc, trotz seiner „Frömmigkeit und Ergebenheit", für die er in all seinen Arbeiten ein Zeugnis abgelegt habe, sei er dazu gezwungen, seine Gründe im Dunkeln zu lassen:

„So muß ich mich nicht nur vor den so zahlreichen Widersachern beugen und in Schweigen verharren, sogar in rein natürlicher Materie, damit die Lehre unterdrückt und meine Unwissenheit verbreitet wird, sondern ich muß den Hohn, die Bissigkeiten und Schmähungen schlucken[...]"[33].

Angesichts der „Verleumdungen, der Ränke, der Listen und Betrügereien", die ihn „unter vorgetäuschter Maske der Frömmigkeit" nicht nur ruiniert hatten, sondern fortwährend alle seine Schritte belauerten, war Zurückhaltung Ausdruck von Weisheit und Wohlverhalten. Nicht nur der *Dialog*, der durch den Urteilsspruch aus dem Jahr 1633 verboten worden war, sondern auch die anderen Werke, „seien [sie] auch vor vielen Jahren gedruckt", waren ohne expliziten Urteilsspruch verboten worden, „indem ausdrücklich Befehl an alle Inquisitoren ergangen ist, nicht zu erlauben, daß irgendeines meiner Werke [...] neu gedruckt werde".

Vielen Zeitgenossen Galileis, die nicht über unseren sehr fein ausgearbeiteten epistemologischen Apparat verfügten, muß – so kann man mit gutem Grund annehmen – jenes Bekenntnis Galileis zur aristotelischen Lehre, das man heute mathematischen Phänomenalismus nennen könnte, wie ein verwirrender Trick jener intellektuellen Kunst der Verstellung erschienen sein. Daß sich Galilei verstellen wollte, als er bestritt, die Ideen, die unter dem Namen Guiducci veröffentlicht wurden, seien ihm zuzuschreiben, das läßt sich in unseren Augen nur schwerlich in Zweifel ziehen.

Wenn Galilei bestritt, öffentlich und privat Theorien über den Korpuskelcharakter des Lichts und der Wärme vorgebracht und der aristotelischen

Metaphysik eine materialistische entgegengestellt zu haben, dann mußte das verständlicherweise den Eindruck geheuchelter Vorsicht machen, zumal ja die eigentlichen Gründe verschwiegen wurden. Dasselbe gilt für das Faktum, daß er die Vergangenheit zu verschleiern suchte, indem er einen Mathematismus und Experimentalismus propagierte, der frei war von jeglichem Verdacht einer Erkenntnisabsicht im Hinblick auf die Realkonstitution der Phänomene.

An diesem Punkt ist der Hinweis angebracht, daß die Korrespondenz mit Liceti zur Verbreitung und Diskussion in Italien bestimmt war. Und bevor er die philosophischen Unterstellungen Licetis dementierte, hatte Galilei seine Besorgnis und sein Mißtrauen zum Ausdruck gebracht.

Er war mißtrauisch gegenüber einem Gesprächspartner, der „meinen Namen stets mit glänzenden Ehrentiteln schmückte, aber dann meine Ansichten verfälschte". Auch die möglicherweise tragischen Erfahrungen mit früheren „wissenschaftlichen Disputen" mahnten zur Vorsicht, da „die Verbote, welche gegenüber den Sätzen und Ansichten der einen Seite ausgesprochen werden in der Absicht, ihre Falschheit und ihren Irrtum aufzudecken, sehr schwerwiegend und fühlbar sind"[34]. Um diese Aussagen in ihrer Bedeutung richtig zu interpretieren, sei daran erinnert, daß Galilei verurteilt und in keiner Weise dazu berechtigt war, über die Gründe seiner Verurteilung zu sprechen.

Unter diesen sehr unterschiedlichen Gesichtspunkten konnte die Kunst der Vorsicht und der Verstellung nur bewundert werden. Was allerdings erstaunt, ist, daß Galilei diese Kunst nicht auch für andere seiner früheren Überzeugungen zur Anwendung brachte. In diesen und in späteren Briefen erlaubte es sich Galilei, mit wenig Vorbehalten und allein im Rahmen der allgemein gebotenen Vorsicht das kopernikanische System zu verteidigen, auch wenn seine Verurteilung sich just um diesen Punkt gedreht hatte. Mit einer ganz minimalen Verstellung, wie es dieses heikle Problem einfach erforderte, war Galilei seinen alten Überzeugungen in der Astronomie treu geblieben. In der Physik verhielt sich das nicht so. Die alten physikalischen Überzeugungen Galileis wurden ohne jede, und sei es auch rein wissenschaftliche, Erklärung aufgegeben.

Noch heute stellt die stillschweigende Abwendung von einer korpuskularen Physik, die im *Saggiatore* umrissen wurde und die den Historikern eine vielversprechende, fruchtbare Vorwegnahme auf dem Gebiet der Mechanik zu sein scheint, ein komplexes Problem für die Kritik dar.

Es ist, als hätten so unüberwindliche Grenzen und Hindernisse jener selbstsicheren, von atomistischen Ideen durchdrungenen Naturphilosophie im Wege gestanden, daß Galilei später zur Überzeugung gelangte, sich radikal davon absetzen zu sollen: mit einer ausschließlich mathematischen Theorie der Struktur der Materie und mit der Option für einen vorsichtigen mathematischen Phänomenalismus.

Die Historiker, welche sich mit diesem Problem befaßten, gelangten über die rein immanente Untersuchung der Konzeptionen und Arbeiten Galileis zu kohärenten und überzeugenden Rechtfertigungen für diesen epistemologischen Positionswechsel. Allerdings konnten sie die bewußt vollzogenen und notwendigen Schritte dafür nicht rekonstruieren, denn diese sind dokumentarisch nicht belegt. Warum dieser „wirklich überraschende Schritt?" – diese Frage wird in einer der jüngsten Arbeiten über den Atomismus im frühen 17. Jahrhundert gestellt[35].

Inzwischen sehen alle Autoren in den Widersprüchlichkeiten einer atomistischen Philosophie wie der des *Saggiatore* den eigentlichen Grund dafür, daß Galilei sie ganz aufgab. Aber diese vernünftige Feststellung allein reicht noch nicht, dem Schweigen Galileis zu diesem Punkt seinen faszinierenden und problematischen Charakter zu nehmen.

Daß Galilei die theoretische Bedeutung von Begriffen, die charakteristisch sind für seine atomistische Sprache, auf die beschriebene Weise ersetzte, wurde nämlich von den Historikern in jüngerer Zeit uneinheitlich interpretiert. Einige begnügten sich damit, tiefgreifende Veränderungen in diesem intellektuellen Entwicklungsgang zu konstatieren. Andere wiederum haben das *ad quem* bevorzugt, d. h. die letzte, mathematische Version, und bestritten, daß es bei Galilei jemals in expliziter Form eine atomistische Physik gegeben habe. Und wieder andere unterstreichen die Kontinuität latenter Vorgriffe auf das infinitesimale Denken: diese habe es schon zur Zeit der ursprünglichen Neigungen zur atomistischen Physik gegeben[36].

Natürlich war es das Wissen um den Ausgang der ganzen Geschichte – der Vorschlag, aus den *Unterredungen* eine mathematische Lösung für den Atomismus zu finden – das die Historiker zu diesen Versuchen verleitete, eine innere Logik zu konstruieren.

Als meine Forschungen über die Physik des Lichts bei Galilei an dieser Schranke der Interpretation, aber auch an der Rekonstruktion des Problems hängenblieben, da schaute ich nicht auf den Ausgang der Angelegenheit, sondern ich fragte mich, ob die Gründe dafür, die Konzeption des *Saggiatore* aufzugeben, nicht auch woanders liegen konnten; ob diese Gründe außer in den wohlbekannten immanenten Schwierigkeiten, nicht auch in den Reaktionen aufzufinden wären, die der *Saggiatore* ausgelöst hatte. Konnten die letzten Äußerungen Galileis zur Methodologie nicht vielleicht eine Wahrheit enthalten, deren Sinn außerhalb der Sprache lag? Hingen sie möglicherweise von einer anderen Realität als der ab, die angesprochen wurde?

Das waren die Fragen, die ich mir stellte. Und sah man genau hin, dann gab es um den *Saggiatore* noch sehr viele dunkle Punkte. Und wie so oft zieht die Erforschung eines Problems das nächste unmittelbar nach. Ein neues Rätsel erwartete mich.

Zweites Kapitel

„Kometen als Unglücksboten"

Doubt thou the stars are fire;
Doubt that the sun doth move;
Doubt truth to be a liar;
[...]
this brave o'erhanging firmament, this majestical roof fretted with golden fire, why, it appeareth nothing to me but a foul and pestilent congregation of vapours.

W. Shakespeare, *Hamlet*, 2. Akt, 2. Szene

Glänzender Erfolg, versteckter Zweifel

Als im Jahre 1623 der *Saggiatore* in Rom veröffentlicht wurde, erregte er großes Aufsehen. Das neue Buch Galileis richtete sich nämlich gegen die angesehenste Institution der katholischen Welt: das Collegium Romanum.

Der *Saggiatore* war als Streitschrift abgefaßt, eine sehr beliebte und weit verbreitete Form des Essays in der damaligen philosophischen und theologischen Kultur. Der wissenschaftliche Teil war leicht verständlich geschrieben, der literarische Teil war raffiniert und sehr modern, gespickt mit ausführlichen und überzeugenden Exkursen und literarischen Zitaten, sehr zur Freude der Humanisten und Rhetoriker von den geisteswissenschaftlichen Akademien.

Das Buch traf ins Schwarze; es besaß alles, um Erfolg und Zustimmung bei einem Publikum zu finden, das aus einem Buch ein literarisches und intellektuelles Ereignis zu machen pflegte.

Und so geschah es; mit dem *Saggiatore* erwarb sich Galilei Ruhm und Ansehen nicht nur unter den „Neugierigen", den „Virtuosen", den „Neuerern", er gewann auch, was noch viel wichtiger war, offiziell die Gunst der höchsten kirchlichen Stellen in Rom. Nicht einmal die glühendsten und optimistischsten Befürworter der Veröffentlichung des *Saggiatore* hatten einen Triumph solchen Ausmaßes vorherzusehen gewagt.

Galilei kam nur wenig später nach Rom, um ihn auszukosten; von allen Seiten wurden ihm Solidarität, Ermutigung und Anerkennung zuteil. Dieser Besuch war der Höhepunkt seiner Karriere als öffentliche Persönlichkeit – und es war ein entscheidender Moment in seinem Leben. Galilei war getragen von der Welle des Triumphs über seine Gegner und der Zustimmung seitens der kirchlichen Hierarchie. Das gab ihm, dem man vielleicht ein wenig zuviel Mut gemacht hatte, die Möglichkeit, seine Kampagne für den Kopernikanismus neu zu eröffnen.

Es ist sehr viel über den *Saggiatore* geschrieben worden. Und zur erkenntnistheoretischen Kommentierung der berühmtesten Stellen sind wahre Tintenströme vergossen worden. Die Historiker haben sich aber vor allem auf die Untersuchung der Vorgeschichte konzentriert, nämlich auf Galileis polemische Kontroverse mit dem Jesuitenpater Grassi, dem Mathematiker am Collegium Romanum. Diese Polemik über die Natur und die Bewegungen der Planeten war nun durch das Erscheinen des *Saggiatore* siegreich abgeschlossen. Allerdings war das eher seiner literarischen Verve, seiner Ironie, den tödlich treffsicheren Wortspielen, der Poesie seiner Allegorien und der unerschöpflichen intellektuellen Leidenschaft als der unwiderstehlichen Kraft rationaler Argumente zu verdanken.

Die Geschichte des *Saggiatore* selbst muß noch geschrieben werden: Von wem, wo und wie wurde er gelesen, in den Himmel gehoben und verdammt?

Diese Geschichte ist in unserem Zusammenhang deshalb von Bedeutung, weil der *Saggiatore* nicht nur ein Buch von Galilei war und den siegreichen Abschluß einer Polemik darstellte, sondern weil es sich hierbei in gewissem Sinn um ein gemeinschaftliches Werk und ein intellektuelles Manifest einer Gruppe römischer Intellektueller aus dem Bereich der Natur- und Geisteswissenschaften handelte. Sie hatten Galilei angespornt, das Manuskript durchgesehen und korrigiert und es schließlich publiziert: der römische Kern der Accademia dei Lincei von Federico Cesi.

Bei der Accademia dei Lincei handelte es sich um eine private Einrichtung mit einem lebhaften Interesse an der Forschung; oft konkurrierte sie mit den Institutionen der offiziellen Kultur. Ihre Exponenten, die es „nach der neuen Philosophie dürstete", suchten ihre Polemik gegen das „scholastische" Wissen der Tradition zu legitimieren. Sie unterhielten besonders enge und gute Beziehungen mit der Kirchenmacht im Rom der Päpste, und das war, wie in jeder Diktatur, von solch großer politischer Bedeutung, daß ihre Zielsetzungen realistisch und ihr Veränderungswille glaubwürdig schienen.

Vorgestellt wurde der *Saggiatore* in Rom als offizielles Manifest dieser Zielsetzungen und der polemischen Bemühungen um Legitimation gegenüber der erdrückenden Macht der Institutionen, die ihren Einfluß auf Tradition und Autorität gründeten.

Dennoch ist es nicht leicht, eine Rezeptionsgeschichte des *Saggiatore* zu schreiben; seine Leser darf man nämlich nicht ausschließlich in den Bibliotheken der Konvente und den Räumen der Universitäten, also im Bereich einer leicht eingrenzbaren wissenschaftlichen *community* suchen. Beschränkte man sich darauf, dann wären die Ergebnisse vielleicht sogar mager, denn die offizielle Wissenschaft begrüßte den *Saggiatore* keineswegs mit demselben Enthusiasmus, mit dem zehn Jahre zuvor die Veröffentlichung der astronomischen Entdeckungen Galileis gefeiert worden war.

Welche Verlegenheit und Verblüffung die astronomischen Argumente des *Saggiatore* selbst bei den Astronomen und Mathematikern hervorriefen, die den Autor des *Sidereus Nuncius* bewunderten, das belegt die Rezension Keplers zum neuen Buch von Galilei auf das nachdrücklichste. Sie erschien unter dem Titel *Spicilegium ex Trutinatore Galilaei* als Anhang zu *Tychonis Brahei Dani Hyperaspistes adversus Scipionis Claramontii anti-Tychonem* im Jahre 1625 in Frankfurt.

Im *Saggiatore* hatte Galilei die Theorie Tycho Brahes über den Kometen abgelehnt und im Zusammenhang damit auf die Reflexion des Lichtes in Keplers *Optica* hingewiesen. Kepler hatte jedoch die Kometen nur als Beispiel erwähnt[1].

Auch wenn Kepler eine große Sympathie für Galilei hegte, so hinderte ihn – den „Professor Astronomiae Tychonicae" – das nicht daran, dieses und andere Mißverständnisse in seiner Rezension zu kritisieren. Er widerlegte die fälschlichen Zuschreibungen, die Galilei zum Zwecke seiner Polemik vorgenommen hatte, und tadelte dessen Schlußfolgerungen gegen Tycho Brahe, die diesen auf ein und dieselbe Ebene mit Scipione Chiaramonte stellten, einen Astronom und Professor aus Pisa, den Kepler diskreditiert hatte und den Galilei im *Saggiatore* unklugerweise zur Stützung seiner Absichten angeführt hatte.

Im übrigen distanzierte sich Kepler auch von Galileis Gegenspieler Grassi, gegen den der *Saggiatore* zumindest für den Bereich der Astronomie eine nicht sehr schlüssige Polemik entfacht hatte. Dennoch versuchte Kepler Galilei in Schutz zu nehmen; er forderte die Leser des *Saggiatore* auf, die polemischen und rechtfertigenden Absichten des Buches zu bedenken und die Mißverständnisse, die dunklen Stellen und Übertreibungen des Buches, aufgrund derer Galilei leicht als Gegner Tycho Brahes und als uninformierter und obskurantistischer Astronom hätte scheinen können, nicht nur nach wissenschaftlichen Maßstäben zu bewerten. Kepler erklärte, er anerkenne das Resultat des Buches – das auf astronomischem Gebiet kontraproduktiv sei –, denn Galilei habe sich mit allen ihm zur Verfügung stehenden Mitteln verteidigen müssen. Sein Gegner habe ihn nämlich offensichtlich in „einer Materie von großer Bedeutung für den Glauben an die Dogmata" angreifen wollen.

Wie alle erkannte Kepler schließlich an, daß Originalität und Bedeutung des *Saggiatore* nicht in der nebensächlichen astronomischen Kontroverse lagen, sondern in den neuen „Argumentationsketten und Experimenten von außergewöhnlicher Gründlichkeit, so daß ich mir wünsche" – schloß Kepler – „es möge das hochverdiente Lob und die Anerkennung bei den Liebhabern der Philosophie erhalten"[2].

Der berechtigte Wunsch Keplers war also bereits Wirklichkeit geworden, und zwar trotz der Schwächen, der astronomischen Ungenauigkeiten und Galileis rein instrumentellen Argumentationen in seiner Polemik über die Kometen. Aus Chronistenpflicht müssen wir hier allerdings diese in der offiziellen Geschichtsschreibung berühmt gewordene Kontroverse kurz skizzieren.

Galilei hatte den *Saggiatore* im Anschluß an eine astronomische Debatte, die vier Jahre währte, verfaßt. Damals, gegen Ende des Jahres 1618 und zu Beginn des darauffolgenden Jahres, waren drei Kometen am Himmel über Europa erschienen.

Bereits 1577 hatte Tycho Brahe Gelegenheit gehabt, Lage und Bewegungsformen jener Himmelskörper zu studieren. Ihre schwach ausgeprägte Parallaxe, die viel geringer als die des Mondes war, und die Beobachtung ihrer Geschwindigkeit hatten Tycho Brahe dazu veranlaßt, neben dem Mond auch die Kometen unter die Himmelskörper einzuordnen, die sich um die Sonne drehen. Ihre Bahn schien jedoch der Hypothese zu widersprechen, daß sie sich auf einer Kreisbahn bewegten.

Im Jahre 1619, als das öffentliche Interesse an den Kometen seinen Höhepunkt erreichte, hatte Pater Orazio Grassi die durch neue Beobachtungen erweiterten Schlußfolgerungen wieder vorgetragen.

Galilei begann die Polemik über Position, Bewegung und Natur der Kometen gegenüber Tycho Brahe und seinem Epigonen mit vollkommen ungleichen Waffen. Aber er hatte ein geheimes Motiv: Er wollte vermeiden, daß die Kometen zur Widerlegung der Lehre des Kopernikus herangezogen würden.

Galilei hat jene Kometen nicht mit eigenen Augen gesehen. Einer seiner Arthroseanfälle hatte ihn auch daran gehindert, jenen besonders stark leuchtenden Kometen im Jahre 1619 zu beobachten. Im übrigen spielten die Kometen im System des Kopernikus, das er verteidigte, keine Rolle. Galilei hatte viele neue Beobachtungen und Gedanken zu dessen Gunsten und zugunsten der Bewegung der Erde angestellt, konnte darüber aber nicht sprechen, nachdem im Jahr 1616 Kardinal Bellarmin ihn aufgefordert hatte, sich zu diesem Thema künftig nicht mehr zu äußern. So blieb ihm nichts anderes, als den Kopernikanismus vor seinen möglichen Gegnern zu verteidigen, d.h. die nicht-kopernikanischen Kosmologien und Astronomien zu vernichten. Mit anderen Worten: Da es Galilei untersagt war, den Kopernikanismus zu untermauern, hatte er keine andere Wahl, als mögliche Verfälschungen aus dem Wege zu räumen.

Ein Himmelskörper, der keiner Kreisbahn folgte, stellte eine Bedrohung für das kopernikanische System dar, zumindest aber eine nicht vorgesehene und höchst gefährliche Hypothese. So griff Galilei, ohne daß er eigene Beobachtungen gemacht oder Berechnungen angestellt hatte, in die Diskussion ein; zunächst unterstützte er, indirekt und durch Zwischenschaltung einer anderen Person, eine theoretische Alternative zur höchst modernen und ausgefeilten Theorie über die Kometen von Tycho Brahe und Pater Grassi. Aber auf welche Theorie über die Kometen sollte er unter den verschiedenen, lange bekannten, zurückgreifen?

Da gab es eine, die sehr verführerisch war. Sie wurde Demokrit und Anaxagoras zugeschrieben und erklärte die Kometen als Agglomeration von Sternen.

Aber das Dekret von 1616 schränkte seine Möglichkeiten ein, und Galilei wollte in einer eigentlich zweitrangigen Frage der Astronomie kein Risiko eingehen. Obwohl ihm, wie eine Randnotiz am bereits zitierten Brief von Baliani belegt, die Hypothese gefiel, verwarf er sie offiziell ebenso wie andere traditionelle Erklärungen auch.

Da das Fehlen einer Parallaxe das stärkste Argument für die Annahme war, die Kometen befänden sich in großer Höhe am Himmel, ersann Galilei eine geniale Antwort. Er schlug vor, die physische Realität der Kometen einfach in Abrede zu stellen. Es handle sich nicht um Himmelskörper, sondern um Lichterscheinungen wie der Regenbogen oder die Reflexe des Sonnenlichtes im Meer bei Sonnenuntergang: rein optische und subjektive Meteore, „ein eingebildetes Simulacrum". Die Parallaxe hat eine Bedeutung, wenn es sich um „wirkliche und dauerhafte" optische Erscheinungen handelt, wie der Mond, der an einem Ort in allernächster Nähe am Horizont aufscheint, während er an einem anderen im Zenit steht. Aber der „leuchtende Streifen", welcher sich in der Dämmerung erstreckt, ist er nicht immer auf die Sonne hin ausgerichtet, an welchem Ort sich der Beobachter auch befinden möge? Und annulliert er nicht so die Parallaxe? Wenn überhaupt, dann lag das Problem in der Sache selbst, denn die Parallaxe des Kometen schien der Sonne konstant entgegengesetzt. Galilei schlug also vor, den Kometen als einen Lichtreflex auf Vorgänge in der Atmosphäre anzusehen, der wie das Nordlicht über die im Schatten liegende Kuppel des Erdhorizonts hinausragt.

Das Kleinerwerden und die Verringerung der Geschwindigkeit des Phänomens wurden plausibel, wenn man annahm, daß sich diese Dämpfe geradlinig, also radial im Verhältnis zur Erdoberfläche bewegten: Das war dieselbe Lösung, die Galilei bereits im Jahre 1604 für den neuen Stern vorgeschlagen hatte.

Überzeugt, der Komet stünde sehr niedrig, und darauf bedacht, ihn möglichst fern vom Himmel des Kopernikus zu halten, schlug Galilei also eine Theorie der Kometen vor, die nichts anderes als ein optischer Aufguß der Theorien des Aristoteles über die Meteore war. Mit dem grundlegenden Unterschied allerdings, daß Aristoteles von einem Feuer ausging, hervorgerufen durch irdische Dämpfe, die sich in Bewegung um die Erde befanden, während für Galilei der Komet nichts war als ein Reflex jener Dämpfe ohne irgendeinen thermischen Effekt, der durch Bewegung verursacht wäre. Mit diesem Gedanken aus den Theorien des Aristoteles über die Meteore konnte man, so schien es, den Kopernikus vor einer Verfälschung durch Tycho Brahe retten.

Wie man sieht, bereichert der *Saggiatore* die Astronomie nicht durch neue Beobachtungen oder originelle Thesen, sondern allein durch geniale polemische Argumente. Und zwar waren sie um so genialer, als ihr Ziel paradoxerweise nicht darin bestand, eine neue astronomische Theorie der Kometen zu entwerfen. Vielmehr sollten sie mit Hilfe einer unwiderleglichen und provokatorischen Logik die Sicherheit in der Gedankenführung des Gegners, nämlich Tycho Brahes und seiner antikopernikanischen Gefolgsleute, und deren streng auf der Beobachtung beruhende Verfahrensweise aus den Angeln heben.

Aber das waren nicht die einzigen Vorzüge des *Saggiatore*, die bewirkten, daß er selbst von einem Publikum gelesen und geschätzt wurde, das bis zu jenem Zeitpunkt wahrscheinlich noch niemals irgendein Buch Galileis zur Hand genommen hatte und das auch nicht über ausreichende mathematische Kenntnisse verfügte, um die astronomischen Termini der Polemik begreifen zu können.

Was das Buch darüber hinaus auszeichnete, waren seine stilistischen Qualitäten. Den *Saggiatore* konnte man wirklich aufschlagen und lesen. Er war abgefaßt wie ein polemischer Kommentar: Jeder Abschnitt des Buches wurde unabhängig von den anderen erörtert und zog oftmals lange Abschweifungen nach sich, die eigenständige Kapitel bildeten.

Diese literarischen und philosophischen Abschweifungen bewiesen Galileis hochgradige literarische Veranlagung. Schriftsteller und Poeten hatten keine Schwierigkeiten, hier einen der Ihren zu erkennen. Im *Saggiatore* fanden sich Zitate von Dichtern und Historikern sowie Seiten mit literarischer und satirischer Prosa von höchster Qualität. Die subtile Argumentation und die brillanten Metaphern waren bestens dazu angetan, das Buch sowohl bei der literarischen Avantgarde zu einem Erfolg zu machen als auch neugierigen Naturwissenschaftlern und virtuosen Literaten im gemeinsamen Kampf gegen den Aristotelismus der traditionellen Institutionen zu dienen.

Man darf also nicht nur untersuchen, welche Erfolge dem *Saggiatore* in der akademischen und wissenschaftlichen Welt zuteil wurden, sondern wie das Buch in den literarischen Akademien und in den intellektuellen Zirkeln, die in Opposition zu den überkommenen Traditionen standen, aufgenommen wurde.

Es ist kein Zufall, daß der Erfolg des Buches darauf zurückzuführen ist, daß ein Literat und großer Mäzen mit offenen und reformerischen politischen Ideen, nämlich Papst Urban VIII., es öffentlich würdigte. Er schätzte sowohl die überzeugenden literarischen Seiten des *Saggiatore* als auch die Passagen voll beißender Ironie; vielleicht waren es sogar die einzigen, die er, wie möglicherweise auch der überwiegende Teil des Publikums, gelesen hatte.

Der eher literarische als wissenschaftliche Charakter des *Saggiatore* dürfte wohl auch die Wissenschaftshistoriker davon abgelenkt haben, die Reaktion auf die wenigen Abschnitte des Buches, die ausführlich gelesen und diskutiert wurden, eingehender zu analysieren. Die Monographien über Galilei verhalten sich an diesem Punkt genauso wie Galilei selbst: Sie registrieren den Erfolg und widmen sich schnurstracks dem nächsten Abenteuer, dem *Dialog*.

Es lohnt sich aber, an dieser Stelle ein wenig zu verweilen, denn über dem anscheinend so strahlenden Erfolg lag ein Schatten, der bisher verdrängt wurde und vollständig rätselhaft geblieben ist.

Im *Racconto istorico della vita di Galileo Galilei* (1717, posthum) hat der erste Biograph Galileis, sein direkter Schüler Vincenzo Viviani, an die Polemik über die Kometen erinnert, die am Anfang des *Saggiatore* stand, und er verband die Erinnerung an jene erfolgreiche Auseinandersetzung mit einer Vorahnung, die er uns nicht weiter erklärt. Viviani schreibt nämlich, jene Polemik sei der Grund „allen Übels, daß dem geehrten Herrn Galilei durch unablässige Verfolgung von da an bis zu seinen letzten Tagen auf alles, was er tat und sprach, widerfuhr“[3].

Doch nicht genug! Nachdem er Galileis Gegner in jenem Disput schlechtgemacht hatte – ihn als einen Menschen voller Neid und unfehlbarer Selbstgefälligkeit anprangerte –, fügte Viviani hinzu, jene Polemik habe „Verleumdungen und Widersprüche bei seinen Feinden und Gegnern“ ausgelöst, „die ihn fortwährend ängstigten und sehr zögerlich werden ließen, wenn er seine Arbeiten abschließen oder die Werke seiner wunderbaren Doktrin herausgeben sollte“[4].

Was für Verleumdungen? Welche Widersprüche hatten es Galilei – nach dem *Saggiatore* und eben aufgrund desselben – ratsam scheinen lassen, seine „Doktrinen“ nicht zu vervollständigen und bei der vorsichtigen Kunst der Verstellung Zuflucht zu nehmen?

Wollte Viviani vielleicht sagen, Galilei hätte besser daran getan, uns die „höchsten und ausgesuchtesten Spekulationen“[5] des *Saggiatore* vorzuenthalten und jener Polemik zu entsagen? Die Historiker können keinen ernstlichen Grund für eine so schwerwiegende Schuldzuschreibung und einen so gewichtigen Zweifel finden.

Der *Saggiatore* hatte zwar seinen Gegner lächerlich gemacht, aber Galilei war schließlich sogar vom Papst väterlich in die Arme geschlossen worden. Wenn es je ein Buch von Galilei gab, das in Rom einen so durchschlagenden Erfolg hatte, dann war das der *Saggiatore*: Mit ihm verdiente sich Galilei gar eine offizielle Auszeichnung – in Form eines päpstlichen Breves – als „ergebener Sohn“ der Kirche.

Die Polemik war hart gewesen, aber nachdem sie einmal siegreich zu Ende geführt worden war, sprach man nicht mehr davon. Auch in den dunkelsten Stunden Galileis kam die Rede nie wieder auf die Kometen, und niemandem fiel es ein, den *Saggiatore* auf den Index zu setzen, auch wenn das dem einen oder anderen gefallen hätte.

Bis heute haben die Historiker dieses Vorzeichen der Unglückskometen aus dem Jahre 1618 verdrängt. Der Bericht von Viviani quoll über vor naivem Rechtfertigungseifer; und im übrigen war der ganze Text nichts als ein Loblied im Hinblick auf die unmittelbar bevorstehende erste Neuauflage der Werke Galileis, verbunden mit der Hoffnung auf die Rehabilitierung des Meisters. Irgendwie haftet diesem Bericht etwas Unglaubwürdiges an. Dennoch wird er ganz allgemein als eines der zahllosen Beweisstücke für die feindselige Einstellung der Jesuiten gegenüber Galilei angesehen und ausgelegt.

Und daß dies mehr als gerechtfertigt ist, liegt auf der Hand. Die Jesuiten hatten mit ansehen müssen, wie einer ihrer tüchtigsten Gelehrten, Pater Orazio Grassi, gnadenlos an den Pranger gestellt wurde, obwohl er noch nicht einmal derjenige gewesen war, der die Polemik über die Kometen mit Galilei angezettelt hatte, eine Polemik, in der er eine Fülle von Argumenten auf seiner Seite hatte. Es war also nur allzu natürlich, daß die Jesuiten in Galilei einen ihrer zahllosen Verächter, Konkurrenten und Gegner sahen. Anläßlich des Prozesses vor dem Heiligen Offizium im Jahre 1633 verbreitete sich von Rom nach Venedig und Paris und schließlich in ganz Europa das Gerücht, es seien die Jesuiten gewesen, die Galilei angezeigt hätten. Angesehene Persönlichkeiten wie Naudé, Descartes und Grotius schenkten dieser verbreiteten Meinung Glauben und äußerten sich in ihren Briefen dementsprechend[6]. Aber all die gleichlautenden Unterstellungen bezogen sich auf Angriffe gegen den *Dialog*, in dem keine Spur mehr von der Polemik über die Kometen zu finden war. Die schien abgenutzt und vergessen.

Einzig eine Äußerung schien die beunruhigende Vorahnung von Viviani zu stützen. Es handelte sich um eine qualifizierte Stellungnahme, denn sie kam von einem Wissenschaftler des Collegium Romanum, von Pater Christophe Grienberger, dem Lehrer in Mathematik und Astronomie von Pater Orazio Grassi: „Wenn der Galileo es verstanden hätte, sich das Wohlwollen der Patres dieses Collegiums zu bewahren", so hatte Grienberger nach der Verurteilung geäußert, „so würde er ruhmreich in der Welt leben, und es wäre ihm nichts von seinem Unglück widerfahren, und er hätte nach seinem Gutdünken über eine jegliche Materie schreiben können, und ich sage, selbst über die Bewegung dieser Erde"[7].

Aber auch diese Äußerung vermag nicht zu klären, warum Viviani von Befürchtungen geplagt wurde. Historisch belegbare Beweise für diese unbestimmte und doch erklärliche Feindschaft der Jesuiten fehlen, und die Verteidiger der Gesellschaft Jesu haben daher auch Belege verlangt für die „widerliche Unterstellung der Partei Galileis seinerzeit"[8]. Auch modernen Historikern ist es nicht gelungen, Beweise herbeizuschaffen, daß Vivianis Bericht, die Polemik über die Kometen hätte Galileis Unglück heraufbeschworen, den Tatsachen entspricht. Der bedeutende Wissenschaftshistoriker Montucla schrieb zwar in seiner berühmten *Histoire des mathématiques* im Zusammenhang mit der Anklage gegen Galilei: „Im übrigen hatte es heftige Auseinandersetzungen über Fragen der Hydrostatik, die Kometen etc. mit einem gewissen Pater Horatio Grassi gegeben, einem Jesuiten, und man geht davon aus, daß dieser tüchtige Pater nicht wenig dazu beitrug, die Inquisitoren zu ermuntern"[9].

Montucla lebte im 18. Jahrhundert und hatte den unschätzbaren Vorteil, Galilei 200 Jahre näher zu stehen als wir. Es kann sein, daß sich seine Beurteilung auf persönliche Informationen stützte, auf Erinnerungen an die Affaire Galilei und Echos darauf, die für uns heute unwiederbringlich verloren sind. Aber auch wenn seine Aussage offensichtlich Vivianis Befürchtungen bestätigt, so fehlt bis heute ein historisch überprüfbarer Beleg dafür, und die Autoren der Jesuiten konnten bei Montucla zu Recht angreifen, er koche im Sinne der Aufklärung die „widerlichen Anschuldigungen“[10] gegen ihre Ordensbrüder aus dem 17. Jahrhundert wieder auf. Die Anklage Montuclas wie Vivianis Vorahnung sind von den Biographen Galileis vergessen worden. Stellt man sie nebeneinander, dann geben sie ein bis heute vollkommen ungelöstes Rätsel zum *Saggiatore* auf.

„Operation Sarsi“

Welche Umstände hatten die Geburtsstunde des *Saggiatore* begünstigt? Und wie kam es, daß er das Manifest einer Gruppe von Intellektuellen und Politikern zu werden vermochte? Was war besonders an ihm?

Die Umstände waren es, die Galilei dazu brachten, dieses Buch zu verfassen, so daß man sich an dieser Stelle damit begnügen kann, schlaglichtartig eine Reihe von Geschehnissen aus der Zeit vor und während seiner Veröffentlichung Revue passieren zu lassen.

Mai 1612. Knapp ein Jahr nach seinem ersten Auftreten als Philosoph, anläßlich des Experimentes mit dem Stein von Bologna, unterstreicht Galilei mit der Veröffentlichung des *Discorso intorno alle cose che stanno in sull'acqua* seine Neigung zu einer Naturphilosophie, die im Widerspruch zur aristotelischen Tradition steht. Das Buch erregt große Aufmerksamkeit und löst heftige Kontroversen aus. Es werden, ausgehend von einer Erörterung über die Tatsache, daß Eis auf der Wasseroberfläche schwimmt, das Problem des Schwimmens und die Grundlagen der Hydrostatik behandelt. Das führt zur eigentlich philosophischen Fragestellung über die Natur der Hitze und der Kälte. Galilei kämpft gegen die Physik der Qualitäten von Aristoteles. Dazu greift er kritisch auf die „Feueratome“ des Demokrit zurück, die sich zwischen den Partikeln des Flüssigen bewegen[11].

Die Fraktion der Aristoteliker an den toskanischen Universitäten macht geschlossen Front gegen die Position Galileis. Unterstützt wird er dagegen von einem Kardinal, der eine glänzende Zukunft vor sich haben sollte, von Maffeo Barberini.

23. Juni 1612. Kardinal Roberto Bellarmin dankt Galilei in seiner bekannt höflichen Art für die Widmung in einer Ausgabe des *Discorso intorno alle cose che stanno in sull'acqua* und verspricht, ihn alsbald zu lesen.

August 1612. Unter den zahllosen Polemiken gegen die atomistischen Positionen des neuen Buches von Galilei ragt die des Pisaner Universitätsprofessors, Giorgio Coresio, besonders hervor. Pater Benedetto Castelli antwortet ihm mit einer Reihe von Widerlegungen. Die Polemik schleppt sich dahin, hat aber keine Folgen. Hervorgehoben werden muß, daß sowohl die Gegner Galileis als auch sein Verteidiger darin übereinstimmen, daß seine Konzeptionen in die Nähe von Demokrit zu rücken seien[12].

1613. Die Accademia dei Lincei – deren Mitglied Galilei seit 1611 ist – veröffentlicht in Rom die *Istoria e dimostrazioni intorno alle macchie solari.* Die Akademie, eine private, laizistische Einrichtung, übernimmt so voll und ganz die Verantwortung für ein Buch, in dem Galilei zum ersten Mal ganz unverblümt gegen einen Jesuitenpater polemisiert, nämlich gegen den Pater Cristopher Scheiner. Die Kontroverse entwickelte sich aus einem Streit, wer eher die Sonnenflecke entdeckt habe. Unter der Ägide der Akademie und von der Feder Galileis geführt, weitet sie sich aus zu einer allgemeinen kulturellen Polemik. In seinem dritten Brief fordert Galilei seine Gegner heraus: „Die Autorität von Tausenden gilt in der Wissenschaft nichts gegen den Funken Verstand eines einzigen“[13]. Dieser Funken speist sich aus der „Liebe zu Gott [...], der Quelle von Licht und Wahrheit“.

Galilei unterstellt der aristotelischen Physik reinen Nominalismus und macht sich zum ersten Mal den Slogan vom „Buch der Natur“ zu eigen, das den Büchern des Aristoteles und seiner Kommentatoren entgegengesetzt wird, die sich so verhalten, als »wäre es nicht geschrieben worden, damit es auch andere als Aristoteles lesen“[14]. Die Texte des Aristoteles beschreibt er als ein Gefängnis für die Vernunft. Damit sind die Feindseligkeiten gegenüber der offiziellen Philosophie der Jesuiten eröffnet.

Ist diese provokative Aufforderung zur unverstellten Lektüre des Buches der Natur Hinweis genug? Diese für uns poetisch klingende Metapher hatte in den Ohren der Römer, die geübt darin waren, das transalpine Echo herauszuhören, in der Tat keinen so unschuldigen Klang. Stellte jener Appell nicht eine Ohrfeige für die scholastische Tradition des Katholizismus dar; und streckte er nicht auf verräterische Weise denen die Hand hin, welche die direkte Lektüre jenes Buches wie auch der Bibel zu ihrem Grundprinzip machten? „Die Natur ist vor unseren Augen wie ein schönes Buch, in dem alle Dinge der Schöpfung Buchstaben sind, welche die unerforschlichen Gedanken Gottes darstellen“, das war ein grundlegender Artikel, der zweite, aus der *Confessio Belgica* (1561) der holländischen Reformierten.

Wenn Galilei die Lektüre dieses Buches zu seinem provokativen, antiaristotelischen Motto machte, versteckten sich dann nicht dahinter Motive eines synkretistischen Christentums wie bei seinem Freund Kepler?

Das sind die Fragen, die schwer für die Jesuiten wogen. Galilei mit gebührendem Takt und Autorität zum Schweigen zu bringen, dafür sollte der bedeutendste Jesuit sorgen, der zierliche Bellarmin.

24. Februar 1616. Seit einem Jahr ist beim Heiligen Offizium ein Verfahren gegen Galilei anhängig, der, wie gesagt, von Pater Lorini angeklagt worden war, die Bibel an den Heliozentrismus anpassen zu wollen. Jetzt, wo Galilei in Rom weilt und versucht, die Anklage wegen Kopernikanismus zu vermeiden, gelangt das Untersuchungsverfahren an seinen entscheidenden

Punkt. Einstimmig beurteilen die theologischen Experten des Heiligen Offiziums die heliozentrische Lehre als philosophisch falsch, absurd und als formal häretisch sowie die Lehre von der Bewegung der Erde als Irrtum *de fide*, denn die erste widerspricht der Heiligen Schrift, die zweite weicht von ihr ab.

26. Februar 1616. Offizielle Mitteilung des Kardinals Bellarmin an Galilei im Vatikan-Palast; anwesend ist auch der Pater, der bei der Verurteilung des Kopernikus Kommissar des Heiligen Offiziums gewesen war. Bellarmin kennt sich in der Astronomie nur wenig aus, und er bewundert die Wissenschaftler zutiefst, insbesondere diesen „tüchtigen Mathematiker"[15], der Galilei in seinen Augen ist. Mit dieser offiziellen, aber persönlich gehaltenen Ermahnung erreicht er, das juristische Verfahren gegen Galilei einschlafen zu lassen, welches durch die Anzeige von Pater Lorini in Florenz in die Wege geleitet worden war. Der hatte behauptet, Galilei wolle die Bibel mit dem Gedanken in Übereinstimmung bringen, „die Erde bewege sich und der Himmel stünde still, was die gesamte Philosophie des Aristoteles mit Füßen trete (derer sich doch die theologische Lehre so sehr bedient)"[16].

Was hat Bellarmin zu Galilei gesagt? Hat er ihm einfach nur mitgeteilt, daß Kopernikus auf den Index gesetzt worden war, wie aus der Bestätigung hervorgeht, die der Kardinal später auf Bitten Galileis ausstellte – denn es kreisten bösartige Gerüchte, er habe abgeschworen?[17] Oder wurde Galilei formell angehalten, in keinster Weise die verurteilte Theorie zu „rechtfertigen und zu unterstützen"? Das geht aus einem ganz ungewöhnlichen, sehr bekannten Protokoll hervor, das nicht unterzeichnet ist und keine legale Bedeutung hat, im Verlauf des Prozesses von 1633 aber großes Gewicht erlangte[18]. Seit hundert Jahren können sich die Historiker über diesen Punkt nicht einigen. Die beiden Dokumente sind tatsächlich unvereinbar und widersprechen sich. Gemeinsam ist ihnen nur, daß sie einen juristischen Zweck erfüllen; den Stand der Dinge erklären sie uns nicht. Der private Rahmen und die herzliche Beziehung zwischen den beiden Männern legen den Gedanken nahe, der Kardinal habe Galilei davon unterrichtet, wie die Dinge in Wirklichkeit standen.

Das Heilige Offizium befaßte sich nicht mit Astronomie, sondern mit Fragen der Rechtgläubigkeit im Katholizismus. Galilei war angezeigt worden, weil – so die Anklage – er sich als Exeget und Synkretist betätigt habe; dieser Anklage wegen war auch Kopernikus vor die Gutachter des Heiligen Offiziums gebracht worden. Erst an diesem Punkt rief der Gegensatz zwischen dem astronomischen Problem der Erdbewegung und den geozentrischen Stellen aus der Bibel einen dramatischen Konflikt hervor. Der Vorsatz, die Interpretation der Bibel an die Erfordernisse jener Theorie anzupassen, welcher vom Karmeliter Foscarini erneuert worden war, brachte das Heilige Offizium auf den Plan.

Verstehen wir uns recht: Kardinal Bellarmin, der seit den Zeiten des Studiums im Collegium Romanum mit dem verstorbenen Astronomen Clavius befreundet gewesen war, wußte sehr wohl, daß die kopernikanische Beschreibung der Planetenbewegungen wissenschaftlich haltbar sein konnte. Wenn sie nicht falsch wäre. In einem liebenswürdigen Brief an Pater Foscarini, der eine Theorie veröffentlicht hatte, in der die Übereinstimmung von Heliozentrismus und Schrift behauptet wurde, hatte der Kardinal ironisch zu verstehen gegeben, er erwarte einen Beweis für den Heliozentrismus[19]. Bellarmin hatte ein ruhiges Gewissen, als er mit der Unterstützung der Theologen des Heiligen Offiziums die Lehre von der Bewegung der Erde für „philosophisch falsch" erklärte. In der Tat hatte Clavius in seinem berühmten *Commentarius* zur *Sphaera* von Scarabosco bewiesen, daß, unter Voraussetzung der Gesetze der aristotelischen Physik „die Erde, insoweit sie höchst schwer ist, selbstverständlich zu jenem natürlichen Punkte tendiert, der der Mittelpunkt"[20] des Universums ist. Unterstellte man einmal umgekehrt die absurde These, sie wäre nicht unbeweglich, sondern bewegte sich linear oder auf einer Kreisbahn, dann stünden alle physikalischen Konsequenzen, die sich daraus ergäben, im Widerspruch zur Erfahrung. So war sich Bellarmin, wiewohl er fälschlich glaubte, die kopernikanische Hypothese sei unkomplizierter als die ptolemäische, gewiß, daß die Wahrheit des Heliozentrismus nicht anders bewiesen werden könnte als durch den vorhergehenden Beweis der physikalischen Unmöglichkeit der aristotelischen Kosmologie. Die Übereinstimmung zwischen dem Diktum der Bibel und dem aristotelischen Geozentrismus war nur ein weiteres überzeugendes Argument.

Und wer, wenn nicht der Großinquisitor des Prozesses gegen Giordano Bruno, Kardinal Bellarmin, konnte von so großer Weitsicht sein, daß er das Aufkommen neuer kopernikanischer Philosophien und neuer Skandale zu unterbinden suchte?

Bellarmin verstand weit weniger als Galilei von Astronomie und Physik. Aber niemand verstand mehr als er von der Notwendigkeit, die Bibelauslegung im Rahmen der scholastischen Tradition zu halten. Nun waren die Bibelstellen zum Problem der Sonnenbewegung weder besonders zahlreich noch besonders wichtig; und kein Konzil hatte je den Geozentrismus als Glaubenswahrheit verkündet. Aber es handelte sich um eine Prinzipienfrage. Wäre es zulässig gewesen, die Bibel im Lichte neuer, naturwissenschaftlicher Kenntnisse zu interpretieren, dann hätte die Gefahr heraufziehen können, daß sich diese Praxis auch auf andere, für den Glauben und die überkommene Interpretation grundlegendere Stellen ausdehnte.

3. März 1616. Durch Dekret der Kommission des Index, die Bellarmin unterstand, wird (ohne eine offizielle Sentenz des Heiligen Offiziums einzufordern) die einstimmige Meinung der theologischen Gutachter vom 24. Februar verabschiedet. *De revolutionibus* von Kopernikus und der Kommentar des Theologen Diego da Zuñica zum Buch Hiob werden bis auf weiteres suspendiert, um jeden Hinweis auf den wirklichen *(absolute)* Charakter der verurteilten Doktrin zu tilgen. Das Buch des Theologen Foscarini und jeder

exegetische Text *idem docentes* (der Gleiches behauptet) werden dagegen verurteilt.

Trotz der Welle neuer Polemiken optierte Rom also für die uneingeschränkte Verteidigung der aristotelisch-scholastischen Kosmologie und der wörtlichen Auslegung der Bibel, die der gesicherten Tradition vorbehalten bleiben sollte. Alle Vorstöße augustinischer Inspiration in Richtung auf einen Begriff vom „bildlichen" Sinn bei der Bibelexegese wurden verworfen. Und in der Tat, waren nicht die Häresien im Namen des Heiligen Augustinus Legion?

September 1616. „Eine neue Philosophie in Übereinstimmung mit der Doktrin der Heiligen, die in die christlichen Schulen anstelle der Autorität der Sekte der Peripatetiker und der heidnischen Philosophien eingeführt werden sollte." Diese Forderung erhebt Fra Tommaso Campanella am Anfang seines Manuskripts *Apologia pro Galileo,* das jetzt im Umkreis der Cesi zirkuliert. Zur Unzeit – nämlich nach der Schlacht – fordern sein Vorschlag, die Bibelauslegung zu erneuern, sowie seine augustinischen Thesen von der Natur als Buch Gottes, das der Bibel entspricht, Rom zur Entscheidung heraus. Diese neue Philosophie ist eine ganz alte Philosophie jüdischen Ursprungs, nämlich die des Pythagoras: eine mosaische Astronomie und Physik, die noch orthodoxer als die heidnische des Aristoteles war.

Campanella, auf unbestimmte Zeit eingekerkert, war vielfach wegen seiner telesianischen, atomistischen und antiaristotelischen Ideen verurteilt worden. Galilei hätte keinen kompromittierenderen und ungünstigeren Fürsprecher haben können. Daher gefährdet sich Galilei weder jetzt noch später durch eine Erwiderung auf die ungenauen und katastrophalen Initiativen Campanellas zu seiner Verteidigung. Als aber die Apologie 1622 vom Lutheraner Tobias Adam publiziert wird und der Verfasser des Vorwortes Galileis Namen im Lichte einer synkretistischen neuen Philosophie, die keine Grenzen kennt, in einem Atemzug mit Nikolaus von Kues, mit Foscarini, Bruno, Kepler, Patrizi, Telesio und Hill erwähnt, da ist Galilei wirklich kompromittiert.

23. Mai 1618. Der Prager Fenstersturz ist ein deutliches Signal für den bevorstehenden Krieg, der in ganz Europa die letzten Hoffnungen auf eine Aussöhnung der Christenheit verbrennen und in den Herzen der aktiven Katholiken die Vorstellung eines blutigen Erlösungsfeldzuges und einen erneuerten tridentinischen Glaubenseifer säen sollte.

Aber erst die furchterregende Erscheinung nicht eines, sondern dreier Kometen am verfinsterten Himmel über Europa wird zum wirklichen Vorzeichen für all das Grauen und die biblische Dauer des Dreißigjährigen Krieges.

März 1619. Die Gesellschaft Jesu veröffentlicht, anonym, die Vorträge über das Erscheinen der Kometen im Winter. Gehalten hatte sie der sechsunddreißigjährige Pater Orazio Grassi aus Savona, Professor für Mathematik am Collegium Romanum. Die Veröffentlichung mit dem Titel *De tribus cometis anni MDCXVIII disputatio astronomica habita in Collegio romano* verdiente die offizielle Unterstützung der großen Universität der Jesuiten, stellte sie doch die wissenschaftliche Qualität der beobachtenden Astronomie unter Beweis, wie sie von jeher von dem Orden gepflegt wurde. Grassi stützt sich auf die modernen Überlegungen Tycho Brahes und aktualisiert sie durch die neuen Beobachtungen der Kometen, die von Mitgliedern des Ordens überall in Europa durchgeführt worden waren.

Auf Grund dessen vermochte Pater Grassi, eine brillante Bestätigung für das Fehlen einer erkennbaren Parallaxe des Kometen nachzuweisen. Am selben Tag nämlich, dem 10. Dezember, wurde in Rom und in Köln eine identische Verdunkelung der Gestirne durch den Kometen beobachtet.

Die Schwäche der Parallaxe, die gleichbleibende planetarische Bewegungsrichtung und die fehlende teleskopische Vergrößerung veranlaßten Pater Grassi zu dem Schluß, dem Kometen sei eine Position zwischen Mond und Sonne zuzuweisen: ein Himmelskörper auf einer sehr hohen Kreisbahn, der, anders als Aristoteles das gedacht hatte, vom reflektierten Licht der Sonne erleuchtet werde. Die Astronomie der Jesuiten am Collegium Romanum lieferte also, wie damals, als sie die Entdeckungen des *Sidereus Nuncius* und die Sonnenflecken offiziell anerkannt hatte, einen weiteren Beweis für ihre Vorurteilslosigkeit und Freizügigkeit in der Forschung.

Juni 1619. Nur einmal in seinem Leben hatte Galilei einen Kometen gesehen, und das reichte zurück bis in die Kindheit, als er dreizehn Jahre alt war und in Florenz den Kometen aus dem Jahre 1577 beobachtete[21]. Von verschiedenen Seiten wurde er nun dazu aufgefordert, sich zu äußern[22]; da er beunruhigt war wegen der bedrohlichen Autorität, mit der das Collegium die Thesen vorgetragen hatte, entschied er sich, durch einen Mittelsmann zu antworten. Der *Discorso delle comete,* den sein Schüler Mario Guiducci an der Akademie zu Florenz gehalten und sofort danach veröffentlicht hatte, stammte weitgehend von ihm, und von ihm wurde er auch zum großen Teil redigiert. Die Schrift ist eine polemische Verteidigung der These von der ausschließlich optischen Natur dieses Phänomens gegen die Hypothesen der Antike, die von Tycho Brahe und die der *Disputatio* des Pater Grassi, die verworfen werden. Mario Guiducci war vormals Schüler des Collegium Romanum gewesen[23].

12. Juli 1619. „Bewundernswert, wunderbar, etwas ganz Neues [...], etwas, das hier immer noch auf große Zustimmung stößt, das ist dieser Wille, sich mit dem Collegium Romanum auseinanderzusetzen [...]. Die Jesuiten fühlen sich sehr beleidigt...“[24]. So schreibt Don Giovanni Ciampoli, ein Schüler aus Florenz, ein dreißigjähriger Philosoph und Literat, der unter der Schirmherrschaft des brillanten Kardinals Maffeo Barberini zum Römer geworden war, an Galilei. Erst kürzlich war Ciampoli Mitglied der Accademia dei Lincei geworden.

August 1619. Pater Orazio Grassi bereitet eine Erwiderung auf den *Discorso* von Guiducci und Galilei vor und führt zu diesem Zwecke am Collegium Romanum physikalische Experimente durch. Auf Einladung von

Grassi nehmen Giovanni Ciampoli und Virgino Cesarini, ebenfalls ein römischer Intellektueller der Accademia dei Lincei, an diesen Experimenten teil. Der Historiker begegnet hier Pater Orazio Grassi zum ersten Mal direkt, und Grassi hinterläßt keinen guten Eindruck. Ciampoli sagte nach dieser Begegnung, er hege keinen Zweifel hinsichtlich der Doppelzüngigkeit dessen, was Pater Grassi sage, und dem, was er schreibe[25]. Da es sich um das Urteil eines politischen und diplomatischen Beobachters handelt, verdient diese Aussage Beachtung und macht zugleich mißtrauisch.

Dezember 1619. Die Erwiderung auf den *Discorso delle comete* ist auch in den Buchhandlungen Roms erhältlich, nachdem sie zuvor in Perugia unter dem Pseudonym Lotario Sarsi veröffentlicht worden war. Ciampoli enthüllt, daß Pater Orazio Grassi der Autor des Buches mit dem Titel *Libra astronomica ac philosophica* ist. Der Krieg hat begonnen.

Das Pseudonym war eine übliche Vorsichtsmaßnahme der Gesellschaft Jesu, um in Fällen schwerwiegender wissenschaftlicher, politischer und theologischer Kontroversen das Collegium Romanum offiziell nicht zu kompromittieren. Dennoch verbreitet sich sehr rasch die Meinung, daß die *Libra* die volle Unterstützung durch die Kurie der Gesellschaft Jesu genieße. In der Tat kann sich das Buch mit der Unterstützung durch die Vorgesetzten von Pater Grassi schmücken.

Auf der Ebene der Polemik und der Wissenschaft findet Galilei in Pater Grassi einen harten Widersacher. Gegen die paradoxe Gegenhypothese von Galilei verweist Sarsi auf das Autoritätsprinzip. Nämlich auf die Autorität der Tradition: Seit Pythagoras bis hin zu Tycho Brahe sei immer anerkannt worden, daß es sich bei den Kometen um etwas Reales handele. Und auf die Autorität der Sinne: Es reiche aus, „auch nur ein einziges Mal" einen Kometen mit bloßem Auge oder durch das Fernrohr gesehen zu haben, und man begreife, daß es sich nicht nur um Lichteffekte handele. Wissenschaftlich wird die galileische Gegenhypothese von der Natur des Kometen durch eine ganze Reihe von Widerlegungen des Interpretationsmodells, das Galilei vorgeschlagen hatte, zunichte gemacht. Dabei stützt Grassi sich auf die unterschiedlichen physischen Träger von Phänomenen wie dem Regenbogen oder der Reflexion des Sonnenlichts. Pater Grassi galt als ein Experte auf dem Gebiet der Optik. Bereits 1618 hatte er eine *Disputatio optica de iride* veröffentlicht[26].

Die Polemik verschiebt sich nunmehr von der astronomischen Kontroverse hin zu Problemen im Zusammenhang mit der Wärmephysik, der Physik des Lichts und des Flüssigen. Die *Libra* führt eine Reihe von neuen und aufsehenerregenden Experimenten an; unter anderen auch das Experiment über die Bewegung der Luft in einem sich drehenden Becken, das öffentlich unter den Augen der römischen Anhänger Galileis am Collegium Romanum vorgeführt worden war.

Aber die *Libra* geht über die üblichen Termini und Stilmittel einer normalen wissenschaftlichen Polemik hinaus. Sie offenbart den Ursprung jeder

Form jesuitischer Polemik in der Kontroverse und der Apologetik. Der mysteriöse Sarsi zeigt eine unbezähmbare Neigung, in die wissenschaftliche Polemik versteckte Andeutungen und Unterstellungen über die religiösen Ansichten des Gegners einzuflechten[27].

Implizite wird mit der Verurteilung des Kopernikus aus dem Jahr 1616 gedroht, und, was noch schwerer wiegt, Sarsi läßt sich die Gelegenheit nicht entgehen, darauf hinzuweisen, daß in der Theorie Galileis über die Kometen einige Anklänge an das Buch *De cometis* (1618) des Kopernikaners und Häretikers Kepler zu finden seien, die aber in Wirklichkeit auf Cardano und Telesio zurückgingen. Das stimmte vielleicht sogar, auch wenn Galilei das nicht zugeben konnte, denn Cardano und Telesio standen in dem Ruf, einen materialistischen Atheismus zu vertreten. Die verlogene Anspielung von Sarsi auf die „unfruchtbare und freudlose Philosophie“, auf die Galilei sich beziehe, stellte eine üble Unterstellung dar, einen wirklich unfairen Angriff, der die gesamte Kontroverse definitiv vergiftete[28].

Februar–März 1620. Es mehren sich die Stimmen aus Rom, die Galilei auffordern, die Herausforderung anzunehmen und „dem Hochmut der Jesuiten“ einen Dämpfer zu versetzen[29], wie ein Mitglied der Accademia dei Lincei, der berühmte Arzt Johannes Faber, schreibt. Auch der Professor Giulio Cesare Lagalla von der Universität La Sapienza (Rom U. H.), ein unorthodoxer Aristoteliker, bigott und zugleich ein großer Libertin, der von den Jesuiten gehaßt wird und ein guter Freund Galileis in Rom ist, beklagt sich über die anmaßende Zensur, die die Jesuiten über die Gedanken ausüben wollen[30]. Galilei wird von vielen Seiten aufgefordert, zu reagieren und seine „Erneuerungen auf philosophischem Gebiet“ darzulegen[31].

15. Mai 1620. Die Kongregation des Index verbietet den *Epitome* von Kepler und fordert notwendige Eingriffe der Zensur in *De revolutionibus*, damit das Werk für Katholiken zugelassen werden könne[32].

10.–18. Mai 1620. Bei einem Aufenthalt im Herzogspalast von Acquasparta in der Nähe von Urbino, dem Landsitz des Fürsten Cesi, beschließt der innere Kern der Accademia dei Lincei – Cesi, Ciampoli und Cesarini – gegen „Sarsi“ eine Operation im episch-satirischen Stil der heftigen literarischen Polemiken der Zeit einzuleiten[33].

Es handelt sich darum, unter dem Vorwand der Auseinandersetzung über die Kometen einen großangelegten Angriff gegen die intellektuellen Eckpfeiler der traditionell in Rom tonangebenden Kultur zu führen. Dabei steht nicht allein das Ansehen Galileis auf dem Spiel, sondern vor allem Prestige und intellektuelle Legitimation der Accademia dei Lincei.

17. Juli 1620. Monsignore Ciampoli teilt Galilei mit, welche Strategie in Acquasparta beschlossen wurde; Galilei wird gebeten, sich daran zu halten[34]. Die Antwort soll dem jungen Herzog Virginio Cesarini gewidmet werden, einem bedeutenden Intellektuellen und Aristokraten aus Rom; als ein persönlicher Freund des spanischen Botschafters und der Kardinäle Bellarmin und Ludovisi bietet er den besten Schutz für ein so wagemutiges Un-

terfangen. Außerdem ist Cesarini Mitglied der Accademia dei Lincei, und wenn man die Antwort ihm widmet, dann wird die Geschlossenheit und Kraft der Accademia auch öffentlich unterstrichen. Weiter wird Galilei nahegelegt, das Pseudonym, das vom Autor der *Libra* verwendet worden war, zu nutzen und so zu tun, als handle es sich nicht um Pater Grassi. Er könne dann in seiner Kritik ungezwungener verfahren.

17. September 1621. Fast schon ein Heiliger, stirbt Kardinal Bellarmin. In die prachtvolle Gruft, die Bernini gestaltet hatte, nimmt er auch alle Geheimnisse des Prozesses gegen Giordano Bruno mit. Auch wenn die bevorstehende Regentschaft des Papstes Gregor XV. mehr denn je philojesuitisch und philospanisch ausgerichtet sein sollte, so scheint doch der Tod des bedeutendsten Repräsentanten der Gegenreformation in den Augen zahlreicher italienischer Häretiker und Neuerer die Öffnung zu neuen politischen und intellektuellen Hoffnungen zu versprechen. Bellarmin hinterläßt jedoch als unvergängliches Andenken seine *Controversie*, die das gesamte 17. Jahrhundert hindurch Dutzende von Neuauflagen erfährt.

Januar–Mai 1622. Wiederholte Anmahnungen seitens Monsignor Giovanni Ciampolis, des Herzogs Cesarini und Filippo Magalottis, Galilei solle seine Verpflichtung wahrmachen und den Jesuiten antworten. Die Accademia dei Lincei werde die Antwort innerhalb eines Jahres publizieren[35].

Ende Oktober 1622. Cesarini hält das heiß ersehnte Manuskript des *Saggiatore*, das so lang erwartete Kriegsinstrument gegen die „sturen Anhänger des Alten“[36] in Händen[37]. Die zweite Phase der „Operation Sarsi“ beginnt: die kollegiale Durchsicht der Arbeit, wie es die internen Regeln der Akademie vorsehen.

November–Dezember 1622. Cesarini macht Kopien des handschriftlichen Manuskripts und fügt zahlreiche Änderungen ein. Wir werden niemals wissen, um welche Änderungen es sich dabei handelte, denn es ist uns kein Original des *Saggiatore* erhalten geblieben[38]. Das korrigierte Originalmanuskript wird dann Federico Cesi zugesandt[39].

12. Januar 1623. Wir befinden uns in der Schlußphase. Fürst Cesi, Monsignor Ciampoli und Cassiano Dal Pozzo, ein wohlbekannter „Mann der Wissenschaft“ aus Rom, lesen ihrerseits den Text von Galilei noch einmal gegen[40]. Cesarini schreibt an ihn: „Wir wollen das Werk publizieren, und zwar in Rom trotz des Einflusses der Gegner, gegen die wir uns mit dem Schild der Wahrheit wappnen werden“[41]. Gleichzeitig garantiert Cesarini jedoch auch, daß man auf den Schutz durch Gönner bauen könne: ein wesentlich beruhigenderes Schutzschild als das der Wahrheit. Cesarini kündigt an, daß die *Apologia pro Galileo* von Campanella verboten werden wird und sieht aus diesem Grunde eine sehr harte Auseinandersetzung voraus. Aber das alles bringt Cesarini, diesen Ex-Schüler der Jesuiten, nicht von der Idee ab, daß der *Saggiatore* „im Angesicht der Kirche und vor den Augen der Kongregation“[42] erscheinen soll.

Januar–Februar 1623. Die „Operation Sarsi“ ist inzwischen ein offenes

Geheimnis. Cesarini hat nicht an sich halten können und vor etlichen Bekannten Auszüge aus dem Manuskript vorgelesen. In Rom haben auch die Mauern Ohren: Die Jesuiten wissen Bescheid und den Rest konnten sie sich denken: „Sie haben alles erfaßt"[43]. Und vor allem haben sie voll verstanden, daß Galileis Buch eine skandalöse Verhöhnung des Collegium Romanum zu werden droht. Sie reagieren frühzeitig: Bei den Eröffnungsvorlesungen der Akademie geißeln die Professoren des Collegium Romanum die Neuerer mit besonderem Nachdruck. Cesarini ist davon beeindruckt, aber nicht eingeschüchtert: „Trotz dieser heftigen und äußerst beredten Verurteilung", schreibt er an Galilei, „hoffe ich, daß die hehren Spekulationen Euer Ehren in Rom frei erhältlich sein und auf Zustimmung stoßen werden". Die „philosophische Freiheit" des *Saggiatore* legte außerdem den Gedanken nahe, das Buch ins Lateinische zu übersetzen, um ihm die gebührende Verbreitung in ganz Europa zu sichern. Dies Projekt wurde nicht weiter verfolgt; die Wirkung des *Saggiatore* außerhalb Italiens ist, wie der Briefwechsel Galileis erkennen läßt, recht spärlich.

April–Mai 1623. Der *Saggiatore* wird gedruckt[44]. Es gibt keinen Hinweis auf die Auflagenhöhe; allerdings wird sie, wie das allgemein üblich war, einige hundert Exemplare nicht überschritten haben. Auch Johannes Faber und Francesco Stelluti haben das Manuskript durchgesehen[45]. Insgesamt haben sechs qualifizierte „Zensoren" der Accademia dei Lincei das Manuskript gelesen; aufgrund ihrer ganz unterschiedlichen Ausbildung war es kaum möglich, daß ein philosophischer oder theologischer Aspekt unbeobachtet durchgegangen wäre, der die gemeinsame Initiative hätte kompromittieren können. Mit großem Vorlauf gegenüber der Drucklegung hatten Monsignor Ciampoli und Virginio Cesarini dahingehend gewirkt, daß die kirchliche Autorisierung einem jungen Professor der Minerva anvertraut würde, dem Dominikanerpater Niccolò Riccardi aus Genua, ein Anhänger Galileis, der eine schnelle Karriere im Heiligen Offizium erleben sollte[46]. Der Orden Pater Riccardis hatte gerade erst eine tiefgreifende Auseinandersetzung über entscheidende theologische Fragen mit der Gesellschaft Jesu hinter sich, deren Ausgang noch immer schmerzte. Man konnte ihm nichts Besseres antun, als ihn um ein zustimmendes Urteil zu einem Buch zu bitten, in dem die Autorität des Collegium Romanum in aller Öffentlichkeit geschmäht wurde.

Die Druckerlaubnis trägt das Datum des 3. Februar. Allerdings hatte Pater Riccardi dem *Saggiatore* nicht eine der üblichen Autorisierungen erteilt, wie sie das bürokratische Ritual der Inquisition verlangte, sondern er hatte in hymnischen Tönen geschwärmt und für das Buch auf geradezu skandalöse Weise geworben. Anstatt es bei einer Erklärung zu belassen, das Buch sei nicht antireligiös, wie es seine Pflicht im engeren Sinne gewesen wäre, betonte Pater Riccardi die Rechtgläubigkeit des Buches und verlieh ihm eine nicht verlangte Anerkennung. Ganz und gar ungefragt waren auch die Lobreden auf die „zahlreichen schönen Erwägungen aus dem Umfeld unserer Philosophie“ und die „zahlreichen Geheimnisse der Natur“, die der Welt, in der leben zu dürfen sich der theologische Revisor glücklich schätzte, „durch die feine und wohl abgesicherte Spekulation des Autors“ mitgeteilt wurden. Die Autorisierung des Imprimatur ging schließlich sogar so weit, der ironischen Kraft des Titels, mit der Galilei die *Libra* zum Spielball seiner Verve machte[47], beifällige Zustimmung zu zollen (*Saggiatore* ist die Feinwaage oder derjenige, der fein wiegt und Waagen prüft [Gold etc.]; *Libra* ist das Sternzeichen Waage. U. H.).

Die Unterschrift eines brillanten Theologen aus dem Dominikanerorden unter ein so hochjubelndes *imprimatur* garantierte den Erfolg noch ehe der *Saggiatore* publiziert war.

Ende Juli–6. August 1623. Eine Sensation: Der Papststuhl ist vakant. Im Vatikan ziehen während des Konklaves zuerst Ciampoli und dann der philofranzösische Kardinal Fürst Maurizio di Savoia die Fäden. Herzog Cesarini trägt seinen Teil an der Piazza Navona, beim spanischen Botschafter und bei den philospanischen Kardinälen bei. Das Ergebnis ist die Wahl des Kardinals Maffeo Barberini, der am 6. August nach zermürbenden nächtlichen Verhandlungen zwischen den führenden Kardinälen Papst Urban VIII. wird.

An der Piazza di Gesù, in der Führungsspitze der Gesellschaft Jesu, die es traditionell mit den Spaniern hält, werden die Unwägbarkeiten, die sich aus der Wahl des ehemaligen Nuntius in Paris und dem unvorsichtigen Ehrgeiz ergeben, die päpstliche Politik aus der spanischen Hegemonie herauszuführen, sorgsam abgeschätzt. Die Jesuiten beunruhigt nicht so sehr das aufdringliche und lautstarke Frohlocken der modernen Literaten und der progressiven Adligen in Rom, die elektrisiert sind durch die Wahl eines Papstes, der ein Freund Galileis und ein feinsinniger Intellektueller ist. Was sie beunruhigt, sind die kulturelle Öffnung und die improvisierte Politik, die im Gegensatz zur Erneuerung und dem gegenreformatorischen Kampf der Kirche stehen, wie das im tridentinischen Konzil festgeschrieben worden war. Die Gesellschaft Jesu ist das wirkungsvollste Werkzeug dieser Linie; sie leidet nicht unter der provinziellen, römischen, Verengung des Blickwinkels, die viele ihrer Gegner in der Kurie stört. Die Hauptfront des gegenreformatorischen Kampfes verläuft nicht durch die Gänge der Kurie und auch nicht durch die Salons der Akademien, sondern durch das ungarische und böhmische Flachland und die Städte dort, wo die Patres der Gesellschaft im Gefolge der kaiserlichen Regimente siegen: Für Rom erobern sie durch protestantische Riten entweihte Kirchen zurück, hissen ihre mit dem Symbol der Eucharistie gezierte Fahne über den Klöstern dekadenter und korrupter religiöser Orden, konfiszieren sie und machen aus ihnen Kollegien und Zentren der religiösen Umerziehung, ohne sich um die Einwendungen der römischen Brüder zu kümmern.

Der Erfolg der Jesuiten auf der Bühne der religiösen Auseinandersetzung ist beeindruckend: In den gerade erst wieder den Protestanten entrissenen Gebieten bringen sie die Bevölkerung mit allen Mitteln und um jeden Preis dazu – auch mit klingender Münze, wie Kardinal Bellarmin klugerweise vorgeschlagen hatte –, massenhaft zum Katholizismus zu konvertieren.

Durch diese Erfolge gestärkt und im vollen politischen und religiösen Bewußtsein ihrer weltweiten Bedeutung, ist sich die Gesellschaft Jesu klar darüber, daß die Treue zum Kaiserreich die beste Garantie für die Gegenreformation darstellt. Sie ist mißtrauisch gegenüber den waghalsigen diplomatischen Öffnungen des neuen Papstes in Richtung auf einen skrupellosen Abenteurer wie Richelieu, den aufgehenden neuen Stern der europäischen Politik. Für die Jesuiten ist dies ein heikler Moment: Sie laufen Gefahr, vom neuen politischen Regime isoliert zu werden und ihren traditionellen Einfluß im Vatikan in politischen und kulturellen Fragen an eine neue intellektuelle Gruppierung abgeben zu müssen.

August 1623. Seit langem hatte die Kirche keinen so jungen und aufgeschlossenen Papst. Papst Urban VIII. kommt aus Florenz; er ist ein Dichter und ein sportlicher Mensch. Seine Ausritte in den vatikanischen Gärten und sein Gefolge von florentinischen Künstlern stacheln die Phantasie der blasierten Aristokraten und der intellektuellen Neuerer Roms an. Die Literaten jubilieren. Ihr Mentor, Giambattista Marino, verläßt Paris, wo er, begleitet von einem gewaltigen Skandal, *Adone* publiziert hat. Er will dem neuen Regime durch seine Anwesenheit seine Reverenz erweisen. Die Akademien bereiten ihm einen triumphalen Empfang.

Beim prächtigen Festzug zur Investitur am 12. August vom Kapitol zum Vatikan marschierten die Akademien in vorderster Reihe. Agostino Mascardi, der freie und unvoreingenommene Sprecher der römischen *intellighentsia*, feiert das neue Regime[48], wo Forschung und von den traditionellen Ansichten abweichende Meinungen sich frei entfalten können. Das wirft, wie die Edelsteine, die die Tiara schmücken, ein glänzendes Licht auf die neue Herrschaft unter Urban VIII.

Inzwischen nutzen die Herausgeber des *Saggiatore* die unverhoffte Gunst der Stunde und drucken auf dem Frontispiz neben dem Wappen der Akademie auch das des Papstes Urban VIII. (Abb. 1).

Die Allianz zwischen der Akademie und der neuen Kraft an der Macht ist nicht nur symbolisch. Drei Mitglieder der Accademia dei Lincei, drei „Liebhaber der neuen Philosophie“ sind unter den engsten persönlichen Mitarbeitern der neuen Kirchenführung: Monsignor Ciampoli, Domherr von Sankt Peter und graue Eminenz im Sekretariat für die Brevi, Monsignor Cesarini, jetzt Leiter der Päpstlichen Kammer, sowie ein Laie, der Edelmann Cassiano Dal Pozzo, ein großer Sammler, der die Schlüsselposition eines persönlichen Sekretärs beim Neffen des Papstes innehat[49].

8. September 1623. Der 26jährige Neffe von Papst Urban VIII., Francesco Barberini, wird zu einem perfekt gewählten Zeitpunkt von Fürst Cesi zum Mitglied der Accademia dei Lincei ernannt. In der Tat erhebt ihn der Papst nur wenige Tage später in den Kardinalsrang[50], und am 7. Oktober wird er Generalsuperintendent über alle weltlichen und kirchlichen Fragen in Rom.

Ende Oktober 1623. Der *Saggiatore* ist fertig. Die Ausgabe steckt voller Fehler. Es finden sich sogar einige Entstellungen durch den Korrektor der Fahnen, den brillanten Dichter Stigliani. Aber, vom Autor einmal abgesehen, beklagt sich niemand, denn das Buch ist ein großer Genuß, äußerst lesbar, das brillanteste Buch, das Galilei bis dato geschrieben hatte. Inmitten all der Ereignisse hat Cesarini den Druck nicht gut überwacht. Dafür stammt die wunderbare Widmung des Buches an Papst Urban VIII. von ihm. Es ist eine Hymne auf die neue Kultur und die Politik des Papstes, und sie ist vom gesamten Collegium der Accademia dei Lincei unterzeichnet.

27. Oktober 1623. Der *Saggiatore* wird dem Papst im Vatikan unter Anwesenheit einer großen Zahl ausgewählter Vertreter des Heiligen Collegiums der Kardinäle offiziell vorgestellt. Unter anderem sieht man den Kardinalsneffen und zahlreiche Prälaten der Kurie, darunter auch die Freunde der Akademie. Deren Gründer, Fürst Cesi, überreicht Papst Urban VIII. ein kostbar gebundenes Exemplar von Galileis Buch; weitere Exemplare werden dem Kardinal Francesco Barberini sowie den anderen Kardinälen und Freunden überreicht. Alle zeigen großes Interesse an dem Buch[51].

Die Billigung des *Saggiatore* durch den Papst findet so offizielle Bestätigung durch die Kirche und die Kongregationen, ganz wie sich das Cesarini erhofft hatte.

Wirklich hatte man für die offizielle Anerkennung, die von großer kultureller Bedeutung war, einen Moment hochgesteckter Euphorie sofort genutzt, „diesen universalen Jubel der schönen Künste“, wie Cesarini in seiner Widmung an den Papst geschrieben hatte.

Der Papst hatte den *Saggiatore* seines alten Freundes Galilei noch nicht gelesen. In den Tagen nach der offiziellen Vorstellung ließ er sich bei Tisch einige Stellen von Monsignor Ciampoli vortragen: die Fabel vom Klang und andere Stellen, die es in sich hatten. Sie machten ihm Spaß, und er war voller Bewunderung[52]. Als wackerer Politiker schlug Ciampoli Galilei sogleich vor, das Eisen zu schmieden, solange es noch heiß war: Er solle die augenblickliche Freiheit nutzen und der Welt seine wissenschaftlichen Spekulationen bekannt machen.

Die Zustimmung, die sich einer Reihe glücklicher Umstände verdankte, sollte dazu dienen, weiter vorzustoßen, und die Accademia dei Lincei wollte sie sich zunutze machen. Dies schadete natürlich dem Ansehen des Collegium Romanum.

Wir haben bereits darauf hingewiesen, daß Pater Grassi allen Grund hatte, sich von der aggressiven Satire des *Saggiatore* gegen sein Pseudonym beleidigt zu fühlen. Die persönlichen Angriffe gegen ihn waren von einer unerträglichen Ironie, oder es waren schwere Beleidigungen, die die Institution, der der Autor der *Libra* angehörte, in Mißkredit brachten und schmähten. Und dies um so mehr, als die Spöttereien und die giftigen Passagen in aller Munde waren und, wie uns überliefert ist, selbst der Papst nicht anders konnte, als amüsiert darüber zu lachen.

Nehmen wir eine dieser Stellen als Beispiel. Der *Saggiatore* verglich die gespreizte Würde seines Gegners mit „jener verletzten und zertretenen Schlange, der keine Lebensgeister mehr geblieben waren außer in der letzten Schwanzspitze, und sie windet sich trotz allem hin und her, um glauben zu machen, sie sei noch gesund und voller Kraft"[53]. Galilei schien sich völlig sicher zu sein, daß sie tot war, oder wenigstens erweckte er den Eindruck.

Jedenfalls ist der *Saggiatore* bereits vor Erscheinen in den Buchhandlungen ein erfolgreiches Buch.

November 1623. In der Buchhandlung del Sole, dem Treffpunkt der Theoretiker, Neuerer und Libertins in Rom, wird der *Saggiatore* auf den Tischen der Neuerscheinungen ausgestellt[54]. Daneben liegt der *Adone* und noch ein weiteres druckfrisches heterodoxes Buch, das sich in der neuen Atmosphäre in Rom gut verkauft: der *Hoggidí* des Benediktinerpaters Secondo Lancillotti. Auch das ist, wie der *Saggiatore*, ein politischer, historisch-moralischer Essay, in dem der Kult der Traditionen angegriffen wird; überdies ist das Buch, wie auch der *Saggiatore*, Papst Urban VIII. gewidmet.

11. April 1624. Virginio Cesarini, einer der Männer, die an dem Erfolg des neuen Buches von Galilei so großen Anteil hatten, stirbt. Die offiziellen Begräbnisfeierlichkeiten finden auf dem Kapitol statt.

23. April 1624. Nacheinander treffen in Rom berühmte Künstler oder Intellektuelle ein, so der klassizistische Poet Gabriele Chiabrera, der Edelmann Marino und Nicolas Poussin. Auch Galilei, der berühmteste Wissenschaftler Europas, kommt. Seine Ankunft wird durch Mario Guiducci, der vor ihm eintrifft, vorbereitet. Guiducci hatte ebenfalls, wenn auch in etwas geringerem Ausmaß, eine Hauptrolle in der siegreichen Polemik über die Kometen gespielt, durch die ja der Triumph des *Saggiatore* eingeleitet worden war. Am Tag nach seiner Ankunft empfängt Urban VIII. Galilei in einer Privataudienz. Es ist das erste einer ganzen Reihe sehr freundschaftlicher Zusammentreffen zwischen den beiden Florentinern. Noch herzlicher verlaufen die Zusammenkünfte mit dem Kardinal und Neffen des Papstes. Galilei erlebt wieder einen Erfolg wie 1611, auch wenn diesmal die Jesuiten nicht in den allgemeinen Beifall einstimmen, sondern offiziell verlegen Stillschweigen wahren.

Mai 1624. Galilei nutzt die Festlichkeiten und Einladungen, um Kontakte mit verschiedenen Kardinälen anzuknüpfen. Er will die tatsächlichen Möglichkeiten eruieren, wieder von Kopernikus sprechen zu können, wie einige Stimmen der Kurie hatten laut werden lassen. Es gibt keinen offiziellen Widerruf der Verurteilung des Kopernikus, aber viele wohlmeinende Versicherungen[55].

8. Juni 1624. Mit vielen Ermunterungen und Glückwünschen, dem Versprechen einer Rente für sich und seinen Sohn, Geschenken und Segenswünschen im Gepäck reist Galilei wieder nach Florenz zurück und hat bereits den neuen *Del flusso e reflusso* im Kopf. Er bringt Ferdinando II. de'Medici ein päpstliches Breve (verfaßt von seinem Freund Ciampoli), das voll des Lo-

bes ist. Es handelt sich um eine offizielle Anerkennung: Galilei wird hier vom Papst als „teurer Sohn“[56] bezeichnet.

Galilei war abgereist. Aber da er den vagen Zusicherungen und all dem Festrummel mißtraut, läßt er seinen Schüler und ergebenen Freund Mario Guiducci in Rom zurück. Im Schatten von Galilei hat Guiducci in Rom Zugang zu den Gruppen gefunden, auf die es ankommt. Er ist vierzig Jahre alt, Anwalt und Literat, ein begüterter Ehrenmann, ein Mann von Welt: Er kann sich ausdrücken und versteht es, gesellschaftliche Beziehungen zu pflegen.

Daher vertraut Galilei ihm zwei delikate Aufgaben an. Als erstes sollte er im Herbst ein etwas heikles Manuskript in Empfang nehmen und, nachdem es die Freunde von der Akademie Wort für Wort durchgesehen hätten, in Rom mit aller Diskretion in Umlauf bringen und die Reaktionen sorgsam beobachten. Dabei handelte es sich um die Antwort auf Monsignor Ingoli, eine sehr moderate Verteidigung von Kopernikus, die den Zweck hatte, die wirkliche Stimmung in Rom zu erkunden.

Die zweite Aufgabe von Guiducci dagegen war es, Galilei rechtzeitig und regelmäßig über alles zu informieren, was sich in Rom rund um den *Saggiatore* tat. Vor allem handelte es sich darum, die Reaktionen der Jesuiten auszukundschaften, und besonders die von Pater Orazio Grassi. Auf diese Weise wollte man in Erfahrung bringen, zu welchem Thema er seine Erwiderung vorbereitete, die er tatsächlich, wie wir noch sehen werden, sofort in Angriff genommen hatte.

Ausspionieren, das ist heute eine ganz gewöhnliche Profession, die von den entsprechenden Organisationen auch bezahlt wird. Im 17. Jahrhundert in Rom, wo alles geheim war, war das Spionieren hingegen eine unbezahlbare Kunst: die Kunst, hinter allen Verstellungen und Täuschungen die Absichten der menschlichen Seele zu entdecken, ohne selbst entdeckt zu werden.

Die Zeichen der Zeit

Die Weigerung, sich auf dem Felde der Philosophie dem dogmatischen Prinzip der Autorität zu unterwerfen, das Streben nach einer neuen Ausdrucksweise, das Recht auf Forschung und auf freien Gedankenaustausch gegen die Bevormundung durch die institutionalisierte Kultur, das waren die Inhalte, die dazu beitrugen, den *Saggiatore* zum Manifest der neuen Philosophie in Rom zu erheben. Das Buch wurde zu einem literarischen Fall, denn mehr noch als im einzelnen die Jesuiten und auch mehr noch als das scholastische Denken stellte es anscheinend eine ganze intellektuelle Tradition in Frage.

Das Fernrohr war das Werkzeug gewesen, mit dem man das gesamte Universum erschaute. Der *Saggiatore* war das Handbuch, welches lehrte, das Universum zu lesen, als wär's ein Buch.

Als der *Saggiatore* veröffentlicht wurde, waren die Kometen wieder aus der Mode gekommen, und es interessierte nur noch wenige, wer denn nun in dieser schwierigen und verzwickten astronomischen Frage recht gehabt hatte.

Es gab eine neue und sehr viel spannendere Kontroverse zwischen Galilei und Sarsi; und vom intellektuellen Standpunkt aus war sie wesentlich interessanter und zugänglicher als das Problem der Kometen. Das war die Debatte um die Physik der sinnlich wahrnehmbaren Phänomene.

In den literarischen Akademien tat man nichts anderes als ständig zu wiederholen, man müsse das Buch der Natur mit Hilfe der Sinne lesen. Niemals hatten die Sinne eine solche Rolle gespielt wie im Rom zur Zeit Urbans VIII. Das Thema der Sinne stand den Literaten besonders nahe: die Madrigale Monteverdis, die Verse von Marino, die Farben von Poussin und Le Lorrain öffneten die Welt der Sinne. Die sinnliche Wahrnehmung von Wärme, Gerüchen, Farben und Berührungen stellte ein Problem dar, das in unmittelbarem Zusammenhang mit einer physikalischen Diskussion stand.

In der *Libra* hatte sich Sarsi zur Physik der Wärme geäußert, um zu beweisen – und zwar gegen Galilei –, daß auch dann, wenn die Kometen nicht als Feuerausdünstungen anzusehen waren, die durch Reibung gegen die Himmelsgewölbe entstanden, die aristotelische Erklärung der Wärme zuträfe.

Um seinen Gegner in ein schlechtes Licht zu stellen, hatte Galilei, wie so oft, dessen Physik und Philosophie nicht frontal, sondern von der Seite her angegriffen.

Die Natur – so behaupteten die aristotelischen Philosophieprofessoren – habe durch den Mund des Aristoteles gesprochen. Aber was war nun die Grammatik dieser Sprache? Für einen aristotelischen Gelehrten war die Physik, also die Wissenschaft von der Natur, das Studium der Veränderungen und Bewegungen der materialen Gegenstände. Die irdische Welt besteht aus Materie. Die Sinneswahrnehmungen sind das erste, was man erkennen kann, und sie bieten die zuverlässigsten Daten, um die Realität der Welt vor unseren Augen zu durchdringen.

Für die Sinne stellt sich die Realität als unendliche Vielfalt von Farben, Wärme, Gerüchen, Flüssigkeit oder Festigkeit dar; aber alle Dinge haben irgendwelche grundlegenden Qualitäten oder Formen gemeinsam: Die Dinge sind beispielsweise heiß oder kalt, trocken oder feucht. Für die aristotelische Wissenschaft gibt es vier grundlegende Elemente: Erde, Luft, Wasser und Feuer, die sich aus einer identischen Materie zusammensetzen und untereinander je nach Veränderung jener Qualitäten austauschbar sind.

Für einen Aristoteliker wurde die Sprache der Natur in Begriffen sinnlicher Wahrnehmung geschrieben. All diese Qualitäten, die Wärme, die Festigkeit, die Farbe oder der Geruch waren der Substanz inhärent; sie stellten reale Qualitäten oder substantielle Formen dar. Nur ein Wunder hätte das Weiterexistieren einer Qualität unabhängig von ihrer Substanz ermöglichen können.

Wenn die Elemente sich verbinden, um komplexere Substanzen zu bilden, dann verbinden sich auch die sie begleitenden Qualitäten und bilden zusammengesetzte Qualitäten.

Die Grammatik dieser Sprache der Natur bildete die aristotelische Logik: eine Sprache von Bezeichnungen, die sich mit veränderlichen Begriffen verbinden. Einen wissenschaftlichen Beweis nach den Regeln der aristotelischen Sprache vorzutragen bedeutete, einen Satz mit einem Subjekt und dem entsprechenden Prädikat zu finden. Da die Welt in Qualitäten geschrieben war, ließ sich jedes Schriftzeichen auf den Begriff einer Qualität zurückführen. Demnach erwärmt sich beispielsweise ein in schneller Bewegung befindlicher Körper, weil er durch die Bewegung von der warmen und feuchten Luft die Eigenschaft des Warmen erhält.

Schon für sich genommen war diese Grammatik substantieller Formen und realer Qualitäten außerordentlich komplex. Im 17. Jahrhundert kam eine Reihe neuer, verborgener Qualitäten wie die magnetische Anziehung, die Viskosität und die chemische Ähnlichkeit, die von der alchimistischen Forschung und der Physik in den wissenschaftlichen Sprachgebrauch eingeführt worden waren, hinzu.

Die Materie, wurde sie mit Hilfe dieser Grammatik von Bezeichnungen – oder auch Logik von Bezeichnungen – gelesen, war im Verhältnis zu ihren Eigenschaften niemals eine Sache für sich gewesen. Sie stellte eine fortwährende Seinsweise dar: kalt oder warm sein, riechbar oder farbig sein. Ihrerseits waren auch die Wärme, die Gerüche und die Farben Resultate realer Seinsweisen.

Es fällt nicht schwer, zu erkennen, welche begriffliche Akrobatik diese Sprache realer Qualitäten erforderte, die doch immer an die sinnliche Erfahrung gebunden blieb. Ihr Vorzug bestand darin, die Phänomene und Eigenschaften der Körper ohne den Rückgriff auf rein gedankliche und unsichtbare Strukturen zu erklären. Für einen Aristoteliker war im übrigen die Vorstellung Demokrits, es gäbe unsichtbare Elemente der Materie, vollkommen absurd, denn Körper, Zeit, Raum und Bewegung stellten Kontinuitäten dar und waren potentiell bis ins Unendliche teilbar.

Ebenso absurd war die Idee, die Veränderungen der Natur mittels einer quantitativen Methode zu studieren, denn die Mathematik war wohl hilfreich, wenn es galt, abstrakt einige Sinnesdaten zu beschreiben, wie dies in der Geometrie und der Musik der Fall war; es gelang ihr jedoch nicht, die Ursachen der beobachtbaren Phänomene zu erfassen.

Wie Campanella und Cesi, so hatte auch Galilei den Slogan vom *Buch der Natur,* das aufgeschlagen vor unseren Augen liegt, gegen die Grammatik des Aristoteles verwendet.

Jeder konnte um sich herum die Seiten dieses faszinierenden Buches sehen. Aber wie war es zu entziffern? Die Originalität des *Saggiatore* bestand nun darin, daß er vorschlug, die Zeichen dieses Buches, die in ihrer Gesamtheit sein Vokabular bildeten, zu entziffern.

Folgt man dem *Saggiatore*, dann hat man in diesen Zeichen geometrische Figuren zu sehen: „Dreiecke, Kreise und andere geometrische Figuren, ohne die man unmöglich irgend etwas verstehen kann“[57].

Das Buch der Natur zu entschlüsseln, seine geheimen Chiffre zu entdekken und die täuschenden Erscheinungen zu dekodieren, um die geheimnisvollen Gesetze zu erkennen, die ihr Funktionieren lenken: das übte einen gewaltigen intellektuellen Reiz aus. Es sprach die Leser ganz unmittelbar an.

Wir befinden uns im 17. Jahrhundert. Es ist das goldene Jahrhundert der Kabbala, der Exegese und der höchst ausgeklügelten Systeme der Chiffrierung, um hinter unverständlichen Formen subtile diplomatische Botschaften zu verstecken. Alle Welt interpretiert, dechiffriert, entdeckt Anagramme und kombiniert. Es ist ein großes Jahrhundert für die Kunst der Kombination und der Linguistik: Die Welt wird bevölkert von einem Ensemble zu interpretierender Zeichen. Nie ist die Wahrheit einfach die schlichte Erscheinung, sondern sie wird immer verstellt, oder auch enträtselt, durch ein raffiniertes Spiel der Zeichen.

Der Naturphilosoph mußte also dieselbe Kunst beherrschen wie der Moraltheoretiker oder der Politiker. Auch er ist ein Sekretär, Sekretär der Natur, *Nature's secretary*, wie es in einer Satire von John Donne heißt[58]. Auch er kann die Natur nur in dem Maße beschreiben, wie es ihm gelingt, die Zeichen auf der Ebene der Erscheinung zu dechiffrieren.

Die Chiffre, welche der *Saggiatore* vorschlug, war nicht so schwierig wie die Formeln der Alchimisten: Es genügte die Kenntnis der euklidischen Geometrie. Jeder tüchtige Intellektuelle, jeder innovative Literat sieht, wie sich ihm die Naturphilosophie eröffnet, und er fühlt, daß sie zu ihm gehört.

Die äußeren Zeichen der Natur jedoch enthüllen sich, von wenigen Ausnahmen abgesehen, nicht auf den ersten Blick wie die geometrischen Figuren. Man mußte im *Saggiatore* bis zum Paragraphen 41, der von der Physik der Wärme handelte, weiterlesen, um zu verstehen, wie man die Chiffre, von der auf der berühmten Seite über das Buch der Natur die Rede war, anwenden mußte.

Die Frage der Wärme war von Galilei seit Beginn der Polemik über die Kometen aufgeworfen worden. Aristoteles hatte die Behauptung aufgestellt, ein Komet sei – ähnlich wie eine Sternschnuppe – eine durch die Bewegung entzündete Exhalation. Pater Grassi hatte die Hypothese über die Natur der Kometen verändert, aber, wie bereits gesagt, die traditionelle Exegese der aristotelischen Doktrin von der Bewegung als Ursache der Wärme, als Reibung, beibehalten. Diese These hatte er dann mit einer Fülle von Beispielen und Textstellen garniert, die für ihn alle gleichermaßen beweiskräftig waren.

Galilei unternimmt nun eine abweichende Exegese der Aussage des Aristoteles, nach der „die Bewegung Ursache der Wärme ist“.

Wahrscheinlich kannte er die Vorstellungen des Telesio zu diesem Thema sehr wohl, tat aber gut daran, ihn nicht zu zitieren, denn es handelte sich um einen Autor, der auf dem Index stand. Auf jeden Fall wird Wärme nach Galilei dann erzeugt, wenn die Reibung zwischen zwei Körpern so groß ist, daß sich Körperpartikeln ablösen. Die Produktion von Wärme war also assoziiert mit der Emission sehr kleiner Teilchen von Substanz.

Dabei handelte es sich um eine rein theoretische Hypothese, denn Galilei verfügte über keinerlei Beobachtungsdaten hinsichtlich des Verlustes von Masse bei Körpern, die durch Reibung erwärmt werden. Um seine Vorstellungen mit Hilfe improvisierter Beobachtungsdaten zu erläutern, hatte er sich des *Discorso* von Mario Guiducci bedient. Die darin aufgestellten Theorien zu widerlegen, war der *Libra* nicht schwergefallen. Der Autor der *Libra* hätte sich damit begnügen können, sie auf experimenteller Basis auszuräumen, tat das aber nicht. Sarsi führte gegen die schwachen Beobachtungsbeispiele Galileis das Argument der Autorität ins Feld, die den klassischen Autoren zugestanden werden sollte.

Das war ein starkes Argument der herrschenden Kultur, und seine Blitze hatten nicht nur so manche wissenschaftliche Diskussion zunichte gemacht, sie gingen vielmehr auch regelmäßig auf die modernen Dichter, Musiker und Dramatiker nieder. Diese Methode, sich auf das Prinzip der Autorität von Autoren zu beziehen, machte Schule und prägte den Argumentationsstil der großen theologischen Kontroversen, die den Hintergrund für die gesamte Kultur des 17. Jahrhunderts abgeben.

Das Prinzip der Autorität von Autoren war in den Augen des Verfassers der *Libra* so unantastbar, daß er jegliche kritische Vorsicht beim Zitieren von Quellen zur Absicherung seiner physikalischen Ideen vergaß. Aber was für ihn ein starkes Argument war, besser noch als selbst seine empirische Argumentation, das stellte in Galileis Augen die schwache Seite des Gegners dar. Es war der Punkt, an dem die intellektuelle Polemik und die literarische Ironie bestens angesetzt werden konnten.

Galilei muß wohl an den Satz Machiavellis gedacht haben, daß man seine Feinde entweder hätschelt oder vernichtet. Er entschied sich dafür, seinen Gegner zu vernichten. Gegen das wissenschaftliche Ansehen der berühmtesten kulturellen Einrichtung der Gesellschaft Jesu war die Ironie – bezogen auf das Prinzip der Autorität der Tradition – die unfehlbarste und tödlichste Waffe. Und genau die brachte der *Saggiatore* in Anwendung.

Für die Jesuiten ihrerseits stellte dies Prinzip etwas sehr viel Geheiligteres als ein kritisierbares Zitat dar. Es besaß einen religiösen Charakter und war die wichtigste Waffe im Kampf gegen die Häresie. Das Autoritätsmodell war die Basis für die Tradition der kirchlichen Lehrmeinung.

Als Galilei den Rückgriff auf die Autorität bei einer großen Zahl von Autoren kritisierte, bemerkte er, es sei in der Philosophie wenig hilfreich, wenn man die Autoren hintereinander aufreihe wie Zugpferde; vielmehr müsse man sie frei und ungezwungen umherlaufen lassen wie die Berberrosse im Karneval. Eine solch witzige und schlagfertige Bemerkung mußte ganz zwangsläufig an die beißende Ironie erinnern, mit der die lutheranischen

Theologen sich gegen das Autoritätsprinzip bei den umstrittensten katholischen Dogmen gewandt hatten.

Wollte man das Prinzip unbedingten Gehorsams gegenüber den Autoren der Vergangenheit eliminieren, so bedeutete dies freie Fahrt für das Unterfangen, alte und neue Hypothesen in kritischer Absicht und in ganz neuem Lichte vorzuschlagen.

Es gab Abschnitte im Buch der Natur, die die makroskopische Erfahrung nur in illusorischen und abwegigen qualitativen Formen enthüllen konnte. Sie mußten laut Galilei auf rationale Weise dechiffriert werden. Aus diesem Grunde galt es, die Sprache der Natur auf der Basis allgemeiner Begriffe einer neuen Grammatik zu studieren.

Die neue Grammatik der Physik

Damit die Zeichen der Natur beweiskräftig gedeutet werden konnten, mußten sie mit der Gewißheit einer mathematisierbaren Betrachtungsweise erkannt werden.

Der Abschnitt im *Saggiatore*, der von den Grundbegriffen handelte, welche zum Lesen des Buches der Natur erforderlich sind, ist berühmt:

> Daher sage ich, daß ich wohl die Notwendigkeit fühle, kaum daß ich eine Materie oder eine körperliche Substanz konzipiere, sie mir so vorzustellen, daß sie diese oder jene Gestalt besitzt, daß sie im Verhältnis zu anderen groß oder klein ist, daß sie sich an einem bestimmten Ort befindet, zu dieser oder jener Zeit, daß sie sich bewegt oder ruhig steht, daß sie einen anderen Körper berührt oder nicht, daß sie eines, wenige oder viele ist, und unter gar keinen Umständen kann ich mir vorstellen, sie aus diesen Bedingungen herauslösen; ob sie aber weiß oder rot, bitter oder süß, tönend oder stumm, von angenehmem oder unangenehmem Geruch sei, das verleitet mich doch nicht dazu anzunehmen, sie sei zwangsläufig von diesen Bedingungen begleitet: Nein, hätten die Sinne das nicht wahrgenommen, dann wäre die Rede oder die Vorstellung vielleicht niemals darauf gekommen. Daher denke ich, daß dieser Geschmack, diese Gerüche, diese Farben usw., soweit es den Gegenstand betrifft, dem sie scheinbar innewohnen, nichts weiter sind als reine Namen, während sie ihren eigentlichen Sitz im wahrnehmenden Körper haben; nimmt man nämlich das wahrnehmende Lebewesen fort, dann verschwinden auch all diese Qualitäten[59].

In Wahrheit dachte Galilei, als er diese berühmte Seite schrieb, nicht an das mysteriöse und faszinierende Buch der Natur, sondern an eines der am meisten gelesenen und kommentierten Bücher von Aristoteles, *De anima,* speziell die Paragraphen 428b, 429a (die sich mit der Frage der Vorstellung befassen); sie werden auf dieser Seite sehr polemisch kommentiert[60].

> „Die Wahrnehmung geht einmal", so liest man in *De anima,* „auf die eigentümlichen Sinnesobjekte und ist wahr oder enthält nur ganz geringfügigen Irrtum. In zweiter Linie geht sie darauf, daß den Sinnesgegenständen nebenbei zugehört, was ihnen zugehört. Da setzt schon die Möglichkeit des Irrtums ein. Denn daß etwas weiß ist,

darin täuscht sich die Wahrnehmung nicht, ob aber das Weiße dieses oder etwas anderes ist, darin täuscht sie sich. Drittens geht sie auf die gemeinsamen Sinnesobjekte, die verbunden sind mit dem nebenbei Zugehörigen, an dem sich das Eigentümliche zeigt; ich meine z. B. Bewegung und Größe. Da ist nun am meisten die Wahrnehmung dem Irrtum ausgesetzt."

Diese Hierarchie wird im *Saggiatore* auf den Kopf gestellt. Galilei meinte: a) Allein die Vorstellung oder Intuition der Materie kann geometrische oder mechanische Eigenschaften besitzen; b) Die qualitativen Eigenschaften der Materie können nicht allein mit Hilfe „der Rede oder der Vorstellungen", ohne die Sinne, erfaßt werden. Also, schließt er: c) die sinnlich wahrnehmbaren Qualitäten existieren nur in der Wahrnehmung und nicht in der materialen Substanz, folglich sind Geschmack, Geruch und Farbe Namen im Verhältnis zur Substanz, der sie innezuwohnen scheinen.

De anima gab den direkten sinnlichen Wahrnehmungen (der Farbe etc.) den Vorrang und wertete die nur indirekte Wahrnehmung der Bewegung, der Größe und der Gestalt ab. Für einen Intellektuellen des 17. Jahrhunderts war der auffällige Wechsel der Perspektive, der in jener Seite des *Saggiatore* steckte, natürlich auf den ersten Blick ersichtlich.

Galilei hatte den *Saggiatore* selbstverständlich nicht nur geschrieben, um seinem Gegner eine Antwort zu erteilen. Er wollte natürlich auch eine Antwort auf eine Frage geben, die, wie wir wissen, von seinen Herausgebern und Freunden als besonders drängend empfunden wurde.

Also verschwinden die Kometen recht bald am Horizont, und das Buch Galileis wird das, was man ihn zu schreiben gebeten hatte, nämlich eine Polemik über den Stil in der Physik. „Über den Stil" – in der Poetik, der Geschichtswissenschaft, dem biographischen und narrativen Genre, im Theater – diskutierte man 1624 allerorten. Faszinierend war es, zu sehen, wie sich auch die Wissenschaft diesem fundamentalen Interesse an der Sprache öffnete.

Ein neues semantisches Programm, so könnte heutzutage ein Epistemologe sagen, der den *Saggiatore* liest. Ein Intellektueller des 17. Jahrhunderts sagte „neue Philosophie", und die Neuigkeit bestand im Stil.

Galilei schlug eine neue Sprache der Physik vor. Dabei handelte es sich nicht um Neologismen, sondern um neue Definitionen und Regeln.

Zuallererst schlug er einen neuen Weg vor, wie ganz allgemein die Gegenstände der Physik zu definieren wären. In der Tat untersucht die Physik die Materie. Die Materie wird durch materiale Eigenschaften definiert, die überall festgestellt werden können. Gegenstände der Physik sind also rein individuelle Phänomene wie die unmittelbare Wahrnehmung der Dinge, Wahrnehmungen, die in keinerlei Weise meßbar waren. Gegenstand der Physik sind die mathematischen und mechanischen Eigenschaften, die durch Namen wie Gestalt, Zahl, Abstand, Bewegung, Anstoß usw. bezeichnet werden.

Wenn diese Eigenschaften nicht unmittelbar beobachtbar sind, dann muß der Physiker sie hinter dem makroskopischen Anschein suchen, der sie verbirgt. Eine spekulative Vorstellung? Nein, „abgesicherte Beweisführungen".

Zusammengefaßt: der *Saggiatore* schlug vor, die aristotelische Physik so zu ändern, daß die prädikativen Aussagen über die Erfahrung der Qualitäten in eine neue Sprache übersetzt würden: ‚Das Feuer ist heiß' wird zu ‚Das Feuer übermittelt das Gefühl von Wärme'.

Diese Übersetzung war kein kleiner Schritt, denn man ging über von einer Sprache, die im wesentlichen aus dem Bereich des gesunden Menschenverstandes kam, zur einer elaborierten und analytischen, einer reicheren und strengeren Sprache.

Hier liegen uns zwei Ebenen des Vokabulars vor: Die „Namen", also Wörter wie warm, rot, süß, die einen Wert für die individuelle Wahrnehmung haben, nicht aber für die wissenschaftliche Erkenntnis. Und dann gab es die materialen Eigenschaften, Wörter wie Figur, Bewegung etc., die universelle Geltung besaßen und der mathematischen Erkenntnis zugänglich waren.

Das Buch der Natur kann auf vielfältige Weise erzählt werden, in der Dichtung, der Malerei, der Musik; dort kommt den Sinnen eine vorrangige Rolle zu. Will man aber dieses Buch im Stile der Physik lesen, dann muß man auch die entsprechenden Wörter verwenden.

Es blieb jedoch offen, wie mit Sätzen in dieser Sprache und dieses materialen Inhaltes zu erklären war, wodurch eine Empfindung von Wärme übertragen wird.

Atomistische Intuitionen

Um zu beweisen, daß es sich bei den Qualitäten von Aristoteles nur um Sinnesreize handelte, die fälschlich auf die gegenständliche Welt bezogen wurden, bediente sich Galilei einiger Metaphern. Eine von ihnen war der Kitzel, den eine Daune an den Nasenlöchern oder unter den Fußsohlen erzeugt. Der Kitzel ist eine Empfindung. Die Daune an sich besitzt diese Eigenschaft nicht, sie bringt sie nur in der Nähe besonders empfindlicher Organe hervor. Der Farbe eines Gegenstandes eine physikalische Realität zuzuschreiben, wäre das nicht genauso absurd, wie wenn man der Daune die intrinsische und reale Qualität zuschriebe, jenen Reiz auszulösen?

Wie bei allen Metaphern, die in jenen Jahren die Literaten begeisterten, handelte es sich auch bei dieser in Wahrheit um ein rhetorisches Argument, das sich nicht allzusehr um Rationalität und Wahrscheinlichkeit sorgte. Zwischen einer taktilen Empfindung wie dem Kitzel und einer optischen Wahrnehmung bestehen keine evidenten Analogien.

Vom rhetorischen Standpunkt aus war das Bild dagegen reizvoll. Schaltet man die Nase, die Hände und die anderen Orte des Gefühls aus, dann wird die Möglichkeit überzeugend, daß die Empfindungen auf die Bewegung von ganz feinen Materiepartikeln zurückzuführen sind, von „sehr feinen, umherfliegenden kleinsten Teilchen" („kleinsten Quanten"), die eine Gestalt besitzen, welche auf die Sinne wirkt.

Die fünf Sinne (Gefühl, Geschmack, Geruch, Gehör, Gesicht) werden dadurch aktiviert, daß mehr oder weniger schnell sich bewegende Teilchen der materialen Elemente (Erde, Wasser, Feuer, Luft, Licht) die Poren und Kanäle der entsprechenden Organe durchdringen.

Wieder einmal machte Galilei unter dem Deckmantel der Begriffe aus der hermetischen Tradition einen Schritt nach vorne. Es handelte sich um eine aus dem Hermetismus der Renaissance überkommene Idee, nämlich die der Entsprechung zwischen dem Mikrokosmos des Menschen und dem Makrokosmos; erst kürzlich war sie von einem berühmten Universitätsmediziner in Pisa, dem Portugiesen Esteban Rodrigo de Castro, in *De meteoris microcosmi* übernommen worden, das im Jahr 1621 in Florenz veröffentlicht worden war[61]. Traditionalistisch war auch die Vorstellung, die vier aristotelischen Elemente beizubehalten. Das Neue bestand in dem mechanistischen Bezugsschema, das einer Physiologie der Wahrnehmung auf Grundlage der Bewegung der Materie Vorschub leistete, oder besser: sie vorbereitete.

Die Korpuskulartheorie der thermischen Aktion war die am besten ausgearbeitete, und dies auch hinsichtlich der Behauptungen Galileis von vor zehn Jahren. Wärme wird durch die Auflösung eines Körpers in kleinste Teilchen produziert. Im Falle ihrer sinnlichen Wahrnehmung handelt es sich nicht um eine Veränderung der Eigenschaft oder des Zustandes, sondern um eine Durchdringung der Haut in mehr oder weniger hoher Intensität. Was einen Körper auflöst, das sind kleinste Feuerteilchen („minimi ignei"), die sich von den mikroskopischen Elementen der verschiedenen warmen Körper unterscheiden. Der *Saggiatore* erklärt weder, auf welche Weise diese Feuerteilchen die Körper auflösen, noch, wie sie sich in den Körpern verhalten, wenn sie im Ruhezustand sind. Auf jeden Fall handelt es sich um mikroskopische Teile eines Grundelementes, das allgemein verbreitet ist und eine disgregierende Funktion hat, die durch die Dimension der Teilchen und die hohe Bewegungsgeschwindigkeit ermöglicht wird.

Im vorigen Kapitel hatten wir schon darauf hingewiesen, daß an der Grenze zur äußersten Auflösung der Materie, dort wo die Wärme sich zum Feuer entzündet, für Galilei das Licht entstand. Galilei verwendet das Wort Atome und den Begriff der unendlich kleinen Ausmaße nur für die Lichtpartikel, unendlich kleine Partikel einer diskontinuierlichen Materie, die dazu fähig sind, das Auge zu durchdringen.

Diese Seiten des *Saggiatore*, in denen eine prämechanistische Theorie der sinnlichen Wahrnehmungen vorgetragen wird, wie auch die vorhergehenden Seiten, sind des langen und des breiten von Wissenschaftshistorikern und -philosophen erörtert worden. Und bei keinem Kommentator fehlt an dieser Stelle ein Name: der von John Locke.

Aber, wie jeder weiß, trug John Locke mehr oder weniger analoge Vorstellungen rund ein halbes Jahrhundert nach dem *Saggiatore* vor.

Es fällt heute schwer, sich eine Vorstellung davon zu machen, welche Anstrengung und wieviel Neues in diesen Seiten steckte: Wir müßten Locke vergessen und zurückgehen auf den Realismus des gesunden Menschenverstandes. Und nicht nur das. Wir müßten ihm auch noch eine ordentliche Dosis an scholastischer Tradition, an philosophischem und theologischem Wissen hinzufügen, und es müßte zudem gelingen, uns dem großen Ansehen und der großen Autorität zu unterwerfen, die diese Tradition besaß.

Es fällt uns schwer, vielleicht ist es uns sogar gänzlich verwehrt, die Neuartigkeit dieser Thesen zu begreifen. Und mindestens ebensolche Schwierigkeit haben wir, selbst wenn wir davon weniger ausgeschlossen sind, uns über die Reaktionen klarzuwerden, die die Lektüre des *Saggiatore* bei den Zeitgenossen hervorrufen mußte.

Es war die Ablehnung einer Philosophie. Und diese Philosophie war unauflöslich verstrickt mit der Religion und dem herrschenden Zeitgeist. Es war auch die Aufwertung von randständigen, verworfenen und abgelehnten Vorstellungen.

Über die Ablehnung des *De anima* hinaus, Ablehnung also des heiligen Textes der scholastischen Universitätsphilosophie, ließ der *Saggiatore* vor den Augen der Zeitgenossen zumindest zwei Namen sogleich aufscheinen: Ockham und Demokrit.

Die „Schriftzeichen“ des Universums

Demokrit, der Name mußte einem beim Lesen der berühmten Stelle über das Buch des Universums einfach in den Sinn kommen.

Wohlgemerkt, die Gleichsetzung des Universums mit einer Bibel der Natur, die mit dem Glauben der Vernunft und der Erfahrung zu lesen sei, das war ein sehr traditioneller und weit verbreiteter Slogan unter den katholischen römischen Intellektuellen.

Es war die Graphie, welche Galileis Buch der Natur von anderen unterschied. In der Tat ließ sich der *Saggiatore* auch über den Typ von Schriftzeichen aus.

Sprach man von Schriftzeichen, also von Buchstaben des Buches des Universums, so bedeutete dies für die Menschen jener Zeit, Menschen mit einer humanistischen und theologischen Bildung, die Wiederholung eines Symbolismus von Demokrit, wie er bereits in der Theologie des Cicero vorzufinden war. Cicero hatte in *De natura deorum* die Atome mit goldenen oder bronzenen Schriftzeichen verglichen; wohl hatten sie verschiedene Gestalten, waren aber vom selben Typus und konnten sich durch den Druck ihres Gewichts in die Wörtergegenstände der Natur einprägen[62]. Das klassische Thema der graphischen Schriftzeichen ging auf Aristoteles zurück, der es erwähnte, um in polemischer Absicht den Atomismus Demokrits in seiner epikureischen Version zu illustrieren[63].

Die Erklärung zur Graphie des Buchs des Universums, die Galilei gab, war streng wissenschaftlich. Und sie war für alle erkennbar eine Erläuterung zum wissenschaftlichen Atomismus. Hinzu kam, daß dieselbe Idee von den geometrischen Schriftzeichen der Elemente der Natur erst kürzlich von Giordano Bruno wieder aufgegriffen worden war.

Auch Giordano Bruno hatte sich in *De minimo* vorgestellt, zur Lektüre des Universums reiche es, eine relativ geringe Zahl von Schriftzeichen oder Buchstaben zu kombinieren, so wie dies in einer natürlichen Sprache der Fall ist: „Und es bedarf nur der Existenz sehr weniger Arten und Formen der Minima ganz so wie bei den Buchstaben, um unendlich viele Arten zu bilden"[64], hatte Bruno hinsichtlich jener Schriftzeichen angemerkt. Wir werden bald darauf zu sprechen kommen, wie er über ihre geometrischen Formen dachte.

Heute fällt es uns leicht, das ganze Ausmaß der Differenzen zwischen Giordanos und Galileis Philosophie zu erkennen. Es lohnt der Mühe nicht, darauf weiter einzugehen.

Für die Zeitgenossen aber, die den *Saggiatore* lasen, erinnerten jene Schriftzeichen der Natur an die von Bruno und auch von Francesco Patrizi vorgeschlagene Geometrie einer ausgeprägt antiaristotelischen Physik des Diskontinuierlichen in der Tradition des Pythagoras. Für eine Physik wie die des *Saggiatore*, bei der die Probleme des Unendlichen nur angetippt wurden, reichte jene Geometrie hin. Ganz anders verhielt es sich mit den Vorstellungen Brunos zur Unendlichkeit, die vom mathematischen Standpunkt aus gänzlich unbrauchbar waren.

Selbstverständlich entdeckte man hinter dem *Saggiatore*, und über Bruno hinaus, bei der weiteren Lektüre von Galileis Buch auch jene demokriteischen Ideen, wie sie im *De elementis* des Galenus zitiert werden: Farbe und Geschmack sind Meinungen, „Wahrheit die Atome und das Vakuum". Dieselbe Wahrheit erschien auch sogleich aus der Feder Galileis.

De elementis war eines der am meisten gelesenen und studierten Bücher. Es reichte schon, das Handbuch eines philosophischen *cursus* gelesen zu haben, um angesichts einer Theorie der Wärme, des Geruchs und des Geschmacks, wie Galilei sie hier vortrug, an Demokrit zu denken.

Eine weitere, zu jener Zeit ausgiebig an den Universitäten zitierte und auch außerhalb häufig gelesene Arbeit war das *De rerum natura* von Lukrez. Galilei riet dem Leser mißtrauisch zu sein, wenn er beispielsweise an die Realität der Farbe dachte. Wem kam da nicht sogleich dieselbe Kritik des Lukrez in den Sinn? „Noch du glaubst, was getränkt ist mit anderer beliebiger Farbe, daß es sie darum trage, dieweil des Urstoffes Körper diesem seien gefärbt mit gleich aussehender Farbe; nämlich: es ist überhaupt keine Farbe gegeben des Stoffes Körpern, weder den Dingen gleich noch endlich auch ungleich [...]. Außerdem, wenn keiner Farbe Natur den Atomen wurde verliehen und begabt sie sind mit wechselnden Formen, aus denen jederlei Art von Farbe sie schaffen und ändern, darum weil es von großem Belang, mit welchen ein jeder Samen und in welchem Satz sie zusammengehalten werden und auch was für Bewegung sie unter sich geben und nehmen, könntest leicht du sogleich die Rechenschaft darüber geben, warum das, was kurz vorher von schwarzer Farbe gewesen, plötzlich zu werden vermag von weißem marmornem Schimmer“[65] – wie das Meer beim Aufziehen eines Sturmes seine Farbe von schwarz zu weiß ändert.

Der *Saggiatore* jedoch hatte betont, daß es in der Naturphilosophie nicht von Nutzen sei, sich poetischer Bilder wie dieser von Lukrez zu bedienen. Und tatsächlich ging der atomistischen Theorie Galileis eine Seite mit grundsolider Logik voraus, auf der der objektive Gehalt der fühlbaren Qualitäten widerlegt wurde. Galilei wollte gegen die Essenz nicht mit Hilfe einer universalen metaphysischen Ontologie wie die visionären Philosophen der Renaissance angehen. Galilei war Mathematiker und kein Philosoph. Deshalb wollte er auseinanderhalten, was man objektiv erkennen und quantifizieren konnte, und was man wissenschaftlich nicht ausdrücken konnte. Aber auch diese methodologische Vorsichtsmaßnahme, die uns heute an Locke denken läßt, muß damals an Epikur und seine Mahnungen hinsichtlich der Kriterien der Evidenz der Erkenntnis erinnert haben. „Wenn du irgendeine Sinneswahrnehmung schlechthin verwirfst und dabei nicht unterscheidest zwischen dem, was du aufgrund deiner Erwartung annimmst, und dem, was nach Wahrnehmung und Empfindung und vorstellendem Denken bereits erkannt ist, dann wirst du mit deiner verkehrten Meinung auch deine übrigen Sinneswahrnehmungen mit in Verwirrung bringen und dadurch jede Möglichkeit für ein richtiges Urteil verlieren“[66].

Nach den Kriterien, die er selbst aufgestellt hatte, konnte sich der *Saggiatore* an die physikalisch erkennbare Essenz der Atome wagen. Er interpretierte die aristotelische Doktrin von der „Bewegung als Ursache der Wärme“ mittels der Bewegung kleinster Feuerteilchen und der Emission von Substanzpartikeln.

Auch diese Auslegung ließ einem sofort ein Buch mit einem ähnlichen Titel wie das des Lukrez in den Sinn kommen, nämlich *De rerum natura iuxta propria principia* von Telesio. Telesio hatte genau dieselbe Auslegung der Doktrin von der Bewegung als Ursache der Wärme vorgeschlagen: Die Emission von Feuerpartikeln und anderen Elementen sowohl im Himmel als auch auf der Erde[67].

Ein Leser, der über eine gut sortierte und auf den letzten Stand gebrachte Bibliothek verfügte und die Möglichkeit gehabt hätte, anhand von Katalogen wie heute bei der Frankfurter Buchmesse in Erfahrung zu bringen, was jenseits der Alpen gedruckt wurde, der hätte den *Saggiatore* ins selbe Regal stellen können, in dem er die alten und unvergänglichen Scaliger und Zabarella[68], das *De rerum sensu et magia* von Campanella und die überzeugende *Philosophia naturalis adversus Aristotelem* aufbewahrte, die von dem französischen Arzt Sebastien Basson erst 1621 in Genf veröffentlicht worden war. Sollte ihm die erste Ausgabe des vergnüglichen Handbuchs atomistischer und antiaristotelischer Aphorismen von Nicholas Hill, die *Philosophia epicurea democritiana,* entgangen sein, so war die 1620 ebenfalls in Genf erschienene zweite Auflage noch zugänglich. Aus demselben Jahr stammen auch die ernsthafteren, atomistischen *Exercitationes philosophicae* von David Gorlaeus, die in Leyden erschienen waren.

Aber man brauchte gar nicht so weit zu gehen, um Arbeiten zu finden, in denen es nur so wimmelte von Vergleichsstellen für die Anspielungen des *Saggiatore* in Sachen Korpuskulartheorie. Es reichte schon, ein 1621 in Florenz erschienenes Buch gekauft oder ausgeliehen zu haben: Es handelte sich um das bereits erwähnte *De meteoris microcosmi libri quattuor,* verfaßt vom Mediziner und Philosophen der Universität Pisa, dem Portugiesen Esteban Rodrigo de Castro. Dieses wichtige und zu Unrecht von den Historikern vernachlässigte Buch war auch einem mäßigen Leser wie Galilei mit Sicherheit bekannt.

In Castros Buch fanden sich alle notwendigen Hinweise, um den *Saggiatore* richtig einordnen zu können: zunächst die Theorie der Atome als graphische Zeichen oder Buchstaben im Sinne der Theologie des Cicero. Es enthielt aber auch alle wichtigen Zitate von Lukrez, die verständlich machten, daß es keine Qualitäten ohne Atome gab. Der Unterschied zwischen Atomen und Minima im Sinne des Aristoteles wurde erläutert, auch die Vorstellung, daß „die Wärme Substanz ist, keine Qualität", sowie die Beziehungen zwischen Makrokosmos und Mikrokosmos. Und all dies hatte natürlich den Zweck zu zeigen, daß Aristoteles und Galenus die atomistische Theorie des Demokrit zwar angegriffen, aber keineswegs aus den Angeln gehoben hatten.

Auch ein Leser, der nicht über den letzten Stand der Wissenschaft informiert war und der nur ein normales Philosophiestudium an der Universität absolviert hatte, also die ganze atomistische Debatte nicht weiter verfolgt hatte, mußte sich bloß an die Lektionen im Handbuch des Pater Suarez oder des Pater Pereira erinnern – vorausgesetzt er hatte ein Kolleg der Jesuiten besucht. Das genügte: sobald er die berühmten und interessantesten Seiten des *Saggiatore* las, ließ das von Galilei verwendete Wort „Namen" für die sinnlich wahrnehmbaren Qualitäten Erinnerungen an die am häufigsten gebrauchten Zitate aufflammen.

Und sogleich erinnerte er sich instinktiv an die gleichlautende Kritik Ockhams und seiner Anhänger am metaphysischen Realismus des Aristoteles. Und dies um so mehr, als Galilei hartnäckig unsere intuitive Wahrnehmung der Substanz in die Nähe der Idee der Quantität rückte. Das wurde in den Universitäten wieder und wieder gelehrt und kommentiert; auch Galilei hatte dort, soweit wir das wissen, wenigstens den Namen Ockham gehört, zumal die Werke Ockhams im 16. Jahrhundert viele erfolgreiche Editionen erlebten und sein Name in jener Zeit – das werden wir noch sehen – im Mittelpunkt der allermodernsten theologischen Debatten stand.

Die neue Grammatik der Physik im *Saggiatore*, die zwischen reinen Namen und intersubjektiv erkennbaren Begriffen unterschied, erinnerte an die logische Grammatik von Ockham und dessen Unterscheidung zwischen den *intentiones primae,* Namen, die sich auf Dinge beziehen, und den *intentiones secundae,* Namen, die sich auf andere Namen wie Spezies, Gattung, Zufall beziehen. Ockham hatte die Behauptung aufgestellt, daß keinem Namen dieses zweiten Typs irgend etwas in der Realität entsprach; metaphysische Entitäten oder Substanzen wie das Weiße zum Beispiel besaßen keine empirische Wirklichkeit, sondern waren das Resultat einer „persönlichen“ Annahme. Diesen reinen Namen Wirklichkeit zuzuschreiben, war unbegründet: Alle Aussagen des Aristoteles über Namen, für die nichts Reales stand, waren falsche Aussagen. „Es ist mit Gewißheit nicht erkennbar, daß es das Weiße gibt...“, lehrte die *Summa totius logicae* von Ockham.

Es schien so, als sei die Ablehnung der aristotelischen Tradition im *Saggiatore* von der Polemik Ockhams gegen die Scholastik im 14. Jahrhundert, die sich auf die Freiheit der Philosophie gegen die abstrakten Spekulationen der Scholastiker berief, inspiriert.

Man weiß, daß auch die philosophischen Anhänger Ockhams im Mittelalter der Idee erklärtermaßen positiv gegenüberstanden, aus der Gleichsetzung von Substanz und Quantität physikalische Theorien in Anlehnung an den Atomismus von Demokrit und im *Timaios* zu entwickeln.

Demokrit und der *Timaios* hatten die Formen des Atomismus aufgezeigt[69]. Galilei blieb dagegen nach seiner großen Erklärung der geometrischen Schriftzeichen im Buch des Universums in diesem Punkte ziemlich vage. Wie sollte die mikroskopische Materie in jene Kreise, Dreiecke etc. eingeordnet werden?

Wäre Galilei ein Anhänger des mathematischen Platonismus gewesen, dann hätte er an diesem Punkt nicht so ausweichend argumentiert, sondern sich kritisch mit den Spekulationen des *Timaios* zur Geometrie der Atome auseinandersetzen müssen. Heute muß uns diese Lücke im scheinbar so platonischen Buch des Universums überraschend vorkommen.

Für einen zeitgenössischen Leser jedoch war es vielleicht näherliegend, jene Aussage nicht auf den *Timaios* zu beziehen, sondern auf einen anderen Vorschlag aus jüngerer Zeit: nämlich Kreise, Dreiecke und andere Figuren aus der zweidimensionalen Geometrie des Euklid mit mikroskopischen Strukturen der Materie in Beziehung zu setzen, deren Form nicht streng definiert, sondern nur vage als rund gedacht war.

Gemeint ist die Vorstellung Giordano Brunos in *De minimo* von 1591. Dabei handelte es sich um eine jener Theorien, die die heutigen Lehrbücher der Philosophie gerne als „konfuse Tüfteleien à la Pythagoras“ bezeichnen, die aber für die Zeitgenossen möglicherweise weniger konfus, ja vielleicht sogar allzu simplizistisch waren.

Giordano Bruno hatte, wie bereits erwähnt, in *De minimo* die Natur als eine geschriebene Sprache gedacht. Die vermischten Körper waren wie die Wörter aus elementaren Körpern zusammengesetzt, die wie Buchstaben, wie Schriftzeichen fungierten. Diese Schriftzeichen ihrerseits bestanden aus Punkten. Die Punkte stellten die Atome der natürlichen Elemente dar.

Aus diesem Grund sind in *De minimo* die Buchstaben oder Schriftzeichen voller Punkte. Die Buchstaben aber haben geometrische Formen: „Wer die Dinge mit dem Blick des Physikers betrachtet, wird feststellen, daß die kleinsten Teile das Dreieck und die gekrümmte Pyramide sind"[70].

Die Aphorismen Brunos waren nie besonders deutlich und explizit. Zum Glück aber wurden in *De minimo* die Figuren genauer erklärt: Dreiecke, Quadrate und Kreise werden von runden Atomen in ihrem Innern gebildet, bis zu dem Punkt, wo sie sie schließlich ausfüllen, abgesehen von infinitesimalen Mengen zwischen der Tangente und dem kreisförmigen Rand des Atoms. Ein Physiker konnte eine „ganz feine ätherische Substanz" einfügen, um diese infinitesimalen Zwischenräume innerhalb der geometrischen Schriftzeichen zwischen einem Atom und dem anderen aufzufüllen. In den *Zwiegesprächen von den unendlichen Welten und dem All* hatte Bruno vom Äther gesprochen. Hier nun war die Rede von einer bestimmten Substanz, die die Atome verbindet.

Für Bruno waren die Atome beseelt, für Galilei nicht. Sie bewegten sich nur, weil sie durch Wärme, durch Anstöße und durch ihr Gewicht in Bewegung gesetzt wurden. Trotzdem konnte man schwerlich den *Saggiatore* lesen, ohne an jene Tüfteleien Brunos über die Physik des Diskontinuierlichen zu denken.

Unter diesem Gesichtspunkt erinnerte das Bild vom Buch des Universums, das mit geometrischen Schriftzeichen geschrieben ist, an die Vorstellung von einem Buch, dessen Seiten wie Netzwerke mit ganz feinen geometrischen Maschen aus Kreisen, Dreiecken und Quadraten bestehen. Kühn wirft der *Saggiatore* diese Maschen aus ins „unendliche Meer" der Erfahrung, um „fernab des Ufers"[71], abseits der befahrenen Routen, dem Auge unsichtbare Atome mit den Maschen der mathematischen Beschreibung einzufangen.

Das ist eine abenteuerliche Reise. Der neue Christophorus Columbus, der Entdecker der neuen Welt, so pries Johannes Faber Galilei in der Widmung, die auf der ersten Seite des *Saggiatore* publiziert wurde. Er führt uns „durch jene immensen Abgründe" in den unendlichen Reichtum einer unsichtbaren Welt ein, hieß es in der anderen Widmung auf das Buch, die der Universitätsprofessor Francesco Stelluti verfaßt hatte.

Üble Subjekte

„Was du uns jetzt lehrst / nicht aus den alten Texten / nicht aus modernem Genius / erhieltest Du's / nein von den freundlichen Sternen", hieß es in den Versen von Francesco Stelluti.

Brachte ein Leser des *Saggiatore* einige Namen und Werke ohne weiteres mit dem Inhalt des Buches in Verbindung, so dürfte es hingegen ziemlich schwierig sein nachzuweisen, woher die atomistischen Intuitionen Galileis stammten. Wie Gaston Bachelard ausführte, ist der Atomismus eine Lehre, die nicht überliefert wurde. Das belegt die Originalität der Vorschläge, die typisch für den mechanistischen Standpunkt des *Saggiatore* ist. Im Fall von Galilei müssen wir dennoch eine Quelle zitieren, die für sein gesamtes Werk und für sein Leben als Wissenschaftler von entscheidender Bedeutung war.

Galilei war ein Kopernikaner in Freiheit auf Bewährung. Seit 1616 war es ihm unmöglich gemacht worden, in der Astronomie kopernikanische Ansichten zu vertreten, denn die Theologen des Heiligen Offiziums hatten die Theorie von der Sonne als Mittelpunkt des Alls und der Bewegung der Erde für absurd und häretisch erklärt. Dieses Verbot respektierte der *Saggiatore*. Es war ihm hingegen nicht verboten worden, in der Physik ein Kopernikaner zu sein; das bedeutete: Aufhebung der Unterschiede zwischen der himmlischen und der irdischen Welt, zwischen verschiedenen Arten der Ausbreitung des Lichts und der Entstehung der Wärme.

Die Hypothese von den Atomen, materialen Atomen und nicht mathematischen Punkten, derer er sich bediente, um seinen Kampf an der Front der Physik fortzusetzen, konnte Galilei gänzlich unverstellt im ersten Buch *De revolutionibus* von Kopernikus lesen, wo Kopernikus, vielleicht in Erinnerung an seine medizinischen Studien, von der Körperlichkeit der Atome sprach.

Im sechsten Kapitel des ersten Buches *De revolutionibus* mit dem Titel „Von der Unermeßlichkeit des Himmels im Verhältnis zur Größe der Erde“ widerlegte Kopernikus die geometrischen Argumente gegen die Bewegung der Erde im Universum mit Hilfe der unterschiedlichen Dimensionen. Ein unabweisbares geometrisches Argument für die Bewegung der Erde im Verhältnis zu den Fixsternen zu erbringen, wäre nur möglich gewesen, wenn es gelungen wäre, ihre jährliche Parallaxe zu messen; das allerdings sollte noch weitere 300 Jahre dauern – nämlich bis zu den hochkomplexen Messungen von Bessel aus dem Jahr 1837.

Um sich gegen diese Kritik abzusichern und das Fehlen einer Parallaxe bei den Fixsternen zu rechtfertigen, hatte Kopernikus auf der Unermeßlichkeit des Himmels, auf seiner „unendlichen Größe“ im Verhältnis zur Erde bestanden. Bezogen auf diese Unermeßlichkeit waren die Unterschiede in der Entfernung der Erde zur Sonne für die Beobachtung nicht wahrnehmbar. Um das Fehlen einer optischen Wahrnehmung kleinster Abweichungen in Relation zur Unermeßlichkeit des Universums zu illustrieren, lieferte Kopernikus ein Beispiel vom anderen Ende der Skala der natürlichen Größenordnungen, nämlich aus dem mikroskopischen Bereich:

Wie umgekehrt sehr kleine, unteilbare Körperchen, die sogenannten Atome, wenn man sie zwei- oder mehrmals nimmt, um ihrer Unmerklichkeit willen nicht sofort einen wahrnehmbaren Körper bilden, aber so oft genommen werden können, daß sie endlich ausreichen, um zu einer wahrnehmbaren Größe anzuwachsen: so verhält es sich auch mit dem Ort der Erde; wenngleich er nicht im Mittelpunkt der Welt liegt, ist diese Entfernung vor allem im Vergleich zur Fixsternsphäre nicht meßbar[72].

Das war eine elementare und etwas zufällige atomistische Idee, die Kopernikus nicht weiter verfolgte hatte, aber sie stellte einigermaßen überzeugend unter Beweis, daß die Atome zum kopernikanischen System gehörten und daß es nur ein kleiner Schritt von der Unendlichkeit des Universums hin zum unendlich Kleinen der Atome war. Giordano Bruno hatte bereits diesen Schritt vollzogen. Nun, zwanzig Jahre nach Brunos Verurteilung, versuchte der *Saggiatore* erneut, ihn zu vollziehen.

Demokrit, Epikur, Lukrez, Ockham, Telesio, Bruno, Campanella, Kopernikus: die Naturphilosophie des *Saggiatore* rief die Erinnerung an eine ganze Galerie wenig vertrauenerweckender Autoren wach. Die Katholiken unter ihnen waren – für eine in Rom veröffentlichte Arbeit – noch weniger vertrauenswürdig und zitierbar, denn sie waren samt und sonders von der Kirche verurteilt worden.

Zu einer Zeit, da sich jede philosophische Arbeit mit mehr oder weniger Erfolg bemühte, offizielle Unterstützung durch „katholische" Autoren zu bekommen, zeigte der *Saggiatore* – zwar in verstellter Form, doch für die im Dechiffrieren geübten Augen der Zeitgenossen deutlich genug – die Spuren heidnischer und katholischer Autoren, die alle im Ruche der Häresie oder gar des Atheismus standen. Galilei befaßte sich nur mit Naturphilosophie, es gab nicht den geringsten Verdacht des moralischen oder antireligiösen Epikureertums gegen ihn. Dennoch aber machte er sich die gesamten „errate veterum philosophorum" zu eigen, wie das klassische Handbuch für Philosophie der Jesuiten von Pater Pereira den Atomismus nannte[73].

Philosophen wie Demokrit, Epikur und Lukrez – so hatte der bedeutende Theologe von Trient, der Dominikanerpater Melchior Cano mit großer Autorität festgehalten – waren mit der Verteidigung der christlichen Religion nicht in Einklang zu bringen[74]. Galt das auch, wenn Galilei als treuer Katholik gar nicht über die Seele sprechen wollte? War vielleicht der Atomismus gleichwohl gefährlich, auch wenn Atheismus und Unsterblichkeit überhaupt nicht zur Sprache kamen?

Vielleicht waren Vivianis mysteriöse Anspielungen in genau diesem Sinne zu erklären: als Hinweis auf die Tragödie seines Lehrers und auf die spätere methodologische und philosophische Vorsicht Galileis.

Galilei aber schien sich unmittelbar vor der Veröffentlichung seines brillanten Buches Anfang Oktober 1623 überhaupt keine Sorgen zu machen. Im Gegenteil, er war voller Optimismus. Aus seinem Haus in Bellosguardo – vielleicht dachte er schon an sein Buch *Del flusso e reflusso* – schrieb er an den Fürsten Federico Cesi: „Ich trage mich mit Gedanken von einiger Bedeutung für die literarische Welt, welche, werden sie nicht in dieser wundersamen Konjunktur ausgeführt, wenigstens was mich anlangt, man nicht mehr in ähnlicher Weise wieder anzutreffen zu hoffen braucht"[75].

Drittes Kapitel

„Die wundersame Konjunktur“

Del Telescopio a questa etate ignoto
per te fia, Galileo, l'opra composta,
l'opra ch'al senso altrui, benché remoto
fatto molto maggior l'oggetto accosta.
[...]
E col medesimo occhial...
vedrai da presso ogni atomo distinto.

Giambattista Marino, *Adone* (1623) canto X:
Le maraviglie, 43–44

Karnevalsriten

Der 6. Februar des Jahres 1626 war „giovedí grasso“ (der letzte Donnerstag vor Aschermittwoch). Menschenmassen bevölkerten die Straßen und Plätze Roms. Große Prozessionen bunt gekleideter Menschen zogen von einer Basilika zur anderen, sie begegneten einander, psalmodierten hinter den kostbaren Baldachinen und den leuchtenden Standarten der römischen Bruderschaften und jener, die aus allen Winkeln Italiens und Europas in Rom zusammengekommen waren.

Die Farbtöne der einzelnen Umzüge unterschieden sich: das Lila der Bischöfe, das Violett der Kardinäle, das Schwarz der Diplomaten und der barmherzigen Damen aus dem römischen Adel, die zahlreichen, in braunes und graues Tuch gekleideten Pilger, das Dunkelblau und Ocker der Schweizer Garde und schließlich die gestickten weißen Kutten der Priester und die seidenen Halskrausen der Adligen.

In jenem Jahr trat das rauschende Jubiläumsfest auf Straßen und Plätzen an die Stelle des römischen Karnevals.

Der enorme Zustrom von Pilgern, die vorhersehbaren Streitereien zwischen den Bruderschaften und die Ansteckungensgefahr hatten dazu geführt, daß „der Heilige Vater Pontifex Urban mit dem Heranrücken des Karnevals Masken und jede andere Form des weltlichen Zeitvertreibs verbot“[1]. Die grandiose päpstliche Prozession am nächsten Morgen, die bis nach Santa Maria in Trastevere führt, wird die Masse der Besucher jedoch für den Wegfall des traditionellen Palio der Berberrösser und vor allem jenes „schreiend komischen“ Palio der „zweibeinigen Tiere“ entschädigen: die mit Essen vollgestopften und verspotteten nackten Juden, die zu jedem Karneval den Corso hinunterrannten[2].

In der buntgewürfelten Nationalitätenschar der Besucher, die dem großen mystischen Schauspiel des Jubiläums der Stadt Rom beiwohnten, stoßen wir vielleicht an eben diesem Tag, ganz gewiß aber in jener Woche auch auf einen Pilger aus Frankreich, einen dreißigjährigen Edelmann: ein gebildeter Mann, an allem interessiert, ein guter Mathematiker und voll leidenschaftlichen Interesses an der Naturphilosophie, im Kopf lauter Ideen und Fragen. Galilei hatte er seit den Zeiten des Kollegs bewundern gelernt, und gar bald wird er von sich reden machen: René Descartes.

Nach dem Verbot der Musikwagen und der lästerlichen und abgedroschenen Possen auf dem Rücken der Juden des Ghetto wurden auf der Piazza Navona und auf dem Campo dei Fiori anstelle der Darbietungen spanischer Clowns und Gaukler Predigten gehalten.

So belebten sich nach Einbruch der Dunkelheit die Plätze Roms allein wegen der Händel unter den vom frei ausgeschenkten Wein berauschten Pilgern vor den Schenken der Bruderschaften.

Im Collegium Romanum und im Seminar ließen die Jesuiten, die ganz besonders das Theater pflegten, Stücke aus ihrem reichen Repertoire aufführen. Unter den am häufigsten verlangten war das musikalische Drama, das Pater Orazio Grassi erst vor kurzem komponiert hatte und das 1622 mit wundervollen szenischen Einrichtungen seiner Hand erstmals inszeniert worden war: die Himmelfahrt der Heiligen Ignatius und Xaver[3]. Gewöhnlich wurden allerdings die „rezitierbaren Akte" und Tragödien in Prosa von Pater Ortensio Sammacca am häufigsten aufgeführt. Dabei handelte es sich um religiöse Tragödien, deren Ziel die Apologetik war; sie mißbrauchten die Regeln des Aristoteles und wandten sie auf heilige und biblische Sujets an. Inhaltlich waren es bewegende Lebensbeschreibungen von Heiligen, effektvoll eingerichtete Martyrien von Jesuiten in Japan oder in Amerika und Allegorien, die sich allesamt polemisch mit den heidnischen und freizügigen Sujets auseinandersetzten, wie sie Mode bei den ungläubigen und scheinheiligen oder auch nur antikonformistischen Oberschichten waren.

Die Inszenierung jedoch, die das Collegium Romanum wie jedes Jahr im Karneval aufführen ließ und die traditionell den größten Eindruck machte, war ein Stück ohne Worte mit außergewöhnlichen Lichteffekten. Auch der Papst sollte am Sonntag „mit kleinem Gefolge das Heilige Sakrament bewundern, das von den Jesuiten mit großer Pracht zur Aufführung gebracht wird"[4]. Wenn wir nicht irren, dann kann man noch heute im Gewölbebogen der Sakristei der Chiesa del Gesù die Darstellung eines solchen Theaters sehen (Abb. 5); aber die Realität war natürlich noch ganz etwas anderes. Unnachahmlich in der „außerordentlichen Einrichtung und der Fülle von Lichteffekten"[5] war diese Aufführung „in ein glanzvolles Licht getaucht, spiegelte sie sich in einem gedeckten Licht; es war ein Werk wunderbaren Scheins". Ein täuschender Schein, und darin bestand das Wunder der Aufführung: ein Spiel von Licht und gleißendem Schein, eine Serie von Lichtbündeln, die von unsichtbaren Spiegeln und von einem komplizierten System verborgener Lampen reflektiert wurden. Ein ätherisches Licht, ohne irgendeine dem Zuschauer erkenntliche Lichtquelle. Das Licht strahlte in blendend hellen Reflexen von dem einzigen Gegenstand auf der Bühne ab: einer Monstranz in Form einer leuchtenden Sonne.

Kein anderes Schauspiel des römischen Karnevals fesselte den Blick so sehr wie jenes beeindruckende Theater der Verehrung des Sakraments.

In den Palästen der Akademien, den Häusern Pamphili, Colonna und Corsini, feierte man dagegen mit „Rezitation und Gesang“; zur Aufführung kamen die unerhörten, intellektuellen „Neuerungen der Harmonie“, die Komödien in Form von Madrigalen: „die moderne Unterhaltung gegen die harmonische Strenge der Vergangenheit“. Just in diesem Jahr hatte Adriano Banchieri seine neue Komödie *Virtuoso ritrovo accademico del dissonante* veröffentlicht. Man spielte antispanische Komödien, denn unter dem neuen Papst wurde die politische Satire geduldet, oder auch komische Opern.

Unter all den anderen Festen erregte das im Palazzo Montegiordano, nicht weit von der Piazza Navona, das meiste Aufsehen. Auch an jenem Donnerstag versammelte sich wie bereits seit einigen Monaten die Akademie der Desiosi in dem schönen Palast der Orsini.

Gastgeber war der Schutzherr der Akademie, eine Persönlichkeit aus hohem Hause: Fürst Kardinal Maurizio di Savoia, der Sohn und Botschafter Carlo Emanueles, einer der verschwenderischsten und glanzvollsten Mäzene Italiens[6].

Ihm zur Seite stand der Sekretär der Akademie: Monsignor Agostino Mascardi, gefeierter Vertreter der mondänen intellektuellen Welt Roms. Später wird ihn der Libertin Gabriel Naudé „la meilleure plume qui fut“ nennen[7]. Mascardi war ein lebhafter, antikonformistischer Redner, er liebte literarische Polemiken und die Apanage des Hofstaats der Kardinäle, die sich um ihn rissen wie um ein Rassepferd. Er wurde gehätschelt von den Barberini und zutiefst verachtet von den Jesuiten. Nur wenige Jahre zuvor hatten sie ihn aufgrund seiner schriftstellerischen Auswüchse aus der Gesellschaft Jesu ausgeschlossen. Seine abenteuerliche Flucht aus Rom hatte Mascardi bekannt gemacht, und heute konnte er in den römischen Salons nur wegen der Toleranz des neuen Regimes auftreten.

Im Hof des Palastes, um den Brunnen, warteten die prächtig geschmückten und mit einem Turban gekleideten Gestalten einer türkischen Eskorte; das war ein prunkvolles Zeichen dafür, daß ihr Herr, der mächtigste Mann Roms, der Kardinalsneffe (des Papstes U. H.) Francesco Barberini, dem Fest die Ehre erwies.

Damit war der weltliche Erfolg des Abends bereits gesichert, und ganz genauso seine politische Bedeutung. Der Palast des Kardinals von Savoien war in der Tat ein Ort für die Treffen der frankophilen Partei, deren allgemein anerkannter Führer der Fürst war, seit er als Schutzherr der Krone Frankreichs den aufsehenerregenden Schritt unternommen hatte, Rom aus Protest gegen die spanien- und jesuitenfreundliche Politik Pauls V. zu verlassen.

Der Kardinal von Savoien war zum Konklave im Sommer vor zwei Jahren nach Rom zurückgekehrt. Damals war er der Hauptdrahtzieher bei der Wahl Urbans VIII. gewesen, denn er sicherte das Zusammengehen der beiden feindlichen Parteien, der Borghese und der Ludovisi, auf den Namen von Maffeo Barberini, der in Paris wohlgelitten war. Dort schätzte man den neuen Papst als „wundersame Wendung" ein.

Nicht einmal der Krieg ums Veltlin hatte die Öffnung des neuen Papstes nach Frankreich wesentlich beeinträchtigt; er bereitete eine ehrgeizige diplomatische Initiative bei den beiden Blöcken, in Paris und in Madrid, vor.

Dem Kardinal von Savoien wurde in seinem Palast der Erfolg und die Ehrerbietung zuteil, wie sie einer so einflußreichen und mächtigen Persönlichkeit gebührten.

Eine weitere Persönlichkeit von Rang an diesem Abend war der Kardinal Magalotti, der von Papst Urban VIII. zum Leiter der Staatskanzlei bestellt worden war, wo allerdings Monsignor Giovanni Ciampoli, der geheime Vertraute des Papstes und die Seele der neuen Kurie, die graue Eminenz war.

An jenem Abend war die Kurie zur Hälfte anwesend: Viele Prälaten hatten die Verleumdungen über das verschwenderische Privatleben des Kardinals von Savoien, die die spanische Botschaft in Rom ausgestreut hatte, nicht zur Kenntnis genommen und waren hier – aus Überzeugung oder der Opportunität halber – zusammengekommen. Die Akademien wurden allesamt angegriffen und getadelt: Der Kardinal Deti und die von ihm gedeckte Akademie der Ordinaten wurden mit boshaften Anzeigen wegen unmoralischer Einstellung verleumdet. Auch seriöse Akademien wie die der Lincei wurden kritisiert[8].

Und das war im Grunde genommen auch verständlich: Das Ausufern literarischer Akademien schuf Orte der Begegnung für laizistisch eingestellte Intellektuelle und Männer aus der Politik, es förderte den Hang zur Diskussion in den gebildeten Schichten und entzog, kurz gesagt, das intellektuelle Leben dem Monopol der kulturellen Institutionen der Gegenreformation.

Diese Besorgnis war im allgemeinen unbegründet, und die unschuldige mondäne Frivolität von Zusammenkünften wie denen der *Umoristi* oder der *Ordinati*, die außerhalb des literarischen Umfeldes überhaupt nicht wahrgenommen wurden, kritisierte man zu Unrecht. Vor einer ganz kleinen Elite wurden höchst zerbrechliche und sehr feine poetische Spielereien zwischen Anhängern Petrarcas und denen von Marini, zwischen *classicisti* und *concettisti*, in Szene gesetzt. Das Publikum, die Oberschicht, reiche, gebildete und modisch orientierte Leute, reagierte mit orientierungslosem Interesse an Neuigkeiten und war zugleich voller Konformismus.

Die Verdächtigungen seitens der Gefolgsleute jener Institutionen, die die harte Linie vertraten, waren jedoch, was die Akademie des Kardinals von Savoien betraf, nur zu begründet.

Oberflächlich betrachtet unterschied sie sich nicht von den anderen. Sie war ebenso literarisch ausgerichtet wie die anderen intellektuellen und weltlichen Zirkel. Ihr Name stand im nachhaltigen Ruf reiner „Unterhaltung“. Den *Desiosi* war dreißig Jahre zuvor als erste Theaterkompanie nach einem langen und streng eingehaltenen Verbot jedweden Schauspiels das Recht verliehen worden, öffentlich aufzutreten[9].

Sah man jedoch genauer hin, dann war es keine Dichterakademie wie die der *Umoristi*, der *Fantastici* oder der *Ordinati*. Es handelte sich um eine Schöpfung des neuen Regimes, dessen neues politisches Image und dessen kulturelle Feinsinnigkeit sie ganz ungeniert nach außen hin zur Schau stellte.

Natürlich sprach man unter den *Desiosi* über Stilfragen, aber mehr noch als Gedichte vorzutragen, diskutierte man über Moralphilosophie und politische Theorie, was es bis dato in Rom niemals gegeben hatte.

Die *Desiosi* waren Intellektuelle der päpstlichen Partei. Zum größten Teil hatten sie sich von Bologna an den Hof in Rom begeben, wo der päpstliche Gesandte, Kardinal Maffeo Barberini, ihre Vorzüge kennengelernt hatte. Aus Bologna, einem bedeutenden kulturellen Zentrum, wo zu Beginn des Jahrhunderts die Carracci in den bildenden Künsten und die Manzini in Literatur und Geisteswissenschaften eine führende Rolle spielten, waren Mascardi, Graf Virgilio Malvezzi, Giovanni Ciampoli – in der Folge Kulturbeauftragter von Papst Urban VIII. –, Tommaso Stigliani und Luigi Manzini, Berater des Kardinals von Savoien, gekommen.

Die Zusammenkünfte im Palazzo Montegiordano wurden auch von den aus Florenz nach Rom übersiedelten Intellektuellen Giulio Rospigliosi und Giuliano Strozzi besucht. Fürst Savelli und sein Sekretär, der Dichter Pier Francesco Paoli, der Rechtsgelehrte und Dichter Marcello Giovanetti, der Kritiker Matteo Peregrini, der Auftraggeber von Poussin, der Cavalier Cassiano Dal Pozzo, ein bedeutender römischer „Virtuose“ und Sekretär für Kulturangelegenheiten beim Neffen des Papstes, und Cavalier Giorgio Coneo, sein Sekretär für diplomatische Angelegenheiten, waren die Hauptakteure dieser Initiative, die erst im Herbst des Jahres davor ihren Anfang genommen hatte[10].

Vor allem aber galten zwei brillante junge Intellektuelle, die Monsignor Mascardi an seine Seite gerufen hatte, als die Protagonisten der Veranstaltung. Einer war der dreißigjährige Virgilio Malvezzi, der bereits durch seine *Discorsi su Cornelio Tacito* auf sich aufmerksam gemacht hatte. In politischen Fragen ein Anhänger von Tacitus und moralphilosophisch von Seneca, war Graf Malvezzi wie auch Traiano Boccalini ein typischer laizistischer Intellektueller aus der Zeit der Gegenreformation: er war ein nüchterner Realist, der im Gegensatz zu der von Livius inspirierten Geschichtsschreibung an den Universitäten der Jesuiten bei Tacitus und später auch bei Machiavelli eine den Verhältnissen adäquatere Theorie der Macht entdeckt hatte.

In Rom, dem Theater der Tyrannis und der Politik schlechthin, vervollständigte Graf Malvezzi seine Ausbildung und präzisierte seine Grundentscheidungen. Später, als der Wind in der Politik sich drehte, entschied sich auch Malvezzi für Madrid. Zu der Zeit aber studierte er noch Medizin und politische und juristische Astrologie. Das war ein Sektor der politischen Wissenschaften, der überquoll von libertären Verlockungen und antikatholischen Prophezeiungen und wo sich alte und neue als Häretiker verurteilte Autoren einen Namen gemacht hatten: der Atheist Cardano und der Häretiker Campanella.

Das andere *enfant prodigé* der Akademie der *Desiosi* war ein blutjunger und redegewandter römischer Philosoph von hohem Rang: der Marchese Pietro Sforza Pallavicino. Nach Cesarini war er der aufgehende Stern der intellektuellen Szene Roms, der begabteste Schüler der Philosophiekurse von Pater Vincenzo Aranea am Collegium Romanum.

Adlige oder Höflinge – die Intellektuellen an der Akademie des Kardinals von Savoien – waren allesamt herausragende Gelehrte mit humanistischer und traditionell philosophischer Bildung, die auf Grund ihrer ausgezeichneten Kenntnisse der Literatur ein Bild der eigenen Grandeur zu modellieren versuchten. Es waren Intellektuelle mit noch nicht vollkommen festgefügten Ansichten, die alle elektrisiert waren von der Idee, Zeugen einer *Neuen Welt* zu sein, wie der Titel eines erfolgreichen Poems von Tommaso Stigliani lautete.

„Starke Geister", Neuerer vom Format eines Bruno oder Campanella gab es nicht, und es gab noch nicht einmal extreme Enthusiasten der neuen Poetik: In den Geisteswissenschaften wie auch in der Politik handelte es sich um Gemäßigte, um Katholiken, die sich ihrer privilegierten Beziehung zu einem Pontifikat, das große Erneuerungen versprach, bewußt waren.

Sie fühlten die Notwendigkeit eines Bruchs mit der Vergangenheit, und sie ahnten die Krise des zeitgenössischen Wissens voraus.

Es waren Männer einer alten Welt auf der Suche nach einem anderen Zugang zur Wirklichkeit. Und sie griffen auf diejenigen Instrumente zurück, die es schon immer in der Geschichte gegeben hatte: auf moralisches und literarisches Wissen. Die Reisebeschreibungen und die berühmten Briefe des römischen Adligen Pietro Della Valle verstärkten ihr intellektuelles Interesse an Entdeckungen und weckten die Neugier an naturwissenschaftlichen Dingen[11]. Zwangsläufig mußte ihr rhetorischer Lobgesang auf die virtuose Entdeckung einer neuen Welt sie dazu führen, den alten Namen eines Christophe Columbus im gleichen Atemzug mit dem neuen von Galilei zu nennen. In diesen Jahren wird die gleichzeitige Erwähnung von Columbus und Galilei zu einem literarischen Gemeinplatz. Aber hinter der feierlichen Rhetorik formte sich eine Meinung der Gebildeten, die in beiden historischen Ereignissen etwas Vergleichbares erkannte und damit den Mythos von der Entdeckung der Natur weiter schürte.

Das war der Grund, warum Galilei unter den literarischen Neuerern und vor allem unter den Moralisten und Historikern der Akademie von Savoien, die das intellektuelle Klima Roms bestimmten, die enthusiastischsten Anhänger fand – bereit, die alten literarischen und philosophischen Gewohnheiten aufzugeben und neuen Kriterien zu folgen. Das Leitmotiv – vom

Buch der Natur gegen das Prinzip der Autorität – wurde sehr rasch ein intellektueller Slogan.

Das bestätigte sich auch an diesem Abend im Karneval, in dessen Verlauf in der Akademie der *Desiosi* vorgetragen wurden – und zwar aus dem *Saggiatore*.

Der *Saggiatore* war unter den gegebenen Umständen vorzüglich dazu geeignet. Auf den ersten Seiten hatte Galilei zur Atmosphäre des Karnevals angeführt, sie erlaube es, „von jedem Ding frei sprechen zu können“[12]. So machte sich Monsignor Mascardi die Freiheit jenes Karnevalsdonnerstag zunutze und inszenierte statt einer Musikkomödie von Banchieri die intellektuelle Polemik Galileis in Form einer aufsehenerregenden Unterredung zu Ehren des *Saggiatore*.

Alle waren an diesem Abend da. Nur Mario Guiducci fehlte, und er konnte Galilei von dem literarischen und mondänen Ereignis daher nur vage Bericht erstatten[13]. Aber der Text der Unterredung wurde publiziert, wenn auch in vielleicht unvollständiger Form[14].

Guiducci soll wegen seines Fehlens an jenem Abend nicht kritisiert werden. Normalerweise handelte es sich bei den Veranstaltungen im Palazzo Montegiordano um gelehrte Diskurse politischer Theoretiker und gebildeter Philosophen. An einem Abend zuvor beispielsweise hatte der Marchese Pallavicino gesprochen und dabei jeweils aus der Sicht der Politik, der Philosophie und der Theologie den „Adel des Willens“ erörtert[15].

Überdies war an jenem Abend der designierte Referent noch nicht einmal ein erstrangiger Literat. Er hieß Giuliano Fabrici und war in den Dichterzirkeln Roms bekannt als Dichter „für alle Fälle“, d.h. als einer jener Reimkünstler, die zu jedwedem Gegenstand oder Ereignis augenblicklich ein poetisches Gedicht hervorzubringen vermochten – sozusagen eine Art Aktionsdichter[16].

Der Titel des Vortrags von Fabrici lautete *Dell'ambitione del letterato* (etwa: Vom Streben des Literaten. U.H.). In heutigen Begriffen formuliert, war sein Thema die Arroganz des Intellektuellen, der sich auf das aristotelische Autoritätsprinzip beruft, sowie die prophetische Selbstgefälligkeit[17]. Galilei hatte von diesen beiden Formen des intellektuellen Mißbrauchs im neunten Abschnitt des *Saggiatore* gesprochen, wo es um die Freiheit der Forschung in der Philosophie geht.

Galilei hatte seine Verachtung gegen die unkritischen Gefolgsleute der antiken Autoritäten gerichtet, die die Naturphilosophie in die Form eines dogmatischen „Kommentars“ bannen wollten.

Fabrici nahm die Kritik gegen jene auf, „die mit größerer Gewißheit das glauben, was sie gelesen haben, als das, was sie seit jeher sahen“, und verallgemeinerte sie. Es war die Metapher vom Buch des Universums, das aufgeschlagen vor unseren Augen liegt. Aber Fabrici spitzte diese Metapher polemisch zu; er beklagte die Form der scholastischen Abhandlungen, die von einer Aufzählung der zitierten Klassiker eröffnet würden. Für Fabrici stellten diese Bibliographien eine Art Schweizer Garde zur Verteidigung der offiziellen Philosophie dar.

Einen Fehler in einem von ihnen zitierten Buch zu entdecken, scheint kein geringeres Sakrileg, als eine Kirche anzuzünden. Die Erfahrungen, die die Buchstaben der Natur und die Worte Gottes bilden, sind ihnen so verhaßt, daß sie die Augen schließen, um sie nicht wahrnehmen zu müssen, und im gleichen Augenblick den Mund öffnen, um sie schlecht zu machen[18].

Ohne Namen zu nennen – wie das bei diesen offiziellen Anlässen so üblich war –, spielte der Redner in einer für seine Hörer ganz offensichtlichen Weise auf die giftigen Polemiken der Jesuiten am Collegium Romanum gegen den *Saggiatore* an. In der Tat wurde Galilei im gleichen Atemzug – auch das war Usus – in den Himmel gehoben und mit Columbus verglichen. Und gemeinsam mit Galilei wurde ein berühmter Alchemist aus Kalabrien – vermutlich Campanella – gefeiert.

An dieser Stelle nun ging Giuliano Fabrici frontal gegen Aristoteles an:

Die Philosophie sollte dazu dienen, den großen Text zu studieren, welchen Gott schrieb und wo die Welt das Buch und die Erfahrungen die Buchstaben sind, und nicht dem Gesetz einer Streitschrift unterworfen werden, welche nach zweitausend Jahren der Interpretation selbst von jenen Philosophen, die geschworen haben, nur seinem Wort zu gehorchen, noch immer nicht verstanden wurde. Und so möchte sich das gesamte Menschengeschlecht darauf zurückbesinnen, die Meinungen nach dem Maße der Vernunft zu wägen und nicht nach dem der Autorität, wiehingegen es heutigentags seine Spekulationen anstellt und dabei von den Schriften jener falsch gelenkt wird, die es eher abtöten als zum Leben erwecken[19].

Offen war das „vernünftige Abwägen" angesprochen worden; zweitausend Jahre einer Kultur *ex libri* waren zu Ende. Aus der Krise des traditionellen Wissens erstand die Kultur der neuen Welt. Der Diskurs war voll von reformatorischem Geist und christlichem Optimismus. Der Sprecher war gewiß kein ungläubiger Pessimist oder Zyniker wie zahlreiche römische Libertins, die sich unter unverdächtigen Mönchsgewändern getarnt hielten.

Es war genau der Ton, wie er zur Akademie der Desiosi paßte, der Ton, der dem kulturellen Stil des Reformpapstes Urban VIII. entsprach. Eine Kultur im Zeichen von Augustinus; getragen von einem optimistischen Menschenbild, aufgeschlossen für modernes Wissen und auf der Suche nach einem erneuerten – und nicht in erster Linie gegenreformatorischen – Katholizismus.

Mit Rücksicht auf die Empfindungen der *Virtuosi*, die ihm zuhörten, hatte Fabrici das Thema Galileis vom Buch der Natur mystisch ausgelegt. Nur hatte ausgerechnet diese „christliche" Interpretation der galileischen Polemik bei der römischen Intellighentsia den extremsten und polemischsten Nachhall ausgelöst. Die literarischen Neuerer verteidigten das Buch nicht nur, soweit es ihnen für die stilistische Erneuerung in Dichtung und Geschichte von Nutzen war, sondern sie trieben die Konsequenzen der neuen

Philosophie so weit, daß die Umrisse einer neuen und authentischeren katholischen Kultur sichtbar wurden. Deshalb stieß ihre Idee einer Aussöhnung zwischen Glauben und Philosophie frontal mit den Ansichten derer zusammen, die auf der Basis des Autoritätsprinzips von dieser Aussöhnung ganz andere Vorstellungen hatten.

Um den *Saggiatore* spielte sich also eine literarische Kontroverse innerhalb der römisch-katholischen Kultur ab. Die eine wie die andere Partei berief sich auf Bücher, die nicht voneinander zu trennen seien. Auf der einen Seite waren dies die Offenbarung, die Bibel und das Buch der Natur, die beide von Gott geschrieben waren; auf der anderen die Unterlagen des tridentinischen Konzils und die Bücher von Aristoteles. Auf der einen Seite stand die Garantie eines kontemplativen Glaubensbekenntnisses, auf der anderen die Sicherung der Tradition der kirchlichen Lehrmeinungen.

Diese Überlegungen hätten jedoch schlecht zu einer literarischen Versammlung im Karneval gepaßt. Und Fabrici zog denn auch den Ton gesalzenen Spotts für die Gegner von Galilei vor.

Galilei hatte die Anhänger der Autorität mit Enten verglichen, die unfähig sind, den Flug des Adlers nachzumachen. Fabrici verglich sie mit Kürbissen, deren Fruchtfleisch nach nichts schmeckt, die aber, wenn man sie richtig bearbeitet, sehr gut als Behältnis für feinen, fremden Wein dienen können.

Man könnte eine lange Reihe ähnlicher Metaphern aufzählen, aber wir wollen uns damit begnügen, zu erwähnen, wie Fabrici Galilei als neuen Prometheus vorstellte. Gewiß, es war ein emphatischer Vergleich, aber er rief den Zuhörern das Symbol Prometheus ins Bewußtsein, wie es im *De fato* von Pomponazzi verwendet worden war, dem Antischolastiker und philosophischen Erneuerer, der die scholastische Kultur durch seinen Mystizismus und seinen brandaktuellen Willen, die Vernunft aus der Umklammerung durch den Thomismus zu lösen, herausgefordert hatte.

Mit kunstvoll pompöser Emphase bewegte sich der Poet Fabrici leichtfüßig von einer Metapher zur nächsten gepfefferten Anspielung, von einer Apologie zur persönlich gefärbten Anekdote. Die Regeln des akademischen Vergnügens wurden vom Autor kundig als Leitfaden seiner Rhetorik eingesetzt, um sich der Zustimmung seiner Zuhörerschaft zu versichern: darunter aufgeklärte Kirchenfürsten, gebildete Prälaten, raffinierte *Virtuosi*, Moralisten und gemäßigt eingestellte Dichter.

Vergessen wir nicht, es handelte sich um einen Karnevalsabend in Rom. Die Freizügigkeiten, die man sich an jenem Abend herausnahm, waren ganz und gar „poetisch" und gegen die herrschenden intellektuellen Regeln. Von einem Antikonformismus, der als Tarnung für eine unterschwellig antireligiöse Beliebigkeit diente, konnte jedoch in gar keinem Fall die Rede sein. Die Forderung nach intellektueller Freiheit und die Anerkennung der theoretischen Neuerungen waren nicht identisch mit Gottlosigkeit.

Zum Schluß wies der Dichter Fabrici besonders darauf hin, daß die Kehrseite der intellektuellen Arroganz der Anspruch sei, „sich ins Schlepptau des

Himmels zu begeben"; dies sei charismatischer Hochmut, ein „unerträglicher und lächerlicher Ehrgeiz", und eben auch eine Bevormundung im Namen der Theologie wie erstere es unter Berufung auf das Prinzip der Autorität war. Die *Desiosi* waren keine Visionäre, keine „eitlen Selbstbewunderer des eigenen Genies". Sie waren sich bewußt, daß „nichts gelingen konnte ohne die Mithilfe des Allmächtigen"[20]. Hinter jedem Zeichen der Natur stand die fruchtbare Macht Gottes; diesen Glauben hatte sie die neue spirituelle Reformationstheologie des Pierre de Bérulle aus Frankreich gelehrt[21]. Aber auch aus diesem Grund wollten sie sich nicht einfach auf Gott berufen. Nur in jenen Fällen, wo „die normalen Kräfte der Natur überstiegen wurden, um besonders Schönes hervorzubringen", das heißt bei den großen Wundern des Glaubens, durfte man sich auf jene Macht beziehen[22]. Innerhalb der Grenzen der Natur jedoch reichte das „bewundernde Denken" der menschlichen Vernunft aus, was ein Glaubensakt und zugleich ein Akt der Bescheidenheit gegenüber der zu erkennenden Schöpfung war.

Als Fabrici seinen Vortrag beendete, brandete anhaltender Applaus auf. Diese öffentlichen Ovationen von hochgestellten Persönlichkeiten der Kurie und von den gebildeten Schichten Roms bewiesen nachdrücklich, daß dem *Saggiatore* in Rom Zustimmung und Anerkennung gezollt wurde.

Eine Anerkennung von einflußreicher Seite. Die Akademie der *Desiosi* war gewiß keine offizielle katholische Institution, die sich, und sei es auch nur von ferne, mit dem angesehenen Collegium Romanum vergleichen konnte; dennoch besaß sie alles, auch die nötigen Beziehungen zur Macht, um die Hoffnung hegen zu dürfen, eine innovative Kulturpolitik bei den Spitzen des neuen Pontifikats durchzusetzen, welches von langer Dauer und sehr modern zu werden versprach.

Die *Desiosi* hatten ein klares politisches Bewußtsein, daß der günstigste Zeitpunkt für die „virtù" und die „novità" gekommen war. Ganz offen erklärten sie ihre Absicht, die kulturellen Gesprächspartner für das neue Pontifikat werden zu wollen und damit die Überwachung und Kontrolle, die die Jesuiten traditionell über das geistige Leben ausübten, zu beseitigen.

Im vollen Bewußtsein über die Tragweite dieser politischen Wende strebten diese modernen Katholiken, die eine neue kulturelle Strömung vertraten, glaubwürdige Ziele an, die bei den neuen Machthabern auf Widerhall stießen. Bereits in seiner Inauguralansprache in der Akademie des Kardinals von Savoien hatte Agostino Mascardi, der offizielle Sprecher der philofranzösischen Intellektuellen und Unterstützer Papst Urbans VIII., die neuen intellektuellen Bedürfnisse erläutert, „die Wünsche zahlreicher Literaten, die nun wieder wach werden"[23]. Er erklärte, man erwarte sich vor allem, daß die Erforschung der Wahrheit in den Wissenschaften garantiert werde, und er unterstrich die Bedeutung, die Platon der Mathematik für die Staatenlenker zugeschrieben hatte[24].

„Eine angemessene Bindung zwischen der Akademie und dem Hof" hatte Graf Malvezzi bekräftigt: eine neue Verständigung zwischen den „Intellektuellen und der Stadt"[25], also den neuen Intellektuellen und nicht den alten kulturellen Institutionen der Inquisition.

In der feinsinnigen Prosa der an Galilei orientierten Kleriker, der römischen oder romanisierten Literaten, konnte man den Widerhall dieses Gemütszustandes und dieses Standes der Dinge vernehmen.

Über die Wissenschaften, denen sie sich feierlich verschrieben, herrschte als „Königin der Wissenschaft" keine spekulative Theologie, sondern die Bibel. *Daß in der Heiligen Schrift alle Wissenschaft enthalten sei,* und zwar so, daß eine jede von ihnen ein Teil der Bibel enthüllen und durch ihn erleuchtet werde: so drückte das einer jener Kleriker der Akademie aus, der Chorherr Alfonso Pandolfi, der als Dichter ein Anhänger von Tacitus und ein Fürsprecher der Übereinstimmung zwischen Bibel und Wissen war. „Die Welt ist ein Gedicht", erklärte er mit Plotin. „Der Mensch ist ein Gedicht Gottes", wiederholte er mit dem Heiligen Paulus. Mit dem Heiligen Augustinus forderte er, „wenn stimmt, was die Philosophen sagten, und wenn es mit unserem Glauben übereinstimmt, dann müssen wir es uns zunutze machen, auch wenn das von ungerechten Machthabern bestritten wird"[26].

Wie stark der Nachhall dieser reformatorischen Stimmungen in den gehobenen Schichten der Gesellschaft der Barberini war, kann man unschwer erkennen. Sie äußerten sich in gegenseitiger Befruchtung der Akademie der *Desiosi* und der Künstlerakademie von San Luca; in der Werkstatt in der Via Paolina wurden die Werke von Poussin ausgeführt, die die römischen „Virtuosi" in Auftrag gaben: *Der Tod des Germanicus,* ein großes Zitat des Tacitus, war für den Kardinal Francesco Barberini bestimmt, die biblischen Themen, in deren Mittelpunkt Moses stand, und später dann der große Zyklus der *Sieben Sakramente,* der von Cavalier Dal Pozzo für seine Gemäldesammlung im Palast in der Via dei Chiarivari in Auftrag gegeben worden war. Sämtliche Darstellungen waren vom Geist der Bibel erfüllt, ebenso wie das mystisch auf einen biblischen Fundamentalismus ausgerichtete Traktat über die sieben Sakramente des Cavalier Coneo, eines Laien und diplomatischen Beraters des Kardinals und Papstneffen. Auch die biblische Theologie und die mosaische Kosmologie von Monsignor Agostino Oreggi, einem persönlichen Theologen des Papstes[27], richteten sich getreu nach dem Wortlaut der Bibel.

Es waren akademische und biblische Bilder im Stile eines kargen, gebildeten und intellektuellen Christentums: nüchtern die archäologische Ausstaffierung, sparsam die Gesten, strahlten sie die Intensität des inneren Glaubens aus. Das war der Geschmack, der den Wünschen einer gebildeten und feinsinnigen katholischen Elite entsprach. Da gab es keine Allegorien und verwirrende Bilder, keine täuschenden Effekte, keine schillernden sinnlichen Farben oder lächelnde Extasen wie bei der Devotionalienmalerei der Jesuiten.

Die Sinnlichkeit und die Erotik, die in der frommen Literatur und Kunst eine große Rolle spielten, blieben hier auf die Anmut mythologischer Darstellungen aus der heidnischen Zeit begrenzt, die Bacchanalien der Fresken aus dem Palazzo Farnese oder die Stanzen des *Adone*: Es handelte sich um ausgeklügelte klassizistische Effekte einer unschuldigen und irrealen literarischen Welt. In den feierlichen Heiligenbildern von Poussin oder der frommen und moralistischen Dichtung von Virginio Cesarini oder Maffeo Barberini herrschte eine andere mystische „Anmut", die vielleicht der kargen protestantischen Innerlichkeit näher stand und die mit Sicherheit meilenweit entfernt war von den überschäumend sentimentalen Ausdrucksformen des jesuitischen Katholizismus.

Das war der politische, kulturelle und literarische Hintergrund, der den Boden bereitete, auf dem sich der *Saggiatore* zum literarischen Ereignis des neuen Pontifikats entwickelte: eine Intervention und ein intellektuelles Manifest, das den anfänglichen Rahmen der zahllosen von Galilei angezettelten wissenschaftlichen Polemiken vollkommen überstieg.

Man kann die tiefgreifende und sehr komplexe Resonanz, die der *Saggiatore* bewirkte, unmöglich verstehen, ohne dieses Klima und diese Leute zu begreifen. Es waren Literaten, sie verstanden sich nicht auf Mathematik und begriffen nahezu nichts von den schwierigen astronomischen Problemen der von Galilei theoretisch geführten Schlacht, aber sie bot ihnen Anlaß, sich gegen einen gemeinsamen Gegner zu mobilisieren.

Die scheinbare Frivolität der literarischen Veranstaltungen zur Feier des *Saggiatore* hat die Historiker dazu verleitet, ihre Bedeutung zu gering anzusetzen und zu unterstellen, die Zustimmung sei rein instrumentell auf literarische Dispute ausgerichtet gewesen.

Aber das war nur der oberflächliche Schein. In Wirklichkeit handelte es sich bei jener Zusammenkunft um einen mutigen Akt, mit dem Galilei vor den Angriffen der Jesuiten gegen die neue Philosophie in Schutz genommen wurde – wir wir im nächsten Kapitel sehen werden.

Fragt man sich nun, welche Auswirkung jene Anerkennung hatte, dann könnten wir mit Manzoni antworten, daß sie „nichtig und zugleich ein Wunder war". Es war öffentlich ausgesprochen worden, was in Rom viele dachten, aber nicht zu sagen wagten. Eine psychologische und moralische Schranke, ein niederdrückendes Klima aus Komplizenschaft und Schweigen, ein undeutliches Gefühl der Gefährdung war durchbrochen worden. Der intellektuelle Konformismus war durch die Erfahrung einer bisher in Rom unbekannten Freiheit des Wortes aufgebrochen worden. Galilei war in Rom nicht mehr allein. Er konnte auf Unterstützung von offizieller Seite rechnen; die anerkennenden Worte wurden nun nicht mehr nur befreundeten Priestern auf den Gängen der Kurie ins Ohr geflüstert.

Galileis Polemik gegen das Collegium Romanum war nicht mehr eine rein persönliche Angelegenheit, sondern eine politische. Der Traum von Virginio Cesarini, die überkommene Machtverteilung in Rom in Bewegung zu bringen, nahm Gestalt an. Aber welche Entwicklungsmöglichkeiten steckten darin?

Der Zeitpunkt war günstig, die sozialen und moralischen Forderungen waren begeisternd, aber hatten jene wackeren Intellektuellen wirklich das Zeug dazu, ihre auf Veränderung zielende Unruhe in eine intellektuelle Wende und Erneuerung umzusetzen?

Nein. Es handelte sich um Intellektuelle, und zwar Intellektuelle, die aus der Schule der Aristotelischen Philosophie des Collegium Romanum hervorgegangen waren. Ihre humanistische Philosophie staffierte sich mit rationalen und wissenschaftlichen Argumenten aus, sie maskierte sich wie für den Karneval. Sie feierten Galilei, aber ihr wirkliches Denkgerüst blieb die traditionelle Philosophie.

Es fehlte ihnen eine neue Philosophie, es mangelte ihnen aber auch an Wissen und an Büchern, um sie zu Repräsentanten einer modernen Kultur zu machen.

Die Bibliotheken der neuen Philosophen

In Rom, in dem Augenblick, als Galilei die „wundersame Konjunktur" erlebte, beeinflußte die Akademie der *Desiosi* das intellektuelle Klima. Die Accademia dei Lincei lieferte die Bücher.

Die Männer des Palazzo Montegiordano waren denen des Palazzo Cesi, ganz in der Nähe in der Via Maschera d'Oro gelegen, wo sich die Mitglieder der Akademie der Lincei trafen, nicht unähnlich: In vielen Fällen gab es sogar eine Personalunion. Es waren Adlige und Prälaten, Humanisten nach Ausbildung und Berufung mit einem gemeinsamen moderat religiösen Gefühl.

Im Palazzo Cesi jedoch wurden keine gesellschaftlichen oder politischen Veranstaltungen durchgeführt. In der Bibliothek, die der Fürst Cesi zusammengetragen hatte, wurden Ideen und verlegerische Strategien ausgearbeitet. Diese Bibliothek war eine Art Tempel.

Man muß zurückgehen bis zu den mittelalterlichen Konventen, um eine intellektuelle Welt zu finden, in der das geschriebene Wort – die Bücher und Manuskripte – eine so entscheidende Bedeutung hatten wie in jener Zeit zu Beginn des 17. Jahrhunderts.

Als Instrumente des intellektuellen Monopols brachten die zu Beginn dieses Jahrhunderts geschaffenen großen Bibliotheken die Kraft und das Prestige der humanistischen Kultur und der traditionellen Theologie zum Ausdruck, die sich neue Werkzeuge der Lehre und Exegese schufen: Die modernsten Waffen sollten an allen Fronten die intellektuellen Bemühungen um die Reform des Katholizismus und des religiösen Kampfes absichern.

Große Bibliotheken gab es, die als Forschungszentren organisiert waren: die vatikanische Bibliothek oder die gerade erst gegründete Biblioteca Ambrosiana in Mailand mit dem angeschlossenen Museum. Aber in Rom vor allem wurden Bibliotheken zum Zwecke aller nur erdenklichen Studien eingerichtet: die Bibliothek des Oratorio della Valicella (die seit 1581 dem Publikumsverkehr offenstand), die Biblioteca Angelica der Augustiner, die neue Biblioteca Aniciana, die der Chigi, der Pamphili, der Altieri und diejenige, die die Barberini aufbauten, ohne dabei Kosten zu scheuen. Und dann gab es noch die Bibliothek des Collegium Romanum, die wichtigste Bibliothek der Jesuiten in Italien.

Man darf aber die Bibliotheken nicht allein als Zentren der theologischen und humanistischen Kultur ansehen. Sieht man sie auch als Instrumente der Information und der Ausarbeitung neuer Ideen, dann gewinnt die Kontrolle über das geschriebene Wort seitens der kirchlichen Spezialisten der Gegenreformation entscheidend an Bedeutung.

Das erklärt auch, warum die offiziellen Bibliotheken über einen gewaltigen Reichtum und eine große Öffentlichkeit verfügten – erwähnt sei die Biblioteca Ambrosiana, die freien Zugang zu allen Hilfsmitteln des traditionellen Wissens gewährte –, während auf der anderen Seite die neuen, für gefährlich erachteten Autoren verfolgt wurden und schon von sich aus nur mit äußerster Diskretion vorgingen.

Es ist ein Bild voller Kontraste: Einmal wird das geschriebene Wort offen dargeboten und dann wieder wird es verfolgt und verheimlicht.

Vor den Toren der Stadt werden die Boten und Händler nach neuen Büchern durchsucht, die Buchhändler werden überwacht, die Bücher aus Nachlässen nicht ohne genaueste Prüfung übereignet, und die Kataloge der internationalen Messen werden von der allmächtigen Index-Kongregation kontrolliert, die dem Heiligen Offizium bei der Überwachung und Einschüchterung der Autoren, Verleger, Buchhändler und privaten Bibliotheken zur Seite steht.

Sobald man merkte, daß das ganze System der Vorbeugung und Verfolgung in einigen Städten Italiens Lücken aufwies und daß gefährliche Bücher der Kontrolle entgingen und Verbreitung fanden, rief man Kardinal Bellarmin, den treuen Diener der Kirche, zu Hilfe. Unermüdlich und äußerst erfolgreich sorgte er dafür, daß die strengen Vorschriften in Sachen Büchern eingehalten wurden und daß auch die Bücher, die möglicherweise der römischen Kontrolle entgangen waren, bekannt gemacht und angezeigt wurden.

In der Tat hatte das Konzil von Trient die Bücher als Vehikel für die häretische Infektion in den katholischen Ländern bezeichnet.

Mit Ausnahme der Waldenser jedoch gibt es im Italien des angehenden 17. Jahrhunderts keine protestantischen Infektionsherde mehr. Die radikalen Häretiker können jetzt nur noch auf die Unterstützung Unverdächtiger zählen, die nicht öffentlich agieren; sie sind von Unglauben, philosophischem Atheismus, moralischem Pessimismus, materialistischem Naturalismus und literarischer Libertinage befallen, den Krankheiten des katholischen Italien, denen der Index entsprechend den Anweisungen des Kardinals Bellarmin begegnet, unterstützt von den Institutionen der Inquisition.

Wohlgemerkt, in den geheimen Bibliotheken der Sammler, im Diplomatengepäck und in den Koffern von Gleichgesinnten in den Reihen des Klerus, oder auch mit Hilfe von ausländischen Freunden und Buchhändlern, die die richtigen Kanäle kennen, kommen die verbotenen und verdächtigen Bücher in Umlauf und werden ausgetauscht. Aber sie sind selten und kostbar; es ist ein heimlicher, verbotener und nur allzuoft auch gefährlicher Markt. Bis ins Mittelalter muß man zurückgehen, um eine Epoche zu finden, wo in ähnlicher Weise das Schicksal von Ideen vom prekären Material der beschriebenen Seiten abhängt.

In dieser Szenerie von Verdächtigungen und Ausflüchten hatte nun Fürst Federico Cesi den Zusammenhang zwischen einer auf der Lektüre des Buches der Natur beruhenden neuen Philosophie und der ganz offiziellen Gründung einer wissenschaftlichen Bibliothek erkannt, wo neben den Texten der klassischen Tradition die moderneren und die ganz modernen Autoren zu Wort kommen sollten. Und zwar wirklich hochoffiziell, denn Federico Cesi hatte von allem Anfang an fast provozierend erklärt, seine Akademie sei unabhängig von allen theologischen und politischen Kontroversen einzig auf die Erforschung der Wahrheit in der Natur gerichtet.

Um das Buch der Natur lesen zu können, wie es fast alle Neuerer formulierten, genügten die Bücher der Antike nicht mehr. Im vergangenen Jahrhundert hatte sich eine wahre Explosion des modernen Wissens ereignet: Botanik, Zoologie, Anatomie und Alchemie hatten sich sogar in noch aufsehenerregenderer Weise entwickelt als die Astronomie und die Mathematik.

Um den Mitgliedern der Akademie der Lincei zu ermöglichen, das Buch des Universums zu katalogisieren, zu interpretieren, zu reproduzieren und zu erläutern, bedurfte es der Herbarien, der Handbücher über Arzneien und Magien, über Medizin und Geographie und der naturphilosophischen Werke. Die Arbeiten aus dem Bereich der klassischen mathematischen Disziplinen wie Mechanik, Astronomie und Geometrie mußten ergänzt werden um Bücher und Handschriften von Disziplinen, die noch in Kinderschuhen steckten.

Das alles entsprach dem Sammlergeschmack des Jahrhunderts, aber auch dem Wunsch, aus jener Bibliothek die Enzyklopädie eines Wissens zu formen, das in der Lage wäre, an die Stelle der institutionellen Kultur zu treten.

Die Akademie der Lincei trat also mit den Jesuiten in Konkurrenz und imitierte dabei die Techniken, die diesen zum Erfolg verholfen hatten: Disziplin und Solidarität der Mitglieder, absolute Hingabe an die Ziele der Forschung – bis hin zur verlangten Ehelosigkeit für die *Lincei* –, die prononciert internationale Orientierung und die Absicht, Nachahmer zu finden und sich überallhin auszubreiten. So wie auch ein Jesuitenpater kein Buch veröffentlichen konnte, ohne daß es nicht wenigstens von drei Theologen des Ordens gegengelesen wurde, so mußte ein Mitglied der Akademie der Lincei die Bücher, die er in ihrem Namen und mit ihrer kollegialen Zustimmung veröffentlichen wollte, den Mitgliedern zur Lektüre vorlegen[28]. Die Tatsache, daß die Akademie der Lincei satzungsgemäß – und das war eine der wenigen

Normen, die wirklich streng eingehalten wurden – Ordensmitgliedern verschlossen blieb, machte schon als solche die Differenz zwischen den entgegengesetzten Absichten zweier in ihren Methoden sehr ähnlichen, ihrem Zuschnitt nach aber völlig unvergleichbaren Organisationen aus.

Ähnlichkeit und rivalisierende Differenz wurden ganz besonders deutlich in der unterschiedlichen Rolle, die das geschriebene Wort jeweils spielte.

Die Jesuiten überzogen ganz Europa mit Bibliotheken auf dem letzten Stand. Nach der Organisation der vatikanischen Bibliothek hatten sie ihre *Maxime* des Wissens geformt: die *ratio studiorum.*

Auch ihre unscheinbaren Konkurrenten von der Akademie der Lincei regten die Schaffung wissenschaftlicher Bibliotheken in verschiedenen Städten Italiens an. Der Themenkatalog der Bibliothek im Palazzo Cesi war Indiz für das Werk, welches die traditionellen Maximen reformieren sollte: die Enzyklopädie der Lincei, das große intellektuelle und editorische Projekt des Fürsten Cesi. Enzyklopädie, der Begriff hatte damals bei den Erneuerern in ganz Europa Konjunktur.

Es steckte etwas von Bacon, von Comenius, von Bodin und von Mersenne in den missionarischen Absichten dieses römischen „Interessierten" und Mäzens, der sich aufs Land zurückzog, um Insekten und Fossilien zu studieren, der naturphilosophische Manuskripte in Fülle sammelte und von enzyklopädischen Projekten träumte, anstatt die literarischen Salons zu frequentieren. Er war weniger philosophisch als Bacon, viel weniger gebildet als Comenius und Bodin, und von mathematischer Bildung, nimmt man Mersenne als Maßstab, konnte keine Rede sein. Aber dieser „Unbedeutendere" hatte organisatorische und praktische Qualitäten, die ihn im Vergleich zu seinen Zeitgenossen keine schlechte Figur machen ließen. Alle, von Bacon bis Campanella, liebäugelten mit Akademien, Bibliotheken und Editionen. Federico Cesis Verdienst war es, sie in die Tat umgesetzt zu haben und – er war der Herausgeber Galileis in Rom.

In seinem Palast in Rom hatte er neben einem kleinen Museum mit Versteinerungen, Walfischknochen, ausgestopften Fischen und Sternenhimmeln eine Bibliothek zusammengestellt, die den Lebensnerv seiner Akademie bildete.

Zwanzig Jahre zuvor hatte er begonnen, neue Bücher zu sammeln, aber damals war der erste Anlauf zu einer Akademie durch verleumderische Beschuldigungen der Häresie und der Zauberei zunichte gemacht worden. Der flämische Arzt Jean Eck, eines der Gründungsmitglieder, hatte über die Alpen fliehen müssen, weil er der Häresie verdächtigt worden war. Aus Prag hatte sich Cesi, sofern sie nicht bereits vorhanden waren, die philosophischen Bücher von Ramus, die kostbaren Herbarien und Werke des böhmischen Botanikers Adam Zaluzianski von Zaluzian, von Brunfels, Bock und Fuchs, die Bücher über die Alchimie und die Naturgeheimnisse von Paracelsus und seinen deutschen Schülern, die medizinisch-chemischen Bücher von Andreas Libavius sowie die Bände des Quercetanus über Pflanzenheilmittel und Mineralien kommen lassen. Später hinterließ der Arzt Johannes Faber der Bibliothek in der Via Maschera d'Oro seine reiche Sammlung an Arbeiten über Anatomie, Botanik und Alchemie[29].

Seit 1611, dem Zeitpunkt, da auch Galilei der römischen Gruppe um den Fürsten Cesi angehörte, hatte die Bibliothek versucht, den Bereich der „neuen und heterodoxen“ Naturphilosophie abzudecken. Im Jahr 1613 wurde dann ein aufsehenerregender Kauf getätigt: Der gesamte Bücherfundus und vor allem auch die unveröffentlichten wissenschaftlichen Schriften von Antonio Persio, dem Schüler des großen Bernardino Telesio – jenes berühmten Autors einer Metaphysik der Natur, welche die Kirche verurteilt hatte –, konnten erworben werden.

Auch der Abt Antonio Persio, der 1590 einige naturphilosophische Schriften seines Meisters veröffentlicht hatte, stand im damaligen Rom im Ruch der Häresie.

Er hatte in Rom leben und ungestraft die Interessen Campanellas allein deshalb vertreten können, weil er Straffreiheit genoß dank Schutz einflußreicher Adels- und Kardinalsfamilien wie der Orsini, der Caetani und vor allem der Cesi. Er lebte im Palast des Kardinals Cesi, des Onkels von Federico Cesi, genau gegenüber dem Heiligen Offizium[30].

Die Bibliothek des Abts Persio, der in Padua gelehrt hatte, war nicht nur reich an naturphilosophischen und theologischen Werken, sondern enthielt auch drei handgeschriebene Bände einer Arbeit mit dem Titel *De natura ignis*, ein philosophisches Traktat mit dem Titel *De ratione recte filosofandi*, eine weitere unveröffentlichte Arbeit über die Logik von Lullus, ein Manuskript gegen die Medizin von Galenus und sonstige unveröffentlichte Texte aus dem Bereich der Theologie, der Philosophie und der Politik[31].

Wie man unschwer erkennt, handelt es sich um einen Katalog von unveröffentlichten Texten, die für eine Offensive gegen den Aristotelismus vielversprechend waren. Der genuine Anti-Aristotelismus des Abts Persio war stadtbekannt. Es war weiter bekannt, daß man ihn nicht im geringsten der Anhängerschaft an kopernikanische Ideen verdächtigen konnte. Antonio Persio hatte sich als Anhänger Galileis in allen Fragen „außer hinsichtlich des Kopernikus“ bezeichnet.

Aber wenn Persio auch kein Kopernikaner war, so hatte Fürst Cesi, ein Bewunderer von Telesio, doch schon seit langem den Wunsch, seine unveröffentlichten Arbeiten in Rom zu publizieren. Er unterstellte zu Recht, daß jene naturphilosophischen Bücher „für die Peripatetiker sehr unangenehm sein werden“[32], wie er das gegenüber Galilei äußerte, als er ihm vorab seine Veröffentlichungsabsichten mitteilte.

Antonio Persio war 1611 gestorben, dem Jahr von Galileis triumphaler Reise nach Rom, und hatte den Fürsten Cesi zu seinem Testamentsvollstrekker ernannt. Trotz der offiziellen Kritik und der kulturellen Zensur, und gegen den Widerstand der vollkommen unnachgiebigen Kreise nahm Cesi diese Herausforderung an und entschied sich, etwas zu tun, was er bisher aus Vorsicht vermieden hatte: Er schrieb Antonio Persio als Mitglied in die Akademie der Lincei ein. Vor allem aber versuchte er, die Bibliothek von Persio in seinem Palast in der Via Maschera d'Oro in Sicherheit zu bringen, um die kostbaren Manuskripte des telesianischen Philosophen publizieren zu können.

Zu diesem Zeitpunkt – es war das Jahr 1612 – verfolgte die Akademie der Lincei kühne verlegerische Projekte: die Veröffentlichung der polemischen Briefe Galileis über die Sonnenflecken und der Physik von Persio.

Das erste Projekt ging schnell über die Bühne. Das zweite hingegen wurde blockiert. Federico Cesi hatte keine großen Schwierigkeiten gehabt, die Bibliothek von Persio aus dem Palast seines Onkels, des Kardinals Bartolomeo Cesi, in die Via Maschera d'Oro zu transferieren, wo sich die Akademie der Lincei traf. Es war ein großer „Coup" für die Bibliothek der Lincei. Als aber Fürst Cesi einige Monate später die Reaktion des Heiligen Offiziums zu dem Projekt sondierte, Persio unter der Ägide der Akademie zu publizieren, wurde das Vorhaben blockiert. Cesi hatte nämlich dem Heiligen Offizium die Liste der unveröffentlichten Werke Persios vorgelegt.

Der Katalog erhielt keine Autorisierung. Erst nach einem Jahr ständiger Vertagungen und ständigen Insistierens war es möglich, die Druckerlaubnis für den Katalog zu erhalten. Das Heilige Offizium hatte solchen Widerstand geleistet, weil es zu Recht argwöhnte, daß jene Arbeiten „hochgradig im Gegensatz zu Aristoteles" standen[33].

Cesi nahm das zur Kenntnis und verzichtete auf weitere Versuche zur Realisierung der Publikation: das wissenschaftliche und philosophische Werk von Persio blieb unveröffentlicht in der Bibliothek des Palazzo Cesi. Da aber der Katalog der Arbeiten gedruckt worden war, wußten alle, daß die Bibliothek in der Via Maschera d'Oro wertvolles Material für die „neue Philosophie" bereithielt.

Aber wie auch immer, es war eine Niederlage. Federico Cesi hatte die Absicht geäußert, Persio zu veröffentlichen, um in Rom etwas in Bewegung zu setzen. Er wollte die Front der offiziellen Kultur ein wenig aufweichen und den Würgegriff des aristotelischen Konformismus lockern. Das hätte den Ideen Galileis genützt. Aber das Heilige Offizium und die offiziellen Institutionen hatten selbst dem mächtigen Fürsten Cesi ein Nein beschieden und damit auf die Herausforderung an die aristotelische Philosophie geantwortet.

Von jenem Moment an stand – wie wir noch sehen werden – die Bibliothek Cesi als ein gefährliches Arsenal verdächtiger Werke im Kreuzfeuer der gegenreformatorischen Institutionen. Das war im Jahr 1612. Nur vier Jahre später sollte Kopernikus verurteilt werden.

Die Enzyklopädie des Federico Cesi

Fürst Cesi jedoch war hartnäckig. Er machte die Sache zu seiner eigenen und arbeitete das Projekt aus, eine sehr viel organischere und systematischere Philosophie der Natur zu veröffentlichen. Im Grunde genommen war die Niederlage nicht so schlimm: In den unveröffentlichten Arbeiten von Persio wimmelte es wahrscheinlich noch von verschwommenen Begriffen aus der Scholastik. So konnte das verlegerische Projekt durchgesehen und verbessert werden, und es konnte in Zusammenarbeit mit einem der neuen Mitglieder der Akademie eine vollständig neue Ausarbeitung vorbereitet werden.

Im gewählten Titel klang etwas von der Renaissance nach: *Theatrum naturale*, wie das *Théâtre de la nature*, das Bodin 1597 veröffentlicht hatte. Wie bei der Edition von Persio, der das philosophische Traktat *De recte philosophandi* als Einführung dienen sollte, wurde auch dieses neue enzyklopädische Projekt von einem philosophischen Traktat eröffnet, mit dem Titel *Speculum rationis*, das von der Kunst des Blicks und von der Argumentation in der wissenschaftlichen Erfahrung handelte. Darüber hinaus enthielt diese Einleitung eine genaue Synopse der behandelten Themen. Es war noch kein Baum des Wissens, sondern eher ein ausführlicher Katalog der Gegenstände der Bibliothek im Palazzo Cesi. Ein verräterischer „Spiegel“ der Charakteristika des neuen Wissens, wie es von der Akademie der Lincei angestrebt wurde.

Uns ist dieses Projekt und seine Einleitung bekannt, weil ein Manuskript von Federico Cesi mit dem Tableau der Gegenstände und dem Diskurs auf unbekannten Wegen in der Biblioteca Nazionale von Neapel landete[34].

In der Enzyklopädie von Cesi sollten in Entsprechung zu den verschiedenen Abschnitten *(Frontespicia)* die diversen Gesichtspunkte des Buches der Natur auftauchen: die Physik *(Physico-mathesis)*, die Kosmologie *(Coelispicium)*, die Metereologie *(De aere et Thaumatombris)* sowie die Biologie *(De mediis naturis in universo* und *De plantis imperfectis)*. Das alles wurde durch eine bibliographische und bibliotechnische Abhandlung *(Bibliologia)* und ein Programm von Veröffentlichungen der Akademie *(Linceografo)* zusammengehalten.

Man kann dieses Programm in etwa auf die Zeit um 1615 datieren, also nach dem gescheiterten Versuch, die Werke Persios zu veröffentlichen, und nach dem Rom-Besuch Galileis[35]. Der glücklich gewählte Neologismus *Physica-mathesis* deckte die polemischen Ideen und die faszinierenden experimentellen Vorhaben ab, die Galileis glanzvollen offiziellen Eintritt in die Naturphilosophie und in die Akademie der Lincei charakterisiert hatten: atomistische Vorstellungen über die Wärme und korpuskulartheoretische Annahmen über das Licht und den Magnetismus.

„Atome“ heißt das Stichwort für einen zentralen Artikel über die Mikrophysik, die in Cesis Enzyklopädie in einem gesonderten Sachgebiet ausgearbeitet werden sollte. Der Titel lautete *De corporibus invisibilibus;* dort sollten die Luft, die magnetischen Kräfte, die Muskelkraft und die Gerüche behandelt werden.

Andere Spuren, die auf den Einfluß Galileis auf das große Projekt schließen lassen, sind die Untersuchung der Wärme- und Lichtteilchen sowie der Teilchen des kalten Lichtes aus dem leuchtenden Stein von Bologna, den Galilei 1611 in Rom vorgeführt hatte.

Zu allen diesen „physikalischen Paradoxien, die ganz offensichtlich im Gegensatz zu den anerkannten Dogmen stehen, werden von uns Argumentationen und Experimente ausgearbeitet werden"[36], so hieß es. Das war ein sehr ehrgeiziges Programm.

Im übrigen wollte Cesis Enzyklopädie mit dem institutionellen Wissen brechen, und einzig die atomistischen Ideen konnten das Denkgebäude der aristotelischen Naturphilosophie und Medizin in Frage stellen.

Das war ein faszinierendes, aber auch sehr schwieriges Vorhaben für eine Gruppe von Gelehrten, die fast alle eine literarische oder philosophische Ausbildung genossen hatten: Es setzte das Studium einer Korpuskeltheorie mit dem Erfahrungshintergrund der Alchemie, der Metallurgie und der Medizin voraus, während diese Theorie bisher vollkommen beherrscht wurde durch den Mystizismus des *Corpus hermeticum* und die Ideen aus dem Arsenal des Animismus. Das Programm von Cesis Enzyklopädie bestand im Grunde in folgendem: Im neuen *Theatrum naturale* sollte die ganze hermetische, magische und alchimistische Bibliothek zusammenfließen, unbeeinflußt durch die spekulativ metaphysischen Traditionen (Sympathie und Analogie), die rein qualitativen Prinzipien des Naturalismus der Renaissance und der hermetischen Tradition.

Die Perspektive einer Korpuskeltheorie stellte für die römischen Anhänger Galileis einen Schutz vor diesen metaphysischen Tendenzen dar. Aber sie waren nur wenige und mit der experimentellen Beobachtung nur schlecht vertraut, von ihren (fehlenden) mathematischen Kenntnissen ganz zu schweigen.

Das Programm des Fürsten Cesi war jedoch nicht so hochgestochen, daß man nicht auch versucht hätte, die klassischen Disziplinen einzubeziehen. Die Mathematik, die Astronomie und die Mechanik waren klugerweise beiseite gelassen worden, denn sie hätten die Fähigkeiten von Federico Cesi und seinen Mitarbeitern bei weitem überstiegen. Dafür gab es ja Galilei. Galilei, dem einzigen Mathematiker und Astronomen der Akademie der Lincei, der diesen Namen verdiente, wurde die Verantwortung für die „Neugestaltung" der „Großkörper-Welt", also des astronomischen Systems und der Mechanik, überlassen. Die römischen Lincei sahen ihre Aufgaben hingegen darin, das Buch der Natur im sublunaren Bereich zu dechiffrieren; das entsprach ihrer Vorbildung als „Interessierte der Natur". Jene von Galilei im *Saggiatore* nur kurz skizzierte Mikrowelt war genau das, wofür sie sich mit ihrer philosophischen Ausbildung prädestiniert fühlten.

Aber dennoch war es ein sehr ehrgeiziges Projekt, und in Relation zum Stand der Erkenntnis und zum Personal, über das Cesi verfügte, bedeutete es die Flucht nach vorne anzutreten.

Aus eigenen Kräften konnte Fürst Cesi dann in der Tat auch nur einen ganz kleinen Teil des *Theatrum naturale* verwirklichen, von dem auch nur zwei Abschnitte aus dem Bereich Botanik und Zoologie veröffentlicht wurden: *Fitosophische Tableaus* und die *Bienenkunde*[37]. Beide Titel zeigen an, daß es sich um Sektionen des projektierten enzyklopädischen Werks handelt. Cesi hatte auch andere Teile – über geologische Fragen – ausgearbeitet, aber diese blieben Manuskripte[38].

Um die anderen, sehr wichtigen Gebiete der Physik und der Chemie zu redigieren, bedurfte es neuer Kräfte und neuer Philosophen.

Das lukretische Gedicht des Virginio Cesarini

Enthusiasmus und Ehrgeiz der Akademie wurden von einem gravierenden Moment gebremst: Es fehlte an intellektuellem Personal, das in der Lage gewesen wäre, die vielversprechendsten Forschungsprojekte der Physik Galileis zu realisieren: die Teilchentheorie der natürlichen Elemente Wärme und Licht. Und das, obwohl jenes Projekt von grundlegender Bedeutung und vordringlich war, insbesondere von 1616 an, als die Verurteilung von Kopernikus jede Weiterentwicklung der astronomischen Projekte Galileis und der Akademie der Lincei blockierte.

Die große Mehrheit der Mitglieder der Akademie der Lincei bestand bis zu jenem Zeitpunkt aus Literaten und Juristen. Bis zum Jahr 1616 konnte Federico Cesi nur auf eine sehr begrenzte Zahl von Ärzten und Naturwissenschaftlern zählen: Johannes Faber, Fabio Colonna, Giovanni Schreck. Daneben gab es zwei Mathematiker, den Römer Luca Valerio, einen Professor an der Universität „La Sapienza“, und den Neapolitaner Francesco Stelliola, aber auch das nur für kurze Zeit[39]. Um Fortschritte machen zu können, mußte die wissenschaftliche und philosophische Komponente der Akademie unbedingt mit jungen und brillanten Philosophen verstärkt werden. Die aber waren, sofern sie sich in Rom überhaupt aufhalten konnten, aus dem Collegium Romanum hervorgegangen und blieben auch später im Dunstkreis der elitären jesuitischen Kultur.

Man kann nicht behaupten, daß zwischen dem Collegium Romanum und dem Palazzo Cesi eine besondere Sympathie geherrscht hätte, auch wenn die persönlichen Kontakte, wenigstens bis zu einem bestimmten Zeitpunkt, immer sehr korrekt vor sich gingen.

Im Collegium Romanum regierte der Respekt vor der philosophischen Tradition des Aristotelismus, und die Prinzipien des katholischen Glaubens waren allgegenwärtig und wurden jeder Forschung vorangestellt.

Im Palazzo Cesi dagegen atmete man eine Atmosphäre des individualistischen Rationalismus, und ganz unverfroren bekannte man sich zu einer Forschung jenseits der theologischen Interessen und Kontroversen, als wolle man so die allzu bekannte Gefährlichkeit der Studien sowie der Freunde, die sich schon immer im Umfeld des Fürsten Cesi bewegt hatten, verbergen.

Zu Beginn war da der Zauberer und Wahrsager Eck gewesen. Dann war die Akademie nicht müde geworden, sich öffentlich der Mitgliedschaft von Della Porta zu rühmen, dem Altmeister der Naturmagie in Italien. Von der Kirche war Della Porta offiziell nicht verurteilt worden, von den Jesuiten aber sehr wohl. In ihrem Spezialindex zum internen Gebrauch befand sich eine Arbeit von Pater Martin del Rio gegen die Naturmagie; Della Porta wurde hier neben Pietro d'Albano, Agrippa, Lullus, Paracelsus und Bodin[40] als Häretiker und zu verbietender Autor aufgeführt.

Dann war da Persio und schließlich Galilei.

Zwischen dem Collegium Romanum und dem Palazzo Cesi herrschte in der Tat ein geheimer Wettkampf, mit dem Ziel, sich die Mitarbeit der vielversprechendsten Intellektuellen zu sichern.

Die Jesuiten gingen in jeder Hinsicht mit großen Vorteilen ins Rennen, hatten zu Beginn auch leichtes Spiel, und Federico Cesi mußte böse Schlappen einstecken. Im Jahr 1611 wechselte der Schweizer Naturforscher Schreck, genannt Terrentius, ins gegnerische Lager über. Ihm war die für die Akademie sehr prestigeträchtige Edition des *Tesoro messicano* anvertraut worden; als er überwechselte und Missionar bei den Jesuiten wurde, da nahm er auch das Teleskop der Akademie mit. Es blieb Cesi nichts anderes übrig, als ihn auszuschließen. Im Jahr 1616, dem heiklen Moment, da Galilei offiziell verwarnt worden war, wurde auch Luca Valerio aus der Akademie ausgeschlossen; er war ihren Ideen abtrünnig geworden und hatte versucht, die gesamte Akademie zum Abschwören von den kopernikanischen Theorien zu bewegen.

Zum Ausgleich kamen zunächst von auswärts und später auch aus Rom neue Kräfte. Und diese Neuerwerbungen waren denn auch die Protagonisten für die „wundersame Konjunktur“, die die Akademie der Lincei zu dem Zeitpunkt erlebte, als der *Saggiatore* veröffentlicht wurde.

Beim ersten bedurfte es nicht der geringsten Mühe, ihn für die Ideen Galileis zu überzeugen. Es war ein fünfundzwanzigjähriger Priester aus Florenz, der gerade seine philosophischen und juristischen Studien in Padua, Bologna und Pisa abgeschlossen hatte: Giovanni Ciampoli, der sich 1615 im Palazzo Cesi mit einer Empfehlung Galileis präsentierte, dessen Bewunderer und Schüler er bereits seit einem Jahrzehnt war[41]. Er genoß den Schutz von Kardinal Maffeo Barberini, dem päpstlichen Gesandten in Bologna, und er besaß eine pindareske poetische Ader, war ein guter und eloquenter Redner, wie geschaffen für die geschwollene Sprache der vatikanischen Diplomatie. Mit diesen Begabungen, der Protektion durch den Kardinal und mit seinem Doktortitel aus Pisa in Zivil- und Kirchenrecht, schien dem jungen Anhänger der Philosophie Galileis eine glänzende Karriere im Vatikan bevorzustehen. Und sie wurde noch schneller als erwartet Wirklichkeit.

Don Giovanni Ciampoli war in Rom eng verbunden mit einem jungen Philosophen aus dem römischen Hochadel, mit dem er die Neigung zu einer klassisch gefärbten Poesie teilte: dem Herzog Virginio Cesarini, der 1656 zwar kaum zwanzig Jahre alt war, aber bereits im durchaus berechtigten Ruf einer herausragenden Bildung, intellektueller Beweglichkeit und eines tief empfundenen religiösen Gefühls stand.

Herzog Cesarini, ein Cousin von Federico Cesi, war einerseits durch die jesuitische Bildung geprägt, andererseits ein Intellektueller mit orthodoxen Ansichten in der Philosophie. Er hatte noch ganz jung Philosophie am Hof von Ranuccio Farnese in Parma studiert, in einem universitären Milieu, das durchsetzt war von Anhängern Averroes; es war ein kleiner, nicht gerade orthodoxer Ableger der padovanischen Peripatetiker[42]. Ein Reitunfall hatte den jungen Herzog Cesarini gezwungen, seine ordentlichen Studien an der Universität zu unterbrechen, in denen er sich bereits durch seine intellektuellen Fähigkeiten hervorgetan hatte.

Im 17. Jahrhundert tauchte, wann immer ein intellektueller Adliger erkrankte, ein Jesuit als geistiger Beistand und Lenker auf. Auch während der langen Bettlägerigkeit von Virginio Cesarini waren es die Jesuitenpatres aus Parma gewesen, die ihm halfen, den *cursus* in Philosophie abzuschließen, allerdings in einem theologisch orthodoxeren Licht.

Die Begabung des jungen Philosophen muß nach Rom mitgeteilt worden sein, denn als der Herzog Cesarini 1610 zurückkehrte, da gewährte ihm Kardinal Bellarmin seine angesehene intellektuelle Protektion mit der verführerischen Absicht, ihn auf den Weg der apologetischen Philosophie vorzubereiten. Cesarini war ein früh seriös gewordener Philosoph und allen übertriebenen literarischen Provokationen und deren frivolen und rücksichtslosen weltlichen Manifestationen abhold. Die Tuberkulose, die seit seiner Jugend seine Gesundheit untergrub, hatte auch seine Neigungen und seine Religiosität beeinflußt, die von einem schmerzerfüllten und innerlichen Moralismus im Stile Senecas geprägt war. Das wurde in den intellektuellen und aristokratischen Kreisen Roms wohl zur Kenntnis genommen.

Bellarmin war ebenfalls beeindruckt und erkannte den Wert dieser Verbindung von intellektuellen und moralischen Qualitäten in einer Person; er versuchte Cesarini anzuspornen, indem er ihm öffentlich als dem neuen Pico della Mirandola schmeichelte. Dieses Lob machte in Rom die Runde und war so etwas wie ein Vorzeichen[43]. Kardinal Bellarmin hatte den anspruchsvollen Vergleich gut gewählt, denn Pico della Mirandola, der katholische Magier und Naturforscher – von den Jesuiten wohl gelitten –, war einer der bedeutendsten Gegner Averroes und des antichristlichen naturalistischen Materialismus gewesen.

Zu diesem Zeitpunkt gab es für das Heilige Offizium unter Führung von Bellarmin Anlaß zu großer Besorgnis wegen der offiziellen atheistischen

Tendenzen des Philosophen Cremonini in Padua. Der Schutz und das stille Einverständnis des Adels der Republik Venetien entzog ihn noch den Versuchen der Inquisition, ihm den Prozeß zu machen. Dann waren da noch der Apostat Vanini, der Häretiker Campanella, und überhaupt breitete sich eine glaubensfeindliche Libertinage aus, die Kardinal Bellarmin sehr viel mehr zu denken gab als die weit verbreitete literarische und moralische Libertinage der gebildeten Klassen. Die Repression war – und Kardinal Bellarmin wußte das nur zu genau – angesichts dieser Lage der Dinge ohnmächtig, wenn sie nicht von einer intellektuellen Gegenoffensive gegen die Herausforderung durch eine philosophisch begründete Areligiosität begleitet wurde.

Aus diesem Grunde appellierte Bellarmin an die Bildung und die Begabungen des Herzogs Cesarini und ermutigte ihn, das große Ziel, ein theologisch- philosophisches Werk über das drängende Thema der Unsterblichkeit der Seele zu verfassen, in Angriff zu nehmen. Das war ein aktuelles Programm der philosophischen Forschung, der Gelehrsamkeit und Polemik gegen den Atheismus und Naturalismus, der sich sogar in die Salons der römischen Paläste eingeschlichen hatte. Bellarmin war weitsichtig genug, um zu erkennen, daß dies Thema genau der sensiblen Intensität des Gefühls und der Melancholie dieses gläubigen jungen Intellektuellen entsprach.

Herzog Cesarini hatte sich auch mit dem Engagement, das man von ihm erwarten durfte, daran gemacht, Quellen für diese Arbeit zusammenzustellen, aber die Hoffnungen, die man auf ihn setzte, wurden vollkommen enttäuscht.

1616 war Galilei nach Rom gekommen, das wissen wir bereits. Federico Cesi führte ihn in eine Reihe von Zusammenkünften und Streitgesprächen zugunsten der neuen Philosophie in den verschiedenen römischen Palästen ein. Darunter war auch der schöne Renaissance-Palast der Herzöge Cesarini, wo Federico Cesi Galilei seinem begabten jungen Cousin vorstellte.

Galilei faszinierte durch seine Worte und durch seine experimentelle Tat. Ein junger Philosoph, der kein akademisches Prestige verteidigen mußte, konnte sich wohl nur schwer der unwiderstehlichen Faszination entziehen, die von Galileis „unruhigem Geist", seinem „natürlichen Talent" ausging, „in den kleinsten, leichtesten und offensichtlichsten Dingen sehr viel schwierigere und komplexere" zu zeigen, wie der *Saggiatore* mit Hinblick auf die erregenden Experimente vermerkt, die im Hause Cesarini durchgeführt wurden.

Vor allem jene Experimente öffneten Herzog Cesarini die Augen über die Wissenschaft und die Wichtigkeit der von den großen theoretischen Fragestellungen geleiteten experimentellen Untersuchung. An jenem Tag hatte Galilei, um die verschiedenen Erdbewegungen nach Kopernikus zu illustrieren, einen Ball in einer mit Wasser gefüllten und ebenfalls rotierenden Schüssel sich drehen lassen. Mit dieser einfachen Versuchsanordnung hatte er die Literaten im „Hause" Cesarini veranlaßt, nicht allein die Möglichkeit einer Erdrotation in Erwägung zu ziehen, sondern auch den „einfachen Schein" einer dritten Bewegung, die von Kopernikus fälschlicherweise der Erdachse zugeschrieben wurde[44]: Die großen Spekulationen waren also durch Experimente zugänglich und nicht nur den Mathematikern vorbehalten.

Die Begegnung mit Galilei löste bei Virginio Cesarini ein experimentelles Interesse aus, ganz so, wie Federico Cesi das insgeheim erhofft hatte, der fest entschlossen war, die Bekehrung seines aristotelischen Cousins bis zum Ende durchzuspielen.

Die Bekehrung Cesarinis konnte keine oberflächliche und nur vom Enthusiasmus getragene Entscheidung sein. Federico Cesi hat uns die Erinnerung an die verschiedenen Etappen überliefert, durch die hindurch Cesarini die aristotelischen Kategorien aufgab. Die Umkehrung vollzog sich in langen Diskussionen zwischen Cesarini, Ciampoli und Cesi selbst in den Räumlichkeiten und Umgebungen, die zur neuen Philosophie der römischen Intellektuellen am besten paßten: in den Räumen mit der archäologischen Sammlung des Kardinals Bartolomeo Cesi im Borgo Santo Spirito, im botanischen Garten Federico Cesis in der Via Maschera d'Oro und zwischen den Herbarien und Fossiliensammlungen der Akademie der Lincei. Es handelte sich um eine Art Pilgerfahrt durch die aufgeschlagenen Seiten des „schönsten aller Bücher, des Buches der Natur und der Welt nämlich, welches von Gott geschrieben wurde“, wie Cesi schrieb; und am Ende jener Pilgerfahrt tritt der erhoffte Effekt ein: Jener geniale katholische Philosoph läßt sich überzeugen, gibt die Philosophie der rationalen Wesenheiten auf und beschreitet den „wahren (Weg) zur Philosophie und zur Erlangung der Erkenntnis der natürlichen Dinge“[45]. Die neuen Einsichten des Kopernikus, welche die radikalen Literaten bejubeln, verführen ihn jedoch nicht. Virginio Cesarini bleibt das, was er war: ein zurückhaltender und moderater Intellektueller, ein klassizistischer und moralistischer Poet und ein zutiefst gläubiger Mensch. Cesarini wurde durch die religiöse und intellektuelle Eingebung von der richtigen Lektüre des Buches der Natur, welches Gott geschrieben hatte, überzeugt.

Als Cesarini im Jahr 1618 gemeinsam mit Monsignor Ciampoli offiziell in die Akademie der Lincei eingeschrieben wird und damit demonstriert, daß er den orthodoxen Aristotelismus aufgegeben hat, ist das in Rom eine Sensation[46].

Seinen Beitritt zur Akademie der Lincei besiegelte Virginio Cesarini durch einen aufsehenerregenden offenen Brief an Galilei. Cesarini schwor seinen bisherigen Überzeugungen ab und forderte Galilei provokativ auf, „eine klarere Logik zu lehren, deren Syllogismen, welche auf den Erfahrungen der Natur und den mathematischen Beweisen beruhten, den Verstand für die Erkenntnis der Wahrheit in nicht geringerem Maße wecken soll, als daß sie einigen eingebildeten und starrsinnigen Philosophen den Mund verschließt, deren Wissenschaft Meinung und sogar, was noch schlimmer ist, die Meinung anderer und nicht die eigene ist“[47].

Die Jesuiten, die ihren berühmten philosophischen Zögling zum Gegner überlaufen sahen, sollten diesen Verrat niemals vergessen. Später stellten sie die Bekehrung Cesarinis zu einer neuen Philosophie als Ergebnis jugendlicher Unsicherheit und der Abhängigkeit von den römischen Freunden Galileis dar[48].

Der Übertritt des neuen, aristokratischen Pico della Mirandola stärkte das Ansehen und die Legitimation der Akademie gegenüber der kirchlichen Gewalt, denn Cesarini war nicht irgendein Literat im Dienste eines Fürsten oder eines Kardinals, sondern eine Persönlichkeit aus den höchsten politischen Kreisen Roms. Er hatte einflußreiche Beziehungen in der spanischen Gesandtschaft, und bei den Ludovisi schenkte man ihm Gehör. Kardinal Ludovisi (nun Papst Gregor XV.) hatte Cesarini 1621 als seinen Kammerdiener eingestellt. Zur gleichen Zeit war auch Don Ciampoli, der zuvor vom Kardinal Ludovico Ludovisi als Sekretär eingestellt worden war, zum Monsignore im Vatikan ernannt worden, und zwar im Sekretariat für die geheimen Brevi der Fürsten. Für ihn hatte sich Kardinal Maffeo Barberini verwendet. Die Vergebung dieser Ämter für Lincei beim Vatikan war gleichbedeutend mit einer öffentlichen Legitimierung der Akademie der Lincei.

Zwischen 1618 und 1624 gewann die Akademie der Lincei ohne Probleme neue Adepten unter den römischen Intellektuellen: den Naturforscher Carlo Muti, einen Freund von Cesi, den Philosophen, Arzt und Liebhaber der Astronomie Claudio Achillini und den großen Sammler und Mäzen Cassiano Dal Pozzo, der 1622 der Akademie beitrat.

Die beiden engsten Mitarbeiter des Enzyklopädieprojektes von Federico Cesi waren Virginio Cesarini und Giovanni Ciampoli. Beide hatten eine philosophische Ausbildung erfahren, und beide waren mathematische Autodidakten.

Ebenso wie Ciampoli, der sich 1609, nachdem er Galilei hatte reden hören, allein an das Studium von Euklid gemacht hatte, so hatte auch Cesarini nach dem Besuch Galileis im Jahr 1616 die Absicht, „sich diesen Winter der Mathematik zu widmen". Ciampoli informierte Galilei dementsprechend, in welchem Maße die „wunderbaren Fähigkeiten seines Verstandes"[49] die Anhängerschaft vergrößert hatten.

Cesarini legte die Bücher über die Unsterblichkeit der Seele beiseite und entdeckte die astronomischen und mathematischen Texte in Federico Cesis Bibliothek. Der aber lenkte die Forschungen des neuen Anhängers auf das leichter zugängliche Gebiet der Naturphilosophie.

Auf diesem Gebiet wird der *Saggiatore*, der Cesarini gewidmet ist und der von diesem bearbeitet wurde, Antwort geben auf die philosophischen und methodologischen Fragen, die eben Cesarini im Jahre 1618 im Namen der römischen Anhänger Galileis vorgebracht hatte.

Aber die römischen „Interessierten" und Anhänger Galileis wußten da bereits, welche Forschungsprogramme zu verfolgen waren.

Federico Cesis Enzyklopädie hatte sie eingeordnet als Probleme der *Physico-Mathesis*: „Die physikalischen Paradoxien, die ganz offensichtlich im

Gegensatz zu den anerkannten Dogmen stehen, werden von uns durch Argumentationen und Experimente erklärt werden“; wir hatten das bereits erwähnt.

Die Paradoxien, die den Dogmen entgegenstanden, waren zahlreich: Sie erstreckten sich von der Erfahrung mit dem berühmten leuchtenden Stein von Bologna über die thermischen und optischen Phänomene, das Studium der Erwärmung flüssiger Stoffe, den Magnetismus bis hin zur Transformation der Substanzen.

Bei seinen Besuchen in Rom hatte Galilei erneut vorgeschlagen, atomistische oder korpuskulare Theorien bei der Untersuchung dieser Phänomene wiederaufzunehmen.

Das Bedürfnis, die Theorie der kleinsten Teile der Materie von Substanzen in ihren vielfältigen Aspekten zu vertiefen und zu klären, brachte für die Lincei den Übergang von qualitativen Spekulationen zu quantitativen Erwägungen, ganz im Sinne Galileis. Der dazu unbedingt erforderliche Weg war einer, auf dem sich Galilei nicht engagieren wollte oder konnte: der der chemischen Erfahrungen, welcher zeigen sollte, ob und auf welche Weise die letzten Teilchen der Substanzen ihre Eigenschaften beibehielten. Waren es Atome oder Minima?

Das große Problem der inneren Konstitution der Materie war die Frage nach der Permanenz der Formen in den zusammengesetzten Elementen. Mit anderen Worten danach, ob die Qualitäten der heterogenen Minima – jede mit den eigentümlichen Charakteristika ihrer ursprünglichen Substanz – erhalten blieben, oder ob es sich um Atome einer homogenen Materie handelte. Die Untersuchung der chemischen Transformationen schien ein Weg, diese delikate Frage besser verstehen zu können.

Praktisch bedeutete das, man mußte sich an Schmelztiegel und Brennkolben setzen, mörsern, kochen und destillieren, um die „tiefen Geheimnisse“ der chemischen Umwandlungen der Körper und des Vermischten zu erkennen. Wenn die kleinsten beobachtbaren Partikel ihre elementaren Qualitäten beibehielten, dann könnte man zumindest die quantitativen Eigenschaften der Umwandlungen erforschen: die Bewegungen und die Positionen der Korpuskeln. Eine kinetische Theorie der Materie könnte mit Hilfe der chemischen Praxis experimentelle Fortschritte bis hin zu einem quantifizierbaren Stadium machen. Dann wäre die Korpuskeltheorie nicht mehr eine reine Spekulation, sondern eine experimentelle Grundlage, welche die aristotelische Theorie der Elemente auch in der Physik und in der Medizin ersetzen könnte.

Virginio Cesarini machte sich an diese Forschung. In seiner Bibliothek kamen zu Büchern aus der Poesie, der Theologie und der scholastischen Philosophie neue und alte Werke: Fracastoro, Paracelsus, Cardano, Telesio, Gilbert, Agrippa und Bruno; Bücher über Naturmagie, chemische Philosophie und Medizin: Faloppio, Della Porta, Lenius und Fioravanti.

Wie alle chronisch Kranken ging auch Cesarini von einem Arzt zum anderen; dabei pflegte er die Kultur der medizinischen Diskussionen und verstand am Ende mehr als seine Ärzte von den Heilmitteln. Er kannte die einfachen und wunderbaren opiathaltigen Substanzen, das Heilmittel gegen den physischen Schmerz, der eine für uns heute unbegreifbare Realität in jener Zeit war, und er verstand sich darauf, geheime Mineralmischungen zuzubereiten.

Er war dem berühmten römischen Arzt Curzio Clementi verbunden: „von dem in die Geheimnisse der Chemie eingeführt, widmete er sich den Experimenten in jener Kunstfertigkeit mit um so größerer Sorgfalt, von denen sie mehr als von allen anderen Dingen erhofften, die Grundlagen des Aristoteles erschüttern zu können“[50]. Cesarini ist auch Patient beim Arzt und Mitglied der Akademie der Lincei, Achillini; er kennt Faber gut, und er knüpft Verbindungen zu Giulio Cesare Lagalla, einem Arzt und Philosophen, der offiziell ein Aristoteliker war, in Wirklichkeit aber ein unruhiger neuplatonischer Naturphilosoph, und der sich seit langem mit dem Phänomen des leuchtenden Steins von Bologna befaßte[51]. In Bologna befreundet er sich mit dem Apotheker Pierre de la Poterie, der ihn in die noch verborgenen Geheimnisse der Alchemie einführt[52]; möglicherweise lernt er auch den römischen Arzt, Astrologen und Epikureer Giulio Mancini kennen, der Arzt am Krankenhaus Santo Spirito ist. Sicher ist, daß er nach Neapel schreibt, wo Campanella gefangengehalten wird, und eine Bibliographie von ihm erbittet[53].

Alle Informationen, die wir über den Philosophen Cesarini besitzen, weisen darauf hin, daß er einer ist, der „die tiefen Geheimnisse der Natur ausforschen will“[54]. Sein Freund, Monsignor Mascardi, den Cesarini seit den Zeiten aus Parma kennt und der in Rom die Accademia degli Umoristi frequentiert, sagte von ihm: Cesarini „legte sogar beim Destillieren chemischer Substanzen Hand an; und er tat das mit außergewöhnlichem Fleiß, denn er wollte mit eigenen Augen die Veränderungen sehen, welche dem spekulativen Verstande so schwer zugänglich sind, um sie im Einfachen wie im Mineral zu begreifen“[55].

Bei seinen Forschungen hatte Cesarini, wie man unter der Hand berichtete, etwas in der Naturphilosophie entdeckt, das „Aristoteles nicht bekannt war“. Was hatte nun Cesarini entdeckt? Wir wissen es nicht. Und vielleicht wußte er selbst das auch nicht so genau.

Wir wissen aber, daß er begonnen hatte, einen poetischen Kommentar zum *De rerum natura* von Lukrez zu verfassen.

Wir können die stoischen und melancholischen Anklänge begreifen, die Cesarini dazu brachten, sich wie vorher bereits Torquato Tasso mit dem lateinischen Dichter, der Selbstmord begangen hatte, zu identifizieren.

Aber das Buch von Lukrez war von der Kirche auf dem fünften Laterankonzil verurteilt worden, und dann, weil es so verbreitet war, noch einmal auf der florentinischen Synode 1518.

Virginio Cesarini pflegte zwar – angeregt durch platonische Ideen – die

„kuriosen“ Wissenschaften, aber er war gewiß kein epikureischer Libertin, auch wenn seine Neugier, seine Lektüren und seine Forschungen seine aristotelischen Anfänge verdrängt hatten. Von Papst Urban VIII. war seine Position in der Kurie bestätigt worden, und er war als Kardinal *in pectore* im Gespräch. Es waren diese verwickelten menschlichen Angelegenheiten, die dazu führten, daß das Manuskript des *Lucretium imitatus* bei den Manuskripten in seiner Bibliothek blieb. Vielleicht hatte er es Marsilio Ficino nachgetan, der zuerst einen Kommentar zu Lukrez geschrieben und ihn dann, so wird gesagt, verbrannt hatte. Auf jeden Fall hatte Virginio Cesarini bereits zu dieser Zeit einen heimlichen Pakt mit sich geschlossen.

1620 hatte er in Acquasparta einen sehr schweren Rückfall erlitten und sein Testament gemacht. Damals muß er sich wohl daran erinnert haben, wie Kardinal Bellarmin ihn mit Pico della Mirandola in einem Atemzug genannt hatte.

Wie Pico della Mirandola seine hermetische Bibliothek testamentarisch seinem Bruder Anton Maria mit der Auflage hinterlassen hatte, sie keinem religiösen Orden abzutreten, gleichzeitig aber im Gewand der Dominikaner beigesetzt werden wollte, so hinterließ Cesarini seine Bücher und Manuskripte dem brüderlichen Freund Giovanni Ciampoli mit der Auflage, sie in die Bibliothek der Akademie der Lincei einzugliedern, wenn diese definitive Gestalt annähme. Seinen Körper aber überließ Cesarini den Jesuiten, denn er hatte vom Pater generalis das Einverständnis erhalten, im Gewand der Jesuiten bestattet zu werden[56].

Ganz klar trat die Zwiespältigkeit von Virginio Cesarinis Leben bei seinem Tode am 11. April 1624 zutage. Am 13. April wurde in Santa Maria in Aracoeli auf dem Kapitol von den Jesuitenpatres die Totenmesse gelesen. Die Leichenrede hielt Pater Alessandro Gottifredi, Rhetorikprofessor am Collegium Romanum; er lobte die christliche Tugend des Dichters, der sich nicht habe verunsichern lassen durch die gottlosen Moden der literarischen Neuerer[57].

Fürst Federico Cesi ergriff nicht das Wort, noch nahm er überhaupt an der Zeremonie teil[58]. Eine ganz andere Lobrede auf den Verstorbenen wurde einen Monat später, am 5. Mai, in der feierlich geschmückten Accademia degli Umoristi gehalten. Der Redner, Agostino Mascardi, erinnerte an seinen Freund vor allem als einen „Interessierten“ der Natur und als einen Philosophen, der in der Moralphilosophie „nahezu ein Skeptiker“ geworden war[59].

Einige Tage danach, am 11. Mai, schrieb Johannes Faber besorgt an Federico Cesi, er möge sich um die Bibliothek von Virginio Cesarini kümmern: „Eure Exzellenz möge in jeder erdenklichen Weise Sorge tragen, auf daß wir die Bücher des Herrn Virginio Cesarini in Sicherheit bringen [...]; und man wird auch dafür sorgen müssen, daß wir die Erlaubnis für die verbotenen Bücher erhalten, damit die Fratres sie uns nicht zusammenschneiden“[60].

Die Fratres, das waren die Funktionäre des Heiligen Offiziums, die die gefährlichen Papiere im Palazzo Cesarini in Augenschein zu nehmen trachteten und die Untersuchung des Katalogs anstrebten – wenn sie das nicht gar schon unternommen hatten.

Drei Tage vor diesem Warnsignal war in Acquasparta das bekannte symbolträchtige Testament eröffnet worden, das die „Bücher und Schriften" Monsignor Ciampoli überschrieb.

Von diesem Moment an fehlen weitere Nachrichten über die Manuskripte von Cesarini, unter denen sich möglicherweise das unveröffentlichte lukretische Gedicht befand. 1624, als Giovanni Ciampoli eine graue Eminenz in der Kurie war, verfügte er über solide Freundschaften im Palast des Heiligen Offiziums. Es dürfte ihm daher nicht schwergefallen sein, die Hindernisse zu überwinden, Beschlagnahmen zu umgehen und die Bücher und Handschriften von Cesarini seiner Bibliothek einzugliedern.

Die Bibliothek von Giovanni Ciampoli

Ciampoli war ein Intellektueller ganz anderen Zuschnitts als der zerbrechliche und melancholische Cesarini. Während jener immer Opfer einer aristokratischen Verzweiflung und der Unfähigkeit gewesen war, die Gegensätze zwischen dem Alten und dem Neuen, dem Wissen und dem Glauben zu lösen, war Ciampoli eine extrovertierte und pragmatische Persönlichkeit, ein Dichter, der die lauten Töne liebte.

Der impulsive und brillante Florentiner steckte voller Aktivität und machte eine steile Karriere beim Sekretariat für die päpstlichen Brevi; von dort aus korrespondierte er mit Kardinälen, Fürsten und Intellektuellen. Prächtig waren die Feste – sie wurden als „Völlereien" geschmäht –, die Monsignor Ciampoli im Vatikan gab, wenn eine dieser Persönlichkeiten zu Besuch in Rom weilte[61].

Seine Qualitäten als geschickter Diplomat waren bekannt. Im Windschatten des Kardinals Magalotti und des glanzvollen, politisch aber unfähigen Kardinals und Papstneffen Francesco Barberini lenkte er die Außenpolitik des Vatikan in Richtung zur erhofften Öffnung nach Frankreich. Seiner heimlichen Intervention dürfte es im wesentlichen zu verdanken sein, daß die kriegerischen Absichten der Spanier in der Frage des Veltlin verhindert werden konnten. Seine gespreizte Prosa gewährleistete die diplomatische Vermittlung zwischen Richelieu und den Nachfolgern Karls V.

Seine Gegnerschaft zu den Jesuiten war mitverantwortlich für die Schaffung der Kongregation für die Verbreitung des Glaubens. Die geheime Stimmabgabe der Kardinäle, die die Wahl Urbans VIII. begünstigte, war eine intelligente Reform, die auf Giovanni Ciampoli zurückgeht und bis heute Bestand hat.

Ciampoli war aber nicht nur ein mächtiger und ehrgeiziger Prälat und auch nicht nur ein feierlicher Hofdichter. Nicht allein, daß er als offizieller Mittler zwischen dem Palazzo Cesi und dem Vatikan galt, war er, wie sehr viel später der Papst es nennen sollte, „ein Freund der neuen Philosophie“. Auch er spielte im Programm zur Reform des Wissens, wie es die Anhänger Galileis in Rom ausgeheckt hatten, eine Rolle.

Vielschichtig ist die Persönlichkeit von Monsignor Ciampoli. Ein Prälat mit großen Kenntnissen in Geschichte und Theologie, ein gläubiger Intellektueller. „Die Zeichen der Zeit“ überzeugen ihn davon, daß der Pontifikat von Papst Urban VIII. eine beispiellose Wende für die Kirche bedeuten und sie zur universellen geistigen Einrichtung der modernen Menschheit machen wird. In seinen Augen ist Galilei der moderne christliche Philosoph, der den überholten, heidnischen Aristoteles an der Spitze der katholischen Kultur ersetzen wird.

In den Jahren der „wundersamen Konjunktur“ gab es keine Schatten, die den Optimismus von Ciampoli verdunkelten. Er ist aufgrund historischer und rationaler Argumente davon überzeugt, daß die Welt des Aristoteles zu Ende geht. Wie Mersenne, so ist auch er begeistert und bemüht dabei, das Vakuum der untergehenden alten Welt mit einem neuen Christentum zu füllen, um zu verhindern, daß sich der atheistische Skeptizismus und die Libertinage der heuchlerischen Konformisten ausbreiten.

Der Triumph des *Saggiatore*, den er so gut in Szene zu setzen verstand, bekräftigt die Hoffnung auf die „wundersame Konjunktur“ des modernen Papstes.

Zu Recht kann man annehmen, daß Ciampoli in den 20er Jahren unter Anleitung von Galilei, Pater Castelli und Pater Cavalieri begann, Seiten um Seiten mit wissenschaftlichen Studien zu füllen. Ihre Themen, soweit sie uns bekannt sind, lassen die Vermutung zu, daß es sich um Arbeiten handelte, die Teil der Enzyklopädie des Fürsten Cesi werden sollten[62].

Die Titel, die uns erhalten geblieben sind, scheinen tatsächlich als Kapitelüberschriften einer lateinisch gehaltenen Abhandlung über Physik und Mechanik gedacht zu sein („De motu et motoribus a velocitate“, „De motu et de loco et de luce“, „De quiete et motu“, „De magnete“). Ciampoli hatte auch einen italienischen Text über die „Fisica de Natura“ verfaßt („Dell'-anima“, „Della Luce“, „Dell'Arte in definitione Natura“). Ganze Hefte hatte er gefüllt mit Themen der Mechanik, über den Widerstand von Tauen, Pumpen und geneigten Flächen.

Giovanni Ciampoli stand lange vor dem Jahr 1629 in wissenschaftlichen Beziehungen zu dem Mathematiker und Anhänger Galileis, dem Jesuitenpater Bonaventura Cavalieri. Vielleicht verdanken wir dieser Beziehung eine Reihe von Manuskripten mit mathematischen Titeln, die sowohl von der Geometrie der festen Körper als auch „Della quantità e dell'infinito“ handeln.

Zur gleichen Zeit unterhielt Ciampoli in Rom direkten Kontakt mit Pater Castelli, einem Gelehrten der Mechanik und der Physik, der auch der Verfasser einer Abhandlung über die Wärme und die Sonnenflecken war. Spuren dieser Periode wissenschaftlichen Eifers finden sich vielleicht im Titel eines italienisch abgefaßten Dialogs von Ciampoli: „Del sole e del fuoco", das durch die Korpuskeltheorien von Castelli hinsichtlich der Lichtstrahlung und der Absorption von Wärme und Licht angeregt worden sein könnte.

Seine heiklen Aufgaben in der Kurie, deretwegen er sich vermutlich nicht allzu sehr mit seiner neuen Philosophie vorwagen konnte, hielten Giovanni Ciampoli offenbar davon ab, seine wissenschaftlichen Studien zu Ende zu bringen und die bereits abgeschlossenen oder zumindest begonnenen Artikel zu publizieren. Für den Moment blieben jene Aufzeichnungen und Manuskripte von Projekten – gemeinsam mit der wissenschaftlichen und persönlichen Korrespondenz mit Galilei und den Schriften von Virginio Cesarini – in der umfangreichen Sammlung von Manuskripten in der Bibliothek Federico Cesis.

Von Schritten in der akademischen Laufbahn und von falschen Schritten in der Diplomatie

Als pragmatischer Politiker kümmerte sich Monsignor Ciampoli nun hauptsächlich darum, die intellektuelle und politische „wundersame Konjunktur", die auf den neuen Papst und den Erfolg des *Saggiatore* zurückzuführen war, in eine wirkliche kulturelle Erneuerung Roms umzusetzen. Er wurde „Mäzen" der römischen Anhänger Galileis und nutzte seine privilegierten Beziehungen mit den neuen Machthabern sehr geschickt, um die institutionelle und universitäre Zustimmung und Legitimierung im Umfeld der neuen Philosophie auszudehnen.

Die neue Sapienza (die römische Universität. U. H.) war das greifbare und dauerhafteste Resultat jener durch die „wundersame Konjunktur" des Jahres 1623 hervorgerufenen Veränderungen.

Das intellektuelle und soziale Prestige des Collegium Romanum hatte seit langem schon die alte römische Universität La Sapienza in den Schatten gestellt; sie wurde von den Söhnen der Aristokratie vernachlässigt, die hier zwar Jurisprudenz oder Medizin studierten, ihr Examen in den intellektuellen Fächern wie Rhetorik, Theologie und Philosophie aber am angesehenen Collegium Romanum ablegten.

1624 war Professor Giulio Cesare Lagalla, der Aristoteliker der Sapienza, gestorben, er hatte sich wegen seiner heterodoxen und unruhigen, von Galilei beeinflußten Ansichten in physikalischen und kosmologischen Fragen die Verachtung der Jesuiten zugezogen[63]. Lagalla hatte den Konformismus der Sapienza erschüttert, aber seiner Konfusion in philosophischen Fragen, seiner Libertinage und seines bigotten Verhaltens wegen hatten die Jesuiten leichtes Spiel, die philosophische Lehre an der Sapienza noch mehr in Mißkredit zu bringen.

Ciampolis Einfluß trug entscheidend dazu bei, daß das kulturelle Ansehen der Sapienza wieder anstieg und sich die Universität zu einer echten Konkurrenz für das Collegium Romanum entwickelte; er drückte ihr den Stempel einer ganz modernen Lehre auf und sorgte für angesehene und brillante Professoren. 1628 wurde der berühmte und undogmatische Intellektuelle Monsignor Mascardi, seinerzeit ein mit Beifall überhäufter Sprecher aus dem Kreis der römischen „Virtuosi“ und der Erneuerer und Sekretär der Akademie der Desiosi, an den Lehrstuhl für Rhetorik berufen.

Mascardi war ein Literat und Polemiker von unbezweifelbarem Erfolg, er war Sprecher der Akademien, ein fähiger Gelehrter in Geschichte und Moralphilosophie – und ein Protégé der Barberini.

Die Präsenz dieser lebendigen, unruhigen, politischen und intellektuellen Persönlichkeit garantierte der Sapienza die Fama einer provozierend modernen Lehre in den moralischen Wissenschaften[64].

Die Hoffnungen der Erneuerer auf eine grundlegende Reform der römischen Kultur durch den neuen Pontifikat waren zuvor durch den Ruf eines angesehenen Vertreters der neuen Philosophie aus Pisa bestätigt worden. 1626 hatte Pater Benedetto Castelli den neuen Lehrstuhl für Mathematik an der Sapienza erhalten. Castelli war ein direkter Schüler Galileis, und er war sogar in den ersten Auseinandersetzungen mit der aristotelischen Universitätskultur der Toskana über Fragen der Naturphilosophie dessen Sprecher gewesen.

Pater Castelli übertrug das Prestige eines Lehrstuhls an der römischen Universität auf die gesamte Akademie der Lincei. Fürst Cesi hatte ihn nämlich von dem Prinzip ausgenommen, das Kirchenfunktionären den Zutritt untersagte, und ihn in einer eigens geschaffenen Position dem Projekt der „Lincei“ assoziiert.

Die Akademie der Lincei hatte keine Schwierigkeiten mehr, Anhänger zu finden. Im März 1625 hatte sie unmittelbar im Anschluß an die Veranstaltung zu Galileis Gunsten an der Akademie der Desiosi den Advokaten Guiducci als Mitglied eingeschrieben, der in der Auseinandersetzung zwischen Galilei und dem Collegium Romanum an vorderster Front stand. Zur selben Zeit wurde auch die Mitgliedschaft des Cavalier Giorgio Coneo, eines engen Freundes von Ciampoli und Dal Pozzo sowie Protégé von Kardinal Barberini, erwogen.

Zu dieser Zeit entfaltete Monsignor Ciampoli eine Propagandakampagne für Galilei, die sogar Vincenzo Capponi, den Kammerdiener von Urban VIII., für seine Sache zu gewinnen vermochte; vor allem aber brachte sie der Akademie der Lincei ein intellektuelles Prestige, das dem in nichts nachstand, welches zehn Jahre zuvor der Übertritt des Herzogs Virginio Cesarini bewirkt hatte.

Nach dem Tode Cesarinis sollte Graf Pietro Sforza Pallavicino, ein frühreifer intellektueller Star vom Collegium Romanum, die neuen philosophischen Hoffnungen der gebildeten römischen Aristokratie erfüllen. Im September 1625 hatte er seine Doktoratsthesen vor dem Papst und seinem Gönner, dem Kardinal von Savoien, in der Aula magna des Collegium Romanum vorgetragen und die Gemeinde der römischen Intellektuellen und der Professoren des Collegiums in Begeisterung versetzt. Die Hoffnungen, die sie auf diesen Schüler setzten, schienen nur zu berechtigt[65].

Aber die Freundschaft des Grafen Pallavicino mit den *Virtuosi* der Akademie des Kardinals von Savoien und seine Sympathie für die Ideen von Giovanni Ciampoli waren bereits allgemein bekannt. Pallavicino hielt sich regelmäßig in der Kurie auf, wo er eine Kirchenkarriere bei der Kongregation für Fragen der Rituale begonnen hatte, die nach allgemeiner Überzeugung ganz hoch hinaus führen mußte.

Es setzte kaum jemanden in Erstaunen, als auch Graf Pallavicino zu Beginn des Jahres 1629 Mitglied der Akademie der Lincei wurde. Er brachte in die neue Philosophie sein beachtliches soziales und intellektuelles Ansehen ein, auf das sich seine theologischen und scholastischen Lehrer vergeblich Hoffnungen gemacht hatten. Ebenfalls 1629 erhielt Pater Cavalieri den Lehrstuhl für Mathematik in Bologna: der angesehenste wissenschaftliche Lehrstuhl im Vatikanstaat wurde von einem Anhänger Galileis besetzt.

Im Lauf der 20er Jahre hatte sich die „wundersame Konjunktur" des *Saggiatore* zu einer günstigen, dauerhaften Saison gewandelt. Die neue Philosophie hatte in der Kurie, auf den Lehrstühlen, in den Akademien und bei den gehobenen Familien Roms Einzug gehalten.

Eine geringe Zahl von „Interessierten", die anfangs am Rande standen, hatten den Erfolg eines Buches zu nutzen verstanden, und Ideen und Menschen in Bewegung versetzt. Vielen Beobachtern der römischen Ereignisse schien das kulturelle und moralische Klima derart günstig, daß sie Galilei in seinem hartnäckigen Verlangen bestärkten, ganz offiziell, mit wohlwollender Protektion und vor allem unter dem persönlichen Schutz des Papstes eine Kampagne zugunsten des Kopernikanismus zu lancieren.

Die geschlossene feindliche Front des Aristotelismus hatte aufgehört zu existieren.

Die Anhänger Galileis konnten sich in der Tat auf Beziehungen und günstige Kräfteverhältnisse stützen, wozu auch die tiefgehenden Differenzen zwischen den verschiedenen religiösen und kulturellen Gruppierungen der katholischen Welt beitrugen.

Auch hielt in der Auseinandersetzung mit den Jesuiten die aufsehenerregende Unterstützung für den *Saggiatore* seitens der Dominikaner im Heiligen Offizium an, und diese Unterstützung zählte.

Pater Nicolò Ridolfi, Maestro des Heiligen Palastes zum Zeitpunkt als der *Saggiatore* erschien, war 1629 General seines Ordens geworden. Sein Nachfolger, Pater Niccolò Riccardi, war ein großer Bewunderer des *Saggiatore*, ein Anhänger Galileis und angesehener Theologieprofessor am Collegio della Minerva – und darüber hinaus ein Freund von Giovanni Ciampoli. Weitere Dominikaner, die in den 20er Jahren in Rom weilten, wie Pater Giacinto Stefani, Pater Michele Arrighi, Provinzial von Rom und Pater Rafaello

Visconti, zeigten sich dem Erfolg der Anhänger Galileis gegenüber solidarisch – zumindest verhielten sie sich nicht feindlich.

Die Front der geistlichen Kultur war in Bewegung geraten, war nicht mehr kompakt und geschlossen. Galilei konnte zu seinen römischen Freunden auch Pater Orazio Morandi zählen, General des Ordens von Vallombrosa und Praktikant der Astrologie und der Okkultwissenschaften.

Die intellektuellen Spannungen, welche sich hinter der Eifersucht gegen die traditionelle Übermacht der Gesellschaft Jesu verschanzten, mündeten in gewisser Weise in Zustimmung zu Galilei, der es gewagt hatte, das allmächtige und unbestrittene wissenschaftliche Ansehen des Collegium Romanum herauszufordern und an den Pranger zu stellen.

Die aufsehenerregendste offizielle Zustimmung kam von der lebendigen wissenschaftlichen und intellektuellen Gemeinschaft der Clerici Regolares Minores. Das war ein Orden, der gemeinsam mit den Theatinern den besonderen Schutz des neuen Pontifikats genoß und bei der die Kongregation für die Verbreitung des Glaubens stark im Aufwind war.

1626 stellte Pater Raffaello Aversa, ein berühmter Professor der Philosophie und der Theologie am Collegium der Clerici Regolares Minores, Galilei die astronomischen Forschungen der wissenschaftlichen Gemeinschaft seines Ordens in Castel Durante im Staat von Urbino vor. Dabei bekannte er öffentlich seine Bewunderung und die seiner Ordensbrüder für Galileis Astronomie und sprach den Wunsch aus, es möge sich eine wissenschaftliche Zusammenarbeit ergeben[66].

Pater Aversa war ein ultra-traditionalistischer Scholastiker, und das war der eigentliche Grund dafür, daß er indirekt den *Saggiatore* gegen Pater Grassi verteidigte.

Im Jahr 1627 kam der zweite Band seines Hauptwerkes *Philosophica metaphysicam physicamque completens* heraus.

Ein langes Kapitel dieses Bandes befaßte sich mit dem Problem der Kometen. Als unerschütterlicher Thomist verurteilte Pater Aversa die modernen Theorien von Tycho Brahe und Pater Grassi, die die aristotelische Theorie der Kometen in Abrede stellten. Der *Saggiatore* hingegen wurde sehr viel nachsichtiger behandelt, denn dessen Vorstellungen zu diesem Punkt waren eine, wie wir bereits wissen, irrige, aber entschuldbare Version dessen, was Aristoteles gedacht hatte.

Später werden wir noch sehen, wie wertvoll die Sympathie der Ordensgeistlichen für Galilei in der Auseinandersetzung mit seinen Gegnern war.

Die Ordensgeistlichen stellten viele Intellektuelle und Männer der Religion und der Politik für jene Institutionen der Kirche, welche der restaurativen Aktion des neuen Pontifikats eine internationale Ausrichtung gaben: so auch die Kongregation für die Verbreitung des Glaubens, die 1622 von Gregor XV. eingerichtet worden war, die Urban VIII. aber zu Recht als seine Erfindung betrachten konnte.

Und just in dieser Institution erwarb sich die neue Philosophie dank der

Vermittlung von Monsignor Ciampoli einen einflußreichen Anhänger, den Kapuzinerpater Valeriano Magni, den „Monaco lungo" (den langen Mönch. U. H.)[67]. Pater Magni war der Herkunft nach Mailänder, hatte aber seit je im Vatikanstaat gelebt; seit 1624 war er Provinzial seines Ordens in Böhmen, Österreich und Mähren. Als starker Konkurrent der Jesuiten bei der Restauration des Katholizismus in Böhmen, und als erfahrener diplomatischer Emissär wurde er 1626 in die Kongregation zur Verbreitung des Glaubens berufen. Hernach wurde er Reisebotschafter der päpstlichen Außenpolitik in Prag, bei der Konferenz von Pinerolo und bei den schwierigen Verhandlungen um die Herrschernachfolge in Mantua. Mit Monsignor Ciampoli verbanden ihn Probleme der Diplomatie, aber auch eine antiaristotelische intellektuelle Neigung in Verbindung mit augustinischer Sicht der Theologie. Pater Magni seinerseits brachte die franziskanische Tradition, den Antiaristotelismus des Heiligen Bonaventura, die ockhamistische, dem Atomismus gegenüber positiv eingestellte Perspektive und die Idee der mystischen Erneuerung der katholischen Theologie mit.

Es war kein Zufall, daß diese beiden repräsentativen intellektuellen Persönlichkeiten der katholischen Kultur, nämlich Monsignor Ciampoli und Pater Magni, in der ersten Hälfte des 17. Jahrhunderts dieselben Förderer kannten: im Augenblick Papst Urban VIII. und später den König von Polen, Ladislaus IV. Sie vertraten die gleichen Ideale und hatten in den Jesuiten dieselben Kritiker und Gegner.

Die Schwäche dieser Gegner war mehr als alles andere für das Klima der „wundersamen Konjunktur" in den 20er Jahren ausschlaggebend. Sie konnte so lange andauern und sich entwickeln, wie die Jesuiten durch die Öffnung des Pontifikats Urbans VIII. nach Frankreich hin in die Isolation gedrängt wurden. Und bis zum Ende der 20er Jahre hielt jenes günstige Kräfteverhältnis an.

Es war mit Sicherheit ein sehr zerbrechliches Gleichgewicht, das zum Vorteil der Neuerer und gegen die Gesellschaft Jesu ausschlug. Der kleinste falsche Schritt konnte es unwiederbringlich zerstören.

Aber zur großen Freude Galileis machten ausgerechnet die Jesuiten in jener glücklichen Periode, und zwar 1626, einen großen, außerordentlich kompromittierenden falschen Schritt.

Nachdem Kardinal Richelieu zwei Jahre an der Macht war, begann er die Gesellschaft Jesu mit seiner ambivalenten und offensichtlich abweichenden Politik im Kampf gegen die Häresie zu beunruhigen – man befürchtete negative Einflüsse durch die wenig wohlwollend zur Kenntnis genommene Öffnung der vatikanischen Politik nach Frankreich.

Zu Recht waren die Jesuiten besorgt wegen des gallischen Übermuts (um einen modernen Ausdruck zu verwenden), denn 1610 hatte es das Parlament von Paris gewagt, Kardinal Bellarmin wegen seiner Thesen zur weltlichen Macht des Papstes zu verurteilen (ein Urteil, das dann nicht vollzogen wurde).

Und mit noch mehr Recht fürchteten die Jesuiten 1626 die offensichtliche politische Unfähigkeit des Kardinals und Botschafters Francesco Barberini, der in fast drei Jahren der Papstherrschaft nur Bücher, Bilder und diplomatische Mißerfolge gesammelt hatte.

Bezeichnend dafür war die prächtige und völlig erfolglose Gesandtschaft in Paris ein Jahr zuvor, die die totale politische Unfähigkeit des hochkultivierten Papstneffen offenbart hatte. Die Jesuiten hatten sich darauf beschränkt, den Mißerfolg durch einen Skandal komplett zu machen: Bei der überstürzten Abreise der Delegation ließen sie ein kleines, von einem anonymen Autor verfaßtes antifranzösisches Buch zurück, das im Jahr zuvor in Rom gedruckt worden war[68].

Trotz der Krisen herrschte die philofranzösische Tendenz in der Kurie weiterhin vor, und die Partei der Neuerer im Umfeld des opportunistischen und lebensfrohen Kardinals von Savoien hatte den Papst und den päpstlichen Nuntius weiterhin in der Hand. Der erleichterte durch seine Protektion die Provokationen gegen die Institutionen und Bücher, die die orthodoxeste Richtung der Gegenreformation vertraten.

Um ihre Isolierung zu durchbrechen, entschieden sich die Jesuiten dafür, ihre Aktion gegen Frankreich aus dem Vorjahr zu wiederholen. Diesmal aber nicht im verborgenen, sondern ganz offiziell und in Rom.

So platzte die berühmte Affaire Santarelli, eine der schwersten diplomatischen Krisen der 20er Jahre.

Pater Antonio Santarelli war ein Jesuit, der Rhetorik und Theologie am Collegium Romanum unterrichtet hatte. 1625 hatte er ein dickes Handbuch zum internationalen Inquisitionsrecht vorbereitet, das zu dessen großer Überraschung dem Kardinal von Savoien gewidmet war.

Es handelte sich um ein *Tractatus de haeresi, schismate apostasia*[69]. Die Widmung unterstrich die jesuitische Erziehung des Kardinals in Turin, hob seinen heroischen religiösen Eifer im Kampf gegen die Häretiker hervor, durch den sich schon der Thron von Savoyen ausgezeichnet hatte, und sie lobte die traditionelle Loyalität des Hofes von Turin gegenüber den Jesuiten. Das Buch erneuerte die Thesen von Kardinal Bellarmin über die weltliche und geistliche Macht des Papstes, die Unterordnung der Fürsten unter sie und die Unfehlbarkeit des Pontifex maximus. Die Exkommunikation derer, die Häresien nicht anzeigten, wurde nahegelegt.

Das allein war schon ein ganzes Programm, aber es scheint, als seien zum Zeitpunkt der Auslieferung in Paris zwei Seiten gegenüber dem beim Heiligen Offizium niedergelegten Exemplar ersetzt worden; dadurch wurde das juristische Prinzip noch deutlicher hervorgehoben, demzufolge der Papst auch einen König, der die Häresie, den Ungehorsam und Gesetze gegen die guten Sitten toleriert[70], absetzen kann.

Wie wir in einem anderen Fall sehen werden, verstanden sich die Jesuiten im 17. Jahrhundert besonders gut darauf, ihre Bücher zu handhaben wie Taschenspieler auf der Piazza Navona die Karten.

Dieses Mal war die Provokation jedoch unmittelbar an der Piazza del Gesù vorbereitet worden: das Buch hatte die übliche dreifache interne Zustimmung erhalten; sie war vom Ordensgeneral Vitelleschi gegengezeichnet, der sich höchstpersönlich in jener Intrige exponierte.

Aber es lohnte sich. Der erhoffte Abbruch der diplomatischen Beziehungen von Paris aus hätte den Forderungen nach mehr Unnachgiebigkeit seitens der Spanischen Botschaft freie Bahn geschaffen. Die Spanier verlangten als wirkungsvolle Drohung vom Papst eine militärische Intervention im Veltlin mit den in Rom zusammengezogenen Truppen.

Tatsächlich aber nutzte Kardinal Richelieu die Gelegenheit sofort, um sich die einflußreichen französischen Jesuiten zu unterwerfen. Die Reaktion Frankreichs war unerbittlich, aber anstatt in die Falle zu gehen und sich gegen den Papst zu wenden, traf man ausgerechnet die Jesuiten. Am 15. März 1626 beschloß das Parlament von Paris, das Buch von Pater Santarelli zu verbrennen; von der theologischen Fakultät der Sorbonne, und in der Folge von allen theologischen Fakultäten der anderen bedeutenden Universitäten Frankreichs, wurde es noch strenger zensiert. Die Leitung der Gesellschaft Jesu in Frankreich wurde vor das Parlament zitiert und unterzeichnete eine formelle Verurteilung der Thesen von Santarelli. Diese Distanzierung wurde unter Drohungen am 16. März 1626 erzwungen. Papst Urban VIII. verurteilte das Buch, versuchte aber zugleich seine herausgeforderte Autorität zu verteidigen. An der Piazza del Gesù machte man kehrt marsch und gab eine bereinigte Fassung des Buches heraus. Zu spät.

Die diplomatische Krise war augenfällig, aber anstatt sich gegen die philofranzösische Partei auszuwirken, schlug sie auf die zurück, die sie ausgelöst hatten.

Einen Monat später entschloß sich Papst Urban VIII. offiziell, die Aufforderungen zum Schisma zu verurteilen, denn er wollte die loyalen Beziehungen zwischen Rom und Frankreich nicht durch diese Provokation aufs Spiel setzen. Dazu berief er Pater Muzio Vitelleschi, den General der Jesuiten, in den Vatikan.

Glauben wir der zeitgenössischen Chronik (16. Mai 1626), die über diese außergewöhnliche Begegnung im Vatikan veröffentlicht wurde, so berief der Papst den Pater und General öffentlich vor die Kardinäle und Prälaten der Kurie, beschuldigte ihn, die Krise angezettelt zu haben, und verwarnte ihn. Der Ex-Nuntius in Paris sprach: „Vous ne vous contentez pas de me nuire en France, vous me voulez encore déchirer en Italie“ (Ihr begnügt Euch nicht damit, mir in Frankreich zu schaden, Ihr wollt mein Ende auch in Italien)[71]. Pater Vitelleschi wußte nicht darauf zu antworten.

Der Papst zog die Truppen aus dem Veltlin zurück und entwaffnete die in Rom stationierten Truppen. Im Anschluß wird die Krise um das Veltlin endgültig beigelegt, die Proteste der „hardliner“ fanden kein Gehör mehr.

Die Affaire Santarelli war für die spanische Botschaft und für die Jesuiten ein großer Fehler, der sich als vollkommen kontraproduktiv erwies. In den folgenden Jahren werden die Jesuiten immer wieder zu dem Trick greifen, Seiten in ihren Büchern auszuwechseln, aber die oberste Führung an der Piazza del Gesù sollte sich, wie wir noch sehen werden, sehr viel vorsichtiger verhalten.

In den 20er Jahren blieb der Gesellschaft Jesu nichts anderes übrig, als den Verlust ihrer intellektuellen Hegemonie aus den goldenen Jahren unter Papst Paul V. und Gregor XV. zu beklagen, als Kardinal Bellarmin das Gesetz diktiert hatte. Jetzt hatte der Papst keinen Jesuiten mehr als privaten Theologen. „Sein Bellarmin" – wie man zu sagen pflegte – war Monsignor Agostino Oreggi, der wohl ein Schüler von Bellarmin gewesen war, aber deshalb die Jesuiten keineswegs mit Feuereifer unterstützte. Und als 1627 der Antrag eingebracht wurde, Bellarmin zu kanonisieren, entschied sich der Papst, der die Kanonisierung des Heiligen Ignatius, die von seinem Vorgänger gewollt war, unverzüglich ratifiziert hatte, die Angelegenheit in Ruhe zu bedenken. Zur Begründung wurde eine ganz neue Norm ersonnen: Um eine Seligsprechung in Gang bringen zu können, mußten mindestens 50 Jahre nach dem Tode des Seligzusprechenden vergangen sein. Das war ein Affront, den die Verfasser von Hagiographien über den Kardinal lieber vergessen.

Wenn man Bellarmin nicht sofort heiligsprechen konnte, so hätte man den Jesuiten dennoch einen Nachfolger auf seinem Posten im Kardinalskollegium zusichern können. Aber nicht einmal auf diese maßvolle Bitte wurde eingegangen. Erst 1643, in einer völlig veränderten politischen und kulturellen Landschaft, wurde wieder ein Jesuit, Pater Giovanni De Lugo, Theologe am Collegium Romanum, in das Kardinalskollegium berufen.

Dabei hatte Urban VIII. im ersten Jahrzehnt seines Pontifikats nicht mit Kardinalsernennungen – und das nicht nur im Umfeld seiner Familie – gegeizt. Monsignor Cesarini war als Kardinal in pectoris gestorben, auch Monsignor Ciampoli war Kandidat. 1627 ernannte Urban VIII. zur allgemeinen Überraschung mit Pierre de Bérulle, dem „neuen Theologen" Frankreichs, jemanden zum Kardinal, der ein mystischer Reformator des Glaubens und ein großer theologischer und politischer Antagonist der Jesuiten war.

Sieht man jedoch genauer hin, dann hatte die „wundersame Konjunktur" aufgrund einer ganzen Reihe sehr günstiger Umstände ihre Gegner zwar auf Distanz gebracht, aber sie hatte deren Bedeutung für die historische Mission der tridentinischen Kirche um nichts verringert. Die Bewunderer des *Saggiatore* hatten sich nicht gegen die Macht ihrer Kritiker durchgesetzt. Sie waren bloß dank einer außergewöhnlichen und unwiederholbaren politischen Konstellation in den Genuß der Straffreiheit gekommen, wie im Karneval.

Die Grenzen dieser Freiheit sollten nur allzubald offenkundig werden.

Viertes Kapitel

„Dunkles Licht"

Ned infiniti sono i mondi e i cieli
(com'altri afferma) che d'opposta parte
il furor letterato adduce in guerra.
[...]
Altri un vano intelletto affanna e stanca
ne la confusion torbida e mischia
de l'infinite parti; e quindi indarno
la mente pazza s'argomenta e 'ngegna
di separarle. Altri corporea mole
genera di figure i vari aspetti:
di piramide acuta il sottil fuoco,
di quadre forme poi la stabil terra,
di venti quasi facce il vago e leve
spirante aer sublime egli compone
e d'otto l'acqua e vuol che peso e corpo
vane figure, e senza moto e pondo,
diano a quattro elementi in varie guisa.
[...]
e quinci e quindi a'non veduti oggetti
non trova ingegno umano aperto il varco;
e ne' veduti ancor sovente adombra,
negli altri, al troppo lume, i lumi abbaglia.

Torquato Tasso, *Le sette giornate del mondo creato* (1607), II. 83–91; 142–154; 164–67

Gerichtsrituale

Am Morgen des 21. Dezember 1624 traf eine riesige Menschenmenge, Römer und Pilger, die aus ganz Europa zur Eröffnung des Heiligen Jahrs nach Rom gekommen waren, auf der Piazza S. Maria sopra Minerva zusammen.

Nur mühsam gelang es den Karossen der Kardinäle und hochgestellten Würdenträger, sich einen Weg bis zum Kordon zu bahnen, den die Schweizer Garden zur Sicherung des Kirchplatzes gebildet hatten. Die Zeremonie in der großen und alten Kirche der Dominikaner konnte erst mit Verspätung beginnen.

Es war das Fest des Heiligen Apostel Thomas, des zweifelnden Jüngers. Dem Obersten Gericht der Inquisition war das als ein geeigneter Anlaß erschienen, mit einer festlichen Zeremonie den Urteilsspruch in einem denkwürdigen Prozeß zu fällen. Es handelte sich um das strengste und aufsehenerregendste Urteil, das je im Rom des 17. Jahrhunderts gefällt wurde.

Die Kardinäle und Vertreter der weltlichen Macht stiegen aus, und wieder mußten sie sich einen Weg durch die ungeheuren Menschenmassen bahnen, die die Kirche bevölkerten, um ans Ende des Kirchenschiffs zu gelangen. Hier war der Saal für diesen außergewöhnlichen Prozeß eingerichtet worden: mit einem mannshohen Holzzaun, dessen Durchlässe von Schweizer Garden bewacht wurden. Angesichts der Menschenmassen waren diese außergewöhnlichen Sicherheitsvorkehrungen nicht übertrieben.

Eine Tribüne längs der drei Seiten dieses „Käfigs“ war für das Gericht bestimmt. Zur Linken saßen die Richter des Heiligen Offiziums, darunter auch der Kardinal-Inquisitor Desiderio Scaglia, und zur Rechten das Collegium Sacrum der Kardinäle, der Präfekt von Rom und die zivilen Funktionäre. Hochgestellte Prälaten und Aristokraten wohnten der Sitzung vor den Tribünen stehend bei.

Szenische Einrichtung und der Ablauf erfolgten wie bei anderen Prozessen dieser Art.

Ungewöhnlich hingegen war der Angeklagte, dessen Portrait an der Kanzel angebracht war. Es handelte sich um einen Mann um die sechzig, und das Bild zeigte ihn in Schwarz mit einer Mönchskutte in der Hand. Der Name unter dem Bild war der eines Adligen und hohen kirchlichen Würdenträgers, denn er enthielt auch den Titel eines Erzbischofs. Bekannter aber war er als Theologe, Wissenschaftler und Intellektueller von europäischem Rang.

Doch auch Titel und Ansehen hätten nicht dieses Aufsehen erregt, hätte es da nicht einen in der Erinnerung der Menschen beispiellosen Umstand gegeben, einen Umstand, der auch in einer Stadt, die Gerichtsrituale solcher Art gewohnt war, Schaudern und Sprachlosigkeit angesichts seiner Irrealität auslöste.

Marco Antonio De Dominis, der Angeklagte, war bereits vor dreieinhalb Monaten gestorben. Das Heilige Offizium hatte es nicht mit der Verurteilung eines Menschen, sondern mit der eines Leichnams zu tun, der in einem pechschwarzen Sarg des Richtspruchs harrte.

In der Kirche der Minervina herrschte gespanntes Schweigen. Ein Priester stieg aufs Pult und las auf Italienisch „im Singsang“[1], um bis auf den Platz hinaus gehört zu werden, den Text des Urteilsspruches, der den Angeklagten zu einem Abtrünnigen vom rechten Glauben und rückfälligen Häretiker erklärte. Mit einem langen Applaus drückten die Zuschauer ihre Zustimmung zu diesem Ritual im Stile der mittelalterlichen Inquisition aus. Für etliche Neugierige war der Applaus vor allem ein Ventil, den Druck jener feierlich makabren Zeremonie von sich abzuschütteln. Für die Mehrzahl aber, die Aristokraten und Kirchenvertreter, die zusammengekommen waren, um ihre Zustimmung zu den unnachgiebigsten Idealen der Kirche kundzutun, war dieser Applaus eine Absichtserklärung, der Herausforderung durch Häretiker und Neuerer mit wiedererstarkter Kraft entgegenzutreten.

Nach dem Prozeßrecht der Inquisition konnte sich derjenige, der als Häretiker rückfällig wurde – wie auch bei Unbußfertigkeit und im Unterschied zum geständigen und reumütigen Häretiker –, dem Urteil nicht entziehen. Und dieses lautete in seinem Fall unweigerlich auf Verbrennen.

De Dominis wurden seine geistlichen Titel aberkannt, und er wurde aus der Kirche ausgeschlossen. Sein Bildnis und seine sterblichen Überreste wurden auf den Kirchplatz getragen und dort gemeinsam mit seinen theologischen und wissenschaftlichen Büchern auf einen Karren geladen. Der feierliche Zug ging von Zuschauern umsäumt bis zum Campo dei Fiori. Dort bildete die Verbrennung der Bücher, des Bildnisses und des exhumierten Leichnams den haarsträubenden Höhepunkt und Abschluß.

Die Vermutung ist gestattet, daß der Verurteilte an der feierlichen und dramatischen Zeremonie wohl Gefallen gefunden hätte, denn er hatte spektakuläre Zeremonien sehr geliebt und solche Anlässe immer gesucht.

Die Zeitgenossen hingegen empfanden das Ende der Affaire De Dominis als ein drohendes und gänzlich unerwartetes Wetterleuchten am Horizont des Pontifikats Urbans VIII.

Hier zeigte sich die andere Seite Roms: Institutionen, die treu und resolut und ohne das geringste Nachgeben an die katholische Restauration und das Ideal Bellarmins von der weltlichen Herrschaft des Papstes glaubten.

Die Verurteilung stellte ein in dieser Form noch nie dagewesenes Ereignis dar. Zwar gab es den Fall von Pietro d'Abano, dem Astrologen und Materialisten, der 1315 gestorben war und 40 Jahre später, nach einem Prozeß gegen seine Schriften, exhumiert und dann verbrannt wurde, aber das waren Zeiten, die weit ins Mittelalter der Christenheit zurückreichten.

In der jüngeren Vergangenheit hatte es einen weiteren berühmten Prozeß mit einer Verurteilung *post mortem* gegeben, den des Häretikers John Wyclif, der 1384 gestorben und auf der Sessio VIII des Konzils von Konstanz im Jahr 1415 für die Nachwelt verurteilt wurde, weil er die Behauptung aufgestellt hatte, in der Eucharistie könnten Brot und Wein nicht verschwinden und auch nicht transsubstantiiert werden. Damit hatte er sich einer besonders schwerwiegenden subversiven Häresie schuldig gemacht hatte, und von daher erklärte sich die Unerbittlichkeit der Kirche.

Und es traf auch zu, daß der Urteilsspruch später in England vollzogen wurde. Aber nach Lage der Dinge hatte es sich lediglich um eine symbolische Exekution gehandelt: Die Gebeine Wyclifs wurden exhumiert und in einen Nebenfluß des Avon gestreut. Das war wahr, aber es war vor langer Zeit und zudem in England geschehen. Und nicht im Zeitalter der „neuen Welt" in Rom.

Die Kongregation des Heiligen Offiziums hatte mit dem unglaublichen juristischen Schauspiel dieses historischen Urteilsspruchs Stärke demonstrieren wollen.

Ein Historiker, der Zeuge dieser Zeremonie war, hat uns eine detaillierte Beschreibung hinterlassen. Es handelte sich ausgerechnet um den offiziellen

Kirchenhistoriker zu jener Zeit, und in Rom war er der einzige, der Zugang zu allen Archiven hatte.

Es war der polnische Dominikanerpater Abraham Bzowski, der in Rom lebte und damit betraut war, die Redaktion der *Annales* der römischen Kirche weiterzuführen, die von dem 1606 verstorbenen Kardinal Baronio in Angriff genommen worden waren. Im Jahre 1624 war Bzowski bei der Redaktion des 18. Bandes; nachdem er aber Zeuge dieses großen Ereignisses geworden war, entschied er, daß es zu wichtig war, unterbrach den Bericht und fügte einen Abschnitt mit der Chronik über den juristischen Fall ein, der auf die Zeitgenossen solch großen Eindruck gemacht hatte[2].

Die modernen Historiker waren weniger sensibel als Pater Bzowski[3]. Besonders diejenigen, die sich mit Galilei befassen, haben lediglich auf die Konzeptionen hingewiesen, die De Dominis in der Optik und über Ebbe und Flut entwickelt hatte. Es war Delio Cantimori, der bedeutende Historiker der italienischen Häretiker aus dem 16. Jahrhundert, der auf die Bedeutung des Falles De Dominis für das Verständnis der historischen und intellektuellen Krisensituation, in der sich Galilei befand, aufmerksam machte.

Leider hat uns Cantimori zu diesem Punkt nur einen vagen Fingerzeig hinterlassen – in einem aufgrund seines Ablebens unvollendeten Text, der nur aus Stichworten besteht und posthum von Eugenio Garin publiziert wurde[4].

Mit dem Körper von De Dominis sah Cantimori auch die letzten politischen Illusionen einer friedlichen Wiedervereinigung des Christentums verbrennen[5].

Das Ideal der christlichen Wiedervereinigung, das mit dem Klima des Dreißigjährigen Krieges vollständig unvereinbar geworden war, war von De Dominis in aller Öffentlichkeit propagiert worden, und ein so bedeutender Utopist wie Kepler hatte ihm öffentlich Bewunderung gezollt. Freilich war dieses Ideal nur die allgemeine politische Konsequenz der Ideen, die De Dominis vertrat und die ihm die Anklage einbrachten. Die Wurzeln dieser Haltung waren theologischer Art, und, da die Häresie mit Stumpf und Stiel ausgerottet werden sollte, mußten jene Ideen bestraft werden. Pater Bzowski hat uns das bestätigt, und er bestätigt uns vor allem auch den Ausnahmecharakter jenes historischen Prozeßabschlusses.

Unter diesem Blickwinkel enthüllt die Affaire De Dominis sehr viel mehr über Hintergründe und Methoden des Vorgehens in Rom, also die Kehrseite des Pontifikats Urbans VIII., als man eigentlich annehmen sollte. Darüber hinaus gibt die Affaire De Dominis eine sehr viel genauere Kenntnis davon, als abstrakte juristische Abhandlungen sie je geben könnten, wie ein bedeutender Prozeß gegen einen bedeutenden Angeklagten, der die Macht der obersten Kirchenführung tatsächlich kompromittiert hatte, angelegt wurde. Ein Skandal also genau wie derjenige, in dem Galilei nur acht Jahre nach der Verurteilung von De Dominis die Hauptrolle spielen sollte.

Zwei Widerrufe, drei Urteilssprüche

Auch De Dominis war Wissenschaftler gewesen. Er stammte von einer dalmatinischen Dynastie aus Split ab, die sogar einen Papst hervorgebracht hatte; er selbst war Jesuit und Professor für Mathematik, Rhetorik und Philosophie in Padua und Brescia geworden. Seine mathematischen Lektionen, die 1611 dann veröffentlicht wurden, hatten in den intellektuellen Kreisen Paduas Aufsehen erregt. Galilei allerdings hat sich niemals zu seiner geometrischen Optik geäußert[6]. De Dominis verkehrte mit Paolo Sarpi, Fulgenzio Micanzio, Giovanni Francesco Sagredo und Traiano Boccalini, bevor und auch nachdem er sein Jesuitengewand abgelegt hatte, um Erzbischof von Split zu werden. Als der Konflikt zwischen Venedig und Rom, zwischen Paolo Sarpi und Bellarmin ausbrach, schlug sich De Dominis auf die Seite des mit Verbot Belegten und kehrte nach Venedig zurück, um sich zu den Prälaten zu gesellen, die der Republik treu waren.

In Venedig hatte De Dominis Kontakt zu dem theologisch und politisch aufrührerischen Umfeld der englischen Botschaft aufgenommen und – wie vorher schon Bruno, Pucci und Vanini – ein Beglaubigungsschreiben für eine geheime Überfahrt nach England erhalten. Als Gegenleistung versprach De Dominis, eine umfangreiche Studie gegen die weltliche Macht des Papstes und der Konzile auszuarbeiten.

Den Engländern jedoch lag viel mehr daran, Zugriff auf eine andere Arbeit zu bekommen, nämlich das Manuskript *Istoria del Concilio Tridentino.* Paolo Sarpi hatte es 1616 fertiggestellt, konnte sich aber nicht entschließen, es im Ausland zu publizieren. Hauptgegenstand der Geheimverhandlungen zwischen De Dominis und dem englischen Botschafter an der Lagune, Sir Henry Wotton, bei denen der Kapellan Ihrer Majestät William Bedell, Beauftragter für religiöse Fragen bei der Botschaft, als Mittler fungierte, war das Angebot an De Dominis, er solle Sarpi eine Kopie des kostbaren Manuskripts entwenden und sie persönlich in London übergeben; der Erzbischof von Canterbury und König Jakob glaubten, es sei das explosivste Buch des Jahrhunderts.

Vielleicht war es Sarpis Mißtrauen gegenüber dem ehrgeizigen Erzbischof, was den Plan scheitern ließ.

Mit einem englischen Schutzbrief in der Tasche verließ De Dominis heimlich Italien auf dem Weg über das Engadin, passierte die spanischen Festungen am Rhein und gelangte schließlich nach Heidelberg. Dort enthüllte er in einem offenen Brief den katholischen Bischöfen die Gründe für seine Flucht, die von dem Wunsch geleitet sei, die Christen wieder zu vereinigen[7].

Am 3. Dezember 1617 zelebrierte De Dominis in der Sankt Pauls Kathedrale im Gewande des Erzbischofs das feierliche Bekenntnis zum Calvinismus. Es war eine Art Parodie auf die ritualisierten Widerrufe, wie sie in Rom geleistet worden waren.

De Dominis wurde von Jakob I. und Abbot, dem Erzbischof von Canterbury, mit großen Ehren aufgenommen, erhielt den hochangesehenen Titel des Dekan von Windsor und wurde mit einer Reihe von Propagandapredigten gegen die Machtmißbräuche des römischen Hofes Sprecher der italienischen Flüchtlinge. Sein politischer Erfolg wurde durch die unverzügliche Veröffentlichung des Manuskriptes besiegelt, das er aus Venedig mitgebracht hatte. Es hieß *De republica ecclesiastica,* und die ersten Abschnitte, die in London erschienen, waren Jakob I. gewidmet. Es handelte sich um eine interessante, aber nicht sonderlich originelle Polemik gegen Bellarmins Theorie vom Kirchenstaat und gegen die Degeneration der päpstlichen Herrschaft in Rom.

In Rom wurde das Werk unverzüglich auf den Index gesetzt. Der Autor wurde, da er sich dem Heiligen Offizium nicht gestellt hatte, um sich gegen die Anschuldigung der Häresie zu rechtfertigen, automatisch exkommuniziert und von Papst Paul V. aller kirchlichen Ehrentitel für verlustig erklärt.

De republica erregte großes Aufsehen und begeisterte, unter vielen anderen, auch Kepler[8], aber die wichtigsten Abschnitte, nämlich die theologischen Charakters und nicht rein polemischen, sollten erst einige Jahre später öffentlich werden. In der Zwischenzeit hatte sich De Dominis jedoch einen unsterblichen Ruf wegen eines ungleich bedeutenderen Buches erworben, für dessen verlegerischen Erfolg er der Hauptverantwortliche war.

1618 hatte Sarpi endlich zugestimmt, sein Buch den Engländern auszuhändigen. Über eine Kette von diplomatischen Agenten und holländischen Buchhändlern gelangte das Manuskript *Istoria del Concilio Tridentino* durch ganz Europa bis in die Hände des Erzbischofs Abbot. De Dominis besorgte die Edition, sah Fahnen durch und schrieb ein langes Vorwort.

Im Sommer des Jahres 1619 war Sarpis Buch in den Buchhandlungen des protestantischen Europa, wo es sich ebenso gut verkaufte wie die Bibel. Für die Jesuiten war es das Schreckgespenst, und schon am 22. November stand es auf dem Index.

Der Name von De Dominis war untrennbar verbunden mit einem der größten verlegerischen Erfolge im Europa des 17. Jahrhunderts: Die *Istoria* erfuhr zwei italienische Ausgaben, vier in Latein, eine französische und noch eine auf Deutsch. Die beste Reklame für das Buch blieb auf lange Zeit seine hartnäckige Verfolgung durch die Jesuiten.

Das Werk war zweifelsohne gefährlich für diejenigen, die wie die Jesuiten die Aufgabe hatten, die religiöse Bedeutung der Entscheidungen des Konzils von Trient als Schutzwall des Glaubens im Kampf gegen die Häresie zu verteidigen. Die *Istoria del Concilio Tridentino* nahm dem Konzil seinen Charakter als Sprachrohr der Wahrheit: Es berichtete von allen Kontroversen, Diskussionen, seinen Kämpfen und den Abweichungen im Innern wie auch nach außen; bis zu diesem Zeitpunkt war all das geheimgehalten worden, um der Welt den Text des Konzils als Gesetz der Wahrheit und als Mysterium der Religion erscheinen zu lassen.

Auch der wichtigste Punkt in Fragen der Lehre, das Dogma der Transsubstantiation in der Eucharistie, wurde in seinem Wahrheitscharakter schwer angeschlagen durch die Enthüllung der Vorbehalte und Opportunitätserwägungen, die den Hintergrund für die berühmte XIII. Sessio abgegeben hatten.

Dieses Dogma war in der Tat der springende Punkt, der eine Aussöhnung des Schismas mit der protestantischen Welt unmöglich machte, wie das einige diplomatische Vertreter auf dem Konzil beklagt hatten. Sarpi berichtete von den heiklen politischen Hintergründen dieser Entscheidung und vor allem von dem unlösbaren und Jahrhunderte währenden Streit über die Art und Weise der realen Existenz, in dem sich auf dem Konzil die dominikanische und die franziskanische Theologie gegenüberstanden. Und Sarpi berichtete weiter, wie die Väter des Konzils angesichts dieser – Nichteingeweihten vollkommen unverständlichen – Auseinandersetzungen lavieren mußten, „weil sie selbst keine eigene Meinung auszudrücken vermochten"[9], bis sie schließlich im Text des Dogmas einen schwierigen Kompromiß als Ausweg ersannen.

Das Erscheinen des großen Buches von Sarpi stimmte nachdenklich. Auch bei seinem Herausgeber hat es wohl den Anstoß zu radikaleren theologischen Reflexionen gegeben, die den Rahmen der anfänglichen Überlegungen, politisch von eher gallikanischem Zuschnitt, überschritten.

Im fünften und im siebten Band seiner *De republica ecclesiastica* begab sich De Dominis in der Tat auf das Gebiet der großen theologischen Kontroverse und beschuldigte die Autorität der Konzile an den Punkten, wo diese den Anspruch erhoben, *de fide* Dogmen aufzustellen, die im Widerspruch zur Vernunft standen und in der Bibel nicht vorkamen.

Diese Polemik ist die wahre theologische Wurzel der sogenannten „Irenik" von De Dominis, d. h. seines Programms einer Wiedervereinigung des Christentums auf der Basis gemeinsamer fundamentaler Glaubensgrundsätze.

In der stark diskutierten Lehre des Heiligen Irenäus, des Kirchenvaters, hatte De Dominis seinen Maßstab gefunden. Allein die Zustimmung zur Offenbarung durch die Schrift war notwendig und hinreichend als Glaubensregel.

Hätte die Katholische Kirche, so De Dominis, das Mysterium der Eucharistie so belassen, wie es durch die gläubige Spiritualität der Väter überliefert worden war – als ein undefinierbares Mysterium – „dann wären die hauptsächlichsten Kontroversen und alle Keime gegenseitiger polemischer Unduldsamkeiten eliminiert worden"[10].

Das Dogma der Eucharistie, das vernunftwidrig war und in der Offenbarung nicht vorkam, stellte also in den Termini, in denen es von der scholastischen Theologie durchgesetzt worden war, das Haupthindernis für einen Religionsfrieden dar, während auf dem europäischen Kontinent der Dreißigjährige Krieg entbrannt war. De Dominis ging gegen die willkürliche Entscheidung an, das Mysterium der Sakramente mit Hilfe der Theorie von der Transsubstantiation und der Akzidentien zu erklären, und berief sich dabei auf die Theorie von Irenäus: Es gibt zwei Realitäten in der Eucharistie, eine irdische und eine himmlische[11]. Das ist alles. Darin steckt das ganze Wunder, die Theorie beißt sich nicht mit dem gesunden Menschenverstand und der Naturphilosophie, sondern läßt dem Brot und dem Wein ihren Wert als natürliche Substanzen.

Mit dieser Aussage wiederholte De Dominis die Thesen von Wyclif, die von einem anderen Konzil verurteilt worden waren, und erinnerte an die zahllosen Kontroversen der protestantischen Theologen mit Bellarmin und Kardinal Du Perron aus den ersten Jahrzehnten des Jahrhunderts.

Bellarmin und Du Perron hatten das tridentinische Dogma der Eucharistie mit einer völlig korrekten Argumentation verteidigt, die man heutzutage linguistische Pragmatik nennt, mit einer Exegese des eindeutigen Sinns der evangelischen Formel „hoc est corpus meum“ bei der Konsekration. Das Pronomen *hoc* „bedeutete“, wenn es in bezug auf das Brot und ganz in seiner Nähe ausgesprochen wurde, daß jenes Brot kein Brot mehr war. Das auszusprechen bedeutete einen Wechsel im Zustand der Dinge.

De Dominis verwirft diese Interpretation und bedient sich dabei der Autorität von Irenäus und Justinus. Kurz gefaßt, bestand seine Argumentation in folgendem: Die Konsekration ist ein Akt der Heiligsprechung des Brotes und des Weines in Form einer Anrufung Gottes. Entscheidender Punkt der Konsekration ist die Benediktion, nicht die nachfolgende Formel „hoc est corpus meum“. Wenn die *vis consecrandi* in der Geste und nicht im Wort bestand, dann besaß folglich der semantische Beweis für die Wahrheit der Transsubstantiation, den Bellarmin vorgetragen hatte, keinen demonstrativen Wert mehr, und das geweihte Brot konnte Brot bleiben.

De Dominis sagte also, es reiche, ein Pronomen in der eucharistischen katholischen Theologie zu eliminieren, um den Weg für eine religiöse Aussöhnung Europas zu eröffnen.

Wie alle Intellektuellen seiner Zeit, so war sich auch Marco Antonio De Dominis bewußt, daß das Dogma der Eucharistie der Schnittpunkt der großen theologischen Kontroversen war. Das zu bemerken fiel nun wirklich nicht schwer. Die Liturgien, die theologischen Kontroversen, sogar die künstlerischen Ausdrucksformen und die Architektur der Kirchen, all das gruppierte sich in Gegensätzen um ein Zentrum intellektueller Spannungen und solcher des Glaubens. Und dieser Mittelpunkt hatte die physikalischen Ausmaße einer Partikel in der Eucharistie.

Was für die Katholiken den Hauptgegenstand des Kultes darstellte, der feierlich durch ein grundlegendes Fest begangen wurde und mit der exaltierten barocken Apotheose und der Anbetung in der Eucharistie verehrt wurde, eben das Corpus Domini, das war in den Augen der Protestanten Quelle für eine Art Götzenkult und greifbarer Beweis für die Degeneration der christlichen Spiritualität in Rom.

Auch für einen so unruhigen und opportunistischen Intellektuellen wie De Dominis stellten sich die Probleme der Politik und der Rechtsprechung nicht unabhängig von einer Stellungnahme zu dieser Basisdoktrin, was schmerzlich empfunden wurde. Die Linie der Versöhnung, die er vorschlug, bestand darin, den dramatischen Gehalt des Problems zu reduzieren und die Idee der Transsubstantiation, wie sie in Trient als Dogma der Eucharistie verabschiedet worden war, als ein nicht grundlegendes Glaubensprinzip darzustellen. Der Tendenz nach handelte es sich darum, die Rolle der dogmatischen Theologie auf das Wesentliche zu reduzieren, was viele Philosophen der Absicht nach teilten und was die Institutionen, die mit der Überwachung der Einhaltung des Konzils von Trient betraut waren, nicht tolerieren konnten.

Für De Dominis, wie für viele andere Häretiker seiner Zeit auch, war der religiöse Glaube eine Suche, in der sich unzertrennbar utopische Hoffnungen und Zweckmäßigkeitsüberlegungen, eine konstante Flucht aus den bereits konstituierten Religionen und Formen heuchlerischer Verstellung verbanden. Es war eine Reise ohne Halt und ein immer nur vorläufiger Kompromiß.

Seine *De republica* war gerade erst publiziert worden, da dachte De Dominis schon an einen neuen Angriff, an einen weiteren *coup de théâtre*, in dem er sich selbst die Rolle des Protagonisten zugedacht hatte.

Die politischen und religiösen Hoffnungen, die unter dem Schutz des mächtigsten protestantischen Monarchen in Europa gehegt worden waren, hatten sich zerschlagen. Die Erwartungen auf das Zustandekommen eines antihabsburgischen Blocks zwischen England, Savoien, den Vereinigten Niederlanden und Venedig wurden von der siegreichen Initiative des katholischen Kaisers und Spaniens zunichte gemacht. Der Siegeszug des Katholizismus isolierte London und ließ die Eröffnung eines diplomatischen Dialogs mit Rom geraten scheinen.

Es war zu Beginn des Jahres 1621, und De Dominis brachte Ansätze einer Revision zum Ausdruck: „Die Transsubstantiation ist in der Philosophie ein Irrtum, aber nicht in der Theologie“[12], schrieb er an den Dekan von Winchester, der ihn beschwor, sich die Idee, nach Rom zurückzukehren, aus dem Kopf zu schlagen. Aber De Dominis hatte bereits eine geheime Abmachung mit dem Grafen von Gondomar, dem spanischen Botschafter in London, getroffen. Auch der spanische Botschafter versuchte, ihn von seinem Vorhaben abzubringen. „Ich gehe spontan, ohne irgendeine Gewißheit oder Sicherheit; die Gefahr, der ich mich aussetze, sehe ich wohl voraus und bin unerschrockenen Mutes bereit, ihr zu begegnen, allein im Vertrauen auf den göttlichen Schutz“[13], entgegnete dieser unbelehrbare Grenzgänger mit gewählten Worten.

In Wirklichkeit verhielt es sich so, daß 1621 sowohl Papst Paul V. als auch Bellarmin gestorben waren und der Pontifikat von Gregor XV., einem Bekannten von De Dominis, zu neuen Hoffnungen berechtigte. Anfangs des

Jahres 1622 erhielt König Jakob die offizielle Bitte von De Dominis, sich nach Rom begeben zu können, um dort die Versöhnung der Christenheit ins Werk zu setzen.

Man versuchte, ihn aufzuhalten, aber vergebens: „Ich glaube, Verstellung ist der Charakter dieses treulosen Menschen, der in einem Nest der Jesuiten erzogen wurde“[14], kommentierte ein Abgesandter des Königs bitter. Aus Venedig kam ein besorgtes Echo auf diesen neuerlichen Verrat: Die alten Freunde Paolo Sarpi und Micanzio waren überzeugt, der Preis für die Straffreiheit in Rom sei die heimliche Preisgabe der Hintergründe für die Veröffentlichung der *Istoria del Concilio Tridentino*. Der Abfall von De Dominis stellte tatsächlich, auch wenn die Befürchtungen unberechtigt waren, eine Bedrohung für die Beziehungen zwischen den Theologen in Venedig und London dar.

Briefe und kompromittierende Dokumente im Besitz von De Dominis wurden beschlagnahmt. De Dominis wurde als unerwünschtes Element des Landes verwiesen und erwartete in Brüssel die erforderlichen Garantien aus Rom. Er erhielt die Vergebung des Papstes unter der Bedingung, feierlich zu widerrufen[15].

Am 24. November 1622 widerrief De Dominis in Rom seine Häresien und schwor ihnen ab, leugnete die *Istoria* von Sarpi, unterschrieb die Autorität der Konzile und beklagte seine Thesen, daß es grundlegende und weniger grundlegende Dogmen gäbe.

Der Widerruf war freiwillig erfolgt, und so stellte er nichts Ehrenrühriges dar, sondern eröffnete dem Bischof von Split eine triumphale Rückkehr ins Rampenlicht. Ihm wurden alle Ehrentitel wieder zuerkannt, und dank seines Ranges öffneten sich De Dominis die Türen der gehobenen Kreise Roms.

Kardinäle und Aristokraten rissen sich um den Ex-Abtrünnigen, den Freund König Jakobs und seines Kanzlers, und im Klima des neuen Pontifikats Urbans VIII. verbündete sich De Dominis sogar mit dem Papstneffen und Kardinal Francesco Barberini. Und ihm widmete De Dominis, der seine alten wissenschaftlichen Studien wieder aufgenommen hatte, ein Buch über Ebbe und Flut, *Euripus seu de fluxu et refluxu maris*, das zur gleichen Zeit erschien wie der *Saggiatore*. Das theologische Gutachten für das Imprimatur war von einem Mathematiker unterzeichnet, dem wir bereits begegnet sind: Pater Orazio Grassi[16].

Zweimal hatte De Dominis den Ärmelkanal überquert und wußte natürlich besser als jeder andere in Rom, was wirkliche Gezeiten sind. Seine Erklärung für das Phänomen war traditionell, auf der Grundlage der „vis tractiva“ von Sonne und Mond.

Die hochangesiedelten Bekanntschaften und der mondäne Erfolg des Erzbischofs von Split beunruhigte die Kreise, die die Veröffentlichung der Arbeit von Paolo Sarpi nicht vergessen und auch nicht verziehen hatten. Die Gegner De Dominis' wußten um die Fähigkeiten zur Verstellung dieses theologischen Abenteurers, dieses „Dieners vieler Herren", wie er in England jetzt voller Verachtung genannt wurde.

De Dominis sprach ein wenig zu ungezwungen von seinen Erfahrungen und Überzeugungen, die sich im übrigen nicht geändert hatten. Wie immer in diesen Fällen waren es Verleumdung und Denunziation, die ihn ruinierten: Er wurde beim Heiligen Offizium angezeigt, weil er gefährliche Ansichten über die Konzile geäußert habe. Er genoß die Protektion allerhöchster Kreise, und das Heilige Offizium ging mit der in einem solchen Fall gebotenen Sorgfalt vor, um nicht die Protektoren des Angezeigten in den Skandal einer Anzeige mit hineinzuziehen, was seine Überwachungstätigkeit bei den Spitzen der Kirche in Mißkredit hätte bringen können.

Eine diskrete Untersuchung bestätigte die Beschuldigungen. Es zeichnete sich eine Anklage wegen heuchlerischen Widerrufs ab. Da es nicht opportun war, die Information in Umlauf zu bringen, De Dominis habe zwei Päpste in häretischer Verstellung hintergangen, organisierte man den Prozeß um einen umständehalber herangezogenen juristischen Vorwand herum, der nicht allzu kompromittierend war. Angesichts seiner Neigung zur Flucht wurde der Angeklagte gefangengesetzt, aber nicht in einer Zelle im Palast des Heiligen Offiziums, sondern, wie es einem Erzbischof zukam, in der Engelsburg in einem Quartier, wo er sich von seinen Hausangestellten bedienen lassen konnte.

Die Anschuldigungen gegen De Dominis machten einen Prozeß notwendig, aber es war nicht leicht, einen unwiderleglichen Anklagepunkt zu finden, der neben dem Angeklagten nicht auch noch andere kompromittieren würde. Und dies aus dem ganz einfachen Grund, weil De Dominis erst kürzlich widerrufen hatte und daher alles, was er vorher geschrieben hatte, nicht gegen ihn verwendet werden konnte.

Schamhaft berichtet Pater Bzowski zu diesem Problem der Anklageerhebung, daß „seine Schriften rasch geprüft worden waren und man in ihnen eine Aussage über das Sakrament der Ehe fand, die etliche häretische Behauptungen enthielt"[17].

Dieses Detail wird von einer anderen direkten Quelle bestätigt: Der Jesuitenpater Eudaemon-Johannes merkt an, daß ein „handschriftliches Manuskript" gefunden wurde, das von der Möglichkeit handelte, eine zerrüttete Ehe aufzulösen; der Angeklagte anerkannte, daß dieses Manuskript von ihm stammte[18].

So wurde der Erzbischof De Dominis, der in ganz Europa bekannt war wegen seiner häretischen Ansichten über die Konzile, den Papst und die Eucharistie, offiziell wegen eines Manuskripts über die Zulässigkeit der Ehescheidung im Fall des Ehebruchs angeklagt.

In Wirklichkeit war es dem Kommissar Kardinal Scaglia in einem Verhör, „bei dem er ihn zehn Stunden lang bedrängte"[19], gelungen, dem Erzbischof das Schuldeingeständnis hinsichtlich der wahren Anklagepunkte zu entreißen. De Dominis gab zu, er glaube noch immer an die Möglichkeit, daß

Protestanten und Katholiken auf der Grundlage gemeinsamer fundamentaler, für die Erlösung einzig notwendiger Glaubensgrundsätze zusammenkommen könnten: die Dreieinigkeit, die Fleischwerdung Gottes, die Göttlichkeit, die Passion und die Auferstehung. Andere Glaubenssätze wie die Transsubstantiation, die Prädestination und der Primat von Petrus wären diskutierbar. „Die Konzile“, so setzt er hinzu, „und vor allem das von Trient, erklären viele Dinge *de fide,* die mit dem Glauben nichts zu tun haben“[20]. Die Negation des Prinzips der Autorität für die Konzile und die Aufforderung, nach einer unvoreingenommenen Prüfung die Zahl der unabdingbaren Dogmen zu reduzieren, das waren die wirklichen Anschuldigungen. An diesem Punkt konnte nur eine exemplarische Bestrafung einen Skandal vermeiden.

Eine Bestrafung, deren Strenge in der Erinnerung haften blieb, sollte das aufhalten, „was dieser Neuerer wollte, nämlich daß durch eine neue Prüfung Nachforschungen sowohl über bisher nicht Beurteiltes wie über schon festgelegte Dinge in Gang gesetzt würden“[21].

Dieser zuverlässige Kommentar über die Bedeutung der Affaire De Dominis stammt von dem Historiker Pater Bzowski. Mit anderen Worten: Es handelte sich um die feierliche Verurteilung der Kritik am theologischen Autoritätsprinzip.

Nach dem Bekenntnis erübrigte sich das Verhör zu weiteren Beweismitteln. De Dominis war ein rückfälliger Häretiker. Da er aber ein Mann war, der die Kunst der Verstellung beherrschte, verhörte Kardinal Scaglia ihn aus Gründen der Genauigkeit noch ein weiteres Mal, um in Erfahrung zu bringen, ob er im Jahr zuvor seinen Widerruf nur vorgetäuscht habe. Die Antwort war nein, er sei bereit, erneut abzuschwören. Das tat er seinem Inquisitor gegenüber einige Monate später auch, im September 1624, als er bereits im Sterben lag.

War das nun eine letzte Glanztat dieses Meisters der Verstellungskunst, oder war es eine seiner Henker, um in extremis eine offizielle Buße vorzutäuschen? Wie dem auch sei, De Dominis hatte einen Tod, der ihm und seiner adligen Gelassenheit würdig war: Er erhielt die Sakramente, und er erlaubte sich – zumindest wurde es ihm zugeschrieben – eine letzte großartige Geste: Er dankte Papst Urban VIII. für die spirituellen Fortschritte, die er während seiner Festsetzung in der Engelsburg gemacht hatte[22].

Der Verdacht, De Dominis sei im Gefängnis vergiftet worden, hätte internationale Spekulationen um diesen heiklen Fall auslösen können. Es wurde eine Autopsie durch ein Gremium internationaler Fachleute angeordnet: Die beiden berühmten Ärzte Giulio Mancini und das Mitglied der Akademie der Lincei, Johannes Faber, wurden im Morgengrauen von den Vertretern des Heiligen Offiziums abgeholt. So erhielt Faber vertrauliche Informationen über den Gang der Anklage und den Fortgang, den der Prozeß ungeachtet des Todes des Angeklagten nehmen sollte. Einer der ersten, der davon detailliert in Kenntnis gesetzt wurde, war Galilei[23].

Ein Beweis des Stolzes

Galilei hatte ebenso wie der Ex-Jesuit, der Freund von Paolo Sarpi, die Autorität der Kirche herausgefordert, als er das Ansehen ihrer wichtigsten kulturellen Institution aus der Zeit der Gegenreformation angriff, nämlich das Collegium Romanum der Gesellschaft Jesu. Auch Galilei war nach Rom gekommen und hatte, obwohl schwerwiegende theologische Bedenken gegenüber dem Autor des *Saggiatore* bestanden, öffentliche Anerkennung bei den höchsten Stellen im Kirchenstaat gefunden: beim Papst, seinem Staatssekretär, den Kardinälen und den einflußreichsten Männern der Kurie.

Und auch für Galilei hatte es in Rom eindeutige Kundgebungen der Anerkennung seitens der weltlichen und intellektuellen Kreise gegeben, die die Grenzen der offiziellen Toleranz teilweise durch höhnische Arroganz und eine subversive Freizügigkeit bis auf äußerste belasteten. So sprach man jetzt unter dem Schutz des wohlgesonnenen politischen Stabs des Papstes und getragen von der gebildeten Meinung der Neuerer und Libertins von einem freien Verfahren bei der Prüfung philosophischer Fragen. Die Freude an Provokation und bohrender Polemik bei den reformierten und freigeistigen Literaten sowie die gewagten Forderungen der Aristokraten und hochgestellten Prälaten in geistigen Fragen, die durchdrungen waren von oberflächlicher Neugierde für die Philosophie und die Wissenschaft, verrieten eine intellektuelle Unzufriedenheit mit den Institutionen; und sie verrieten, daß sich in den gehobenen Schichten Roms, unter den raffinierten, gebildeten und modisch interessierten Leuten Aufmüpfigkeit gegen die Autorität und die Tradition breitmachten. Ob es sich um Unzufriedenheit bezüglich der Regeln und Dogmen oder um reformatorische Bestrebungen in Religionsfragen handelte – beide Strömungen unter den römischen Neuerern waren in den Augen der Wächter der dogmatischen Orthodoxie suspekt.

Und der Affront ging ungezügelt weiter, wurde von den höchsten Stellen geduldet. Literarische Neuerer und Anhänger Galileis, die von Wissenschaft nichts begriffen, machten sich lustig über die aristotelischen Lehren.

Diese höhnischen Provokationen waren wie unschädliche, aber schmachvolle Steinwürfe gegen die kolossale und strenge Fassade des Collegium Romanum (Abb. 6), den Stolz der Jesuiten. Der „Stolz der Jesuiten" war, wie Johannes Faber vorausgesehen hatte, schwer getroffen worden.

Und die Jesuiten konnten durchaus auf etwas stolz sein. Sie waren die Protagonisten ihres Jahrhunderts. Durch ihre wache Aufmerksamkeit und ihre ansehnliche Repräsentanz in den politischen Kreisen hatten sie sich als intellektuelle und religiöse Elite herausgebildet. Die kapillare Organisation ihres Unterrichts und ihrer Forschungen überzog ganz Europa und wurde weltweit praktiziert.

Die Jesuiten waren die neuen Humanisten: neue Moralisten, neue Wissenschaftler, neue Theologen, neue Philosophen. Niemand konnte ihnen Lehren erteilen, wenn es um die Modernität, die Neuigkeit und die Öffnung zur

Welt hin ging. Mit ihrer erdverbundenen, antiintellektuellen und gefühlsbetonten Auffassung von Religion, mit ihren fabelhaften missionarischen Unternehmungen, mit ihren philologischen und historischen Forschungen, ihrer am Konkreten orientierten Philosophie, ihrer unbestreitbaren und unvoreingenommenen Kompetenz in der Astronomie und ihrer Sensibilität für die fortgeschrittensten ästhetischen Untersuchungen hatten die Jesuiten es sicher nicht nötig, auf jemanden wie Campanella, Galilei oder den Cavalier Marino zu warten, um zu wissen, daß die Welt mit den Sinnen der Wahrnehmung zu erforschen ist oder daß die Mathematik eine strenge Erkenntnis der Fakten ermöglicht.

Den „Bewunderern des Neuen“ hatten die Jesuiten mit ihrem Willen zu einem einheitlich geschlossenen und disziplinierten Vorgehen sogar eine Gewißheit voraus. Sie wußten, daß die Erwägungen religiösen Charakters gegenüber denen streng philosophischer, wissenschaftlicher oder künstlerischer Natur den Vorrang haben mußte. Ihr religiöses Motto war in die lichtstrahlende Hostie eingraviert, die als ihr Symbol diente (Abb. 4), aber ihr intellektuelles Motto und ihr kulturelles Programm stand schwarz auf weiß im Vorspann zu ihrem angesehensten Handbuch der Philosophie, den *Metaphysicarum Disputationum* von Pater Suarez: „Unsere Philosophie muß christlich sein und die Magd der Göttlichen Theologie. Die metaphysischen Prinzipien müssen so wiedergegeben und angepaßt werden, daß sie die theologischen Wahrheiten belegen“[24].

Es war eine ungetrübte Gewißheit, zugleich alt und doch ganz modern: eine zweite Scholastik. Mit dem Enthusiasmus und der Festigkeit dieses Willens, sich im Dienst der tridentinischen Erneuerung der Kirche durchzusetzen, war die jesuitische Kultur, die fest verschmolzen war mit den Prinzipien der katholischen Reform, als Institution unangreifbar. Die Häretiker und Neuerer, die mit dem Anspruch auftraten, die Autorität der traditionellen Doktrin im Namen eines neuen, auf der Schrift gegründeten Glaubens zu ersetzen, mußten bei ihren Bemühungen, die Geschlossenheit der Jesuiten zu zerstören und sie zu individualisieren, einfach scheitern.

Der unwiderstehliche Aufstieg der Gesellschaft Jesu war die Folge einer inneren Kraft, die die alten und neuen religiösen Orden weit hinter sich ließ, sie bisweilen sogar demütigte. Der spanische Einfluß in Rom wirkte sich günstig aus, und die Entwicklung erreichte ihren Höhepunkt unter Papst Paul V. und wirkte auch auf das Prächtigste noch im darauffolgenden Pontifikat unter Gregor XV. nach. Ausgerechnet 1622 triumphierte der Stolz der Jesuiten: Mit großem festlichen Gepränge wurde die Kanonisierung des Heiligen Ignatius und des Heiligen Franz Xaver gefeiert; damit wurde gleichzeitig die enorme Bedeutung der Gesellschaft Jesu sanktioniert und ihre Rolle gewürdigt, die sie als führende Kraft in der katholischen Kultur der Gegenreformation spielte – auch wenn diese Kultur durch den Dreißigjährigen Krieg in eine schwere Krise gestürzt war.

Für die Zeitgenossen Galileis vereinte der moderne Palast des Collegium

Romanum, wo unter entscheidender Mithilfe von Bellarmin die *ratio studiorum* erfunden worden war, all diese Bedeutungen.

Die geistige Haltung, die wir beschrieben haben, jene leidenschaftliche und totale Integration von Kultur und tridentinischem Glauben, sie war nicht nur in abstrakten programmatischen Absichtserklärungen enthalten, sondern sie war fühlbar, sichtbar, mit allen Sinnen exakt in den Strukturen jenes kolossalen Palastes wahrnehmbar, wie das der Mentalität seiner Protagonisten entsprach (Abb. 7).

Tatsächlich hatte die Gesellschaft Jesu zu der Zeit beschlossen, einen Teil des ursprünglichen Gebäudes abzureißen und das Collegium Romanum zu einer großartigen, dem Heiligen Ignatius geweihten Kirche auszubauen; darin sollte sich ihre Sicht des Menschen und der Ideen besser materialisieren. Die Kirche sollte in den großen baulichen Komplex ohne irgendwelche Trennungen integriert werden. So wollte man eine zugleich intellektuelle und religiöse Zone schaffen, einen einzigen monumentalen Raum, der sowohl für kulturelle wie für liturgische Zwecke genützt werden konnte. Es sollte die architektonische Vergegenständlichung einer Sichtweise der Welt und die Zelebration einer eindrucksvollen Vorherrschaft werden.

Es war ein großes und sehr kostspieliges Projekt: die größte und spektakulärste Kirche der Gesellschaft Jesu – ein Beweis des Stolzes und der Macht der Jesuiten in einer Zeit, in der sie große Erfolge an den Grenzen des kirchlichen Ausdehnungsbereichs und in der Welt verbuchen konnten, auch wenn sie in Rom zu dem Zeitpunkt isoliert standen. Deshalb hatten Erwägungen, die das Prestige betrafen, Vorrang vor allem anderen.

Die großartige Kirche wurde von Kardinal Ludovico Ludovisi finanziert, einem der „Leader" der philohispanischen Partei, der als Kardinal und Neffe von Gregor XV. enorme Reichtümer angehäuft hatte. Diese Kirche sollte zugleich Verherrlichung des neuen Heiligen und Gründers der Jesuiten wie auch der Ludovisi werden, unter denen er kanonisiert worden war. 1626 segnete Kardinal Ludovisi in einer feierlichen Zeremonie die Grundsteinlegung; der Bau selbst aber sollte sich noch über ein halbes Jahrhundert voller Schwierigkeiten, Polemik und Neuansätze hinziehen, und am Ende mußte die Kirche des Heiligen Ignatius für immer unvollendet bleiben: ein Torso gegenüber dem gewaltigen Projekt aus den Anfängen[25].

Zwischen 1623 und 1624 wurden verschiedene Entwürfe bekannter und angesehener Architekten vorgestellt. Aber die großartige Realisierung des Projektes sollte der Welt von der herausragenden Rolle der Jesuiten künden und mußte daher voll und ganz ein Werk der Patres sein. Kardinal Ludovisi und die Leitung der Gesellschaft Jesu wählten also einen repräsentativen und angesehenen Vertreter des Collegium Romanum aus, der mit einem so aufsehenerregenden Bau seine wissenschaftliche und religiöse Tüchtigkeit als Architekt zum erstenmal unter Beweis stellen sollte. Es war Pater Orazio Grassi, der Mathematiker, den der *Saggiatore* in aller Öffentlichkeit bloßgestellt hatte.

Tridentinische Perspektiven

Es ging darum, die größte und prächtigste Kirche Roms zu erbauen (nur Sankt Peter sollte noch größer sein), und sie sollte eine Kuppel besitzen, die Pater Grassi von solchen Ausmaßen entworfen hatte, daß sie fast der von Michelangelo (eben in S. Peter, U.H.) gleichkam. Die neue Repräsentativ-Kirche Papst Urbans VIII., von ihm bei Maderno für S. Andrea della Valle in Auftrag gegeben (Abb. 18), sollte daneben verblassen.

Das größenwahnsinnige Kuppelprojekt von Grassi hätte schließlich auch der Bibliothek der Dominikaner im nahegelegenen Collegium der Minervina das Sonnenlicht genommen. Letztere, ohnehin schon durch die ehrgeizigen Nachbarn arg in den Schatten gestellt, beschwerten sich über diesen baulichen Mißbrauch.

Soweit zu den fürs Prestige nötigen Requisiten. Die anderen – architektonische und ästhetische – Requisiten orientierten sich an apologetischen und religiösen Überlegungen.

S. Ignazio sollte auf beispielhafte Weise nach außen hin Stil und Perspektiven der bedeutenden Institution der Lehre und Forschung zeigen, der sie als grandiose Kapelle angegliedert war. Im Triumph des Heiligen Ignatius sollte das Werk die orthodoxe tridentinische und apologetische Ausrichtung in jedem Winkel der Erde und auf jedem Feld menschlicher Kultur, also auch in der Architektur, bezeugen.

Der Entwurf von Pater Grassi, mit dessen Realisierung 1629 begonnen wurde, materialisierte dieses Bündel von Anforderungen aufs vollkommenste und machte Pater Grassi gegen Ende der 20er Jahre zu einer der repräsentativsten und einflußreichsten intellektuellen Persönlichkeiten, vielleicht sogar zur angesehensten der Gesellschaft Jesu in Italien.

Und dieser Mann war Sarsi. Er war nach dem Tode Bellarmins vom wissenschaftlichen, institutionellen und religiösen Standpunkt aus der bedeutendste Antagonist, dem Galilei auf seinem Weg begegnete.

Sarsi, d. h. Pater Grassi, war im *Saggiatore* als Skorpion und als Schlange bezeichnet worden. In einigen persönlichen Anmerkungen aus der späteren Zeit belegte Galilei seinen Gegner zwar mit weniger giftigen, aber keineswegs schmeichelhaften Epitheta: „vollkommen tölpelhaft“, „feierlicher Dummkopf“, „erbärmlicher Esel“, „Riesenochse“[26].

Jedoch sah Galilei, soweit wir das wissen, seinen Gegner niemals von Angesicht; ihm waren nur das Pseudonym Sarsi, dessen Maske sowie einige Meinungen und indirekte Darstellungen bekannt.

Wer war Pater Grassi, der bedeutendste Gegner Galileis? Auch für den Historiker ist er ein Mann ohne Gesicht: Es ist uns in der Tat kein Bildnis des berühmten Architekten der Kirche von S. Ignazio erhalten geblieben, in deren Gewölben er – vielleicht – Seite an Seite mit anderen mehr oder weniger berühmten Professoren des Collegium Romanum beigesetzt worden ist.

Auch die Historiker kennen und erinnern – ebenso wie Galilei – nur die Maske Sarsis und seine Polemiken über die Kometen. Von der religiösen und intellektuellen Persönlichkeit dieses Gegners von Galilei sind nur einige wenige verstreute Spuren bekannt: einige wissenschaftliche Briefe an Baliani[27], elegante architektonische Entwürfe mit Anmerkungen in seiner ordentlichen Handschrift[28], eine These über die Optik[29], die unter dem Namen eines Studenten am Collegium veröffentlicht wurde und eine feierliche Osterpredigt[30]; daneben berichtet die Fama von einem großen Erfolg, den eine Aufführung einer Heiligengeschichte erlebte, deren Bühnenbild von Grassi entworfen worden war[31]: „Apoteosi over consacrazione dei SS. Ignazio e Francesco Saverio". Aber schon diese Spuren reichen aus, um unschwer auszumachen, daß wir es mit einer produktiven, sehr vielseitigen und komplexen intellektuellen Persönlichkeit zu tun haben.

Offizieller Wissenschaftler der Jesuiten, Mathematiker, Astronom und Architekt, ein bedeutender Architekt: Das war sein „Beruf".

Da aber die Professionalität und die wissenschaftlichen Institutionen unserer Tage die Persönlichkeit des Architekten von der des Wissenschaftlers unterscheiden und sich auch die Historiker daran halten, haben letztere das wissenschaftliche Werk von Pater Grassi nicht eines Blickes gewürdigt, ja sie haben es nicht einmal erwähnt.

Das ist eine unverzeihliche Unterlassung für die Geschichte der Wissenschaft, denn wir befinden uns im 17. Jahrhundert, und die Architektur bildet einen integrierten Bestandteil der Wissenschaft: „Die Geometrie, die Arithmetik, die Musik, die Physik, die Medizin, die Architektur und alle Wissenschaften, die der Erfahrung und der vernunftgemäßen Argumentation unterliegen"[32], schrieb Pascal in der berühmten *Préface sur le Traité du vide.*

Die bei weitem dauerhafteste und bedeutendste wissenschaftliche Leistung von Pater Grassi war seine große Kirche. Sie stellte die Krönung seiner Karriere dar und trug ihm den Ruf eines Wissenschaftlers von großen Fähigkeiten ein.

Wer die Persönlichkeit und die Qualitäten des wichtigsten wissenschaftlichen und institutionellen Gegenspielers von Galilei verstehen will, der sollte sich aufmachen und S. Ignazio am Collegium Romanum besichtigen.

Der Eindruck beim Betreten von S. Ignazio täuscht und könnte dazu führen, den Bezug zum ursprünglichen Entwurf von Pater Grassi zu verlieren. Die Dekoration hat ihn entstellt.

Alles ist illusionistisch. Man hat den Eindruck, als habe man einen riesigen Vorführsaal eines Kinos oder eines „teatro delle meraviglie" (Theaters der Wunder, U. H.), wie man im 17. Jahrhundert gesagt hätte, betreten: einen Pavillon voller optischer Effekte und Täuschungen und fiktiver Architekturen, die die Zeitgenossen in Begeisterung versetzten.

Die große Aussparung für die Kuppel wird von einem Bild mit der fiktiven perspektivischen Darstellung einer Kuppel abgeschlossen. Die vertikalen Strukturen des Kirchenschiffs verlängern sich durch einen weiteren illusionistischen Effekt nach oben und bleiben weit offen vor der unendlichen Tiefe des Himmels, welcher kaum genügend Platz für die Apotheose des Heiligen Ignatius und der Gesellschaft Jesu bietet. „Wer seinen eigenen Augen trauen will", so liest man in einer Chronik von der Einsegnung der Kirche, „der wird sich selbst betrügen, auch wenn er noch so gut gebildet ist in der Technik der illusionistischen Malerei"[33].

Was bei S. Ignazio auffällt, das ist das illusionistische Erscheinungsbild der sichtbaren Strukturen. Gleichzeitig vermittelt die großartige Feierlichkeit des Raums für den Hauptaltar unter der fiktiven Kuppel den Eindruck einer unsichtbaren Präsenz von erhabener Religiosität.

Die spektakuläre Ausgestaltung von S. Ignazio ist möglicherweise die beeindruckendste und berühmteste im Vergleich aller Kirchen der Jesuiten. Es gibt keine katholische Kirche, in der die illusionistische Dekoration auf so überzeugende Weise die besonderen liturgischen und apologetischen Anforderungen an die Architektur sublimiert, bis hin zu dem Punkt, daß sie deren Grenzen außer Kraft setzt.

Die Kirche war für die feierlichste liturgische Bestimmung entworfen worden: „die Erteilung der Sakramente und die Gebete der Eucharistie auf dem Hauptaltar«.

Unter diesem Gesichtspunkt war die von dem Jesuiten Andrea del Pozzo 1685 entworfene szenische Darstellung in der Kirche des Collegium Romanum unübertrefflich.

Das Gefühl einer kristallklaren Religiosität, die dieser Altar vermittelt – er wird feierlich eingefaßt vom Schein fiktiver Architekturen, die die Sinne täuschen –, machte aus der Kirche S. Ignazio die allegorische Darstellung des tridentinischen Dogmas der Eucharistie. In ihr wurden die Grundlagen der jesuitischen Ansschauungen und Apologetik in der Welt des 17. Jahrhunderts großartig in Szene gesetzt.

In unseren Augen ebenso wie in denen der Zeitgenossen stellen Andrea Pozzos Pinselstrich und seine perspektivische Technik ein kühnes Unterfangen und eine unbekümmerte Neuschöpfung dar, die eine pragmatische Überlegung (der Abschluß gen Himmel durch eine nicht realisierbare Kuppel) in eine provozierende ästhetische Lösung verwandeln.

Diese Spiele mit der Perspektive, der verschwenderisch eingesetzte Marmor und der Widerschein kostbarer Materialien in den prächtig ausgestalteten Kapellen, die gesamte Inszenierung hat heute wie am Tage der Einweihung dieselbe Wirkung: „Sie legt sich mit wundersamer Lust und mit genüßlicher Bewunderung auf Blick und Seele"[34].

Diese Anrührung der Sinne darf jedoch nicht ablenken. Die prachtvolle und sinnliche Ausstattung geht auf ein geistiges Klima zurück, das sich bereits im Verhältnis zu der Zeit, da Pater Grassi die Kirche projektierte, gewandelt hatte.

Die überschäumende Dekoration von Andrea Pozzo kann uns mit ihren perspektivischen Projektionen nicht vergessen machen, welche großartigen architektonischen Strukturen sie auf geniale Weise unterstrich und umgestaltete.

Von Pater Grassi stammen die Fassade, der Grundriß, die Kolossalordnung der Stützen, die strenge Proportion zwischen Kapellen und Gewölben, die vollkommene Statik des Hauptschiffs und die großartige mathematische Leistung eines sehr weit gespannten Gewölbebogens, ohne daß auch drei Jahrhunderte danach nur eine einzige Eisenkette den Illusionismus der fiktiven Architekturen störte, die sie verstecken.

Ein Zweifel an den mathematischen Fähigkeiten Pater Grassis ist unzulässig, wenn man den Grundriß (Abb. 7), die Proportionen und die außen an der Kirche sichtbaren Stützen für die Gewölbebogen studiert hat.

Die architektonischen Fähigkeiten von Pater Grassi waren jedoch nicht schöpferisch; er war kein Künstler der Avantgarde wie Pozzo. Die Sensibilität seiner Auftraggeber im Jahr 1623 stand noch im Zeichen der rigorosen Gegenreformation im Klima eines siegreichen Glaubenskrieges.

Der Entwurf von Grassi zeigt die Qualitäten einer Person, die skrupulös und unerschütterlich an diese Ideale glaubt. In der Architektur stand ebenso wie in der Naturphilosophie, der Theologie und der Literatur die Sorge der Apologetik gegenüber dem Protestantismus und dem wiederaufkommenden individualistisch atheistischen oder mystischen Rationalismus aus der Renaissance auf dem Spiel.

Die Vorzüge des Architekten von S. Ignazio liegen nicht in der Originalität, sondern in der exemplarischen Übereinstimmung mit dem Stil der Gesellschaft Jesu und der zwanghaften Orthodoxie in der Befolgung des Konzils von Trient, soweit es den Kirchenbau betraf. Diese Vorschriften hatte der Heilige Karl Borromeo bis ins kleinste kodifiziert[35].

Die Fassade der Kirche des Collegium Romanum war eine Replik jener von del Gesù, der Kirche der Ordenskurie: Die Türen wurden nicht durch Bögen wie bei den heidnischen Bauten abgeschlossen, sondern durch Architrave wie bei den christlichen Basiliken. Auch der Grundriß entsprach den gegenreformatorischen Vorschriften: Ein lateinisches Kreuz war anstelle des griechischen Kreuzes, wie es in der Renaissance üblich war, vorgeschrieben. Auch das Innere stellte eine Replik von Il Gesù vor. Wäre nicht der Neid davor gewesen, dann hätte eine schwindelerregende Kuppel die angemessene Krönung für die große monumentale Anstrengung gebildet, die im übrigen in den enormen Abmessungen des Saales und der Höhe der Kirchenschiffe realisiert wurde. Das entsprach der feierlichen Religiosität Roms im Gegensatz zur nackten Schlichtheit der protestantischen Kirchen (Abb. 8).

Pater Orazio Grassi war kein Intellektueller, kein Wissenschaftler, der sich irgendwelche persönlichen kreativen Ausbrüche geleistet hätte. Er war das, was wir heute einen Parteikaderintellektuellen nennen würden.* Ohne diese Eigenschaften wäre es unmöglich gewesen, über Jahre hinweg einen der schwierigsten Lehrstühle am Collegium Romanum, der beständig den Polemiken von seiten der Konkurrenten und den Anfeindungen von Gegnern und eingebildeten Ignoranten ausgesetzt war, zu behaupten.

Unermüdlich lieferte Pater Grassi einen Beweis nach dem anderen für just diese Fähigkeiten: Einige Monate im Jahr 1626 als Rektor und Architekt am Collegium in Siena, dann wieder in Rom als Vorsteher der Bibliothek, als Professor für Mathematik und Verantwortlicher für das neue Projekt.

Pater Grassi bewährte sich als Bauleiter der Kirche von S. Ignazio, d. h. als hochgestellter Verantwortlicher für den Schlüsselsektor in der Architektur der Jesuiten, und er hielt bis 1632 ununterbrochen den Lehrstuhl für Mathematik am Collegium Romanum inne. So wurde er zu einem angesehenen und einflußreichen Vertreter der Kultur der Gesellschaft Jesu in Italien. Seit 1627 hatte er die schwierige Aufgabe übernommen, die in Italien veröffentlichten wissenschaftlichen Arbeiten seiner Ordensbrüder durchzusehen. Seine Autorität auf diesem Gebiet wurde durch die Ernennung zum Prorektor, also zum Berater des Rektors am Collegium Romanum, überall anerkannt. Für einen Jesuiten und Astronomen stellte das den Gipfelpunkt einer Karriere dar[36].

Kurse und Rekurse

„Es wird die Zeit kommen, da wird euer Stolz und euer Ehrgeiz keine Grenzen mehr kennen"[37], hatte der Gründer des Collegium Romanum, Ordensgeneral Pater Francesco Borgia, in einem Brief von 1569 an die Patres der Gesellschaft Jesu gemahnt. Zwei Jahrhunderte später, als Diderot diese Voraussage zitierte, hatte sie sich durch den Niedergang der Jesuiten bewahrheitet[38].

Aber 1628, zur Zeit des Prorektorats von Pater Grassi am Collegium Romanum, war diese Institution der ganze Stolz der Jesuiten (Abb. 6).

Ignatius von Loyola hatte das Collegium als europäische Universität gewollt. Jetzt war es aufgrund der Ausstattung mit Studienmitteln, der Qualität seines Unterrichts und aufgrund der Zahl und sozialen Herkunft seiner Studenten eine der wichtigsten Universitäten in Europa geworden (Abb. 7).

Den etwa 2000 Studenten aus der ganzen Welt stand der Unterricht in Grammatik, in Rhetorik, Ethik, aristotelischer Dialektik und der Heiligen Schrift zur Auswahl. Es gab Hebräisch- und Griechischkurse und grundlegende Kurse der sechs theologischen Lehrstühle (drei scholastische: positive Theologie, Kasuistik und Kontroversen mit den Häretikern)[39]. Im Collegium Romanum stand dem *cursus philosophicus* traditionsgemäß ein besonders angesehener und selektiver Unterricht in Mathematik zur Disposition.

Dem Collegium Romanum waren die Plagen der Überalterung und des Immobilismus durch eine akademische Greisenherrschaft unbekannt. Die Professoren wechselten sich periodisch in den Kursen ab, der Wechsel fand regelmäßig statt. Die stabile, mehr als zehn Jahre währende Periode, in der

Pater Grassi den Lehrstuhl für Mathematik innehatte – sie war einzig mit Pater Clavius (14 Jahre) und Pater Lugo auf dem Lehrstuhl für Theologie vergleichbar–, stellte eine Ausnahme dar. Sie verdankte sich Gründen wie dem „großen Ruf" und der Verteidigung des Ansehens, das Polemiken von außen auf keinen Fall zerstören durften.

Solidarität und Wachsamkeit, Disziplin und Hingabe an den Orden sowie das Gemeinschaftsleben und die gemeinschaftliche Forschung trugen dazu bei, daß sich die große Gruppe von Naturphilosophen, Mathematikern und Astronomen zu einer besonders einigen, kompetenten Untergruppe in der großen kulturellen Gemeinschaft des Collegium Romanum entwickelte.

Im 17. Jahrhundert entstanden die ersten „wissenschaftlichen Gemeinschaften" wie das die Wissenschaftshistoriker nennen: Gruppen von Forschern, die sich untereinander von ihren wissenschaftlichen Leistungen her kennen und so etwas wie einen Berufsstand bilden. Viele Historiker der Wissenschaft haben in der Royal Society und in der Académie Royale des Sciences die institutionellen Vorbilder für die wissenschaftlichen Gemeinschaften gesehen.

Das Wort „Gemeinschaft" haben die Historiker aus der Soziologie genommen, es stammt aber aus dem juristischen und religiösen Sprachgebrauch, wo es ein gemeinsames Vermögen anzeigt oder, im zweiten Fall, eine Gruppe von Personen, die gehalten sind, gemeinsam zu leben.

Unter diesem Blickwinkel beherbergte das Collegium Romanum weit vor der Schaffung der wissenschaftlichen Akademien in der engen Verzahnung von Leben und Studium in seinen Mauern ein in hohem Grade homogenes, gut ausgebildetes und sehr solidarisches Kollektiv, das sich einer beeindrukkenden institutionellen Zustimmung rühmen konnte. Die jesuitischen Wissenschaftler in Italien und der ganzen Welt waren kein monolithischer Block. Oft wurden sie wegen ihrer theoretischen Positionen wieder zur Orthodoxie gemahnt. Am Collegium Romanum jedoch, dem kulturellen Schaufenster der Gesellschaft Jesu, war die vollkommene Orthodoxie *conditio sine qua non;* die *Ratio studiorum* wurde getreulich angewendet, auch wenn das zu Lasten der persönlichen wissenschaftlichen Ambitionen ging.

Die Gemeinschaft des Collegium Romanum war also eine außergewöhnliche wissenschaftliche Gemeinschaft, aber auch als solche stark, denn um in ihr Mitglied zu werden, waren besondere Eigenschaften erforderlich. Sie gingen weit über das hinaus, was wir heute „reine Forschung" nennen würden und was man im 17. Jahrhundert „das Studium und die Erforschung einiger Wahrheiten in der Natur" genannt hätte. Die wissenschaftliche Berufung der offiziellen Lehrer in Rom implizierte folglich noch eine andere Art von Berufung: die wissenschaftlichen Fragen mit den Erfordernissen der Lehre und der Apologetik in Einklang zu bringen und an sie anzupassen.

Die Qualität der wissenschaftlichen Lehre am Collegium Romanum war aber trotz alledem keineswegs eine Erfindung der apologetischen Propaganda. Die Lehrtätigkeit von Pater Christoph Clavius hatte eine bedeutende mathematische Tradition begründet. Als der *Saggiatore* in Rom erschien, da gab es eine ganze Generation von Mathematikern, die direkt oder indirekt Schüler von Clavius waren.

Die Mathematikkurse reichten von der Astronomie (den *Tabulae Rudolphinae*, der *Sphaera*) bis zur geometrischen Optik, von der Geometrie Euklids bis zur Arithmetik, von der Architektur zur Geographie und zur Chronologie. In den 20er Jahren hielten außer Pater Grassi – etwa während der kurzen Perioden seiner Abwesenheit von Rom – Pater Christophe Grienberger, ein direkter Schüler von Clavius, und der tüchtige Astronom und Physiker Pater Nicolò Zucchi solche Kurse ab.

Aber daneben gehörten, auch ohne eine direkte offizielle Lehrtätigkeit auszuüben, der Mathematiker Pater Leone Santi, Pater Paolo Guldin, der Pater Grassi sehr nahestand, und Pater Christopher Scheiner – ein Spezialist in beobachtender Astronomie, der mit Galilei mithalten konnte – zum festen Kern der Mathematiker in der wissenschaftlichen Gemeinschaft des Collegium Romanum.

Neben dem offiziellen Kurs in Mathematik im zweiten Jahr an der philosophischen Fakultät sowie einem Kurs in aristotelischer Physik fanden im Collegium auch noch öffentliche Konferenzen und Diskussionen der Mathematiker zu aktuellen Fragestellungen der Astronomie statt.

Die neuen kulturellen Orientierungen entwickelten sich nicht nur auf dem Gebiet der Literatur und Historie, sondern auch in dem der Astronomie. Nun sicherte speziell der große Umfang astronomischer und mathematischer Studien dem Collegium eine begründete Fama von intellektueller Bedeutung und Modernität, eine Tatsache, die noch nicht einmal von den schärfsten Kritikern in Abrede gestellt wurde.

Allerdings war der Unterricht in Naturphilosophie nicht auf der Höhe der Mathematik. In naturphilosophischer Hinsicht konnte das Collegium Romanum keinerlei Vorsprung gegenüber den anderen italienischen Universitäten geltend machen. Nicht anders als dort verschanzte sich auch hier die Lehre der Naturphilosophie – also: die Physik, die Kosmologie, die Psychologie – hinter der Tradition und polemisierte gegen die Formen des Antiaristotelismus, wie sie außerhalb der Universitäten oder bei einigen heterodoxen Lehrstühlen im Umlauf waren. Der religiöse Charakter des Collegiums war verantwortlich dafür, daß der Unterricht in Naturphilosophie – mehr noch als anderswo – zu einer Bastion der unzertrennlichen Allianz zwischen Physik und Metaphysik geworden war.

Auf die Kritiker machte diese Entwicklung selbstverständlich einen ausgesprochen konservativen Eindruck, denn die Naturphilosophie war, wie in jeder anderen universitären Einrichtung der Zeit, das herausragende wissenschaftliche Fach; an Bedeutung und Ansehen rangierte es weit vor der Mathematik.

In jenen Jahren wechselten sich Pater Vincenzo Aranea und Pater Ambrogio Spinola in der Lehre der Naturphilosophie ab. Letzterer stammte wie

Pater Grassi, Pater Antonio Casiglio und Pater Gottifredi, dem wir bei der Beisetzung von Virginio Cesarini begegneten, aus Ligurien. Wie man sieht, sind dies alles Namen von Personen, die einigermaßen im Schatten standen und keine großen Spuren in der Philosophie der Jesuiten hinterlassen haben: Sie waren, wie die römischen Kritiker, Rhetoriker und Literaten, auch wenn bei ihnen die Eloquenz auf fromme Werke hin ausgerichtet war.

Die Skripten und Vorlesungstexte einiger dieser Professoren, die uns im Archiv der heutigen Università Gregoriana – der Nachfolgerin des Collegium Romanum – erhalten sind, geben einen einigermaßen erschöpfenden Eindruck davon, wie ihr Unterricht in den naturphilosophischen Kursen wohl gewesen sein muß[40].

Unterrichten bedeutete, wie in jeder anderen Universität auch, Aristoteles zu lesen und zu kommentieren. Ein unerschöpflicher Kommentar zur Logik und Naturphilosophie von Aristoteles: die *Analytiken*, vor allem aber *Über die Seele*, die *Physik*, *Über Entstehen und Vergehen*, die *Meteorologie* und *Über den Himmel.* Dabei wurden die Handbücher zur Physik von Pater Suarez, Pater Toleto und Pater Pereira zu Hilfe genommen[41].

Unter der Oberfläche einer scholastischen Lehre kann man die kluge Öffnung hin zu den Problemen der experimentellen Forschung erkennen: Magnetismus und optische Physik vor allem. Der Kommentar von Pater Nicola Cabeo zur *Meteorologie*, der später veröffentlicht wurde, war unter diesem Gesichtspunkt ein besonders signifikantes Beispiel[42].

Die grundlegende didaktische Aufgabe des Collegium Romanum zwang dieser wichtigen Institution im kulturellen Leben Roms einige offizielle Rituale auf. Sie dienten dazu, in regelmäßigen Abständen die besonders engen Beziehungen zwischen dem Institut und der politischen, kirchlichen und aristokratischen Welt zu erneuern, die im wesentlichen durch Ex-Schüler des Collegiums zustande kamen.

So waren zum Beispiel die Zeremonien, die die Debatte der Abschlußthesen eines bedeutenden Studenten begleiteten, feierliche öffentliche Manifestationen mit großem Echo. In der Aula Magna, die mit kostbaren Tapeten ausgestattet war, nahmen alle Professoren, viele Prälaten und Kardinäle, die gesamte Aristokratie und bisweilen auch der Papst persönlich an diesen Feierlichkeiten teil. Es waren regelrechte Feste der Wissenschaft, bei denen die „Verteidigungen“ des Laureandus, die sich manchmal über zwei oder gar drei Sitzungen hinzogen, von Musik und Chorälen unterbrochen wurden[43].

Weniger feierliche und glanzvolle, aber gleichwohl für die Beziehungen des Collegiums und der Gesellschaft Jesu zur Öffentlichkeit hin bedeutende Veranstaltungen waren die öffentlichen Konferenzen (oder *orationes*); beispielhaft dafür ist die berühmte Konferenz über die Kometen von Pater Grassi im Jahre 1619. Noch besser aber konnte man die Stimmung der Institution an den Inauguralvorlesungen zur Eröffnung des akademischen Jahres *(prolusiones)* ablesen[44].

Alles, was in Rom Rang und Namen hatte, füllte bei diesem Anlaß die

Aula Magna. Die Professoren stellten ihre Kurse vor, und dabei wurden die Interessen und kulturellen Tendenzen, denen vom Collegium Romanum jeweils Vorrang eingeräumt wurde, besonders deutlich. Es handelte sich um offizielle Mitteilungen.

Als der *Saggiatore* in Rom im November 1623 herauskam und seine polemische Tendenz bereits seit längerem bekannt war, da verfolgten die Beobachter der römischen Verhältnisse aufmerksam die Eröffnung des akademischen Jahres 1623–24 am Collegium Romanum; sie hofften, irgendein Indiz zu erhaschen, das die Reaktion der Jesuiten hätte verraten können. Nach der Wahl von Papst Urban VIII. und den damit zusammenhängenden kulturellen Auswirkungen hatten die Jesuiten nichts nach außen dringen lassen.

Von Anfang an ließen die Reaktionen nicht auf sich warten. Wir wissen davon jedoch nur, daß im Verlauf der Inauguralvorlesungen heftige Attacken gegen „die Erfinder von Neuerungen in der Wissenschaft“ geführt wurden. Nach dem Bericht von Virginio Cesarini bekräftigte das Collegium Romanum, daß „außerhalb von Aristoteles keine Wahrheit zu finden sei, und das nicht ohne Spott und Tadel gegen jeden, der danach strebe, sich über das Joch im Dienste der Autorität zu erheben“[45]. Das ist alles, was wir wissen, aber hätte sich mehr ereignet, dann wüßten wir das.

Die erste Erwiderung muß wohl verbal heftig, aber inhaltlich vorsichtig gewesen sein. Der kurze, nicht sonderlich besorgte Bericht von Monsignor Cesarini erwähnt ganz offensichtlich nur den zu erwartenden Rückgriff auf den zu dieser Situation passenden Slogan des Aristotelismus – „Außerhalb der Kirche gibt es keine Erlösung“ –, ohne daß dies gegen bestimmte Personen gerichtet worden wäre.

Um eine etwas aussagekräftigere Reaktion zu hören, müssen wir eine reflektiertere Einschätzung von der Entwicklung der Situation abwarten. Das wird ein Jahr später der Fall sein. Nachdem der *Saggiatore* von Papst Urban VIII. offiziell gut geheißen worden war – er hatte den Autor gesegnet – und nachdem die intellektuellen Neuerer die Frechheit Galileis für ihre Zwecke instrumentalisiert hatten, präzisierten die Jesuiten in den Inauguralvorlesungen des akademischen Jahres 1624–25 die Zielrichtung ihrer Kritik.

Mario Guiducci, ein brillanter Ex-Schüler des Collegiums, durfte bei der Zeremonie nicht fehlen. Ende September 1624 informierte er Galilei, daß eine sehr kritische Konferenz *(oratio)* „gegen die Anhänger neuer Meinungen, oder eher gegen die, die nicht dem Aristoteles folgten“[46], abgehalten worden war. Der Text dieser Rede ist nicht bekannt. Bekannt ist uns dagegen der allgemeine Tenor der ersten Vorlesung im Kurs über die Heilige Schrift, der in diesem Jahr von Pater Fabio Ambrogio Spinola gehalten wurde. Pater Spinola war Genuese, dreißig Jahre alt, verfügte aber schon über eine geradezu literarische Eloquenz; im Jahr zuvor hatte er Naturphilosophie unterrichtet[47]. Er war deshalb gut geeignet, die öffentliche Erwiderung und den Protest angesichts der nachklingenden Polemik zwischen Galilei und Sarsi vorzutragen.

Es war klar, daß Pater Orazio Grassi nicht antworten konnte: Hätte er persönlich Sarsi verteidigt, dann wäre das gesamte Collegium in die Polemik verwickelt worden, und damit hätte man sich auf das Spiel von Galilei eingelassen. Pater Grassi hatte reichlich zu tun und konnte sich, angesichts der heiklen Situation, in der sich die Gesellschaft Jesu befand – zudem mußte er sich um S. Ignazio kümmern –, nicht noch mehr kompromittieren. In jenem Jahr hielt Pater Grassi seinen Kurs über Vitruv: Die Aufzeichnungen dazu sind in der Bibliothek von Brera in Mailand erhalten geblieben[48].

Wer sich zum Sprecher des Protests hätte machen können, war Pater Zucchi, ein Astronom und ausgezeichneter Redner. Aber Pater Zucchi war wegen einer Sondermission nicht anwesend. Ordensgeneral Muzio Vitelleschi hatte durchgesetzt, daß Pater Zucchi als Beichtvater und Theologe von Kardinal Orsini bei der diplomatischen Mission dabei war, die 1623 nach Prag entsandt wurde.

Der Ordensgeneral hatte den Astronomen nicht zufällig ausgewählt, ihn vielmehr mit Bewußtsein für die Ausführung einer bedeutenden Mission vorgeschlagen: Kepler sollte zum Katholizismus konvertieren. Nur in Parenthese: Die Mission schlug fehl. Pater Zucchi diskutierte in Prag lange – jedoch vergebens – mit dem württembergischen Astronomen, der sich von den Ideen von De Dominis hatte verführen lassen.

Sie sprachen natürlich in Latein. Möglicherweise erwähnte er zu Beginn der Unterredung das Fernrohr, sicher allerdings ist, daß er sehr bald lange Ausführungen zur Eucharistie und zum Papst machte. Schließlich begriff Kepler, daß er nicht mit einem Kollegen sprach, sondern mit einem Jesuiten. Er verlor die Geduld, „unterbrach das Raisonnement" und bekräftigte, daß er über diese Dinge nicht reden wolle, denn dazu habe er seine eigenen Vorstellungen („Ne argumenteris se suade"). Pater Zucchi kommentierte bitter, dies sei das übliche Verhalten „der modernen Häretiker, die erschrecken vor der Dialektik, die sie besiegt"[49].

Wenn die Mission Kepler Erfolg gehabt hätte, was sehr unwahrscheinlich war, dann hätte Galilei vielleicht seinen einzigen wissenschaftlichen Verbündeten verloren, was noch unwahrscheinlicher war. Keplers Autorität in astronomischen Fragen wog zugunsten Galileis, und es hätte sich als schädlich erweisen können, hätte man sie direkt angegriffen, indem man – nicht ganz ohne Berechtigung – die Kompetenz des Autors des *Saggiatore* in der Frage der Kometen öffentlich bloßgestellt hätte. Was man dagegen tun konnte und mußte, war, Galilei und seinen römischen Anhängern auf der Ebene des philosophischen Antiaristotelismus entgegenzutreten und sie im Lichte des Autoritätsprinzips zu beurteilen.

Diese Entgegnung wurde in Form einer „sehr heftigen und gewalttätigen Invektive gegen die Anhänger neuer und im Gegensatz zu den peripatetischen stehenden Ansichten"[50] in der Einführung von Pater Spinola am 5. November 1624 in Gang gesetzt.

Vielleicht wohnte Mario Guiducci dieser aufsehenerregenden Stellungnahme bei: Auf jeden Fall gelang es ihm, in den Besitz einer Kopie des Textes zu kommen. Er schickte sie unter Hinzufügung einer Reihe polemischer Anmerkungen, vielleicht weil dieses Nachspiel zum *Saggiatore* später publiziert werden sollte, an Galilei[51]. Hinter der vollkommenen Zurückhaltung wurde ein dunkel drohendes Licht erkennbar.

Ohne den Gegner jemals beim Namen zu nennen, griff Pater Spinola „diejenigen an, die eher aus Gier nach Neuigkeit denn nach Wahrheit" sich der fundamentalen Glaubensregel entziehen, nämlich „dem Lichte des Gottesglaubens". Und er fuhr fort:

Der Glaube muß den ersten Platz unter allen anderen Gesetzen der Philosophie einnehmen, damit das, was mit gesicherter Autorität Gottes Wort ist, nicht der Falschheit ausgesetzt wird. Die Philosophie, die der Menschen würdig ist, ist daher jene, welche im Dienst der Theologie und in Übereinstimmung mit den Prinzipien des Glaubens steht. Damit er die Wahrheit, die eine und einfach ist, erkennen kann, ist für den Philosophen einzig nötig, dem entgegenzutreten, was gegen den Glauben ist, und das anzunehmen, was den Glauben enthält[52].

Der philosophische Sprecher des Collegiums hatte in großem Stil eine Erklärung abgegeben, mit der er das Programm von Pater Suarez, der mit seiner philosophischen Lehre das Collegium nachhaltig beeinflußt hatte, neu belebte.

Angesichts eines Phänomens oder eines Problems, so fügte Pater Spinola hinzu, darf man keine neue Interpretation, die möglicherweise noch aus einer nicht-christlichen Philosophie abgeleitet ist, abgeben, sondern man muß „die Erfindung neuer Ansichten aufgeben und die durch das Zeugnis der Autoren bestätigte Ansicht annehmen"[53].

Also: absolute Anerkennung des Autoritätsprinzips als Regel christlicher Philosophie. Pater Spinola spricht den Slogan vom Buch der Natur im Sinne der unerschrockenen häretischen Neuerer nicht deutlich aus. Aber er sagt, wie beim Recht, so müsse man sich auch bei der Wissenschaft von den Naturgesetzen auf die Autorität der Tradition stützen wie auf die Sammlung der Ansichten und Entscheidungen der berühmtesten offiziellen Rechtsberater. Das Buch der Naturgesetze wird wie eine Anthologie juristischer Texte geschrieben. Aristoteles und die zugelassenen Kommentatoren haben diese Anthologie kompiliert, um die Forschung zu leiten, und ohne diese Autorität hätte jede subversive Innovation freie Bahn[54].

Mario Guiducci, ein brillanter Zivilrechtler, läßt sich die Metapher von der Anthologie juristischer Texte nicht entgehen und fügt einen ironischen Kommentar bei. Als guter Anwalt denkt er, Spinola wolle Aristoteles auf die Stufe der Pandekten (Sammlung altrömischer Rechtssprüche, U.H.) stellen, er denkt also an den Kodex des Zivilrechts[55]. Die Pointe ist witzig, aber sie geht daneben. Pater Spinola hat gewiß nicht ans Zivilrecht gedacht, um die Autorität der scholastischen Philosophie zu stützen; wenn schon, dann ans Kanonische Recht. Die Sammlungen von Gesetzestexten, auf die der jesuitische Philosoph anspielte, waren, wie wir noch sehen werden, die Sammlungen theologischer Sentenzen, die von den Spezialisten der Gesellschaft Jesu zusammengestellt worden waren. Sie sollten den Gelehrten des Kanonischen Rechts und der Inquisition dienen. Die zivilrechtlichen Codices waren für einen Jesuiten des 17. Jahrhunderts vergängliche und wandelbare Texte. Gleiches galt nicht für die Texte der theologischen Tradition, die in Form des kanonischen Codex in den Beschlüssen des Konzils von Trient zusammengefaßt wurden. Entweder erkannte Guiducci dies nicht, oder er tat wenigstens so.

Die gesamte Polemik von Pater Spinola wurde im übrigen im sibyllinischen und metaphorischen Stil geführt, der bei einer Zeremonie üblich war. Galilei wird nicht etwa zitiert, sondern lediglich qua Metapher angeführt: durch die Entdeckung der Neuen Welt, um daran zu erinnern, daß sie das Werk eines Modernen war, der sich auf die Sterne der Alten stützte. Das Autoritätsprinzip in der Philosophie wird mit Betrachtungen über die Kriegskunst paraphrasiert und mit polemischen Anspielungen auf Dichtkunst und Malerei, die die Tradition beachten.

Erst gegen Ende seiner Einführungsvorlesung deckt Pater Spinola seine Absichten auf, wenn er sich offiziell an die Kollegen am Collegium, die in den ersten Reihen sitzen und ihm zuhören, an die Studenten und an das Publikum, das die Aula Magna füllt, wendet.

Da verurteilt Pater Spinola ganz entschieden Versuche, die „einen neuen Bau menschlichen Wissens errichten“[56]. Bau *(structura)* war ein Begriff, der sofort an die Architektur heiliger und profaner Gebäude denken ließ. In der Tat verglich Pater Spinola die mit heidnischem Gedankengut spielende Philosophie der Neuerer mit der Baustelle für den Turm zu Babel.

Es handele sich nicht nur um intellektuelle und wissenschaftliche Polemiken, sondern um ernstere Dinge. Die Neuerer mit ihren Bibliotheken und Enzyklopädien (Bauten des menschlichen Wissens) wollten die Ersteigung des Himmels beginnen. Sie seien Rebellen gegen Gott und den Glauben und wollten die Kirche zerstören.

Die berühmten Mathematiker, die den neuen Turm von Babel entworfen hatten, und die Arbeiter, die ihn bauten, mußten bestraft werden. Gegen den Turm von Babel sollte sich S. Ignazio am Collegium Romanum erheben. Pater Spinola wandte sich an den Architekten jenes „heiligen Baus“, der mit den anderen Professoren des Collegiums zuhörte, und vergegenwärtigte die Natur der Gefahr: „Das Böse schleicht sich seit allzu langer Zeit schon ein, derweil diejenigen, die den Anspruch erheben, die göttlichen und die menschlichen Angelegenheiten auf dieselbe Weise zu diskutieren, das himmlische Wissen in einen dunklen Nebel hüllen, den Tempel der christlichen Religion erobern und ihn der Zerstörung preisgeben“.

Jetzt waren die Absichten nicht mehr versteckt, und die abschließende Drohung rechtfertigte im Krieg gegen die Häretiker eine repressive Aktion:

Wer in philosophischen Fragen von der allgemeinen Meinung abweicht, entzieht sich ohne allzu große Schwierigkeiten auch in der Theologie dem gemeinsamen Empfinden der Väter. Möge der Himmel beistehen, daß all die Samen der Häresie, die daraus hervorgingen, die Republik der Christen nicht mit ebensolcher Zerstörung der Seelen befleckten. Wir müßten dann nicht klagen über die Zerstörung der blühendsten Städte, den abschreckenden Haß ungestraft tobender Nationen, die furchtbaren Massaker der Völker, die Verletzung der geweihten Marienkapellen, [...] das angebliche Joch durch die Macht des Papstes, die Kirchen ohne Priester und die Verweigerung von Gottes Wort durch den, der auf dem Scheiterhaufen sterben soll[57].

Häresie: Das wichtigste Wort aus dem Vokabular Roms im 17. Jahrhundert war ausgesprochen.

Ein bedeutungsschweres Wort an jenem Ort, und von sinistrem Glanz, aber wie auch das dunkle Licht einiger anderer finsterer Drohungen schuf es endlich Klarheit: man vergleiche die Brände und Plünderungen in Prag und den anderen böhmischen Städten, kaum daß die Schlacht am Weißen Berg zu Ende war, die unmittelbar bevorstehende Verbrennung des Autors der *Repubblica ecclesiastica*, des neuen Wyclif und schließlich die lodernden Flammen, in denen der Antiaristoteliker Bruno die Bibel zurückgewiesen hatte.

Wer jetzt so deutliche Bezugspunkte erwähnt, der spricht im Namen des Heeres, dessen Soldaten die Häresie an vorderster Front in Böhmen bekämpfen. Wer die neue Philosophie unterstützt, der ist ein heimtückischer Verräter der katholischen Orthodoxie hinter der Front, in Rom. Die Anklage ist absolut präzis: Die neue Philosophie unterminiert die theologischen Grundlagen des rechten Glaubens. „Solcherart Literaten führen die Religion in die Niederlage“[58].

Auf die Herausforderung antworteten die Jesuiten mit einem Gegenangriff auf dem Gebiet, auf dem sie nicht widerlegt oder lächerlich gemacht werden konnten. Die Verteidigung des Autoritätsprinzips, das Galilei bestritten hatte, war nun auf die Ebene der theologischen Apologetik verschoben worden. Das bedeutete, daß die kompromißlosen Institutionen im nachtridentinischen Rom in Alarmbereitschaft standen.

Mario Guiducci versteckt denn auch seine Angst nicht. Jetzt vergeht ihm die Ironie angesichts dieser „Tirade eher voller Böswilligkeit denn voll Wahrheit“[59]. Die Drohung, deren Sinn er nicht begreift oder nicht begreifen will, desorientiert ihn, und in einem Kommentar für eine Veröffentlichung tröstet er sich mit der Protektion, die sein Lehrmeister genossen hat:

Würde es zutreffen, daß die Häresien ihren einzigen Ursprung aus dem Abweichen von der allgemeinen Ansicht der Schriftsteller in Fragen der Naturphilosophie ziehen (diese allgemeine Ansicht reduziert sich dann tatsächlich auf die Dogmen der Peripathetiker), dann hätten die Pastoren, die über die Menschenherde wachen, mit ihrer höchsten Autorität schon längst Vorsorge getroffen und verboten, daß man jener Doktrin zuwiderspricht. Aber wir sehen doch, daß es jedem erlaubt ist und frei steht, sowohl Platon als auch den anderen zu folgen, die ihr entgegenstehen; daher ist eure Klage und euer pathetischer Schmerz nicht im Wahren gegründet, und deutlich erkennt man, daß euch die guten Gründe gegen die neuen Ansichten in der Philosophie abgehen und ihr deshalb die Sentenzen und das Interesse von Aristoteles mit denen der Theologie und des Glaubens ineins zu setzen versuchtet[60].

Die gespielte Naivität von Guiducci, der Schüler am Collegium gewesen war, müssen wir nicht allzu ernst nehmen. Aber ein wenig erstaunt über den Angriff war er wohl doch, denn in dem Begleitbrief an Galilei schrieb er, er verstehe nicht „warum die Patres des Collegium zuließen, daß diese Lügen von ihren Gelehrten, die ein solches Vorurteil gegenüber dem Nächsten hegten, ausgesprochen und niedergeschrieben wurden“[61].

Was zählt, ist, daß der Protest, der sich im Collegium erhoben hat, keineswegs Kopernikus betrifft, sondern die Naturphilosophie – wie auch Guiducci begriffen hat. Sowohl die Argumentation von Pater Spinola wie die Abwehrversuche von Mario Guiducci klammern das Problem der kopernikanischen Ideen, die offiziell verurteilt waren und vom *Saggiatore* offiziell abgelehnt wurden, aus.

Das Problem lag offensichtlich anders und betraf die Inkompatibilität einer unerschrocken antiaristotelischen Naturphilosophie, die offiziell noch nicht verboten war, mit dem katholischen Glauben.

Aber Mario Guiducci hat, so scheint es, keinerlei Ahnung, worum es dabei genau geht. Im Verhältnis zur offiziellen Wissenschaft sind die Thesen des *Saggiatore* zur Physik zwar heterodox, aber selbst der jetzige Papst hatte zehn Jahre zuvor, zur Zeit der Kontroverse über den *Discorso sulle cose che stanno in sull' acqua*, an ihnen solchen Gefallen gefunden, daß er Galilei gegen die aristotelischen Professoren in Schutz nahm.

Weil er nicht verstand, worum es ging, und weil ihn die drohende Erwähnung jener Namen durch Pater Spinola erschreckt hatte, reagierte Guiducci aus Sicherheitsgründen wie ein Jurist. Eilends zog er das angesehenste Handbuch zur Häresiologie zu Rate: „Ich habe einen Blick auf die Kontroversen des Kardinal Bellarmin geworfen, und darin findet sich nicht, daß die heutigen Häresien gegen den katholischen Glauben ihren Anfang bei den neuen Ansichten in der Philosophie nehmen“[62].

So beschloß Guiducci seine Verteidigung ruhigen Gewissens. Hätte er die Kontroversen von Bellarmin aufmerksamer gelesen, weniger als Jurist und mehr als Philosoph, dann hätte er vielleicht besser verstanden, warum sich Pater Spinola so sicher war, wenn er davon sprach, daß die Anhänger der neuen Naturphilosophie Häretiker waren.

Galilei war vorsichtiger als sein Schüler und unternahm weiter nichts hinsichtlich Guiduccis Plan, diesen Anhang zum *Saggiatore* zu veröffentlichen, der am Ende zur Drohung mit Gewaltmaßnahmen degeneriert war. Es nutzte nichts, diese Drohungen in Umlauf zu bringen, ohne sich verteidigen zu können, denn die naiven Anmerkungen von Guiducci wichen den Problemen aus, anstatt sie anzupacken.

Die Zeit der literarischen *Verve* und des politischen Enthusiasmus aus den ersten Monaten war vorbei. Der Horizont war voll von wenig hoffnungsvollen Zeichen, und die Kampfansage der Jesuiten gegen die Häresien der Neuerer in Rom sollte sehr bald in die Tat umgesetzt werden. Es war nicht allein die schaurige Demonstration ihrer Stärke, die die Institutionen im Falle De Dominis betrieben: Die Jesuiten sprachen das Wort Häresie nicht umsonst in aller Öffentlichkeit aus.

In Wahrheit war die begeisternde Saison des Erfolgs für die literarischen Neuerer beendet.

Bereits im Sommer des Jahres 1624, am 11. Juni, um genau zu sein, hatte die Kongregation des Index den *Adone* verurteilt und dann, am 17. Juli des Jahres 1625, das gesamte Werk des Cavalier Marino[63]. Der Dichter der literarischen Neuerer mußte, obwohl er sich selbst als treuen Katholiken ansah, Rom und die Accademia degli Umoristi, deren Fürst er für kurze Zeit gewesen war, Hals über Kopf verlassen; weder die Protektion eines Kardinals Maurizio di Savoia noch die Sammlerleidenschaft von Kardinal Francesco Barberini für seine Poesie vermochten daran etwas zu ändern.

Auch Pater Lancillotti, der Autor des *Hoggidí*, war den Verfolgungen seines Ordens ausgesetzt, und obwohl Ciampoli ihn protegierte, durfte er sich nicht unerlaubt aus Rom entfernen; schließlich kam es sogar zu einem Prozeß vor dem Heiligen Offizium[64].

Was aber geschah mit dem anderen großen literarischen Ereignis aus dem Jahre 1623, dem *Saggiatore*?

Fünftes Kapitel

Das „Geheimnis des Heiligen Offiziums"

... nulla notat formae contagia, nulla coloris,
idem perstat odor, priscum tenuere enarem omnia. [...]
Sic licet externa deceptus imagine sensus,
terrenaque; oculi species pascantur inertes
viviva vis animi velamine Numen adorat
indeprensum, ingens, non nititur alma colori
pulsa nube fides, tantum tegamenta fatetur
extima candentis Cereris manifesta.*

Benedetto Milani, *De sacrosanctis eucharistiae formis quae multis annis intactae in Complutensi Societatis Iesu templo servuntur,* in: Variorum carminum liber, Rom 1632, S. 137.

Denunzianten und Informanten

Auch der *Saggiatore* wurde beim Heiligen Offizium angezeigt. Und zwar ausgerechnet zu dem Zeitpunkt, als seine Beliebtheit bei den höchsten Stellen im Vatikan am größten war. Weder die Widmung an den Papst noch die enthusiastische Autorisierung des Imprimatur durch Pater Riccardi noch das Visum des Maestro im Heiligen Palast, und nicht einmal die Tatsache, daß der Papst dem Autor „glühende Religiosität" bescheinigte und ihn umarmt hatte, konnte die Anzeige vermeiden.

Die Historiker wissen von dieser Tatsache aus einem Brief, den Mario Guiducci am 18. April 1625 an Galilei sandte[1]. Wir erinnern uns: Er war in Rom geblieben, um zu berichten. Aber Mario Guiducci ist keine Figur aus einem Spionagethriller: Seine Enthüllung kommt sehr spät, die Anzeige liegt schon Monate zurück.

Man mußte dazu geschaffen sein, um in Rom den Informanten zu spielen. Mario Guiducci, der zum Anwalt taugte, hatte vor allem seine persönlichen Angelegenheiten verfolgt und sich in jenem „Theater der Wunder" Beziehungen zu hochgestellten Persönlichkeiten in Politik und Gesellschaft verschafft.

Es war fast ein Jahr vergangen, daß Galilei ihn in Rom zurückgelassen hatte. Guiducci hatte keine Zeit verloren und sich sogleich auf die Feste und in die Paläste der Kardinäle begeben; die baten ihn, den Beauftragten Galileis in Rom, um Dinge, die sie Galilei nicht zu fragen wagten: einen speziellen Springbrunnen zur Verschönerung eines Innenhofes, ein Bild, eine Karosse mit besonderen Sitzen oder auch um die Verwirklichung gewisser Ideen wie der von Kardinal Francesco Barberini, der am Dachhimmel seiner Kutsche ein Planetarium mit den Tierkreiszeichen anbringen wollte[2].

Mit solcherlei Bedeutungslosigkeiten hielt denn auch Guiducci in seinen Briefen Galilei auf, schämte sich aber ein wenig dafür.

Auf jeden Fall öffnete ihm die glänzende Einführung durch Galilei Tür und Tor; sehr schnell war er mit dem Kreis um Kardinal Francesco Barberini und sogar mit dem glanzvollen und mächtigen Purpurträger höchstpersönlich, seinem „ganz besonderen Patron", in engeren Kontakt gekommen, was ihn mit Stolz erfüllte. Er war auch stolz darauf, in die Accademia dei Lincei, dieses höchst exklusive Gotha, aufgenommen zu sein, wenngleich man der Ehrlichkeit halber sagen muß, daß er nach seiner Konferenz über die Kometen aus dem Jahr 1619 und einer kurzen Erwiderung auf die *Libra* keine einzige wissenschaftliche Zeile mehr veröffentlicht hatte.

Nun jedoch bekam Guiducci Lust, nach Florenz zurückzukehren. Der Brief vom 18. April wird der zweitletzte sein, aber bereits zuvor hatte er Galilei gegenüber die Absicht geäußert, nach Hause zurückkehren zu wollen[3]. Sein großer Gönner, der Kardinal Francesco Barberini, war zu Frühlingsbeginn in seiner berühmten diplomatischen Mission nach Paris abgereist. Zusammen mit ihm, in der aufgeblähten, riesigen Karawane von Intellektuellen, politischen Beratern, Theologen und jesuitischen Beichtvätern – die malerischste, teuerste und lärmendste diplomatische Mission, die man je erlebt hatte –, waren Guiduccis römische Freunde ebenfalls abgereist: der Cavalier Giorgio Coneo, der Cavalier Dal Pozzo, Luigi Azzolini, Carlo und Cesare Megalotti und Tommaso Rinuccini, ein besonders wichtiger Informant für Galilei[4].

Guiducci fühlte sich allein gelassen, wahrscheinlich aber fühlte er sich, vor allem seit er im vergangenen Winter die unerbittliche Seite der römischen Institutionen erlebt hatte, zu exponiert.

In dieser Gemütsverfassung zwischen Unsicherheit und Beunruhigung schreibt er den Brief vom 18. April, in dem er sich vor allem rechtfertigen will. Guiducci war nicht danach zumute, bei Monsignor Francesco Ingoli das kostbare Manuskript abzugeben, in dem Galilei neue Argumente vortrug, um die alte kopernikanische Idee zu lancieren. Guiducci bereitete sich auf seine Abreise vor, und die Vorsicht riet ihm, keine unnötigen Risiken durch die Verbreitung des kompromittierenden kopernikanischen Dokuments einzugehen.

Die erste und wichtigste Information des Briefes vom 18. April ist daher die vorsichtige Entscheidung, die Übergabe der Antwort Galileis an Monsignor Ingoli hinsichtlich des Kopernikanismus noch einmal hinauszuschieben. Galilei hatte ihm diese Übergabe ganz förmlich aufgetragen und, um sein eigenes Zögern zu entschuldigen – Mario Guiducci wollte nicht den Helden spielen und „das Risiko irgendeines Tadels" eingehen –, gab er einige Gründe für seine Besorgnis an.

Mario Guiducci hatte Federico Cesi häufiger getroffen und befolgte dessen Rat, die Frage nach Kopernikus „ein wenig ruhen zu lassen".

Das erste abratende Argument des Briefes bildete ein Faktum, das über Monate hinweg den scharfsichtigen Freunden Galileis, und vor allem Mario Guiducci, entgangen war: Schon einige Monate zuvor war der *Saggiatore* angezeigt worden. Guiducci, Galileis Informant in Rom, war der letzte, der es erfuhr.

Im Brief von Guiducci, dessen Original wir in der Biblioteca Nazionale in Florenz in Augenschein nahmen, heißt es:

Erstens ist es so, daß, nun sind es schon einige Monate, bei der Kongregation des Heiligen Offizium von einer frommen Person vorgeschlagen wurde, den Saggiatore zu verbieten oder zu korrigieren mit der Anschuldigung, hier werde beim Punkte der Bewegung der Erde die Doktrin des Kopernikus gelobt: Ein Kardinal übernahm die Aufgabe, sich zu informieren und einen Bericht zu erstellen; und zum guten Glück fiel die Aufgabe, darum Sorge zu tragen, auf P. Guevara, Ordensgeneral bei einer Art Theatiner, die, so glaube ich, sich Minimi nennen, welchselbiger Pater anschließend mit der Gesandtschaft des Kardinals nach Frankreich ging. Dieser las das Werk aufmerksam und, da es ihm gar sehr gefiel, lobte und feierte er es vor jenem Kardinal und verfaßte darüber hinaus noch einige Seiten zu seiner Verteidigung, nach denen jene Doktrin der Bewegung, wenn sie dann aufgestellt worden wäre, ihm nicht von Schaden schien: und so beruhigte sich die Angelegenheit einstweilen. Nun, da wir diesen Schutz nur bei diesem Kardinal genießen, scheint es nicht geraten, sich dem Risiko irgendeines Tadels auszusetzen, denn im Brief an Ingoli wird die Meinung des Kopernikus ex professo verteidigt, und wenn denn auch offen gesagt wird, daß sie sich in einem höheren Licht als falsch erweist, werden die Unaufrichtigen das nicht so glauben und von neuem Unruhe stiften; und wo uns der Schutz durch den abwesenden Herrn Kardinal Barberini fehlt und dazu hier noch ein sehr bedeutender Herr dagegen ist, und weil von diesen Streitereien N(ostra) S(ignoria) genug hat, und man daher ihr nicht darüber sprechen könnte, würde sie sich gewiß an die Beschreibung und die Einsicht der Fratres halten. Aus all diesen Gründen schien es gut, die ganze Frage, wie ich schon sagte, ein wenig ruhen zu lassen, anstatt sie am Leben zu halten und es in der Folge mit Nachstellungen, Scharmützeln und allen möglichen Angriffen aus dem Hinterhalt zu tun zu haben. Derweil kann Zeit der Sache helfen[5].

Mit Sicherheit konnte die Zeit der Sache von Mario Guiducci helfen, denn nur einen Monat später kommt er nach Florenz zurück und bringt sich vor möglichen „Verfolgungen" und „Angriffen aus dem Hinterhalt" in Sicherheit.

Es drängte Mario Guiducci wirklich: Er schloß seinen Brief mit der Ankündigung, daß er in nächster Zukunft zurückkehren werde („ich hoffe in der ersten Hälfte des Mai da zu sein"), und er zeigte keinerlei Neigung, die Mission zu Ende zu bringen, die Galilei ihm aufgetragen hatte. Er hatte entschieden, anderen die unangenehme Aufgabe zu übertragen, den kopernikanischen Brief für Monsignor Ingoli zu übergeben („bei meiner Abreise werde ich den Brief an Ingoli Herrn Filippo Magalotti übergeben")[6].

Nebenbei erwähnte er, was er bis zu jenem Zeitpunkt bereits ganz regulär mitgeteilt hatte, daß nämlich Sarsi die Erwiderung auf den *Saggiatore* nicht drucken ließ. Die Information war eine schlichte Wiederholung, und sie war falsch, aber vielleicht hatte Guiducci nicht die nötigen Nachforschungen angestellt, um es besser zu wissen.

Im Postscriptum fragte Mario Guiducci Galilei um Rat wegen eines Springbrunnens für den Kardinal Alessandro Orsini. Dieser Purpurträger – er stand mit den Jesuiten in engem Kontakt, und wir begegneten ihm bereits bei der Gesandtschaft nach Prag zu Ferdinand II. in Begleitung von Pater Zucchi – finanzierte damals die Publikation der *Rosa Ursina* von Pater Scheiner, einem der Hauptgegner Galileis bei den Jesuiten. Mario Guiducci jedoch, anstatt den Inhalt des neuen Buches von Scheiner in Erfahrung zu bringen, hatte sich mit dem Kardinal über Brunnen unterhalten.

Dieser Brief ist bei den modernen Galileispezialisten sehr bekannt.

Alle haben sich an den Wortlaut Guiduccis gehalten und die interessante Mitteilung herausgestellt: die mysteriöse Anzeige gegen den *Saggiatore;* und alle beglückwünschen sich, daß im Jahr 1625 ein Kardinal und ein Theologe die kopernikanischen Ideen verteidigten, die dem *Saggiatore* zugeschrieben wurden.

Stilmann Drake ist, soweit wir das übersehen, der einzige Historiker, der sich in diesem Zusammenhang wenigstens die Bemerkung erlaubt, daß „die Anklage, Galilei habe den Kopernikanismus in dem Buch (dem *Saggiatore*) gelobt, schlicht falsch ist"[7].

Man muß kein Experte wissenschaftlicher Methodologie sein, um zu wissen, daß es schwieriger sein kann, eine Behauptung zu widerlegen, als sie aufzustellen, wenn unzweifelhafte und überprüfbare Beweise fehlen. Aber bevor man die Richtigkeit oder Falschheit feststellen kann, muß die Behauptung verständlich sein.

Auch die Historiker verfangen sich oft in dieser Schwierigkeit. Ein grundlegendes Problem im Metier des Historikers ist die Zuverlässigkeit der Quellen. Für gewöhnlich gibt es zur Abstützung eine Reihe von anderen Quellen, und das erlaubt es, ein Dokument, das eine historische Information enthält, zu beweisen oder zu widerlegen.

Die Dinge komplizieren sich ganz offensichtlich, wenn dies bestimmte Dokument einzige Quelle der Information ist. In diesem Fall kann man entweder Vertrauen haben, oder man muß eben das Dokument auf seine inneren und äußeren Bezüge hin untersuchen.

Die Mitteilung Guiduccis ist die einzige Quelle, die explizit von der Anzeige gegen den *Saggiatore* spricht. Die Information war aber dennoch beruhigend, und da von dieser Anzeige dann nicht mehr die Rede war, hat das wohl den Ausschlag gegeben, die Informationen von Guiducci allzu wörtlich zu nehmen.

Wir erinnerten bereits daran, daß der *Saggiatore* niemals offiziell verfolgt wurde. Aber da unser Ausgangsproblem das merkwürdige und späte Bedauern von Vincenzo Viviani war, der der Polemik gegen Pater Grassi unerklärlicherweise die Schuld für alles spätere Unglück gab, war es selbstverständlich, diesen Brief von Guiducci mit größter Aufmerksamkeit zu lesen.

Undeutliche Information

Liest man diesen Brief aufmerksam und ohne sich von der sensationellen Mitteilung, die darin enthalten ist, verwirren zu lassen, dann ist eine gewisse exegetische Vorsicht zweifellos angebracht.

Der Brief wirft bei genauerem Hinsehen eine ganze Reihe logischer und historisch-kritischer Fragen auf: Es sind Details, die einem heutigen Leser kaum weiter auffallen, die uns aber wertvolle Hinweise darauf geben können, wie zuverlässig diese wichtige Quelle für die Biographie Galileis ist.

Gehen wir der Reihe nach vor, und beginnen wir diesmal beim Hintergrund.

Erst ganz am Ende des Briefes entschließt sich Guiducci, die Katze aus dem Sack zu lassen. Nämlich: Galilei solle es ihm nicht verübeln, aber er werde sich nicht so weit exponieren und seine glänzenden Beziehungen zu den Kardinälen in Rom aufs Spiel setzen, daß er offiziell den Text von Galilei in Umlauf bringe, in dem dieser *ex professo* eine Theorie verteidige, die vom Heiligen Offizium verurteilt worden sei. Erst vor kurzem hatte Guiducci dem einschüchternden Schauspiel bei der Verurteilung von De Dominis und den finsteren Drohungen gegen die Neuerer seitens des Collegium Romanum beigewohnt. Seine Vorsicht und seine Angst können wir verstehen, denn die einzige Person, die seine Immunität gegenüber den Institutionen der Inquisition gewährleisten konnte, der Kardinalsneffe, weilte außerhalb Roms, während Papst Urban VIII. sich mit Gedanken an einen Krieg um Genua und das Veltlin trug.

Weniger verstehen wir allerdings, warum Guiducci so zögert, den Namen der hochgestellten Persönlichkeit zu enthüllen, die nicht mehr bereit sei, Galilei zu verteidigen, und auch nicht den des Kardinals, der sich der Sache beim Heiligen Offizium angenommen hatte.

Bei beiden Ungenannten erklärt sich das offensichtlich als Vorsichtsmaßnahme. Möglicherweise waren es dieselben Gründe, die es Federico Cesi unmöglich gemacht hatten, Galilei persönlich von dem in Kenntnis zu setzen, was er erfahren hatte. Auf die Verletzung der Geheimhaltung in der Untersuchungsphase stand die Exkommunikation. Fürst Cesi konnte sich nicht durch einen Brief in dieser Angelegenheit, über die noch keine Klarheit bestand – zudem stammten die Informationen aus zweiter Hand –, kompromittieren.

Das ist genau der Punkt. Die Argumente, die Guiducci anführt, um sich zu rechtfertigen, sind Informationen aus zweiter oder dritter Hand: Er berichtet uns, daß er mit dem Fürsten Cesi darüber gesprochen habe, aber wir wissen nicht, ob Guiducci mit dem Fürsten über die Anklage gesprochen hat oder umgekehrt.

Mir scheint die erste der beiden Möglichkeiten wahrscheinlicher, d. h. ich vermute, daß Guiducci über seine Gespräche mit dem Fürsten Cesi berichtet, um sich in der Angelegenheit, die ihn am stärksten beunruhigt – nämlich die Entscheidung, das Dokument zu Kopernikus nicht weiterzuleiten –, hinter dem Urteil des Fürsten der Accademia dei Lincei verstecken zu können.

Wie dem auch sei, die Information über die Anzeige wird „gegeben“. Das Merkwürdigste daran ist, daß sie von demjenigen, der sie offenbart, in keinster Weise bewertet wird. Ja schlimmer noch, wir haben den unübersehbaren Beweis dafür, daß Guiducci die Information nicht nur nicht bewerten konnte und daß er sich nur vage äußert, sondern daß er auch an den Stellen, wo er präzise Anhaltspunkte gibt, aufgrund seiner Ängste und seines Bemühens, Galilei zu überzeugen, einfach Dinge erfindet und plumpe Falschmeldungen weitergibt.

Dazu einige Erklärungen. Man mußte nicht unbedingt Anwalt wie Mario Guiducci sein, um zu wissen, daß man für einen Freund, dem man mitteilt, daß er angezeigt wurde, zumindest Datum, Urheber, Gang und Gegenstand der Anzeige ausfindig machen muß.

Nun hat Guiducci in dieser Hinsicht nicht die mindesten Anstrengungen unternommen; er kann nur berichten, daß ihn jemand informiert habe, eine „fromme Persönlichkeit“ habe „einige Monate zuvor“ den *Saggiatore* angezeigt.

Im Sprachgebrauch des 17. Jahrhunderts meinte eine „fromme Persönlichkeit“ in solchen Fällen, daß die Anzeige anonym erfolgt und von jemand abgefaßt war, der ein Kirchenamt bekleidete, genauer noch: der Mitglied eines Ordens war, in dem dieses Verhalten als eine Pflicht aufgefaßt wurde. Unpräziser konnte man kaum sein.

Man könnte einwenden, Guiducci habe aus Vorsicht schriftlich keine weiteren Mitteilungen machen wollen, auch wenn er mehr wußte. Aber das ist vielleicht nicht richtig, denn das einzig Präzise, was Guiducci mitgeteilt worden war – und worüber wegen der Geheimhaltungspflicht in der Untersuchungsphase Stillschweigen gewahrt werden mußte –, das war der Name des Beraters, der das Verfahren zum Stillstand gebracht hatte. Und dieses einzige genau ausmachbare Element in der ganzen Angelegenheit erfahren wir schließlich dann doch noch von Guiducci: den Namen von Pater Guevara.

Irgend jemand muß Guiducci diesen Namen gesteckt und ihm die Information gegeben haben, daß es sich um einen Ordensgeneral handelte. Guiducci hatte tatsächlich nicht die geringste Vorstellung davon, wer denn dieser Guevara war, oder er hatte nicht die Zeit gehabt, sich ein wenig besser zu informieren; vielleicht hatte er auch einen Teil der Informationen vergessen oder sie überhaupt nicht erhalten. Auf jeden Fall läßt er sich in jenem Brief von der Sorge anstecken und erfindet schlichtweg etwas, um damit die Glaubwürdigkeit der Nachricht zu verstärken: „Ordensgeneral einer Art Theatiner, die sich, so glaube ich, Minimi nennen".

Pater Giovanni Guevara war der Generalpropst der Clerici Regolares Minores ecclesiastici.

Also eine kleine Ungenauigkeit, ein unbedeutender Fehler.

Heute sind die Unterschiede zwischen den Theatinern, den Minoriten und den Clerici Regolares Minores so gering, daß sie für unseren modernen Blick fast unwahrnehmbar sind[8].

Es ist eine kleine Ungenauigkeit, aber wir müssen Mario Guiducci dankbar dafür sein, denn sie ist aufschlußreich, um den Gehalt seines Briefes wirklich auszuloten.

Im Jahr 1623 stellte die Verwechslung eines Generals der Theatiner mit dem der Minoriten oder der Clerici Regolares Minores für einen Beobachter der römischen Szene einen gewaltigen Informationsfehler dar; dem entspräche heutzutage, wenn ein Korrespondent aus der Hauptstadt Italiens einen führenden Politiker einfach ganz nach Zufall einer der vielen Parteien zuordnete, die sich auf der politischen Bühne tummeln.

Abgesehen von ihren weit auseinanderliegenden Ursprüngen durfte man die Minoriten (Mersenne war einer von ihnen), die Theatiner von S. Andrea della Valle und die Clerici Regolares auch sonst einfach nicht verwechseln. Ihr neues Collegium in S. Agnese an der Piazza Navona genoß in Rom hohes Ansehen. Die Professoren waren die großen Linguistikexperten der Kongretation für die Verbreitung des Glaubens. Und wer kannte nicht Pater Guevara, einen der geschätztesten Politologen in der Kurie, dessen Ansehen darauf zurückzuführen war, daß er zu dem einzigen brillanten diplomatischen Erfolg des neuen Papstes einen entscheidenden Beitrag geleistet hatte, so daß Papst Urban VIII. ihn damit beauftragt hatte, den Kardinalsneffen zu instruieren und zu beraten.

Warum hatte Guiducci nicht bei Ciampoli nachgefragt?

Gewiß, solange Guiducci mit Kardinälen verkehrte, die es mit den Jesuiten hielten, hatte er wohl kaum die Möglichkeit gehabt, Pater Guevara kennenzulernen.

Aber warum hatte er nicht beim Fürsten Cesi nachgefragt? Pater Guevara hatte erst kürzlich ein beachtliches Werk über die Theorie der Sinneswahrnehmungen veröffentlicht, in dem er Galilei lobte und die Funktionsweise des Fernrohrs erklärte. Dieses Buch fand sich mit Sicherheit in der Bibliothek Cesi.

Guiducci hatte keine Zeit gehabt, sich zu informieren, und seine Ungenauigkeit ist ein deutliches Indiz dafür, wie aufgeregt er bei der Abfassung des Briefes war, wie sehr er alle Vorsichtsmaßregeln beiseite ließ und daß er somit nur eine oberflächliche Selbstrechtfertigung versuchte. Das wirft einen Schatten auf die absolute Zuverlässigkeit dieses Briefes, in dem es von unpräzisen Informationen aus zweiter Hand nur so wimmelt.

So ist es auch erlaubt, sich über die seltsamen Argumente zu wundern, die angeblich zur Anzeige des *Saggiatore* führten.

Guiducci glaubt offenbar, Gegenstand der Anzeige sei das Lob auf „die Lehre des Kopernikus hinsichtlich der Erdbewegung“. Wenig später enthüllt er ein weiteres Bruchstück eines Gerüchts: „Jene Lehre der Bewegung, schien ihm, auch wenn sie aufgestellt worden wäre, nicht zu verurteilen“. Welche Lehre der Bewegung?

Hier geht Guiducci eilends über zur besorgniserregenden Abwesenheit des Kardinalsneffen.

Wir gehen ein wenig langsamer vor. Kopernikus stand auf dem Index, und das erst seit neun Jahren. 1620 waren, vielleicht aufgrund der Anregungen von Kardinal Bellarmin, die nötigen Korrekturen angebracht worden, die das heliozentrische System als rein mathematische Hypothese ermöglichten. *De revolutionibus* war korrigiert, aber nicht vom Index genommen worden[9], und auch Kepler war seit dem Jahr 1619 verboten.

1616 hatten alle theologischen Berater des Heiligen Offiziums die Lehre von der Bewegung der Erde für „philosophisch töricht und formal häretisch“ erklärt.

Wohlgemerkt, bis zu jener Verurteilung hatten einige Theologen mit exegetischen Argumenten versucht, jene Hypothese rational zu untermauern. Aber in der Katholischen Kirche gab es nur eine einzige Person, die hätte sagen können, daß die Lehre von der Bewegung der Erde keine Ketzerei sei, und das war der Papst. Und der Papst hatte im Jahr zuvor in Rom offiziell genau das nicht gesagt[10].

Wie konnte Galilei jenem Brief des furchtsamen Guiducci Glauben schenken, der ihm eine so sensationelle und unglaubliche Nachricht überbrachte – schon immer Galileis große Sorge – und sie dann so nachlässig abhandelte?

Pater Guevara hätte es dabei belassen können zu sagen, daß im *Saggiatore* der Kopernikus nicht gelobt wurde: Das hätte vollkommen ausgereicht und der Wahrheit entsprochen. Aber laut Guiducci hatte Pater Guevara, der um ein Gefälligkeitsgutachten gebeten worden war, sich so weit vorgewagt, daß er dem Heiligen Offizium, und dazu noch schriftlich, auseinandergesetzt hatte, alle seine theologischen Berater befänden sich in einem schweren Irrtum. Woher nahm Guevara die Autorität, solches zu behaupten? Er war kein Experte in der Theologie der Heiligen Schrift, und er war auch kein Astronom. Und stand dann nicht auch im *Saggiatore*, daß von Kopernikus „ein jeder sich lossagen muß wegen der jüngst verurteilten Hypothese“?[11] Das war eine seltsame und überhaupt nicht geforderte Rechtfertigung; immerhin hatte sie angeblich dazu geführt, daß sich das Heilige Offizium „beruhigte“.

Sollen wir noch ein Argument dafür anbringen, daß Pater Guevara unmöglich offiziell die Behauptung aufstellen konnte, die Lehre von der Erdbewegung sei nicht zu verurteilen? Dann möchte ich darauf hinweisen, daß Pater Guevara als Ordensgeneral im Jahr 1625 der Arbeit seines Ordensbruders Pater Aversa *Philosophia metaphysicam physicamque complectens* die Zustimmung gegeben hatte. Im zweiten Band, erschienen 1627, setzte sich die Arbeit lang und breit mit der Theorie des Kopernikus auseinander und verwarf sie mit den neuesten Argumentationen und astronomischen Beobachtungen, wobei das Fehlen einer Sternenparallaxe eine besondere Rolle spielte. Vor allen Dingen aber erinnerte Pater Aversa daran, daß die Theorie nicht nur absurd, sondern auch gegen den Glauben gerichtet und vom Index im Jahr 1616 verurteilt worden war[12].

Es ist ganz und gar unwahrscheinlich, daß Pater Guevara etwa zur selben Zeit sich mit der Erklärung, die Bewegung der Erde sei keine verdammenswerte Lehre, hätte in Mißkredit bringen wollen.

Welche Lehre der Bewegung? Die der Erde, erklärt Guiducci und denkt dabei an das gefährliche Manuskript, die Antwort an Monsignor Ingoli, das er nicht in Umlauf bringen will.

Tatsächlich aber war die Anschuldigung gegen Galilei noch verblüffender als die angebliche Verteidigung durch Guevara.

Die Akademie der Lincei, die tief in den Prozeß gegen die Theorie des Kopernikus aus dem Jahr 1616 verstrickt war, wollte mit dem *Saggiatore* kein Risiko eingehen. Das Buch war von ihren literarisch und theologisch gebildetsten Mitgliedern wieder und wieder gelesen worden, um auch den kleinsten Fehler auszuschließen.

Niemandem war je die Idee gekommen, den *Saggiatore* deswegen herauszugeben, um unter der Hand kopernikanische Ideen zu verbreiten, denn Kopernikus hatte sich niemals zu den Kometen geäußert. Galileis erklärtes und gewolltes Ziel war es, die aristotelische Philosophie des Collegium Romanum und seines Mathematikprofessors anzugreifen.

Auch mußte man gar keine besonderen Vorsichtsmaßnahmen ergreifen: Galilei hatte sich gewappnet, als die *Libra* versuchte, ihn in die Falle des Kopernikanismus zu locken: „Ptolemäos und Kopernikus befaßten sich niemals mit Hypothesen, die Kometen betreffen, ich erkenne nicht, was das hier soll“[13]. In Wirklichkeit, wir hatten das bereits erwähnt, sprach Galilei über die Kometen, um das kopernikanische System vor eventuellen Verfälschungen in Schutz zu nehmen. Aber das war noch lange kein so großes Risiko wie Kopernikus zu loben, und Galilei, der wegen Kopernikanismus ermahnt worden war, ging auch im *Saggiatore* dieses Risiko nicht ein.

Zu Beginn des Buches hatte sich Galilei erklärt und dabei seinen Gegner angegriffen, „der, um einen Weg zu finden, bei mir, ich weiß nicht was von Kopernikus zu entdecken, sie hätte niedergeschrieben finden müssen; daher, weil das fehlte, hat er sie mir seinerseits zu unterstellen versucht“[14].

Nun folgt im weiteren jedesmal, wenn im *Saggiatore* der Name Kopernikus erwähnt wird (in den Abschnitten 6 und 32), und sogar dann, wenn er nicht namentlich genannt wird, dort nämlich, wo Galilei Sarsi vorwirft, keine „klare Vorstellung von den der Erde zugerechneten Bewegungen“ zu haben, ein formaler Widerruf: „Was die Hypothese des Kopernikus anlangt, so wurden wir Katholiken zu unserm Besten von einem humaneren Wissen aus unserem Irrtum befreit und unsere Blindheit wurde erleuchtet, aber ich glaube nicht, daß diese Gnade und Güte durch die Argumentationen und Erfahrungen hätten erlangt werden können, die Tycho vorbringt“. So das erste Mal. Das zweite Mal heißt es: „Auch wenn die Bewegung, die man der Erde zuschreibt und die ich als frommer Mensch und Katholik für ganz und gar falsch erachte, dazu taugt, viele Dinge zu erklären und ebenso viele unterschiedliche Erscheinungen, dann beruhige ich mich doch nicht dabei, daß sie bei all ihrer Falschheit wohl auch den Trug erweckt, sie könne eine Antwort finden auf die Erscheinungen der Kometen“[15].

Nur einmal wird im *Saggiatore* von den Erdbewegungen im Sinne des Kopernikus gesprochen, ohne daß dieser formale Widerruf angehängt wird. Es handelt sich um jene Stelle, an der von dem bereits erwähnten Experiment im Palazzo Cesarini die Rede ist.

Aber da ging es um eine rein illustrative Erfahrung, eine sichtbare Demonstration, mit der Galilei die „Falschheit“ der kopernikanischen Doktrin von der Erdbewegung belegte, erwies sich doch, daß eine der Erdbewegungen eine nur scheinbare war[16].

Selbst die vorsichtigen Lektoren des *Saggiatore* in Rom hatten es zu Recht für vollkommen überflüssig erachtet, an dieser Stelle noch einmal zu bekräftigen, daß der Autor die Verurteilung des Kopernikanismus anerkenne.

Natürlich handelte es sich um eine Täuschung, um eine perfekte Fiktion, wenn Galilei auf kopernikanische Argumente *ex falsa suppositione* zurückgriff. Aber formal war dagegen nichts einzuwenden. Der *Saggiatore* war buchstäblich nicht wegen Unterstützung kopernikanischer Thesen angreifbar.

Der *Saggiatore* war das Werk einer streng durchgeführten ehrlichen Täuschung. Heute nennen wir das Heuchelei und können uns darüber aufregen, wie das manch berühmter Interpret auch getan hat. Aber im Jahr 1623 hatte die Täuschung den Wert einer intellektuellen Tugend. Wie dem auch sei, die Kirche hatte das Heilige Offizium zur Verfolgung von verworfenen Ansichten, also von Fällen formaler Häresie, eingerichtet und nicht gegen die Heuchelei.

Das Heilige Offizium war ein Gericht, und um eine Anklage einzureichen, bedurfte es genauer Aussagen „zum Lob“ des Kopernikus. Wo aber sollte man die im *Saggiatore* finden?

Was hätte es für einen Eindruck gemacht, wäre ein Buch, das dem Papst gefallen hatte und das ihm auch noch gewidmet war, der Heuchelei bezichtigt worden?

Vergessen wir zudem nicht, daß die Zeiten, in denen jeder hergelaufene Ordensbruder sich mit Galilei anlegen durfte, vorbei waren. Wir befinden uns in der „wundersamen Konjunktur“: Galilei ist nicht nur der bedeutendste Wissenschaftler Europas, er ist auch *der* offizielle katholische Wissenschaftler. In Rom brachte man Galilei Sympathie, Respekt und Furcht entgegen, auch Haß, aber den *Saggiatore* anzuzeigen, das stand nicht in jedermanns Vermögen.

Welche „Lehre der Bewegung"? Wollte man mißtrauisch sein, dann war die einzige Lehre der Bewegung, die im *Saggiatore* in Form eines Gedichtes im Stile von Lukrez gelobt wird, die Bewegung der Atome, Galileis freie Version der aristotelischen Aussage: „Die Bewegung ist die Ursache der Wärme". Aber was hatte das mit Kopernikus zu tun?

Die Präzisierungen Guiduccis im Brief vom 18. April 1625 sind widersprüchlich und unverständlich gemessen an Logik und Historie. Sie wären ein faszinierendes Mysterium, würden die Unsicherheiten und Fehler in diesem Dokument nicht seine Zuverlässigkeit ganz generell in Frage stellen. Zum einzigen nachprüfbaren Punkt des Briefes ist festzuhalten, daß er etwa zur Hälfte korrekt dargestellt worden war. Das übrige war eine Erfindung des Verfassers.

Guiducci hatte Angst, und er wollte auch Galilei Angst machen, um ihn davon zu überzeugen, wie gefährlich es war, sich zur Unzeit zum Kopernikanismus zu bekennen.

Mario Guiducci hatte im letzten Moment die beunruhigende Nachricht erhalten, daß allein die hilfreiche Aktion eines gewissen Pater Guevara verhindert hatte, daß der *Saggiatore* wegen einer diskutierbaren Theorie über die Bewegung angezeigt worden war, und vielleicht hatte er ganz unbewußt die Information im Lichte dessen ausgesponnen, was ihn jetzt am stärksten beschäftigte.

Aber bis hier ist alles nichts weiter als eine Hypothese von mir. Bezüglich des Briefes von Guiducci lassen sich nur zwei Dinge mit Sicherheit feststellen.

Erstens geht daraus eindeutig hervor, daß Galilei kein gewöhnlicher Christ war. Ganz offensichtlich hatte Galilei ein weiteres Mal auf die Unterstützung durch ganz hoch in der Hierarchie der Kurie stehende Kreise zählen können, die ihm eine Sonderbehandlung zuteil werden ließen.

Die Anzeige nimmt nicht den normalen Gang, sondern ein Kardinal zieht das Verfahren an sich und läßt es mit Hilfe eines Gefälligkeitsgutachtens durch einen selbst ausgewählten Theologen – damit auch jede Überraschung ausgeschlossen ist – schnellstens versanden. Sofort kommen einem die beiden Kardinäle Barberini, Francesco und Antonio, die einen Sitz in der Kongregation des Heiligen Offiziums hatten, als mögliche Protagonisten in dieser nützlichen und verständlichen Aktion in den Sinn.

Ja, diese Aktion war nicht nur nützlich und verständlich, sie war unbedingt erforderlich.

Wir haben ausführlich erläutert, daß Galilei im Jahr 1624 nicht mehr nur einfach der Mathematiker und Philosoph aus Florenz war, sondern der offiziell anerkannte Wissenschaftler des neuen Papsttums in Rom.

Eine Anzeige gegen den *Saggiatore* im Jahr 1624 stellte wie vieles andere auch eine heimtückische politische Provokation dar. Man konnte nicht Galilei bedrohen, ohne daß man als ein dem Pontifikat Urbans VIII. gegenüber feindlich eingestellter Kritiker galt oder zu gelten drohte und ohne die Orthodoxie des neuen Papsttums in Zweifel zu ziehen.

Eine Anzeige gegen den *Saggiatore* im Jahr 1624 war tatsächlich gleichbedeutend damit, implizit all die auf die Anklagebank zu bringen, die direkt in die Affaire um dieses Buch verwickelt waren: die Akademie der Lincei, die unter dem Schutz des Kardinalsneffen stand, den politischen und kulturellen Stab der Kurie und vor allem den Papst selbst, der das Buch öffentlich gebilligt, den Autor wegen seines Glaubens gefeiert und so – mit einem Schlag – dessen ganze Vorgeschichte beiseitegewischt hatte.

Und alle wußten, daß Galilei auf ein vorsichtiges, aber zuversichtlich stimmendes Verständnis für die Lehren des Kopernikus getroffen war. Der Papst – so hieß es in Rom an allen Ecken – war hinsichtlich des Kopernikus ein toleranter Possibilist, auch wenn Kopernikus offiziell verurteilt worden war. Jene Anzeige roch, was auch immer ihre Stoßrichtung war, nach einem bedrohlichen Rückgriff auf die Entscheidungen von Kardinal Bellarmin und nach einer provokativen Attacke gegen das Laisser-faire und die kulturelle Öffnung des neuen Pontifikats in Fragen der Glaubenslehren.

Es ist klar, daß aus diesen Gründen der unnütze Skandal, der durch das allgemeine Echo auf diese obskure Anzeige ausgelöst worden wäre, unbedingt schon im Keim erstickt werden mußte.

Zweitens ist absolut sicher, daß sich die mysteriösen Informationen aus Guiduccis Brief, die unverständlich wie eine verschlüsselte diplomatische Botschaft waren, in Nichts aufgelöst haben wie eine zerplatzte Seifenblase.

Niemals hat irgend jemand sonst einen Hinweis darauf gegeben, daß der *Saggiatore* wegen Kopernikanismus angezeigt worden sei.

Die offiziellen Akten des Prozesses gegen Galilei, die nach acht Jahren veröffentlicht wurden, enthalten nicht den geringsten Anhaltspunkt hinsichtlich der Umstände, von denen Guiducci berichtete. Weder die Anzeige wegen der kopernikanischen Lehren noch ihre Rechtfertigung, die die Beunruhigung des Heiligen Offiziums besänftigt hatte, werden noch einmal erwähnt. Alles, was Guiducci in seinem Brief an Galilei vom April 1625 geschrieben hatte, war wie vom Nebel verschluckt. Und das ist merkwürdig.

Aber der Historiker hat nicht das Recht, sich mit der Oberfläche der Dinge zufriedenzugeben. Andererseits sollte er seine Quellen nicht leichtfertig diskreditieren und seinen Zeugen nicht aufgrund rein logischer Argumentationen mißtrauen, denn drei Jahrhunderte später besteht keine Möglichkeit mehr für sie, sich zu rechtfertigen.

Ehe man den Brief von Guiducci als wenig zuverlässige Quelle bewertet, muß der Historiker alles tun, um seinen Inhalt zu überprüfen.

Sieht man nämlich genau hin, dann enthält der Brief von Guiducci neben all den Halbwahrheiten, Fehlern und verbalen und psychologisierenden Entschuldigungen auch einen Hinweis, zu dessen Überprüfung der Historiker sich durchaus bequemen sollte.

Wenn auch nur ganz nebenbei, so läßt der Brief von Guiducci doch einen materialen Anhaltspunkt in der ganzen mysteriösen Angelegenheit erkennen. Es handelt sich um eines jener Fragmente, von denen etwas in den von den Historikern für objektiv gehaltenen historischen Archiven erhalten geblieben sein kann: beschriebene oder bedruckte Seiten, die verfaßt worden waren, damit sie gelesen wurden.

Mario Guiducci schreibt, daß Pater Guevara etwas hinsichtlich der Anzeige „zu Papier gebracht“ habe.

Angesichts des unverständlichen Wirrwarrs in seinem Brief hatte ich keine andere Möglichkeit, als das zu tun, wozu Mario Guiducci keine Zeit gehabt hatte. Ich wollte mehr in Erfahrung bringen, mich besser informieren.

Nach 350 Jahren war es wohl möglich, daß – vorausgesetzt, Guiducci hatte nicht alles einfach erfunden – das einzige erhalten gebliebene Zeugnis jenes Gutachten von Pater Guevara an das Heilige Offizium war.

Mario Guiducci hatte offensichtlich keine weiteren Erklärungen bei Pater Ridolfi, dem Hofmeister beim Heiligen Offizium, eingeholt, und er hatte vermutlich zu allerletzt daran gedacht, selbst beim Heiligen Offizium anzuklopfen. Auch nach ihm hatte das niemand getan.

An dem Punkt, an dem ich stand, blieb mir nichts anderes übrig, als eben das zu versuchen.

Das „Geheimnis des Heiligen Offiziums“

Ich fragte mich, und dasselbe fragte ich auch die Leitung des Heiligen Offiziums, die jetzige Kongregation für Glaubensfragen, ob die Blätter von Pater Guevara im Archiv aufbewahrt würden.

Historisch war es von außerordentlichem Interesse, eine sichere Spur gefunden zu haben, mit deren Hilfe die Zuverlässigkeit von Guiduccis Enthüllungen überprüft werden konnte. Noch aufregender war es allerdings, die Argumentationen kennenzulernen, mit denen ein Theologe im Rom des Jahres 1624 offiziell bewiesen hatte, daß das kopernikanische System nicht zu verurteilen sei.

Diese historisch wichtigen Überlegungen trug ich der Leitung des Heiligen Offiziums vor, um zu erklären und deutlich zu machen, warum ich an diesem Dokument interessiert war, warum ich es sehen wollte, wenn es tatsächlich existierte.

Man antwortete mir freundlich, es existiere noch. Meine Nachforschungen hatten also dazu geführt, ein zeitgenössisches, handschriftliches, nicht gezeichnetes, aber mit einer Sigle, nämlich dem Großbuchstaben *G* versehenes Dokument über den *Saggiatore* ausfindig zu machen. Vielleicht war *G* die Initiale von Guevara. Allerdings erklärte man mir, daß diese Art von Dokumentationen, die theologischen Konsulenzen und Gutachten nämlich, im Unterschied zu anderen Dokumenten des Archivs, den offiziellen Urteilen und Entscheidungen beispielsweise, nicht zur Einsicht freigegeben waren.

In unserem speziellen Fall gab es mehrere Gründe, dieses bis auf den heutigen Tag unbekannt gebliebene Dokument einzusehen. Zuerst war da die Tatsache, daß es sich um ein Ereignis in einem Gerichtsverfahren handelte, das folgenlos geblieben war. Es war ja bekannt, daß das Gutachten von Pater Guevara einen vollständigen Freispruch bedeutete. Der von A. Favaro im Rahmen der *Opere* Galileis veröffentlichte Prozeßband, in dem auch die Dokumente aus dem Heiligen Offizium enthalten sind, belegt zudem, daß diese Episode nicht die geringste, weder positive noch negative Rolle spielte in der späteren Anklageerhebung und in dem Prozeß gegen ein ganz anderes Buch Galileis, nämlich die *Dialoge*. Und im Verlauf des gesamten Prozesses und der abschließenden Sentenz gegen die *Dialoge* durch das Heilige Offizium war nicht einmal andeutungsweise vom *Saggiatore* die Rede; da können wir ganz sicher sein.

Die einzige Auswirkung des Gutachtens von Pater Guevara scheint ein *non procedere,* eine Verfahrenseinstellung, gewesen zu sein. Das mindert klarerweise das juristische Interesse an dem Dokument, nicht aber das ideengeschichtliche.

Der zweite Umstand, der die Bitte um Einsicht in das Dokument begründen konnte, war die Öffentlichkeit, die es gehabt hatte. Der Brief Guiduccis belegte in der Tat, daß die glücklich ausgegangen gerichtlichen Schwierigkeiten des *Saggiatore* den Zeitgenossen allgemein bekannt waren. Die Umstände, der Name des Beraters und der Tenor seines Gutachtens waren Gegenstand des öffentlichen Interesses gewesen. Dadurch wurde natürlich die Geheimhaltung des Dokuments praktisch bedeutungslos.

Mein Ersuchen um Einsichtnahme war folglich legitim.

Mein Anliegen wurde überdies durch eine schriftliche Unterstützung der angesehenen Académie Internationale d'Histoire des Sciences untermauert. Dank ihrer Hilfe wurde mir nach einigen Monaten des Wartens Ende Mai 1982 die Erlaubnis gegeben, das Gutachten von Pater Guevara einzusehen.

Zunächst aber möchte ich dem Leser verständlich machen, um welche Institution es sich bei dem Heiligen Offizium, von dem Pater Guevara um ein Gutachten gebeten worden war, eigentlich handelt.

Seit 1569 war in dem schmucklosen Palast neben S. Peter das Oberste Tribunal und in dem angeschlossenen Gefängnis des Heiligen Offiziums die Oberste Generalkongregation der Inquisition untergebracht.

Die Kongregation des Heiligen Offiziums war 1542 eingerichtet worden, um die verästelten Aktivitäten der heruntergekommenen Inquisition zu zentralisieren und zu lenken. Sie war die älteste und bedeutendste Kongregation der Kurie, und der Papst hatte sich den Vorsitz vorbehalten. Einem der Kardinäle, die in diese würdevolle Kongregation berufen wurden, kam die Funktion des Präfekten zu – einer Art Generalsekretär –, während ein hoher Prälat die Aufgabe des Assessors innehatte, der mit den außerjuristischen

Angelegenheiten befaßt war. Die Verfahren, die juristisch behandelt werden mußten, wurden einem Kommissar, der die Untersuchungen führte, anvertraut, dem zwei Dominikanerpater zur Seite standen. Weiter gab es einen Staatsanwalt oder öffentlichen Ankläger, den Anwalt der Angeklagten und einen Notar. Zuständig für die Fragen des Imprimatur und eine wirklich „graue Eminenz" des Palastes war der Hofmeister des Heiligen Palastes, ein Amt, das traditionell von einem Angehörigen des Dominikanerordens bekleidet wurde. Normalerweise erlangte jemand diese Position, nachdem er zuvor die Funktion eines Beraters gehabt hatte.

Der Hofmeister des Heiligen Palastes bedurfte wie auch die Kardinäle der Kongregation der Hilfe durch theologische Experten: Das waren zum einen Ratgeber, die im Vorfeld von Verfahren Gutachten erstellten und die Bücher prüften, zum anderen die Qualifikatoren, die ein genauer umrissenes und einflußreicheres Amt bekleideten, denn sie unterzeichneten schriftliche Gutachten, wie sie in außergewöhnlichen Fällen und bei einer besonders komplexen Sachlage in Fragen der Glaubenslehren angefordert wurden.

Die Qualifikatoren und Ratgeber des Heiligen Offiziums sahen wir am 24. Februar des Jahres 1616 alle versammelt, um das Gutachten zu unterschreiben, mit dem die Lehre des Kopernikus für falsch und häretisch erklärt wurde. Solche Gutachten hatten nur einen beratenden, keinen bindenden Charakter, aber immer übten sie einen beachtlichen Einfluß aus.

Die Routine des Heiligen Offiziums spulte sich in vier Sitzungen pro Woche im Palast oder auch im Vatikan ab. Zunächst unterzogen die Berater und Qualifikatoren die Bände und Fälle, die ihnen aufgetragen waren, einer Prüfung. Dann wurden ihre Voten der Kommission der Kardinäle vorgelegt. Wenn der Papst der donnerstäglichen Abschlußsitzung beiwohnte, wie das die Regel war, dann wurden die Beschlüsse mit der Sitzung in Kraft gesetzt.

Nicht selten zog das Heilige Offizium für die Durchsicht eines Buches auch hilfsweise Mitarbeiter heran. Solche Mitarbeiter sind uns bereits begegnet, so zum Beispiel Pater Grassi, der das Buch von De Dominis über die Gezeiten autorisiert hatte, und Pater Riccardi, der dem Erscheinen des *Saggiatore* zugestimmt hatte. Letzterer war mit Sicherheit ein Ratgeber *in pectore,* aber soweit wir wissen, hat Pater Grassi seinerseits den Palast des Heiligen Offiziums niemals betreten.

Das Kanonische Recht gab dem Heiligen Offizium weitgehende Vollmachten.

Dieses Gericht hatte, und hat noch heute, die Zuständigkeit über alle Fragen, die direkt oder indirekt die Lehren der katholischen Kirche betrafen und die die Orthodoxie gefährdeten. Mit anderen Worten, es handelte sich um ein Gericht, das eine Strafjustiz über Fälle von Häresie – oder was damit im Zusammenhang stand – ausübte: Magie, Aberglauben, Glaubenszweifel, insbesondere bei den Dogmen der Sakramente, die Lektüre verbotener Bücher und die Gespräche mit Häretikern. Es verkündete Urteile, Erklärungen oder Unbedenklichkeitsbescheinigungen zu all diesen Themen.

Es war das wichtigste Tribunal für kanonisches Recht. Aufgrund zweier außergewöhnlicher Merkmale unterschied es sich jedoch von jedem Tribunal, das es jemals vorher oder nachher auf der Welt gegeben hat.

Im Gegensatz zu jedem anderen Gericht gab es für die Rechtsprechung des Heiligen Offiziums keine Grenzen, weder politisch-geographisch noch hinsichtlich der Personen. Es war für jeden von Menschen bewohnten Flekken Erde zuständig, konnte seine Emissäre überallhin entsenden und jede beliebige Person verfolgen: und zwar nicht nur Katholiken, sondern auch Häretiker, Schismatiker, Heiden und sogar Juden. Auch Bischöfe oder apostolische Nuntii; nur Päpste und Kardinäle kamen gegenüber dem Heiligen Offizium in den Genuß juristischer Immunität.

Die zweite Besonderheit aber war die „Geheimhaltung des Heiligen Offiziums“.

Hierbei handelte es sich um eine ganz spezielle und sehr enge Klausel, die strengste aller möglichen Auslegungen der juristischen Geheimhaltung. Auf sie waren Anwälte, Zeugen, Gutachter und alle beteiligten Parteien verpflichtet, was durch mehrmaligen Eid auf totale Verschwiegenheit hinsichtlich der Dokumente, Diskussionen und Befragungen zu Strafsachen und Untersuchungen bekräftigt wurde[17].

Auch der Angeklagte (man denke nur an Galilei nach seiner Verurteilung im Jahr 1633) war an die „Geheimhaltung des Heiligen Offiziums“ gebunden und mußte damit auch über die möglichen Hintergründe seines Prozesses schweigen. Wer dieses Geheimnis verletzte, den erwartete die Höchststrafe und die Entfernung aus allen Kirchenämtern. Die Geheimhaltung des Heiligen Offiziums stand über allem; sie war faktisch einem Glaubenssakrament gleichgestellt und auch ebenso geschützt.

Die allergrößte Aufmerksamkeit jedoch zollte man den Urteilen. Allerdings verhielt es sich damit wie mit der Aufmerksamkeit, die man politischen Abhandlungen zukommen läßt, mit dem einzigen Unterschied, daß die Geheimhaltung der Hintergründe strenger, Enthüllungen seltener und meistens entstellter waren, und daß Spionage fast unmöglich war.

Aus diesem Grunde war, auch wenn es in Paris, Prag oder Madrid ebenfalls Spione gab, allein in Rom die Tätigkeit des Spions eine wirklich unbezahlbare Kunst.

Ein Manuskript, anonym und ohne Datum

Es dürfte nun hinreichend klargeworden sein, daß das Dokument zu Galilei, dessen Existenz ich entdeckt hatte, keinerlei justizieller oder verfahrensmäßiger Geheimhaltung unterlag, da es ja keine Verfahren oder sonstiges juristisches Procedere gegen den *Saggiatore* gegeben hatte: Das war und ist bis auf den heutigen Tag eine absolut historische Gewißheit.

Die Dokumentation, die das Heilige Offizium diesbezüglich verwahrte, war von biographischem und theoretischem Interesse für den Historiker, aber sie stand nicht in Zusammenhang mit dem berühmten „Fall Galilei", d. h. mit jenem Ordner von Prozeßunterlagen gegen die *Dialoge,* der mit dem Vorgehen gegen Kopernikus aus dem Jahr 1616 abgeheftet worden war.

Möglicherweise waren das die Gründe, warum ich am Morgen des 11. Juni unter den wohlwollend dreinblickenden Augen des Kardinal Bellarmin im Heiligen Offizium jenes mysteriöse Dokument einsehen konnte: die Schriften des Pater Guevara, mit denen er den *Saggiatore* von jeder Beschuldigung des Kopernikanismus entlastet hatte.

Das Dokument war ein Manuskript, abgefaßt in der unverkennbar typischen Handschrift aus den ersten Jahren des 17. Jahrhunderts (Abb. 2).

Was mich zunächst gefangennahm, war ebendiese Handschrift: regelmäßig und sehr ordentlich, mit gleichmäßigem Fluß und einer einheitlichen Neigung. Es war eine sehr charakteristische, unverwechselbare Handschrift, unmöglich mit einer jener mechanischen Handschriften zu verwechseln, bei denen die Kopisten einen exakt gleichen Abstand zwischen den Buchstaben machten.

Es handelte sich also um einen verfaßten Text, aber der Autor hat sich nicht zu erkennen geben wollen, denn der Text war nicht unterzeichnet, und es fehlte das Datum.

Das Manuskript bestand aus zwei Blättern von ganz normalem Papier (20 × 27), von denen das erste vor- und rückseitig und das zweite nur einseitig beschrieben war.

Die beiden Blätter waren von anderer Hand – vermutlich gegen Ende des 17. Jahrhunderts – oben rechts mit den Nummern 292 respektive 293 ausgezeichnet worden. Diese Zahlen entsprachen der fortlaufenden Seitennumerierung des dicken gebundenen Hefters, der unser Dokument enthielt. Es handelte sich um eine alte Bindearbeit mit der Auszeichnung EE aus der Serie AD, wobei AD für „Acta et Documenta" steht.

Überrascht vom Fehlen der Unterschrift, blätterte ich instinktiv um, ob sie vielleicht zufällig weiter unten stünde, doch es folgte eine weitere Überraschung und eine große Enttäuschung: die Seite 294 fehlte.

Ob diese Seite irgend etwas von Belang in diesem Zusammenhang enthalten hätte, werden wir vielleicht niemals in Erfahrung bringen, denn sie ist herausgerissen worden – was im übrigen bei Archiven aus jener Zeit keine Seltenheit ist.

Was stand auf der Seite 294? Ein Postscriptum? Eine Entscheidung? Eine Anmerkung? Oder war es bloß eine leere Seite?

Jede Hypothese ist möglich und doch gänzlich müßig.

Um den Leser nicht allzusehr zu entmutigen, seien hier einige zusätzliche Angaben gemacht über die Serie „Acta et Documenta", die auch unser Dokument enthält und aus der mir der Band EE vorlag. Ich muß an dieser Stelle daran erinnern, daß mir nur erlaubt war, die beiden fraglichen Blätter in Augenschein zu nehmen, nicht den ganzen dicken Band. Ich hielt mich, wenn auch mit dem Kribbeln, das Historiker in einer solchen Situation befällt, im großen und ganzen daran. Dennoch konnte ich natürlich unschwer erkennen, daß bei der Archivierung der gewaltigen Masse an Unterlagen keine strengen Kriterien angelegt worden waren. Auch das war für die damalige Zeit ziemlich normal.

Eine systematische Archivierung hätte es mir erlaubt, eine vorsichtige Hypothese zu wagen, wenn schon nicht über den Zeitpunkt der Abfassung, dann doch wenigstens ungefähr über den Eingang des Textes im Sekretariat des Heiligen Offiziums.

Der Band umfaßte Anklagen und Gutachten, keine Urteilssprüche und Dekrete und, soweit ich erkennen konnte, auch keine Vernehmungsprotokolle. Dann hätte die Serie auch „Decreta" und nicht „Acta et Documenta" heißen müssen.

Aber das war wohl auch das einzige Auswahlkriterium gewesen. Beim raschen Durchblättern der Seiten stieß man auf Dokumente ohne jedes Datum, und die datierten erhärteten den ersten Eindruck, daß es sich nämlich um eine Sammlung von Dokumenten aus der ersten Hälfte des 17. Jahrhunderts handelte. Außerdem mußte man zu der Einschätzung gelangen, daß sie ohne Rücksicht auf die chronologische Abfolge angeordnet worden waren.

Allein die Numerierung der Seiten verlieh also der Abfolge eine – willkürliche – Ordnung. Sie hatte das Ziel, auf bequeme Weise ein Inhaltsverzeichnis zu erstellen, als der Band zum Binden gegeben worden war.

Das Inhaltsverzeichnis wurde – wie bereits erwähnt – mit hoher Wahrscheinlichkeit Ende des 17. Jahrhunderts verfaßt und stammte von derselben Person, die die Seiten numeriert hat. Hier nun folgt eine weitere Überraschung: Das Inhaltsverzeichnis, das eigens zum Auffinden der Dokumente erstellt worden war, vermerkt unser Dokument nicht.

Freilich, auch solche Auslassungen sind in Archiven aus dem 17. Jahrhundert keine Seltenheit. Aber ein Professor in Paläographie, der einen Kurs über die Lücken in zeitgenössischen Archiven abhielte, fände in unserem Fall ein ausgezeichnetes Beispiel dafür, daß die Menschen und die Zeit sich offensichtlich verschworen hatten mit dem Ziel, dies Dokument über die Jahrhunderte hinweg verborgen zu halten.

Zu den Akten gelegte Prozesse

Um zu begreifen, wieso dieses faszinierende Dokument erst nach drei Jahrhunderten in unsere Hände fallen konnte, müssen wir einen kleinen Schritt zurückgehen.

Alle, die die Bände der berühmten nationalen Ausgabe der *Opere* von Galilei auch nur einmal in die Hand genommen haben, wissen, daß Antonio Favaro, der engagierte Herausgeber dieser gewaltigen Edition, Zugang hatte zu allen vorhandenen Unterlagen des Prozesses gegen Galilei – sowohl beim

Geheimarchiv des Vatikan als auch beim noch verschwiegeneren Heiligen Offizium. Bewegt erinnert Favaro daran, wie es sich „in ganz außergewöhnlicher Weise dank der großen und aufgeklärten Weisheit von Papst Leo XIII. geöffnet" habe [18]. So fand die große Arbeit einen würdigen Abschluß mit der vollständigen Veröffentlichung aller Unterlagen aus den Prozessen gegen Galilei im Jahre 1616 und 1633.

Damit fand die These Bestätigung, daß die gesamte offizielle Dokumentation der Prozesse gegen Galilei in den bereits identifizierten Archivunterlagen enthalten war, aus denen schon zuvor unvollständige Auszüge publiziert worden waren. Wie schon bekannt war, fehlten beim Heiligen Offizium die wichtigsten Unterlagen, die eine genauere Kenntnis des Prozesses von 1633 vermitteln konnten. Und das verdankte sich einzig und allein dem Umstand, daß im Laufe der jüngeren Geschichte, die hier kurz angedeutet werden soll, Fremde sich nicht selten ohne Erlaubnis Zutritt zum Archiv verschafft hatten.

Die Akten des Prozesses gegen Galilei waren, wie die aus allen anderen Prozessen auch, in zwei Serien im Archiv des Heiligen Offiziums gesammelt worden: in den „Decreta", worin die sehr summarischen Sitzungsprotokolle, Entscheidungen und Chronologien der Fälle vereint waren, und in den „Processus", die die Kompendien, die Protokolle der Verhöre, die Zeugenaussagen, die Verteidigungen, die Urteile, also den eigentlichen Inhalt der Prozesse enthielten.

Im Jahr 1810 wurde auf Geheiß Napoleons das gesamte Archiv des Heiligen Offiziums nach Paris transferiert, zusammen mit dreitausend Kisten päpstlicher Dokumente. Ein Dokumentenband der Serie „Processus" gelangte mit einem gesonderten Paket, adressiert an den Kultusminister, nach Versailles: die Unterlagen, die Galilei betrafen[19].

Der Transfer der Akten vom Heiligen Offizium in den Palast zu Versailles brachte keinen Fortschritt in der Veröffentlichung der Hefte, die Galilei betrafen. Sie stellten aber eine historische Beute und ein beneidenswertes Pressionsmittel gegenüber der Politik des Heiligen Stuhls dar.

Napoleon jedoch war vergänglicher als diese Politik; er mußte abtreten, ehe die in Aussicht genommene Publikation realisiert werden konnte. Es gibt nur lächerlich geringe Spuren dieses Projekts aus der Phase der Restauration[20]. Auch die Bourbonen mußten schließlich abtreten, und es kam die Reihe an Louis Philippe, den König aller Franzosen[21].

Rom drängte, nachdem es das Archiv zurückerhalten hatte, auch auf die Herausgabe jener heiklen Prozeßdokumentation. Aber vergebens, denn sie befand sich nicht in Paris. Offensichtlich brachte der Band seinen unrechtmäßigen neuen Besitzern kein Glück; nach dem Sturz von Karl X. wurde er mit dem Hofstaat des Herzogs von Blacas mit ins Exil genommen. Erst im Jahr 1843 wurde der Band ohne großes Aufsehen dem Vatikan auf dem Weg über die Nuntiatur in Wien zurückerstattet, allem Anschein nach im selben Zustand, in dem er abgeschickt worden war. In Paris lief das Gerücht um, es habe geheime diplomatische Absprachen und das Versprechen des Vatikans gegeben, die Akte jenes Prozesses zu veröffentlichen.

In Rom aber standen neue Ereignisse vor der Tür. „Viva Pio IX.“ (Es lebe Pius IX., U. H.) schrieben die italienischen Liberalen an die Mauern. Als aber die Revolution in Rom ausbrach, flüchtete der Papst Hals über Kopf nach Gaeta. Ebenso unverzüglich tauchte in Rom der Wissenschaftler Silvestro Gherardi aus dem Exil auf. Er war Abgeordneter der Konstituierenden Versammlung der Römischen Republik und dann Erziehungsminister während dieses kurzen Abenteuers der nationalen Wiedergeburt. Gherardi war ein Vertreter des positivistischen Antiklerikalismus und Historiker der italienischen Wissenschaftsgeschichte. Also begab er sich sogleich in den Palast des Heiligen Offiziums und dort auf die Suche nach den berühmten Unterlagen über Galilei. Der Palast wurde von den Republikanischen Garden bewacht, es herrschte ein Kommen und Gehen von Patrioten: „Allzu viele hatten freien Zugang.“ Der Band war nicht da. In Wirklichkeit war er niemals dahin zurückgekehrt: Er befand sich in der persönlichen Bibliothek des Papstes. Vor der Flucht hatte Pius IX. ihn Monsignor Marino Marini anvertraut, und dieser hatte ihn in Kapsel X, zusammen mit anderen Dokumenten von herausragender Bedeutung, deponiert. Dort sollte ihn schließlich Antonio Favaro aufspüren und vollständig publizieren. Mit „bitterer Enttäuschung“ mußte sich Gherardi damit begnügen, lediglich die Galilei betreffenden Dokumente aus der Serie „Decreta“ in Augenschein nehmen zu können[22].

In der Zwischenzeit hatten die „Decreta“ des Heiligen Offiziums einen anderen Standort gefunden. Auf Geheiß eines Mitglieds des Dreierrats, Giuseppe Mazzini, war das gesamte Archiv des Heiligen Offiziums in die Kirche S. Apollinare transferiert worden, denn der Palast war eine Art Traumpalast geworden, ein Aufenthaltsort für die Leute aus Trastevere.

Vielleicht war das Archiv in der Hektik des Aufbruchs bereits von seinen Besitzern geplündert worden, so sagte man sich, aber jetzt sollte es nicht noch mehr Schaden nehmen. Doch eine Durchsuchung sollte noch kommen.

Als General Oudinot wieder Ruhe und Ordnung hergestellt und den Papst nach Rom zurückgebracht hatte, da kehrte auch das Archiv wieder an seinen berühmten Ort zurück. In dem ganzen Durcheinander gelang es einem französischen Offizier, möglicherweise durch seine republikanische Einstellung motiviert, eine beachtliche Zahl von Dokumenten der Kontrolle durch jenen Palast zu entziehen: 77 Bände der Inquisition verschwanden. Sie sollten ihren Platz im protestantischen Trinity College in Dublin finden[23].

Diesmal aber hatten die „Decreta“ Rom nicht verlassen. Sie waren dort geblieben. Davon konnte sich Gherardi höchstpersönlich überzeugen, als es ihm gelang – trotz der französischen Wachen –, heimlich in den Palast des Heiligen Offiziums einzudringen. Er hätte die Unterlagen entwenden können. Aber im Vertrauen auf die Unabhängigkeit und eine zukünftige Hauptstadt Rom beließ er es dabei, jene Dokumente abzuschreiben; eine spätere

Publikation behielt er sich vor. Und als er im Jahr 1870 erkennen mußte, daß die Hauptstadt Rom nicht bis über den Tiber reichte, veröffentlichte er sie tatsächlich. 1907 wurden diese Unterlagen dann noch einmal neu und vollständig von Antonio Favaro herausgegeben.

Ich erinnere an all dies, um zu erklären, warum sich im Archiv des Heiligen Offiziums recht wenig über Galilei und seine Prozesse findet und daß alles, was sich dort befindet, bereits in der nationalen Ausgabe der *Opere* veröffentlicht worden ist: das Protokoll eines Antrags auf eine geheime Untersuchung über die Kontakte zwischen Galilei und Cremonini und etwa dreißig Protokolle und Beschlüsse von den Zusammenkünften der Kongregation, die sich mit den beiden Verfahren befaßten.

Antonio Favaro machte vor der Veröffentlichung dieser Dokumente darauf aufmerksam, daß man noch keineswegs alle Dokumente kannte, die die Gründe für die Anklageerhebung gegen Galilei zum Thema hatten: „Weitere Dokumente", so gestand er zu, „wurden ursprünglich nicht in die Dokumentation der Prozeßakten aufgenommen, oder sie sind auf andere Serien verstreut, oder zum Teil auch zerstört worden, denn es war eine alte Praxis des Heiligen Offiziums, nicht alles aufzubewahren"[24].

„Eine alte Praxis" – oder auch neuere Wirren, auch wenn Favaro die letzteren schamhaft verschwieg.

Unsere Entdeckung bestätigt die Vermutung von Antonio Favaro, auch wenn das Dokument keinerlei Beziehung zu den beiden Prozessen hatte.

Und nicht einmal Antonio Favaro, der unermüdlich auf der Suche nach Dokumenten zu Galilei gewesen war, hätte, als er in das Heilige Offizium eindrang, das Dokument finden können, das ich jetzt etliche Jahrzehnte später gesucht und gefunden hatte. Das Inhaltsverzeichnis des Bandes EE der Serie, in der es sich befindet, gibt ja keinen Hinweis darauf. Das Dokument war also bei einer schnellen Durchsicht des Archivs, ohne eine gründliche Durchforstung, praktisch unauffindbar.

Wie mir die Leitung des Heiligen Offiziums bestätigte, wurde erst nach dem Besuch von Antonio Favaro, zwischen den beiden Weltkriegen, dafür gesorgt, einen Katalog der verschiedenen Serien von Akten, Strafbefehlen, Verfahren, Anklagen und Gutachten zu erstellen. Der Katalog war doppelt angelegt: nach dem Namen des beschuldigten Autors und nach dem Titel des überprüften Werkes. Wir können nicht wissen, ob es ein erschöpfender Katalog wurde, aber wir wissen, daß dies für den vorliegenden Band EE zutrifft.

Derjenige, der die Aufgabe hatte, die Dokumente durchzusehen und zu katalogisieren, ist in der Tat sehr gründlich vorgegangen. Er hat sich nicht damit begnügt, die Inhaltsverzeichnisse durchzusehen, sondern, zumindest im Fall des Bandes EE, hat er sich auch systematisch die zugeordneten Dokumente angesehen. So wurde unser Dokument sichtbar und erhielt (höchstwahrscheinlich, denn ich habe sie nicht selbst gesehen) seine beiden Karteikarten mit den Schlüsselwörtern: Galilei und *Saggiatore*.

Dank dieser doppelten Registrierung konnte auf meine Nachfrage so schnell die Antwort erteilt werden, daß sich das gesuchte Dokument in der Serie AD befand.

Wenn wir auch dankbar sein müssen für die gründliche Arbeit derer, die dieses wertvolle Karteikartensystem erweiterten, so bleibt doch die Frage, warum sie es dabei beließen, jenes Dokument zu Galilei zu registrieren, wie es den Anschein hat, ohne jedoch auf seine Existenz aufmerksam zu machen.

Man kann aber feststellen, daß mit diesem Dokument eine ganze Reihe unerklärlicher, absichtsvoller und unbewußter Umstände verknüpft sind, die alle zusammen bewirkten, daß es unentdeckt blieb. Das bildet das überraschendste Rätsel an diesem Dokument, aber nicht das einzige.

Auch jetzt, wo es endlich für den Historiker zum Vorschein kam, eröffnet es eine Fülle mysteriöser Fragen.

G3

Der Text des Dokumentes wird am Ende des Buches wiedergegeben (Dokument Nr. 1).

Der Text des handschriftlichen Manuskriptes ist auf Italienisch abgefaßt, eine Sprache, die der Würde eines offiziösen oder offiziellen theologischen Gutachtens nicht gerade gut ansteht. Es gliedert sich in sieben Abschnitte, die nicht voneinander abgesetzt sind. Es gibt nur einen Verweis, auf dem linken Rand der Rückseite von Blatt 292: auf die *Metaphysicae Disputationes*, das berühmte theologische und philosophische Handbuch des Jesuitenpaters Francisco Suarez.

Im Text selbst findet sich ein weiterer Hinweis: diesmal auf die Unterlagen des Konzils von Trient.

Es gibt zahlreiche, sehr treffende Zitate aus dem *Saggiatore*, wie man das auch nicht anders erwarten durfte.

Bevor wir zum Inhalt des Dokumentes übergehen, muß darauf hingewiesen werden, daß am linken oberen Rand des ersten Blattes eine Ziffer oder ein Wort für immer unkenntlich gemacht worden ist. Im oberen Rand in der Mitte kann man dagegen ein Sigle lesen: G3, das von einer anderen Hand als der des Verfassers stammt. Es scheint derselbe gewesen zu sein, der die Seiten des Bandes numeriert hat: Vielleicht handelt es sich um einen Schlüssel zur Registrierung, eine archivarische Auszeichnung, deren Bedeutung uns unklar ist: Galilei? Guevara? Drei angefertigte Kopien? Wahrscheinlicher schon drei Seiten.

An diesem Punkt wird der Leser gewiß voller Ungeduld darauf warten, was der Pater Guevara nun „zu Papier gebracht“ hat:

„Nachdem ich in den vergangenen Tagen das Buch des Herrn Galileo Galilei mit dem Titel Saggiatore gelesen habe“, so begann das mysteriöse Dokument, „bin ich dazu gelangt, eine Doktrin zu erwägen, die schon von den Alten gelehrt und von Aristoteles schlagend widerlegt wurde, nun von selbigem Herrn Galilei aber erneuert wird; [...] sie erscheint falsch oder auch (was mir nicht zu entscheiden ansteht) sehr schwierig und gefährlich [...] Ich aber gedachte, sie Euch Hochwürden vorzulegen und darum zu bitten, was ich hiermit tue, mir den Sinn dieser Lehre zu erklären, daß er mir zur Richtschnur diene."

Wieder eine Enttäuschung und zugleich ist doch die Überraschung groß festzustellen, daß es sich bei dem Manuskript, welches man mir vorgelegt hatte und von dem alle erwarteten, es sei das entlastende Gutachten von Pater Guevara, eben gerade nicht um dieses Gutachten handelte.

Wie man bereits aus dem ersten Absatz erkennt, ist das anonyme Dokument tatsächlich an eine verantwortliche Persönlichkeit beim Heiligen Offizium gerichtet; fast sicher ist der Hofmeister des Heiligen Palastes gemeint, nämlich Pater Nicolò Ridolfi (der das Imprimatur für den *Saggiatore* erteilt hatte). Aber es handelt sich keineswegs um ein theologisches Gutachten, um das das Heilige Offizium gebeten und das Pater Guevara abgefaßt hatte. Hier wird keine gut abgesicherte, offiziell entlastende Beurteilung zum Ausdruck gebracht, sondern es wird aus privatem denunziatorischen Interesse um eine Einschätzung gebeten.

Die Einleitung war in der Tat so abgefaßt, wie es in Fällen einer Anzeige vorgeschrieben war, auch wenn diese offiziell anonym war. Sie diente dazu, jeden Verdacht einer Klüngelei, einer persönlichen Rivalität gegenüber dem Beschuldigten oder einer Voreingenommenheit auszuräumen.

Eine Anzeige beim Heiligen Offizium wurde allein im Dienste des Glaubens eingebracht. Daher also wird gleich zu Beginn erklärt, daß die Lektüre des Buches von Galilei, eine beinahe zufällige Lektüre, schwerwiegende religiöse Skrupel ausgelöst hat; und bescheiden bittet der Denunziant das Tribunal des Heiligen Offiziums, diese Skrupel auszuräumen und sich mit seiner ganzen Autorität zu einigen Zweifeln des christlichen Gewissens zu äußern.

Kurz, wie sich auch aus der Struktur und dem Inhalt des Dokumentes ergeben wird, handelte es sich um eine der Regel gemäße und formal korrekte Anzeige, die die Vorschriften des berühmten Buches von Martin del Rio[25] und des neueren Handbuchs zum Strafprozeß, dem *De Haeresi* des römischen Juristen Prospero Farinacci[26] aufs genaueste beachtet. Letzteres Werk war den Kardinälen der Kongregation vom Heiligen Offizium gewidmet und von Kardinal Bellarmin ganz genau durchgesehen worden.

Nicht jeder fanatische Ordensbruder beherrschte nämlich die Kunst, eine anonyme Anzeige so abzufassen, daß sie auch effektiv war.

Im Fall einer anonymen Anzeige war das Untersuchungsverfahren rein dokumentarisch, denn der Denunziant wollte nicht in Erscheinung treten, und es war daher unmöglich, eine Zeugenanhörung durchzuführen.

Also mußte die Anzeige, wollte sie Erfolg haben, nicht nur mit juristisch-theologischer, sondern auch mit mathematischer Strenge aufgebaut werden.

Die inkriminierten Abschnitte aus dem Buch mußten ganz genau angegeben werden: Abschnitte, Behauptungen, der genaue Wortlaut wichtiger Aussagen. Und nicht nur das: Es mußte auch präzis angegeben werden, im Hinblick auf welche Glaubenslehren die angegebenen Textstellen der Häresie verdächtig waren.

All das mußte dann protokollarisch elegant und mit ehrlichem christlichen Impetus abgefaßt werden, um zu vermeiden, daß den schweren Glaubenszweifeln Motive persönlicher Feindschaft oder die Absicht unterstellt werden könnten, die Vorschriften des Heiligen Offiziums umgehen zu wollen.

Auch unsere Anzeige zitierte nach dem Auftakt sehr genau die inkriminierenden Stellen aus dem *Saggiatore.* Seiten- und Zeilenzahlen bezogen sich auf die Originalausgabe von 1623. Unmittelbar an diesen Zitaten erläuterte der Denunziant, genauso wie das in jeder dialektischen Polemik, die etwas auf sich hielt, hätte geschehen müssen, die philosophischen und doktrinären Bedenken, die jene Aussagen im Hinblick auf die Orthodoxie auslösten.

Und schließlich folgt, nachdem die philosophisch falschen Aussagen des *Saggiatore* dargelegt worden sind, und der Häresieverdacht nochmals formal bestätigt wird, der Schlußteil, in dem der Denunziant seine Unterordnung unter die Autorität des Tribunals bekräftigt – formal und inhaltlich war die Anzeige perfekt. Aber bevor wir genauer darauf eingehen, hier einige Hinweise zur Datierung des Dokumentes.

Einen ersten Anhaltspunkt liefern die Zitate, die der ersten Ausgabe (1623) des *Saggiatore* entnommen sind. Einen zweiten Anhaltspunkt – mit mehr Aussagekraft als der erste – stellt das Fehlen jeglichen Hinweises auf die Verurteilung Galileis aus dem Jahr 1633 dar. Hier muß man anmerken, daß eine Anzeige gegen den Autor des *Saggiatore* nach dessen Verurteilung wegen der *Dialoge* kaum mehr einen Sinn gehabt hätte. Und es hätte noch weniger Sinn gemacht, den Autor nach 1633 ohne den geringsten Hinweis auf eine schon erfolgte Verurteilung wegen Häresie anzuzeigen. Auch wenn sich Buch und inkriminierte Fragestellung unterscheiden, so konnte man doch in einer Anzeige nicht einfach darüber schweigen, daß einem der Stand der Dinge bekannt war. Schon aus diesem Grunde muß man davon ausgehen, daß das Dokument vor 1633 abgefaßt wurde. Auch lassen die anfänglichen Formulierungen des Anonymus den Schluß zu, daß „Herr Galilei“ am Leben und der *Saggiatore* erst vor kurzem erschienen war. Die Analyse der Inhalte liefert weitere Anhaltspunkte für diese These.

Exegetische Heimtücke

Der Denunziant kannte einen absolut sicheren Test, um die Wahrheit einer Theorie wie der aus dem *Saggiatore* zu überprüfen: Man mußte sie mit der Wahrheit der katholischen Lehre „vergleichen“. War dieser Vergleich oder diese Übersetzung möglich, dann war es gut, ergab sich hingegen keine exakte Konkordanz und die Übersetzung war widersprüchlich, dann schien es klar, daß die Theorie falsch war.

Deshalb wandte er sich an das Heilige Offizium, anstatt im Rahmen einer normalen akademischen und philosophischen Kontroverse zu bleiben.

Von allem Anfang an ist klar, daß der Denunziant kein aristotelischer Fanatiker war, denn mehr als die Ehre des Aristoteles interessierte ihn die Übereinstimmung zwischen Philosophie und Glauben. Wir wollen damit sagen, daß der Autor der Anzeige sich eher noch offen als Anhänger der „theologischen Philosophie" denn als ein Peripatetiker zu erkennen gab.

Ein Anhänger der theologischen Philosophie zu sein, bedeutete nicht, unter allen Umständen dem Aristoteles zu folgen und noch viel weniger dem Heiligen Thomas von Aquin, sondern immer darauf abzuzielen, „die Philosophie und die Heiligen Worte miteinander zu verbinden" zum Schutz „gegen die neumodische Klugheit der neumodischen Häretiker"[27]. Diese Grundsätze konnte man im berühmten Handbuch der Naturphilosophie von Pater Pereira nachlesen, in *De comunis omnium rerum naturalium principiis et affectionibus,* aber sie fanden sich auch bei Suarez sowie in sämtlichen Büchern der Jesuiten. Die theologische Philosophie war denn auch in der Tat die Philosophie der Gesellschaft Jesu.

Unser Ankläger hatte sie wohl in irgendeinem Collegium der Jesuiten gelernt, so brachte er es von Anfang an deutlich zum Ausdruck. Der Autor unseres Dokumentes muß aber zudem längere Zeit eine Universität besucht haben, denn der Text belegt, daß er die goldenen Regeln der Methode der Kontroverse beherrschte, wie sie von den Jesuiten praktiziert wurde. Er beherrschte sie mit der Sicherheit eines Professors, der die Techniken der *disputationes* ganz genau kannte.

„Du wirst deinen Gegner auf seine Grundsätze reduzieren", lautete die erste goldene Regel, „wenn du das Wahre zeigst, dann wende die herabsteigende Methode an, das heißt, argumentiere vom Hohen zum Niedrigen, aber wenn du das Falsche angreifst, dann verwende die aufsteigende Methode, und wenn du es mit einem hartnäckigen Gegner zu tun hast, dann kannst du die Reduktion ad absurdum anwenden"[28].

Der Text der Anzeige beherzigte diese Anweisungen.

Zunächst werden zwei verdächtige Ansichten herausgearbeitet. Die erste ist die von der subjektiven Natur der Wahrnehmung von Farbe, Geruch und Geschmack zusammen mit dem subjektiven Charakter des taktilen Sinns, den Galilei am Beispiel des Kitzels erläutert hatte. Die zweite besteht in der Erklärung der Wahrnehmung dieser Phänomene durch „die Atome des Anaxagoras oder auch von Demokrit, welche er Minimi oder kleinste Partikel nennt [...], so daß sich [...] die vorhergenannten Akzidentien nicht von den Atomen unterscheiden, es sei denn dem Namen nach".

Der Herausarbeitung der inkriminierenden Ansichten, die durch präzise Zitate aus dem *Saggiatore* unterstrichen wird, folgt die Gegenthese. Dieser zweite Teil enthält einen ersten nur angedeuteten kritischen Abschnitt, der darauf abzielt zu zeigen, daß die erste inkriminierte Ansicht philosophisch falsch ist. Der zweite, genauer gegliederte und schwerwiegendere Vorwurf legt hingegen nahe, daß die zweite inkriminierte Ansicht formal häretisch ist, weil sie sich nicht mit dem katholischen Glauben auf einen Nenner bringen läßt und weil sie das Autoritätsprinzip der katholischen Tradition verletzt.

Kommentieren wir zunächst die erste, philosophische Kritik. Sie setzt keine große Phantasie voraus: Der Philosophie Galileis stellte sie einfach den klassischen Grundsätzen des scholastischen Realismus entgegen.

Es ist, als sagte der Denunziant: „Ich stelle das Behauptete in Abrede." Und im übrigen konnte Galilei das „Behauptete" auch gar nicht beweisen. Die Farben werden vom Gesichtssinn wahrgenommen, aber kann man deswegen ausschließen, daß sie auch außerhalb dieses Wahrnehmungsorganes existieren? Wenn ich den Kitzel spüre, kann ich sagen, daß ich gekitzelt worden bin, aber wenn ich rot sehe, kann ich dann deswegen begründet annehmen, daß ich rot bin? Offensichtlich nicht.

Der Denunziant verwendete dieselbe dialektische Argumentationsstruktur, nur andere Worte, um die Falschheit der galileischen Ansichten zu zeigen: Ich kann nicht behaupten, daß in mir das Sonnenlicht sei, weil der Gesichtssinn mir eigen ist, mit dem ich die Sonne sehe. Dieses Argument war auch nicht besonders originell, aber für uns ist es wertvoll, denn es bildet ein Element der Strukturanalyse, das es erlaubt, den Moment und den Gemütszustand bei der Abfassung dieser Handschrift genauer zu bestimmen.

Die Kontroverse um die Vorstellung der „Sonne in mir" war 1624 allerdings in Mode. Ausgelöst wurden Einwendungen dieser Art durch das Buch eines bekannten protestantischen Philosophen, Jean Mestrezat, eines Pastors, der durch den berüchtigten Du Moulin geweiht worden war. Und dessen Polemik mit Bellarmin setzte er denn auch fort. Das Buch mit dem Titel *De la communion à Jésus Christ au Sacrement de l'Eucharistie*[29] hatte das Problem der sinnlichen Wahrnehmung des Kitzels, des Klangs und des Sonnenlichts auf die Tagesordnung gesetzt und für die Jesuiten zu einer Frage gemacht, auf die eine Antwort gefunden werden mußte. Wie das Sonnenlicht in unserem Gesichtssinn ist – so hatte der französische Protestant geschrieben –, auch wenn die Sonne uns fern steht, so nehmen wir in der Eucharistie die Anwesenheit Gottes wahr, auch wenn es sich nicht um eine substantielle Präsenz am Ort handelt, wie Kardinal Bellarmin und das Konzil von Trient dies behaupteten.

Die offiziellen katholischen Reaktionen in diesen Monaten waren im übrigen nicht weniger rege und kamen von einflußreicher Seite. Kardinal Jacques Du Perron, Primas der Katholischen Kirche Frankreichs und Protagonist in der Auseinandersetzung um die Eucharistie vom Beginn des Jahrhunderts, war gestorben; aber posthum war in Paris sein monumentales Werk *Réfutation de toutes les objections tirées des passages de Saint Augustin alléguées par les hérétiques contre le Saint Sacrement de l'Eucharistie* (1624) erschienen.

En bloc wurde der philosophische und theologische Augustinismus der neuen Häretiker in der Frage der Sakramente – und hier insbesondere die alte nominalistische Idee „die Gestalt ist die Wahrheit" – verworfen[30].

Die entscheidende Bedeutung der Eucharistie für den katholischen Glauben stand damit 1624 mehr denn je zur Debatte; und wir müssen uns diese Lage der Dinge und die Umstände der Zeit präsent halten, wenn wir nun die zweite Kritik untersuchen, die sich gegen den atomistischen Materialismus des *Saggiatore* richtet.

Wie wir noch sehen werden, bildet sie den eigentlichen Kern der Anzeige gegen den *Saggiatore.*

Dabei gab es jedoch eine Schwierigkeit. Es war dem *Saggiatore* gelungen, allzu deutliche Formulierungen zu vermeiden, und, wie Aristoteles, sprach er bald von kleinsten Teilchen, dann wieder von Atomen oder auch von Partikeln der natürlichen Elemente des Aristoteles, dann wieder von Feuerteilchen und von gestalteten Korpuskeln. Unser Tartuffe war ein Aristoteliker, aber mit Sicherheit kein berufsmäßiger Philosoph. Er ging schwerfällig, mit wissenschaftlicher Strenge vor, um ja keinen Fehler zu begehen oder dem Gegner eine eventuelle Ausflucht zu lassen.

Unser Anonymus benutzte zwei Werke des Aristoteles – *Über das Himmelsgebäude* und die *Physik* –, um zu suggerieren, daß die Doktrin des *Saggiatore* aus dem substantialistischen, also materialistischen Atomismus des Anaxagoras oder auch – als Alternative – aus der Theorie der figurierten Atome von Demokrit abgeleitet sei[31].

Die Anzeige schätzte die Konsequenzen ein, die sich aus der ersten Möglichkeit ergaben. Diese stützte sich auf eine einzige Zeile des *Saggiatore* (S. 200, Z. 28), wo Galilei im Zusammenhang mit den Partikeln tatsächlich von „der Materie dieser Körper" gesprochen hatte.

Ehe wir zu den Konsequenzen kommen, muß hier ein kurzer Kommentar eingefügt werden. Warum ausgerechnet Anaxagoras und nicht allein Demokrit, was üblicherweise ausreichte, um den Atomismus zu brandmarken? Tatsächlich bildet das einen Anhaltspunkt, der uns etwas über die Kenntnisse und Ängste des Verfassers sagt, vielleicht sogar über seine Identität. War nicht Anaxagoras ein athenischer Erfolgsphilosoph gewesen, dessen Nichtigkeit allgemein bekannt ist und den Aristoteles in der *Meteorologie*[32] als den Autor vorstellte, der die Blitze als Himmelslicht erklärte, welches die Wolken durchschneidet? Und hatte nicht Galilei auf genau diese Weise die optischen Effekte der Kometen als Licht, welches die Wolken durchschneidet, erklärt[33]?

Wir wollen damit sagen, daß derjenige, der den Atomismus des *Saggiatore* auf Anaxagoras zurückführte, diesen Zusammenhang herstellte, weil er gleichzeitig an Galilei und dessen Theorie von der optischen Natur der Kometen dachte. Und tatsächlich wurde dieser astronomische Einwand ganz offiziell gegen den *Saggiatore* vorgebracht, wie wir noch sehen werden.

Aber kommen wir nun zur eigentlichen Anklage. Es wird erklärt, daß Galileis Lehre, wenn die Atome Galileis substantiell sind wie die *Homöome-*

*rien*** von Anaxagoras, nicht mit der Existenz von Akzidentien in der Eucharistie kompatibel ist, wie sie durch die XIII. Sessio des tridentinischen Konzils kanonisiert wurde.

Ein gewichtiges „experimentelles" Prinzip von philosophischem und theologischem Wert war das wunderbare Überdauern der Wärme, der Farbe, des Geschmacks, des Geruches und der anderen sinnlich wahrnehmbaren Akzidentien des Brotes und des Weines nach der Konsekration, die ihre Substanz vollständig in Leib und Blut Christi verwandelte. Wenn wir diese Akzidentien im Sinne des *Saggiatore* interpretieren, also als „kleinste Partikel" der Substanz, dann sind es folglich auch nach der Konsekration Substanzpartikel der Hostie, die diese Wahrnehmungen auslösen. Sie blieben also, wenden wir die physikalischen Ideen des *Saggiatore* an, Substanzpartikel des Brotes der geweihten Hostie – und das stellte eine vom tridentinischen Konzil mit dem Bann belegte Aussage dar.

In diesem Zusammenhang muß man darauf hinweisen, daß die Akten des Tridentinischen Konzils erst kurz zuvor, nämlich 1618, in einer „römischen" Ausgabe veröffentlicht worden waren. Unser Anonymus hatte die grundlegende Entscheidung des Konzils in Fragen der Eucharistie vor Augen. Sie besagte:

> Wer behauptet, daß im heiligen Sakrament der Eucharistie die Substanz des Brotes und des Weines mit dem Körper und dem Blut unseres Herrn Jesus Christus bleibt, und diese wunderbare und einzigartige Verwandlung der ganzen Substanz des Brotes in den Körper und des Weines in das Blut leugnet, die allein das Aussehen des Brotes und des Weines beläßt *(dumtaxat)*, eine Verwandlung, die die Kirche sehr passend als Transsubstantiation bezeichnet, der sei verflucht[34].

Muß man noch daran erinnern, wie oft diese katholische Glaubensformel des tridentinischen Konzils in den theologischen Kontroversen wiederholt wurde?

Die Anzeige blieb jedoch nicht dabei stehen, sondern fuhr fort mit der Analyse weiterer Aspekte des Atomismus im *Saggiatore*, nämlich jener, die an die konfigurativen Atome des Demokrit denken lassen.

Vielleicht hätte der *Saggiatore* ja einen Ausweg gehabt: Galilei hatte geschrieben, daß immer noch etwas von fühlbaren Qualitäten blieb: die geformte Quantität, also die Gestalten und die Größe. Reicht die Quantität als objektiv erkennbares Datum aus, um die Existenz der Akzidentien in der Eucharistie zu retten? Nein, es reicht nicht, erwidert der Autor der Anzeige. Und er erläutert das, obschon er – er ist ganz deutlich kein Philosoph – die Begriffe Quantität, Art und Weise ein wenig durcheinanderbringt, wenn er sie benutzt.

Aber was er sagen will, versteht man trotzdem sehr gut. Galilei habe Qualität mit der Substanz identifiziert. Also müßten die eucharistischen Akzidentien dreieckige Figuren, spitze und stumpfe Formen sein.

Der Denunziant greift diese Meinung nicht an, aber er beruft sich auf seine Lehrmeister, die der theologischen Mehrheitsmeinung anhängen und lehren, wohl zu unterscheiden zwischen Quantität und Substanz, um nicht den nominalistischen Irrlehren zu verfallen und in Widerspruch zur Transsubstantiation zu geraten.

Die vom Anonymus zitierte Autorität ist die Philosophie von Pater Suarez und seine „modale" Theorie der von der Substanz geschiedenen Quantität. Der hier zitierte Passus von Suarez stammt aus der 40. *Disputatio* des Traktats *Metaphysicae Disputationes,* dem Text der wichtigsten Collegien der Jesuiten. In jener Disputatio hatte Pater Suarez die falschen Vorstellungen von Ockham und anderer Nominalisten über die Identität von Quantität und Substanz zurückgewiesen[35].

Der Denunziant ersparte es sich, diese vernichtende Analyse noch einmal zu wiederholen, und dasselbe tun wir auch. Festzustellen ist, daß die „Philosophie" der Akzidentien des *Saggiatore* beschuldigt wird, die allgemein akzeptierte Theologie anzugreifen und dem Dogma der Transsubstantiation zuwiderzulaufen, weil sie die These von der realen Permanenz der Quantität als geformter Substanz aufstellt.

Fassen wir also die beiden Anklagepunkte zusammen. Übersetzt man das eucharistische Dogma in die physikalische Grammatik des *Saggiatore,* dann ergeben sich in zwei Fällen Verstöße gegen die tridentinische Formel.

Erstens erklärt die Fortdauer von Partikeln der Substanz die wahrnehmbaren Akzidentien und impliziert die Fortdauer des Brotes und des Weines auch nach der Konsekration. Zweitens bedurfte es nicht einmal eines Wunders, um die Quantität fortdauern zu lassen, denn es handelte sich wiederum um konfigurierte Substanz.

Das dritte Argument war eine Argumentation *per absurdum.* Gestünde man zu, Galilei würde das eucharistische Dogma akzeptieren, und gestünde man weiter zu, Galilei sei bereit, daran zu glauben, daß die gesamte Substanz, geformt oder nicht, verschwände, dann ergäbe sich auf der Basis seiner Theorie, daß alle Akzidentien verschwinden müßten.

Das Konzil von Trient aber (Kanon 2) sagt mit absoluter Sicherheit, daß sie existieren, weiterhin bleiben, und daß sie alle real sind.

In diesem schwerwiegenden Gewissenszweifel bat der Denunziant um eine autorisierte Stellungnahme des Heiligen Offiziums – und dies in der klaren Absicht, gerichtliche Schritte in Gang zu setzen.

Die Anschuldigung war, im Jahre 1624, die schwerwiegendste aller möglichen angesichts der neuerlichen Herausforderungen durch die Häretiker. Es genügt, daran zu erinnern, daß die Frage der Transsubstantiation ein wichtiges Argument des Kardinal Bellarmin in dem schleppenden Prozeß gegen Bruno gewesen war, und erst kürzlich hatte Kardinal Scaglia im Prozeß gegen De Dominis Erfolg damit gehabt.

Die Wahrung der scholastischen Interpretation des Tridentinischen Dogmas war der Angelpunkt der offiziellen katholischen Theologie: Von Kardinal Bellarmin bis zum Kardinal Du Perron, von Pater Suarez bis Pater Vasquez war, wie wir noch sehen werden, die Verteidigung des absoluten Werts der wahrnehmbaren Qualitäten die unübersteigbare Bastion des Glaubens in der Gegenreformation.

Betrug

Wie konnte man nun dieses Dokument mit den völlig gegenläufigen Enthüllungen Guiduccis in Einklang bringen?

Nehmen wir Guiduccis Aussagen als richtig an, dann muß einem sofort der Gedanke kommen, der *Saggiatore* sei zweimal, und beinahe zur gleichen Zeit, angezeigt worden. Einmal eine seltsame, mysteriöse Anzeige wegen Kopernikanismus. Diese Anschuldigung war falsch, und Pater Guevara hatte sie vereitelt, wenn auch auf unverständliche Weise. Die zweite Anzeige war die, die uns vorlag.

Es gibt aber eine zweite Hypothese, die mit dem Brief von Guiducci in Einklang zu bringen ist, und das ist die folgende: Der *Saggiatore* wurde überhaupt nicht wegen Kopernikanismus angezeigt, sondern wegen seiner atomistischen Lehren. Die tatsächliche Anzeige, von der der besorgte Guiducci sprach, vielleicht ohne ihren Inhalt zu kennen, war die vorliegende. Pater Guevara war gebeten worden, mit einem Gefälligkeitsgutachten diese Anzeige niederzuschlagen.

Die erste Hypothese ist, bis zum Beweis des Gegenteils, nicht aufrechtzuerhalten. Die zweite dagegen ist kohärent, und ich vermochte sie durch die Beantwortung einer Reihe von Fragen zu untermauern.

Warum – das war die erste Frage – war ich auf diese Anzeige gestoßen und nicht auf das Gutachten von Pater Guevara, das ich ja gesucht hatte und gefunden zu haben glaubte?

Der Grund liegt darin, daß man beim Heiligen Offizium nur das finden kann, was beim Heiligen Offizium niedergelegt worden ist. Das Papier von Pater Guevara mußte nicht unbedingt an das Heilige Offizium gesandt worden sein.

Guiduccis Brief sagt nicht, daß die Verteidigung von Guevara beim Gericht niedergelegt worden war. Wir müssen hier daran erinnern, daß das Verfahren gegen den *Saggiatore* aus Gründen politischer Opportunität nicht den normalen Gang ging. Es hatte da das Eingreifen eines befreundeten Kardinals gegeben, der das Verfahren versanden lassen wollte. Er durchbrach die Regeln des Verfahrens und zog das Gutachten eines Theologen zu Rate, der keinerlei öffentliches Amt beim Heiligen Offizium bekleidete. Pater Guevara war weder Berater noch Gutachter.

In einem so außergewöhnlichen Verfahren gibt es nun zwei Möglichkeiten: Entweder war das schriftliche Gutachten von Pater Guevara in Form einer Promemoria zum persönlichen Gebrauch jenes Kardinals abgefaßt worden, der das Verfahren an sich gezogen hatte, oder dies Papier wurde der

Entscheidung, keine weiteren Schritte zu unternehmen, beigelegt. Im ersten Fall war es überflüssig, die Papiere beim Heiligen Offizium zu suchen. Im zweiten Fall sind sie verlorengegangen, oder ich habe sie nicht gefunden.

Stand das Gutachten von Pater Guevara auf dem herausgerissenen Blatt 294? Oder die Entscheidung, das Verfahren einzustellen? Wir werden es nie erfahren.

Wenn das Gutachten von Pater Guevara beim Heiligen Offizium eingereicht worden ist und sich auch heute noch dort befindet, dann ist es vielleicht noch nicht katalogisiert, weder in einer anderen Serie noch auch gebunden im selben Band EE, in dem ich auch die Anzeige gefunden habe – inmitten jener Dokumente, die zu studieren mir verwehrt war. Vielleicht ist es auch durch das Inhaltsverzeichnis und die Karteikarten des Archivs nur schwer auszumachen. Wie auch immer: liegen die Dinge so, dann wird ein Historiker das Dokument eines Tages aufspüren.

Die zweite Frage ist die folgende: Warum Pater Guevara? Erst jetzt nämlich, nachdem wir den Inhalt der Anzeige kennen, wird uns die Andeutung Guiduccis wirklich verständlich, der Guevara als einen der wenigen kompetenten Theologen bezeichnet hatte, die die Gefahr, in der der *Saggiatore* schwebte, abwenden konnten.

Wer war Pater Guevara? Die Historiker wußten nur, daß es sich bei ihm um eine bekannte Persönlichkeit gehandelt hatte, da er Ordensgeneral der Clerici Regolares Minores war. Im Rom jener Zeit war das eine religiöse Autorität.

Um zu begreifen, wie die Dinge standen, mußte man dieser Persönlichkeit, die im Zusammenhang der Affaire Galilei kaum bekannt ist, ein wenig nachspüren und in Erfahrung bringen, was der Pater getan und was er studiert hatte. Man mußte seine Schriften auswerten, um vielleicht dann Hinweise und kleine Anmerkungen auf den „Brief“ zu finden.

Pater Giovanni di Guevara

1624 erlebte der Orden von Pater Guevara unter dem direkten Schutz von Urban VIII. einen starken Aufschwung. Heute ist er vollkommen niedergegangen, er besteht nur noch aus einigen Dutzend Mitgliedern.

Am östlichen Stadtrand Roms, in Monte Sacro, findet man heute in der Pfarrei der Kirche Santi Angeli Custodi den äußerst bescheidenen Sitz eines Ordens, der im 17. Jahrhundert in Italien und Spanien eine der lebendigsten religiösen Kongregationen gewesen war. Das Archiv der Clerici Regolares Minores enthält allem Anschein nach nicht den geringsten Hinweis auf seinen alten Ordensgeneral.

Objektive Geschichte, das sind nicht nur im Laufe der Zeit aufgehäufte und noch nicht ausgewertete Dokumente, sondern auch Verluste und Zerstörungen.

Die Zerstörungen des letzten Weltkrieges haben die Spuren von Pater Guevara an dem Ort, wo man auf sie hätte stoßen können, ausgelöscht: in den Archiven der erzbischöflichen Kurie von Teano, einer süditalienischen Stadt in der Nähe von Caserta, wo Guevara von Urban VIII. 1627 zum Bischof ernannt wurde. Dort erinnert ein Gedenkstein in der Kathedrale an die politischen und intellektuellen Fähigkeiten des früheren Bischofs.

Aber genau diese Fähigkeiten haben indirekte und direkte Spuren hinterlassen, aufgrund derer wir die Persönlichkeit von Pater Guevara näher kennenlernen können[36].

Giovanni di Guevara war einer jener neapolitanischen Patrizier, die sich von der intellektuellen Ausrichtung angezogen fühlten, die die in Neapel am Ende des 16. Jahrhunderts entstandene Ordensgemeinschaft der Clerici Regolares Minores – nach ihrem Gründer auch Caraccioliner genannt – auszeichnete.

Ausgehend vom Collegium S. Giuseppe, an dem auch Guevara studiert hatte, breitete sich der Orden nach Spanien und nach Rom aus. Hier unterhielt er zunächst an der Piazza Giudea und dann an der Piazza Navona bei der Kirche Sant' Agnese ein Collegium für die Novizen aus Neapel.

In den ersten Jahrzehnten des 17. Jahrhunderts versuchte der Orden in Mittelitalien Fuß zu fassen, und Pater Guevara erwies sich als fähiger Politiker, denn es gelang ihm, besonders gute Beziehungen zu den verschiedenen italienischen Staaten anzuknüpfen. 1607 war er nach Pesaro entsandt worden. Dort hatte er ein Collegium gegründet und Logik gelehrt. Seinem Orden hatte er eine beneidenswerte Position unter dem direkten Schutz des Großherzogs gesichert. Wegen einer neuerlichen diplomatischen Mission, diesmal in der Republik Genua, wurde er nach Rom zurückberufen. Er sollte sich die Hilfe einer aristokratischen Genueser Familie, mit der er mütterlicherseits verwandt war, zunutze machen.

In Genua blieb er bis 1610, und in diesem Zeitraum gründete er das Collegium San Fedele.

Vielleicht hat er weiterhin Logik, Philosophie und Theologie unterrichtet, aber auf Initiative seines Ordens nahm er auch – unter der Leitung des neapolitanischen Paters Gennaro Campana – an der Kompilation der astronomischen Beobachtungstafeln von Mars, Venus und Jupiter teil. In diesem Zusammenhang stellten er selbst, wie auch einige seiner Ordensbrüder, nebenbei einige Beobachtungen über den 1604 erschienenen neuen Stern an. Er setzte den Professor Antonio Magini an der Universität Bologna davon in Kenntnis, den im damaligen Italien bedeutendsten nichtkirchlichen Astronomen[37].

Pater Guevara vertiefte seine anfänglichen astronomischen Interessen nicht weiter. Er blieb ein interessierter, astronomischer Dilettant, aber die sporadisch gemachten Erfahrungen bei der Beobachtung des Himmels gaben den Ausschlag dafür, daß er ein großer Bewunderer des Autors des *Sidereus Nuncius* wurde.

Wieder reiste Pater Guevara aus Rom ab. Diesmal nach Urbino, denn Herzog Francesco Maria hatte sich entschlossen, dem Orden eine Kirche einzurichten.

In Urbino stiegen Guevaras Ordensbrüder zu den geistigen Ratgebern und Bibliothekaren des Herzogs auf. Seine besonderen Verdienste in Urbino brachten Pater Guevara 1619 die Wahl zum Ordensgeneral ein. Im Jahr darauf übertrug ihm der Papst am Tag der Beschneidung die Ehre der offiziellen Rede in der päpstlichen Kapelle.

1623 verlor der Herzog von Urbino seinen einzigen Erben. Das Herzogtum war im Niedergang, und Rom und Florenz stritten sich darum, denn beide wollten es annektieren. Die exzellenten Beziehungen von Pater Guevara zum Hof von Urbino sollten eine entscheidende Rolle dabei spielen, der Kirche zum Erfolg zu verhelfen. Francesco Maria trat zugunsten des Papstes ab und zog sich nach Castel Durante zu den Ordensgeistlichen zurück, um zu beten und Philosophie zu studieren.

Um die Annexion des Herzogtums durch den Kirchenstaat im Jahr 1623, zu Beginn des neuen Pontifikats, perfekt zu machen, begab sich Pater Guevara in diplomatischer Mission nach Florenz.

Die Frucht dieses Besuches war ein Buch über politische Moral: *Horologio spirituale dei principi*, das Pater Guevara 1624 in Rom veröffentlichte und das er dem jungen Großherzog von Florenz, Ferdinand II., widmete. Allerdings konnte das die Medici nur teilweise über den Verzicht ihrer Ambitionen hinsichtlich Urbino hinwegtrösten.

Die erfolgreiche Annexion des Herzogtums Urbino war der erste und einzige diplomatische Erfolg des neuen Pontifikats Urbans VIII., und Pater Guevara hatte dabei die Rolle eines Protagonisten gespielt. Urban VIII. hatte also allen Grund, ihn „wegen seiner Kenntnisse ebenso wie wegen seines Geschicks und seiner Klugheit in der Handhabung bedeutender Angelegenheiten“[38] als politischen Berater bei sich in der Kurie zu halten und seine Erfahrungen und diplomatischen Fähigkeiten in den Dienst der Kirche zu stellen.

Die Gelegenheit dafür bot sich sehr schnell, denn der Papst wünschte den Konflikt um das Veltlin auf diplomatischem Wege beizulegen, mit Hilfe einer apostolischen Gesandtschaft nach Paris und Madrid, welche dem Kardinal Francesco Barberini anvertraut war.

Wie auch sein Onkel verstand Francesco Barberini von Diplomatie rein gar nichts. Urban VIII. stellte ihm Pater Guevara zur Seite, der „mit seinem großen Talent in politischen Angelegenheiten“[39] genau der richtige Berater war, um Kardinal Richelieu und dem Grafen Olivares begegnen zu können.

Der unabhängige Geist Richelieus – wenn man dies so nennen darf – und das diplomatische Ungeschick des Kardinals und Gesandtschaftsleiters waren stärker als alle Bemühungen Pater Guevaras. Dennoch konnte die politische Krise im Sinne des Papstes beigelegt werden, sicherlich mit ein Verdienst Pater Guevaras, denn nach seiner Rückkehr aus Spanien im Jahr 1627 belohnte ihn der Papst mit dem Titel des Bischofs von Teano: der erste Schritt auf dem Weg zur Kardinalswürde.

Auf jeden Fall war die Abwesenheit von Rom in der Begleitung des Kardinalsneffen für Pater Guevara nicht vollkommen umsonst gewesen. Auf dem Schiff, das sie von Civitavecchia nach Marseille und von da nach Lissabon und schließlich wieder nach Rom brachte, dürften diese beiden Freunde und Verteidiger Galileis viele philosophische Diskussionen geführt haben. Pater Guevara fand sogar noch die Zeit, mit der Abfassung eines Kommentars zu den *Physikalischen Vorlesungen* von Aristoteles zu beginnen. Nach seiner Rückkehr stellte er das Buch fertig und veröffentlichte es, wobei er sich der Hinweise Galileis bediente[40].

Inmitten all der politischen Geschäftigkeit hatte Pater Guevara keineswegs auf seine philosophischen Studien verzichtet; nach der Veröffentlichung seiner wichtigen Abhandlung *De interiori sensu* war man in Rom auf ihn aufmerksam geworden. Es ist eine interessante und zu Unrecht von den Galileiforschern vernachlässigte Arbeit[41].

Pater Guevara war – ebenso wie der angesehenere Philosoph seines Ordens, Pater Aversa – einer jener Theologen und Scholastiker, die für Galilei Partei ergriffen hatten und die nur scheinbar die so kompakte Front der offiziellen römischen Kultur durcheinanderbrachten.

Die philosophische Ausrichtung des Ordens der Clerici Regolares Minores stand im Zeichen eines ganz traditionellen Thomismus. Dieser Orden konnte sich nicht, wie die Jesuiten, einer bedeutenden Tradition mathematischer Studien, einer offensiv vorgetragenen Philosophie und noch nicht einmal einer überdurchschnittlichen Neigung zu kulturellen Auseinandersetzungen rühmen. Es handelte sich um gebildete Theologen, philosophisch eher traditionalistisch, aber weder voreingenommen noch besonders kämpferisch. Ihr intellektuelles Interesse paßte zu ihrer religiösen Ausrichtung, die eher von karitativem und kontemplativem Charakter war.

Die mystische Kontemplation des Sakraments der Eucharistie war, wie auch bei den Kapuzinern, eines der Grundmuster ihres Glaubens und ihrer religiösen Einstellung zu diesem Kernkomplex der Kultur und Spiritualität im 17. Jahrhundert.

De interiori sensu, das Buch, mit dem Pater Guevara als Philosoph bekannt geworden war, enthielt einen Kommentar *Über die Seele*, in dem das Problem der sinnlichen Wahrnehmungen abgehandelt wurde. Auf breiter Basis entwickelte Pater Guevara hier die alte thomistische Theorie der Formen und Spezies.

Nach dieser Theorie nehmen die Sinne die Form der Dinge wahr, weil sich ihnen die Bilder, Simulacren oder Spezies „einprägen“, die von den Gegenständen zu den Sinnesorganen übertragen werden. Das Subjekt erkennt die Dinge, weil es sich diese Spezies assimiliert: wie das Wachs erhält es einen prägenden Abdruck und reproduziert ihn.

Die Theorie, die Pater Guevara unterstützte, war bereits von den arabischen Kommentatoren des Aristoteles angewandt worden, um die Phänomene des Gesichtssinns und der Bilder auf der Netzhaut zu erklären. Jetzt bediente Pater Guevara sich ihrer, um die Wirksamkeit des „Teleskops oder Fernsichtgeräts" des „hochberühmten Galilei" zu erklären: Die konkave Krümmung der Linsen des Fernglases erlaubt tatsächlich, die nur schwach von fernen Sternen abgestrahlten sichtbaren Spezies zu kondensieren und zu verstärken[42].

Eine solche Theorie dürfte wohl im Jahr 1622, und dazu noch vorgetragen von einem astronomischen Laien, in den Kreisen der Wissenschaftler am Collegium Romanum eher mitleidiges Kopfschütteln ausgelöst haben: Dort beschäftigten sich Pater De Dominis, Pater Grassi und Pater Zucchi seit Jahren mit dem Fernrohr und suchten es auf der Grundlage einer optischen Theorie der Geometrie, die sehr viel seriöser war als jene metaphysischen Glaubenssätze, zu erklären.

Die Theorie der „Spezies", die Pater Guevara nach Thomas von Aquin hier wieder aufgriff, hatte bereits keinen Bestand mehr, und sie sollte in der Tat binnen kurzem gänzlich aus der Philosophie verschwunden sein.

Was aber überlebte, und zwar bis auf den heutigen Tag, das war der Begriff. Das Wort „Spezies" wurde und wird im theologischen Sprachgebrauch verwendet. Wir wissen bereits, daß es auf dem Tridentinischen Konzil bei der Definition des eucharistischen Dogmas eine zentrale Rolle gespielt hatte; dort mußten die Fragen im Zusammenhang der Physik der Farbe, des Geruchs, Geschmacks und der anderen Akzidentien in Übereinstimmung mit der Eucharistie gebracht werden.

Das Konzil von Trient hatte sich nicht detailliert mit diesem spitzfindigen Problem der Wahrnehmungspsychologie befaßt. Es hatte nur erklärt, daß es sich um permanente „Spezies" handelte, die auch nach der vollständigen Verwandlung der Substanz des Brotes und des Weines verblieben.

Die herrschende theologische Interpretation über die gesamte Ahnenreihe der bedeutenden jesuitischen Theologen hinweg, die wir vorhin erwähnten, war eine realistische Theorie: reale Akzidentien ohne Substanz. Die Jesuiten, Meister der theologischen Auseinandersetzung und der Dogmatik, hielten es sogar für unter ihrer Würde, in ihren Abhandlungen und Erörterungen gegen die Häretiker den alten scholastischen Begriff zu verwenden, und unterstrichen ihre Interpretation, indem sie von Akzidentien und von „qualitates reales sine subiecto" sprachen.

Pater Guevara jedoch, ein wackerer, etwas rückständiger Thomist, wollte jene drakonische philosophische Interpretation des eucharistischen Dogmas von Trient nicht mitmachen, und er wollte seinen Orden nicht demütigen, indem er sich einfach hinter den Karren der siegreichen jesuitischen Philosophie spannte.

Pater Guevara und sein Orden verfolgten ein religiöses Ziel und strebten nach einer intellektuellen Identität, die sie unverwechselbar machen sollte. Wenn er von der Eucharistie sprach, dann befand er sich in voller Übereinstimmung mit dem Wortlaut des Tridentinischen Konzils und der traditionellen thomistischen Philosophie der Wahrnehmung. Er sprach also von Spezies der eucharistischen Erscheinungen, die sich bei den Subjekten in den Sinnesorganen einprägten.

Die neue spirituelle Substanz – so merkte Pater Guevara in seinem Werk dazu an – ist eine spirituelle Substanz, die den äußeren Sinnen nicht zugänglich ist. Die eucharistischen Spezies dagegen sind wahrnehmbar[43]. Wer sein Buch gelesen hatte, der wußte, daß auch diese formalen Erscheinungen, wie alle anderen, durch das Aussenden von Simulacren und Bildern zu den Sinnesorganen wahrgenommen werden konnten[44].

Pater Guevara war keineswegs getrieben von dem unbedingten Wunsch, dem eucharistischen Mysterium eine neue rationale und polemische theoretische Deutung zu geben, aber er zögerte auch nicht, an eine Idee der Wahrnehmung der eucharistischen Spezies zu glauben, die zwar minoritär und aus der Mode geraten war, aber dennoch, bis zum Beweis des Gegenteils, nicht gegen das tridentinische Dogma verstieß. Seine Idee konnte keine bedeutende theologische Tradition zu ihrer Absicherung geltend machen.

Pater Guevara tat gut daran, so zu denken: Noch in der Mitte des Jahrhunderts mußte ein unerbittlicher Kämpfer in Sachen Eucharistie, Pater Thomas Compton Carleton, ein Professor am Kollegium der Jesuiten in Lüttich, widerwillig anerkennen, daß die Interpretation der eucharistischen Erscheinungen in den subjektiven Begriffen des „Eindruckes" von Spezies – und nicht in den realistischen Termini von absoluten Akzidentien – formal gesehen nicht häretisch war; sie war überholt, heterodox, vielleicht sogar nicht gottesfürchtig[45].

In Wirklichkeit war, wie auch Pater Compton Carleton zugesteht, der Begriff „Spezies" auf dem Konzil „nicht sehr klar" definiert, und deshalb war es auch nicht möglich, eine Theorie zu verurteilen, die die eucharistischen Erscheinungen nicht für objektive Realität halten wollte, für Akzidentien ohne Substanz, sondern für Eindrücke subjektiver Natur.

Mit diesem Wissen fällt es nicht schwer zu verstehen, warum Pater Guevara die richtige Person war, die Anzeige gegen den *Saggiatore* zu Fall zu bringen: Galilei – so konnte dieser Schüler des Heiligen Thomas und Bewunderer Galileis in aller Ruhe antworten – unterstützt die Doktrin von der subjektiven Natur der eucharistischen Erscheinungen nicht, denn der *Saggiatore* spricht überhaupt nicht direkt und explizit von dieser theologischen Frage. Aber auch wenn der *Saggiatore* sie explizit unterstützt hätte, dann wäre diese Doktrin nicht zu verurteilen: es stand nämlich nicht im Widerspruch zum Diktat des Konzils von Trient, zu behaupten, daß die sinnlich wahrnehmbaren Erscheinungen der Eucharistie „Namen" waren, denen nur individuelle sinnliche Wahrnehmungen entsprachen.

Das Gutachten wäre korrekt gewesen und hätte allemal ausgereicht, den am besten dokumentierten und überzeugendsten Teil der Anzeige zunichte zu machen.

Unter diesem, und nur unter diesem Gesichtspunkt wird das Argument der Verteidigung, von dem Guiducci in seinem Brief berichtet, akzeptabel und sinnvoll.

Pater Guevara war dazu autorisiert, den Kardinälen des Heiligen Offiziums ins Gedächtnis zu rufen, daß ihre realistische Interpretation der eucharistischen Akzidentien sich wohl auf eine anerkanntere Theorie stützen konnte, nicht aber auf eine zwingende Vorschrift der Lehre.

Was den Atomismus angeht, so hatte auch Pater Guevaras *De interiori sensu* die Ideen von „Leukippos und Demokrit, zwei sehr alten Philosophen", als eine der philosophischen Theorien über die sinnliche Wahrnehmung erläutert, wie sie in *Über die Seele* von Aristoteles diskutiert werden.

Ein Gutachten dieser Art seitens eines angesehenen scholastischen Philosophen und Verfassers einer Arbeit über das Problem der sinnlichen Wahrnehmung entlastete den *Saggiatore,* ohne daß eine weitere Untersuchung und Beweisaufnahme nötig geworden wäre. Die Anzeige konnte mit einem Einstellungsbeschluß archiviert werden.

Nachdem wir das Dokument von Guiducci detailliert interpretiert haben, neigen wir zu der Ansicht, die Verteidigung durch Pater Guevara bezieht sich nicht auf eine Anschuldigung wegen Kopernikanismus, sondern auf die heute wiederentdeckte Anzeige zum Thema der Unvereinbarkeit der Philosophie des *Saggiatore* mit dem Dogma der Eucharistie.

Der weitere Gang der Angelegenheit wird unsere Ansicht bestätigen.

Aber bevor wir diese Ereignisse wieder ins Gedächtnis rufen, stellt sich die Frage: War Galilei nichtsahnend Opfer einer Falle der Theologie oder einer Sophisterei geworden, ohne auch nur die geringste Vorstellung davon zu haben? Oder war Galilei und seinen römischen Freunden dieses potentielle Problem bewußt?

Der Historiker kann für Galilei darauf keine sichere positive Antwort geben. Soweit es uns bekannt ist, hat er sich – zumindest schriftlich – niemals zu der Frage in der Absicht geäußert, eine spekulative Lösung für die eucharistische Theologie zu finden. Es blieb ihm auch gar nichts anderes übrig. Er war offiziell ermahnt worden, von rationalen Deutungen bestimmter Stellen der Schrift Abstand zu nehmen, und er konnte es sich sicher nicht erlauben, jetzt persönliche Interpretationen zu liefern, die von der herrschenden katholischen Tradition abwichen, welche sich ihrerseits hinter dem zentralen Dogma des Tridentinischen Konzils verschanzt hatte.

Ganz im Gegenteil, so als wolle er alle Historiker von der Versuchung abhalten, ihm oberflächlich irgend etwas zu unterstellen, bekräftigte Galilei immer, auch im Kreise enger Freunde, seine tiefe Religiosität und seine Treue der Kirche gegenüber. Diese Treue wurde durch die Verleumdungen seiner Gegner beleidigt. Galileis Haltung war in einer Zeit verbreiteter intellektueller Areligiosität somit eine klare Antwort, auch wenn ihr Sinn ganz offensichtlich zu privat ist, als daß er sich ohne weiteres entschlüsseln ließe.

Daher können wir ganz beruhigt und mit völliger Sicherheit ausschließen, daß Galilei und den Kirchenmännern, die ihn unterstützten, hätte entgehen können, daß sich hinter den Worten „Wärme, Geruch, Geschmack“ Jahrhunderte voller dramatischer Debatten über die Eucharistie verbargen, die nun wieder aktuell geworden waren. Und es konnte ihnen auch nicht entgangen sein, daß die peripatetische Philosophie mit der scholastischen Theologie gerade durch die bis zu jenem Zeitpunkt herrschende Interpretation dieser Vokabeln verschmolzen war. Es handelte sich um den kompliziertesten und beunruhigendsten Nexus zwischen „Materie des Glaubens“ und „naturwissenschaftlichen Begriffen“: Die neue Philosophie mußte da zwangsläufig hindurch.

Die Eucharistie war das tägliche Brot des religiösen Lebens, aber auch der katholischen Debatten. Niemand wußte das besser als Galilei, der in seinen Manuskripten oder Anmerkungen zu Aristoteles, den sogenannten *Juvenilia* (die beeinflußt sind von der Philosophie der jesuitischen Handbücher), in einem Fall auf dieses Thema zurückgekommen war. Bei der Argumentation gegen Demokrit, Ockham, Averroes und Achillini über die substantiellen Formen und die Natur des Gewichts hatte Galilei selbst geschrieben: „Im Allerheiligsten Sakrament existieren Gewicht und Leichtigkeit, und doch gibt es hier überhaupt keine Substanz“[46].

Wir können dem Autor des *Saggiatore* also nicht Naivität und Ahnungslosigkeit bescheinigen, wenn seine Wiederaufnahme des Atomismus und Ockhamismus in Widerspruch zur Eucharistie gerät. Wir können nur verstehen, daß er es vermied, die Frage mit offenem Visier anzugehen, denn in der Katholischen Kirche kam es einem Laien nicht zu, Fragen des Dogmas oder der Schriftauslegung zu erörtern.

Aber die römischen Freunde lebten in dem Bewußtsein, daß Zeiten der Erneuerung angebrochen waren und daß neue Theologien die Nachfolge der Scholastik antreten würden.

Mit der Ausrede, „in rein naturwissenschaftlichen Termini“ zu sprechen, brachte der *Saggiatore* diese materialistische Theorie der wahrnehmbaren Phänomene vor, um einen Knoten zu durchschlagen: Er wollte die Naturphilosophie von der scholastischen Theologie trennen. Vielleicht sollten nachher dann in einer neuen Perspektive das Buch des Universums und die Bibel auch im Hinblick auf jenes große Mysterium des Glaubens wieder in Einklang gebracht werden.

Auch dieser Aspekt wird durch unsere Geschichte später bestätigt.

Der übrige Verlauf war, wenn auch bisher wenig augenfällig, in den *Opere* Galileis vollständig niedergelegt und veröffentlicht.

Bevor wir uns weiter damit beschäftigen, ist noch die wichtigste Frage zu klären: Wer war der Verfasser der handschriftlichen Anzeige?

Mit Sicherheit war der Verfasser dieser Seiten ein Feind Galileis. Aber wer?

Bisher hatte Galilei es mit drei Arten von Feinden zu tun gehabt:

Zunächst gab es da die Dominikaner, die die wörtliche Auslegung der Bibel gegen die Anwendung der kopernikanischen Hypothese bei der Exegese zu verteidigen suchten.

Dann war da eine zweite Gruppe von Gegnern, die sich aus Laien, Philosophen und Universitätsprofessoren zusammensetzte: die Peripatetiker und aristotelischen Gefolgsleute von Averroe. Es waren dies die Schüler von Achillini, Nifo und Pomponazzi, die die metaphysischen und wissenschaftlichen Hypothesen von Aristoteles für wahr erachteten. Unter ihnen war Giulio Libri, Flaminio Papazzoni, Giovanni Antonio Magini, Fortunio Liceti, Antonio Rocco, Scipione Chiaramonti, Antonio Lorenzini, Francesco Sizi und Lodovico delle Colombe.

Die dritte Kategorie von Feinden hatte Galilei sich erst kurz zuvor gemacht: Die Jesuiten, die ursprünglich zu den großen Freunden Galileis gezählt hatten, weil auch sie bedeutende Erforscher der Neuigkeiten am Himmel waren, wurden zu Gegnern, als Galilei das Vertrauen des Collegium Romanum verriet, sich auf die Seite des Antiaristotelismus schlug und begann, die modernen astronomischen Theorien Tycho Brahes zu kritisieren.

Die erste Gruppe, die Dominikaner, können wir als Verfasser der Anzeige wohl ausschließen, denn der Dominikanerorden hatte sich offiziell distanziert, als ein Ordensmitglied die Initiative ergriff, Galilei anzuzeigen. Des weiteren hatten die Dominikaner 1624 offiziell am *Saggiatore* mitgearbeitet.

Auch die zweite Gruppe kann man ausschließen. Galileis Atomismus war auf heftige Kritik in den laizistischen Universitätskreisen gestoßen. Aber das eucharistische Thema war niemals angeklungen, denn Laien kam die Erörterung dieser Themen nicht zu. Weder Vicenzo di Grazia noch Claude Bérigard noch auch Bruder Antonio Rocco hätten jemals zu einem so mörderischen Thema Zuflucht genommen. Auch war es nicht gerade universitärer Stil, sich ans Heilige Offizium zu wenden, um einen Gegner verurteilen zu lassen: waren es doch oft genug diese Laien selbst, die sich vor dem Heiligen Offizium in acht nehmen mußten.

Man stelle sich einmal Antonio Rocco vor – trotz seiner Kutte ein Libertin und erklärter Skeptiker in Glaubensfragen, Autor des bekanntesten pornographischen Romans im Italien des 17. Jahrhunderts –, den eingeschworensten Peripatetiker und am wenigsten laizistischen dieser Gegner, wie er sich an das Heilige Offizium wendet und um Klärung eines Gewissenszweifels hinsichtlich der Orthodoxie des *Saggiatore* bittet[47].

Nein! Aber die „fromme Seele", die Galilei angezeigt hatte, muß ganz offensichtlich ebenfalls Träger einer Mönchskutte gewesen sein. Aber welcher?

Wer konnte denn ein Interesse daran haben, sich in die Auseinandersetzung zwischen zwei einschüchternden, mächtigen und unangreifbaren Persönlichkeiten wie Galilei und Pater Grassi einzumischen?

Welcher Kirchenmann konnte sich explizit als Schüler der Philosophie von Suarez bezeichnen, wenn nicht jemand aus der dritten Gruppe, jemand, der es als seine Pflicht ansah, in Rom das Erbe und die Lehre von Kardinal Bellarmin weiterzuführen?

Sechstes Kapitel

„Identifizierung eines Unbekannten“

Tu pulchra coeli decora, tu coeli iubar;
omnia tu minimo
Miracula puncto colligis;
Coelum, quod uno lucet intus sydere,
quod rotat Angelica
Motor Sacerdotos dextera.

...

Te lucis autor adversus dedit
Occiduus nebulas
Arram triumphatae necis
Redivivus in te, victor in te non semel
Vincis io populos
Divini amoris Telifer.*

P. Guglielmo de Waha S. J., *Ad Eucharisticam Panis speciem Ode prior,* in: P. Theophile Raynaud S. J. *Exuviae panis et vini in Eucharistia, qua ostenditur esse veras qualitates,*
Opera, Bd. VI, Lugduni 1665, S. 426

Eine verfehlte Berufung

Kardinal Bellarmin hatte immer – das war allgemein bekannt – im tiefsten Herzen eine Leidenschaft für die Wissenschaft gehegt. Die vielfältigen und bedeutenden offiziellen Aufgaben hatten ihn daran gehindert, dieser Neigung nachzugehen. Mit 70 Jahren, im Jahr 1612, nachdem die letzten wichtigen theologischen und politischen Auseinandersetzungen siegreich bestanden waren, wollte er nicht weiter den „Dienstboten der Kongregation“ spielen.

Gesundheitlich ging es ihm immer schlechter; er litt an geschwollenen Beinen, und eine beginnende Taubheit plagte ihn.

Er entschloß sich, nur noch routinemäßige Aufgaben beim Heiligen Offizium zu übernehmen, was für einen Mann seines Charakters gleichbedeutend mit dem Leben eines Pensionärs war. Er besuchte noch die Konsistorien und die Audienzen von Paul V., und er kehrte nur anläßlich des Konklaves von 1612 für einige spezielle Aufgaben – wie die Verwarnung Galileis, den Prozeß gegen Campanella oder die Verteidigung der Unbefleckten Empfängnis – ins Rampenlicht zurück.

Seinen offiziellen Platz im vatikanischen Palast suchte er immer seltener auf. Wie ein x-beliebiger Jesuitenpater bevorzugte er nun lange Perioden der Askese im Collegium für die Novizen in S. Andrea al Quirinale; oder er hielt sich tagelang in seiner Privatresidenz auf, um in Ruhe arbeiten und sich seiner Leidenschaft hingeben zu können. Endlich vermochte er sein „liebstes Kind", einen asketischen Essay mit dem Titel *De ascensione mentis in Deum per scalas rerum creaturum* (1614), den er sein Leben lang mit sich herumgetragen hatte, abzuschließen.

Es hatte ihm Spaß gemacht, dieses engagierte Buch zu Ende zu bringen, hatte er doch hierbei zahlreiche wissenschaftliche Reflexionen aus dem Gebiet der Astronomie und der Physik anstellen können, und das hatte ihn an seine naive Leidenschaft für die Wissenschaft aus den Tagen seiner Jugend erinnert.

Einmal, so schrieb er, hatte er sich vorgenommen, die Geschwindigkeit der Sonnenrotation um die Erde zu schätzen, um eine ungefähre Vorstellung von der grenzenlosen Macht des Schöpfers zu bekommen. An einem Strand (vielleicht in Capua, als er dort Bischof war) hatte er den Sonnenuntergang abgewartet. Geräte zur Messung der Geschwindigkeit der Sonne besaß er nicht, aber er verfügte über ein Instrument der Zeitmessung, dessen Zuverlässigkeit durch lange Gewohnheit gewährleistet war: Während die Sonne am Horizont in einem Farbenmeer unterging, rezitierte er zwei *Miserere* – eine wirklich nur sehr kurze Zeitspanne[1].

Jetzt, im Jahre 1612, mußte der Kardinal noch viele Dinge lernen. Erst im Jahr zuvor, im April 1611, hatte er ängstlich durchs Fernrohr geschaut und dabei „einige wunderbare Dinge auf dem Mond und auf der Venus" gesehen[2], die von Galilei angekündigt worden waren. Er hatte mit seinem Freund, dem Wissenschaftler Pater Clavius, darüber diskutieren können, und der versicherte ihm – mit der Kompetenz seiner mathematischen Berechnungen –, Galilei habe tatsächlich die Planeten von Jupiter entdeckt.

Nun hatte Galilei ihm als Hommage ein Exemplar seines *Discorso sulle cose che stanno in sull'acqua* geschickt. Er bedankte sich unverzüglich, noch bevor er es gelesen hatte, denn er fühlte sich geschmeichelt von dieser Huldigung des berühmtesten Wissenschaftlers Europas[3]. Aber mit wem konnte er darüber sprechen, jetzt da Pater Clavius gestorben war?[4]

In jenen Jahren der Studien resignierte Kardinal Bellarmin nicht in der Einsamkeit des Alters. Er wollte auf dem neuesten Stand der wissenschaftlichen Ideen bleiben. Später hat er sogar versucht, Kontakt mit dem Neffen des mit ihm befreundeten Kardinal Cesi, mit Federico Cesi, aufzunehmen. Auch der war ein interessierter, wissenschaftlicher Laie, aber vielleicht ein wenig hochnäsig, nachdem er zum großen Freund Galileis in Rom avanciert war. Als Bellarmin ihn um ein Urteil von Kollege zu Kollege über die Veränderung des Polarsterns bat, da hatte ihm Federico Cesi mit einer langatmigen und aufgeblasenen Abhandlung in holprigem und schwer verständlichem Latein geantwortet – so als sei er ein Student voller religiöser Skrupel –, der Himmel bestünde aus flüssiger Materie.

Die Antwort gefiel Bellarmin nicht: zu viele Bibelzitate, als wolle Cesi ihn daran erinnern, daß er der Anwalt der Maßnahmen gegen Kopernikus gewesen war, zu viele unklare Ideen über die Unendlichkeit des Universums, wobei Cesi zu vergessen schien, daß der Empfänger des Briefes Inquisitor gegen Bruno gewesen war, und schließlich auch zuviel Selbstsicherheit für einen wissenschaftlichen Laien.

Bellarmin, der immer sehr offen und ironisch war, antwortete voller Humor auf Italienisch, bedankte sich und lobte den Schreiber. Er beließ es dabei, mit einer einzigen, gut gewählten Bibelstelle die abwegigen Ideen des Fürsten Cesi über die Unendlichkeit des Universums zurechtzurücken. Und schließlich mahnte er seinen Briefschreiber mit väterlichem Tadel, die Gottesfurcht nicht aufzugeben, damit er in den Himmel komme. Von dort aus könne er die Bewegung der Sterne und Planeten besser ausmachen[5].

Damit endeten die wissenschaftlichen Beziehungen zwischen ihnen.

Glücklicherweise hatte Bellarmin nun endlich seine Privatresidenz in einer eigenen Wohnung in unmittelbarer Nachbarschaft des Collegium Romanum einrichten können. Sie lag nach der Seite der Minerva hin, die Fenster gaben den Blick auf den Kreuzgang des Collegiums für die Novizen der Dominikaner frei. Die jungen Priester versuchten denn auch oft, hinter den Scheiben den berühmten Kardinal beim Studium oder beim Beten des Rosenkranzes zu entdecken[6].

Diese Wohnung war bequem für Bellarmin; er konnte täglich Bücher aus dem nahen Collegium entleihen, konnte an den Doktoratsfeiern teilnehmen und mit den Patres zwischen den Vorlesungen ein wenig plaudern.

Es lag ihm sehr daran, den Kontakt zu den Professoren des Collegiums zu halten. Nachdem es ihm immer schwerer fiel, mit seinen geschwollenen Beinen die großen Treppen zum Collegium hinaufzusteigen, dachte er sogar daran, eine Art Brücke zwischen seiner Wohnung und dem benachbarten Palast bauen zu lassen.

Ehe sich Bellarmin der Theologie zu widmen begonnen hatte, war er als brillanter Universitätsphilosoph am Collegium Romanum hervorgetreten. Er war ein Musterschüler des Philosophiekurses von Pater Parra und der Kommentarvorlesungen von Pater Toleto gewesen; und bei der Verteidigung der peripatetischen Schlußfolgerungen in den öffentlichen Auseinandersetzungen des Collegiums hatte er Erfolg. Er war sehr gut in „aristotelischer Physik“ und wurde als einziger seines Kurses für die Rede am Jahresende zur Übergabe der Examina ausgewählt. *Über die Seele* war das Thema seines brillanten philosophischen Vortrags gewesen; daran konnte er sich noch gut erinnern.

Später, da war er schon ein angesehener Theologe, hatte er besonders nachdrücklich darauf bestanden, daß die *Ratio studiorum* des Collegium

Romanum auf absolute Treue zur philosophischen Lehre des Aristoteles verpflichtet wurde.

Dann kehrte Bellarmin als Professor für Kontroverstheorie ans Collegium Romanum zurück, und jetzt wollte er, wenn er schon nicht dort wohnen konnte, so doch wenigstens Einfluß nehmen, Kontakt zu den Professoren der neuen Generation halten und am intellektuellen Leben der Universität teilnehmen[7].

Zu Hause wurde der tägliche Stundenplan durch den Klang der Glocke des Collegiums skandiert. Diese vollkommene Harmonie des Lebens wurde jedoch zunehmend durch die Taubheit des alten Kardinals bedroht. Vielleicht war das, oder auch die alte Leidenschaft für die Astronomie, der Grund dafür, daß Kardinal Bellarmin die funktionsuntüchtige Sonnenuhr an der Fassade seines Hauses reparieren ließ. Damals bat er Pater Grienberger, den Nachfolger von Pater Clavius auf dem Lehrstuhl für Mathematik und Astronomie am Collegium Romanum, höflich, zu ihm nach Hause zu kommen und zu sehen, was sich machen ließe.

Die Reparatur einer Sonnenuhr hätte einem Maurer übertragen werden können, einen Astronomieprofessor darum zu bitten, war etwas übertrieben. Aber Kardinal Bellarmin wollte vielleicht die Gelegenheit nutzen, um mit dem neuen Dozenten über wissenschaftliche Fragen zu diskutieren.

Kardinal Bellarmin konnte man nichts abschlagen, und so begab sich Pater Grienberger zu ihm. Er ließ sich von seinem dreißigjährigen Assistenten, Orazio Grassi, begleiten. Der war damals noch kein Jesuitenpater, hatte aber bereits eine beachtliche mathematische Begabung erkennen lassen[8].

So lernte Kardinal Bellarmin den jungen Wissenschaftler des Collegium Romanum persönlich kennen. Das war an einem Junitag des Jahres 1612, und inzwischen hatte Bellarmin ausreichend Zeit gehabt, das Buch zu lesen, das Galilei ihm geschickt hatte und das etliche Diskussionen über die atomistische Theorie der Wärme ausgelöst hatte.

Pater Orazio Grassi, Jesuit

Orazio Grassi lebte seit mehr als 12 Jahren in Rom. 1600 war der 18jährige Patrizier aus Savona hierhergekommen, hatte sich beim Collegium für Novizen der Gesellschaft Jesu in S. Andrea eingeschrieben und am Collegium Romanum den dreijährigen Philosophiekurs in Logik, Naturphilosophie und Metaphysik besucht. 1605 war er der einzige Student des Ergänzungskurses für Mathematik, d. h. er genoß gewissermaßen Privatunterricht. Anschließend absolvierte er den schwierigen vierjährigen Kurs in Theologie.

Er blieb am Collegium und wurde dann zu Beginn des akademischen Jahres 1616–17 vom Ordensgeneral mit der angesehenen Aufgabe betraut, dort Mathematik zu lehren. Diesen Lehrstuhl hatte er ununterbrochen bis 1624 und dann wieder von 1627 bis 1632 inne. Schon 1618, als er die Noten verkündete, hatte er eine *Disputatio optica de iride*[9] unter dem Namen eines seiner Examenskandidaten veröffentlicht. Im Jahre darauf untermauerte er seine außergewöhnlichen wissenschaftlichen Qualitäten mit dem Buch *De tribus cometis anni* MDCXVII *disputatio astronomica*, die das Collegium Romanum unter seiner Ägide anonym herausbringen wollte.

Diese brillante Abhandlung der modernsten astronomischen Theorien löste, wie wir wissen, die Polemik mit Galilei aus, die schließlich im Jahr 1623 in die Veröffentlichung des *Saggiatore* mündete.

Als nun der *Saggiatore* in die Buchhandlungen kam, da scheint es das Schicksal gewollt zu haben, daß in der Buchhandlung Del Sole ausgerechnet Pater Grassi das erste Exemplar kaufte.

Niemand brannte mehr als er darauf, dieses Buch in Händen zu halten, da ja bereits seit einiger Zeit über den Inhalt gemunkelt wurde.

Kaum hatte der Professor des Collegium Romanum erfahren, das Buch sei in jener Buchhandlung erhältlich, die von den *Virtuosi*, Neuerern und Libertins frequentiert wurde, „beeilte er sich dorthin"[10] – wie das ja auch nicht anders zu erwarten war.

Atemlos kam er an. Als erstes sah er das Frontispiz, den satirischen Titel und dann das Siegel des Papstes und das der Lincei (Abb. 1). „Er wurde bleich"[11], und jähzornig und impulsiv, wie er nun einmal war, konnte er es nicht lassen, den Buchhändler anzugehen, als habe der etwas damit zu tun. Er sagte, wenn Galilei ihn auf eine Antwort habe drei Jahre warten lassen, dann werde er sich in drei Monaten revanchieren („in drei Monaten wollte er es ihm besorgen")[12]. Sprach's, packte das Buch unter den Arm und verschwand, wie er gekommen war.

Der Köder hatte ganz so funktioniert, wie man das geplant hatte: Pater Grassi hatte sich vor der Buchhandlung Del Sole verraten.

Die verblüffende Tatsache, daß ausgerechnet das erste Exemplar des *Saggiatore* an Pater Grassi, also an Sarsi, verkauft wurde, war mit aller Wahrscheinlichkeit eine Falle gewesen, die dem Käufer und Opfer des Buches durch die Mithilfe des galileifreundlichen Buchhändlers gestellt worden war.

Während nämlich Pater Grassi sich umtat, um das Erscheinen des *Saggiatore* in den Buchhandlungen auszukundschaften, spionierten die Freunde Galileis „um herauszufinden, mit welcher Verfassung des Gemütes er von denen betrachtet und gelesen wird, für die er eigentlich geschrieben wurde"[13]. So konnten sie Galilei detailliert informieren.

Spionage

Die „Gemütslage" von Pater Grassi auszuspionieren war aber nicht so leicht.

Monsignor Cesarini und Monsignor Ciampoli – die den Professor des

Collegium Romanum besser als alle anderen kannten – wußten auch, daß „Sarsi“ seine wirklichen Absichten immer hinter großen Komplimenten für Galilei versteckte. Sie wußten aber auch, daß Pater Grassi einen üblen Charakter hatte. Einzig wenn man Pater Grassi in Wut brachte, konnte man seine verborgenen Absichten aufdecken. Ideal mußte es sein, ihn bei seiner ersten spontanen Reaktion auf den *Saggiatore* zu überraschen. Deshalb mußte vermieden werden, daß ein zufälliger Käufer, ein Assistent, ein Student oder ein Kollege, ihm das Buch zukommen ließ oder ihn informierte, wodurch der Überraschungseffekt verlorengegangen wäre.

Der Buchhändler von Del Sole, ein Freund der römischen Freigeister, stellte sich für das Spielchen zur Verfügung. Noch vor der Auslieferung aus der Druckerei ließ sich der Buchhändler – dabei spielte Pater Nicolò Ridolfi, Hofmeister des Heiligen Palastes, mit – ein Vorabexemplar aus dem Stapel geben, der für das Imprimatur beim Heiligen Offizium deponiert worden war[14].

Und Grassi biß an. Was er sagte, das berichtete der Buchhändler unverzüglich zwei Anhängern Galileis: Tommaso Rinuccini und Francesco Stelluti. Die informierten sogleich Galilei über die wichtige Neuigkeit: Sarsi würde unverzüglich, innerhalb von nur drei Monaten, antworten.

Diese Nachricht mit der Zeitangabe und dem absehbaren Tenor, den die Antwort haben würde, war für Galilei von essentieller Bedeutung. Er bereitete seinen Rombesuch, der in einigen Monaten stattfinden sollte, vor und verfolgte dabei die Absicht, Gespräche über eine Neuauflage der Kampagne für Kopernikus in Gang zu bringen. War man schon vorher über die Schritte und Zeitpläne der Gegner informiert, dann war das ein entscheidender Vorteil.

Von Florenz aus verlangte Galilei nachdrücklich eine Bestätigung; tatsächlich wurde, einen Monat später, die Nachricht von Rom bekräftigt.

Auch diesmal hatte ein Wutausbruch von Pater Grassi gegenüber einem Bekannten von Tommaso Rinuccini die Bestätigung ermöglicht.

Pater Grassi war skeptisch hinsichtlich der Möglichkeiten, eine gedruckte Antwort, also ein Buch, vor dem Ende des Jahres 1625 zu verfassen, und er beklagte sich, daß er keinen Mäzen habe, der zur Finanzierung bereit sei. Grassi hatte auch gesagt, daß sein Buch keinerlei Bösartigkeit enthalten würde und daß er sich mit Galilei bei dessen nächstem Besuch in Rom auszusöhnen hoffte[15]. Das waren freilich nur die offiziellen Worte des Grassi. Wenige Tage später findet ihn der Bekannte von Tommaso Rinuccini „vollkommen außer sich“: Grassi hatte nämlich erfahren, daß in Florenz die Meinung kursierte, der *Saggiatore* „hätte allen Jesuiten die Sprache verschlagen, denn die wüßten keine Antwort“. Und wieder verriet sich Pater Grassi: „Wenn die Jesuiten in einem Jahr Antworten auf hundert Häretiker finden, dann könnten sie das auch für einen Katholiken“[16].

Diese Drohung bestätigte und präzisierte die erste. Pater Grassi hielt sein Versprechen, eine rasche Antwort auf das Buch von Galilei zu veröffentlichen, und zwar im Geiste des Kampfes gegen die Häresie, wie es für die Jesuitenpatres charakteristisch war.

Tommaso Rinuccini, der nicht verstehen konnte, wieso man den *Saggiatore* der Häresie beschuldigen könne, kommentierte die Information so, als sei sie nicht weiter erheblich, und er beruhigte Galilei mit dem Hinweis, daß es bei den Jesuiten „eine strenge Anweisung gibt, nicht über diese Lehren zu debattieren"[17].

Die Nachricht war plausibel: Pater Grassi war stark mit dem Entwurf für die Kirche des Collegium Romanum beschäftigt; er hatte weder die Zeit noch schien es ihm opportun zu sein, ein polemisches Buch zu publizieren, mit dem er in einer kritischen Phase riskiert hätte, die Gesellschaft Jesu zu kompromittieren. Allzu offen konnte die Gesellschaft Jesu nicht gegen einen Gegner Stellung beziehen, der gerade offiziell und mit großem Aufwand vom Papst und der Kurie empfangen werden sollte.

Also wird die Veröffentlichung des Buches, das Antwort auf den *Saggiatore* geben sollte, zunächst aufgeschoben. Gleichwohl bestand bei Pater Grassi die feste Absicht, Galilei umgehend so zu antworten, wie er das verdiente, auch weiterhin. Zunächst jedoch stand der Besuch Galileis in Rom bevor, und aus ersichtlichen Gründen hüllte sich Grassi für den Augenblick in Schweigen. Nur einige nicht überprüfbare Nachrichten drangen nach außen.

Ende Februar, unmittelbar vor der Ankunft Galileis, schreibt Johannes Faber an den Fürsten Cesi, er höre „munkeln, Pater Grassi antworte, wolle das aber nicht drucken"[18]. Während Galileis Romaufenthalt werde man in Erfahrung bringen, was Sarsi zu antworten gedenke, aber nicht veröffentlichte.

Im April und Mai 1624 hielt sich Galilei dann in Begleitung von Mario Guiducci in Rom auf. Der große Erfolg seines Besuches wurde anscheinend durch nichts beeinträchtigt. Aber das ist nur eine Vermutung, da Briefe aus dieser Zeit fehlen. Kaum zurück in Florenz, beginnt der Informationsaustausch mit Guiducci – und wir gewinnen die sichere Bestätigung, daß in Rom über eine sehr heikle Frage gesprochen worden war.

Ja, das zunächst nur verhaltene Grummeln hatte inzwischen bedrohliche Töne angenommen: „Von allen Seiten vernehme ich wachsenden Lärm einer Schlacht, die uns Sarsi mit seinen Antworten androht", schreibt Mario Guiducci Ende Juni 1624 erschreckt, „was mich fast zum Schluß führt, er habe sie verfaßt"[19].

Guiducci hatte zu den Professoren des Collegium Romanum gute Beziehungen gepflegt, seine Informationen stammten aus einer vertrauenswürdigen Quelle. Galilei kannte wohl das Thema dieser bedrohlichen Antwort schon seit seinem Romaufenthalt im Monat zuvor, denn Guiducci deutet es nur kurz an: „Andererseits aber", schreibt Guiducci, „kann ich nicht sehen, wo [Sarsi] habe angreifen können, denn der Herr Graf Malvezzi hat es mir als fast sicher geschildert, daß er auf jene Ansichten zur Wärme, zum Geschmack und zum Geruch etc. nicht habe aufbauen können, denn er sagt, man sehe ganz deutlich, daß Eure Herrschaft [Galilei] sie aufgestellt hat, um eine neue Streitigkeit auszulösen, auf die Sie gewappnet und sehr gut gerüstet sein müßten: und besagter Herr Graf und ein Herr Marchese Pallavicino bringen Sarsi davon ab, sich in diese Auseinandersetzung einzumischen“[20].

Für uns ist diese Nachricht sehr bedeutsam. Die blitzartige Antwort, die Pater Grassi auf den *Saggiatore* geben wollte, so als wisse er schon, wo sie „ansetzen“ sollte, drehte sich um die Lehre des Warmen, des Geschmacks und der Gerüche, also um den Atomismus und die Akzidentien, die in der Eucharistie eine Rolle spielen.

Und nicht allein das: Möglicherweise wußte man von dieser Absicht bereits seit einem Monat. Mehr noch, die Kreise um Galilei in Rom bemühten sich, Pater Grassi von seiner Initiative abzubringen, indem sie ihn davon zu überzeugen suchten, daß Galilei über Argumente zu seinen eigenen Gunsten verfügte und es nicht gut wäre, ihn anzugreifen.

Graf Malvezzi und der Marchese Pietro Sforza Pallavicino sind uns bereits bestens bekannt. Guiducci kannte sie hingegen nur dem Namen nach.

Wie immer suchte Guiducci vor allem sich selbst zu beruhigen, und als er von einem Marchese hört, denkt er, es handle sich um eine bedeutende Persönlichkeit. Das reichte, um sich sicher zu fühlen.

In Wirklichkeit ist der Marchese Pallavicino nur ein siebzehnjähriger Student am Collegium Romanum, ein brillanter Examenskandidat in Physik bei Pater Aranea: Seine Verteidigung Galileis ist sicher nützlich, aber seine Fähigkeit zu überzeugen, darf man nicht überschätzen. Wir werden von ihm beizeiten hören.

Alarmsignale

Inzwischen jedoch hatten sich die Ereignisse überstürzt.

Am 6. Juli hatte Guiducci noch nichts gehört und übermittelte Galilei nur die gute Nachricht, daß Pater Riccardi Berater beim Heiligen Offizium geworden war[21].

Aber genau in diesen Tagen war Galilei von Florenz aus gewarnt worden. Jemand hatte ihn darauf aufmerksam gemacht, daß Pater Grassi seine Drohungen wahrgemacht hatte.

In Rom mußte irgend etwas geschehen sein, denn Guiducci antwortete nicht, und auch Pater Riccardi, dem Galilei geschrieben hatte, um Informationen aus dem Heiligen Offizium aus erster Hand zu erhalten, ließ nichts von sich hören.

Galilei wandte sich auch an Tommaso Rinuccini mit der dringenden Bitte um Informationen; er wollte wissen, ob es zuträfe, was man sagte, nämlich daß Pater Grassi etwas unternommen habe.

Die Briefe Galileis aus dieser Zeit sind uns nicht erhalten, aber wir können ihren alarmierten und drängenden Ton aus der Antwort erahnen, die Tommaso Rinuccini unverzüglich losschickte.

Tommaso Rinuccini war überrascht, denn eigentlich sollte jetzt Guiducci und nicht mehr er die Aktivitäten von Pater Grassi ausspionieren.

Ausgerechnet jetzt aber, wo Pater Grassi etwas unternommen hatte, war das Informationsnetz zusammengebrochen, welches Guiducci aufgebaut hatte. Vielleicht hatte Pater Grassi sogar gezielt diesen Moment genutzt, um ungestört und ohne das Mitwissen der anderen agieren zu können.

Es hatte sich in Wahrheit etwas Unvorhergesehenes ereignet: Im entscheidenden Moment, im Juli 1624, war Guiducci an Malaria erkrankt und lag im schwülen römischen Sommer handlungsunfähig eineinhalb Monate im Bett.

Tommaso Rinuccini, an den sich Galilei hilfsweise wandte, kannte Guiduccis Informantennetz nicht und mußte improvisieren, um schleunigst an Informationen bezüglich der Alarmsignale, die ihm aus Florenz übermittelt wurden, zu kommen. Zunächst sind alle oberflächlichen Informationen, die er von seinen Gewährsleuten erhält, negativ. Das erlaubte einen vorsichtigen Optimismus. Am 20. Juli schreibt er:

Um Euer Ehren [Galilei] mitteilen zu können, daß es nicht zutrifft, daß Pater Grassi geantwortet hat, so glaube ich, mir fehlt nichts weiter, als daß Herr Ludovico Serristori jenen Pater ganz im Vertrauen danach fragt, denn auf der anderen Seite habe ich bis jetzt keine Bestätigung gefunden, und auch die anderen Helfer und Freunde von Euer Ehren [Galilei] wissen nichts darüber, und sie glauben auch nicht daran, so daß ich denke, jenes Gerücht sei haltlos[22].

Da Galileis Botschaft aber dennoch alarmiert und besorgniserregend geklungen haben muß, fügt Tommaso Rinuccini das Versprechen an, noch weitere Nachforschungen anzustellen:

Aber trotz alledem treffe ich in diesen Wochen den Herrn Ludovico [Serristori] und werde noch anderes unternehmen, was ich der Kürze der Zeit wegen bisher nicht konnte; davon werde ich mit der nächsten Post Euer Ehren einen sicheren Bescheid geben. Ich danke Euer Ehren für die Gunst, mir eine Aufgabe zu geben, und erinnere Sie, daß ich Ihnen auch bei Wichtigerem helfen möchte[23].

Vielleicht ist Tommaso Rinuccini nicht auf dem laufenden, was den von Pater Grassi erwogenen Angriff gegen den Atomismus des *Saggiatore* auf der Ebene der theologischen Lehre angeht. Deshalb begreift er nicht, wie wichtig es für Galilei ist, von ihm verläßliche Informationen zu erhalten – jetzt wo Guiducci mit Fieber, Arzneien und Aderlässen darniederliegt.

Eine Woche später, am 27. Juli, schreibt Tommaso Rinuccini Galilei wie versprochen einen neuen Brief zu dieser Frage; er enthält nichts Neues und klingt ein wenig zu optimistisch:

Herr Ludovico Serristori hat bis jetzt nichts von Sarsi finden können, so daß ich glaube, Euer Ehren versichern zu können, daß jenes Gerücht haltlos ist. Ich werde es aber nicht versäumen, Ihnen alles, was durchsickert, mitzuteilen[24].

Das hieß im Klartext: aus Rom konnte das Gerücht über eine mysteriöse Antwort, die Pater Grassi auf den *Saggiatore* vorbereitete, weder dementiert noch bestätigt werden. Es sei darauf hingewiesen, daß es sich in keinem Fall um eine gedruckte Antwort handeln konnte, denn das Publikationsverbot der Jesuiten und die anderweitigen Aktivitäten von Pater Grassi mußten notwendigerweise zu einer Verschiebung des Buches um mindestens ein Jahr führen.

Anfang Sommer 1624 schließlich haben Galileis Informanten den Kontakt zu Pater Grassi verloren, und sie versuchen nun vergeblich, das undeutliche Gerücht von einer mysteriösen Reaktion, über die man in Florenz besser Bescheid weiß als in Rom, einzukreisen.

Nachdem er seine Spuren verwischt hat, ist es jetzt Pater Grassi, der die Trümpfe in der Hand hält; er ist sich seiner Sache sicher und hat die Initiative übernommen, so als habe er nichts mehr zu verbergen. So kann er sogar – als ursprüngliches Opfer der Spionage – zum Ausspionieren derer übergehen, die ihn ausspionieren sollten. Am 10. August bestätigt Tommaso Rinuccini Galilei das überraschende Auftauchen von Pater Grassi in seiner neuen Rolle:

Herr Mario Guiducci hatte gestern kein Fieber mehr, aber ich fürchte, er wird einer langen Genesung bedürfen. Während seiner Krankheit ist er von Pater Grassi besucht worden, so daß Frieden geschlossen wurde; und die Freundschaft wird vielleicht als Entschuldigung für die ausgebliebene Antwort dienen. Und Herr Ludovico Serristori fand überhaupt keinen Anhaltspunkt, daß jener Hinweis von Euer Ehren wahr sein könne, ganz im Gegenteil[25].

Die Chance, etwas über den „Hinweis" von Galilei herauszubekommen, verliert sich. Dafür hat Pater Grassi dem fiebernden Guiducci einen Besuch abgestattet. Jetzt hält er die Trümpfe in der Hand.

Galilei hatte wegen jenes Besuches überhaupt keinen Anlaß, ruhig zu sein, und durch Rinuccini fragt er bei Guiducci nach.

Die Antwort kommt am 6. September, als Guiducci sich geheilt und in der Lage fühlt, „die Aktivitäten für Freunde und Auftraggeber wieder aufzunehmen"[26]. Galilei wollte wissen, warum er sich mit Pater Grassi getroffen habe, ohne sich zuvor mit ihm zu verständigen, und was Pater Grassi ihn gefragt habe. Die Antwort war verlegen und enthielt eine Reihe von Entschuldigungen: die Krankheit, die Vermittlung durch einen Ungenannten, einen „sehr hochgestellten Prälaten, mein ganz besonderer Schutzherr", und das beharrliche Drängen seines alten Rhetorikprofessors am Collegium Romanum, Pater Tarquinio Galluzzi.

Die beschriebene Szene kann man sich gut vorstellen: Ein Edelmann liegt krank im Bett, und an seinem Kopfkissen herrscht ein Kommen und Gehen führender Jesuiten. Da werden Ratschläge im Flüsterton weitergegeben, da wird Druck ausgeübt, bis man schließlich sein Ziel erreicht hat.

Die feierliche Szene, mit der sich der Rollentausch in der Spionage vollzieht, wird von Guiducci so naiv und getreu geschildert, daß wir das hier zitieren wollen:

Ich wurde von P. Grassi mit großer Höflichkeit und Liebenswürdigkeit besucht, so als kennten wir uns schon seit langer Zeit. Man ging überhaupt nicht auf die zurückliegenden Dinge ein, sondern ein großer Teil unserer Ausführungen erging sich im Lob auf die Schriften Euer Ehren [Galilei], und die Einleitung zu diesen Ausführungen war diese: Man sprach von den zahlreichen philosophischen und anderen Werken, die gedruckt wurden, und von dem Widerstand, den jetzt bisweilen die Revisoren dieser Arbeiten leisten, und Pater Grassi, sei es nun, weil er Gewissensbisse hatte oder weil es ihm so vorkam, als spräche ich da für ihn, kam darauf, daß er vor wenigen Tagen die schöne Arbeit des Erzbischofs von Split [Marco Antonio De Dominis] über die Gezeiten gelesen habe, und wenn da auch nichts durch stichhaltige Vernunftgründe bewiesen sei, so habe er doch nicht anders gekonnt, als zuzustimmen, wie er es dann auch tat. Und wir lobten beide übereinstimmend den genannten Text, und er setzte hinzu: ‚Wir verfügen jedoch über den Text des Herrn Galileo zum selben Thema, der sehr geistreich ist‘[27].

Was auch immer Guiducci gedacht haben mag, Gewissensbisse hatte Pater Grassi nicht. Was den in jenen Tagen ganz aktuellen Prozeß De Dominis anlangte, so entlastete sich der Pater: Er hatte die Theorien des unglücklichen Erzbischofs gebilligt, das stimmte, denn was er über die Gezeiten sagte, stand in vollkommener Übereinstimmung mit der Orthodoxie, auch wenn es aus der Luft gegriffen war.

Galileis Theorie der Gezeiten hingegen sollte wesentlich interessanter und neuer sein.

Wir erinnern uns, daß Galilei im Jahr 1616 dem jungen philojesuitischen Kardinal Alessandro Orsini ein Manuskript überreicht hatte, das den Beweis der Erdbewegung aufgrund der Gezeiten zum Gegenstand hatte. Galilei kam auf diesen Beweis für Kopernikus am Ende seiner Erwiderung an Monsignor Ingoli zurück[28]. Pater Grassi kannte die erste Version und versuchte nun, etwas über die zweite in Erfahrung zu bringen.

So hatte er, wie immer, damit begonnen, Galilei mit Lob zu überhäufen; anschließend hatte er sich als vorurteilsloser Wissenschaftler dargestellt, denn er hatte ja sogar das Buch des rückfälligen Häretikers De Dominis genehmigt. Und was hatte Galilei mit den Gezeiten im Sinn?

Der naive Guiducci, der dazu noch an Fieber litt, plauderte tatsächlich aus, daß in der Vorstellung Galileis die Gezeiten mit der Erdbewegung erklärt werden sollten, und er sagte Pater Grassi auch, auf welche Weise. Ja, Guiducci ging sogar weiter und erklärte, Galilei verfüge über weitere Argumente zur Vervollständigung seines Systems. Pater Grassi verriet sich mit keinem Wort.

„Und hier begannen wir, über die Erdbewegung zu sprechen“ – wobei Guiducci nicht vergaß, darauf hinzuweisen, daß Galilei als guter Katholik diese Idee „als Hypothese, nicht als Prinzip auffaßte“. Der Hinweis war völlig überflüssig, diese Skrupel waren gegenüber Pater Grassi nicht nötig, der sehr viel genauer darüber Bescheid wußte, wie Kardinal Bellarmin Galilei die ganze Angelegenheit auseinandergesetzt hatte. An dieser Stelle bekräftigte Pater Grassi, der vielleicht sogar mit Kardinal Bellarmin über dieses Thema hatte reden können, seine absolute Toleranz gegenüber der Theorie des Kopernikus: „Fände sich ein Beweis für jene Bewegung", so hatte Pater Grassi ausgeführt, „dann müßte man die Heilige Schrift anders interpretieren, als man das bisher getan hat"; diesen Gesichtspunkt hatte Pater Grassi „ex sententia Bellarmini" kennengelernt. Wenigstens war das die Erinnerung des fiebernden Guiducci, der dabei völlig vergaß, daß sein Gesprächspartner in der *Libra* entgegengesetzter Ansicht über Kopernikus gewesen war.

Mit dieser beruhigenden Solidaritätserklärung „und mit vielen Ehrenbezeigungen endete das genannte Treffen" zwischen Guiducci und Pater Grassi[29].

Jetzt wußte Pater Grassi schon etwas mehr über das neue Buch zu Kopernikus, das Galilei mit Zustimmung der obersten Kirchenführer vorbereitete; aber es galt, noch viel mehr aus Guiducci herauszuholen.

Am 13. September, eine Woche nach seiner Genesung, begab sich Guiducci ins Collegium Romanum, um eine Vorlesung von Pater Galluzzi zu hören. Wieder begegnete er Pater Grassi, der ihn schon wie einen Vertrauten behandelte und sich an ihn hängte. Er wollte etwas über den physikalischen Beweis der Erdbewegung erfahren, den Galilei, so hatte Pater Eudaemon-Johannes ausgeführt, ausarbeitete: „Wundern Sie sich nicht", so schrieb Guiducci an Galilei, „wenn er eines Tages ein Anhänger von Ihnen wird, denn er zeigt ein großes Interesse, Ihre Ansichten verstehen zu wollen, und er lobt sie sehr, auch wenn das natürlich Verstellung sein kann"[30].

All die Komplimente und Lobreden erweckten bei Guiducci allmählich Verdacht und öffneten ihm die Augen.

Unterdessen hatte Galilei noch immer das sichere Gefühl, daß zu Beginn des Sommers irgend etwas beim Heiligen Offizium geschehen war. Das Schweigen von Pater Riccardi beunruhigte ihn.

Mario Guiducci verspricht ihm, sich mit dem Berater des Heiligen Offiziums zu treffen. Das soll ohne indiskrete Beobachter geschehen, und zwar nach der üblichen Predigt in S. Luigi dei Fiorentini. Dort will er Riccardi fragen, „warum er nicht geantwortet habe"[31].

Aus dem nächsten Brief Guiduccis vom 28. September erfahren wir, daß Pater Riccardi Galileis Bitte um Informationen im Juli erhalten hatte und daß Galilei diese Bitte nun durch Guiducci wiederholen ließ.

Pater Riccardi konnte sich selbstverständlich nicht mit einem Brief kompromittieren, in dem er Geheimnisse des Heiligen Offiziums ausplauderte. Er hat mündlich geantwortet. Weder die Briefe noch die mündliche Antwort sind uns erhalten geblieben.

Grassi gegenüber schwieg Guiducci nunmehr, denn er hatte erkannt, daß dessen Freundschaftsbeweise rein von persönlichen Interessen diktiert waren. Von nun an versuchte er, ihm aus dem Wege zu gehen, wenn er das Collegium Romanum aufsuchte: „Besagter Pater [Grassi] erweist mir soviele Höflichkeiten, wenn ich dorthin gehe, daß sie mich stören; denn wenn er dort mit anderen zusammen ist, verläßt er seine Begleitung, um mit mir zusammenzukommen, und ehe ich nicht gehe, läßt er mich nicht los, ja er begleitet mich sogar bis vor die Tür“[33]. Guiducci hoffte aber weiter, daß der Pater keine Antwort auf den *Saggiatore* veröffentlichen würde, „auch wenn ich das nur schlußfolgern kann“[34].

Jetzt brauchte er nicht mehr den Spion zu spielen. Es gab nichts mehr, was zu verbergen gewesen wäre. Anfang November wurde das akademische Jahr am Collegium Romanum mit heftigen Angriffen auf die Anhänger der Neuen Philosophie eröffnet. Darin kamen die ungebrochen feindseligen Absichten der Jesuiten deutlich zum Ausdruck.

Wie Pater Castelli im Jahre 1615 war Mario Guiducci das Opfer einer Intrige geworden. Damals hatte der Erzbischof von Pisa ebenfalls Interesse am Kopernikanismus vorgetäuscht, um in den Besitz genauerer Informationen über die gefährlichen Theorien Galileis zu gelangen.

Es war Pater Grassi gelungen, die Erinnerung an die vergangenen Kontroversen vergessen zu machen und die Rede auf die zukünftigen Aktivitäten Galileis zu bringen.

Obwohl Guiducci Pater Grassi wiederholt begegnet war, vermochte er keinerlei Anhaltspunkte zu geben, wie dessen Antwort auf den *Saggiatore* ausfallen würde.

Galilei hatte also allen Grund, über das widersprüchliche Ergebnis seiner Vorsichtsmaßnahmen enttäuscht zu sein.

Auch Guiducci war enttäuscht; als er Ende November Pater Grassi am Collegium Romanum traf, da legte dieser die Maske ab und erklärte „nach vielen Höflichkeitsfloskeln und Entschuldigungen“, daß er mit der Redaktion eines Buches gegen den *Saggiatore* begonnen habe: „Er entschuldigte sich vielmals bei mir“, schrieb Guiducci an Galilei, „weil er gezwungen sei zu schreiben, und daß er Schwierigkeiten hatte – und überhaupt wollte er das nicht –, neue Fragen ohne Lösung zu behandeln, wie Euer Ehren [Galilei] das versucht hatte zu tun“[35].

Inzwischen hatte Guiducci aus dem Schaden gelernt und mißtraute den zweideutigen und verstellten Absichtserklärungen seines Gesprächspartners. Er fühlte sich von Pater Grassi hinterlistig getäuscht: „Als er versucht hatte, mit allen Mitteln mein Freund zu werden, gelangte ich zu der Überzeugung, daß mit der neuen Freundschaft eine Übereinkunft und ein dauerhaftes Schweigen über das Vergangene hergestellt werden könnte. Nachdem ich mich nun darin getäuscht sah, ging ich weg, wobei auch ich einen gewissen Groll empfand“[36].

Unser Guiducci fühlte sich zum Narren gehalten und wollte sich, wie wir wissen, mit seinen polemischen Kommentaren zu Angriffen des Collegium Romanum gegen die Neue Philosophie rächen.

Wußte Guiducci etwas von dem obskuren Alarmsignal, das Galilei im vergangenen Sommer erhalten hatte? Darauf kann man nur schwer eine Antwort geben, denn zu jener Zeit war er nicht in der Lage gewesen, die Entwicklung der Ereignisse zu verfolgen, und später, nachdem er sich mit Pater Grassi kompromittiert hatte, wurde er vielleicht auch von Galilei nicht mehr auf dem laufenden gehalten.

Die Einwendungen Pater Grassis gegen die Theorie der fühlbaren Qualitäten des *Saggiatore* waren bereits Monate zuvor verbreitet worden. Dann sprach niemand mehr davon. Als dann im April 1625, ein Jahr nach jenen Gerüchten, die Nachricht von der Anzeige gegen den *Saggiatore* durchsikkerte, da war Guiducci möglicherweise überzeugt davon, daß die Interventionen des Grafen Malvezzi und des Marchese Pallavicino ausgereicht hatten, die alte Anschuldigung auszuräumen.

Nun wartete man auf das Erscheinen des Buches von Pater Grassi gegen den *Saggiatore*. Aber den ganzen Winter über und auch noch im Frühjahr 1625 blieb – vielleicht war das Zögern der Gesellschaft Jesu schuld – die offizielle Antwort Pater Grassis aus.

Man erwartete sie mit Sorge: Würde er die anfänglichen Anschuldigungen wieder aufgreifen? Würde sie eine Anspielung auf die mysteriöse Anzeige des vergangenen Sommers enthalten, deren Inhalt zu erfahren Galilei so viele Mühen verursacht hatte?

Wenn Pater Grassi beim Heiligen Offizium zu Beginn des Sommers 1624 eine Anzeige eingereicht hat, wie die Chronologie der Fakten zu vermuten erlaubt, dann handelt es sich bei dem handschriftlichen Dokument, das wir 350 Jahre danach entdeckt haben, um eben diese Anzeige.

Die Chronologie, die Verdächtigungen, die vergeblichen Nachforschungen und die geheimen Kontakte mit Pater Riccardi, das läuft alles auf die Hypothese hinaus, daß Pater Orazio Grassi der Autor des mysteriösen Dokuments beim Heiligen Offizium ist.

Die „fromme Seele“, die diese Anzeige verfaßt hatte, besaß sogar eine Handschrift, die derjenigen von Pater Grassi sehr ähnlich ist (Abb. 8).

Handschrift und Stil von Pater Grassi waren mir aus seinen Briefen, die in der Biblioteca Nazionale von Brera in Mailand unter den Dokumenten Balianis aufbewahrt werden, recht gut bekannt. Außerdem hatte ich einige seiner Anmerkungen zu zeitgenössischen architektonischen Entwürfen eingesehen, die bei der Generalkurie der Gesellschaft Jesu aufbewahrt werden.

Die Komposition der handgeschriebenen Seite, diese absolut charakteristische Art, die Absätze am äußersten linken Rand des Blattes zu beginnen, die Übereinstimmung in charakteristischen Floskeln und die schöne und elegante Handschrift eines Architekten, so deutlich lesbar wie die eines Mathematikers vom Schlage Cavalieris, das alles zusammen hatte mich sofort an Pater Grassi denken lassen.

Auch einer detaillierteren Analyse des anonymen Schriftstücks beim Heiligen Offizium schienen die logischen Überlegungen und die historische Interpretation standzuhalten.

Auch wenn mir die Identifikation der Handschrift erlaubte, die Richtigkeit meiner bisher verfolgten Spur zu untermauern, daß nämlich Pater Grassi der Verfasser der handschriftlichen Dokumente war, so konnte man eine Bestätigung und eine genaue Datierung doch nur auf indirektem Wege erlangen.

Alle indirekten Zeugnisse, die Indizien und die Spuren, die wir bisher zusammengetragen haben, führen zu der Annahme, die Anzeige gegen den *Saggiatore* wegen Häresie sei im Frühjahr oder Sommer des Jahres 1624 eingereicht worden, mit einer kleinen Verspätung also auf Grassis Ankündigung bei der ersten Inaugenscheinnahme des Buches in der Buchhandlung Del Sole, er werde in wenigen Monaten eine Antwort darauf geben.

In Übereinstimmung mit seinen früheren Äußerungen war es wohl so, daß sich der Pater erst mit Beginn des nachfolgenden Winters in Ruhe an die Abfassung des Buches machen konnte, das als Antwort an Galilei gedacht war. Nach einem weiteren Jahr erfuhr man dann, daß es fertiggestellt worden war und daß es, möglicherweise um die Gesellschaft Jesu nicht zu kompromittieren, nicht in Rom, sondern in Frankreich veröffentlicht werden sollte. Zu eben diesem Zeitpunkt wurde in Rom der Grundstein für das offizielle Werk Pater Grassis gelegt, für die große Kirche des Collegium Romanum.

Die Nachricht, das Buch von Pater Grassi sei druckreif, kommt im Februar 1626 aus Genua. Der Informant, ein Bekannter der beiden Kontrahenten, Bartolomeo Imperiali, der allerdings offensichtlich nicht über alle Hintergründe des Disputs informiert war, hatte sich als Vermittler in dem Streit zwischen Galilei und Pater Grassi angeboten.

In einem Brief, der uns nicht erhalten ist, erklärte Galilei Imperiali seine Beweggründe, „die Aussöhnung mit P. Orazio Grassi nicht anzunehmen, ehe nicht dieser sein Buch in Druck gegeben hatte“[37].

Da wir über die Hintergründe informiert sind, können wir uns vorstellen, welche Gründe Galilei anführte. In seinem Antwortbrief an Galilei anerkannte im übrigen auch Bartolomeo Imperiali die Ernsthaftigkeit dieser Motive: Er gestand zu, daß bei dieser Lage der Dinge Pater Grassi „verdiente, seine Schuld zu zahlen, denn er war der erste gewesen, der provoziert hatte, weil er gegen die Wahrheit war“[38].

Diese Andeutung kann allerdings nur schwerlich auf die Theorie über die Kometen gemünzt sein, denn hier hatte Grassi den Galilei nicht als erster provoziert.

Noch ein gemeinsamer Bekannter, der Wissenschaftler Battista Baliani, mit dem Bartolomeo Imperiali über die tieferliegenden Gründe der jüngsten Polemik diskutiert hatte, bestätigte „die allgemeine Ansicht, Grassi sei ein Fehler unterlaufen, und er bedauere, sich nicht in der Zeit, die er in Genua war, damit auseinandergesetzt zu haben, um ihn herauszuholen und von dem Fehler zu überzeugen“[39].

Welchen Fehler hatte Grassi gemacht? Es handelte sich mit Sicherheit nicht um die Theorie der Kometen von Tycho Brahe, die zu verteidigen Pater Grassi allen Grund hatte.

Inzwischen aber war es zu spät, um Pater Grassi von schwerwiegenden Anschuldigungen gegen den *Saggiatore* abzuhalten; und das wäre im übrigen auch kein leichtes Unterfangen gewesen, denn, wie wir wissen, hatten schon die einflußreichen römischen Freunde im Frühjahr 1624 vergebens versucht, ihn von jenen Anschuldigungen abzubringen.

Die nachfolgenden Ereignisse bestätigen mit einer Reihe von zusätzlichen Indizien, was wir bis hierher schon rekonstruiert haben.

Offizielle Anschuldigungen

Die offizielle Antwort Sarsis auf den *Saggiatore* kam Ende des Jahres 1626 in Paris unter dem Pseudonym Lotario Sarsi heraus. Sie trug einen Titel, der sich unverhohlen zur polemischen Absicht bekannte: *Ratio ponderum librae et simbellae* (Abb. 15). Absatz für Absatz setzte sich das Werk mit den Thesen seines Gegners auseinander. Aber im Unterschied zum *Saggiatore*, der sich einer beißenden Satire und der neuen Philosophie bedient hatte, antwortete die *Ratio* mit einer dialektischen und der Lehre gemäßen Rückführung auf die religiöse und philosophische Orthodoxie.

Sarsis Buch belegte, daß Pater Grassi, trotz seiner Versicherung gegenüber Guiducci, er wolle die vergangenen Auseinandersetzungen vergessen, weder die alte noch die neue Schmach überwunden hatte, die Galilei ihm zugefügt hatte, ja, er bekräftigte noch einmal seine Sichtweise.

Das Buch war dem Kardinal Francesco Boncompagni, Erzbischof von Neapel und philojesuitischer Gefolgsmann von Ludovisi, gewidmet. Die Widmung machte sofort deutlich, daß das Buch in der kirchenpolitischen Landschaft eine beachtliche Unterstützung genoß.

Aber noch etwas fiel sofort auf, auch wenn es uns Modernen unwesentlich scheinen mag. Abgesehen von dem unumgänglichen Privileg des Königs von Frankreich wies das Buch keinerlei weitere Autorisierung auf – weder durch die Leitung der Gesellschaft Jesu noch durch die der Kirche[40].

Das Fehlen einer Autorisierung durch leitende Stellen des Ordens war teilweise wegen des Pseudonyms entschuldbar und durch die in einer so heiklen Angelegenheit unbedingt erforderlichen Vorsicht gerechtfertigt. All dies entschuldigte jedoch keineswegs das Fehlen einer kirchlichen Autorisierung.

Eines jedoch ist auffällig: Sieht man sich heute in Italien nach dem Buch um und findet es, beispielsweise in der Bibliothek des Jesuitenkollegs in Genua, die heute Universitätsbibliothek ist, dann enthält das Buch wie durch ein Wunder die erforderliche Autorisierung – unterzeichnet von zwei Theologen der Sorbonne, von einem gewissen Antonius Maller und einem gewissen Aegidius De Amore, einem Dominikaner. Und tatsächlich gibt es in der fraglichen Epoche einen Dominikanerprior dieses Namens in Paris, allerdings hieß er, um genau zu sein, Pierre D'Amour und nicht Aegidius[41].

Es handelte sich also um eine Fälschung, und man konnte das klar erkennen. Die Autorisierung war nachträglich eingefügt worden, denn sie war auf den 4. Mai 1627 datiert, also auf einen Zeitpunkt wenigstens sechs Monate nach dem Erscheinen des Buches.

Man darf unterstellen, daß sich hinter dieser merkwürdigen Geschichte um die Autorisierung ein Meinungsaustausch zwischen Pater Grassi und der Piazza del Gesù abgespielt hat, mit dem Ziel, dem Buch in Italien eine besser abgesicherte und offizielle Verbreitung zu sichern.

Im Jahr 1627 erschien daher eine italienische Ausgabe in der Stadt von Kardinal Boncompagni (Neapel. U. H.), der das Buch von Anfang an finanziert hatte, und diese Ausgabe der *Ratio* des Sarsi enthielt denn auch die erforderliche kirchliche Autorisierung durch die Ämter in Neapel und vor allem auch die notwendige Erlaubnis der Prioren von Pater Grassi[42].

Es fällt nicht schwer zu begreifen, daß die Druckerlaubnis seitens der Prioren für die italienische Ausgabe der *Ratio* mehr als nur eine Formalität war. Die Jesuiten in Italien erklärten sich vielmehr mit ihrem angesehensten Wissenschaftler offiziell solidarisch – auf diskrete, sehr vorsichtige Weise, aber dennoch unmißverständlich.

Diese zweite Ausgabe enthielt zudem ein Themenverzeichnis und Marginalien; sie war dadurch handlicher, zumal durch einige Kürzungen die traditionalistischsten Einwände und die, die Argumente anderer wiedergaben, weggefallen waren. So bekam das Buch einen eigenständigeren und mehr kämpferischen Zuschnitt.

Natürlich brachten die polemischen Attacken von Sarsis Buch die wissenschaftliche Diskussion über die Kometen auch nicht einen Millimeter voran; sie war auf dem Stand von 1619 stehengeblieben. Sarsi wiederholte lediglich ein weiteres Mal die Theorie von Tycho Brahe über die Grundlagen der schwachen Parallaxe dieses Phänomens. Im übrigen widerlegte das Buch mit oft sehr überzeugenden dialektischen Argumentationen die Vorstellungen des *Saggiatore* und des *Discorso* von Mario Guiducci.

In den letzten beiden Jahren hatte sich Pater Grassi vornehmlich mit dem Projekt der Kirche von S. Ignazio befaßt, und er hatte gewiß nicht die Möglichkeit gehabt, die Beobachtungsdaten der Kometen von 1618 noch einmal kritisch durchzugehen. Man darf das Buch nicht als eine wissenschaftliche Polemik lesen: die Polemik war inzwischen rein persönlich und philosophisch. Und unter diesem Gesichtspunkt handelte es sich gewiß um ein geglücktes und originelles Buch.

Die wahre Intention der *Ratio* war es nicht, die astronomische Autorität Tycho Brahes und des Collegium Romanum wiederherzustellen, sondern die offizielle Zustimmung, die der *Saggiatore* gefunden hatte, in Mißkredit zu bringen. Zu diesem Zweck wurde in aller Öffentlichkeit die häretische Natur der Ideen des Buches angeprangert. Von Anfang an verfolgte Sarsi mit seinem neuen Buch einzig und allein das Ziel, den *Saggiatore* wegen Häresie anzuklagen – und jedes Mittel war ihm recht: In einem Crescendo von sibyllinischen Anspielungen beschuldigt Sarsi offizielle Kreise eines geheimen Einverständnisses mit Galilei, und er schreckte selbst vor einem expliziten Anruf des Heiligen Offiziums nicht zurück.

Tatsächlich beginnt das Buch mit einer zweideutigen Erwähnung des Namens Calvin[43], es folgen sodann Hinweise auf die Stellen, in denen Galilei die verurteilte Theorie des Kopernikus zitiert.

Sarsi wird dann lauter, wenn es um Naturphilosophie und um Fragen nach der physikalischen Natur der Kometen geht; das entspricht dem Abschnitt des *Saggiatore*, in dem die Philosophie von Cardano und Telesio verteidigt wird[44].

Entschieden hatte Galilei das Ansehen dieser beiden „verehrungswürdigen Väter der Naturphilosophie" in Schutz genommen und Sarsis theologisches Mißtrauen gegen ihre Ideen als „abartiges Denken", Heuchelei und Unmoralität abgetan. Er hatte also atheistische, materialistische und von der Kirche offiziell verurteilte Autoren „verehrungswürdig" genannt, und nun antwortete Sarsi demjenigen, der ihm Lehren in christlicher Moral erteilen wollte, „sehr viel freier als das erste Mal":

> Was wäre das für eine Frömmigkeit, Galileo, diejenigen zu verteidigen, deren Philosophie von vielen Seiten verurteilt wurde als wenig übereinstimmend mit der katholischen Lehre und eher unter ewigem Schweigen begraben werden sollte. Menschliche und teuflische Lehren über die Macht des weltlichen Wissens – um es mit Tertullian zu sagen – für begierige Ohren, das hat Gott Wahnsinn genannt und auserwählt als weltlichen Irrsinn, um eben die Philosophie selbst durcheinanderzuschütteln: nämlich Argumente eines weltlichen Wissens, das die Gottesfurcht, die Natur und die göttliche Vorsehung interpretiert. Wer Cardano und Telesio loben will, der soll das tun. Ich ziehe eine religiösere Art des Lobes vor[45].

De Praescriptionibus ad Haereses von Tertullian in einem wissenschaftlichen Buch zu zitieren, wie das Sarsi hier tat, kam dem Versuch gleich, mit dem Strafkodex gegen Häretiker zu drohen. Eine Bestätigung dieser Absicht liefert die *Ratio* etwas weiter unten, wo sie Galileis Atomismus als Lehre eines Autors darstellt, den zu verteidigen Galilei sich wohlweislich gehütet hatte: Epikur, „der Gott vollkommen ableugnet, oder zumindest seine Vorsehung". Und so geht das weiter.

Aber bis zu diesem Punkt machte Sarsi nichts anderes, als die Anschuldigungen härter und detaillierter zu wiederholen, die dem Leser der *Libra* bereits bekannt waren.

Dann aber kam der Leser, so er nicht über die Ereignisse der letzten drei Jahre genau informiert war, in den Genuß einer originären Anschuldigung. Zum interessantesten und neuesten Abschnitt des *Saggiatore*, dem berühmten Abschnitt 48 über die Theorie der Empfindungen und die atomare Struktur der Materie, behielt sich Sarsi diesmal eine sehr viel präzisere Anschuldigung vor (Abb. 16).

Im *Esame* XLVIII der *Ratio* wird der *Saggiatore* wegen Häresie in der Eucharistie angezeigt. Zur Bequemlichkeit des Lesers übersetzen wir im Anhang (s. S. 338) diesen Abschnitt des Buches von Sarsi, um den Vergleich mit der anonymen Anzeige, die im Heiligen Offizium aufbewahrt wird, zu erleichtern.

Diejenigen, denen die Anzeige bekannt war, begriffen den Sinn jener Anschuldigung, die die *Ratio* 1626 öffentlich machte. Einige der aufmerksamsten Historiker kennen sie denn auch in der offiziellen Form, die ihr in diesem Buch verliehen wurde.

Da aber diese Historiker den Vorläufer jener Anschuldigung nicht kennen konnten, mußte sie ihnen – ebenso wie den weniger informierten zeitgenössischen Lesern – zwar deutlich, aber dennoch als ziemlich unspezifische und bösartige Dialektik vorkommen.

So haben das die Galileispezialisten registriert: Dijksterhuis, De Santillana und Shea – und sie haben sich ansonsten nicht weiter dabei aufgehalten.

In der *Ratio* greift Sarsi seine Theorie von der Entstehung der Wärme durch Reibung wieder auf, um den Feuerschweif der Kometen zu erklären. Er interpretiert Galilei im Lichte der *Meteorologie* und unterstellt ihm, daß er sich auf die Theorie der Himmelsfeuer von Anaxagoras stütze. Schließlich geht Sarsi die atomistische und dynamistische Theorie der Wärme im *Saggiatore* frontal an, indem er unvermittelt das Urteil derer anruft, „die über die Einhaltung der Integrität des Glaubens wachen", d.h. die Kardinäle der Kongregration des Heiligen Offiziums.

Für sich genommen ist diese Andeutung einer Repressionsmaßnahme nicht zu rechtfertigen. Der *Saggiatore* verfügte über ein unter allen erdenklichen Gesichtspunkten untadeliges *Imprimatur*. Ohne eine explizite Anzeige, die sehr viel deutlicher hätte sein müssen als diese Anspielung, konnte das Heilige Offizium keinerlei Schritte zu einer dokumentarischen Untersuchung gegen Galileis Buch unternehmen. Die Anspielung wird dagegen kohärent und sinnvoll, wenn man bedenkt, daß zu genau diesem Punkt eine Anklage gegen den *Saggiatore* eingereicht worden war, die man inzwischen zwar hatte versanden lassen, die aber dennoch wie ein Damoklesschwert über Galilei schwebte. Damit es auf Galileis Kopf herniederging, verbreitete Sarsi in der Öffentlichkeit einige Glaubenszweifel, die genau mit denen der Anzeige übereinstimmten.

Wenn die Formel der Weihe beim Abendmahl vom Priester gesprochen wird, dann bewirkt das, daß die Substanz des Brotes und des Weines sich ändert und sich in den Körper und das Blut Christi verwandelt. Aufgrund göttlichen Eingreifens bleiben dennoch die äußeren Erscheinungen Farbe, Wärme, Geschmack erhalten. Für Galilei jedoch sind das nur reine Namen. „Wäre vielleicht ein fortwährendes Wunder notwendig, um reine Namen zu erhalten?"

Das ist exakt der Wortlaut der Anschuldigung Sarsis, die in reflektierter und deutlicherer Form den Inhalt der Anzeige beim Heiligen Offizium aufgreift. An dieser Stelle begreift man den Sinn der Anschuldigung nur, wenn man die zuvor eingereichte Anzeige kennt.

Tatsächlich beschuldigt Sarsi den *Saggiatore* „explizit", er stelle die subjektivistische Theorie der wahrnehmbaren Qualitäten auch im Falle der eucharistischen Akzidentien auf. Und das war erwiesenermaßen falsch. Wie jeder lesen konnte, hatte sich der *Saggiatore* nicht „explizit" zur heiklen Frage über die Natur der eucharistischen Akzidentien geäußert. Auch wenn es für einen zeitgenössischen Leser ziemlich klar war, daß sich Galilei nicht um die Frage herumdrücken konnte, so blieb doch zu erklären, in welcher Weise das eucharistische Paradox nun in Widerspruch zur korpuskularen Physik Galileis geraten konnte.

Diese Erklärung spart sich Sarsi. Er konnte ja direkt zur Benennung des Problems übergehen, weil es bereits bei denen, die dafür zuständig waren, aufgeworfen und erörtert worden war: man mußte diese schwere Anschuldigung nur noch einmal offiziell wiederholen.

So wird denn auch gleich im Anschluß implizit auf Ausflüchte angespielt, die in den galileianischen Kreisen in Rom zirkulierten, um den *Saggiatore* von seinen Verantwortlichkeiten freizusprechen.

In der *Ratio* scheint in der Tat die Verteidigung Pater Guevaras auf, natürlich ohne zitiert zu werden; wie man zu Recht annehmen kann, hatte Guevara auf die Möglichkeit hingewiesen, das Konzept der eucharistischen Spezies auch in anderen Begriffen als denen der herrschenden Theologie darzustellen.

Nur wenn wir uns all das bewußtmachen, können wir richtig einschätzen, warum Sarsi an dieser Stelle seine Mahnung in Richtung Heiliges Offizium präzisiert.

Sarsi wendet gegen jene dunklen Ausflüchten und Rechtfertigungen ein, wenn man schon die Frage der Erdbewegung nicht frei interpretieren dürfe – ein im Grunde für den Glauben zweitrangiges Problem –, dann sei die Möglichkeit einer heterodoxen Interpretation des eucharistischen Dogmas noch viel weniger gestattet, denn hier handelt es sich um eine ungleich wichtigere Glaubensfrage als bei der Bewegung der Erde. Pater Grassi hatte vollkommen recht, auf diesem Punkt zu insistieren: das eucharistische Dogma bildete die Grundlage und das wesentliche Postulat des katholischen Glaubens.

Niemand konnte diesen Unterschied besser ermessen als derjenige, der Gelegenheit gehabt hatte, die Vorstellungen Bellarmins kennenzulernen.

Man konnte Katholik und Anhänger des Kopernikus sein, aber man war kein Katholik, wenn man nicht das eucharistische Dogma anerkannte.

Im Anschluß daran werden eine Reihe von Fragen logischer und physikalischer Art aufgeworfen. Sie beziehen sich auf die Unrichtigkeit der atomistischen Konzeption der Wärme und auf Galileis Anspruch, eine neue Auslegung für den Satz des Aristoteles zu liefern, daß die Bewegung die Ursache der Wärme sei.

Sarsi entlarvt die Behauptung im Ansatz, der *Saggiatore* habe nur in bezug auf die Wärme von Atomismus gesprochen. Die zweideutige und vorsichtige Terminologie des *Saggiatore* darf uns nicht täuschen, sagt Sarsi, denn der Atomismus des Demokrit, zu dem sich Galilei hier bekennt, gilt für alle Phänomene der sinnlichen Wahrnehmung und nicht nur für die Wärme. Gestehen wir zu, daß die sinnlich wahrnehmbaren Qualitäten durch die Form der Atome der verschiedenen natürlichen Elemente erzeugt werden, dann, so kommentiert Sarsi, wird es undenkbar, daß eine Substanz auch nach gründlicher Zerkleinerung gleichbleibend geformte Atome behält und die ihr eigenen Charakteristika in Geschmack, Geruch und Farbe beibehält.

Wir wissen aber, daß auch ganz fein gemahlener Zucker zum Beispiel seine Farb- und Geschmacksqualitäten nicht verändert.

Was das Licht betrifft, das laut Galilei aus unzerteilbaren Atomen besteht, die eher einen mathematischen denn einen physikalischen Wert haben, so ergeben sich logische Widersprüche.

Diese unzerteilbaren Atome müssen entweder endlich oder unendlich sein. Sind sie endlich, würden sich mathematische Probleme ergeben. Sind sie unendlich, dann verfängt man sich in allen Paradoxen der Teilung ad infinitum, was Aristoteles dazu geführt hatte, den Atomismus zu verwerfen: Zwischen den Enden einer aus unendlichen Atom-Punkten zusammengesetzten Linie kann logisch gesehen kein Zwischenpunkt sein. Wenn nun das Licht nicht separiert werden kann, dann kann es auch nicht durch Separation in die Substanzen eindringen. Dabei müßte das Licht aufgrund seiner extrem hohen Ausbreitungsgeschwindigkeit das durchdringendste Phänomen sein. Man stellt aber fest, daß die Wärme aufgrund ihrer, heute würden wir sagen, leitenden Fähigkeiten, Substanzen durchquert, die für das Licht vollkommen undurchdringlich sind.

Abgesehen von diesem letzten Punkt war die Kritik des Unendlichen nicht auf der Höhe der Intelligenz und Originalität von Pater Grassi, denn es handelte sich um die Wiederbelebung eines abgedroschenen Arguments, das genau so in allen Handbüchern der scholastischen Philosophie vorkam. Beispielsweise hatte Pater Aversa in seinem jüngsten Buch exakt dieselben Worte verwendet.

Der Mathematiker und Jesuitenpater Guldin, ein großer Gegner der Theorie von der Geometrie des Unteilbaren, war ein besonders guter Freund Grassis in Rom. Er muß ihn wohl davon abgebracht haben, all die alten Vorwürfe zu wiederholen. So verwarf er in der zweiten, der neapolitanischen Ausgabe der *Ratio* von 1627, den ganzen Abschnitt über das Unteilbare als überflüssig[46].

Die übrigen Argumentationen und Anschuldigungen hingegen blieben in der zweiten Auflage erhalten.

Instinktive Verteidigung

Was bis dahin eine vertrauliche Information gewesen war, die wegen ihrer Bedeutung möglichst geheim bleiben sollte, das war jetzt allgemein bekannt: Der *Saggiatore* war wegen Häresie angezeigt.

Unmittelbare Gefahren bestanden nicht, denn die beinahe flüchtigen Anspielungen in der *Ratio* waren nicht dazu angetan, die juristische Prozedur erneut in Gang zu setzen, die durch den Einstellungsbeschluß gerade zum Stillstand gekommen war. Aber trotz alledem durfte man nicht übersehen, daß jene Anschuldigung nicht von einem x-beliebigen Ordensbruder oder einem aristotelischen Lehrstuhlinhaber vorgebracht worden war, sondern von einer herausragenden wissenschaftlichen Persönlichkeit am Collegium Romanum.

Zu Beginn zirkulierte die offizielle Antwort Sarsis nur in sehr bescheidenem Umfang. Das Buch gelangte Galilei und Guiducci, möglicherweise in Florenz, erst im Frühsommer 1627 in die Hände.

Das ist jedoch nur eine Hypothese, die darauf gründet, daß der erste Hinweis auf den Text in einem Brief Galileis an Castelli im August 1627 auftaucht[47]. Diese Hypothese stimmt jedoch mit einer Reihe späterer diesbezüglicher Ereignisse überein.

Galilei erhielt ein Exemplar der ersten Pariser Ausgabe gegen Ende des Jahres 1626 und ließ sich zu dem schweren Fehler verleiten, sie zu unterschätzen.

Dieses Exemplar der *Ratio*, das im Fundus Galilei in der Biblioteca Nazionale in Florenz aufbewahrt wird, enthält die Anmerkungen von Guiducci und Galilei, die wohl für eine eventuelle Antwort gedacht waren. Es handelt sich um vermischte Marginalien: auch die von Guiduccis Hand waren wohl abgesprochen mit dem Meister, wenn nicht gar diktiert.

Jedesmal, wenn Sarsi den Verdacht der Häresie anklingen läßt, scheint Galilei sichtlich beunruhigt, was sich durch lange defensive Randbemerkungen äußert. Und als Galilei die schwerwiegendste Anschuldigung gedruckt vor sich sah, nämlich die hinsichtlich des Dogmas der Eucharistie, da war er nicht empört über die „wütige Boshaftigkeit" seines Gegners, sondern er bekam es mit der Angst zu tun; das geht eindeutig aus der Marginalie zu diesem Punkt des Buches hervor.

Instinktiv überprüfte er, wie groß wohl seine Protektion in Rom wäre und, weil ihm andere Argumente fehlten, beruhigte er sich mit diesem Schutz:

„Dieser Zweifel liegt ganz bei euch", merkt Guiducci an, „denn der *Saggiatore* wurde in Rom mit der Genehmigung höchster Kirchenkreise gedruckt, und er war dem Oberhaupt der Kirche gewidmet. Er war von denen durchgesehen worden, die ‚über die Wahrung des rechten Glaubens wachen', und die haben das Buch gebilligt. Sie werden auch bedacht haben, wie dieser Zweifel ausgeräumt werden kann, und sich nicht beeindrucken lassen von Eurer Rede, ‚schleimige und findige Geister dächten sich einen Weg aus, sich dem zu entziehen': so sprechen die, welche wie Ihr ohne die Erlaubnis der Oberen drucken lassen und Angst haben vor dem Druck in Rom. Ich schäme mich deiner Schamlosigkeit willen, die du gar nicht zu bemerken scheinst, sprach einst ein tüchtiger Mann[48].

Zu Recht konnte Galilei auf Straffreiheit in Rom bauen. Sie war ihm schon weitgehend zuteil geworden. Hingegen irrte sich Galilei in der naiven Überzeugung, daß das gedruckte Imprimatur auf dem Frontispiz eines Buches mit absoluter Sicherheit Straffreiheit garantierte. Wenige Jahre später wird er, wie wir ja wissen, diese naive Überzeugung ablegen.

Vor allem beging Galilei den Fehler, den Einfluß seines Gegners aufgrund der halbgeheimen Ausgabe zu unterschätzen. Galilei konnte es nicht wissen, aber im Jahr darauf sollten die Anschuldigungen der *Ratio* mit der vollen öffentlichen Billigung neu erscheinen.

Es war dann auch in der Tat so, daß Galileis anfänglicher Optimismus nach dem Erscheinen der italienischen Ausgabe von Sarsis Antwort wich und sich Sorge und Vorsicht breitmachten.

Galilei hatte seinem Berichterstatter aus Rom, Pater Castelli, ein Exemplar des Buches geschickt. Aber zu Beginn des Jahres 1628 (der Brief ist uns nur indirekt bekannt, erhalten ist er nicht) bedrängt er Castelli angesichts der erneuerten und einflußreich untermauerten Anschuldigungen, sich die Vorwürfe genau anzusehen und Pater Riccardi, den vertrauten Berater des Heiligen Offiziums, hinsichtlich ihrer Risiken auszuforschen.

Pater Castelli antwortete:

Wie Sie mich bitten, werde ich es noch einmal lesen, und ich werde mit Pater Mostro [Spitzname von Pater Riccardi] zusammentreffen, der mir *bei anderen Gelegenheiten gesagt hat, daß ihn jene Dinge überhaupt nicht störten,* und daß er genug Mut habe, immer auf Ihrer Seite zu stehen[49].

Im darauffolgenden Monat hatte Pater Castelli die erbetene Versicherung noch immer nicht erhalten[50]. Galilei mußte nachhaken, und am 26. Februar 1626 schrieb dann Pater Castelli endlich:

In Gegenwart des Herrn Ascanio Piccolomini sprach ich mit Pater Mostro und bat ihn, er möge seine Meinung zu den Angriffen von Sarsi sagen; er sagte, die Meinungen von Euer Ehren seien nicht gegen den Glauben, denn es sei schlicht Philosophie, und er würde Ihnen in allem, worum Ihr bittet, behilflich sein. Aber er wolle nicht nach außen hin auftreten, um Ihnen noch bei anderen Angelegenheiten behilflich zu sein, wenn Ihnen das Heilige Offizium Schwierigkeiten machen sollte, wo er Gutachter sei. Würde er sich vorher äußern, dann hätte er in der Sache nicht mehr sprechen können. Er berichtete dann noch, daß es ein wenig Unruhe unter seinen Fratres gegeben habe, und schloß dann, daß er vollkommen auf der Seite von Euer Ehren stünde und daß er, wenn Sie besondere Zweifel hätten, diese lösen würde[51].

Vergessen wir nicht, daß Pater Riccardi genauso kompromittiert war wie Galilei. Seine enthusiastische Billigung des *Saggiatore* vom theologischen

Standpunkt aus, die ihm damals vielleicht die Karriere beim Heiligen Offizium erleichtert hatte, exponierte ihn jetzt – angesichts der heiklen Frage, die Pater Grassis offizielle Erwiderung aufgeworfen hatte – gegenüber der Kritik aus seinem Orden. Es war nur zu verständlich, wenn er sich nicht noch ein zweites Mal öffentlich äußern wollte.

Sollte man die Sache auf sich beruhen lassen oder sie mit allen Konsequenzen offen angehen? Eine Entscheidung fiel schwer: Galilei fragte die Akademie der Lincei um Rat, und deren Empfehlung, die ihm am 9. September 1628 mitgeteilt wurde, lautete, die Fehde nicht anzunehmen.

Fürst Cesi hatte sich mit Monsignor Ciampoli und anderen Literaten und Würdenträgern beraten und berichtete jetzt Galilei, daß „er nicht gezwungen sei, in die Arena zu steigen“[52]; er solle sich lieber die extrem günstigen Verhältnisse zunutze machen und sich „anderen, wichtigeren Arbeiten“ widmen, anstatt Zeit bei dieser Frage zu verlieren.

Mit dem zeitlichen Abstand von heute könnte man denken, daß diese gemeinsam getroffene Entscheidung ein Fehler war. Die noch immer außerordentlich günstigen Bedingungen hätten es gestattet, die Frage von Grund auf zu klären. Die Chancen eines Erfolges dabei waren sehr groß, und ein solcher hätte ein für allemal den Verdacht der Häresie gegen den *Saggiatore* ausgeräumt.

Aber die richtige Einschätzung der Bedeutung dieses Problems wurde dadurch behindert, daß die „Ausfälle“ von Pater Grassi im Verhältnis zu jenem schon unterbundenen Verfahren rein papierner Natur waren. Einzig die Öffentlichkeit jener Anschuldigung schuf ein gewisses Unbehagen.

Aber auch diese Öffentlichkeit wurde, wie wir ja bereits wissen, durch den anwachsenden allgemeinen Konsens mit den Ideen Galileis und mit der Akademie der Lincei aufgewogen.

Die Pressionen seitens des Collegium Romanum und die Einschüchterungsversuche von Pater Grassi bestärkten die Fraktion des *Saggiatore* in den Auseinandersetzungen in Rom, anstatt sie zu blockieren. Die Partei der Anhänger Galileis gewann zusehends an Boden, so daß sie schließlich sogar in die Mauern der Gegner eindringen konnte: in das Collegium Romanum.

Akademische Rechtfertigungen

Der 3. September 1625 war ein großes Fest für die römischen Neuerer: Am Collegium Romanum hatte der Marchese Pallavicino, Lieblingskind der Akademie des Kardinals von Savoien, seine Doktoratsprüfung glanzvoll bestanden.

„Ein neuer Pico della Mirandola“ wurde er genannt, seine Bildung machte sogar die Gelehrsamkeit Virginio Cesarinis vergessen. Anstatt sich, wie alle wohlhabenden Studenten des Collegiums, die Doktorarbeit von einem Professor kompilieren zu lassen, hatte er über drei Tage hinweg alle Fragen zur

Logik, zur Metaphysik, zur Naturphilosophie und alle Argumentationen der Professoren des Collegiums beantwortet.

Der Pate des Examenskandidaten, Kardinal Maurizio di Savoia, hatte keine Kosten gescheut: Der Salon des Collegiums war kostbarer als gewöhnlich ausgestattet worden, von wunderbarem Gesang und Musik erfüllt und von oben bis unten mit unvergleichbar reichen Wandverkleidungen geschmückt. Bei diesem außergewöhnlichen Examen griffen zwanzig Kardinäle, alle Prälaten und die Intellektuellen der Akademien und sogar der Papst ein: Allein Kardinal Francesco Barberini und die Freunde aus seinem diplomatischen Gefolge konnten nicht teilnehmen, denn sie waren noch mit ihrer Gesandtschaft in Frankreich beschäftigt.

Im Herbst 1628, wann genau wissen wir nicht, wiederholt sich das Fest, diesmal anläßlich der Doktorprüfung des Marchese Pallavicino in Theologie. Es war wieder eine begeisternde Abfolge von Rechtfertigungen, Diskussionen, Fragen und Widerlegungen, die sich über fünf Tage hinzog und sich über alle theologischen Themen erstreckte: Dogmatik, Schriftauslegung, religiöse Streitfragen: dasselbe Schauspiel, dasselbe Publikum[53]. Nur Kardinal Maurizio di Savoia fehlte aus Gründen höherer Gewalt, denn er hatte Rom wegen Schulden im Jahr zuvor Hals über Kopf verlassen müssen.

Der große Protektor dieses Examenskandidaten war jedoch immer noch der Papst, dem auch die Doktorarbeit gewidmet war.

Im sicheren Wissen um seine Schutzherren, um seine Kenntnisse und das intellektuelle Klima in Rom, zu dem er als anerkannter Protagonist beitrug, sprach der einundzwanzigjährige Marchese *ex cathedra*, wie das in diesen akademischen Ritualen üblich war. Er erlaubte es sich sogar, Themen der Tagesaktualität zu streifen. Mit jugendlichem Hochmut diskutierte er über unangebrachte theologische Polemiken, die ein Professor des Collegium Romanum ausgelöst habe, der mehr von Mathematik und Architektur verstünde als von dogmatischer Theologie.

Man verstand den Zusammenhang, als der Examenskandidat in seinem Doktoratsmarathon an den Punkt gelangte, wo die Fälle kommentiert wurden, die mit den grundlegenden Artikeln der Sessio XIII. des Tridentinischen Konzils über die Eucharistie in Zusammenhang standen.

Dem Publikum sollte keine einzige Pointe entgehen[54].

Der Marchese Pallavicino hatte gute Lehrer am Collegium gehabt: Pater Vincenzo Aranea und Pater De Lugo. Theologisch waren die Argumentationen des Examenskandidaten auf dem neuesten Stand. Schluß gemacht wurde mit den traditionalistischen thomistischen Vorstellungen über die Transsubstantiation durch Übergang (*transitus*) von einer Substanz zur anderen oder durch Absorption. Die Transsubstantiation wurde im Stile der von den Jesuiten modern ausgedeuteten scotistischen und nominalistischen Theologie interpretiert: eine adduktive oder progressive Theologie über die Konversion der Substanz.

Als aber der Examenskandidat zum zweiten Kanon gelangte, dem über die eucharistischen Akzidentien, da erwies er sich, der sich in der Philosophie bereits einen Namen gemacht hatte und der kulturell sehr gebildet war, nicht als bedingungsloser Gefolgsmann der herrschenden Theologie, die diese Akzidentien als absolut, ohne Subjekt interpretierte. Er gestand hingegen zu, daß man darüber zwei Theorien haben könnte, ganz nach der physikalischen Theorie, die man anwandte: die Theorie der kleinsten Komponenten der Substanzen oder die der substantiellen Qualitäten. Die erstere ist weniger wahrscheinlich als die zweite, denn diese wird von der Autorität der Tradition gestützt. Aber deswegen ist derjenige, der an die kleinsten Teile glaubt, kein Häretiker gegenüber dem Dogma.

Diejenigen, die die Minima in den natürlichen Spezies annehmen, müssen dasselbe auch für die Materie der Konsekration sagen, denn die Konsekration kann sich nur in einer bestimmten Spezies vollziehen. Diejenigen hingegen, die, was wahrscheinlicher ist, diese Minima in den natürlichen Dingen bestreiten, müssen sie dennoch hinsichtlich der Materie der Konsekration behaupten[55].

Mehr konnte man dazu nicht sagen. Aber auch zur Frage von Substanz und Quantität äußerte sich der Kandidat in brillanter Weise; er trug eine gemäßigte und auf Versöhnung zielende These vor, in die er die Definition der örtlichen Undurchdringbarkeit aufnahm. Nur so war es möglich, aus dem Dogma der Eucharistie kein Tribunal über philosophische Theorien zu machen.

Der Begriff Spezies, wie er in der Formulierung des Dogmas geäußert wurde, diente dem Marchese Pallavicino dazu, als einzige gesicherte Wahrheit zuzugestehen, daß alle sinnlich wahrnehmbaren und verborgenen Qualitäten der Eucharistie auf wunderbare Weise aufrechterhalten wurden, um „eine sinnlich wahrnehmbare Wirkung zu erzeugen".

Das war alles: Das Dogma zwang nicht zu einer bestimmten Interpretation der sinnlich wahrnehmbaren Wirkung.

Auch diese brillanten akademischen Rechtfertigungen, die am Collegium Romanum mit großer öffentlicher Zustimmung vorgetragen wurden, sollten Galilei bedeuten, daß man eine offensive Verteidigung des *Saggiatore* und eine Polemik ohne Ende für überflüssig hielt. In den Augen von Galileis römischen Freunden schienen die Anschuldigungen von Pater Grassi keinen Bestand mehr zu haben.

Aber vielleicht hatten sie sich ebenso wie Galilei daran gewöhnt, die Autorität der Tradition zu unterschätzen.

Und in der Debatte um die Eucharistie war das eine furchteinflößende Autorität.

Siebtes Kapitel

„Der Streit um die Eucharistie"

Comme l'astre brillant qui porte la lumière,
au déclin d'un beau jour, en la saison d'été,
luit sur son char penchant avec tant de clarté
*qu'elle éblouit encore la plus forte paupière**

Antoine Godeau, *Institution de l'Eucharistie, Poésies chrétiennes et morales,* Paris (1633), Band 3, 1.

Licht und Wärme

Die Intarsienarbeit im Marmor der Frontalseite des Altars ist der raffinierten florentinischen Kunst in der Bearbeitung der *pietra dura* ebenbürtig. Sie besteht aus schier unaufhörlich ineinander verschlungenen Bändern: ein symmetrisches Labyrinth von Schlaufen und Überkreuzungen, das nie endet und immer wieder zu sich selbst zurückfindet.

Mitten auf dem Altar ragt auf sicherem Stand die Monstranz empor. Sie ist aus fein zieseliertem Gold gearbeitet und mit gegossenen Elementen dekoriert. Der dreieckige Fuß geht über in einen mit Wülsten verzierten Ständer, darüber das Kreuz und darüber eine vergoldete runde Einfassung, in die geflügelte Köpfe ziseliert sind. Im Zentrum dieser Umrahmung befindet sich, auf kaum wahrnehmbare Weise gehalten, die geweihte Hostie, auf der das Bild Jesu am Kreuze dargestellt wird.

Mehr noch als eine Partikel ist jene Hostie ein Lichtteilchen. Sie läßt ihre genauen Umrisse nicht erkennen. Wahrnehmen kann man sie nur, weil sie sich wie ein durchsichtiger, immaterieller Lichtschein gegen das Licht des Himmels hinter dem Altar abhebt.

Der Blick des Beobachters richtet sich nahezu zwangsläufig auf diese durchscheinende Hostie. Es scheint, als strahle dieses Stilleben aus einem undefinierbaren eigenen Licht heraus.

Von rechts und von links richten sich die Blicke der Theologen darauf; die Doctores der Kirche, die Heiligen, Prälaten, Päpste und Gläubigen, sie alle sind hierher zusammengerufen, um Zeugnis dafür abzulegen, daß das Mysterium der Eucharistie im Brennpunkt des Glaubens steht.

Von diesem Brennpunkt aus ordnet sich die Gruppe der bedeutenden Kirchengelehrten in einem Bogen um den Altar herum: der Heilige Gregorius, der Heilige Hieronymus, Sankt Ambrosius, der Heilige Bonaventura, der Heilige Thomas. Auch Dante und Savonarola sind zu erkennen.

Fast alle haben sie ein Buch in der Hand. Einige rezitieren laut daraus. Andere erforschen es mit Bonaventura in angestrengter exegetischer Reflexion. Weitere Bücher und Traktate liegen verstreut zu Füßen jener außergewöhnlichen Versammlung; und auch diese Bücher konzentrieren sich um den Altar im Mittelpunkt.

Die stürmischen theologischen Debatten des Mittelalters zwischen Dominikanern und Franziskanern über die Realpräsenz [Christi in der Eucharistie, U. H.] spiegeln sich in der Haltung der Personen, in ihren Blicken und Gesten. Blicke und Hände weisen auf den Lichtpunkt, das Symbol für das Mysterium.

So kehrt der Blick zum Altar zurück und folgt der ausholenden Geste eines Arms, der zum Himmel weist, wo sich die vertikale Achse der Monstranz fortsetzt. Ebenfalls in dieser Richtung setzt sich der Lichtschein der Hostie in neuen konzentrischen Kreisen fort, ganz so, wie wenn man einen Stein in das ruhige Wasser eines Sees wirft.

Unmittelbar über dem ersten, durch die Einfassung der Monstranz gebildeten Kreis wiederholt sich die Kreisform in der goldenen Scheibe, welche die weiße Taube als Gestalt des Heiligen Geistes umfaßt. Dann weitet sich das Kreismotiv aus und wird zum Glorienschein des auferstandenen Christus, wobei die dekorativen Motive diejenigen der Einfassung der Monstranz wiederaufnehmen.

Am Ende wird diese Überlagerung konzentrischer Kreise von der Hostie bis zum Himmel abgeschlossen durch einen Kranz aus Wolken und Licht, der nur teilweise sichtbar ist: Es ist der Himmel der Engel, in dessen vergoldetem Licht auch der segnende Gottvater erscheint. Dieser letzte Himmelskranz wird durch Strahlen unterbrochen wie bei den Speichen eines Rades oder, besser noch, wie bei der Innenseite einer Kuppel.

Und wie in einer Kirche steht der Altar im Schnittpunkt der rechtwinkligen Achsen dieses Universums der katholischen Theologie.

Über diesem außergewöhnlichen Ring des Glaubens wird, so als werde er von einer Welt der Ideen beherrscht, eine allegorische Gestalt der Theologie erkennbar, dargestellt als personifizierte Wahrheit. Ihr zur Seite steht eine weitere allegorische Figur, die des Feuers, wie um darauf hinzuweisen, daß das Licht die zentrale symbolische Rolle in einer Theologie spielt, deren Glaubenshierarchie auf dem Zentrum der Eucharistie aufbaut[1].

So kulminiert die axiale, auf die Hostie bezogene Anordnung der Dreieinigkeit im Feuer und im Licht. Sie enthüllt uns, daß jenes theologische Universum sich aus Doktrinen speist, die die theologische Sichtweise der Eucharistie mit einer weiter gefaßten kosmologischen Bedeutung verknüpfen. Hier ist das Feuer, die erste Quelle des Lichts, ebenfalls vollkommen integriert in das um einen einzigen Punkt rotierende System: das Wunder der geweihten Hostie.

Was wir bis hierher zu beschreiben versucht haben, ist die Ausgestaltung der Wand und des östlichen Gewölbebogens der *Stanza della Segnatura* im

Vatikan-Palast, deren Fresken im Jahr 1509 von Raffael gemalt wurden (Abb. 10).

Dieser weithin bekannte Saal war der Raum des Tribunals der *Segnatura gratiae,* ein privilegierter Ort für die Mächtigen einer Kirche, die darauf zielt, eine neue Weltordnung herzustellen. Die komplexe Ausgestaltung des Saals steht im Zeichen einer durchgehenden Suche nach intellektuellen Symmetrien, nach Symbolen, nach Verweisen und Bezugnahmen, die von der großen humanistischen und wissenschaftlichen Kenntnis des Künstlers und seines Auftraggebers, Julius II., künden.

Es wurde ein Spiegel der Doktrinen von außergewöhnlichem intellektuellem Wert für den Historiker. Mit der Geschichte der eucharistischen Theologie und ihrer untrennbaren Verquickung mit der Geschichte der Philosophie und der Wissenschaft bis 1509 könnte man eine ganze Bibliothek füllen. Aber dieses Fresko von Raffael[2] faßt in seinem Strahlenbild das zentrale Mysterium der Eucharistie aus dem Blickwinkel der europäischen Kultur zusammen.

Man versteht in jenem Raum, daß im Jahr 1509, als Raffael das Fresko malte, keine unlösbare Antinomie zwischen klassischem Naturalismus und christlicher Transzendenz, zwischen heidnischer und materialistischer Philosophie und christlicher Heiligkeit bestand.

Direkt gegenüber dieser triumphalen Hymne auf die Kirche hat Raffael den Tempel der profanen Wissenschaft gemalt, die Schule von Athen: Das war die Rekonstruktion der antiken Welt als Tempel, in dem sich Platon, Aristoteles, Sokrates, Epikur, Averroes, Heraklit, Euklid und Ptolemaeus aufhalten. Auf der einen Seite die Bibel, auf der anderen der Timaios.

Die beiden Bilder stehen sich ohne Beziehung, aber auch ohne Vorrang gegenüber. Ohne sich zu schämen, konnten diese Mathematiker und Naturforscher der antiken Welt, unter denen sich vielleicht sogar Demokrit versteckt, auf den Triumph der Kirche schauen. Der römische Hof war trotz aller damit verbundenen intellektuellen und historischen Probleme offen und sensibel für die faszinierende Kultur der Renaissance – und Raffaels neuplatonische Religiosität hatte sich mit dieser Offenheit getroffen.

Nur vierzig Jahre später jedoch hätte Raffael, wenn er noch gelebt hätte, diesen Raum nicht mehr mit demselben Gefühl eines Gleichgewichts zwischen Glauben und Philosophie ausgestalten können; denn nur vierzig Jahre später, im Jahr 1551, verkündete die Sessio XIII des Konzils zu Trient die endgültige, kämpferische Wahrheit des Mysteriums der Eucharistie. Dadurch mußte jenes Gleichgewicht zwangsläufig ins Wanken geraten.

Nach Trient betrachteten die Kardinäle, Prälaten und Päpste, die in der Stanza della Segnatura zu tun hatten, auch Raffaels Fresko mit verändertem Blick. Ursprünglich hieß es wohl *Il trionfo della Chiesa (Der Triumph der Kirche)* oder auch *Il trionfo dell'Eucaristia (Der Triumph der Eucharistie),* denn es feierte ja die rationale Debatte und Forschung in der Theologie. Jetzt hingegen herrschte eine Zeit der unüberschreitbaren Dogmen, der Kontroversen und der intellektuellen Unterdrückung, und folglich hatte sich zwangsläufig auch der Blick auf diese lichtstrahlende Hostie geändert. Im 17. Jahrhundert wurde der Originaltitel in *Disputa del Sacramento (Disput um das Sakrament)* geändert. Und dieser Titel blieb bis in unsere Tage erhalten.

Ein Instrument des Glaubens

Die Auseinandersetzung um das Sakrament der Eucharistie tobte zur Zeit Galileis wie nie zuvor. Aber es war nicht mehr der Streit, den Raffael in seinem Fresko *Disputa del sacramento* in der Stanza della Segnatura in den Vatikanischen Palästen dargestellt hatte: ihre Grenzen hatten sich verschoben. Raffael hatte diese intellektuelle Debatte als ein geistiges Ferment dargestellt. Jetzt, nach der Formulierung des Tridentinischen Dogmas, konnte die Auseinandersetzung nicht mehr innerhalb der Kirche stattfinden, sondern sie mußte bis hart an die äußerste Grenze gegen die geführt werden, die sich außerhalb der Kirche stellten, dorthin, wo es keine Rettung mehr gab.

Die Heiterkeit jener spiegelsymmetrischen Fresken war der Abgesang auf ein untergehendes platonisierendes Christentum gewesen. Wie von einem Stern am Abendhimmel eines Sommertages wurde es vom Licht dieser Hostie des Glaubens erleuchtet.

Aber in dem großen Fresko zu Ehren der Eucharistie konnte man die eigentliche Problematik erkennen: die einsam im Zentrum stehende und eindrucksvolle Monstranz, die Raffael genau durchdacht und ausgearbeitet hatte, um ihr die für jene Zeit angemessene liturgische Bedeutung zukommen zu lassen.

Als Raffael die ersten Entwürfe für jenes Symbol zeichnete, wie wir sie heute im Entwurf für die *Disputa* im British Museum sehen können[3], da hatte er neben dem Altar noch einen Ständer geplant. Das Sakrament selbst jedoch sollte in seiner mystischsten und ältesten Form präsentiert werden, so wie es bereits in der Darstellung des Glaubens bei den Religiösen Tugenden geschehen war: als Kelch und darüber die Hostie[4] (Abb. 12).

Die Monstranz, wie sie im Fresko im Vatikan dann dargestellt wurde, entsprach den modernen stilistischen Anforderungen an dieses Instrument der Liturgie. Sie war ungleich moderner als die turmförmigen Monstranzen, wie sie bis ins 16. Jahrhundert hinein vorherrschten; das waren Reliquiarie gewesen, die man diesem Zweck angepaßt hatte. Die Monstranz, für die Raffael sich entschieden hatte, besaß die Form einer Sonne. Nur der Fuß war gleichgeblieben, der eigentliche Kelch jedoch war verschwunden und zu einer Sonne umgebildet worden.

Die Geschichte von Kirchengeräten ist die Geschichte von Ideen: Dieser Typ der Monstranz war das Symbol einer neuen Form der Eucharistie, die vollkommen abgekoppelt war vom Ritus der Messe als Abendmahl, wie es die Protestanten interpretierten. Sie diente in einer einmaligen, absoluten und in sich abgeschlossenen Form als Mittelpunkt eines besonderen und autonomen Kults. Im 17. Jahrhundert erlangt dieser Kult beinahe frenetische Ausmaße, und diesen Typus sonnenförmiger Monstranzen kann man unter den großen barocken Kuppeln in monumentaler Größe wiederfinden[5].

Im 17. Jahrhundert bedurfte der katholische Glaube in diesem Punkte, anders als im Mittelalter, keiner Selbstverständigung mehr. Für ihn galt es nun, das Tridentinische Dogma durchzusetzen, den Angelpunkt des Glaubens im Zeitalter der Gegenreformation, unerschütterlich wie der große gemalte Marmorblock im Hintergrund von Raffaels Fresko, der vielleicht an Sankt Peter erinnern sollte.

Begriffe und Probleme

Die Eucharistie ist das wichtigste Sakrament der christlichen Religion. Unter all den Zeichen, die die Teilhabe des Menschen am göttlichen Leben zum Ausdruck bringen, ist die Eucharistie das einzige, das Christus nicht allein unter den Menschen vergegenwärtigt, sondern ihn auch vollständig real präsent macht.

Die Feier dieses Mysteriums als Opfer in Form von Messe und Kommunion war die hauptsächliche Praxis des Urchristentums gewesen. Diese Bedeutung war durch die heftigen christologischen Diskussionen der Kirchenväter verändert worden. Es handelte sich um eine Praxis der Verehrung, die jedoch noch nicht in das Schema einer ausdrücklichen Glaubenslehre gezwungen worden war. Wie Augustinus sagen wird: ein Mysterium, über das man nicht unbeschadet nachforscht[6]. Und dennoch vollzieht sich von Augustinus bis Galilei die lange Geschichte eines Wortes: Transsubstantiation.

Der Begriff selbst taucht erst sehr spät auf: im 11. Jahrhundert, und „kanonische“ Glaubenslehre wird er noch später: in den beiden nachfolgenden Jahrhunderten, als die scholastische Theologie in ihrer Argumentation einen juristischen Stil annahm. In den Sammlungen kanonischer Texte zur Instruktion für die Predigten der Bischöfe und Pfarrer hatte dieses Wort aufgrund seiner didaktischen und polemischen Bedeutung großen Erfolg.

So kam der Begriff in die Predigten, die liturgischen Abhandlungen und in die Polemiken. Auf dem Laterankonzil 1215 wurde er kanonisiert, aber erst Jahrhunderte später zum offiziellen Dogma erklärt. Viel früher jedoch war die Glaubenslehre der Transsubstantiation zum offiziösen Dogma geworden, denn der Begriff besaß die sprachliche Eigenschaft, sich jedwedem intuitiven oder rationalen Zugriff zu entziehen, und war folglich ideal, ein Mysterium zu bezeichnen.

Die Kehrseite dieser Eigenschaft war die langwierige und oft dramatische Geschichte der Unvereinbarkeit einer doktrinären Theologie mit einer Perspektive der Vernunft, die die wahrnehmbaren physikalischen Erfahrungen für entscheidend erachtet.

Es war eine lange und verwickelte Geschichte: die des Konflikts zwischen Glauben und Vernunft. Im Vergleich zu ihr stellt der Widerstand gegen die heliozentrische Wahrheit der Astronomie nur eine kurze Episode am Rande dar.

Warum gerade dieses und nicht ein anderes Dogma als Inbegriff für das Mysterium der Dreieinigkeit? Die Antwort fällt nicht schwer: Die Transsubstantiation war das einzige Dogma, das die Antinomie zwischen dem Zeugnis der Sinne und doktrinärer Bekräftigung des Glaubens offenkundig machte. Dieses Dogma setzt wahrnehmbare Phänomene (Wärme, Geschmack, Geruch) und mechanische und chemische Eigenschaften voraus, die identisch mit denen der Alltagserfahrung sind, zugleich aber postuliert es eine radikale Transformation der Substanz des geweihten Brotes und Weines. Daß dieses Dogma unter Philosophen und Wissenschaftlern Opfer fordern würde, konnte man unschwer vorhersehen.

Für eine Religion ist ein Dogma das, was für eine deduktivhypothetische Theorie ein Postulat darstellt. Niemand sucht es zu beweisen, aber es ist legitim, sich zu fragen, ob seine Formulierung einsichtig oder vielleicht in sich widersprüchlich ist. Daher das Bemühen, dieses Mysterium rational zu interpretieren, um seine Bedeutung zu verstehen.

Nun forderte die Lehre der Transsubstantiation das menschliche Verstehen auf vielfältige Weise heraus. Es lassen sich zwei große Problemkreise herauskristallisieren: Wie wird diese Transformation der Substanz produziert? Durch Vernichtung oder durch Verwandlung der ursprünglichen Substanz von Brot und Wein in Leib und Blut Christi? Die zweite Problematik betraf die Fortdauer der ursprünglichen Wahrnehmungstatsachen: wunderbare Fortdauer, das wohl, aber der allgemeinen Sinneserfahrung unterworfen. Wie kann man jene Phänomene und ihre Wahrnehmung physikalisch interpretieren?

Der erste Fragenkomplex erlebte das Jahrhunderte währende Duell zwischen den Dominikanern in der Tradition des Heiligen Thomas von Aquin und den Franziskanern im Gefolge von Duns Scotus in Form einer rein theologischen Debatte. Die Fragen der zweiten Problematik schlugen sich dagegen unmittelbar in den Erkenntnistheorien und Naturphilosophien in einer untrennbaren Mischung richtiger und falscher Argumente nieder. Diese Vermischung ergab sich zwangsläufig, denn, „wenn der Glaube nicht durchdacht ist, dann ist er gar nichts“[7], hatte schon Augustinus gesagt – und damit die abenteuerliche Suche nach der Einsehbarkeit des Glaubens angekündigt, die die Menschen des Mittelalters und der Moderne kennzeichnen wird. Daß dem Dogma der Transsubstantiation ein großes philosophisches Schicksal beschieden sein würde, war absehbar. In der Tat ist einsichtig, daß die Idee der Permanenz wahrnehmbarer Sinneseindrücke bei gleichzeitiger Veränderung der Substanz leichter rationalisierbar gewesen wäre, hätte man die Idee der Substanz von derjenigen der wahrnehmbaren Phänomene getrennt. Andererseits hätte, das erkennen auch die modernen

Apologeten an, jede Philosophie, die in den Begriff der Substanz in Form von Ausdehnung, Zahl oder mechanischen Eigenschaften quantitative Elemente eingeführt hätte, die Bedingungen für die Weiterexistenz der Substanz im Sakrament erschwert, wenn nicht gar widersprüchlich gemacht.

So wird verständlich, warum keine Philosophie den Erfordernissen des Glaubens besser entsprach als die aristotelisch-thomistische Metaphysik, der sogenannte Hylemorphismus. Als man dieses großen Vorzugs der Philosophie des Heiligen Thomas von Aquin gewahr wurde, ließ man alle Vorurteile und Einwände gegen die Hochschätzung nicht allein der Logik, sondern auch der Naturphilosophie eines heidnischen Philosophen wie Aristoteles fallen. Im übrigen war diese Entscheidung fast zwangsläufig, denn alle anderen Philosophien oder Kosmologien erwiesen sich als unvereinbar mit jenem großen Glaubensprinzip. Die einzige Alternative hätte darin bestanden, eine radikale Autonomie sowohl der Wissenschaft als auch des Glaubens festzulegen – was bis in die jüngste Vergangenheit undenkbar war. Es gab also Schwierigkeiten auf beiden Seiten, denn das kulturelle Erbe der katholischen Dogmen und folglich auch die theologische Grundlage der Theorien der Erkenntnis und der Welt waren wenigstens bis ins 17. Jahrhundert von absoluter Wichtigkeit.

Es spielte sich ein lang währender Konflikt innerhalb der christlichen Kultur – nicht gegen sie – zwischen gleichermaßen christlich eingestellten Männern ab, die allein wegen ihrer Ideen hinsichtlich des intellektuellen Problems der Eucharistie und ihres Amtes auf verschiedenen Seiten standen. Auf der einen Seite eine eingeführte Glaubenslehre mit zahlreichen philosophischen Konsequenzen und Verboten, und auf der anderen Seite Hypothesen zur Erkenntnis, die den Wert abstrakter Konzepte wie das der Substanz verwarfen; letztere stützten sich auf die Sinneswahrnehmung oder auf atomistische Erklärungen: Es waren dialektische, nominalistische und atomistische Hypothesen. Unter verschiedenen Überschriften bilden sie alle eine Ahnenreihe, die schließlich zu Galilei führt.

Sie alle stießen, wie eines Tages auch Galilei, mit dem Problem der Eucharistie zusammen. Viele mußten das teuer bezahlen; aber es bleibt die Gewißheit, daß sie mit ihren Eröterungen auch dann, wenn sie exkommuniziert wurden, einen Einfluß in jene Richtung ausübten, aus der die moderne Wissenschaft entstehen sollte.

Von Chartres nach Trient

Die intellektuelle Auseinandersetzung um die Eucharistie ist, soweit uns das betrifft, eine Geschichte, die sich über die Jahrhunderte hinweg immer auf denselben Gebieten wiederholt: Philosophie, Wissenschaft, Politik.

Diese tiefgreifende Spannung nahm ihren Ausgang von einem bedeutenden Pol des intellektuellen und geistigen Lebens: von Chartres, in den 20er Jahren des 11. Jahrhunderts.

Da gab es einen Neuerer und Theologen aus der berühmten Schule von Chartres, Berengar von Tours, der Unzufriedenheit mit dem Autoritätsprinzip erkennen ließ; er kritisierte, daß die Sinne und die Vernunft – Reflexe der göttlichen Weisheit – bis in die Tiefe jenes Mysteriums vordringen könnten. Er hatte Erfolg, wurde Erzdiakon in Angers und brillanter Scholastikus in Tours, in der Schule von Saint-Martin, die so von Leben sprühte, daß sie sogar der angesehenen und berühmten Schule der normannischen Abtei von Bec Konkurrenz machen konnte.

Berengar wollte die für ihn günstige Lage nutzen: Sein Gönner, Eusebius Brunon, war 1047 Bischof von Angers geworden und der Graf von Angers, der Antipapist Geoffrey Martel, unterstützte ihn bedingungslos. Berengar sprach also offen aus, was er dachte: Die Sinne nehmen die eucharistischen Erscheinungen wahr, also Farben, Gerüche und Geschmack. Da die Erscheinungen aber, nach guter Dialektik, untrennbar von ihrer Substanz sind, existieren Brot und Wein auch nach der Konsekration weiter. Berengar war schon ein Nominalist: Die Farben und der Geschmack waren farbliche und geschmackliche Substanzen; und all dies im Namen der „herausragenden Rolle der Vernunft“[8].

Der einflußreiche Abt von Bec zeigte ihn an und warf ihm vor, „die ganze Eucharistie auf ein reines Symbol“[9] reduzieren zu wollen, das heißt auf einen reinen Namen für ein Sakrament. Die Geschichte nahm ihren Lauf.

Sieben Konzile verurteilten Berengar, und sooft er seine Häresie verfluchte, so prompt widerrief er seine Widerrufe. Schließlich mußte er auf dem Laterankonzil von 1079 ein für allemal zugestehen, an die Transsubstantiation zu glauben[10].

Der Same des Streits schlug immer neue Triebe. Die Schule von Chartres, die im Mittelalter auch die Wiege für weitere abweichende Lehren wie z. B. den philosophischen Atomismus war, stellte sich hinter Berengar. Dazu gesellten sich auch noch Sekten, die traditionell gegen die Transsubstantiation eingestellt waren: Waldenser und Katharer taten sich dabei hervor.

Der Benediktinerorden, Garant der offiziellen theologischen Tradition, mußte seine besten kulturellen Zentren, wie die Abtei von Mont-Saint-Michel, zur Unterstützung der Schule von Bec mobilisieren und eine geschlossene Front gegen die neuen Ideen bilden.

Aber diese überwanden sogar die Mauern dieser berühmten Abteien und ihrer Kreuzgänge; sie begannen in Stadt und Land zu zirkulieren. Aus diesem Grunde wurde, zum Zeichen der Mahnung gegen den Häretiker Berengar, damit begonnen, in die Liturgie die Verehrung der Hostie einzuführen. Auch die große eucharistische Prozession in Angers, die sich bis in unsere Tage erhalten hat, geht auf die kühne Dialektik von Berengar zurück.

Die unmittelbaren intellektuellen Folgen jedoch waren noch viel bedeutsamer.

„Illa summa controversia“[11] heißt es noch im Jahr 1120 bei Abaelard; das Ergebnis war, daß die theologische Terminologie auf die Apologie des umstrittenen Begriffs Transsubstantiation festgeschrieben wurde.

Dieses Wort, das eines der am häufigsten ausgesprochenen und niedergeschriebenen in der europäischen Geschichte werden sollte, taucht in jener Zeit zum ersten Mal aus der Feder des Heiligen Petrus Damiani auf, des großen Kritikers einer rationalen Erörterung theologischer Fragen. Begriffe sind in der Geschichte der Ideen Waffen; und dieser Neologismus erwies sich als höchst effektiv, so daß er sich ausbreitete und lange Zeit überdauerte.

Aber auch die Waffen des Gegners taugten für diese Auseinandersetzung: Die „Vernunft“, auf die sich der Häretiker Berengar beruft, wird als Instrument der Orthodoxie benutzt. Ausgefeilte Dialektik dient dazu, die Transsubstantiation mittels der grammatikalischen Analyse des Pronomens *hoc* in der eucharistischen Formel zu beweisen und zur genauen Prüfung der patristischen Texte überzugehen, um den neuen Begriff mit einem ganzen Kranz von Zitaten auszuschmücken. Die *summae*, die *sermones*, die Handbücher der Inquisitoren und die apologetischen Traktate besorgten den Rest. 1215 schrieb das Laterankonzil einen De-facto-Zustand fest.

Die antirationale Kontroverse hatte den Effekt, die Theologie um das kanonische Recht zusammenzuschließen und dem Heiligen Thomas von Aquin den Weg zu ebnen. Aus Gründen der Polemik, des Katechismus oder der Pädagogik bezeichnete die Theorie der Transsubstantiation den Übergang von Augustinus zur Scholastik. An die Stelle des kontemplativen Rationalismus von Augustinus trat eine spekulative Spiritualität, die in einer Abfolge apologetischer und polemischer Argumente zu einer immer vollkommeren und undurchdringlicheren rationalen Metaphysik weitergetrieben wurde. Metaphysischer Realismus und Verteidigung des Autoritätsprinzips waren von diesem Moment an untrennbar miteinander verbunden.

Bereits in Berengars Widerruf aus dem Jahre 1079 war der Begriff Substanz aufgetaucht. Guitmundus d'Anversa, ein Schüler von Berengars Ankläger, erhebt ihn zur Glaubenslehre, aufgrund derer „der Geschmack, die Farbe und die anderen sinnlich wahrnehmbaren Akzidentien existieren“[12].

Nach dem Konzil von 1215 nimmt man unausweichlich Kurs auf eine Philosophie der Materie, nach der es in den Körpern eine konstitutive Grundrealität gibt und eine Realität, die nur der sinnlichen Wahrnehmung erscheint.

Erstere wird Substanz genannt, letztere Qualität[13]. Aber sind die eucharistischen Spezies objektive Realitäten oder subjektive Eindrücke? Das war jetzt das Problem.

Ein weiterer Neuerer, ein Dialektiker voller Vertrauen auf die Erfahrung, schlug zur Lösung dieser philosophisch-theologischen Problematik ein mentales Experiment vor, das wir das Experiment mit dem Apfel nennen könnten. Es war Abaelard, und er schlug vor, diese Akzidenzien müßten, da sie ja nicht im Nichts existieren können, in der umgebenden Luft sein. Genauso bleibe der Geruch und der Geschmack (die Farbe?) eines Apfels erhalten, auch wenn dieser nicht mehr da ist, etwa weil er gegessen wurde.

Seine Theorie wurde verurteilt. Aber das Problem war benannt[14].

Der Siegeszug der aristotelischen Theorie über die Materie, die vom Heiligen Thomas von Aquin aufgegriffen wurde – der Hylemorphismus, ein Wort, das heute nicht mehr in Gebrauch ist –, verdankt sich vor allem dem Erfolg bei der Behandlung der philosophischen und logischen Probleme im Umfeld der Eucharistie. Diese Theorie der Konstitution natürlicher Körper erwies sich als dauerhafter als jede andere, und sie wird auch in unseren Tagen an den katholischen Universitäten noch immer gelehrt.

Nach dieser Theorie besteht ein Körper aus zwei metaphysischen Prinzipien: der Materie, die dem Körper seine Ausdehnung gibt, und der Form, dem qualitativen Prinzip, aus dem Aktivität und spezifische Eigenschaften resultieren. Nun gab es in der Eucharistie eine Substanz, die mit ihrer Ausdehnung nicht übereinstimmte, denn die Substanz des Corpus Christi stimmte offenkundig weder mit der Ausdehnung der Hostie noch mit deren sinnlich wahrnehmbaren Eigenschaften überein.

Der große Vorteil des Hylemorphismus bestand in der Ökonomie: Er erlaubte es, das Mysterium der Eucharistie auf ein einziges Wunder zurückzuführen, nämlich die wunderbare Trennung eines Körpers von seiner Substanz.

Nachdem die Materie einmal von der Extension, also der Quantität geschieden war, konnte die Transsubstantiation zu einer vollkommen rationalen Glaubenslehre erhoben werden mit all den theoretischen Vorteilen, die der Heilige Thomas von Aquin uns in den berühmten *Quaestiones* 73–83 der *Eucharistia* in seiner *Summa theologica* erläutert hat. Darauf bauen noch Jahrhunderte später die Väter des Konzils von Trient auf, um das berühmte Dogma zu formulieren.

„Die Substanz des Brotes hat sich vollständig in den Leib Christi verwandelt [...] Daher ist das keine nur formelle Umwandlung, sondern eine substantielle. Auch gehört dies nicht zu den Arten der natürlichen Veränderungen, sondern mit ihrem eigenen Begriff kann sie Transsubstantiation genannt werden“[15]. Die gesamte Substanz – das heißt Materie *und* Form. Die Tatsache, daß die Katholiken noch heute wissen, daß man ihnen zur Kommunion ein Stückchen Brot reicht, ist eine Folge der philosophischen und theologischen Weitsicht des Heiligen Thomas von Aquin.

In unserem Zusammenhang ist das Problem der physikalischen Phänomene in der Sicht der neuen Glaubenslehre von Interesse. Und auf diesem Gebiet ist ein metaphysischer Realismus das Resultat.

Der Heilige Thomas von Aquin besaß die intellektuelle Kühnheit, zu behaupten, was seine Vorgänger nur sehr vorsichtig zu formulieren wagten: die Phänomene der Eucharistie sind unabhängig von ihrer Substanz sinnlich wahrnehmbar, es sind Akzidentien ohne Subjekt. Daher wird die Qualität (die Ausdehnung) der geweihten Hostie weder durch die Materie des Brotes noch durch die umgebende Luft gestützt. Sie bleibt, durch ein Wunder, auch ohne Substanz. Und dasselbe gilt für die anderen Akzidentien, die zur Ausdehnung gehören: die berühmten Eigenschaften „Farbe, Geruch, Geschmack“. Diese bleiben und agieren „als ob“ sie von einer Substanz abhingen, aber in Wirklichkeit bleiben und agieren sie ohne Substanz.

Die metaphysische Theorie der Transsubstantiation erlaubte, logisch unangreifbar, das Kopfzerbrechen über einige traditionell ungelöste Fragen der Theologie zu beenden, über die man seit Jahrhunderten diskutierte. Was geschieht, wenn der Priester die Hostie zerbricht? Und wenn der geweihte Wein Essig wird? Was ist davon zu halten, wenn man entdeckt, daß die Hostie von Mäusen angeknabbert wurde? Würde diese Profanierung auch den heiligen Leib Christi verletzen?

Anhand dieser Art von Problemen haben sich über Jahrhunderte in ausgeklügeltsten Disputen Lust und Strenge der logischen Argumentation ausgebildet. Die thomistische Lösung transferierte diese Widersprüche und Fragen in ein sehr rationales, metaphysisches Licht.

Mit der thomistischen Theorie von den „Akzidentien ohne Subjekt“[16] hatte sich die Doktrin von der Transsubstantiation gegen spitzfindige dialektische Einwendungen gewappnet, falls ein Philosoph das Problem der sinnlichen Erfahrung von Wärme, Geschmack und Geruch aufwerfen sollte oder falls den Gläubigen Zweifel kämen, wenn eine Maus – im übrigen wohl gar kein so seltener Fall – eine geweihte Hostie anknabberte.

Im vollen Bewußtsein dieses großen Wertes für die Apologetik machte sich die Kirche die Idee von den Akzidentien ohne Subjekt ganz offiziell zu eigen. Aber diese Glaubenslehre ging mit einer Metaphysik der Materie einher. Die Substanz war die Essenz an sich, ohne die Notwendigkeit eines Subjekts für seine Existenz. Die Akzidentien waren eine unabhängige Realität, die – virtuell, nicht faktisch – mit der Substanz verbunden waren, so daß dieser Zustand durch das Aussprechen des Segens geändert werden konnte.

Hinsichtlich der Konsekration nach der thomistischen Metaphysik waren sich die Scholastiker jedoch nicht alle einig.

Aus der Sorbonne und später aus dem Kloster von Oxford verkündete der Franziskaner Duns Scotus seine kritischen Vorbehalte gegenüber einer rationalen Theologie dieser Art und gegenüber dem intellektuellen Monopol der Dominikaner, dem Orden des Heiligen Thomas von Aquin, das nicht nur in theologischen, sondern auch in philologischen und kosmologischen Fragen beansprucht wurde.

Jeder weiß, welche Bedeutung die Schule des Duns Scotus im Herzen des Franziskanerordens für die philosophische und wissenschaftliche Tradition vor Galilei hatte[17]. Aber nicht alle wissen, daß das Maß und zugleich der Stein des Anstoßes für die bedeutende theoretische Tradition der Franziskaner seit je der Eckstein des katholischen Glaubens gewesen war: das Mysterium der Eucharistie.

1. Frontispiz der Originalausgabe des *Saggiatore*

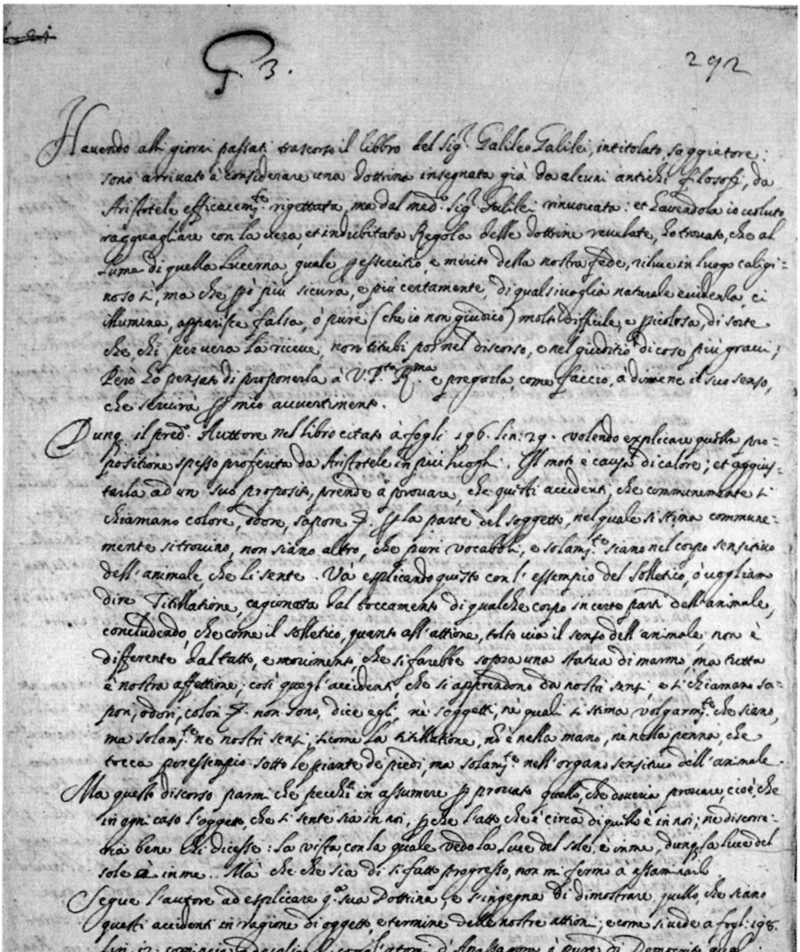

G 3. 292

Hauendo alli giorni passati trascorso il libro del Sig.r Galileo Galilei, intitolato Saggiatore:
sono arriuato à considerare una dottrina insegnata già da alcuni antichi filosofi, da
Aristotele efficacem.te rigettata, ma dal med.o Sig.r Galilei rinnouata: et hauendola io uoluto
ragguagliare con la uera, et indubitata Regola delle dottrine reuelate, ho trouato, che al
Lume di quella Lucerna, quale p esercitio, e merito della nostra Fede, riluce in luogo caligi:
noso ci, ma che p più sicura, e più certamente, di qualsiuoglia naturale euidenza, ci
illumina, apparisce falsa, ò pure (che io non giudico) molto difficile, e pericolosa, di sorte
che, chi per uera la riceue, non hauebbi poi nel discorso, e nel giuditio di cose più graui;
Però ho pensato di proponerla à V. P.tà R.ma e pregarla come faccio, à darne il suo senso,
che seruirà p mio auuertimento.

Dunq. il pred.o Auttore nel libro citato à fogli 196. lin: 29. volendo esplicare quella pro:
positione spesso proferita da Aristotele in più luoghi. Il moto è causa di calore; et aggius:
tarla ad un suo proposito, prende à prouare, che questi accidenti, che communemente si
chiamano colore, odore, sapore &. p la parte del soggetto, nel quale si stima commune:
mente si trouino, non siano altro, che puri vocaboli, e solam.te siano nel corpo sensitiuo
dell'animale che li sente. Và esplicando questo con l'essempio del Solletico, ò uogliam
dire Titillatione, cagionata dal toccamento di qualche corpo in certe parti dell'animale,
concludendo che come il solletico, quanto all'attione, tolto uia il senso dell'animale, non è
differente dal tatto, e mouimento, che si farebbe sopra una statua di marmo, ma tutta
è nostra affettione; così quegl'accidenti, che si apprendono da nostri sensi, et si chiamano sa:
pori, odori, colori &. non sono, dice egli, ne soggetti, ne quali si stima, volgarm.te che siano,
ma solam.te ne nostri sensi; come la titillatione, nò è nella mano, nè nella penna, che
tocca per essempio sotto le piante de piedi, ma solam.te nell'organo sensitiuo dell'animale.

Ma questo discorso parm che pecchi in assumere p prouato quello, che doueua prouare, cioè, che
in ogni caso l'oggetto, che si sente sia in noi, perche l'atto che è circa di quello è in noi; ne discorre:
ria bene chi dicesse: la vista, con la quale vedo la luce del sole, è in me, dunq. la luce del
sole è in me. Ma che che sia di sifatto progresso, non mi fermo à essaminarlo.

Segue l'autore ad esplicare q.a sua Dottrina, e s'ingegna di dimostrare, quello, che siano
questi accidenti in ragione di oggetto, e termine delle nostre attion; e come si uede a fogl: 198.
lin. 12. comincia ad esplicarla con gl'atomi d'Anassagora, ò pure di Democrito, quali
egli chiama minimi, ò particelle minime, et in questo, dice, continuam.te si vanno risol:
uendo i corpi, che p applicati alli nostri sensi, penetrano la nostra sustanza, e secondo la

2. Erste Seite (Bl. 292 r) des Manuskriptes *G 3* (s. Dokument I)

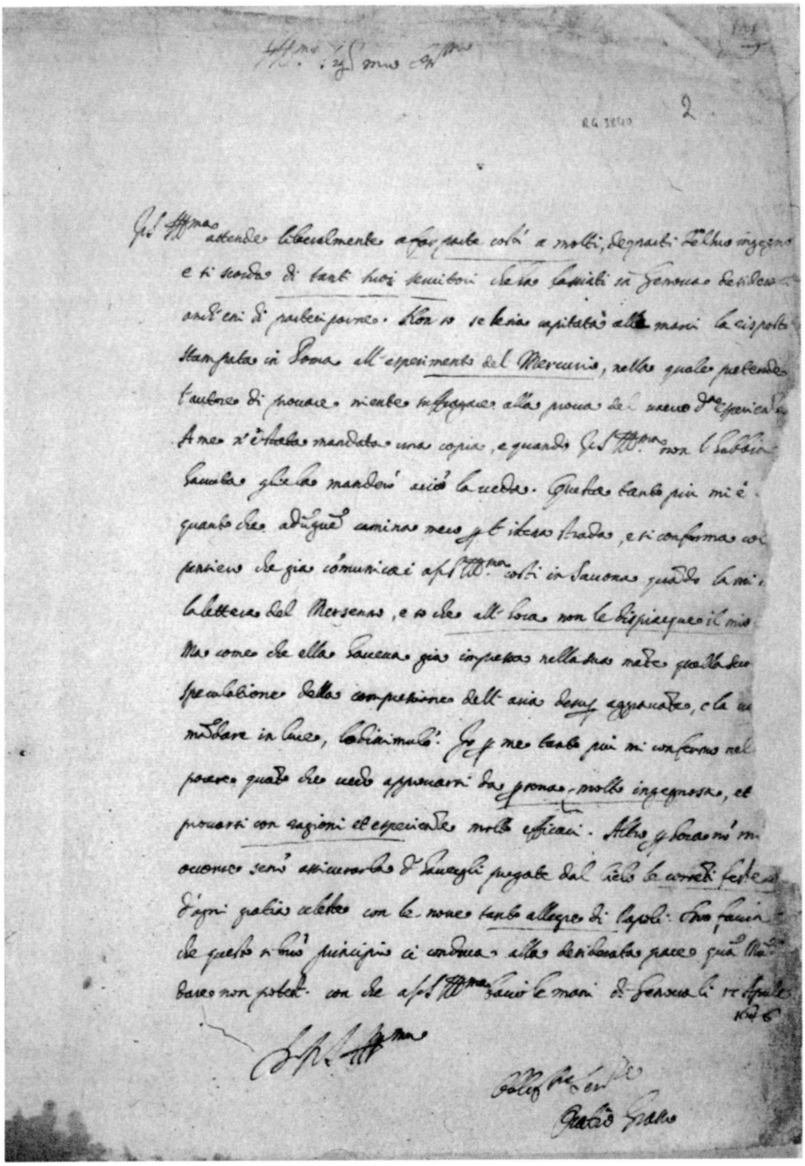

3. Handschriftlicher Brief von Pater Orazio Grassi an Giovanni Battista Baliani, Genua 17. April 1648

4. Frontispiz des Buches von Daniello Bartoli S. J.

5. *Adorazione dell'Eucarestia,* Fresko im Gewölbe von Il Gesù, Rom, von Agostino Ciampelli (1577–1642)

6. Fassade des Collegium-Romanum (1584) von Bartolomeo Ammannati (?)

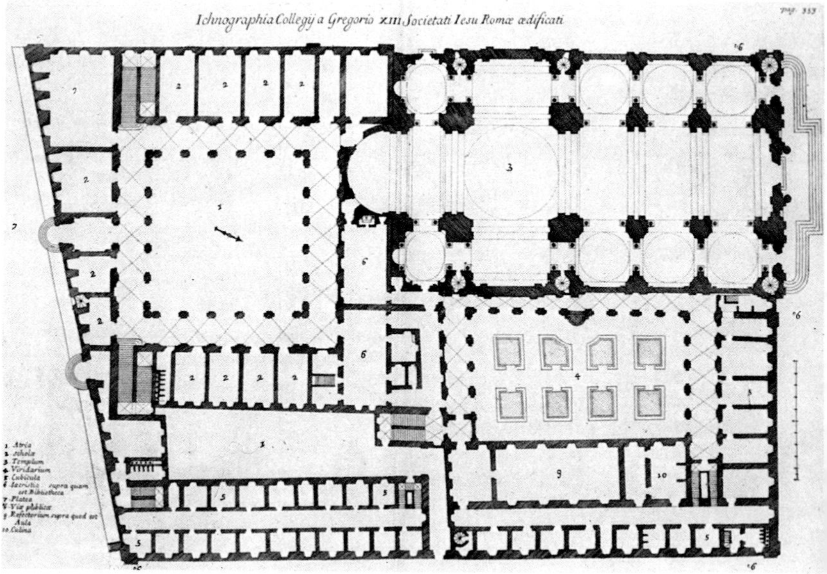

7. Grundriß des Collegium Romanum gegen Ende des 17. Jahrhunderts

8. *L'Eucaristia. I Sette Sacramenti* von Nicolas Poussin (Serie Dal Pozzo, Rom 1634)

9. *Ultima cena* (1594) von Tintoretto. Presbyterium von San Giorgio Maggiore, Venedig

10. *Disputa del Sacramento* (1509) von Raffael

11.*Galileo davanti all'Inquisizione* von Christiano Banti, Florenz 1857

12. Detail aus dem Entwurf für die *Disputa del Sacramento*

13. Porträt des Kardinals Roberto Bellarmin von G. Francisi

14. Porträt des Kardinals Roberto Bellarmin (nach einem Foto in der *Enciclopedia Italiana)*

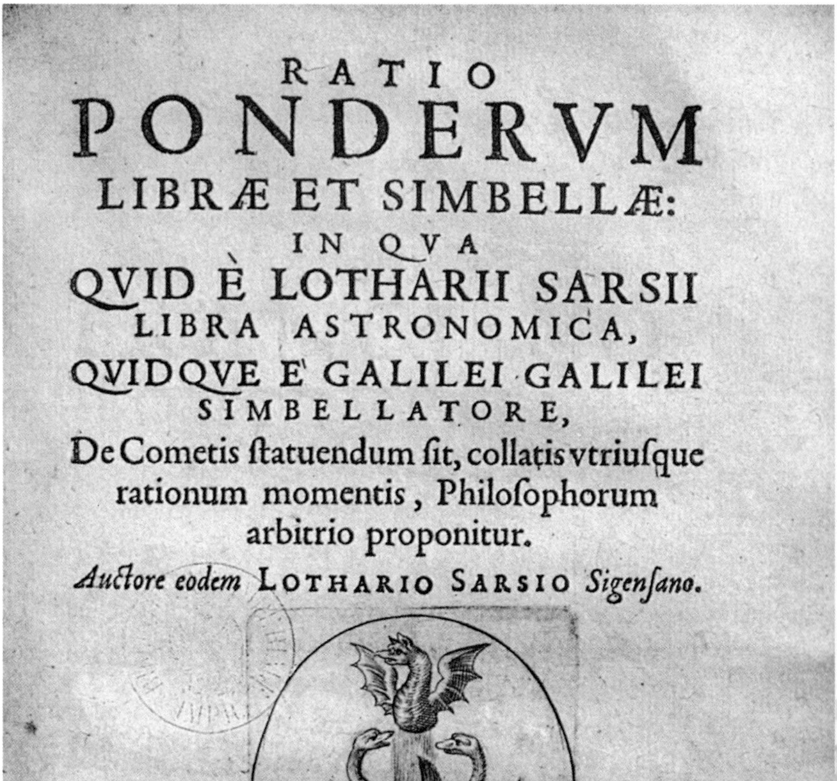

RATIO
PONDERVM
LIBRÆ ET SIMBELLÆ:
IN QVA
QVID È LOTHARII SARSII
LIBRA ASTRONOMICA,
QVIDQVE E GALILEI GALILEI
SIMBELLATORE,
De Cometis ſtatuendum ſit, collatis vtriuſque rationum momentis, Philoſophorum arbitrio proponitur.

Auctore eodem LOTHARIO SARSIO *Sigenſano.*

LVTETIÆ PARISIORVM,
Sumptibus SEBASTIANI CRAMOISY, viâ Iacobæâ, ſub Ciconijs.

M. DC. XXVI.
CVM PRIVILEGIO REGIS.

15. Frontispiz der Originalausgabe der *Ratio ponderum librae et simbellae* von Lotharius Sigensanus (Anagramm von Horatius Grassius Salonensis)

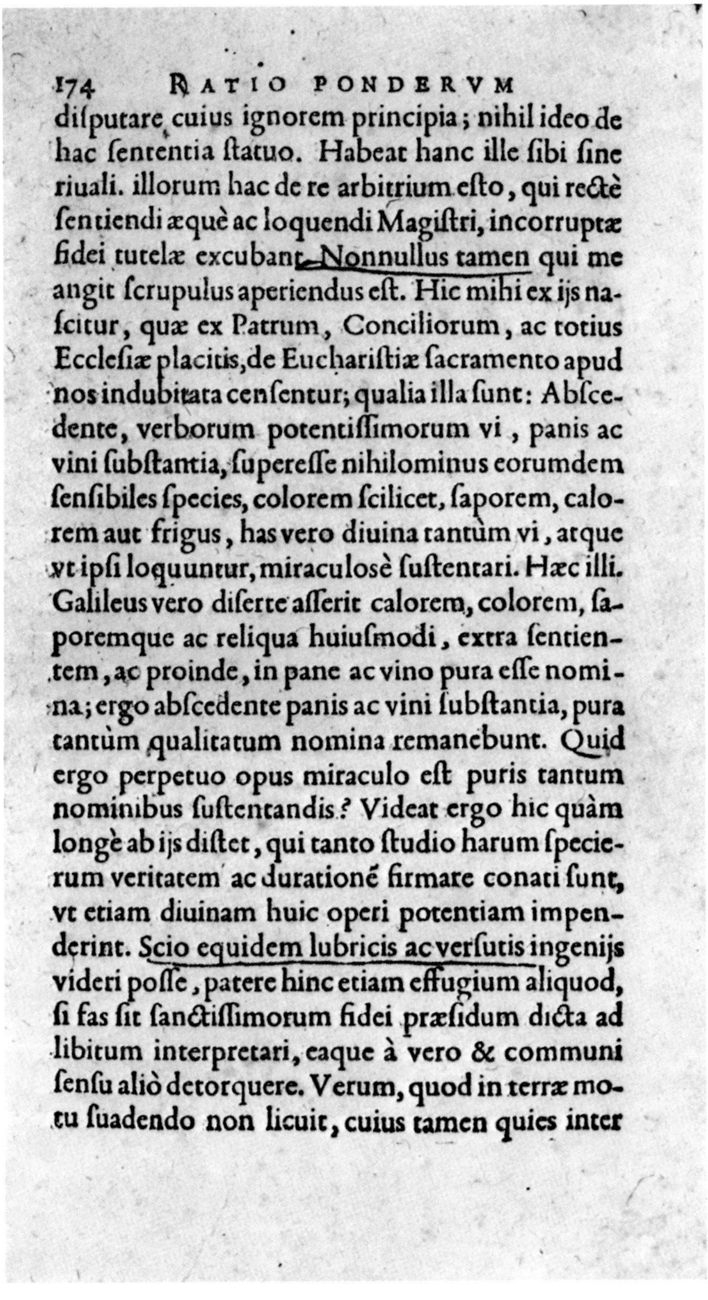
174 RATIO PONDERVM

diſputare, cuius ignorem principia; nihil ideo de hac ſententia ſtatuo. Habeat hanc ille ſibi ſine riuali. illorum hac de re arbitrium eſto, qui rectè ſentiendi æquè ac loquendi Magiſtri, incorruptæ fidei tutelæ excubant. Nonnullus tamen qui me angit ſcrupulus aperiendus eſt. Hic mihi ex ijs naſcitur, quæ ex Patrum, Conciliorum, ac totius Eccleſiæ placitis, de Euchariſtiæ ſacramento apud nos indubitata cenſentur; qualia illa ſunt: Abſcedente, verborum potentiſſimorum vi, panis ac vini ſubſtantia, ſupereſſe nihilominus eorumdem ſenſibiles ſpecies, colorem ſcilicet, ſaporem, calorem aut frigus, has vero diuina tantùm vi, atque vt ipſi loquuntur, miraculosè ſuſtentari. Hæc illi. Galileus vero diſerte aſſerit calorem, colorem, ſaporemque ac reliqua huiuſmodi, extra ſentientem, ac proinde, in pane ac vino pura eſſe nomina; ergo abſcedente panis ac vini ſubſtantia, pura tantùm qualitatum nomina remanebunt. Quid ergo perpetuo opus miraculo eſt puris tantum nominibus ſuſtentandis? Videat ergo hic quàm longè ab ijs diſtet, qui tanto ſtudio harum ſpecierum veritatem ac duratione͂ firmare conati ſunt, vt etiam diuinam huic operi potentiam impenderint. Scio equidem lubricis ac verſutis ingenijs videri poſſe, patere hinc etiam effugium aliquod, ſi fas ſit ſanctiſſimorum fidei præſidum dicta ad libitum interpretari, eaque à vero & communi ſenſu aliò detorquere. Verum, quod in terræ motu ſuadendo non licuit, cuius tamen quies inter

16. Seite 174 des Examen 48 aus *Ratio ponderum librae et simbellae*, Exemplar von Galileo Galilei (s. Dokument II)

PRopenſiſſimus fuit Galileus ut crederet, omnia corpora conſtare atomis, diverſimodè figuratis & combinatis; ac non dari alias qualitates & accidentia, niſi motum localem atomorum. Ita diſertè profitetur in opere inſcripto *Il Saggiatore*, in quo, digreſſionem de hoc argumento, exorditur his verbis pagina 196. verſu ult. *Dico che ben ſento tirarmi dalla neceſsità, ſubito che concepiſco una materia o ſuſtanza corporea, a concepire inſieme ch' ella è terminata, e figurata di queſta o di quella figura; ch' ella in relazione ad altre, è grande o piccola, in queſto o quel luogo o tempo: nè per veruna imaginazione, poſſo ſepararla da queſte condizioni. ma che ella debba eſſer bianca o roſſa, amara o dolce, ſonora o muta, di grato o ingrato odore, non ſento farmi forza alla mente, di do-*

17. Die erste Seite aus der *Exercitatio de formis substantialibus et qualitatibus phisicis*, anonym und ohne Hinweis auf den Druck erschienen (Navesi, Florenz 1677 ?). (s. Dokument III)

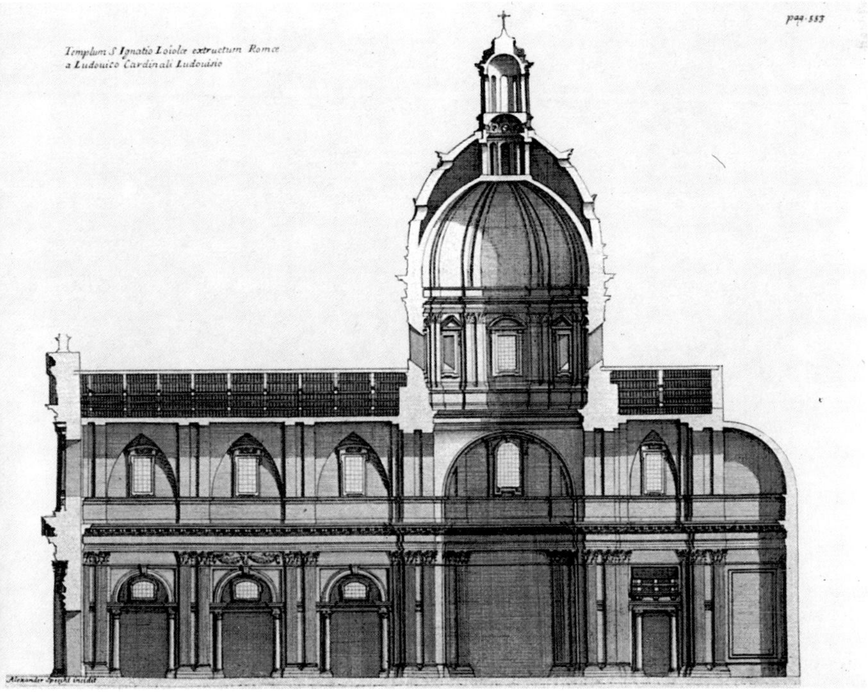

18. Aufriß der Kirche S. Ignazio des Collegium Romanum von Pater Orazio Grassi

19. Porträt Galileo Galilei (1613)

Die Geschichte wiederholt sich. Orte und Umstände wechseln, aber das Drama bleibt dasselbe. Ebenso wie zu den Zeiten des Berengar gibt es wieder einen theoretisch gebildeten religiösen Orden, der die Rolle des Wachhundes für die Rechtgläubigkeit übernimmt. Aber jetzt, im 13. und 14. Jahrhundert, treten die schwarz und weiß gekleideten Dominikaner an die Stelle, die vormals die Benediktiner eingenommen hatten.

Und ihnen gegenüber steht wieder eine theoretische Leitfigur und eine Gruppe von Neuerern, die ihr folgen. Es ist die alte Herausforderung für die Kultur des katholischen Europa: die Beziehung zwischen Glauben und Vernunft, zwischen Theologie und Kosmologie. Jetzt richtete sich das Bemühen darauf, die Erforschung der Naturgesetze aus der Unterwerfung durch den totalitären Aristotelismus thomistischer Prägung und durch das theoretische Monopol der Dominikaner zu befreien.

Dieser Streit brachte ein brillantes Kapitel in der Geschichte der Methodologie und Wissenschaft hervor. Es handelt sich um die Vorstellungen zur Dynamik und zur Mathematik, die von den Pariser Physikern und den *calculatores* am Merton College in Oxford erarbeitet worden waren. Ihre neuen Theorien in der Logik und in der Physik hatten einen sehr umstrittenen Erfolg an den europäischen Universitäten; und noch gegen Ende des 16. Jahrhunderts werden sie an den italienischen Universitäten gefeiert, z. B. in den Kursen von Francesco Bonamico an der Universität Pisa, bei dem Galilei studiert hatte.

Roger Bacon und Duns Scotus waren ebenso wie Grosseteste Franziskaner, und auch Ockham verdankte seine Popularität der Zugehörigkeit zu diesem Orden, der traditionell das Privileg der Erfahrung zu seiner Sache und die Aversion gegen die politische Vormachtstellung des Papsttums zu einem geistigen Ideal gemacht hatte.

Ockhams Theorien waren für die aristotelisch-thomistische Physik und Metaphysik vernichtend. Sein Ziel war es gewesen, die Kosmologie von der theologischen Problematik zu befreien. So sollte der Weg frei werden zu einer Reihe denkbarer Hypothesen über die Natur und die Unendlichkeit der Welt, für die Beobachtung der Phänomene und für die Logik. Es sind Fragen, die vieles vorwegnehmen; erst drei Jahrhunderte später sollten sie breiten Raum im wissenschaftlichen und philosophischen Denken Galileis einnehmen.

Der radikalste Angriff von Ockhams Logik zielte auf die Theorie der Materie, des Raums und der Bewegung. Wir hatten gesehen, daß das aristotelisch-thomistische System auf der Idee der Materie und der Form aufbaut, die in der Substanz verbunden sind. Ockham versuchte dagegen, die Dinge auf den Kopf zu stellen und behauptete, man könne von einer Substanz nur die individuellen Aspekte erkennen, nicht aber die universalen metaphysischen Prinzipien. Die einzig mögliche Erkenntnis über das Feuer zum Beispiel sei die Wahrnehmung der Wärme, welche keinen Beweis für die Existenz der Substanz des Feuers erlaube.

Als guter Franziskaner aus Oxford hatte Ockham eine verständliche Abneigung gegen den Aristotelismus und ein beachtliches Maß intellektueller Unzufriedenheit mit dem Autoritätsprinzip geerbt. So war er nicht bereit, seiner Intelligenz Fesseln anzulegen, auch wenn seine berühmten Vorgänger Grosseteste und Roger Bacon exkommuniziert und verurteilt worden waren, unter anderem deshalb, weil sie die Wärme als Wirkung der Ausbreitung sich bewegender Partikel interpretiert und der Korpuskeltheorie des Lichts von Pseudo-Dionysius Areopagita zugestimmt hatten.

Nachdem die Scholastik den Atomismus von Demokrit an den Rand gedrängt hatte, kam er jetzt durch Ockham in der Philosophie wieder groß heraus. Für Ockham waren, wie für Demokrit und wie für Galilei drei Jahrhunderte danach, die äußeren Erscheinungen der qualitativen Unterschiede und der natürlichen Veränderungen sehr viel besser erklärbar, wenn man die Materie als eine Ausdehnung dachte, deren Teile durch ihre Verbindung die Ursache aller Phänomene waren; sie traten an die Stelle der Qualitäten, jener mysteriösen metaphysischen Entitäten, die man weder vorstellen noch deutlich erkennen konnte.

Für Ockham war es unvorstellbar, Materie ohne Abstände zwischen ihren Teilen, also ohne Ausdehnung, zu konzipieren.

Die Substanz, so Ockham in seinen *Summulae in libros Physicorum Aristotelis,* ist nur aufgrund von Extension und den dazugehörigen Attributen erkennbar[18]: sie kann zunehmen oder auch sich verringern bis hin zu den Dimensionen eines mathematischen Punktes. Die Substanz ist also intuitiv nicht vorstellbar, es sei denn als *res quanta:* sie ist ganz und gar eins mit der Quantität[19]. Von dem Zeitpunkt an, da Galilei als Student Ockham kennenlernte, sollte er nachhaltig von dieser Theorie überzeugt bleiben.

Ockham war sich wohl bewußt, daß man die Orthodoxie in der Frage der Eucharistie angreifen mußte, wollte man den Knoten aus aristotelisch-thomistischer Kosmologie und Theologie zerschlagen. Daher entwickelte er seine Erkenntnistheorie in einer Abhandlung mit dem Titel *Tractatus de sacramento altaris.*

Die Frage der Eucharistie taucht auch in den früheren Werken schon auf, in den *Sentenzen* und im *Quodlibet;* und schon damals hatten die Zensoren des päpstlichen Hofstaats in Avignon ein Untersuchungsverfahren gegen 50 verdächtige Thesen von Ockham eingeleitet. Man schrieb das Jahr 1326, und auch Ockham stand im Zentrum der politischen und religiösen Wirren, die binnen kurzem zur Absetzung von Papst Johannes XXII. durch Ludwig den Bayern wegen der Häresien führen sollten, derer ihn der Minoritenorden beschuldigte.

Die Anklage gegen Ockham ähnelte der, die viele Jahre später gegen Kopernikus und im Jahre 1616 gegen Galilei erhoben wurde: Die theologische Untersuchungskommission verbot Ockhams Thesen, darunter auch die Idee von der Identität zwischen Substanz und Quantität, als nicht gottesfürchtig und gefährlich. Seltsamerweise jedoch wurde Ockham niemals offiziell verurteilt; vielleicht aus politischen Opportunitätserwägungen, denn die Beziehungen zwischen Papst und Franziskanern waren damals äußerst heikel. Erst 1349 sollte es zu einer Verurteilung kommen, allerdings wegen seiner politischen Lehren, als nämlich sein Vorhaben, ein Schisma herbeizuführen und den Papst von seinem Nachfolger absetzen zu lassen, definitiv gescheitert war.

Im *Tractatus de sacramento altaris* verleugnete Ockham seine philosophischen Überzeugungen keineswegs. Die eucharistischen Akzidentien Farbe, Geschmack und Gewicht sind wie alle anderen sinnlich wahrnehmbaren Phänomene „Quanten, weil ihnen Länge, Breite und Tiefe eigen ist“[20]. Die Akzidentien einschließlich derer der Eucharistie sind eine Realität von Quanten und nicht von Qualitäten. Dennoch, so präzisierte er, glaube er ohne Einschränkung an die Transsubstantiation und unterwerfe sich auf jeden Fall bei diesem Thema der Autorität der römischen Kirche; und er fügte hinzu, seine Ablehnung der Permanenz realer Qualitäten ohne Subjekt „gehöre mehr in den Bereich der Logik als in den der Theologie“[21].

Die Theologiespezialisten in Avignon hatten sich jedoch nicht von der geschliffenen Dialektik des Doktors aus Oxford täuschen lassen. Wenn die Quantität mit der Substanz identisch war, dann mußte mit der Quantität des geweihten Brotes auch die Substanz bleiben. Folglich wurde die Transsubstantiation zu einer gefährlichen „Consubstantiation“.

Die oberste Kirchenführung war zu diesem Zeitpunkt mehr mit dem kanonischen Recht befaßt als mit philosophischen Häresien und ließ deshalb die Vorstellungen von Ockham durchgehen.

Wurde eine Häresie nicht von allem Anfang an verfolgt, dann verbreitete sie sich vollkommen unkontrollierbar und bildete Infektionsherde, derer man nicht mehr Herr werden konnte – ganz wie bei der schwarzen Pest.

Die Universität von Paris wurde einer dieser Infektionsherde der empiristisch-nominalistischen Häresie, eine Zitadelle des sogenannten „modernen Weges“ der *nominales.* Als die Kirchenleitung das erkannte und Gegenmaßnahmen einleitete, da war es bereits zu spät.

Während Ockham sich in Avignon aufhielt und gemeinsam mit seinem Ordensgeneral und Ludwig dem Bayern gegen den Papst intrigierte, da erhielt ein brillanter Student der Sorbonne seinen Magister Artium und seinen Bakkalaureat in Theologie. Er war ein Neuerer, ein Skeptiker, den die zersetzenden Kritiken von Ockham elektrisiert hatten. In einer Reihe von Briefen an Bernhard von Arezzo legte er seine antimetaphysischen Überzeugungen dar. Er hielt es für unmöglich, die Existenz der erkennbaren Entitäten abzuleiten, gestand der intuitiven Erkenntnis einen hohen Wert zu und reduzierte die behaupteten substantiellen Veränderungen auf Ortsveränderungen von „corpora atomalia“[22], also von Atomen wie die, von denen zuvor schon die Schule von Chartres (Adelard von Bath, Wilhelm von Conches) gesprochen hatte.

Nikolaus von Autrecourt dehnte seine Kritik des thomistischen Aristotelismus auf die Naturphilosophie aus und zeigte, daß es sehr viel wahrscheinlicher war, daß sich anstelle der Generation und Korruption [von Substanzen] Aggregationen von Atomen ereigneten, die dieselbe Fähigkeit besaßen, mit der „der Magnet das Eisen anzieht"[23]. Nikolaus von Autrecourt hielt auch eine Korpuskulartheorie des Lichts für möglich – „Das Licht kommt nur aus Körpern"[24] –, denn vielleicht war auch die instantane Geschwindigkeit nur eine Erscheinung. Und schließlich ging Nikolaus von Autrecourt von der Physik zum Spirituellen über, um die Wahrnehmung der sinnlichen Qualitäten mechanistisch erklären zu können. Seine Kritik der realen Qualitäten brachte ihn am Ende sogar zu der Hypothese, die sinnlich wahrnehmbaren Qualitäten zeigten nichts anderes als Anordnung und Bewegung der Atome, wie das Lukrez für die Natur der Farbe behauptet hatte.

Und immer noch in den Termini der Naturbeobachtung bewahrte Nikolaus von Autrecourt einen berühmten Slogan von Lukrez vor dem Vergessen, daß nämlich „die Dinge nicht entstehen können aus dem Nichts" (*De rerum naturae*, 265). All das war immer hypothetisch formuliert, mit nüchterner Dialektik und voller Widerspruchsgeist gegenüber den Lehrmeistern der herrschenden Kultur. Nikolaus war jemand, den man im 17. Jahrhundert als Anhänger der neuen Philosophie bezeichnet hätte. In der Abhandlung, die seinen wissenschaftlichen Standpunkt zum Ausdruck brachte, *Exigit ordo executionis*, nahm er in gewisser Weise den *Saggiatore* um dreihundert Jahre vorweg, wenn er gegen die herrschende Lehrmeinung für sich das Recht auf Erneuerung und auf eine Erkenntnis beanspruchte, die von den bekannten Dingen ihren Ausgang nimmt und nicht vom Gehorsam gegenüber der Autorität. Die autoritären, von Aristoteleszitaten nur so überquellenden Kompilationen lehnte er ab. Er erinnerte daran, daß Aristoteles im 3. Buch der *Metaphysik*, wo er davon spricht, daß das Problem der Quantität und der Substanz eines der schwierigsten sei, wesentlich mehr Kritikfähigkeit an den Tag legte als seine modernen Anhänger, die dogmatisch und ohne jede Bereitschaft zum Einlenken Ockhams These von der Identität zwischen Substanz und Quantität bekämpften.

Und dann bekannte Nikolaus von Autrecourt seine Treue zur Kirche, forderte seine Zeitgenossen zum Nachdenken über die natürlichen Dinge auf und kündigte eine Zukunft an, wo diese befreit von „logischen Sermonen und dunklen Behauptungen des Aristoteles dem Volk die Klugheit des Göttlichen Gesetzes zeigen werden"[25].

Die Kirchenleitung war zum Thema der Autorität herausgefordert worden und reagierte – aber auch diesmal nicht sehr entschieden. 1340 wurde Nikolaus von Autrecourt mit sechs weiteren Studenten aus Paris nach Avignon vor Papst Benedikt XII. zitiert, um sich wegen der Verbreitung fehlerhafter Lehren zu verantworten. Aber es brauchte sechs Jahre, ehe der Prozeß mit einer klaren, offiziellen Verurteilung von sechzig Behauptungen abgeschlossen wurde. Unter ihnen befanden sich auch die These von der Identität zwischen Quantität und Substanz, die Korpuskeltheorie des Lichts und der Atomismus. Am 25. November 1347 mußte Nikolaus von Autrecourt seine philosophischen Theorien öffentlich widerrufen und seine Schriften verbrennen[26]. Sein Titel eines Magister Artium in Philosophie und Theologie wurde ihm aberkannt.

Die Konsequenzen dieser Verurteilung des nominalistischen Atomismus und der Häresie in der Frage der Eucharistie reflektieren sich später dann in der Verfolgung einiger Nominalisten aus Paris.

Aber der Ockhamismus war nicht insgesamt und zweifelsfrei verurteilt worden. Man war spät vorgegangen, zögernd und mit juristischer Behäbigkeit. Die Kirchenführung war nur gegen genau umrissene Thesen vorgegangen, die das Dogma der Eucharistie in Frage stellten. Damit bewies sie allerdings eine verfehlte Einschätzung der tatsächlichen Gefahr, die der „moderne Weg" bereitete.

Die wirkliche Gefahr bestand nicht in einzelnen Thesen oder einigen Dutzend Aussagen. Die wirkliche Gefahr bestand in der absoluten Unterscheidung zwischen Glaube und Dialektik – die man später Vernunft nennen würde. Ockham hatte gefordert, die Vernunft müsse das Recht haben, bis zu den extremsten Konsequenzen auf dem Gebiet der Philosophie und Natur weiterzuschreiten, wobei er allerdings erklärte, diese Dialektik gelte nicht für die Objekte des Glaubens, sondern nur für die Theorie der Natur und die Logik. Das war der eigentliche Kern der Frage.

Da die Kirche nicht zeitig und mit Entschiedenheit eingeschritten war, blieb ihr jetzt nichts anderes übrig, als immer wieder jede einzelne philosophische und wissenschaftliche These zu verfolgen, die zu den Dogmen der Lehrmeinung in Konflikt geraten konnte. Die modernen Thomisten haben, von ihrem Standpunkt aus, durchaus recht, wenn sie sich noch heute über dieses anfängliche *Laisser-faire* beklagen, das der empiristischen Häresie eine Ausbreitung gestattete, die auch durch die mühsamen und gegen einzelne Behauptungen gerichteten juristischen Verfahren kaum aufgehalten wurde.

Die Reform erst machte diese Gefahr richtig deutlich. Und erst das Konzil von Trient vermochte diese Gefahr zu bannen.

Da Ockham nicht formell wegen Häresie in der Frage der Eucharistie verurteilt worden war, fühlten sich einige heterodoxe Theologen aus den Reihen der Nominalisten (wie Robert Holkot und der Kardinal Pierre D'Ailly[27]) dazu berechtigt, anzunehmen, die Frage könne auf einen rein philosophischen Konflikt zwischen zwei gegensätzlichen Konzeptionen der Quantität eingegrenzt werden. So trugen sie, rein hypothetisch selbstverständlich, eine Kritik des metaphysischen Realismus von „Farbe, Geruch und Geschmack" vor.

Hier wurde, vielleicht zum ersten Mal, die Möglichkeit angedeutet, bei jenen Akzidentien handle es sich nicht um Qualitäten, sondern um bleibende psychologische Eindrücke, die auf eine imaginäre Substanz zurückgingen, zu der nach der Konsekration der wirkliche Leib Christi hinzukomme. Es handelte sich nur um eine Hypothese, aber sie lieferte noch genügend Stoff für Diskussionen.

Unter den zahlreichen Bewunderern von Ockham und seinen nominalistischen Ideen befand sich ein subversiver Geist, ein unbeugsamer und radikaler Gegner der kirchlichen Hierarchie und ihrer Macht – und auch des Thomismus. Dieser subversive Ockhamist, oder – wie die Scholastiker sagten – dieser abscheuliche und teuflische Erzketzer, war Wyclif.

Wyclif hatte in Oxford zu lehren begonnen, daß „Wärme, Geruch und Geschmack und die anderen Akzidentien nur im Subjekt existierten“. Wer von ihm eine Erläuterung wollte, dem erwiderte er, es handle sich um eine „mathematische Körperlichkeit“ *(corpus mathematicum)*[28], und alle verstanden, daß eine mathematisierbare, sehr wohl aber auch körperliche *res quanta* gemeint war. Mit anderen Worten, die Akzidenzien der Eucharistie hingen ab von einer quantifizierten Materie.

Das war die häretische Doktrin des „panierten Christus“ in der Eucharistie, die mit Urgewalt aus den fernen Quellen bei Ockham hervorgebrochen war und einen ganzen Erdrutsch von Vorwürfen der Götzenverehrung gegen die Anhänger der Akzidentien ohne Subjekt bewirkte.

Unvorbereitet und überrascht, reagierten die Wächter der Orthodoxie auf diese Häresie zunächst mit einer Zensur für den Rektor der Universität von Oxford, William Brenton. Die ganze Affaire wurde sehr ernst genommen und kam von Oxford nach London, und von da vor die höchste kirchliche Instanz, das Konstanzer Konzil von 1415.

Wyclif war bereits gestorben. Er war nur ein einziges Mal verurteilt worden, und zwar durch die Londoner Synode von 1382. Aber seine Lehre lebte weiter; vor allem in Böhmen fiel sie auf fruchtbaren Boden und trug zu einer endemischen Ausbreitung der Häresie in Fragen der Eucharistie bei. Erst im 17. Jahrhundert gelang es den Jesuiten, diesen Brandherd, den die wyclifschen Ideen zweihundert Jahre zuvor an den Ufern von Elbe und Moldau gelegt hatten, zu ersticken.

Das Konzil von Konstanz mußte also entschlossen eingreifen. Wyclif war tot, aber man konnte ja über einen seiner Nachfolger richten, den Führer des böhmischen Nationalismus, Jan Hus, der in seiner Abhandlung *De corpore Christi* deutlich unter Beweis gestellt hatte, daß er ein Gefolgsmann von Wyclif war.

Die Transsubstantiation in der Form anzuerkennen, wie es diese Neuerer vorschlugen, war in der Tat schwierig. Ihre Vorstellungen waren, wie sich in Konstanz erwies, ziemlich dunkel. Noch gab es kein festumrissenes Dogma, und Hus verteidigte sich gegen die Anschuldigung, nicht an die Transsubstantiation zu glauben. Die persönlichen Überzeugungen von Wyclif und Hus beeinflußten daher die Entscheidung, einen Prozeß zu eröffnen weniger; hinter der Entscheidung stand vielmehr eine generelle apologetische Notwendigkeit.

Zwischen 1409 und 1422 waren die Werke Wyclifs am Hof des erzbischöflichen Palastes zu Prag verbrannt worden[29]. Einige politische Gefolgsleute Wyclifs an der Universität Oxford und in London wurden zum Scheiterhaufen verurteilt. Am 4. Mai 1415 ging man sogar soweit, die Erinnerung an diesen 31 Jahre zuvor gestorbenen Häretiker zu verurteilen. Das war ein historisches Urteil[30].

Hus aber lebte noch. Am 6. Juli wird Hus auf der Sessio XV. des Konzils von Konstanz wegen Häresie in der Eucharistie verurteilt.

Der Text der Verurteilung geht ausdrücklich auf die Lehre von den Akzidentien ohne Subjekt[31] ein.

Bischof Bertholt von Windungen, der an jenem Tag das Urteil gegen Hus verlas, authentisierte zugleich – und vielleicht ohne es zu wissen – die hylemorphistische Theorie der sinnlich wahrnehmbaren Phänomene in der Eucharistie. So hob das Konzil von Konstanz in den Augen vieler Zeitgenossen Aristoteles auf den Altar des Katholizismus.

Von diesem Moment an war die gemeinsame theologische Debatte um das Mysterium des Altars nicht mehr möglich, wie Raffael sie in der Stanza della Segnatura dargestellt hatte. Nun wurde die Kirche um das Sakrament des Altars zum „Körper des gequälten Christus", und die Wunden saßen tief im Bewußtsein.

„So habe ich schließlich mein Gewissen doch in der ersten Auffassung befestigt: es ist wahres Brot und wahrer Wein, in welchen das wahre Fleisch und das wahre Blut Christi nicht weniger ist, als jene es ihren Akzidentien zuschreiben", schrieb Luther, ein Schüler des universitären Ockhamismus in Erfurt[32].

Das war kein philosophisch-theologischer Disput mehr, sondern einer für oder gegen die Wahrheit des Glaubens. Die nominalistische Idee – oder zumindest: die Idee nominalistischen Ursprungs – von der Consubstantiation, die das gemeinsame Vorhandensein der ursprünglichen Substanzen mit dem Körper und dem Blut Christi zugestand, wurde automatisch zum Synonym für die lutheranische Häresie.

Luther beabsichtigte nicht, eine kanonische Theorie über das Verschwinden der Substanz von Brot und Wein zu verfassen. Sein Anspruch war es, auf Augustinus' Konzeption des Mysteriums zurückzugehen und die Kontroversen um die Transsubstantiation als „sophistische Spitzfindigkeiten"[33] zu eliminieren. So wollte er zu einer rein sakramentalen Sichtweise der nicht wahrnehmbaren Phänomene kommen. Das waren die Vorschläge zu einer radikalen Umkehr, die Luther und Melanchton im Jahr 1537 einem neuen ökumenischen Konzil vortragen wollten, was aber folgte, waren die Bannflüche, die am Ende des Tridentinischen Konzils verkündet wurden; die Idee der Transsubstantiation wurde noch einmal bekräftigt, wobei man fast wörtlich die Thesen der *Summa* von Thomas von Aquin wiederholte[34].

Dennoch neigten die Väter des Konzils dazu, Vorsicht walten zu lassen, und so verwandten sie nicht den in der orthodoxen Theologie weit verbreiteten Begriff der „Akzidentien ohne Subjekt", sondern sie gingen bei der Formulierung des Dogmas aus von der Erhaltung der „Spezies“, ein wesentlich ungenaueres und auch weniger anspruchsvolles Konzept, was schließlich auch dazu führte, daß man sich dieser Formulierung bediente, um zu behaupten, die Theorie der Akzidentien ohne Subjekt sei eine Schlußfolgerung, die sich aus dem Glauben ergebe.

Nach Trient

Im 16. und 17. Jahrhundert war – nach dem großen Wiederaufschwung der thomistischen Schule der Dominikaner in Salamanca – die Rolle, die zunächst die Benediktiner und dann die Dominikaner innegehabt hatten, an die Theologen der Gesellschaft Jesu übergegangen. Ihr Hauptanliegen war die Apologie der Eucharistie, sie bildete das Leitmotiv ihres Kampfes gegen die Reformation, ihr Banner.

Im Grunde waren die Benediktiner und die Dominikaner gescheitert, denn es war ihnen nicht gelungen, die Verbreitung gefährlicher Häresien zum Mysterium der Eucharistie zu verhindern. Gegenüber ihren Vorläufern hatte die Gesellschaft Jesu auf der anderen Seite den unschätzbaren Vorteil, hinter dem undurchdringlichen Schutzschild eines ausformulierten Dogmas zum Kampf antreten zu können.

Jetzt reichte es, dieses Dogma von seinen letzten sprachlichen Ungenauigkeiten zu reinigen und es eindeutig zu formulieren, um gegen jede erdenkliche Abweichung gefeit zu sein.

Vasquez, Suarez, Toleto, Bellarmin, Lessius, Tanner und de Luogo: die wichtigsten Persönlichkeiten der eucharistischen Theologie im 16. und 17. Jahrhundert waren Jesuiten, und ihnen war es schließlich zu verdanken, daß das Tridentinische Konzil erneut der Scholastik einen Weg zu bereiten vermochte. Mit Suarez und mit Fonseca ließ die Metaphysik wieder ihre Stimme ertönen. Nach langem Schweigen fand wieder eine Annäherung von aristotelischer Metaphysik und Theologie statt. Aufs neue waren Wissenschaft, Philosophie und Theologie nicht voneinander zu trennen.

Mit ihrer Neigung zur Apologie und ihrer hochentwickelten pragmatischen Klugheit versuchte die Gesellschaft Jesu, die Hand der Konzilsväter zu lenken; sie wollte die traditionelle These der scholastischen Theologen von den Akzidentien ohne Subjekt als Wahrheit des Glaubens formuliert haben.

Und mehr als jeder andere war es Pater Suarez, der, wie Bossuet es formulieren wird, „die Stimme der gesamten Scholastik“ ertönen ließ.

Von den Jesuiten wurde jedoch eine besondere Sensibilität verlangt, um den Kampf mit den Protestanten aufnehmen zu können. So erwählten sie sich den Heiligen Thomas als Leitfigur, behielten sich aber zugleich das Recht auf eine ganz konkrete Verfahrensweise vor – im Unterschied zu den abstrakten Spekulationen der Scholastik. Suarez’ Philosophie suchte auch in der Gnoseologie den Kontakt mit der konkreten Wirklichkeit nicht zu verlieren. Und mit dieser Philosophie von Suarez behielt dann doch, gemessen am reinen Thomismus, eine ockhamistische Ansicht über den Wert der Erkenntnis des Einzelnen und der Erfahrung die Oberhand.

Suarez, ein bedeutender Kommentator des Heiligen Thomas am Collegium Romanum von 1560 – 1585, war der einflußreichste und am meisten gelesene Philosoph in der ersten Hälfte des 17. Jahrhunderts. Er hatte in Salamanca unter dem Augustinerpater Guevara, einem augustinischen, nominalistischen Philosophen, seine Ausbildung erfahren. Suarez war ein Scholastiker, aber eben ein nachtridentinischer Scholastiker. Er wollte die Scholastik als Metaphysik und Gnoseologie wiederherstellen; um aber darin Erfolg zu haben, mußte er mit der Zeit gehen und Ockhamist sein. Nur so konnte er den sensualistischen Ockhamismus, der die spirituelle Welt, den Glauben, die rationale Theologie und den Hylemorphismus ableugnete und letztlich Atomismus war, besiegen.

Seine Philosophie zielte auf eine ideale eklektische Synthese der gesamten Tradition des katholischen Denkens vor dem Tridentinischen Konzil: Thomas von Aquin, Duns Scotus und Ockham. Sein erklärter apologetischer Wunsch war es, zu zeigen, daß alle Katholiken dasselbe meinten.

Als Preis für diese Synthese mußte Suarez die Theorie des Handelns und der Kraft des Heiligen Thomas aufgeben und die direkte Erkenntnis des Einzelnen, die Erfahrung, die Sinne und die Intuition zulassen. In der Gnoseologie ist Suarez – er verwirft die ursprüngliche Materie – ein Ockhamist, wenn er proklamiert „Omnis substantia singularis", also jede Entität ist individuell und folglich auch jede Akzidens und jede Substanz[35].

Bei Suarez, dem Begründer der „theologischen Philosophie" der Jesuiten, überwog jedoch der Theologe gegenüber dem Philosophen. Auch die originellsten seiner Formulierungen und Begriffe bleiben immer den Erfordernissen der tridentinischen Glaubensstreitigkeiten verhaftet.

Die Theorie von den Modi der Substanz, die die Philosophie von Suarez ursprünglich ausgearbeitet hatte, diente dazu, die Metaphysik und die scholastische Gnoseologie wiederzubeleben. Damit sollte vor allem das Dogma der Eucharistie gegen die nominalistischen und atomistischen Interpretationen verteidigt werden.

Wie wir wissen, war das Problem ein doppeltes. Zunächst mußten die dauerhaften äußeren Erscheinungen der Eucharistie rational gerechtfertigt und gegen den Atomismus verteidigt werden. Und dann gab es da noch das Problem der Beziehung zwischen Substanz und Quantität.

Die Theorie von den Modi der Substanz, die bereits von Ägidius Romanus vorgebracht worden war, um die Einheit von Wort und Mensch in Christus rational zu rechtfertigen, wurde von Suarez auf das Problem der eucharistischen Akzidentien ohne Substanz angewandt.

Die Philosophie von Pater Suarez suggerierte das Bestehen von metaphysischen Entitäten – der „Modi" eben – zwischen Substanz und Akzidentien.

Diese bewirken, daß die Akzidentien der Substanz (akzidentelle Modi) und die Formen der entsprechenden Materie angehören (substantielle Modi).

Im Falle der Eucharistie, wo die Akzidentien ohne Substanz existieren, mußte man nur an ein Wunder denken, das den substantiellen Modus der Akzidentien des Brotes und des Weins trennte von der Materie des Brotes und des Weins, ohne diese zu zerstören. Dank der Unterdrückung des substantiellen Modus behalten die Akzidentien ihre Realität (reale Spezies), aber es handelt sich nur scheinbar um Brot und Wein, denn diese Akzidentien sind nicht mehr mit ihrer Substanz vereint.

Der Vorzug dieser Lösung bestand darin, die scholastische Metaphysik mit einem [theoretisch, U. H.] sehr ökonomischen Prinzip von Wunder im Stile des Nominalismus zu verbinden.

In der zweiten Frage, die sich auf die Quantität bezog, ging Pater Suarez in seiner Nachsicht gegenüber dem Nominalismus so weit, daß er Ockhams Identifizierung von Quantität und Substanz für äußerst vernünftig hielt... Aber: auch die Ansprüche der Vernunft hatten eine Grenze, und diese Grenze bildete klarerweise das eucharistische Dogma. Gott hätte niemals die Substanz von der Quantität getrennt, um die Menschen zu täuschen, wenn nicht die Substanz *ex natura rei* von der Quantität trennbar wäre. Diese Trennung, behauptet der 15. Disput von Suarez[36], der in der anonymen Anzeige gegen den *Saggiatore* zitiert wird,

> muß absolut in Betracht gezogen werden, obwohl sie rational nicht beweisbar ist. Wir überzeugen uns nichtsdestotrotz von seiner Wahrheit auf der Grundlage der theologischen Prinzpien insbesondere hinsichtlich der Eucharistie.

Mit anderen Worten, der Sachverhalt ist derselbe wie bei dem Vorwurf gegen Galilei: das Problem von Substanz und Quantität ist keine philosophische, sondern eine theologische Frage.

Die Nominalisten bestreiten diese Trennung und behaupten, daß allein die Quantität der Farbe, des Geruchs und des Geschmacks verbleibe, nicht aber die Quantität der Substanz, der diese Akzidentien anhaften:

> Diese Lösung, erwidert Suarez, „verstößt zu allererst gegen die allgemeine Ansicht der Theologen, die der Meinung sind, daß die Quantität der Substanz des Brotes bleibe und daß diese das Subjekt der übrigen verbleibenden Akzidentien sei“[37].

Gegen die theologische Autorität ist kein Einwand erlaubt. Pater Suarez schlug den Nominalisten jedoch auch die experimentelle Überprüfung der orthodoxen Theorie vor: »Man kann dies auch durch die Wirkungen überprüfen, wie bei den Spezies, die geweiht wurden? Die erste besteht darin, daß die geweihte Hostie der Menge und der räumlichen Ausdehnung nach so groß ist, daß an demselben Orte keine weitere Hostie sich befinden könnte, noch daß sie von einer anderen durchdrungen sein könnte...“[38].

So verband diese Konzeption der Eucharistie spekulative Theologie und Physik untrennbar miteinander. Wie wir bereits wissen, wird Pater Grassi unmittelbar aus diesem Zusammenhang die Begriffe und Argumente entlehnen, um Galilei anzuzeigen. Aber auch danach und über die gesamte erste Hälfte des 17. Jahrhunderts hinweg wird diese Argumentation von Suarez zum Leitmotiv gegen jede Form von Atomismus oder Korpuskeltheorie.

Die theologische Philosophie von Pater Suarez blockierte die neue Physik, aber auch die Mathematik, denn zur Absicherung seiner Theorie berief er sich auf die klassische aristotelische Argumentation gegen die Unteilbaren in der Geometrie. Die Unmöglichkeit von Linien, die von Punkten ohne Ausdehnung gebildet werden, die Absurdität der physikalischen Existenz eines unteilbaren Punktes, an dem sich eine Fläche und eine Kugel berühren, und alle Unendlichkeitsparadoxien waren seiner Apologie willkommen.

Die Philosophie von Pater Suarez war die offizielle Philosophie der Gesellschaft Jesu; sie wurde auch von den orthodoxesten und angesehensten Patres befolgt. Besonders vom Collegium Romanum wurde sie gepflegt, angewandt und weiterverbreitet. Hier wurden die genialen spekulativen Einsichten von Suarez im Gebiet der Metaphysik zugleich mit den Methoden der schriftlichen und theologischen Kontroverse von Bellarmin gelehrt.

Bellarminos Lehre war nicht spekulativ, sondern operativ, auf die Anwendung ausgerichtet. Sie gründete sich vor allem auf eine strenge linguistische Interpretation der Formel des Sakraments, das allein dadurch, daß es ausgesprochen wurde, imstande war, einen bestimmten Zustand der Dinge zu ändern, wenn die notwendigen Parameter berücksichtigt wurden: die Materie, der Abstand von ihr, sowie Intention und priesterliche Weihe desjenigen, der es formulierte.

In seinem Kurs über Streitfragen am Collegium Romanum – von 1576 bis 1588 – hatte Bellarmin die Polemik gegen die Häretiker weiterentwickelt. Zu seiner „linguistischen Prüfung" der Transsubstantiation kam nun auch noch die berühmte Theorie der Zerstörung der Hostie in der Messe als Opfer[39]. Aus philosophischer Sicht am interessantesten für uns ist jedoch, daß die Ideen von Pater (und später Kardinal) Bellarmin mit den Grundannahmen der theologischen Philosophie von Suarez übereinstimmen: „Gott vermag alles außer dem, was einen Widerspruch in sich birgt"[40]. Das Wunder der Eucharistie macht also eine Philosophie auf der Höhe des Glaubens zwingend erforderlich. Die These von den realen Akzidentien ohne Subjekt war zu diesem Zweck erforderlich und passend. Für Bellarmin und für Pater de Luogo, dessen Karriere parallel zu Bellarmins verlief – vom Lehrer am Collegium Romanum zum Kardinal –, war die Theorie der eucharistischen Akzidentien als reale Qualitäten *de fide*[41].

Wenn jene Akzidentien *de fide* wirkliche Qualitäten waren und man bereits seit Jahrhunderten genau das sagte, wie konnte man dann Konzepte entwerfen, nach denen die Farbe, der Geschmack und der Geruch – und sei es auch nur dann, wenn sie nicht mit der Eucharistie in Zusammenhang standen – keine realen Qualitäten waren, ohne automatisch gegen den rechten Glauben zu verstoßen?

So sind wir mit Bellarmin und Pater De Luogo ans Ende unseres historischen Überblicks gelangt, der von der Auseinandersetzung der Jesuiten mit den neuen Philosophen bis zur Anzeige Pater Grassis und des Collegium Romanum gegen Galilei führt.

Wir wissen nun, daß die Wahrnehmung von „Farbe, Geruch, Geschmack“ und die Wahrnehmung der quantifizierten Substanz seit Jahrhunderten kompromittierende Begriffe und Fragestellungen waren, denn sie waren aufs tiefste mit der Theologie der Eucharistie verstrickt.

Im *Saggiatore* sprach Galilei nicht von der Eucharistie, und mit dem heutigen Abstand können wir uns nur wundern über einen doktrinären Einwand, der so abseits der Physik liegt. Aber wir sahen ja, daß „Farbe, Geruch, Geschmack“ im 17. Jahrhundert kulturelle Termini waren, die vor allem anderen zur Bezeichnung des Wunders der Eucharistie dienten. Es waren Wörter aus dem Sprachschatz der Theologie und des alltäglichen religiösen Lebens.

Kurz, hinter diesen Wörtern steckten Jahrhunderte theoretischer Bemühungen und Gelehrsamkeit, intellektuelle Grundsätze und eine Mentalität.

Galilei hatte mit dem *Saggiatore* die Gelehrsamkeit, das Prinzip der dogmatischen Autorität, den der Tradition unterworfenen Konsens und vor allem die unentwirrbare und mißverständliche Verstrickung von Glauben und Vernunft angreifen wollen. Weder er noch seine römischen Herausgeber, die theologisch sehr beschlagen waren, konnten die Gefährlichkeit von Begriffen wie „Farbe, Geruch, Geschmack“ oder die heiklen Beziehungen zwischen Substanz und Quantität verkennen. Doch ihr kontemplativer Glaube erforderte es geradezu, an diesem Punkt auch das Wichtigste aufzugeben, nämlich die Vermischung von Scholastik und Physik. Es handelte sich um eine außerordentlich schwierige Materie. Ockham hatte sich darangewagt. Und drei Jahrhunderte nach ihm wagte Galilei dasselbe; aber die Bedingungen waren mit Sicherheit schwieriger, denn jetzt gab es ein offizielles Dogma, *das* tridentinische Dogma.

Die streng scholastische Interpretation des Dogmas mußte den römischen Anhängern Galileis unter dem neuen Pontifikat als eine der zahllosen Bevormundungen des autoritären Hochmuts der Jesuiten vorkommen. Der Text des Dogmas für sich genommen erlaubte nämlich auch, hinsichtlich von „Farbe, Geruch, Geschmack“ eine befreiende Unterscheidung von Naturphilosophie und Glauben für möglich zu halten.

Diese Möglichkeit gab es, und sie war nicht allein abhängig von der theologischen Debatte, sondern auch von der Staatsraison, von Zwängen und vom Willen zur Erneuerung.

Diese Variablen wiesen zur Zeit des *Saggiatore* in eine günstige Richtung – würden sie Bestand haben?

Der christliche Ockhamismus hatte den Niedergang der mittelalterlichen Scholastik bedeutet. War nun die Philosophie des *Saggiatore* der Vorbote für den Niedergang der neuen Scholastik?

Achtes Kapitel

„Theater im Schatten"

When I Behold this goodly Frame, this World,
Of Heav'n and Earth consisting, and compute
Thir magnitudes, this Eart a spot, a grain,
An Atom, with the Firmament compar'd
And all the numbered Stars, that seem to roule
Spaces incomprehensible (for such
Thir distance argues and thir swift return
Diurnal) merely to officiate light
Round this opacous Earth, this punktual spot [...]

John Milton, *Paradise Lost* (1667), Buch VIII, 15–23 Katastrophe

Katastrophen

„Heiliger Vater, eine ungeheure Zerstörung, eine gewaltige Ruine müssen wir beklagen. Das Haus, das die Göttliche Vorsehung mit eigenen Händen errichtet hatte, der ewige Tempel des Friedens zwischen Gott und den Menschen wird von ruchlosen Dieben geschändet, zerstört, dem Erdboden gleichgemacht.

Fürwahr grausam ist es, mit anzusehen, daß dieses Haus bald eine Ruine sein wird. Die Werkzeuge, Brecheisen, die Gerätschaften und die Arbeiter, alles ist gerüstet für das Zerstörungswerk [...]. Die Wächter des Tempels aber, die neuen Leviten, schlafen einen tiefen Schlaf. [...] Doch der Schrekken rüttelt sie wach. Die Bande der wahnsinnigen Schänder macht sich voran. [...] Schon ist die Hülle des Tempels, wo sich die Seele und der Körper Christi scheiden, zerrissen: schon wanken die Grundfesten, und auch wenn sie noch schlafen, von jenem rauhen Lärm werden sie geweckt. [...] Das Heiligste wird mit Füßen getreten, die Altäre werden umgestürzt, der Tempel in Schutt und Asche gelegt: Wohin, so frage ich, wohin sollen wir flüchten?"[1]

Es war der Nachmittag des 18. April 1631. Finster tönten die letzten Worte unter der Kuppel der ganz ins violette Licht der österlichen Trauer getauchten Sixtinischen Kapelle, als würden Steine aus jenem zerstörten Tempel zur Erde fallen. Der dramatische Ton wurde noch unterstrichen durch das *Miserere* von Allegri, dessen schmerzlicher Ton an jenem Karfreitag noch mehr als sonst wahrgenommen wurde.

Der beeindruckende Realismus jener Klage, die ein Bild aus dem 73. Psalm aufgriff, konnte sich mit den Prophezeiungen Campanellas oder einem Bild der Katastrophe von Monsú Desiderio messen. Äußerst effizient hatte sie die Aufmerksamkeit auf die Vorzeichen eines tödlichen Zusammenbruchs der Kirche gelenkt, die von den Häretikern unterminiert wurde. Daß es ein Architekt war, der diese Metapher von der Ruine für die bevorstehende Katastrophe fand, das war kein Zufall. Es war eine unverblümte Mahnung direkt an den Papst, und sie betraf die Toleranz gegenüber Feinden des Glaubens.

Wie jedes Jahr kam den Jesuiten des Collegium Romanum die ehrenvolle Aufgabe zu, bei den päpstlichen Karfreitagsfeiern die Ansprache zu halten. In diesem Jahr war es Pater Orazio Grassi, der Berater des Collegium Romanum und Architekt der Kirche von Sant' Ignazio, der diese Aufgabe übernommen hatte. Normalerweise gaben die Jesuitenpatres bei diesen Gelegenheiten Proben ihrer kunstvollen asketischen Rhetorik. Diesmal aber hatte die Predigt mit ihren metaphysischen Untertönen den Charakter einer bedrohlichen politischen Prophezeiung, die der Vortragende noch durch die Widmung an den philospanischen Kardinal Ludovisi unterstrich[2]. Urban VIII. muß diese Predigt vorgekommen sein wie eine der zahlreichen Anschuldigungen, die er in den letzten Monaten seitens der dogmatischen Partei hatte einstecken müssen.

Diese hier muß ihm aber angesichts der tatsächlich düsteren Umstände und Perspektiven besonders bedrohlich vorgekommen sein.

Dunkler Rauch stieg an den Toren Roms zum Himmel auf, wo man Hausrat und Post verbrannte. Die Teufelsaustreibungen und Berge unbestatteter Leichen aus dem Jahr zuvor in Mailand waren noch frisch in Erinnerung. Jetzt hatte die Angst vor der Pest auch Rom erreicht, und man begegnete der Gefahr der Ansteckung durch Quarantäne und andere sanitäre Vorbeugemaßnahmen. Die Pest verwirrte auch die klarsichtigsten Geister, alter Aberglauben und neuer Unglaube machten sich breit. Zudem herrschte Krieg. Italien war mit dem unglücklichen Ausgang der Erbfolge in Mantua, der die römische Politik in eine Sackgasse geführt hatte, selbst zum Schauplatz des Dreißigjährigen Krieges geworden.

Als dann am Ende des Jahres nach hundertdreißigjähriger absoluter Ruhe der Vesuv mit großer Heftigkeit ausbrach und Neapel in tiefe Nacht stürzte, da schien es tatsächlich, als würden sich die unglücklichen Vorahnungen, die mit dem Erscheinen der Kometen von 1618 in Umlauf gekommen waren, bewahrheiten.

Unaufhaltsam wie die Lava, die den Vesuv herabfloß, war das Heer Gustav Adolfs auf dem Vormarsch. Im Handstreich brachte es die diplomatischen und militärischen Gleichgewichte durcheinander. Der blitzartige Erfolg des großen schwedischen Strategen und seines protestantischen Heeres entzog dem Papst definitiv den Boden für seine zögerlichen und widersprüchlichen Versuche, zwischen den katholischen Kräften zu vermitteln.

Diese Versuche waren in der Praxis sowieso zu einer Unterstützung der französischen Politik geworden.

Seit Januar war Kardinal Richelieu ein Bündnis mit dem neuen Kriegsherren Europas eingegangen. Richelieu brauchte sich keine Skrupel zu machen, wenn er ein Bündnis mit einer antikaiserlichen protestantischen Macht einging. Der Papst aber sehr wohl. Der Weg einer Öffnung gegenüber Frankreich war nicht mehr gangbar. Es war das Ende des Traumes, sich aus den Auseinandersetzungen herauszuhalten und den Schiedsrichter der europäischen Diplomatie zu spielen, das Ende der ehrgeizigen Hoffnung, für Rom eine moralische und politische Unabhängigkeit zu bewahren. Um den rechten Glauben der Gegenreformation zu retten, mußte man sich mit den Habsburgern verbünden und in Italien auf jegliche Autonomie gegenüber Spanien verzichten.

Pater Grassis Plädoyer am Passionstag Christi mußte als Stellungnahme der Gesellschaft Jesu aufgefaßt werden, die bei einer Niederlage in Deutschland das größte Risiko lief. Sie tadelte die schuldhafte Nachlässigkeit des Papstes bei Verstößen gegen die tridentinischen Glaubensgrundsätze.

Schon seit dem Ende des letzten Jahres verging im übrigen keine der donnerstäglichen Versammlungen im Heiligen Offizium, ohne daß es zu einem Zusammenstoß zwischen Papst Urban VIII. und Kardinal Borgia, dem Botschafter Spaniens, gekommen wäre. Jeder Anlaß war der spanischen Partei recht, Urban VIII. zu beschuldigen, er sei zu tolerant gegenüber den Häretikern in Rom. Man verlangte energisches Einschreiten und gab dem Papst zu verstehen, die Zeiten unbeschwerter intellektueller Freiheiten aus den Anfängen seines Pontifikats seien zu Ende, er müsse sich jetzt ohne Zögern und Zweideutigkeiten an die Spitze des katholischen Feldzuges gegen die Häresie und die subversiven Neuerungen stellen.

Urban VIII. sollte nicht lange auf die Konkretisierung jener Mahnungen warten müssen, die Pater Grassi in seiner Karfreitagspredigt ausgesprochen hatte.

Alle wesentlichen Konfliktpunkte der politischen Leitung der Kirche unter dem Pontifikat Urbans VIII. traten in weniger als einem Jahr deutlich hervor, als die schwerste politische Krise die Herrschaft von Papst Urban VIII. erschütterte.

Bis zu diesem Moment war der Protest des kompromißlosen Flügels innerhalb der herrschenden Kirchenkreise immer nur halboffiziell vorgetragen worden. Am 8. März des Jahres 1632 jedoch mußte der Papst im neuen Saal des Konsistoriums anläßlich der Eröffnung einer geheimen Kabinettssitzung der Kirche, die ganz unverhüllten Anschuldigungen von Kardinal Borgia hinnehmen. Unterstützung hatte Borgia von sämtlichen Kardinälen seiner Partei: Ludovisi, Colonna, Spinola, Doria, Sandoval, Ubaldini und Albornoz[3].

Kardinal Borgia trug die Anklage persönlich vor und verlas ein Memorandum „von allergrößtem Interesse für die Religion und den Glauben“. Er beklagte die häretische Allianz mit dem Schwedenkönig und unterstrich, Madrid wünsche, daß der Papst seine Stimme als Signal für die Rückeroberung erschallen lasse... Urban VIII. schnitt ihm das Wort ab, legte ihm nahe zu schweigen und drohte mit der Absetzung. Borgia wollte jedoch weniger als kirchlicher Würdenträger denn als Vertreter des katholischen Königs sprechen. Kardinal Antonio Barberini von Sant' Onofrio war der einzige, der auf die schwere Beleidigung reagierte und Borgia gegenüber handgreiflich werden wollte. Er bekam aber nur dessen Arm zu fassen, denn Kardinal Colonna, der Vertreter des Reichs, und alle philospanischen Kardinäle stellten sich in einem geschlossenen Block um Borgia herum, der so sein Memorandum vortragen konnte.

Der Tumult nahm zu. Die Saaldiener schritten ein. Das Konsistorium wurde unterbrochen, aber Kardinal Borgia fand noch Zeit, Kopien seines Textes unter den Kardinälen zu verteilen; und dem Papst blieb die Gelegenheit für ein letztes Wort: „Es ist unsere Aufgabe, sich um die katholische Religion zu kümmern; wir haben über sie gewacht, und wir werden über sie wachen“[4]. Das war das offizielle Versprechen, zukünftig etwas zu unternehmen.

Die Nachricht von dem Skandal im Konsistorium, wo der Papst der Nachsicht gegenüber der Häresie beschuldigt worden war, machte rasch in sämtlichen Kanzleien Europas die Runde.

Ein gut unterrichteter Beobachter, der florentinische Botschafter Francesco Niccolini, berichtete nach Florenz, der Protest richte sich gegen das heimliche Einverständnis des Papstes mit den Feinden der Religion, und von nun an würden Unnachgiebigkeit gegenüber Häretikern und Neuerern in Rom sowie die Kontrolle über den rechten Glauben als Instrument der politischen Pressionen von der spanischen Partei auf die Kurie übertragen werden[5]. Wie sonst, wenn nicht ideologisch, hätte man auf den Papst Druck ausüben können, um ihm Geld und Bannflüche zur Unterstützung der politischen Interessen in einem Religionskrieg zu entlocken?

Der Papst konnte Kardinal Borgia wohl noch auffordern, still zu sein, aber den Protest der Spanier konnte er nicht mehr zum Schweigen bringen, und schon gar nicht vermochte er, Borgia abzusetzen. Kardinal Borgia hatte sich im Konsistorium durchgesetzt, und der Papst war sich in seiner isolierten Position klar darüber, daß er nur auf die Unterstützung durch seine Verwandten zählen konnte.

Am Tag nach diesem Skandal sandte Rom eine entrüstete Protestbotschaft nach Madrid. Aber schon am 11. März kam es zu einem erneuten Zusammenstoß zwischen dem Papst und Kardinal Borgia – diesmal im Heiligen Offizium. Aus Neapel und Madrid hört man Stimmen, die ein direktes Eingreifen zur Unterstützung des Kardinals und Botschafters aus Spanien androhen. Die radikalsten Kritiker, wie der Kardinal Ludovisi, ventilieren die Drohung, Urban VIII. als Beschützer von Häretikern abzusetzen.

Es sind Tage einer dramatischen politischen Krise, und der Papst muß das ganze Gewicht seiner Autorität in die Waagschale werfen, um die unaufhaltsame Verschiebung der Gleichgewichte zu reduzieren. Da ihm die Genugtuung versagt blieb, etwas gegen Kardinal Borgia unternehmen zu können, der unantastbar war und Herr der Situation blieb, traf er dessen Bundesgenossen in Italien, den Kardinal Ludovico Ludovisi, und wies ihn aus Rom aus[6].

Kardinal Ludovisi zieht aus dem wundervollen Palazzo della Cancelleria aus, und vor seiner definitiven Abreise begibt er sich in die Chiesa del Gesù, um sich von seinen Protegés zu verabschieden. Er stirbt bald darauf, so daß er die neue Kirche von Sant' Ignazio und die Wandlung des politischen und kulturellen Klimas nicht mehr erlebt.

Ende März kommt der bedeutende Kardinal und Exjesuit Peter Pazmany, ein unbeugsamer konservativer Katholik und Sonderbotschafter der Habsburger, nach Rom; er soll den Forderungen der Spanier Nachdruck verleihen und verlangt exorbitante Summen zur Finanzierung des Krieges gegen Gustav Adolf von Schweden.

Die Lage drängt tatsächlich: Am 7. April stößt Gustav Adolf nach Bayern ins Herz des deutschen Katholizismus vor. Die Kollegien der Jesuiten werden geplündert, die Patres werden aus den von den Schweden besetzten Städten ausgewiesen.

Hin- und hergerissen zwischen widersprüchlichen Aufforderungen Philipps IV. und Ferdinands II., die Borgia unterstützen, und den Aufforderungen Richelieus, den Bruch mit Spanien zu vollziehen, kann Urban VIII. sich nicht entscheiden. Die Zeit erfordert jedoch Entscheidungen, und zwar schleunigst, denn im Mai 1632 steht Gustav Adolf schon in Graubünden und bereitet sich darauf vor, die Alpen zu überqueren und nach Rom vorzustoßen. Wird er es, wie man sagt, dabei belassen, die Bibliothek des Palatins mit nach Heidelberg zu nehmen[7]?

An diesem Punkt war die Entscheidung gefallen.

Als die politische Krise ihren Höhepunkt erreicht, da ist der Papst unter dem erpresserischen Druck der Habsburger gezwungen, nachzugeben und der spanischen Partei weitgehende Zugeständnisse zu machen. Offiziell sanktioniert wurde diese politische und ideologische Wende in der Kurie durch die diplomatischen Richtlinien, die der Kardinalsneffe den päpstlichen Gesandten erteilte: Am 1. Mai beklagte der Papst bitter

> völlig falsche Unterstellungen und unbegründete Schlußfolgerungen, [...] tausenderlei Behinderungen aufgrund von Mißtrauen, Verleumdungen und falschen Einschätzungen. Viele derselben haben sich im Verlaufe der Zeit und durch die Wahrheit aufgeklärt; und auch daß man die anderen glauben und erwägen könne, die sich nämlich sämtlich als lügenhaft und ohne Grundlage erwiesen[8].

Der Papst mußte nun gegen diese „feindlichen oder bösartigen oder ahnungslosen Überzeugungen"[9] mehr Strenge und eindeutigeres Auftreten („den Rat und das Gefühl des Herzens") bei der Überwachung der Rechtgläubigkeit versprechen.

Der Flirt mit Frankreich war beendet und mit ihm auch jene vibrierende

Atmosphäre eines ungezwungenen freien Mäzenatentums und eines mystisch-optimistischen Vertrauens auf die Vernunft, das aus Rom unter dem neuen Pontifikat die Hauptstadt der Neuerer gemacht hatte.

Hatte nicht selbst Kardinal Maurizio di Savoia, der Drahtzieher bei der Wahl des Papstes und Führer der französischen Partei, nach dem Abkommen von Cherasco im vorigen Jahr die Fronten gewechselt? Hatte nicht auch er, mit einer geradezu atemberaubenden politischen Pirouette, Frankreich aufgegeben und war zu Spanien übergelaufen?

Die Absetzung von Kardinal Ludovisi war eine persönliche Revanche Urbans VIII., um irgendwie doch noch nach der Beleidigung durch Borgia das Gesicht zu wahren – ehe er sich dann dem kaiserlich-spanischen Diktat beugte.

Mit der zunächst kaum wahrnehmbaren, aber entscheidenden Gewichtsverlagerung in der politischen Landschaft Roms änderten sich auch die Bedingungen für die Neuerer und Literaten. Die Saison des toleranten Mäzenatentums und der mondänen intellektuellen Veranstaltungen florentinischer und philofranzösischer Provenienz war zu Ende. An ihre Stelle traten die Jesuiten, die jetzt in hohem Maße die kulturellen Interessen der Kurie auf sich zu lenken vermochten. Bernini arbeitet am Baldachin von Sankt Peter. Das poetische Werk des Papstes, so als solle damit das neue intellektuelle Klima unterstrichen werden, wird vom Collegium Romanum in einer Prachtausgabe mit Illustrationen von Bernini herausgebracht: in Rom beginnt das Zeitalter des Barock.

Poussin, Cassiano Dal Pozzo und die Zirkel von reformerischen Literaten und Künstlern geraten ins Abseits, viele verlassen auch Rom. Tommaso Campanella kann nicht mehr auf die Straffreiheit rechnen, der er seine Haftentlassung verdankte, und bereitet seine Flucht nach Frankreich vor. Die „wundersame Konjunktur“ ist beendet. Wir werden sehen, welche Konsequenzen das für ihre Protagonisten hat.

Ein Buch im Stile von Pythagoras und Demokrit

Ende Februar/Anfang März des Jahres 1632, zur selben Zeit, als die politischen Machtverhältnisse einer von Intoleranz und Mißtrauen geprägten Atmosphäre zum Sieg verhalfen, kam in Florenz der *Dialog* heraus. Einen ungünstigeren Zeitpunkt hätte man sich nicht aussuchen können, aber man hatte sich eben wegen der großen Erwartungen sehr beeilt.

Sechs Jahre lang hatte man verhandeln müssen, Absprachen getroffen und korrespondiert, damit der *Dialog* in einer Form erscheinen konnte, die keine unangenehmen Überraschungen mehr barg. Die Herausgabe des *Dialogs* war mit unendlicher Vorsicht ins Werk gesetzt worden: Im Grunde genommen war der Inhalt dieses bedeutenden pädagogischen Werks mit dem identisch, was in synthetisierter Form bereits in dem Antwortbrief an Monsignor

Francesco Ingoli aus dem Jahr 1624 formuliert worden war. Als zusätzliches Argument für die Erdbewegung war hier nur noch die Thematik der Gezeiten hinzugekommen. Man wußte aber bereits seit 1616, daß dieses geophysikalische Argument einen der ganz starken Punkte in Galileis Kosmologie darstellte. So hatte Galilei als Titel *Del flusso e reflusso del mare* (Vom An- und Abschwellen des Meeres) vorgeschlagen. Er hatte in der Folge die Bedenken der Kirchenleitung akzeptiert und der totalen Änderung des Titels in den viel harmloseren, tatsächlich verwendeten, zugestimmt. Das Vorwort war wieder und wieder von Pater Riccardi, dem Hofmeister des Heiligen Palastes durchgesehen und korrigiert worden; in Rom wurde der Text von Pater Visconti[10] für das Imprimatur geprüft. Als das Werk dann in Florenz gedruckt worden war, hatte ebenfalls ein Dominikaner, Pater Giacinto Stefani, die Arbeit noch einmal geprüft. Bei allen handelte es sich um Prüfer, die Galilei wohlgesinnt, aber zugleich hochgeschätzte Theologieexperten des Dominikanerordens waren.

Der Druck war entweder vorsätzlich oder wegen der Pest, die die Verbindung mit Rom behinderte, äußerst schleppend vor sich gegangen. Man brüstete sich mit dem Imprimatur für Rom, ohne tatsächlich alle Vorschriften, was die Hinterlegung von gedruckten Exemplaren anlangte, eingehalten zu haben. Aber nach den persönlichen Abreden zwischen dem Autor, dem Papst und dem Hofmeister des Heiligen Palastes war das ein reiner Formfehler. Darüber hinaus hatte es die Zusicherungen vom Mai 1630 gegeben, als Galilei Pater Riccardi das Manuskript persönlich vorlegte. Sie machten die Situation noch komplizierter. Was aber zählte, das war die Einstellung, und die war vollkommen klar[11].

Bei jener letzten Reise nach Rom hatte Galilei die vollkommen loyale Unterstützung durch den Papst und durch Francesco Barberini erfahren. Als man versuchte, Galilei gemeinsam mit Campanella in die Affaire um ein unheilvolles Horoskop zu verwickeln, das den nahen Tod Urbans VIII. vorhersagte, da hatte sich letzterer – wie der Kardinalsneffe deutlich unterstrich – von Galileis Feinden nicht täuschen und die alte Freundschaft nicht dadurch trüben lassen.

Galilei hatte also nichts zu befürchten von den Drohungen der Neider und von ihren Verleumdungen[12]. Die Neider von Galilei erwarteten den *Dialog* voller Spannung, obwohl in dieser Arbeit zur Kosmologie nichts Neues zu entdecken war. Sie hielt sich an die Abmachungen und stellte die kopernikanische Astronomie wissenschaftlich nachvollziehbar, zugleich aber mit den gebotenen theologischen Vorbehalten dar. Das einzig spannende Moment ergab sich aus dem – durch die sanitären Vorbeugemaßnahmen gegen die Pest verursachten – verspäteten Eintreffen des neuen Buches in Rom.

Ende Mai (1632) gelangten die ersten Exemplare nach Rom. Zuerst wurde das Buch Kardinal Francesco Barberini überbracht[13]. Im August kamen in Rom weitere Exemplare an, die von Filippo Magalotti verteilt wurden[14].

Für eine Distribution durch den Buchhandel fehlte die Zeit[15].

In einer Buchhandlung jedoch (welcher, wissen wir nicht genau) kam es zur öffentlichen Gefühlsäußerung einer der Personen, die auf dieses Buch voller Spannung gewartet hatten.

Fast wiederholt sich die Szene von vor neun Jahren in der Buchhandlung Del Sole. Auch diesmal war der Protagonist ein Wissenschaftler aus dem Collegium Romanum, Pater Christopher Scheiner, der sich, als er hörte, wie ein Anhänger Galileis (Pater Vincenzo Renieri) das Buch lobte, „aufs äußerste erregte und blaß wurde"[16]; er sei sogar bereit, 10 Scudi für ein Exemplar des *Dialog* zu zahlen, damit er nur unverzüglich darauf antworten könne.

Nach allem, was wir bisher in Erfahrung gebracht haben, müssen wir die denunziatorischen Drohungen von Jesuiten in Buchhandlungen ernst nehmen. Aber was gab es an einem Buch wie dem *Dialog* auszusetzen, das bis ins kleinste Detail kontrolliert, geprüft und mit den Vorschriften abgestimmt war? Kopernikanismus? Er wurde ganz offen dargelegt, aber vergessen wir nicht, daß Galileis Initiative keine spontane war. Offiziös hatte er die Autorisierung erhalten, diesen Schritt zu tun, und er hatte darauf geachtet, sein Werk zu einer offiziell anerkannten und gebilligten Initiative zu machen. Man hatte ihm freie Hand zugesichert und erlaubt, vom Kopernikanismus zu reden – unter der Voraussetzung, er tue das „hypothetisch und ohne Heilige Schrift"[17]. Nun war im *Dialog* mit Sicherheit von der Schrift keine Rede, und was die erste Vorsichtsmaßregel betraf, so konnte man den Grad der Ehrlichkeit nur schwer einschätzen. Um aber dennoch erst gar kein Mißverständnis aufkommen zu lassen, war, genau wie im *De revolutionibus* von Kopernikus, eine Ad-hoc-Einleitung und eine abschließende Argumentation eingefügt worden, die auch den letzten Verdacht ausräumen und den Schein wahren sollte.

Wir wissen, daß es andere Verdächtigungen gab, und vielleicht hätte Pater Scheiner in diesem Zusammenhang Argumentationsstoff finden können.

Man muß dazu sagen, daß Pater Scheiner im April des Jahres zuvor (1631) endlich sein großes Buch *Rosa ursina*, das seit 1626 druckfertig war, mit den Lettern des Hauses Orsini publizieren konnte.

Der Inhalt dieses Buches war breit gestreut, vor allem aber enthielt es die harsch vorgetragene Behauptung des Autors, als erster die Sonnenflecken entdeckt zu haben. Außerdem war ein großer Teil des Buches der These gewidmet, die alte Theorie von der Unzerstörbarkeit der Himmel sei unbedingt zu reformieren, damit sie mit diesen neuen Entdeckungen der Jesuiten in Einklang gebracht werden könnte.

Die *Rosa ursina* machte die Resultate der wissenschaftlichen Diskussion am Collegium Romanum von 1612 öffentlich. Es war um die kosmologischen Folgen dieser Entdeckung hinsichtlich der aristotelischen Lehre gegangen, die die unveränderliche Natur der Himmelssubstanz proklamierte[18]. Um die Gültigkeit der aristotelischen Weltsicht mit den neuen Erkenntnissen, die durch das Fernrohr möglich wurden, zu vereinbaren, einigte man sich auf eine neue Theorie als ehrenvollen Kompromiß: Bei den Himmeln war die Substanz unzerstörbar, aber einige Veränderungen bei den Akzidentien waren möglich.

Galilei war diese Kompromißlösung bekannt. Sie machte alle neuen astronomischen Entdeckungen akzeptabel und behielt doch die aristotelische Gnoseologie und Kosmologie bei, d.h. eine Sichtweise, die unterschied zwischen himmlischer und irdischer Welt, zwischen Substanz und Akzidens.

Für Galilei war es nun entscheidend, die Homogenität von Himmel und Erde zu verteidigen, also die Tatsache, daß beide eine gemeinsame Natur haben, die immer und überall durch dieselben rationalen Techniken der Beobachtung von Phänomenen, oder „Akzidentien", erkennbar ist.

Auch im *Dialog* griff er zunächst die aristotelische Philosophie und das von ihr angenommene Prinzip einer Trennung von Substanz und Akzidentien an.

Galilei war sich sehr wohl bewußt, daß er auf diese Weise Schwierigkeiten haben würde, der drohenden „eucharistischen Prüfung" zu entgehen – die ja über ihm schwebte wie ein Damoklesschwert, seit Pater Grassi die häretischen Konsequenzen der neuen Philosophie im *Saggiatore* angezeigt hatte.

Aber Galilei hatte in dieser heiklen Frage Vorsichtsmaßnahmen ergriffen und, wie wir bereits wissen, die Autorisierung zu diesem Thema von Pater Riccardi erbeten; von ihm hatte er eine beruhigende Auskunft und die Zusicherung auf Unterstützung erhalten. Ein mündliches Versprechen, mehr nicht: Soweit bekannt, hat Pater Riccardi nichts zu Papier gebracht.

Galilei wagte es. Er wagte es unter Einhaltung der Vorsichtsmaßregel, sich nur „in den Begriffen der Naturwissenschaft" zu bewegen, ohne je das Wort Eucharistie auszusprechen. In dieser Hinsicht, und auch das ist uns bekannt, war Pater Riccardi ganz formell gewesen.

So entwickelte auch der *Dialog* atomistische Ideen ausschließlich in der Naturphilosophie und sicherte sich zudem durch den ausdrücklichen Hinweis ab, es handle sich nicht um eucharistische Theologie.

Gleich zu Beginn des *Dialogs*, am leidenschaftlich erregten ersten Tag, an dem die Homogenität von Himmel und Erde verteidigt wird, kritisierte Galilei die aristotelische Vorstellung von der Erzeugung der Substanz. Es war keine Kleinigkeit *Über Entstehen und Vergehen* von Aristoteles anzugreifen: Es hieß, die gesamte aristotelische Kultur in Frage zu stellen, und Galilei tat das mit großem Nachdruck, indem er dem Simplicio den entscheidenden Ausspruch in den Mund legte: „Diese philosophische Methode führt zur Untergrabung aller Naturphilosophie, zur Verwirrung und Erschütterung von Himmel, Erde und Weltall. Ich glaube", so schließt wenigstens Simplicio, „die Zuverlässigkeit der Grundlagen der peripatetischen Philosophie läßt die Besorgnis nicht aufkommen, daß nach deren Sturz ein neuer Aufbau der Wissenschaft möglich sei"[19].

Wir wissen in der Tat, daß diese Fundamente auf festem Grund standen, daß sie eingebettet waren in Gewißheiten, die unzerstörbarer waren als die Gewißheiten der Naturwissenschaft.

Das kümmerte Galilei nicht. Man meinte, den *Saggiatore* zu lesen: die philosophische Beweisführung entnimmt man den Büchern mit mathematischen Beweisen, nicht den Büchern über aristotelische Logik. Aristoteles war ein „ein großer Logiker, ohne genügende Fertigkeit in der Anwendung der Logik zu besitzen“[20]. Und von der Kritik an Aristoteles' Idee von der Unzerstörbarkeit des Himmels ging Galilei zur Kritik am Allerheiligsten des Aristotelismus über – an der Theorie des Lebens auf der Erde aufgrund des Entstehens und Vergehens durch gegensätzliche Elemente: „Überdies habe ich niemals – ich spreche nur von Dingen, die innerhalb des Bereichs der Natur liegen – eine Umwandlung von Substanzen ineinander begreifen können, vermöge welcher ein Stoff derartig verwandelt wird, daß er notwendig als völlig vernichtet zu gelten habe, ohne irgendeine Spur seines früheren Wesens zu hinterlassen, und daß ein völlig verschiedener Körper aus ihm hervorgegangen sein sollte“[21].

Nachdem Galilei, der offensichtlich glaubte, daß aus „nichts nichts entstehen kann“, die aristotelischen Vorstellungen vom substantiellen Vergehen als Zerstörung und Vernichtung kritisiert hatte, ließ er wiederum Salviati ausführen, es sei nicht unmöglich, daß die natürliche Veränderung „durch die bloße Veränderung in der Anordnung der Teile geschieht, ohne daß etwas vernichtet oder etwas Neues erzeugt würde; solche Verwandlungen sind ja etwas ganz Alltägliches“[22].

Die Erde war ein Reich solchen Vergehens und Entstehens: Die Erde wies Veränderungen von warm nach kalt, von einer Farbe zur anderen auf, es entstanden neue Pflanzen und neue Tiere, das Eisen verwandelte sich in Rost usw.

Die scholastische Philosophie betrachtete diese Veränderungen als qualitative. Galilei übernahm den Standpunkt Ockhams: Er verwarf die Möglichkeit eines natürlichen Vergehens durch Zerstörung und brachte demgegenüber die Hypothese einer Bewegung von Materieteilchen auf. Genau wie Ockham sah auch Galilei ganz offenkundig die körperliche Substanz und die Quantität als identisch an: eine Quantität geformter Materie. Und wie Ockham negierte Galilei die Scholastik und zog sich auf einen Atomismus im Stile Demokrits zurück.

Es war genau wie im *Saggiatore*: Auch der *Dialog* begann mit der philosophisch-mystischen Idee einer „Beschäftigung mit dem großen Buche der Natur [...], dem Erzeugnis eines allmächtigen Künstlers“[23].

Anschließend zog Galilei die logische Selbstgewißheit des aristotelischen Diskurses in Zweifel und behauptete, „daß (Aristoteles) die Absicht hat, uns falsche Karten in die Hand zu spielen, den Bauplan dem fertigen Gebäude anzupassen, nicht aber das Gebäude nach den Vorschriften des Planes aufzurichten“[24]. Für sich nahm er in Anspruch, die Welt des Aristoteles neu zu deuten und „nach besser erwogenen Bauregeln die ersten Fundamente zu legen"[25]. Und schließlich lernte man im dritten Dialog, es bedürfe vieler Axiome, die gemeinhin von den Philosophen entlehnt würden, um Ordnung in dieses Universum zu bringen, denn die Natur vervielfältigt die Dinge nicht ohne Not. Das war Ockhams Prinzip der Ökonomie, um den Wert des kopernikanischen Systems zu beweisen[26].

Aus Vorsicht, oder weil es seine theologischen Ratgeber empfohlen hatten, hatte Galilei im *Dialog* nicht von Atomen gesprochen. Aber er hatte es sich nicht nehmen lassen, die aristotelische Physik vom Gesichtspunkt der Bewegung von Materieteilchen aus anzugreifen, die ihm als Erklärungsprinzip für Transformationsvorgänge in der Natur galt. Die vorsorgliche Präzisierung, es sei von „natürlichen Begriffen" und nicht von der Eucharistie die Rede, offenbart, daß Galilei sich des Risikos bewußt ist, das er eingeht, wenn er in materialistischen Termini die substantiellen Transmutationen, also die Transsubstantiation oder etwas Ähnliches, erklärt.

Aber trotz aller dialektischen Finesse Galileis war das kein besonders guter Kniff. Auch die Akzidentien der Eucharistie vergehen, sie verändern sich gemäß „natürlichen Begriffen". Die scholastische Unterscheidung zwischen Substanz und Akzidentien diente dazu, eine rationale Begründung für die Aussöhnung zwischen Transsubstantiation und Naturphilosophie zu finden.

Hätte man dagegen auf dem Standpunkt beharrt, die natürlichen Veränderungen seien durch Bewegungen von Materie verursacht, dann wäre diese Aussöhnung nichtig gewesen.

Dieses Risiko mußte Galilei eingehen, denn um eine neue, kontemplative Allianz zwischen Vernunft und Glauben herstellen zu können, mußte er notwendig dort ansetzen und den Knoten durchschlagen, der bisher die peripatetische Philosophie mit der Theologie verband.

Als Pater Scheiner den *Dialog* in Händen hielt, da ging er mit Sicherheit als erstes die Seiten durch, die ihn am meisten betrafen, also diejenigen zum Problem der Unzerstörbarkeit der Himmel. So stieß er unmittelbar auf jene materialistische Theorie der „substantiellen Transmutation", und das mußte ihn, voreingenommen wie er war, zweifelsohne an Pater Grassi erinnern.

Es gibt keinen historisch belegten Anhaltspunkt dafür, daß Pater Scheiner, Pater Grassi oder irgendein anderer Jesuit gegen den *Dialog* die öffentlichen und geheimen Vorwürfe erhoben hätte, die Pater Grassi einst gegen den *Saggiatore* in Umlauf gebracht hatte. Einen Beweis gibt es schlicht deshalb nicht, weil uns die Anzeigen gegen den *Dialog* – daß es solche gab, ist nur zu logisch und offensichtlich – nicht bekannt sind. Und vielleicht werden wir niemals etwas über sie in Erfahrung bringen.

Der Historiker darf dennoch die Möglichkeit einer Reaktion auf den Atomismus des *Dialogs* bei den Zeitgenossen nicht unterschätzen, auch wenn dieses Buch heute weitgehend als eine bedeutende pädagogische Arbeit über das kopernikanische System angesehen wird.

Der Atomismus ist in der Tat der springende Punkt. Eines der seltenen Zeugnisse über das kurze und wenig glückliche Schicksal, das dem *Dialog* in

Rom beschieden war, zeigt uns, daß die Arbeit im guten wie im schlechten als eine Neuauflage der materialistischen Aussagen des *Saggiatore* zur Physik aufgefaßt wurde.

Dieses Zeugnis stammt von Tommaso Campanella. Campanella war Idealist, und vielleicht hatte er die veränderte politische und ideologische Situation in Rom nicht mitbekommen. Jetzt war die Straffreiheit all der Neuerer in Gefahr, die sich in den goldenen Jahren auf die weitreichende Protektion durch die Kurie verlassen konnten. Weil er sich dessen vielleicht noch nicht bewußt war, begrüßte Campanella den *Dialog* voller Enthusiasmus; er verfolgte die Geschicke des Buches aus unmittelbarer Nähe und bildete sich ein, er könne Einfluß zugunsten von Galilei geltend machen, als sich die Dinge zum Schlechten wandten. Glücklicherweise schenkte niemand seinem Eifer Aufmerksamkeit. Die ungefragte Unterstützung seitens Campanella hätte die Situation nur noch verschlimmert und Galilei, seine Freunde und seine alten Beschützer – mit dem ihnen anhaftenden Ruf, sie seien Häretiker – über die Maßen kompromittiert.

Dennoch war Campanella, wie seine persönliche Stellungnahme zeigt, gut informiert hinsichtlich des Echos, auf das das Buch in Rom stieß.

Und da er sich für den Nestor der neuen Philosophie hielt, war er vielleicht sogar ein wenig eifersüchtig auf jeden, der mehr noch als er ein Neuerer sein wollte. Und so teilte er Galilei in einer seiner üblichen enthusiastischen, verheerend ehrlichen und ganz und gar unvorsichtigen Erklärungen brieflich mit, worin der triumphale Erfolg bestehe, den das Buch gerechterweise verdiene: „Erneuerung antiker Wahrheiten, neue Welten, neue Sterne, neue Systeme, neue Nationen, der Beginn eines neuen Jahrhunderts.“ Bis hierher gibt es nichts Neues an dem enthusiastischen Loblied Campanellas. Aber im Schwung seiner Begeisterung fuhr Campanella fort und sagte etwas, das er besser nicht hätte aufschreiben sollen in einem Moment, da Briefe und Päckchen mit der Entschuldigung der Pestgefahr an den Toren der Stadt geöffnet wurden. Der Brief präzisierte nämlich, viele Literaten und Neuerer in den Akademien hätten sich in den Jahren zuvor die Ideen aus Galileis Philosophie zu eigen gemacht, fast so, als hätten sie sie erfunden, und nun rücke der *Dialog* das zurecht und stelle die Urheberschaft Galileis unzweideutig klar. Und die Ideen des *Dialogs*, die in Rom so sehr in Mode wären, „stammten von den alten Pythagoräern und Anhängern des Demokrit“[27].

Diese Äußerung Campanellas ist ein beredtes Zeugnis dafür, wie eindeutig man den *Dialog* als eine Neuformulierung der atomistischen Ansichten ansah, die im Kern für den Siegeszug des *Saggiatore* bei den Intellektuellen verantwortlich waren.

Der Eindruck Campanellas muß, wenn auch mit einem gewissen Vorbehalt, als eines der seltenen erhaltenen Echos auf die polemischen Reaktionen und Anzeigen angesehen werden, die das Erscheinen des *Dialogs* begleiteten. Diese Reaktionen und Beschuldigungen spitzten eine Situation binnen kurzem zu, die ohnehin schon problematisch und sehr schwierig war.

Angesichts dieser für uns heute reichlich mysteriösen Kritiken scheint es, als ob die zahlreichen Autorisierungen, hinter denen sich der Dialog versteckte, ebensowenig wie die offiziösen Abmachungen irgendeine Bedeutung hatten.

Im Hintergrund der ganzen Affaire spielt sich zwischen Juli und August 1632 ein Theater im Schatten ab, dessen Ziel die Anklage gegen Galilei ist. Man benutzt sein neues Buch, um noch einen Skandal zu provozieren und so den Papst zum Eingreifen zu zwingen.

Pater Riccardi, der Freund Galileis und Mitwirkende bei seinen Büchern, ist klarerweise parteiisch. Seine Hauptsorge ist jetzt, da die Dinge eine Wendung zum Schlechten nehmen, sich zu distanzieren und zu verteidigen. Auf jeden Fall ist es Pater Riccardi, der als erster Alarm schlägt und darüber informiert, daß die Jesuiten, die im Gefolge von Kardinal Borgia in Rom wieder Oberwasser haben, heftig gegen Galilei intrigieren.

Im zweiten Kapitel haben wir andere Stimmen zitiert, die ex post den ersten von Pater Riccardi angezeigten Verdacht erhärten.

Pater Riccardi aber hütet sich wohlweislich zu sagen, durch welchen Jesuiten und von welcher Basis aus die juristische Verfolgung Galileis ins Werk gesetzt werden sollte.

Aber es muß sich ganz offenkundig um so schwerwiegende Beschuldigungen gehandelt haben, daß die Sofortmaßnahmen, die eine weitere Verbreitung des Buches unterbinden sollten, gerechtfertigt scheinen. Es war so, als wollte man verzweifelt versuchen Korrekturen anzubringen, ehe der Skandal sich ausweitete.

Wie dem auch sei: Am 25. Juli wird der *Dialog* offiziell verboten. Denn an diesem Tag schickt Pater Riccardi einen reichlich sibyllinischen Brief an den Inquisitor in Florenz mit der Bitte, am Zoll alle Exemplare des Buches von Galilei zu beschlagnahmen, noch ehe diese Rom verließen. Nach dem Motiv für die Beschlagnahme gefragt, gibt Pater Riccardi lediglich zu verstehen, daß es sich um eine mysteriöse und sehr unangenehme Angelegenheit handele und daß die Weisung von ganz oben komme, wo man, wie immer wenn ein Skandal vermieden werden sollte, nicht persönlich in Erscheinung treten wolle:

> Das Buch des Herrn Galilei ist hier angekommen, und es gibt da etliche Dinge, die keinen Gefallen finden, die unsere Herren auf jeden Fall berichtigt sehen wollen. Derweil hat unser Herr (auch wenn ich das nur mit meinem Namen zeichnen kann) angeordnet, daß das Buch aufgehalten werde und bei Ihnen keinen Durchlaß finde, ehe von hier nicht die Korrekturen abgeschickt werden, und es soll überhaupt nicht nach draußen gehen. Hochwürden möge sich mit dem Monsignor Nuntius darüber ins Benehmen setzen und ohne großes Aufsehen dafür sorgen, daß alles in die Tat umgesetzt wird[28].

„Ohne großes Aufsehen" hieß, den Skandal vermeiden.

Nach allem, was wir bis hierher ausgeführt haben, kann man mit gutem Recht annehmen, daß der Papst an alles andere dachte als an die astronomischen Systeme von Ptolemäus und Kopernikus.

Wenn es also zutrifft, und alles deutet darauf hin, daß es die Jesuiten waren, die im Sommer 1632 beim Papst einen Proteststurm ausgelöst hatten, dann müssen wir uns fragen, welche besorgniserregenden Gründe die Jesuiten nun veranlaßten, ihren Gegner anzuschuldigen.

Wie bereits angedeutet, wissen wir bis heute nicht, welche Anzeige der Jesuiten die Anklageerhebung gegen Galilei ausgelöst haben könnte.

Die Historiker, die sich mit Galilei befassen, haben angesichts der lückenhaften Quellenlage im Umfeld der Anzeige gegen Galilei in Rom resigniert. Sie haben einzig und allein Gründe persönlicher Feindschaft gegenüber Galilei geltend gemacht, die „das Feuer geschürt“ haben müssen und schließlich zur Anzeige gegen den *Dialog* auf der Grundlage der kopernikanischen Doktrin führten.

Ich bin dagegen der Ansicht, daß die Anzeige der Jesuiten gegen Galilei vom Juli 1632 auf Gründe zurückzuführen ist, die weit über eine persönliche Feindschaft hinausgehen. Auch wenn wir den genauen Inhalt der Anzeige gegen Galilei nicht kennen, so verfügen wir doch über ein ganz präzises Indiz hinsichtlich der grundlegenden Befürchtungen, die die Gesellschaft Jesu damals hegte. Diese Befürchtungen und die daraus abgeleiteten strengen Verbote hatten aber mit der kopernikanischen Doktrin rein gar nichts zu tun.

Die Befürchtungen des Augenblicks

Genau zu dem Zeitpunkt, da die mysteriöse Anzeige gegen den *Dialog* erhoben wird, am 1. August 1632, verbietet die Gesellschaft Jesu mit aller Strenge die Lehre von den Atomen[29]. Diese Verurteilung wurde in der Folge noch mehrmals bekräftigt, bis zu jenem Tag allerdings war sie nicht öffentlich ausgesprochen worden. Das Verbot war von den Generalrevisoren der Gesellschaft erlassen worden und war zum „internen Gebrauch“ bestimmt, d.h. es richtete sich als ernste Mahnung an die Philosophieprofessoren der Collegien und der Schulen des Ordens.

Wir sind bereits bestens darüber informiert, daß Pater Orazio Grassi, offizieller Repräsentant der intellektuellen Orthodoxie am Collegium Romanum, mit seiner ganzen Autorität den Atomismus und die Theorie der Unteilbaren verurteilt hatte. Warum war es gerade jetzt erforderlich, ein offizielles Verbot der atomistischen Ideen in den von Jesuiten geführten Zentren zu verbreiten?

Es gab tatsächlich einen Grund, und der macht uns begreiflich, wie dringend notwendig es für den Generalstab der Gesellschaft Jesu in Rom war, offiziell jegliche Toleranz gegenüber dem philosophischen und wissenschaftlichen Atomismus auszurotten. Dabei ging es nicht allein um Galilei. Um den Grund zu verstehen, müssen wir Rom für einen Augenblick verlassen und in die Reichshauptstadt Prag gehen.

„Nach Prag gehen und Arriaga hören", das war schon beinahe ein Schlagwort, denn Pater Rodrigo de Arriagas Unterricht in Philosophie und Theologie an der Universität der Jesuiten in Prag genoß europaweit einen großen Ruf. Pater Arriaga gehörte zu den bedeutendsten Repräsentanten einer modernen und undogmatischen scholastischen Philosophie unter den Jesuiten. Er war ein direkter Schüler von Pater Suarez in Valladolid und Salamanca; von seinem großen Lehrmeister hatte er gelernt, den Blick nach vorne zu richten, über Aristoteles hinaus, und die metaphysischen Erfordernisse der alten Scholastik mit den methodologischen Einwendungen der modernen nominalistischen Tradition zu verbinden.

Philosophisch war Arriaga ein Gefolgsmann von Suarez und Ockham, in der Naturphilosophie schätzte er die modernen Wissenschaftler und unter ihnen besonders den bedeutenden Arzt und Wissenschaftler Francisco Vallès, der vor allem in Spanien als Leibarzt von Philipp II. zu Berühmtheit gelangt war.

1625 waren in Lyon die *Controversiarum medicarum et philosophicarum libri decem* (1582) von Vallès erschienen, die neue und anregende substantialistische und korpuskularistische Ideen des Lichts enthielten[30].

Seit 1623 lehrte Pater Arriaga Philosophie am Collegium in Prag. Sein *cursus* war darauf ausgerichtet, die Illustration der Wahrscheinlichkeit von Ockhams Thesen zur Kosmologie – daß nämlich die Essenz der Materie in der Ausdehnung bestehe – mit deren Ausweitung in den Bereich der Physik über die Korpuskeltheorie der Materie zu verbinden.

Pater Arriaga veröffentlichte diese Meinung, die nur eine Annahme war, mit Sicherheit aber in Relation zur theologischen Philosophie seines Ordens eine hetorodoxe, in seinem wichtigen Buch *Cursus Philosophicus*, das dem Kaiser Ferdinand II. gewidmet war. Es erschien 1632 in Prag.

Selbstverständlich war das Buch Pater Arriagas getragen vom ehrlichen Willen, die Scholastik wiederherzustellen, und von dem Bemühen, die polemische und kontroverse Frontstellung gegen die Modernen zu überwinden, indem es sich vollkommen unvoreingenommen ihre Vorstellungen über die Natur zu eigen machte. In der Tat war Pater Arriaga einig mit der Ansicht, die Wärme würde durch Feuerteilchen erzeugt, die Verdünnung würde hervorgerufen durch die Zuführung von Dampfkorpuskeln und Erdkorpuskeln, die auch Wasser und Luft durchdringen. Er ging sogar so weit, die Behauptung aufzustellen, das Licht sei etwas Reales, und er fügte hinzu: „Daß es ein Akzidens sei, das teile ich nicht und (schlage) daher mit einigen Autoren" vor[31], daß das Licht eine Substanz ist. Unmittelbar anschließend hatte Pater Arriaga sein Interesse am Atomismus bekräftigt und vorgeschlagen, man solle auch das substantielle Werden nicht mehr als Schöpfung aus dem Nichts, als Erzeugung einer Entität *ex nihilo*, betrachten, sondern versuchen, es als Produkt durch ein anderes Subjekt zu erklären.

Ineinssetzung von Substanz und quantitativer Ausdehnung sowie Atomismus: der vorurteilslose Erneuerungswille des Kanzlers der Universität zu Prag streifte damit die Ideen von Galileis neuer Philosophie.

Die Gefahr, die davon ausging, war erheblich, denn die jungen Philosophen und Wissenschaftler bei den Jesuiten blickten zu Pater Arriaga auf wie die der vorhergehenden Generation zu Pater Suarez: ein moderner Lehrer, der neue intellektuelle Perspektiven eröffnete. Also bestand die Gefahr, daß sich in Pater Arriagas Gefolge im Herzen der Gesellschaft Jesu eine Forschungsrichtung herausbildete, die den atomistischen Ideen gegenüber positiv eingestellt war. Und das konnten Collegium Romanum und Piazza del Gesù keinesfalls zulassen, bekämpfte man doch gerade jetzt in Rom Galileis atomistische Häresie mit den Mitteln und den Waffen der theologischen Kontroverse über die Eucharistie.

Hier liegen die Motive für das Verbot der atomistischen Lehre in der Physik vom 1. August 1632. Im Jahre 1633 beendete Pater Arriaga seine Lehrtätigkeit am Collegium in Prag und, ebenfalls seit dieser Zeit, veröffentlichte er nichts mehr zur Philosophie, sondern beschäftigte sich nur noch mit der Theologie. Seine Unterwerfung unter die offiziellen aristotelischen Positionen der römischen Ordensleitung ersparte es ihm nicht, daß er auch später noch wegen seiner heterodoxen Vorschläge aus dem Jahr 1632 streng getadelt wurde[32].

Wir wissen jetzt, daß die Befürchtungen des Augenblicks – im Sommer 1632 – dem Atomismus galten; und als der *Dialog* nach Rom kam, nahm diese Furcht unter den Jesuiten solche Ausmaße an, daß auch intern der geringste Anschein von Sympathie für korpuskularistische Theorien getadelt wurde. Wie hätte man den Atomismus bei anderen verurteilen können, wenn es Anhänger des Atomismus im eigenen Hause gab?

Dieses Indiz für die Gemütsverfassung der Jesuiten aus dem Jahr 1632 ist äußerst wichtig. Die interne Maßnahme zur Verurteilung des Atomismus ist die einzige Aktion, die etwas über die mysteriösen Absichten verrät, die hinter dem unermüdlichen Eifer der Jesuiten gegen den *Dialog* standen. Da aber diese Initiative im Geheimen in die Wege geleitet wurde und die Historiker sie außer acht gelassen haben, war es bis heute schwierig, sie mit den Intrigen gegen den *Dialog* in Verbindung zu bringen.

Dennoch handelt es sich nur um ein sehr wahrscheinliches Movens, ein belastendes Indiz, aber nicht um etwas, was uns mit Sicherheit belegen könnte, welche Anklagepunkte die Anzeige gegen Galilei und den *Dialog*, die im Sommer 1632 erhoben wurde, enthielt.

Tatsache ist, daß diese Anzeige – vielleicht waren es auch mehrere –, nirgends auftaucht, so daß die Historiker dazu verleitet wurden, sie zu unterschätzen oder gar ihre Existenz zu bezweifeln. Sie zogen die Hypothese vor, die ganze Angelegenheit sei eine interne gewesen und sei letztendlich durch den Jähzorn des Papstes ausgelöst worden.

Vielleicht wird man nie erfahren, welche Anzeigen zur Eröffnung des Ermittlungsverfahrens gegen den *Dialog* führten, denn, wenngleich es vernünftig und notwendig ist, ihre Existenz zu unterstellen, so ist doch gleichermaßen sicher, daß ihnen ein merkwürdiges, dunkles Schicksal beschieden war.

Die Kirche hatte eigens ein Gericht eingesetzt, das Heilige Offizium, und es mit einer eindrucksvollen Kongregation von Kardinälen ausgestattet – unter denen der strenge Kardinal Borgia eine herausragende Stellung einnahm –, um sich mit dieser Art von Fragen über Orthodoxie und Glauben zu befassen. Dieses Tribunal erfüllte seinen Zweck ganz ordentlich. Den Vorsitz führte der Papst höchstpersönlich, der so die Sicherheit hatte, daß seine Anordnungen zu den einzelnen Fällen, auch wenn sie noch so schwierig waren, ordnungsgemäß und mit der erforderlichen Strenge durchgeführt wurden. Daher war es das einfachste, wollte man ein Werk verbieten, eine Theorie verurteilen oder einen Autor zum Häretiker erklären, eine Anzeige beim Heiligen Offizium einzureichen.

Wir haben bereits erwähnt, daß unter dem Pontifikat Urbans VIII. Galilei, als der offizielle Wissenschaftler des Papstes, nicht wie ein gewöhnlicher Sterblicher der allgemeinen Rechtsprechung dieses heiligen Tribunals unterlag. Auch dieses Mal wurde Galilei nicht an das Heilige Offizium überstellt, dem in diesem Fall die Rechtsprechung entzogen wurde; Galilei genoß eine Sonderstellung, und seine Angelegenheit wurde von seinen beiden wichtigsten Freunden in der Kurie in die Hände genommen: vom Papst, der nicht in Erscheinung treten wollte, und vom Kardinal Francesco Barberini.

Anfänglich hatten diese beiden hochgestellten Persönlichkeiten noch nicht einmal Anweisung gegeben, ein Untersuchungsverfahren zu dem Fall einzuleiten, sondern sie hatten Schritte unternommen, um die Affaire versanden zu lassen, ehe sie richtig losbrechen könnte. Dabei hegten sie die vergebliche Hoffnung, alle Exemplare von Galileis neuem Buch aus dem Verkehr ziehen und dann ohne viel Aufhebens vielleicht an eine durchdachtere Korrektur gehen zu können.

Aber dafür war es zu spät: Als die Funktionäre der florentinischen Inquisition bei der Druckerei Landini mit der Anweisung zur Beschlagnahme auftauchen, sind bereits sämtliche Exemplare herausgegeben.

Am selben 1. August versucht man auch in Rom verzweifelt, den Stein des Anstoßes aus dem Verkehr zu ziehen. Pater Riccardi trifft sich mit dem Verteiler der Widmungsexemplare des *Dialogs* in Rom, mit Filippo Magalotti, um sich diese Bände aushändigen zu lassen. Aber auch hier ist es zu spät: Die Exemplare sind bereits in Umlauf und dazu noch in Händen von hochgestellten Persönlichkeiten, ja sogar von Jesuiten. Es ist in jeder Hinsicht zu spät: Man kann nicht mehr so tun, als sei der *Dialog* nicht veröffentlicht worden.

Filippo Malagotti stellt Pater Riccardi jedoch genau unsere Frage: Wessen beschuldigt man Galilei? Die Angelegenheit muß wirklich schwerwiegend sein, denn entweder will Pater Riccardi dieses Mal nichts sagen – Geheimnis des Heiligen Offiziums –, oder er ist nicht auf dem laufenden, weil er selbst in den Fall verstrickt ist.

Zu seiner Rechtfertigung liefert Pater Riccardi zwei peinliche Vorwände für die Einziehung des Buches, von denen der eine unglaubwürdig und der andere falsch ist: das typographische Symbol mit den drei Delphinen als Anspielung auf den Nepotismus der Barberini und das Fehlen derjenigen Argumente, die der Papst nahegelegt habe, um die Wahrheit des kopernikanischen Systems zu relativieren. Magalotti wußte sehr wohl, daß Galilei immer den Schutz der Familie Barberini, solange sie an der Macht gewesen war, genossen hatte. Und was das Argument des Papstes anlangte, so hatte Galilei es, wie verlangt, im *Dialog* untergebracht, nur hatte er es dem Aristoteliker Simplizius in den Mund gelegt. Das waren also Ausreden. Malagotti seinerseits fragt Riccardi, was es mit dem Rumor auf sich habe, mit dem das Erscheinen des Buches in Rom angeblich aufgenommen worden sei? Und ob es sich dabei um „Leute mit bösen Absichten“ handle? Pater Riccardi bestätigt die Unruhe, sagt aber, er wisse nichts über den Inhalt. Er sagt hingegen, er wisse, um welche Personen es sich handle, und das ist in diesem Moment die schlimmste Nachricht. Es sind, schreibt Magalotti an Galilei, Jesuiten, die Kanalarbeit machen:

Die Jesuitenpatres müssen im stillen ganz entschieden darauf hinarbeiten, daß das Werk verboten werde, denn so hat er [Pater Riccardi] es mir mit genau diesen Worten gesagt: Die Jesuiten verfolgen ihn mit der größten Hartnäckigkeit[33].

Und da man den Stein des Anstoßes inzwischen nicht mehr aus der Welt schaffen kann, muß alles getan werden, um die Kritik in eine Richtung zu lenken, die der bereits geäußerten ideologischen Kritik am Pontifikat nicht neue Nahrung gab.

Eines aber durfte unter gar keinen Umständen geschehen: Der Fall durfte nicht vor das Heilige Offizium kommen, wo jede Versammlung der Kongregation dem arroganten Kardinal Borgia eine willkommene Gelegenheit bieten würde, seine kritischen Unterstellungen und Einschüchterungsversuche gegen den Papst vorzutragen und ihm Nachlässigkeit und Unvorsichtigkeit bei der Durchführung der Gegenreformation in all den zurückliegenden Jahren vorzuwerfen.

Galilei war *der* Wissenschaftler des Papstes gewesen. Er war so sehr protegiert worden, daß man auf geradezu skandalöse Weise die schwersten Anklagen wegen Häresie gegen ihn hatte versanden lassen – und das erst vor wenigen Jahren. Nun war er erneut der Häresie verdächtig. Den Fall vor das Heilige Offizium zu bringen, das wäre politischer Selbstmord gewesen. Es hätte Kardinal Borgia die wunderbare Gelegenheit gegeben, einen riesigen Skandal zu inszenieren. Es gab nur eines: den Fall an sich zu ziehen.

Die Sonderkommission

Es war ein schlichter Kunstgriff, die Anklage gegen Galilei im Sommer des Jahres 1632 dem eigentlich dafür zuständigen Gericht zu entziehen und einer Sonderkommission zu übergeben, die unter dem Vorsitz von Kardinal Francesco Barberini unmittelbar der päpstlichen Kontrolle unterstand. Die Handlungen der Kommission wickelten sich in größter Verschwiegenheit ab.

Eine so außergewöhnliche Kommission war einzig für exzeptionell schwerwiegende Fälle vorgesehen, die zudem besonders schwierige theologische Probleme aufwarfen. Wir müssen bis in die 50er Jahre warten, bis wieder eine ähnliche Sonderkommission zusammentritt, als nämlich Innozenz X. vor der letztendlichen – von den Jesuiten betriebenen – Verurteilung des Jansenius die inkriminierten Aussagen einer theologischen Kommission zur Prüfung vorlegt, der auch Jesuiten angehören.

Auch die Einberufung unserer Kommission hier wurde mit schwersten theologischen Bedenken begründet, denn als der Papst den florentinischen Botschafter von deren Existenz am 4. September 1632 in Kenntnis setzt, rechtfertigt er seine Entscheidung mit den Worten, „es handelte sich um die verderbteste Materie, die man in Händen haben könnte (...), eine in hohem Maße verderbte Lehre“[34]. Mehr konnte der Papst nicht sagen.

Die theologische Sonderkommission wurde Mitte August zusammengestellt. Als offizielle Erklärung führten der Papst und Kardinal Barberini an, ihre Aufgabe sei es, zu untersuchen, ob eine Möglichkeit bestehe, daß der *Dialog* nicht vor das Heilige Offizium käme. Zwar neigen die Galileiforscher dazu, angesichts des tatsächlichen Verlaufs der Ereignisse diese Erklärung als wenig glaubwürdige Rechtfertigung anzusehen. Vielleicht aber war es doch so, daß der Papst – auch gemessen an den nachfolgenden Ereignissen – nicht gelogen hat.

Die Nachricht von der theologischen Kommission war bereits, auf weniger offiziellem Wege, am 21. August nach Florenz gelangt. Pater Campanella löste den Alarm durch einen Brief aus, in dem er – in seinem üblichen dramatischen Stil – schrieb, es handle sich um „erzürnte Theologen“ und der Kommission gehöre „niemand an, der in der Mathematik noch in den verborgenen Dingen bewandert wäre“[35]. Ging es um Kopernikanismus, dann war das allerdings ein Skandal.

Campanella verstand auch nichts von Mathematik, schlug Galilei aber vor, von Florenz diplomatischen Druck auszuüben, damit er und Pater Castelli, der ein angesehener Mathematiker war, an jener Expertenrunde teilnehmen könnten.

Am Tag darauf zeichnete eine Depesche der florentinischen Botschaft in Rom ein völlig anderes Bild der Lage. Kardinal Barberini hatte den Botschafter beruhigt und ihm als erstes vollkommene Zurückhaltung hinsichtlich der behandelten Themen zugesichert. Er präzisierte darüber hinaus, daß man „nichtsdestoweniger guten Willen gegenüber Herrn Galilei"[36] zeige. Für die Loyalität des Kardinals Barberini gegenüber Galilei hatte es auch schon andere Beweise gegeben.

Weitere Loyalitätsbekundungen werden in der Folge vom Papst und von Pater Riccardi abgegeben. Letzterer insistiert, keinen diplomatischen Druck auszuüben und rät, die Arbeiten der Sonderkommission nicht zu behindern, wenn man Galilei wirklich helfen will.

Auch Magalotti, der sich weiter auf dem laufenden über die Stimmung in Rom hält, gibt Anfang September Entwarnung. Er versichert Galilei, selbst wenn der Papst die kopernikanische Theorie aufgrund der Empfehlungen jener Kommission verdammen wolle, würde das Heilige Offizium, „wo hauptsächlich Fragen im Zusammenhang mit den Dogmen behandelt werden"[37], eine so umstrittene Frage nicht für häretisch erklären. Schon möglich, aber wenn es sich nun auch bei Galilei um „Fragen im Zusammenhang mit den Dogmen" handelte?

Womit hat sich die außerordentliche Kommission befaßt? Mit welchen Anklagepunkten und mit welchem corpus delicti? Das wußten nur die Theologen, Kardinal Barberini und vielleicht der Hofmeister des Heiligen Palastes – Pater Riccardi, dem einige Anzeigen zu Ohren gekommen sein werden.

Die Kommission trat fünfmal zusammen[38], und Mitte September, also nach einem Monat, hatte sie, nach Abwägung und Diskussion der Gründe für die Anschuldigungen gegen Galilei, ihre Aufgabe abgeschlossen. Die Zusammenkünfte blieben absolut geheim.

Für den Historiker ist diese Kommission eine Art black-box. Wir wissen, was Mitte September herauskam. Aber was war hineingegeben worden?

Die Kommission unter Vorsitz von Kardinal Barberini lieferte dem Gericht beim Heiligen Offizium ein perfekt ausgearbeitetes Untersuchungsmaterial, um gegen Galilei einen schnellen Prozeß auf Grundlage einer genau umgrenzten Anklage zu führen: der *Dialog* verletzte das 1616 von Kardinal Bellarmin gegen Galilei ausgesprochene Verbot, die vom Heiligen Offizium verurteilte Theorie des Kopernikus zu verteidigen.

Die Unterlagen der Anklage, die aus den Arbeiten der Kommission hervorgingen, waren vollständig: corpus delicti war der *Dialog*, die schwerwiegendste offizielle Anschuldigung war Ungehorsam, also Hochverrat, wegen der Übertretung der von Kardinal Bellarmin ausgesprochenen Anordnung[39].

Es gab sogar das Dokument des Schuldbeweises, auch wenn das juristisch keinen Wert hatte. Es handelte sich um ein Protokoll, von dem behauptet wurde, man habe es unter den Akten des Heiligen Offiziums aufgestöbert. Daraus ergab sich, daß Kardinal Bellarmin und der Kommissar von damals Galilei vor Zeugen deutlich aufgefordert hatten, die erst kürzlich geächteten Thesen des Kopernikus weder zu rechtfertigen noch in irgendeiner anderen Weise zu behandeln. Das Dokument war ein mehr als hinreichender Beweis für die Anklage, es war perfekt, bis auf einen kleinen Fehler: es trug keine

Unterschrift. Aber auch wenn es keinen legalen Wert hatte, so war es dennoch sehr nützlich, um den Prozeß in eine genau umgrenzte Anklage zu kanalisieren. Sie war weder für den Angeklagten noch für seine Gönner allzu schwer: keine Häresie in der Glaubenslehre, wie das die Experten der Kirchenlehre nennen, sondern die Übertretung eines Gebots und keine echte Häresie in „einer in höchstem Maße verderbten Materie".

Das Resultat der Untersuchungskommission war also eine Anklage mit einer Reihe von Beschuldigungen, die in dem Abschlußbericht zusammengefaßt wurden. Die Richter des Heiligen Offiziums mußten sich nur noch genau daran halten – was sie auch taten. So wurden sie schlicht die juristischen Exekutoren der Beschlüsse jener vom Papst gewollten Kommission.

Es waren auch verschiedene weniger schwere Verbrechen aufgelistet worden. Sie reichten von der Typographie in der Präambel über die respektlose Behandlung heiliger Autoren, die ungebührliche Beweisführung für die Erdrotation anhand der Gezeiten mit dem Ziel, Ptolemäus lächerlich zu machen, bis hin zum Mißbrauch des römischen Imprimatur für den unzulässigen Vergleich zwischen den mathematischen Beweisführungen der Menschen und der göttlichen Vernunft[40].

All diese Verbrechen waren zutreffend und unschwer auszumachen, aber – gestehen wir uns das ein – es waren auch ziemliche läßliche Verbrechen. Hätte es nicht diesen – wer weiß wo – aufgespürten juristischen Vorwand gegeben, nämlich das Protokoll von Kardinal Bellarmins Anordnung aus dem Jahr 1616, dann wären das samt und sonders Anklagepunkte gewesen, die man als einfache Übertretungen nur hätte korrigieren müssen. Jeder beliebige Berater des Heiligen Offiziums hätte sie ohne Schwierigkeiten ausgemacht. Die Anklage wegen Kopernikanismus erforderte im Jahr 1632 für einen theologischen Fachmann keine besondere inquisitorische Phantasie. Sollte diese ganze mysteriöse Konstruktion mit der Kommission und der Verdächtigung wegen einer „in höchstem Maße perversen" Theorie nur dazu da gewesen sein, um diesen Bericht zu erstellen, der auf einigen Übertretungen und Unkorrektheiten fußte? Eine geheime theologische Untersuchungskommission wird doch nicht zusammengerufen, um so eindeutige Verbrechen und so unstrittige Themen zu behandeln wie den erforderlichen Respekt gegenüber der offiziellen Anordnung Kardinal Bellarmins oder aber Normen der Publikation. Man hat Mühe zu glauben, daß diese „erzürnten Theologen" einen Monat und fünf Versammlungen dazu benötigten, eine Aussage zu der völlig offen zutage liegenden kopernikanischen Ausrichtung des *Dialogs* zu formulieren.

Aber fällen wir kein vorschnelles Urteil über die Arbeit der Kommission, und verlassen wir uns nicht nur auf ihren Bericht, ohne die internen Diskussionen zu kennen. Sieht man genau hin, dann fällt auf, daß der Bericht das unbedingt erforderliche Minimum für einen ordnungsgemäßen Prozeß enthielt und daß keiner der Beteiligten kompromittiert wurde. Genau das war verlangt.

Der Bericht enthob die Richter jeder weiteren Ermittlung. Er lieferte ihnen einen perfekten juristischen Vorwand, um Galilei auf der Grundlage seiner Übertretung einer kirchlichen Vorschrift zu verurteilen. Man mußte noch nicht einmal den Prozeß gegen die Theorie des Kopernikus wiederholen; das hätte es Galilei nämlich gestattet, seine überzeugenden dialektischen Fähigkeiten ins Spiel zu bringen, und vielleicht hätte er im Heiligen Offizium angefangen, Experimente mit Wassereimern vorzuführen und am Ende gar seine Richter zu Kopernikanern bekehrt. Es mußten auch keine heiklen theologischen Fragen behandelt werden, denn es war nicht der rechte Zeitpunkt, einen neuen Prozeß wie den gegen Bruno zu veranstalten: Man konfrontierte Galilei einfach mit seiner mehr oder weniger verstellten Übertretung der von Bellarmin ausgesprochenen Anweisung. Mit dieser Prozeßführung hatte der Papst offiziell zu erkennen gegeben, daß er sich von Galilei distanzierte und keinerlei geheimes Einverständnis für die Neuerungen hegte. Aber er machte denen, die der Philosophie Galileis viel schwerwiegendere Häresien unterstellten, keinerlei Zugeständnisse.

Urteilen wir also nicht zu schnell über diese black-box, aus der am Ende die Anzeige gegen den *Dialog* herauskam, ohne daß wir genau wüßten, was am Anfang hineingegeben wurde.

Denn das ist der dunkle Punkt: Was wurde der Kommission als corpus delicti vorgelegt? Bis heute haben die Historiker spontan immer an den *Dialog* gedacht. Aber vielleicht ist auch das eine der zahlreichen retrospektiven Täuschungen in der Affaire Galilei. Vielleicht war der *Dialog* überhaupt nicht das einzige Buch Galileis, gegen das eine Anzeige anhängig war.

Pater Campanella, dem die Anklagepunkte nicht bekannt waren, protestierte zu Recht gegen das Fehlen von Wissenschaftlern in jener Sonderkommission. In dem zuvor zitierten Brief an Galilei sagte er aber auch, daß diese Kommission „gegen Eure Bücher"[41] gebildet worden war. Es sollten also zumindest zwei, vielleicht sogar alle Bücher von Galilei geprüft werden.

Kardinal Francesco Barberini, der über alles Bescheid weiß, aber nichts herausläßt, schreibt am 25. September, als die Kommission ihre Arbeit beendet hat und den *Dialog* wegen Kopernikanismus inkriminiert, an den Nuntius in Florenz, Monsignore Giorgio Bolognetti. Der Brief unterliegt der diplomatischen Geheimhaltung. Und dennoch sagt der Kardinalsneffe des Papstes darin nichts über die geheimen Diskussionen, die in der Kommission stattgefunden haben. Er enthüllt jedoch ein wichtiges Detail hinsichtlich des Gegenstandes der Kommissionsarbeiten: „Da in den *Arbeiten* Galileis einige verdächtige Dinge entdeckt wurden, hat unsere Herrschaft eine besondere Kongregation eingerichtet, die diese prüfen und zusehen soll, daß man sie nicht vor die Heilige Kongregation beim Heiligen Offizium bringen muß[42]."

Auch aus dem Wortlaut dieser Depesche an den Nuntius in Florenz scheint sich zu ergeben, daß der *Dialog* im Sommer 1632 nicht die einzige inkriminierte Arbeit Galileis war. Allerdings ist uns der Brief Barberinis nur als Abschrift erhalten: der Plural könnte also auf einen Fehler bei der Transskription zurückgehen. Aber einmal ganz abgesehen davon, daß er mehrfach auftaucht und daß der nachfolgende Abschnitt, in dem von einer Arbeit die Rede ist, dann ganz kohärent nur von dem tatsächlich unter Anklage gestellten Buch handelt, können wir nicht außer acht lassen, daß diese Anspielung des Präsidenten der Kommission auf mehrere angezeigte Arbeiten Galileis mit dem Hinweis Campanellas übereinstimmt.

Eines ist sicher. Wenn mehrere Arbeiten Galileis unter Anklage gestellt worden wären, dann müßte sich das Bild total ändern. Wäre beispielsweise auch der *Saggiatore* angezeigt worden, verstünde man besser, warum eine geheime Sonderkommission eingerichtet wurde. In diesem Fall hätte man es nicht nur mit Galileis Sympathie für Kopernikus zu tun, sondern – wie Pater Riccardi dem florentinischen Botschafter auseinandersetzte – „mit vielen Gefahren für den Glauben, denn es handelt sich hier nicht um Mathematik, sondern um die heilige Schrift, die Religion und den Glauben“[43].

Der Kopernikanismus betraf die Heilige Schrift. Sprach man aber vom Glauben, dann war das eine andere Sache; der Glauben war tatsächlich eine Materie für das Heilige Offizium und, wie Filippo Magalotti befürchtete, eine gefährliche Materie, nämlich im Hinblick auf die Frage der Dogmen. Dann wäre die ganze Affaire in jener Zeit der Restauration wirklich kompliziert geworden, und nicht allein der Autor, sondern alle hatten Skandal zu fürchten. Vielleicht sagten diejenigen, die über den tatsächlichen Gang der Dinge informiert waren, aus gutem Grund, daß jene theologische Kommission nützlich war, weil sie die anfänglichen Anschuldigungen, egal ob alt oder neu, aus dem Weg räumte, statt sie dem Abschlußbericht über die Verbrechen des *Dialogs* anzufügen.

Drei Gesichter, ein Geheimnis

Die Arbeiten über den Prozess gegen Galilei könnten ganze Bücherwände füllen, aber die Historiker, so scheint es, sind sich immer mit Campanella einig in ihrer Entrüstung über die Sonderkommision gewesen, die das geheime Ermittlungsverfahren durchführte. Auch die kirchentreuen und apologetischen Autoren fühlen sich in einer gewissen Verlegenheit, wenn sie sich vorstellen sollen, wie Theologen jene große kosmologische Synthese Galileis zu behandeln suchten. Nach ihrer Ausbildung und intellektuellen Praxis verfügten sie über keinerlei wissenschaftliche Qualifikation, um die astronomischen und physikalischen Argumentationen Galileis selbst an den Punkten beurteilen zu können, wo ihm Fehler unterlaufen waren.

Es sei mir, da wir ja noch nichts über den Inhalt der Versammlungen in Erfahrung bringen konnten, gestattet, die theologischen Experten vorzustellen, die wegen ihrer Kompetenz und ihrer Position dazu berufen wurden, über die Arbeiten Galileis zu entscheiden.

Übereinstimmende Zeugnisse von Campanella und Pater Riccardi belegen uns, daß drei Theologen in die Kommission berufen wurden[44]. Der wichtigste war mit Sicherheit Monsignor Agostino Oreggi, der möglicherweise vom Papst direkt abgeordnet worden war. Schließlich war er dessen persönlicher theologischer Berater und Berater des Heiligen Offiziums in Fragen der Riten; Oreggi hatte das Collegium Romanum besucht – er hatte dort noch bei Bellarmin studiert – und war Schüler von Pater Eudaemon-Johannes und Pater Vitelleschi gewesen. Dem Papst stand er seit den Zeiten der Gesandtschaft in Bologna zur Seite. Er war also aufs engste mit dem Pontifikat Urbans VIII. verbunden, der ihn mit Ehren und einträglichen Ämtern überhäufte. Als Theologe genoß er großes Ansehen. Er hatte sich auf die Eucharistie spezialisiert und eine bedeutende *Theologia* verfaßt, die einige Jahre später veröffentlich werden sollte[45]. Nach Abschluß der Affaire um Galilei ernannte Urban VIII. ihn zur Belohnung für seine Beratungstätigkeit zum Kardinal. Aber wie konnte er unter diesen Umständen hilfreich sein?

Oreggi hat niemals, weder vor noch nach dem Verfahren, polemische Ausfälle gegen Galilei oder dessen Anhänger unternommen; das wäre auch schlechthin nicht möglich gewesen, berücksichtigt man die Übereinstimmung in den religiösen und intellektuellen Idealen, die sich zu Beginn des Pontifikats innerhalb der Kurie herausgebildet hatte.

Eher im Gegenteil. In seiner *Theologia* bewies Oreggi eine deutliche Distanz zur engherzigen theologischen Philosophie der Jesuiten, mit denen er öffentlich polemische Auseinandersetzungen über theologische Fragen führte. Monsignor Oreggi war keinesfalls ein „erzürnter Theologe“ und ebensowenig ein scholastischer Obskurant und Polemiker. Er glaubte nicht an die zweideutige Verschmelzung von Naturphilosophie und Theologie, wie sie die Jesuiten praktizierten, deren Stelle als Beistand des päpstlichen Gewissens er übernommen hatte. Seine jüngst publizierte Arbeit *De opere sex dierum* (1632) war eine mosaische Physik. Pater Oreggi stellte die These auf, nur das, was in der Bibel geschrieben stehe, könne man mit Sicherheit behaupten. Das hatte er im Hinblick auf Aristoteles unterstrichen. Die grundlegende Voraussetzung seiner neueren und wichtigeren *Theologia* bestand in der Unterscheidung zwischen „dem, was zur Physik gehört, dem, was zur Mathematik gehört, und dem, was zur Metaphysik gehört“[46].

Nach dieser generellen Vorbemerkung entwickelte Pater Oreggi in seinem Werk ausführlich die Theorie der „Quantität, der Form, der Farbe und der anderen Akzidentien“ – natürlich allein in bezug auf das zentrale Thema Eucharistie.

Auch heute noch wird man beim Lesen der *Theologia* von Oreggi mit Überraschung feststellen, wie sehr sich die geistige und religiöse Einstellung von der der Jesuiten unterscheidet: hier gibt es keine apologetischen oder polemischen Animositäten. Das Problem der Natur in der Eucharistie wird „dem durch den Glauben erleuchteten Verstand“ anvertraut[47]. Und wenn auch Monsignor Oreggi eine Theologie vertrat, wie sie der Heilige Thomas von Aquin, Bellarmin und Suarez zur Frage des Entstehens und Vergehens der eucharistischen Akzidentien propagiert hatten, so verwendet er doch eine ziemlich bezeichnende Terminologie. Die Transsubstantiation, „diese Reproduktion von Materie müßte eine Schöpfung genannt werden".

Das ist recht weit entfernt von Naturphilosophie und Logik des Aristoteles. Es handelt sich eher um die spirituelle Perspektive der Schöpfung als um eine rationale Interpretation der Transsubstantiation und der Akzidentien ohne Subjekt. Hätte man Oreggi nach Galileis Atomismus befragt, dann hätte er nicht einer restriktiven scholastischen Perspektive des Eucharistieproblems das Wort geredet.

Der zweite theologische Gutachter der Untersuchungskommission war ebenfalls ein Mann des Papstes: Pater Zaccaria Pasqualigo, ein dreißigjähriger Theatiner von S. Andrea della Valle. Das war die Kirche der Barberini, und in deren Collegium war er als ein junger und brillanter Professor für Theologie hervorgetreten. Noch genoß er als Theologe nicht den Ruf eines Monsignor Oreggi, aber er war einer der führenden Köpfe im theologischen und kulturellen Stab des philofranzösisch und augustinisch ausgerichteten Papstes[48].

Zum besseren Verständnis des Gesagten wollen wir kurz auf die Beziehungen zwischen den vom Papst protegierten Theatinern und den Jesuiten eingehen.

Würde man behaupten, die Theatiner und die Jesuiten hätten im Jahre 1632 wie Hund und Katze zueinander gestanden, so wäre das blanker Euphemismus.

1632 war eine heftige Kontroverse zwischen diesen beiden so grundsätzlich verschiedenen Orden entbrannt. Die Theatiner – ein Orden mit einer starken Neigung zur praktizierten Nächstenliebe, augustinisch ausgerichtet und vom Frankreich Richelieus gut gelitten – waren die Erben der Spiritualität und kulturellen Tradition des Oratoriums der Valicella und, wie man sieht, ganz anders als die Jesuiten.

Zu diesem Zeitpunkt war zwischen S. Andrea della Valle und Piazza del Gesù eine alte Polemik über den hl. Ignatius offen entbrannt. Die Theatiner hatten öffentlich gemacht, daß der hitzige Ritter von Loyola zunächst den Theatinern hatte beitreten wollen. Die aber hatten ihn freundlich abgelehnt und ihm geraten, eine eigene, aktivistischere Kongregation zu gründen, die seinem Charakter besser entspräche. Die Jesuiten bestritten das, und die Polemik weitete sich zu heftigen wechselseitigen Anklagen aus und führte schließlich dazu, daß die beiden Orden sich im mittleren Orient offene Konkurrenz machten. Schließlich mußte das Heilige Offizium im Jahr 1644 ein Machtwort sprechen und den Protesten der Jesuiten Einhalt gebieten. Die Querelen schwelten jedoch weiter mit großem Schaden für das Ansehen der apostolischen Botschaft des Katholizismus. Da griff das Heilige Offizium erneut und noch rigoroser ein: die beiden streitenden Parteien wurden zum Schweigen verdonnert[49].

So standen die Dinge; erschwerend kam hinzu, daß Pater Pasqualigo eine beinahe persönliche Polemik gegen die Jesuiten führte. Es handelte sich um eine Frage, die uns heute vollkommen außer der Zeit und ohne Bedeutung scheinen mag, die aber, wenn man es genau bedenkt, auch heute noch aktuelle Aspekte enthält.

Es ging um die sehr kontrovers diskutierte Frage der Moraltheologie: Darf der Mensch frei über seinen Körper verfügen? Darf er eine Kinderstimme behalten, einmal um sich einen Beruf zu sichern, zum anderen, um durch seinen Gesang den erbaulichen Charakter der Liturgie zu erhöhen? So entstand die moralische Auseinandersetzung über die Kastraten. Noch hundert Jahre später vermochte der bedeutende Moralist Alfonso de'Liguori auf die Frage, ob die Kastration von Kindern erlaubt sei oder nicht, keine Antwort zu geben.

Mehr noch als seine Vorgänger betrachtete Urban VIII. die Kastraten im Chor der Sixtinischen Kapelle als seinen ganzen Stolz. Die Jesuiten waren nicht einverstanden. Sie bezogen sich auf die Autorität der theologischen Tradition und stellten die These auf, der Körper sei dem Menschen nicht zur freien Verfügung gegeben, sondern er dürfe ihn nur benutzen. Sie kritisierten die große Zahl von Kastraten in der Kurie und nannten Rom ein neues Konstantinopel. Das Problem war umstritten und sehr delikat, denn die musikalischen Erfordernisse der katholischen Liturgie spielten zweifelsohne eine große Rolle. Die kirchlichen Machthaber billigten die Kastration von jugendlichen Sängern und machten dafür triftige theologische Argumente geltend.

Pasqualigo war der Ansicht, der Mensch könne über seinen Körper frei verfügen, wenn es für ein so nützliches und edles Ziel war. Er verteidigt die Vorlieben des Papstes höchstpersönlich gegen dessen jesuitische Kritiker. Diese zeigten die Moraltheologie von Pater Pasqualigo als zu liberal an, und später, nach dem Tode von Urban VIII., erreichten sie tatsächlich eine Verurteilung beim Index[50].

Von dieser hitzigen Kontroverse abgesehen war Pater Pasqualigo ein Spezialist in Fragen der Eucharistie. Er war der rechte Theologe für die neuen Zeiten der wundersamen Konjunktur zu Beginn des Pontifikats: ein Mystiker, der zugleich für die Vernunft schwärmte. In der italienischen Geschichte der Eucharistie hat das Werk Pater Pasqualigos bleibende Spuren hinterlassen. In polemischer Auseinandersetzung mit der theologischen Schule der Jesuiten[51] hatte er eine augustinische Theorie der Eucharistie vertreten, in der sich ganz deutliche Elemente der mystischen Auffassung des eucharistischen Opfers fanden, wie sie Anfang des Jahrhunderts von Kardinal De Bérulle und der französischen theologischen Schule entwickelt worden war[52].

„Ich kann nicht einsehen, daß Physik und Theologie in eine einzige Wissenschaft zusammengegossen werden sollen", schrieb Pater Pasqualigo in diesen Jahren[53].

Wie Monsignor Oreggi so war auch Pater Pasqualigo eine geeignete Person, um dem Papst aus der Peinlichkeit einer Anklage Galileis wegen Verfehlung in der Eucharistie zu helfen.

Das dritte Mitglied der Untersuchungskommission war ein Jesuit. Die Jesuiten, die den Fall im Sommer 1632 losgetreten und in der Kurie ihre starke Position zurückerobert hatten, mußten klarerweise in der vom Papst gewollten Kommission vertreten sein, um die Verdächtigungen und Verleumdungen auszuräumen, er sei allzu tolerant gegenüber den neuen Ideen.

Aber der Papst hatte sich klugerweise das Recht vorbehalten, die Entscheidung darüber zu fällen, welcher Jesuit in die Sonderkommission zu berufen war, und er hatte Pater Riccardi beauftragt, den richtigen Mann für diesen dritten Posten in der geheimen Angelegenheit zu finden. Und Pater Riccardi hatte dabei glücklicherweise Erfolg: Er schlug seinen persönlichen Freund, den Jesuitenpater Melchior Inchofer, vor.

Die Spitzenleute an der Piazza del Gesù konnten sich über diese Entscheidung nicht beschweren: Es handelte sich um eine theologische Kommission, und Pater Inchofer war ein anerkannter Theologe, verfügte über Kenntnisse in Mathematik und Astronomie – mit Sicherheit war er hierin den andern beiden Kommissionsmitgliedern überlegen –, und vor allem war er für seine wütende Gegnerschaft zum Kopernikanismus bekannt[54].

Man gestatte jedoch den Zweifel, ob die Jesuiten mit dieser Entscheidung wirklich zufrieden waren. Sie verfügten sowohl über bessere Theologen als auch über bessere Mathematiker.

In Wirklichkeit fiel ihr Vertreter gegenüber der kämpferischen und allgemein anerkannten theologischen Qualifikation von Pater Oreggi und Pater Pasqualigo ab. Sein wissenschaftliches Ansehen hielt sich in Grenzen und zählte nicht allzuviel, wenn es darum ging, komplizierte theologische Fragen zu erörtern.

Wenn Pater Riccardi ihn ausgewählt hatte, so nicht allein, weil er ihn für einen vertrauenswürdigen Bekannten hielt – wie er gegenüber dem florentinischen Botschafter versicherte –, sondern auch, weil Pater Inchofer zu jenem Zeitpunkt der am wenigsten gefährliche Jesuit in Rom war.

Der Richter Inchofer befand sich in der Tat in einer analogen Situation wie der Angeklagte: er hielt sich in Rom auf, weil er unter Anklage stand; man hatte ihn vor die Kongregation des Index zitiert. Das war eine ziemlich ungemütliche Position und mit Sicherheit kein guter Ausgangspunkt, um groß aufzutreten.

Dennoch erhob Pater Inchofer vernehmlich seine Stimme; als die Kommissare im Verlauf des Prozesses aufgefordert wurden, schriftlich festzuhalten, wie stark der Kopernikanismus im *Dialog* vertreten war, tat er sich besonders hervor. Aber zu diesem Zeitpunkt waren die Würfel schon gefallen.

Pater Inchofer war Professor für Theologie in Messina, eine [damals, U. H.] spanische Stadt und Sitz einer Universität unter Leitung der Gesellschaft Jesu. In Messina hatte Pater Inchofer auch sein erstes Buch veröffentlicht, die *Epistolae B. Virginis Mariae ad Messanenses veritas vindicata*[55].

Darin wollte Pater Inchofer mit vielen gelehrten Argumenten die historische Wahrheit einer lokalen Marienlegende beweisen: ein kurzer Brief, den angeblich Maria an die Messinesi gerichtet haben sollte und der alle wesentlichen Dogmen des Katholizismus zusammenfaßte. Der Brief war auf das Jahr 62 nach Christus datiert.

Pater Inchofer hatte sich jenen Brief, dessen Zuschreibung sehr umstritten ist, keineswegs aus den Fingern gesogen. Heute noch kann man, wenn man nach Messina kommt, am Hafeneingang die Grußworte aus jenem Brief lesen.

Für die Jesuiten war der Marienkult ein wichtiges Instrument in ihrem Kampf gegen Häretiker und Jansenisten. Leider aber hatte nun bei diesem Brief der angesehene Kardinal Baronio erklärt, die Authentizität des frommen Dokuments dürfe nur als Hypothese und nicht als historische Wahrheit – und nur als solche wäre er anderen apokryphen Mariendokumenten gleichgestellt – verteidigt und argumentativ gestützt werden. Kardinal Baronio genoß bei der Kongregation des Index in historischen Fragen ein ähnliches Ansehen wie Bellarmin in theologischen. Folglich wurde Pater Inchofer nach Rom zitiert. In seinem Buch über den Brief hatte er sich eines ähnlichen Vergehens schuldig gemacht wie Galilei hinsichtlich des Kopernikus im *Dialog*: des Übereifers nämlich. Das Buch war von der Gesellschaft Jesu gebilligt worden; nun mußte sie einen Schritt zurückgehen und ein Jahr danach, 1633, eine vollständig überarbeitete Neuausgabe herausbringen, in der Maria nur noch als mögliche Autorin des Briefes gehandelt wurde[56].

Es ist aber ziemlich wahrscheinlich, daß Pater Inchofer in die Sonderkommission die ganze Abneigung der römischen Jesuiten gegen Galilei mit einbrachte.

Und weiter ist wahrscheinlich, daß die anderen Mitglieder der Kommission, die diese Einstellung nicht teilten, dafür sorgten, daß die Abneigung in Richtung auf den Kopernikanismus kanalisiert wurde. Das geht denn auch aus den Prozeßakten und einer nachfolgenden Initiative von Inchofer hervor. Im Verlaufe des Prozesses wurden von den Kommissaren Gutachten angefordert, wie stark sie den Anteil des Kopernikanismus im *Dialog* einschätzten[57]. Während die Texte von Oreggi und Pasqualigo beinahe bürokratische Zertifikate waren, ließ Pater Inchofer seiner polemischen Natur und seinen astronomischen Kenntnissen freien Lauf und legte einen beachtlichen inquisitorischen Eifer an den Tag. Nach dem Prozeß sollte Pater Inchofer dann ein *Tractatus syllepticus* gegen den Kopernikanismus von vorwiegend exegetischem Charakter publizieren. Das entsprach auch eher seiner mehr theologisch-literarischen als astronomischen Ausbildung. Hier besteht er darauf, daß die Prinzipien, die sich auf heidnische oder häretische Philosophen und Mathematiker beziehen, aus der katholischen Religion verbannt bleiben. Pater Inchofer fordert zur Bestrafung all der philosophischen Aussagen auf, die im Widerspruch zum katholischen Glauben stehen – und seien sie auch von Aristoteles.

Mehrere Male wird im *Tractatus syllepticus* der Wahlspruch von Papst Leo X. auf dem Laterankonzil wiederholt: „Die Lehrer der Philosophie sollen mit den zutage liegenden Wahrheiten der Religion die Prinzipien und Folgerungen der Philosophen bekämpfen, die vom rechten Glauben abweichen[58]." Der Kopernikanismus jedoch wich nicht vom Glauben ab.

All dies Insistieren mag den Leser der Schrift von Pater Inchofer, die als Antwort auf den *Dialog* gedacht war, überraschen, denn schließlich waren ja die kopernikanischen Ideen, die im Widerspruch zur Heiligen Schrift standen, im Prozeß gegen Galilei gebührend bestraft worden. Aber ganz offenkundig war das für Pater Inchofer noch nicht ausreichend gewesen, vielleicht deshalb, weil nicht alle Anklagepunkte von der Untersuchungskommission, die ihm mehrheitlich feindlich gesonnen war, aufgenommen worden waren. Mehr konnte er aber wohl nicht sagen.

Nachdem wir die drei verschwiegenen Personen der Kommission ein wenig näher kennengelernt haben, bleibt einzig die Frage, warum denn fünf Treffen notwendig waren, um sich auf einen Abschlußbericht zu einigen. Die einzig sinnvolle Annahme ist, daß sie sich nicht vollständig einig waren.

Ansonsten kann man nur das totale Stillschweigen über die Arbeit dieser Kommission bedauern. Dem Historiker blieb nun nichts weiter übrig, als geduldig abzuwarten – vielleicht sogar bis nach dem Tod von Urban VIII., der über die Zusammensetzung der geheimen Kommission entschieden hatte. Früher oder später – die Wahrheit wird doch herauskommen.

Außerjuristische Maßnahmen

Die offiziellen Ergebnisse der Untersuchungskommission wurden Ende September 1632 in diplomatischen Kreisen bekannt. Die avisierten Verstöße ließen Raum für eine Korrektur des *Dialogs*, aber der Papst konnte nicht in das normale Verfahren eingreifen. Schließlich wurde der Bericht, wie verlangt, an das Heilige Offizium abgeschickt, und dann begann das juristische Verfahren, wie es uns allen bekannt ist. Weder die „verdächtigen Themen in den Büchern Galileis", die anfänglich angezeigt worden waren, noch die Anzeigen selbst wurden dem Gericht vorgelegt.

In einigen Privataudienzen mit dem florentinischen Botschafter ist der Papst allerdings weniger zurückhaltend.

Am 4. September suchte der Botschafter um eine Audienz nach, um dem Papst die Protestnote seiner Regierung hinsichtlich der Zusammensetzung der Kommission zu überreichen, die in Florenz fälschlich als eine Intrige gegen den *Dialog* gedeutet wurde. Urban VIII. bekam einen Wutausbruch und sagte, daß „Galilei es gewagt hatte, sich dort einzumischen, wo ihm das nicht zustand, und in die schwierigsten und gefährlichsten Themen, die man in diesen Zeiten anrühren kann"[59]. Der Papst setzte noch hinzu, daß jene von ihm einberufenen Theologen „Wort für Wort jede Kleinigkeit durchgehen“ würden, denn es handelte sich um das „verwerflichste Thema“. Er bekräftigte, Galilei einen großen Gefallen getan zu haben, indem er dieses Thema nicht dem Gericht vorgelegt habe, sondern „einer besonderen Kongregation, die ganz neu eingerichtet wurde“[60].

Das paßt alles zusammen: Wir kennen den Geist der Zeit, wir hegen einen Verdacht, welche Themen von den Theologen Wort für Wort durchgegangen wurden, und wir wissen auch, daß das Thema, welches zu behandeln Galilei kein Recht hatte, nicht die Theorie des Kopernikus sein konnte, denn er besaß eine halboffizielle Autorisierung, sich damit zu befassen.

Wie bereits angedeutet, bestätigt Pater Riccardi eine Woche später neben anderen Zusicherungen das Wohlwollen des Papstes und fordert die florentinische Diplomatie auf, sich nicht weiter einzumischen, denn das schade nur der Tätigkeit der Kommission, die man zu Unrecht für feindlich eingestellt halte[61].

Auch hier paßt alles zusammen.

Am Morgen des 18. September wird der Botschafter Francesco Niccolini in einer Audienz vom Papst empfangen.

Er will die guten Beziehungen zwischen dem Heiligen Stuhl und Florenz dazu benutzen, um die Einleitung eines Prozesses gegen Galilei vor dem Heiligen Offizium zu blockieren.

Jedoch hatte sich der Botschafter eher mit Sorge als mit großen Hoffnungen zum Papst begeben. Tatsache ist, daß der Papst durch seinen Privatsekretär Pietro Benessi hatte mitteilen lassen, es sei nicht möglich, Galilei einen offiziellen Prozeß gegen den *Dialog* zu ersparen. Gegen die Proteste von Niccolini, der sich auf die kirchliche Druckerlaubnis für das Buch in Rom berief, hatte Benessi undurchsichtige Gründe von absoluter Notwendigkeit und die große Tragweite geltend gemacht. Man konnte nicht riskieren,

daß die Kirche Schaden nehme [...], das Christentum durch irgendeine verkehrte Ansicht in Gefahr gebracht würde; und Seine Hl. habe gesagt, es handle sich um höchst gefährliche Irrlehren; auch Seine Durchlaucht, der Großherzog der Toskana, möge bei allem Respekt und bei aller Zuwendung für seinen Mathematiker dazu beitragen, jede Gefahr für den Katholizismus abzuwenden[62].

Gefährliche Irrlehren? Gefahr für den Glauben? Wie das, wenn der *Dialog* ganz explizit als eine wissenschaftliche Darstellung der kopernikanischen Theorien präsentiert wurde, die die kirchlichen Entscheidungen in Fragen der Theologie und der Heiligen Schrift voll und ganz respektierte?

Das waren wohl die Gedanken, die sich Botschafter Niccolini an jenem Vormittag machte. Und wie zur Bestätigung seiner Befürchtungen, hört er vom Papst persönlich unter dem Siegel der Verschwiegenheit, daß der Prozeß nicht nur unaufschiebbar war, sondern daß hinter der ganzen Angelegenheit die allerschwersten Anschuldigungen standen, viel schwerer als man sich denken konnte.

Papst Urban VIII. hatte seine alte Freundschaft mit Galilei nicht vergessen, und „Herr Galilei war noch immer sein Freund". Gegenüber einem guten Kenner der politischen Szene in Rom mußte er sich aber entschuldigen: Jener Prozeß sei erzwungen worden durch die Erfordernisse „des Glaubens und der Religion. Das sind lästige und gefährliche Fragen", so der Papst, „und das Thema ist viel schwerwiegender als Seine Durchlaucht sich das ausmalt[63]." Der Botschafter hielt das Gespräch weiter auf der Ebene des Austauschs von „Ansichten". Der Papst erneuerte die Verpflichtung zur Geheimhaltung und sprach „eine ausdrückliche Anordnung [aus], und bei Nichteinhaltung drohte er mit Strafe". Im Richterkollegium, so deutete der Papst hinter vorgehaltener Hand an, saßen auch Borgia und die anderen philospanischen Kardinäle, die argwöhnisch jeden Schritt beobachteten. Man mußte also,

> fügte er hinzu, ein wenig acht geben, und darin stimmte ich Seiner Hl. unverzüglich zu, daß Herr Galilei in seiner Schule seine Adepten keine falschen und gefährlichen Ansichten lehre, denn so hatte das, ich weiß nicht wer, aufgefaßt, und daß er auf Hinweis Seiner Durchlaucht darauf achte [...], keine Irrtümer zu verbreiten[64].

Der Botschafter hatte offensichtlich begriffen, daß der Papst schwerste Formen der Häresie andeutete, denn er bat darum, die florentinischen Machthaber möchten für die Schule Galileis Sorge tragen. An diesem Punkte versuchte Niccolini, ein für allemal Klarheit über die mysteriöse Anschuldigung zu schaffen. Er erwiderte, er könne sich überhaupt nicht vorstellen, daß Galilei ein Häretiker sei und daß er „von echten katholischen Dogmen auch nur einen Millimeter abweichen könne, aber jeder habe", so suggerierte der Botschafter geschickt, „auf dieser Welt Neider und Feinde"[65].

„Schluß, Schluß damit", unterbrach ihn der Papst, und es war als wolle er sagen: zwingt mich nicht, noch mehr zu sagen, es ist besser so.

Man sprach sodann von der Autorisierung in Rom und von den technischen Aspekten der Übertretungen, welche man dem *Dialog* vorwarf.

Später, unmittelbar vor Eröffnung des Prozesses, wiederholte der Papst in seiner Audienz vom 13. März 1633, daß der Prozeß unumgänglich war, denn es handelte sich „um neue gefährliche Lehren" und „um die Heilige Schrift, und am besten sei es, die allgemeine Lehre zu befolgen, und Gott möge auch Ciampoli beistehen, der einmal diese neuen Ansichten vertrat, denn auch er sei ein Freund der neuen Philosophie"[66]. Noch einmal versucht der Botschafter nachzuhaken. Diesmal reagiert der Papst jedoch schroff: „Er war hier, um zu gehorchen, um all das auszulöschen oder zu verändern, was ihn die Religion gelehrt haben sollte." Es handelt sich also um eine Staatsaffaire. Botschafter Niccolini glaubt, es sei besser, nicht weiter zu insistieren, und so geht man zu anderen Fragen über.

Am 12. April beginnt der Prozeß gegen Galilei.

Anstatt in einer Zelle residiert der Angeklagte in der Wohnung des Prokurators, in einer Art Fremdenzimmer im Heiligen Offizium: eine Sonderbehandlung für einen besonderen Angeklagten.

Der Prozeß ist hinlänglich bekannt, Dutzende von Studien darüber wurden verfaßt, und die Unterlagen wurden in der nationalen Ausgabe der *Opere* von Galilei veröffentlicht. An diesem Punkt gibt es vom Prozeß gegen Galilei nichts weiteres zu vermelden: er ist nur der juristische Appendix, die Umsetzung der zuvor geordneten und kanalisierten Anklagepunkte.

Das Verhalten des Papstes ist scheinbar verwirrend: Anstatt den Prozeß seinen normalen Gang beim Heiligen Offizium gehen zu lassen, hat er die Untersuchung an sich gezogen und die Anklagepunkte verschleiert. Nur vage Verdächtigungen ließ er durchscheinen, um den Prozeß zu rechtfertigen. Der Papst hat eine Kommission zusammengestellt, in der die Ankläger Galileis durch eine wenig angesehene Persönlichkeit vertreten werden, die sich zudem noch in der Minderheit gegenüber zwei Theologen befindet, denen man keine Feindschaft gegenüber Galilei oder eine besondere Freundschaft zu den Jesuiten unterstellen könnte. Es ist die Rede von „verdächtigen Themen" und von verschiedenen Büchern Galileis, die unter Anklage stehen; und am Ende kommt dabei heraus, daß allein der *Dialog* wegen der Übertretung eines Gebots angezeigt wird.

Angesichts all dieser scheinbaren Inkohärenz darf man nicht außer acht lassen, daß die Affaire Galilei eine Staatsaffaire war, und zwar eine schwerwiegende. Hätte es sich gezeigt, daß der offizielle Wissenschaftler des Papstes ein verdächtiger Ketzer gegen den rechten Glauben war, dann wäre das ein Skandal gewesen.

Wie man sieht, war die Situation in vielerlei Hinsicht derjenigen nicht unähnlich, wie sie sich zum Zeitpunkt der Anzeige gegen den *Saggiatore* herausgebildet hatte. Der einzige Unterschied bestand in den veränderten äußeren Umständen, was zur Akzentuierung der negativen Konsequenzen führte: der Skandal war schwerwiegender und ebenso der Druck seitens der unnachgiebigen Front. Die Handlungsspielräume waren wesentlich enger gesteckt, und der Prozeß gegen Galilei mit der offiziellen Verurteilung war der einzig mögliche Ausweg.

Die verblüffenden Unkorrektheiten im Verfahren, die Wut des Papstes, der wegen seiner Freundschaft zu Galilei in einem für seine Politik schwierigen Moment so schwerwiegender Kritik ausgesetzt war, die Zusicherungen von Kardinal Barberini hinsichtlich der Intentionen der Kommission, die entschuldigenden Anspielungen auf die außergewöhnliche Schwere der Anklagepunkte und die Tatsache, daß vermutlich mehr als ein Buch Galileis angezeigt wurde: diese für sich genommen unverständlichen und widersprüchlichen Versatzstücke ergeben unter dem Gesichtspunkt der Staatsraison, die ein Geheimnis bleiben sollte, ein durchaus kohärentes Bild.

Der Prozeß war aus ideologischen und politischen Gründen unvermeidlich. Kardinal Barberini hatte ihn dem florentinischen Botschafter unmißverständlich als Voraussetzung für ein baldiges Ende der Affaire dargestellt. Eine öffentliche Demonstration wiedererlangter Glaubensfestigkeit, wie zehn Jahre zuvor bei De Dominis, war unbedingt erforderlich. Nur daß diesmal Galilei so weit als irgend möglich unter dem durchaus interessierten Schutz der kirchlichen Machthaber stand.

Daß aber der offizielle Prozeß eine ganz andere und sehr komplexe Angelegenheit überlagert, das erkennt man aus einer ganzen Reihe außerprozessualer Maßnahmen, aus persönlichen Abrechnungen, an Amtsenthebungen und Degradierungen, zu deren Zusammenhang die Historiker, die über den Prozeß ganz entgegengesetzte Ansichten vertreten, kaum sinnvolle Erklärungen anbieten konnten.

Die erste dieser außerjuristischen Maßnahmen ereignete sich ausgerechnet im Palast des Heiligen Offiziums zu Beginn des Prozesses, als Galilei in der ersten Anhörung eine unangreifbare Verteidigungslinie entwickelte.

Er hatte das Zertifikat dabei, das ihm 1616 von Kardinal Bellarmin ausgestellt worden war. Darin wurde bestätigt, daß Bellarmin bei dem berühmten Treffen im Vatikan Galilei von der Verurteilung des Kopernikus und der bevorstehenden Indizierung in Kenntnis setzte; es enthielt aber keinerlei weitere Anordnung hinsichtlich der Darlegung kopernikanischer Theorien.

Angesichts dieses von Bellarmin unterzeichneten Zertifikats hatte das Beweisstück in Händen des klageführenden Richters, Pater Vincenzo Maculano aus Firenzuola, kaum mehr Wert als ein Fetzen Papier. Die vorgesehene Linie der Prozeßführung war blockiert. Anstatt mitzuarbeiten, machte der Angeklagte alles noch schwerer.

Der Prozeß wird ausgesetzt. Der Richter muß seinem Vorgesetzten, Kardinal Barberini, Bericht erstatten. Man entscheidet sich für ein geradezu unglaubliches außerjuristisches Vorgehen. Am Nachmittag des 27. April 1633 begibt sich der Richter persönlich, ohne Kanzler oder Anwälte und auch ohne Zeugen zu dem Angeklagten. Das Gespräch ist geheim, wie immer, wenn es sich um Dinge handelt, die besser nicht bekannt werden dürfen.

Die Galilei-Experten haben erwogen, Pater Maculano habe Galilei zu überzeugen versucht, sich dem juristischen Verfahren zu beugen, und ihm mit einer durchaus zu rechtfertigenden verschärften Prozeßführung gedroht. Das ist denkbar, allerdings wird nicht erklärt, wieso für diese Drohung ein derartiger Bruch der Verfahrensregeln, die Geheimhaltung und das Fehlen von Zeugen nötig sein sollten.

Ist nicht die Hypothese viel überzeugender und eher in Übereinstimmung mit den Umständen, daß bei ihrem tête-à-tête der Richter dem Angeklagten mit überzeugenden Argumenten erläuterte, eine Behinderung der vorgesehenen Prozeßführung, die sich auf die Übertretung der Anordnung von 1616 konzentrierte, sei nicht zuletzt auch für den Angeklagten kontraproduktiv? Das scheint möglich.

Fest steht, daß die vorgebrachten Argumente überzeugten. In der nachfolgenden Anhörung unterwirft sich Galilei der Anzeige wegen Kopernikanismus und produziert sich in einer, teilweise sogar überzogenen, Selbstbezichtigung. Er verzichtete auf seine Verteidigungslinie und sagte, er habe den *Dialog* noch einmal gelesen und dabei bemerkt, die Theorie des Kopernikus verteidigt zu haben. Aber nur, weil er sich von seinem literarischen Schwung habe mitreißen lassen.

Der Richter muß aufgeatmet haben. Nun zweifelte er nicht mehr, daß sich der Prozeß auf den vorgezeichneten Geleisen abwickeln würde. Unmittelbar nach seinem geheimen Treffen mit Galilei beeilte er sich, seinen Vorgesetzten über den glücklichen Ausgang der Initiative zu beruhigen: „Das Gericht wird seinem guten Ruf gerecht werden, und dem Angeklagten gegenüber wird man wohlwollend verfahren. Seine Hl. und Euer Ehren werden zufrieden sein[67].“

Die Gönner Galileis sind zufrieden, den formalen Erfordernissen der Justiz ist Genüge getan, die Frommen werden zum Verstummen gebracht, und selbst der Angeklagte kann zufrieden sein: er wird die Mindeststrafe erhalten.

Am 22. Juni 1633, einem klaren Tag des römischen Frühsommers, vollzieht sich in den Räumlichkeiten von Santa Maria sopra Minerva der juristische Schlußakt dieses großen Schattentheaters. Zunächst wurde der offizielle Urteilsspruch verkündet, der sich auf den schwerwiegenden Verdacht der Häresie wegen Übertretung wichtiger kirchlicher Entscheidungen gründet. Anschließend widerrief Galilei die kopernikanische Doktrin.

Wir sagen, verkünden, urteilen und erklären, daß du dich, obengenannter Galileo, durch die im Prozeß hergeleiteten und von dir, wie oben angegeben, gestandenen Dinge diesem Hl. Offizium der Ketzerei dringend verdächtig gemacht hast, nämlich daß du die falsche und den Heiligen und göttlichen Schriften widersprechende Lehre für gültig gehalten und geglaubt hast, wonach die Sonne der Mittelpunkt der Welt sei und sich nicht von Ost nach West bewege und die Erde sich bewege und nicht der Mittelpunkt der Welt sei, und daß man eine Meinung für vertretbar halten und verfechten könne, nachdem sie als der Heiligen Schrift widersprechend erklärt und definiert wurde [...][68].

Kardinalinquisitor Borgia, von dieser offiziellen Sentenz in einer Farce von Prozeß ganz und gar nicht überzeugt oder zumindest höchst unzufrieden damit, verweigert in einem polemischen Akt seine Unterschrift unter den Urteilsspruch[69].

Galilei wurde zur Abbuße und zu lebenslanger Haft verurteilt. Auf Geheiß des Papstes konnte er jedoch, anstatt die Strafe im Palast des Heiligen Offiziums zu verbüßen, sofort in den Sitz des florentinischen Botschafters zurückkehren und anschließend die Strafe in Form eines Hausarrests in seiner Villa „Il Gioiello“ in Arcetri verbüßen.

Außerjuristische Akte

Während im Heiligen Offizium der offizielle juristische Ritus abgewickelt wurde, hielt man in Rom den Atem an und verfolgte die Strafaktionen des eigentlichen Dramas. Sie trafen verschiedene Mitschuldige, die, ohne großen

Skandal auszulösen, aus Rom entfernt wurden, um jeden möglichen Mißklang als Echo auf die ganze Angelegenheit auszuschalten.

Ziele der Säuberungen waren sowohl die Beschuldigten wie die Denunzianten. Gabriel Naudé, ein französischer Libertin und Augenzeuge des Schattentheaters, schrieb unmittelbar im Vorfeld des Prozesses im April 1633 an Gassendi: „Galilei [ist] aufgrund der Schliche Pater Scheiners und anderer Jesuiten [berufen worden], die ihn ins Verderben stürzen wollen, was sie gewiß auch erreichen würden, wenn der Herzog von Florenz ihn nicht unter seinen machtvollen Schutz genommen hätte[70]."

Wie in jeder Diktatur, die diesen Namen verdient, wurden auch im Rom der Päpste die Personen, die nicht wohl gelitten oder auch zu kompromittierend oder kompromittiert waren, aus dem Zentrum der Macht entfernt. Die Entfernungen wirkten im 17. Jahrhundert größer als heute, und das Ausmaß einer Degradierung war unschwer an den Kilometern abzulesen.

Beginnen wir bei den Denunzianten. Einer der ersten, die schleunigst aus Rom entfernt wurden, und zwar sogar noch ehe der Prozeß begann, war Pater Orazio Grassi. Hier gab es noch nicht einmal den üblichen Vorwand der Weglobung: er wurde einfach fortgeschickt und damit war Schluß und Schweigen. Das Ganze spielte sich so diskret ab, daß die Galileiforscher es niemals wahrgenommen haben.

Pater Grassi war Berater des Rektors am Collegium Romanum, Mathematikprofessor seit mehr als zehn Jahren, er war erst fünfzig und hatte noch eine brillante Zukunft als Wissenschaftler vor sich. Und vor allem war er der Architekt der großen und schönen Kirchen des Collegium Romanum.

Aber dieser Bau brachte kein Glück. Ein Jahr nachdem der Financier aus Rom verbannt worden war, erlitt der Architekt dasselbe Schicksal. Pater Grassi muß unverzüglich die Baustelle seines großen und eindrucksvollen Werks verlassen, das ihn zu *dem* offiziellen Wissenschaftler der Gesellschaft Jesu hatte aufsteigen lassen. Eilends werden neue Architekten berufen, aber diese sind der Situation nicht gewachsen, der Bau verzögert sich.

Vielleicht hatte Pater Grassi die Anzeige gegen den *Dialog* wegen Kopernikanismus gar nicht auf dem Gewissen: In einem drei Monate nach Abschluß des Prozesses verfaßten Brief an einen Freund in Savona wehrt er sich entschieden und beteuert seine vollkommene Unschuld an der offiziellen Verurteilung. Ja, er schreibt sogar, daß Personen aus seiner Umgebung, die seine Abneigung gegen Galilei sehr wohl kannten, über seine Toleranz für die kopernikanischen Ideen im *Dialog* verblüfft gewesen wären.

Pater Grassi wurde dennoch aus Rom entfernt, auch wenn er nicht im mindesten daran gedacht haben sollte, die kopernikanische Lehre anzuzeigen. Völlig unvorbereitet wurde er seiner Ämter enthoben. Der angesehene wissenschaftliche Repräsentant des Collegium Romanum verschwand ganz abrupt von der Bühne, und anscheinend erhielt er auch keine andere offizielle Aufgabe innerhalb der Gesellschaft Jesu. Solange Urban VIII. lebte, hatte er noch nicht einmal eine wissenschaftliche oder philosophische Lehrtätigkeit oder sonst irgendein Amt inne. Er lebte in einer Art Verbannung in seiner Geburtsstadt Savona, weit weg von Rom im Exil und erfüllte einzig priesterliche Aufgaben in einem Collegium in der Provinz.

Und doch war er ein bedeutender Mathematiker, den die Republik Genua bei Problemen des Schiffbaus um Rat fragte. Auch die Gesellschaft mußte auf seine mathematischen Fähigkeiten zurückgreifen, als es um den Entwurf für das neue Collegium von Genua (1635) oder um die Durchsicht schwieriger Bücher zur Geometrie ging. Revisor zu sein, war ein wichtiges Vertrauensamt.

Aber Pater Grassi veröffentlichte nie mehr, keine einzige Zeile, auch nicht zu wissenschaftlichen Fragen. Die *Ratio* war seine letzte Arbeit. Am überraschendsten aber ist das Faktum, daß die *Ratio* und ihr Autor Sarsi auch nicht mehr zitiert werden. Noch nicht einmal von den zahlreichen Schülern und Mitbrüdern Pater Grassis, die gegen die Anhänger Galileis die eucharistischen Argumente aufgreifen, die Sarsi der Öffentlichkeit einst in jenem berühmten und kompromittierenden Buch zugänglich gemacht hatte.

So war durch die politischen Unwägbarkeiten auch der berühmte Gegenspieler Galileis ein Opfer des Dramas geworden. Gleichwohl sahen die Mitarbeiter des Collegium Romanum, Pater Guldin, Pater Zucchi und die neue orthodoxe wissenschaftliche Generation der Jesuiten, den angesehenen Wissenschaftler und Architekten im Exil als ihren Lehrmeister an. Sie warteten nur darauf, daß die Situation sich änderte.

Ein weiterer Hauptdarsteller dieser Inszenierung, der aus Rom entfernt wurde, war der Dominikanerpater Nicolò Ridolfi, zur Zeit des *Saggiatore* Hofmeister am Heiligen Palast.

Pater Ridolfi hatte sein Amt an Pater Riccardi übergeben und war Ordensgeneral der Dominikaner geworden. Nach seiner Rückkehr von einer Inspektion der Pariser Konvente des Ordens zwischen 1630 und 1631 wird Pater Ridolfi nach S. Pietro in Vincoli verbannt. Dann setzt ihn der Papst ab und schickt ihn nach Neapel. Mit dieser Strafaktion verletzt er die traditionelle Achtung vor der Autonomie in den Entscheidungen des großen Predigerordens. Bis heute sind die Gründe für diese Maßnahme geheim; offiziell wurden sie als „private Motive" bezeichnet[71].

Viele sahen in dieser Strafaktion einen Reflex der politischen Krise: Der Orden wehrte sich gegen den neuen, vom Papst nominierten Ordensgeneral, es vollzog sich eine tiefe Spaltung. Erst nach dem Tode von Urban VIII. wird Pater Ridolfi rehabilitiert und von den angeblichen „Exzessen", die man ihm zugeschrieben hatte, freigesprochen.

Während viele Persönlichkeiten im Zusammenhang mit der Affaire Galilei aus Rom entfernt wurden, kam einer, der bereits fern der Hauptstadt des Kirchenstaates weilte, nicht mehr hierher zurück: der Bischof Pater Giovanni Guevara. An der Affaire Galilei zerbrach seine Karriere in der Kirchenhierarchie.

Alle Welt, und vor allem die Regolares Minores, erwartete, daß nach all den diplomatischen Verdiensten Pater Guevaras für das Pontifikat Urbans VIII. die Ernennung nach Teano nur der erste Schritt in Richtung auf die Kardinalswürde und andere politische Ämter der Kirche sein würde. Aber das war nicht der Fall: Pater Guevara, ein Kardinal in pectore, blieb bis zu seinem Tod am 23. August 1641 in Teano. Der letzte uns erhaltene Brief an seinen Freund Galilei stammt aus dem Jahr 1628. Darin ist die Rede von den alten Diskussionen über das Problem der Atome und der Unteilbaren. In den *Unterredungen* wird Galilei den Kommentar seines Freundes zu Aristoteles respektvoll zitieren.

Ein weiterer Anwärter für die Kardinalswürde war Pater Valeriano Magni, doch trotz allen Drängens des polnischen Hofes wurde er nicht auf diesen Posten erhoben. Auch er war ein Freund der neuen Philosophie, und er verteidigte sie – aber er unterlag in dem Kampf.

Bibliotheken auf Wanderschaft

Und was geschah mit Galileis Freunden und Gönnern? 1630 waren zwei große Freunde Galileis gestorben, Kepler und Fürst Cesi.

Fürst Cesi war ganz plötzlich gestorben und hatte keine Anweisungen betreffs des intellektuellen Erbes der Accademia dei Lincei hinterlassen.

Der Dekan der Akademie, Francesco Stelluti, teilte Galilei das traurige Ereignis mit und äußerte ihm gegenüber seit dem 2. August 1630 seine Besorgnis, was für ein Schicksal wohl jenem Ideenlaboratorium, nämlich der kostbaren und verdächtigen Bibliothek in der Via Maschera d'Oro, beschieden sein würde[72].

Inzwischen überstürzten sich, wie wir wissen, in der politischen Krise von 1631 die Ereignisse. Auch dem einflußreichen Gönner der Akademie, Kardinal Francesco Barberini, waren die Hände gebunden. Er konnte sich nicht mehr allzu offensichtlich mit dieser Institution kompromittieren, die ganz klar im Ruf der Abweichung vom rechten Glauben stand. Man mußte einen Nachfolger für den Fürsten Cesi finden, einen anderen Aristokraten, der dem Regime und den neuen Ideen wohlgesonnen war. Zuerst hatte Kardinal Barberini Monsignor Pietro Sforza Pallavicino vorgeschlagen[73]. Aber die Situation drängte und der Plan wurde, wie wir gleich sehen werden, fallengelassen.

Auch Monsignor Pallavicino war direkt in den Skandal verwickelt, denn 1624 hatte er Galilei gegen die bekannten Anschuldigungen von Pater Grassi verteidigt; außerdem war er eng verbunden mit Monsignor Ciampoli, dem großen Drahtzieher der Operation Sarsi. Auch für Monsignor Pallavicino waren die Hoffnungen auf eine große Karriere in der Kurie wegen der Affaire um Galilei dahin. Er wurde abgesetzt und im Jahr 1632 im Gefolge von Monsignor Ciampoli zur Unterstützung der Gouverneure von Jesi, Orvieto und Camerino abkommandiert[74]. Wir kommen darauf später zurück.

Immerhin war Pallavicino neben Pater Grassi der einzige Protagonist und Augenzeuge des Skandals, der nach Rom zurückkehren konnte. Wie die Zeitgenossen sagten, war es eine Sensation, die Staunen bei den mondänen und intellektuellen Kreisen Roms auslöste: „Rom war angesichts einer so unerwarteten Lösung sprachlos[75]." Pater Pallavicino kehrte in demselben Gewand nach Rom zurück wie Pater Grassi. Im Frühjahr 1637 entschied er sich, einen Teil seiner dichterischen Arbeiten zu verbrennen – auch in der Poesie war er ein Schüler von Monsignor Ciampoli gewesen – und Jesuit zu werden. Am 21. Juni trat der hochgestellte, neubekehrte Pallavicino in das Collegium für Novizen S. Andrea al Quirinale unter der Leitung von Pater Oliva ein. Vor ihm lag eine schnelle und ruhmvolle akademische Karriere als Professor für Philosophie und Theologie am Collegium Romanum; er erlangte später die Kardinalswürde und erwarb sich unsterblichen Ruhm mit einem apologetischen Werk über das Konzil von Trient, das sich gegen das Werk von Paolo Sarpi richtete.

Die offiziellen Chroniken beschrieben den erstaunlichen Sinneswandel von Sforza Pallavicino mit diesen Worten: „Nachdem die Ansichten der Neuerer auseinandergebrochen waren, machte er seinen Frieden mit Aristoteles[76]." Denkt man an den Skandal, der ausgebrochen war, dann erscheint diese Erklärung kohärent.

Pater Pallavicino fühlte sich weiterhin als ein moderner und aufgeschlossener Intellektueller, auch wenn seine vorsichtige philosophische Öffnung ihm viel Kritik, Mißbilligung und Polemik in den Reihen der Gesellschaft Jesu einträgt.

Aus seinen Briefen tritt das Bild eines Philosophen hervor, das dem des Galilei sehr ähnlich ist: Auch Pater Pallavicino dachte, die Logik von Aristoteles sei unübertrefflich, wenngleich sich in der Physik und in der Metaphysik von Aristoteles dunkle Stellen und „vielleicht auch viele Fehler" finden ließen.

Pater Pallavicino sah sich als „Anhänger Galileis auf bestimmte Weise", obwohl er den mathematischen, den experimentellen und den über die Bewegung spekulierenden Galilei verwarf[77].

So kam es, daß Sforza Pallavicino nicht der neue Fürst der Accademia dei Lincei wurde, sondern ein bedeutender Theologe und ein berühmter Kardinal der Gesellschaft Jesu.

Wenn die Akademie der Lincei auch keinen Leiter mehr besaß, so verfügte sie doch über den Nachlaß der Bibliothek Cesi. Die Verhandlungen mit den Erben zogen sich, wie immer in diesen Fällen, lange hin. Um dieses wissenschaftliche Erbe in seiner Geschlossenheit zu bewahren, erbot sich der bedeutende römische Sammler Cassiano Dal Pozzo, ein Mitglied der Akademie, Freund der Familie, ein angesehener Literat und Mäzen, die Bibliothek en bloc zu erwerben und unter seinem Schutz in seinem Palast und seiner Kunstgalerie in der Via dei Chiavari aufzustellen.

Der Schutz war garantiert, denn der Cavalier Dal Pozzo gehörte zu den wichtigsten Mitarbeitern des Kardinalsneffen. Aber auch der Kardinalsneffe mußte jetzt weitere Skandale vermeiden.

Und in der Tat, als man sich zum Verkauf entschloß, da geschah das unter strikter Beachtung der Regeln. Der Katalog der Bibliothek, die von einem römischen Buchhändler geschätzt worden war, wurde zu Beginn des Jahres 1633, im unmittelbaren Vorfeld des Prozesses gegen Galilei, dem Heiligen Offizium vorgelegt. Was man schon seit langem befürchtet hatte, das trat jetzt ein.

Mitte Februar wurde der Verkauf der Bibliothek Cesi durch eine ganz reguläre Bescheinigung von Pater Riccardi genehmigt. Die Übernahme der Bücher durch Dal Pozzo war also rechtens, dennoch wurde eine Reihe von Werken und Manuskripten, „die auf beiliegendem Blatt aufgezählt werden“[78], beschlagnahmt. Welche, das wissen wir nicht. Die berühmten Manuskripte des Abts Antonio Persio, die heute verschollen sind, verschwanden vielleicht damals aus der Bibliothek Cesi.

Aber noch konnten die Werke und Manuskripte einer anderen gefährlichen Bibliothek frei zirkulieren: die von Monsignor Ciampoli. Ciampoli war nämlich auch abgesetzt worden und mitsamt seiner Bibliothek aus Rom verschwunden.

Als der Anhänger Galileis, der am meisten im Blickfeld stand und über die größte Macht in den engeren Zirkeln des Regimes verfügte, und als Dirigent des Anfangserfolges für den *Saggiatore* und Galileis wundersame Konjunktur in Rom, war Monsignor Ciampoli zweifelsohne sehr exponiert. Bei den ersten Anzeichen der heraufziehenden politischen Krise von 1632 war er das prädestinierte Opfer des Kurswechsels.

Schon seit Jahren war von den Dogmatikern mit Verleumdungen und Anschuldigungen wegen seiner „rauschenden Feste“[79] im Vatikan und seiner Freundschaften, die die rechten Glaubensgrundsätze zerstörten, sein Kopf verlangt worden; nun war seine Entfernung unausweichlich geboten.

Monsignor Ciampoli wurde vom Papst sofort nach dem Skandal im Konsitorium vom 8. März, nämlich im April 1632, offiziell abgesetzt.

Am 24. Dezember verließ Monsignor Ciampoli Rom. Da er aber großes diplomatisches und intellektuelles Ansehen genoß und zu Beginn des Pontifikats eine bedeutende Rolle gespielt hatte, verlieh der Papst seiner Absetzung den Schein einer Versetzung und Beförderung und beließ ihm die Sinekure, nämlich sein stattliches Einkommen als Domherr von Sankt Peter. Monsignor Ciampoli wurde mit dem Titel eines Gouverneurs von Montalto di Castro, einer völlig zweitrangigen Verwaltungsaufgabe, fortgeschickt. Später übernimmt er die Gouvernements von Norcia (1636), Sanseverino della Marca (1637), Fabriano (1640) und schließlich von Jesi.

Nie hörte er auf, bei den Gönnern und Freunden aus den guten Jahren, mit denen er während seiner ganzen Zeit im Exil den brieflichen Kontakt aufrechterhielt, um Hilfe und Unterstützung zu bitten; darunter sind viele Kardinäle, wie der Kardinalsneffe und der Kardinal Mazarin, der Kardinal

Maurizio di Savoia, und Freunde wie Cavalier Coneo, der Sekretär seines alten Herrn Francesco Barberini und der Freund Sforza Pallavicino, der, wie wir wissen, rehabilitiert worden war. Ciampoli wird nie wieder nach Rom zurückkehren. Seine Bibliothek hingegen sollte wiederkommen.

Wir wissen, daß gegen Ciampoli der äußerst schwere und berechtigte Verdacht anhängig war, Sympathie für neue Ansichten zu hegen, oder – wie der Papst das ausgedrückt hatte – ein „Freund der neuen Philosophie“ zu sein; und zudem war er bis zu den Spitzenvertretern der jetzt in Mißkredit geratenen politischen Linie des Heiligen Stuhls vorgedrungen.

Gegen Ciampoli wurde neben zahlreichen Anschuldigungen und Verleumdungen, die den Historikern vorbehalten sind, auch der Verdacht geltend gemacht, er habe heimlich ein Doppelspiel mit der spanischen Partei in Rom getrieben. Diese Anschuldigung findet nur indirekt eine gewisse Bestätigung im Echo auf Schmähungen aus jener Periode des Machtwechsels. Monsignor Ciampoli hatte diesen Verdacht in seinen Briefen aus dem Exil immer mit Entschiedenheit verworfen und als völlig aus der Luft gegriffen bezeichnet.

Um sich politisch abzusichern, hatte Monsignor Ciampoli die Gelegenheit genutzt und, ehe er sein Büro im Vatikan dem Nachfolger Monsignor Herrera übergab, eine Kopie seines diplomatischen Archivs angelegt. Er wurde aufgefordert, auch die Kopie in seinem Büro zu lassen. Aber Monsignor Ciampoli verfügte über genügend Erfahrung in diesen Dingen und hatte zwei Kopien anfertigen lassen. So verließ er Rom mit der zweiten Kopie und seinem gewaltigen persönlichen Archiv im Gepäck.

Viele Maultiere im Gefolge der Kutsche von Monsignor Ciampoli waren nötig, um sein Archiv und die Bibliothek zu transportieren: darunter die gesamte Privatkorrespondenz, auch die mit Galilei, die wissenschaftlichen Unterlagen, seine Bücher und die von Virginio Cesarini, darunter etliche unvollendete Manuskripte. Im Verlauf des Exils widmete Monsignor Ciampoli „sich mit großer Energie den Spekulationen“[80], um die Scharte wieder auszuwetzen, um ihre Ursachen zu durchdenken und um sein intellektuelles Ansehen wiederherzustellen.

Die Gelegenheit zu einer intellektuellen Rehabilitierung bot ihm der König von Polen, Ladislaus IV., der Ciampoli in den goldenen Zeiten kennen und schätzen gelernt hatte. Er war der toleranteste katholische Monarch seiner Zeit und selbst Opfer der Pressionen von Dogmatikern und der Intrigen von Jesuiten[81].

Ciampoli war mit Pater Magni, dem Theologen und Philosophen am Hof von Warschau, in Kontakt geblieben. Dank dessen Intervention übertrug Ladislaus IV. Monsignor Ciampoli die Aufgabe, eine Geschichte des Königreichs Polen zu verfassen. Ihrer Abfassung widmete sich der vatikanische Diplomat in den letzten Jahren seines Lebens.

Als er in Jesi am 8. September 1643 starb, hinterließ er seinem durchlauchten Auftraggeber vier Bände zur polnischen Geschichte. Er hinterließ ihm per Testamentsbeschluß auch alle seine Manuskripte, darunter die zur Naturphilosophie, die er in Ordnung gebracht hatte, sowie die Schriften wissenschaftlichen, poetischen, literarischen und moraltheoretischen Inhalts. Einige davon waren sogar druckfertig. Ganz offensichtlich traute Monsignor Giovanni Ciampoli nur dem polnischen König, und er wollte wohl aus diesem Grund sein Archiv fern von Rom und außerhalb Italiens in Sicherheit bringen.

Vielleicht waren auch die berühmten Manuskripte von Virginio Cesarini in den Truhen verpackt, die nach Polen gebracht werden sollten, als Schneefall die Alpenpässe blockierte. Es mußte sich um einen großen Transport gehandelt haben, denn das Verzeichnis der Manuskripte, die für den Transport nach Polen bestimmt waren, ist uns zusammen mit dem Testament im Vatikanischen Archiv erhalten. Es ist das einzige Zeugnis der „neuen wissenschaftlichen und philosophischen Ansichten" jenes Prälaten und Freundes von Galilei.

Die Maultierkarawane, die das Archiv von Ciampoli in Sicherheit bringen sollte, machte sich niemals auf den Weg nach Norden. Im Gouverneurspalast von Jesi präsentierten sich die Funktionäre des Heiligen Offiziums mit einer bewaffneten Eskorte. Sie hatten Order, alles zu beschlagnahmen[82].

So gelangte das Archiv von Monsignor Ciampoli nach Rom. Von dem Moment an, da die Maultierkarawane das Tor zum Heiligen Palast durchschreitet, hören die wissenschaftlichen und naturphilosophischen Manuskripte, die von Monsignor Ciampoli verfaßten Dialoge über die Wärme und das Licht auf zu existieren. Es fehlt jede Spur von ihnen. Sind sie verloren gegangen? Ich möchte mir vorstellen, daß sie sich noch immer dort befinden, wo man sie hingebracht hat.

Was ist mit den Briefen und der Korrespondenz mit Galilei, von der jede Spur fehlt? Wir wissen es nicht. Später behauptet der Sekretär von Ciampoli in Jesi, alles verbrannt zu haben – „ein ausgezeichneter Rat, der mich jeder Gefahr enthob[83]."

Und dennoch gelangten die poetischen, historischen und moraltheoretischen Manuskripte des Archivs Ciampoli zu einem bestimmten Zeitpunkt aus dem Palast des Heiligen Offiziums in Umlauf und verbreiteten sich in verschiedenen Bibliotheken, vor allem in der der Barberini und in der Bibliothek Casanatense.

Es handelte sich um die Geschichte Polens, Briefe, Reime und Prosa; sie wurden zwischen 1648 und 1667 gedruckt, weil sich befreundete Kardinäle wie Savelli und Colonna dafür einsetzten, vor allem aber aufgrund der Beharrlichkeit und sorgsamen Kuratel und Zensur von Pater Pallavicino.

Sehr viel stärker griff die Zensur, deren Ziel es war, jede Spur der neuen Philosophie verschwinden zu lassen, im Jahr 1654 bei der posthumen Edition der *Dei fragmenti* ein. Und hierbei ganz besonders bei einigen Abschnitten des *Manuale del retto filosofare* [Handbuch des korrekten Philosophierens, U. H.], von dem bereits die Rede war. Aber auch in dem Zustand, in dem sie schließlich herauskamen, zeigten die philosophischen Fragmente von Ciampoli ganz deutliche Spuren jener kontemplativen Einstellung aus den kopernikanischen Briefen und dem *Saggiatore* von Galilei.

Aber der Stil war anders: die Autonomie der Vernunft in der Naturerkenntnis wurde nicht mehr polemisch in Frontstellung zur Scholastik behauptet, sondern mit wohlabgewogenen und vorsichtigen Begründungen dargestellt.

Man muß an die Gemütsverfassung Ciampolis erinnern, mit der er im Exil seine Aufzeichnungen durchsah: „Ich bin gebrandmarkt, eingeschüchtert, und die Bösartigkeit meiner Verfolger hat mich gelehrt, sogar das Wohlwollen der Gönner zu fürchten"[84], schrieb er in seinen Briefen. Oder auch: „Wir segeln mit heruntergezogenen Segeln, und in der Sprache passen wir uns dem Kleinmut der Zeitläufe an"[85].

Dennoch war die pädagogische Absicht des fragmentarischen Vorworts zu seiner *Filosofia naturale* unzweideutig. Ciampoli war Zeuge der spirituellen Konflikte von Virginio Cesarini geworden, und er kannte die Gefahren des antichristlichen Skeptizismus sehr genau, der ohne eine vom Glauben gelenkte methodologische Grundlage eine Bedrohung für das Studium der Geheimnisse der Natur darstellte.

Um nicht im gewaltigen Theater der Natur, dessen genaue Ausmaße und Zahl der Welten noch nicht einmal Galileis Teleskop zu ermessen vermochte, die Orientierung zu verlieren, gab Ciampoli den Rat, sich nicht vom metaphysischen Ehrgeiz gefangennehmen zu lassen – wie Bruno, um es ganz klar zu sagen.

Er fordert auf, ein Kriterium für „zweifelsfreie" Gewißheit beim Studium des einzig „authentischen Kodex" zu finden, mit dessen Hilfe das Buch des Universums dechiffriert werden konnte: Das sind die „zweifelsfreien und scharfsinnigen Schlüsse der Mathematik", die auf die „sinnlich wahrnehmbare Welt" angewandt werden.

Man solle auf die „metaphysischen Tüfteleien", auf die „philosophischen Fantasmen", auf die „unmöglichen Dinge" und auf die „ganz entlegenen Themen" verzichten. Allein „die abgewogene Erfahrung ist die Lehrmeisterin der philosophischen Gewißheit".

Die Methodologie schlägt vor, *ex notoribus* vorzugehen, von den offensichtlicheren Dingen mit „genau bemessenen notwendigen Zwischenschritten" bis hin zu den „verborgenen Wahrheiten"[86].

Die Fragmente der *Filosofia naturale* bestätigen ein weiteres Mal ursprünglich religiöse Zielsetzungen der von Galileis inspirierten Zielsetzungen in Rom: die Theorie des Parallelismus zwischen Offenbarung und Vernunft, die beide von Gott herkommen, „die beiden Bibeln, in denen Gott der Meister ist".

Auch Galilei hatte in den kopernikanischen Briefen von 1615 diesen religiösen Begriff, vornehmlich in defensiver Absicht, verwandt. Bei Ciampoli findet sich eine breiter angelegte religiöse Überzeugung: Die neue Philosophie war eine Verbündete des neuen Christentums im Kampf gegen den Naturalismus von Averroes und die irreligiösen Libertins. Aristoteles, ein heidnischer Philosoph, mußte aufgegeben werden. Seine Lehre war eine zufällige Erbschaft des christlichen Europa, die sich dann in der Scholastik mit der katholischen Theologie verbunden hatte: ein Gemisch, das aus Aristoteles eine „fatale Autorität" gemacht hat.

Ciampoli hoffte, daß dieses Gebräu von katholischen Dogmen und aristotelischer Philosophie in seine Bestandteile zerlegt würde, um „die Leitung der Kirche nicht der Gefahr auszusetzen, sich lächerlich zu machen".

Welche Gefahr? In einem seiner Diskurse mit dem Titel *Della Novità* griff Ciampoli das Problem dieser tragischen Konfusion von Glaubensgrundsätzen und naturwissenschaftlichen Argumenten wieder auf. Als ein Beispiel führte er die metaphorische Erklärung des eucharistischen Dogmas in Begriffen der traditionellen Naturphilosophie an[87].

Die Fragmente von Ciampoli atmen die Erkenntnis eines religiösen Rationalismus, der sich mit der neuen Wissenschaft verbündet, wie sie in den religiösen Zielen eines Mersenne oder eines Jean-Baptiste Van Helmont zum Ausdruck kommt. Wußte Ciampoli denn nicht, daß die katholische Reform, die Van Helmont in vollkommen katholischer Absicht gegen den heidnischen Aristoteles vorgeschlagen hatte, in Brüssel von der Inquisition verurteilt worden war?

Um sagen zu können, welche neuen wissenschaftlichen Inhalte am Horizont der Reformideale Ciampolis auftauchten, müßte man seine *Fisica Nuova* und die anderen wissenschaftlichen Handschriften kennen. 1640 war die erste im Stadium der Redaktion, denn Ciampoli schrieb: „Ich stelle die neue Politik und die neue Physik zusammen: zwei breit angelegte Arbeiten, eine jede davon untergliedert sich in dreißig Bücher." Die erste kennen wir, die zweite nicht.

Warum ist dieses Werk und mit ihm auch die anderen wissenschaftlichen Manuskripte verschwunden? War ihr Inhalt gefährlich? Ciampoli war kein Astronom, keiner der Titel aus dem Katalog seiner Manuskripte scheint auf Traktate zur Unterstützung von Kopernikus hinzuweisen.

Nein. Ciampoli vertrat eine andere Glaubenslehre, und mit der des Kopernikus hatte das absolut nichts zu tun. Die Gründe für die offiziöse Anzeige gegen das wissenschaftliche Werk von Monsignor Ciampoli wurden sehr viel später in einer Neuauflage seiner Prosa im Jahr 1667 enthüllt.

Es war der Herausgeber dieser Neuauflage, Giacomo Antonio Celsi, der uns die dafür verantwortlichen Motive entdeckte. Im Vorwort berichtet er, welche „Vorbehalte" dazu geführt hatten, daß von Ciampolis Philosophie „nichts gedruckt wird". Nachdem er ausgeführt hatte, daß Ciampoli eine Persönlichkeit als Lehrmeister für jene Philosophie angeführt hatte, die diese Rolle nicht hatte übernehmen wollen (Kardinal Pallavicino?), fuhr der Herausgeber fort:

Der zweite Vorbehalt ist, daß Ciampoli in seiner Jugend mit einem sehr angesehenen Philosophen seiner Stadt [Florenz] zusammenging, der den Aristoteles bekämpfte und die alten Lehrsätze zu neuem Leben erweckt hatte, daß alle Veränderungen durch neue Zusammensetzung unzerstörbarer Korpuskel verursacht werden, ohne daß je die Substanz und die Qualität ihr Wesen gewinnen oder verlieren[88].

Und die posthume Anklage gegen Ciampoli fährt fort:

Und diese Art des Philosophierens hatte damals großen Erfolg bei Jüngeren und Beweglicheren, einerseits wegen eines gewissen Hochmuts des menschlichen Verstandes und weil die Neuigkeiten immer bei den Jungen Gnade finden...

Dann wird erklärt, daß der Dichter Ciampoli ein schlechter Metaphysiker war und nur die „Philosophie, die sich von der Imagination nicht löste“ liebte, mit anderen Worten: die philosophischen Spinnereien anstatt der rationalen Entitäten des Aristoteles:

Nun offenbart sich derlei von Ciampoli befolgte Philosophie nicht nur im klaren und deutlichen Licht der Natur als falsch; und von daher widerstand ihr jene Einsicht, die nach allgemeiner Ansicht ihr innerer Ratgeber war [Aristoteles], aber (auch wenn ihre Gefolgsleute dessen nicht gewahr werden) schlecht vereinbart sie sich auch mit den Lehren der Religion, wofern sie einmütig von den Lehrmeistern der Göttlichen Fragen zurückgewiesen wird. Daher wurde es für gut gehalten, Ciampoli kein Lob für diese Einstellungen zu erteilen[89].

Noch im Jahr 1667 wurde in Rom der Atomismus Galileis und seiner Anhänger verurteilt, weil er unmöglich „mit den Lehren der Religion zu vereinbaren war“. Wir wissen genau, um welche unmögliche Umsetzung es sich handelte.

Die Geduld ist eine Qualität des Historikers, denn früher oder später treten die Beweggründe und Motive der Fakten zutage. Man muß nur abwarten können.

Diese nachträgliche posthume Verurteilung rief den Erfolg der Korpuskeltheorie des *Saggiatore*, die dann im *Dialog* wieder aufgegriffen wurde, bei den jungen römischen Intellektuellen in Erinnerung: In der Retrospektive wirft sie ein deutliches Licht auf die besorgten Anspielungen des Papstes im Jahr 1632, als er sagte, auch Ciampoli sei involviert.

Ciampoli, Pater Ridolfi, Pater Grassi, Pater Guevara, Sforza Pallavicino: Während Galilei wegen des Kopernikanismus im *Dialog* verurteilt wurde, wurden – um einen noch größeren Skandal zu vermeiden – alle übrigen Akteure wegen anderer Verfehlungen aus Rom verbannt. Selbst Pater Castelli wurde eine gewisse Zeit aus Rom entfernt, bis sich die Unruhe gelegt hatte.

Aber auch Galilei gebührte, lange Zeit danach, eine posthume Verurteilung wegen jener peinlichen alten Geschichte.

Im Augenblick aber war das wichtigste, den Schein zu wahren.

Neuntes Kapitel

„Den Schein wahren"

...
e del tuo Galilei l'alta fatica,
meraviglia dei secoli, fè noti
gli atomi stessi e avvicinò le stelle
...
Che non giammai quei globi opachi e scabri
ch'an forse e mari e monti
destinar ponno a noi servaggio o regno
che noi di nostra sorte a noi siam fabri.

G. Michele Milani (Pseudonym), *La luce, Canzone con annotazione dello stesso,* Stark, Amsterdam, 1698, S. 44.

Theologische Spekulationen

Nachdem sich der Skandal um Galilei in Rom gelegt hatte, blieb die eigentliche Problematik bestehen, und das sollte noch lange so bleiben. Fünfzig Jahre später sollte sie erneut dazu führen, Galilei offiziell anzuprangern.

Wie konnte man den Schein der Eucharistie wahren, wenn doch die Korpuskeltheorie in der Physik immer mehr Erfolg hatte? Wie konnte man die spekulative Theologie mit der wissenschaftlichen und philosophischen Spekulation in Einklang bringen, wenn sie von denselben Dingen sprachen: von Farbe, Geschmack und Geruch?

Die Kontroverse um die Eucharistie war das Hauptanliegen der jesuitischen Wissenschaftler und Philosophen und bestimmte die Ziele der Apologetik gegen die aufkommende mechanistische Physik.

Nach Galilei sahen sich alle bedeutenden katholischen Wissenschaftler und Philosophen veranlaßt – entweder aus eigenem Antrieb oder durch den polemischen Eifer anderer dazu gezwungen –, sich mit dieser Problematik auseinanderzusetzen: Trennung von Substanz und Quantität oder Ausdehnung, Realität von Akzidentien ohne Subjekt.

Diese Problematik hatte inzwischen die gesamte intellektuelle Geschichte Europas unterschwellig erfaßt, aber nun kam sie an die Oberfläche und geriet in Widerspruch zu den Erfordernissen einer neuen Philosophie.

Tatsache ist, daß die damit verbundenen Probleme seit der protestantischen Herausforderung an das tridentinische Dogma und als Echo auf die radikalen Häresien sogar in Italien ständig diskutiert wurden – zumindest unter den engagierten heterodoxen, wenn nicht gar offen häretischen Theologen.

Aus diesem Blickwinkel betrachtet, erfolgte die Anzeige gegen den *Saggiatore* zur rechten Zeit und war praktisch unvermeidlich; denn genau zum Zeitpunkt, da Galileis Buch herauskam, war die Auseinandersetzung um die Eucharistie von dramatischer Aktualität.

Der *Saggiatore* war kaum erschienen, da war es, als habe er ein Signal abgefeuert. Wir berichteten im vierten Kapitel, daß im Elsaß ein berühmter Pastor aus Paris, Jean Mestrezat, ein Philosoph und den Jesuiten ein ebenbürtiger Gegner, mit seinem bekannten Buch *De la communion à Jésus Christ au Sacrement de l'Eucharistie contre les cardinaux Bellarmin et du Perron* einen schweren Angriff auf die eucharistische Apologetik der beiden jesuitischen Kardinäle gestartet hatte. Die Argumente waren die in der Tradition der Häresie üblichen: „Das Brot ist wahrhaftig und wirklich der Körper Christi, aber nicht nach der Substanz und dem Wesen, denn wenn das Brot keine Substanz mehr hätte, dann wäre es kein Brot mehr, es wäre nichts und folglich wäre es kein Sakrament"[1].

Wie immer handelte es sich hier um die alte nominalistische Versuchung, jedoch in einer neuen sprachlichen Form. Mestrezat stellte in der Tat eine Theorie „der Zeichen, die die Sache bedeuten" auf[2] und wendete sich damit gegen das linguistische Argument von Bellarmin, der die Formel des Sakraments im rigorosen Sinn verstehen wollte.

Auch dieser neue Gegner der Kirche stellte in der Folge eine Theorie der subjektiven Wahrnehmung sinnlich erkennbarer Phänomene auf und wandte damit seinen Standpunkt auf das Problem der sinnlich wahrnehmbaren Phänomene in der Eucharistie an. Wirkliche Präsenz war für Mestrezat ein Problem im Bereich der sinnlichen Wahrnehmung.

Als die neue häretische Herausforderung gegen das eucharistische Dogma Rom erreichte, mußten alle den Eindruck haben, dieser französische Protestant habe die Lektion des *Saggiatore* gut gelernt und für seine Zwecke benutzt. So tauchte doch tatsächlich aus der Feder des protestantischen Polemikers Galileis suggestive Metapher vom Kitzel wieder auf, die die Subjektivität der physiologischen Wahrnehmungen illustrieren sollte. Und all das diente jetzt dazu, die Idee eines Sakraments der realen Präsenz ohne Transsubstantiation zu belegen: „Wir sagen", so schrieb Mestrezat, „daß irgend etwas ganz nahe bei der Hand ist, daß es sie fast berühren kann, denn die Hand reagiert mittels des Kontakts, wir werden sagen, ein Ton sei im Ohr präsent (ein Donner z. B.), auch wenn er ganz weit weg hervorgebracht wird. Wir sagen, daß die Sonne in unseren Augen ist, auch wenn sie der Entfernung nach weit weg von unseren Augen ist, denn Ohr und Auge erfordern für ihre Tätigkeit keine örtliche Kontiguität mit der Substanz. Dasselbe geschieht beim Glauben. Er ist im Besitz der Präsenz seines Gegenstandes, ohne daß es einer lokalen Kontiguität mit ihm im Sakrament bedürfe"[3].

Das Buch von Mestrezat wurde 1624 in der Akademie von Sedan veröffentlicht, dem Zentrum der protestantischen Revolte. Die darin enthaltene Lehre machte sich ein junger Philosoph, ein streitbarer und rebellischer Student, David Derodon, sofort zu eigen; wenige Jahre später wird er sich als einer der ideenreichsten, protestantischen Philosophen und Atomisten Frankreichs einen Namen machen.

Derodon war versessen auf Erfahrungen. Nachdem er eine direkte – negative – Erfahrung mit dem jesuitischen Katholizismus am Collegium in Wien gemacht hatte, kehrte er zu seinem ursprünglichen Glauben zurück und wurde, wie schon sein Vater, Professor an der Akademie von Dié und dann in Orange. Sein Buch über die Mysterien des Christentums machte ihn rasch berühmt. Vom Parlament in Toulouse allerdings wird das Buch 1658 auf Betreiben der Jesuiten unverzüglich verbrannt. Derodon aber erhielt den Lehrstuhl für Philosophie der Akademie von Nîmes.

Derodon ist ein tüchtiger Philosoph, und er hat die aristotelische Dialektik besser begriffen als seine alten jesuitischen Lehrmeister; er ist ein Aristoteliker voller Interesse für die wissenschaftlichen Neuerungen, die er im Hinblick auf die Theologie durchdenkt. Er tut dies so konsequent, daß er sogar bei seinen Glaubensbrüdern in den Verdacht der Häresie gerät.

Das Schlimmste sollte aber erst noch kommen. Derodon, Aristoteliker in der Logik, war Atomist in der Physik. Vor und nach 1650 verfaßte er seine Thesen über die Atome, die mit großer Entschiedenheit gegen die Theorie der substantiellen Formen Front machten. Für den Augenblick war das nichts weiter als ein Nachklang auf die neue Philosophie, aber der unvermeidliche Konflikt mit dem Tridentinischen Dogma ließ sich bereits erahnen. Derodon lancierte die Herausforderung im Jahr 1655 mit seinem großen *Dispute sur l'Eucharistie,* der in Genf veröffentlicht wird.

Das Werk Derodons griff Mestrezats Thesen gegen Bellarmin wieder auf. Theologisch enthielt es nichts Neues: es waren die üblichen Angriffe auf den tridentinischen Götzenkult. Nur war Derodon sehr viel dialektischer als Mestrezat und daher auch überzeugender. Für Derodon ist die Formel des Sakraments produktiv, nicht transsubstantiell, sie ist wie das Licht, das von Gott *ex novo* mit den Worten: „Es werde Licht" geschaffen wurde. Auch die Formel des Sakraments bringt etwas völlig Neues hervor, etwas Spirituelles[4]. Brot und Wein sind die Zeichen, sind bildliche Symbole dieser Konversion und keine realen Akzidentien ohne Subjekt. Zeichen mit der Wertigkeit von Namen. Name, und keine Wirklichkeit: da war sie, die alte Häresie.

Auch Derodon dachte die Akzidentien in zwangsläufiger Abhängigkeit von den Subjekten. Die Wärme z. B. ist durch das mehr oder weniger angenehm empfundene subjektive Gefühl der Sinnesorgane wahrnehmbar: „Das Feuer, nämlich die kleinsten Teilchen desselben, dringen in die Poren des Körpers ein und verschaffen sich auf diese Weise Platz, indem sie die Teile unseres Körpers voneinander trennen [...]; und da es sie trennt, ist es zwangsläufig eine Substanz".

Das Feuer ist eine körperliche Substanz und ebenso das Licht. Derodon läßt sich des langen und breiten über die Phänomene der Lichtbrechung und über die Phänomene von Licht und Wärme aus, um zu erklären, daß Licht und Wärme abhängig sind von der Vermehrung oder Verringerung ihrer Feuerteilchen. Als guter Atomist teilt er die Theorie von Galilei und Nikolaus von Autrecourt, wonach das Licht sich nicht instantan ausbreitet, was nicht einmal Descartes hatte behaupten wollen. Hinsichtlich der Theorie der Farben war Derodon dagegen traditionalistischer: Er wußte, daß es sich um Erscheinungen handelte, die mit der Frage des Lichts zusammenhingen, aber er blieb bei der Idee einer Mischung von Licht und Finsternis stehen. Der Geruch wurde erklärt durch die Bewegung von Geruchsteilchen: Derodon erinnert nachdrücklich daran, daß Demokrit sich drei Tage lang allein durch den Geruch des gerade gebackenen Brotes ernähren konnte[5].

Der Protestant Derodon war ein Anhänger von Demokrit und Gassendi. Er erklärte den flüssigen und den festen Zustand mit den einander verhakten Figuren der Atome. Im Fall des geweihten Brotes und des geweihten Weines ist es Gott, der die Bewegungen und die Gestalten der Atome zusammen mit ihrer Substanz aufrechterhält[6].

Aber ein Problem wie das der neuen atomistischen Spekulation in der Theologie verdiente ein zweites, ganzes Buch für sich, ein Buch über die Physik, in dem die verschiedenen Quellen polemisch diskutiert und verwendet werden konnten: *Philosophia contracta.*

Diesem Buch entnehmen wir, daß Derodon Galilei sehr gut kannte, aber ein glühend antikopernikanischer Anhänger Galileis war. Vielleicht aus Treue zur Heiligen Schrift. Galileis Argument mit den Gezeiten sah er als „sententias quasi fabulosas" an, die noch nicht einmal der Widerlegung wert waren[7]. Der große Vordenker Derodons war Gassendi, der Probst von Digne, „der größte Philosoph dieses Jahrhunderts".

Und wie Gassendi die Ideen Demokrits für das Christentum verwendbar gemacht hatte, so machte Derodon Gassendi für den Calvinismus nutzbar. Er bewies, daß der Atomismus notwendigerweise dazu zwinge, das Konzept der Transsubstantiation durch das der Transmutation zu ersetzen: „Eine Art von Bewegung und von Veränderung [...], aufgrund deren die Materie von einer Form in die andere übergeht"[8], wobei sie allerdings ihre Substanz beibehält. Physikalisch war Derodon ein Anhänger Gassendis, philosophisch argumentierte er weiterhin mit Aristoteles – und das produzierte einen paradoxen Effekt.

Derodon war bestens darüber informiert, daß die „römischen Lehrer" die nominalistische Identifikation von Substanz und Quantität inoffiziell verurteilt hatten, aber dennoch behauptete er unverblümt: „Die Quantität ist nichts anderes als Materie", und machte sich über die Jesuiten lustig, indem er Pater Arriaga und Pater Honoré Fabri als Philosophen zitierte, die die Tür zu einer Korpuskelphysik aufgestoßen hatten[9].

1658 veröffentlichte er ein stark antirömisch getöntes Pamphlet, in dessen

Mittelpunkt die Kontroverse um die Eucharistie stand. Es war das berühmte *Tombeau de la messe.*

Derodon wird sofort vom Bischof in Nîmes angezeigt und im Jahr 1663 aus Frankreich ausgewiesen. Er flieht nach Genf, wo er auch weiterhin seine Philosophie der Eucharistie lehrt.

Der peinlichste Aspekt in den aufsehenerregenden Provokationen Derodons bestand für die Gesellschaft Jesu darin, daß jener sehr geschickt einige Jesuiten zur Absicherung seiner atomistischen Thesen zitierte. Piazza del Gesù antwortete unverzüglich – wie 1632 – mit einer Reihe von Abmahnungen an alle Collegien der Gesellschaft, eine vollständige Abstinenz in Fragen der Physik der Atome und der Geometrie der Unteilbaren zu wahren. Die Abmahnungen und der Alarm überschlugen sich, je mehr Fortschritte der Atomismus unter den Katholiken und Protestanten Frankreichs machte: 1641, dann 1643 und dreimal allein 1649.

Die jesuitischen Wissenschaftler und Philosophen waren höchst alarmiert. Ihrer theologischen Ausbildung und Wachsamkeit oblag es, die tridentinischen Grenzen in den katholischen Ländern zu verteidigen. Und dank dieser Wachsamkeit gelang es ihnen, die Häresie in Fragen der Eucharistie, die auch bei den Philosophen und Theologen in Italien Anklang zu finden begann, im Keim zu ersticken.

Hier war der Brand leicht unter Kontrolle zu bringen: er hatte sich in Sizilien entzündet, also im Land des Katholischen Königs.

Theologe und Anhänger Galileis: Giuseppe Balli

Giuseppe Balli oder Ballo war ein Aristokrat aus Palermo. Er wäre Baron von Callatuvi geworden, hätte er sich nicht für den Talar entschieden. Er ging nach Spanien und studierte Mathematik und Theologie. Dort hatte er nicht nur Bekanntschaft mit Aristoteles und Thomas von Aquin gemacht, sondern auch die Faszination des jungen und lebendigen katholischen Mystizismus eines Johannes vom Kreuz und der Heiligen Teresa von Avila erfahren. Als er, von Philipp IV. zum Kaplan in Bari ernannt, nach Italien zurückkehrte, da hatte er seine theologischen, dichterischen und wissenschaftlichen Neigungen in das Zeichen der mystischen Kontemplation eines Dionysos Areopagita gestellt.

Don Ballis Leben in Bari war erfüllt von philosophischen und theologischen Studien, und er hatte auch Kontakt zu Kardinal Bellarmin. Im selben Jahre präsentierte Galilei seine neue Philosophie, eine Art mystisierenden Neuplatonismus, eine Theorie, die ohne Schwierigkeiten Zustimmung unter den aufgeschlosseneren Klerikern fand. Die Lektüre der *Lettere sulle macchie solari,* wo Galilei im zweiten Brief das Prinzip der Fortdauer der Bewegung aufstellte, sowie die Kenntnis der *Settioni coniche* von Pater Cavalieri müssen Don Balli wohl veranlaßt haben, sich in den Kreis der engeren Gefolgsleute von Galilei einzureihen: der Generation der Cavalieri, Baliani, Gassendi, Descartes. Und so kommt es, daß dieser Theologe mit vollem Recht gemeinsam mit Cavalieri und Baliani, ja sogar eher noch als letzterer, an dem Programm zur Ausarbeitung einer allgemeinen Theorie der Massenträgheit teilhat.

Sein Beitrag zur Geschichte der galileischen Dynamik ist in wenigen Seiten eines Memorandums mit dem Titel *Demostratio de moti corporum naturalium* enthalten, die er als Anhang zu einem engagierten theologischen Buch, *De foecunditate Dei circa productionem ad extra,* veröffentlichte. Erschienen ist es 1635 in Padua[10].

De motu von Don Balli ist einer der elegantesten wissenschaftlichen Texte über die Massenträgheit, die im 17. Jahrhundert entstanden sind. In Aufbau und Sprache verrät er die strenge aristotelische Logik seines Autors, der nach einem strikt rationalen Beweis für den Erhalt der Bewegungsenergie sucht. Dabei setzt er sich im Lichte eines metaphysischen Prinzips der Bewahrung, das durch den Geist Gottes erzeugt wird, polemisch mit der Physik von Pereira auseinander.

In *De foecunditate* zeigt Balli, wie sehr ihn die mystischen Ideen über das Licht aus Galileis Brief an Monsignor Dini fasziniert haben müssen; im gleichen Maße muß der atomistische Materialismus des *Saggiatore* seine religiösen Gefühle verletzt haben. Er erinnerte an die Theorien des *Saggiatore* und zitierte die atomistische Metapher von den Buchstaben im Buch des Universums[11]. Er distanzierte sich mit ausgezeichneten physikalischen Argumenten von einer Korpuskeltheorie des Lichts und vertrat selbst eine Theorie der Ausdehnung des Lichts durch die Reproduktion leuchtender „Kugeln".

Dennoch war Balli einer Korpuskelphysik nicht abgeneigt, denn er gestand ihr einen rationalen und theologischen Wert als Antriebsprinzip der Natur zu, das von Gott erzeugt und aufrechterhalten wird. Daher gab er Galileis Korpuskeltheorie eine Fassung, die sich explizit herleitete aus der mystischen Philosophie über das Wirkungshandeln Gottes von Ecfantus von Syrakus[12].

Als Theologe stand Don Balli in der Tradition des Duns Scotus, und er war ein erklärter Anhänger des Augustinus; daher wußte er genau, wo das Problem lag, das eine dynamische Theorie der Natur in dieser Art unmöglich machte.

So entschloß er sich 1640, wiederum in Padua, wo er den Rest seines Lebens im Theatinerkonvent verbrachte, seine Arbeit über das Problem der Eucharistie *Resolutio de modo evidenter possibili transsubstantiationis* herauszubringen[13].

In Wahrheit hatte Balli dieses Buch bereits seit Jahren vorbereitet, aber Kardinal Bellarmin hatte ihn überzeugt, daß es nicht klug wäre, es drucken zu lassen. Balli publizierte es später dann doch. Dabei bewies er großes Vertrauen in die Vernunft, denn die Jesuiten in Sizilien hatten ihn bereits angezeigt, nachdem sie durch Indiskretionen vom Inhalt der geheimen

Theorie über die Eucharistie erfahren hatten, die ihn als Anhänger Galileis auswies.

Obwohl der Autor im selben Jahr starb und es keine öffentliche Diskussion über den Inhalt des Werkes gab, entfachte die Veröffentlichung erneut die zwanzig Jahre alte Polemik.

Die *Resolutio* von Don Balli war mit allen nur erdenklichen Garantien herausgekommen: Sie hatte die Billigung der Inquisition in Padua – allerdings stammte das Gutachten von einem Theatinerpater –, und sie enthält verschiedene Versicherungen des Autors – und sogar des Druckers, Sebastiano Sardo – hinsichtlich der katholischen Rechtgläubigkeit des Buches. Aus diesem Grunde drohte dem Werk seitens der Kirche auch kein offizielles Verbot.

Das Bemühen Don Ballis galt dem Ziel, das Mysterium der Eucharistie aus den Fesseln der scholastischen Philosophie zu befreien und es in einem solchen Licht zu präsentieren, daß sich darin die verschiedenen „Klassen" der modernen Philosophen ohne Schwierigkeiten wiedererkennen konnten. Und in der Tat berief sich Balli in seiner Darstellung der Eucharistie auf Ockham und die Nominalisten, auf Telesio – dessen baldige Rehabilitierung er forderte – und sogar auf Galilei, den er jedoch nicht zitierte, sondern bei den modernen Philosophen versteckte, die „wie die Alten denken, daß alle substantiellen Formen und die Dinge, abgesehen von der Materie, Akzidentien sind"[14].

Die *Resolutio* von Balli ist keine spekulative Lösung für den Modus der realen Präsenz, sondern eine Theorie darüber, wie man auf einfache Weise ein solches Mysterium des Glaubens konzipieren kann und dabei ein überflüssiges Mischmasch von Wundern und metaphysischen Entitäten vermeidet.

Die Lösung dieser Problematik basierte auf der Realität der Dinge: Das Brot vereinigt in sich verschiedene sinnlich wahrnehmbare Eigenschaften, nämlich den Geruch, den Geschmack und die Farbe. Alle drei Eigenschaften bilden im Grunde genommen die „Substanz" des Brotes. Wenn die Namen das bezeichnen, was man wahrnimmt, dann ist das geweihte Brot all dieses: „Ich erkläre also die Transsubstantiation nicht wie jene, die unzulässig die Substanz von den scholastischen Qualitäten unterscheiden, sondern in dem Sinne, daß das ganze Brot transsubstantiiert ist, denn ohne jene Entitäten kann man es nicht ein solches nennen, und folglich ist es mit ihnen allen transsubstantiiert"[15].

Wo bleibt dann das Wunder? Das Wunder steckt nicht in der komplexen begrifflichen Alchimie der Dialektik von Quantität und Qualität, sondern in der grenzenlosen Freiheit von Gottes Schöpfungswerk, durch das alle sinnlich wahrnehmbaren Wirkungen, und nicht nur die Substanz des Brotes, in den Leib Christi transferiert werden können. Diese Verlagerung der sinnlich wahrnehmbaren Effekte von einer Sache zur anderen als Werk der göttlichen Freiheit, das ist das Prinzip von Don Balli. Das Mysterium liegt in dieser unmittelbar in die eucharistischen Spezies eingebundenen Wirkung, die Christus aufrechterhält. Aber Christus ist nicht unter diesem Schein „verborgen“: er ist sichtbar. Die sinnlich wahrnehmbaren Aktionen von Brot und Wein manifestieren ihn „als eine zweite ganz offen erklärte und nicht verborgene Ursache“.

Das ist ein Trick, wird man gegen Don Balli einwenden. Und Don Balli wird antworten, daß es tatsächlich wie ein Zaubertrick wirkt *(praestigiae, phantasticum)*[16]; aber im Unterschied zu den Tricks der Zauberer, die genau wissen, daß es sich um solche handelt, sind jene täuschenden Erscheinungen in der Eucharistie ein religiöses Mysterium. Es sind Leib und Blut Christi, die aktiv jene Emanationen der Spezies der Sakramente erzeugen.

Das Problem lag in der Natur der Spezies. Das war der Begriff, der in der Formulierung des Dogmas auf dem Konzil verwandt worden war. An dieser Stelle bezieht die *Resolutio* von Don Balli wiederholt explizit Stellung gegen die eucharistische Philosophie von Pater Suarez, um einen prägnanten Sinn des Wortes durchzusetzen, den Don Balli sogar dem Wortlaut bei Thomas von Aquin für angemessen hält. Die Spezies sind demzufolge keine realen Qualitäten ohne Substanz, sondern – wie beim Licht – das, was unsere Sinne aktiviert, nämlich das, „was in den Spezies materiell ist“[7].

Zur Absicherung seiner Position zitierte Balli den Neuplatonismus von Giovanfrancesco Pico, aber er dachte vielleicht auch an Telesio, Patrizzi und an Galileis Brief über das Licht an Monsignor Dini, in dem er sagte, daß die eucharistischen Spezies „ohne Subjekt“ existieren, wie das Licht, das Gott drei Tage hatte existieren lassen, ehe er Sonne und Sterne schuf.

Man mußte wirklich den Wagemut der Mystiker besitzen, um sich der offiziellen scholastischen Theologie entgegenzustellen oder um in die alte Formel der Transsubstantiation den Hauch des christlichen Platonismus und der substantialistischen Ideen des Lichts von Telesio und Galilei einfließen zu lassen.

Und das war nur der Anfang. Der Drucker Sardo teilte mit, Balli habe eine generalisierte Fassung seiner Theorie fertig, ein regelrechtes *Enigma dissolutum*, man warte aber noch auf die Reaktionen des katholischen Publikums.

Das *Enigma dissolutum* wurde nie veröffentlicht, es blieb bei den mathematischen und ökonomischen Manuskripten, die Balli per Testamentsbeschluß dem Theatinerkonvent in Padua hinterließ. Don Balli blieb nur noch die Zeit, einige kurze Schriften zu seiner Rechtfertigung gegen die Kritik zu verfassen, die seine gegenüber Naturphilosophien allzu versöhnliche Theorie ausgelöst hatte[18].

Sah man nämlich genauer hin, dann ging das, was seine kühne „psychologische“ Konzeption der eucharistischen Erscheinung auf der einen Seite an Wundern überflüssig machte, auf der anderen Seite an Treue zur tridentinischen Orthodoxie verloren.

Im übrigen war es keineswegs so gewesen, daß Kardinal Bellarmin seinerzeit aus theologischer Kurzsichtigkeit Don Balli geraten hatte, auf diesem Gebiet der französischen Mode einer mystischen Theologie zu entsagen. Unschwer konnte man sehen, daß die These von Balli den berühmten zweiten Kanon der Sessio XIII des Tridentinischen Konzils verletzte. Dieser bekräftigte, daß die eucharistischen Spezies erhalten blieben *(mantenibus)*, d. h. sie waren exakt dieselben wie vorher. Don Balli dagegen schlug vor, daß sie, wie durch Zauberei, vom Moment der Konsekration an zu existieren begannen.

Um diesen Einbruch des neuplatonischen Mystizismus in die eucharistische Theologie zu stoppen und die Dinge wieder im Sinne des Tridentinischen Wortlautes zu richten, griff sogar ein Jesuit des Collegiums von Palermo in die Debatte ein. Es war der Mathematiker Gerolamo La Chiana, erzbischöflicher und königlicher Zensor, der in Sizilien einen sehr großen Ruf genoß: in einem anonymen Buch im Folioformat stellte er die Behauptung auf, Don Ballis Theorie der eucharistischen Spezies gehöre direkt zu den symbolistischen Häresien in der Frage des Sakraments[19].

Don Balli war gestorben, aber ein direkter Gefolgsmann von ihm, der sizilianische Domherr Don Chiavetta, der 1643 in Monreale eine *Trutina qua Josephi Balli sententia de modo existendi Christi Domini sub speciebus panis et vini expeditur* veröffentlicht hatte, erlitt die unvermeidliche Zensur: Seine *Trutina* wurde im Frühjahr 1655 auf den Index gesetzt.

Endeten die Ideen Ballis, die vielleicht auch Vorläufer für die Lösungen von Descartes und vor allem von Leibniz in der Frage der Eucharistie hätten sein können, also als Provinzaffaire um eine theologische Zensur, so daß man den Anspruch der neuen Philosophie auf Legitimierung in der katholischen Welt ohne Schwierigkeiten auslöschen konnte? Oder überlebten sie, kamen über die Alpen, wo der durch die neue Philosophie entfachte Steppenbrand nicht mehr unter Kontrolle zu bringen war?

Wie üblich kommt die Gefahr aus Frankreich.

Vom Buch des Universums zur „Monde": Die Häresien von Descartes

Die Bedrohung ging von Descartes' Philosophie aus, der ebenso wie Galilei von den theologischen Hütern der tridentinischen Tugend überwacht wurde.

Descartes' akrobatische Verrenkungen, seine Korpuskelphysik mit dem Dogma der Eucharistie in Einklang zu bringen und zu vermeiden, daß sie unter seinem Namen öffentlich in Umlauf gebracht würden, sind den Descartes-Forschern sehr wohl bekannt. Im allgemeinen wird der Lösungsvorschlag von Descartes entweder mit nachsichtiger Ironie als eine Art Betriebsunfall innerhalb seines *esprit de système* angesehen oder mit der apologetischen Sorge, auch in dieser delikaten Frage die Untadeligkeit von Descartes' religiöser Einstellung zu retten. Am bekanntesten sind die Argumente seiner wohlwollendsten und respektvollsten Kritiker, nämlich Antoine Arnauld und Pater Mesland.

Vollständig ignoriert wird dabei allerdings, daß die Anzeige gegen die cartesianische Physik und Philosophie wegen der Eucharistiefrage im Zusammenhang der allgemeinen theologischen Strategie gegen die neue Philosophie steht, wie sie gegen Galilei ausgearbeitet worden war[20]. Ich will es an dieser Stelle dabei belassen, die Kontinuität des Problems von Galilei bis Descartes aufzuzeigen.

Wir hatten uns von Descartes in der Masse der Pilger in Rom im Heiligen Jahr 1625 getrennt, als in den philofranzösischen Kreisen der *Saggiatore*, der seit einem Jahr im Buchhandel war, wahre Triumphe feierte.

Glauben wir seinem Freund und Biographen Baillet, dann hatte sich Descartes von Beginn des Jubiläumsjahres bis ins Frühjahr hinein in Rom aufgehalten, und er hatte sich dem Kreis um Kardinal Barberini, dem Schutzherren der Akademie der Lincei, angeschlossen.

Es ist nicht auszuschließen, daß Descartes, der die Bücher von Telesio, Campanella, Bruno und Basson kannte, sich in einer der Buchhandlungen an der Piazza Navona Galileis neues Buch besorgte, von dem in Rom wegen der darin enthaltenen Theorie über die Atome so viel die Rede war. Auf jeden Fall gesichert ist, daß Descartes im Jahr 1638 die atomistischen Theorien Galileis genau kannte[21]. Seit fast 10 Jahren arbeitete Descartes an einem „Discours“ über das Licht und die Farben, den er jetzt in die *Dioptrique* eingliedern wollte. Acht Jahre zuvor hatte das Unternehmen wesentlich wagemutigere Zielsetzungen verfolgt: Es wollte das Phänomen der Kometen und des Lichts in einem allgemeinen Abriß der Physik behandeln, und unter diesem Gesichtspunkt konnte der *Saggiatore* durchaus ein Vorbild darstellen.

Zu jener Zeit, es war der November des Jahres 1630, hatte Descartes aus Amsterdam an Pater Mersenne über dieses Vorhaben geschrieben. Erst zwei Jahre später fand der Prozeß gegen Galilei statt. Aber schon drei Jahre zuvor war in Paris die *Ratio ponderum librae et simbellae* von Sarsi erschienen. Es ist nicht belegt, ob Descartes dieses Buch gelesen hat, aber ebensowenig kann man es ausschließen; fest steht, daß Descartes sehr genau über die Polemik zwischen Sarsi und Galilei informiert war. Er wußte, wer Sarsi war und in den *Prinzipien der Philosophie* zitiert er die *Libra* („geschrieben gegen Galilei“)[22].

Wie auch immer: Als Descartes im Jahre 1629 versprach, „eine vollständige Physik“ auszuarbeiten, wußte er sehr genau, mit welch fundamentaler theoretischer Problematik er es zu tun hatte. Mit der ihm eigenen Rigorosität suchte er – im Gegensatz zu Galilei – das Problem direkt anzugehen:

> Ich will hier einen Diskurs einfügen, in welchem ich die Natur der Farben und des Lichts erklären werde und welcher mich seit sechs Monaten aufhält und noch nicht einmal zur Hälfte vollendet ist. Er wird aber auch länger, als ich dies dachte, und wird beinahe eine vollständige Physik enthalten; so füge ich hinzu, daß er mich von dem Euch gegebenen Versprechen entbinden kann, meine ‚Monde‘ binnen drei Jahren fer-

tigzustellen, er wird in der Tat eine Art Zusammenfassung sein. [...] Ich glaube, daß ich Euch diesen Diskurs über das Licht zusenden werde, kaum daß er fertiggestellt ist und noch vor dem Rest der Dioptrique. Da ich die Farben auf eine bestimmte Weise beschreiben möchte und folglich dazu gezwungen sein werde, *eine Erklärung dafür zu geben, wie das Weiße im Brot des Heiligen Sakraments erhalten bleibt,* wird es tatsächlich von Vorteil sein, ihn von meinen Freunden prüfen zu lassen, ehe er allen andern zu Angesicht kommt[23].

Descartes wird den *Saggiatore* nie zitieren, und er wird auch nicht die theoretische und theologische Problematik erörtern, wie die korpuskularistische Physik und die Eucharistie in Einklang zu bringen seien. Freilich, auch das gibt uns nicht die Gewißheit, daß Descartes nichts über jene Ereignisse wußte; es ist ja nur allzu bekannt, wie ungern Descartes seine Quellen offenlegte, intellektuelle Anstöße zugab und Bücher erwähnte, die er vielleicht auch nur flüchtig oder zum Teil gelesen hatte.

Wenn er keinen Hinweis auf den *Saggiatore* gab, so ist das freilich verständlich, denn das war ein Buch, das Descartes, insgesamt gesehen, nicht gefallen konnte.

Die Polemik über die Kometen hatte weder Hand noch Fuß. Sie zeigte lediglich, wie dringend notwendig es war, eine von Grund auf neue Theorie der Kometen zu entwickeln. Aber auch die philosophischen Überlegungen Galileis stießen nicht auf Zustimmung: Sie bestätigten Descartes nur ein weiteres Mal die Mängel und Grenzen der Nur-Physiker, wenn sie sich an die Philosophie wagten – „fortgesetzte Abschweifungen, kein richtiger Aufbauplan, ohne die ersten Ursachen der Natur betrachtet zu haben“. Es waren dieselben Kritikpunkte, die Descartes dann im Jahre 1638 glaubte an den Autor der *Unterredungen* richten zu müssen[24].

Aber trotz aller seiner Mängel konnte der *Saggiatore* eine wahre Fundgrube an Anregungen für den dreißigjährigen Descartes sein, der noch tief in die okkultistischen Tüfteleien eines Della Porta verstrickt war. Der *Saggiatore* konnte Descartes hinführen zu einer Analyse der sinnlichen Wahrnehmungen und der Grundlagen der Physik, zu einer radikalen Kritik der Qualitäten aus der Scholastik und zum Korpuskularismus. Der *Saggiatore* war voll von anregenden Theorien: das Buch der Welt, geschrieben in mathematischen Buchstaben, die subjektive Natur der sinnlichen Eindrücke, die korpuskulare Struktur des Lichts. Aber das Buch mußte vollkommen umgeschrieben werden.

Die Gelegenheit, den *Saggiatore* neu zu schreiben, bot sich 1629, als Descartes von den Beobachtungen des Pater Scheiner vom Collegium Romanum über die Nebensonnen erfuhr[25]. Galilei hatte ja bereits im *Saggiatore* eine den Nebensonnen exakt analoge Theorie der Kometen als optische Täuschungen entwickelt. In seinem Buch *Monde ou Traité de la lumière* kam Descartes nun auf die Kometen und das Licht zurück, indem er die Theorie unter dem Gesichtspunkt einer „vollständigen Physik“ abhandelte[26]. Das Werk unterschied sich vollkommen vom *Saggiatore*: Descartes ging nicht von einer Theorie der Kometen aus, sondern kam auf die Kometen erst zu sprechen, nachdem er allgemeine Erkenntnisprobleme der sinnlichen Wahrnehmung und der Physik erörtert hatte. Auch unterschied sich die Theorie der Kometen vollständig. Descartes schien sich freilich sehr genau an das zu erinnern, was Galilei im *Saggiatore* geschrieben hatte, denn er griff in seiner *Monde* das äußerst suggestive Beispiel von der Feder auf, die bei den empfindlichen Teilen des Körpers einen Kitzel hervorruft, ohne an sich selbst eine kitzelnde Eigenschaft zu besitzen. So kritisierte er die scholastische Theorie von den sinnlich wahrnehmbaren Qualitäten. „Ein schlafendes Kind", so steht im *Traité* zu lesen, „dem man sanft mit einer Feder über die Lippen streicht, wird einen Kitzel verspüren: Denkt ihr vielleicht, daß die Idee des Kitzels, der von dem Kind verspürt wird, irgendeiner Sache ähnlich sein könnte, die in der Feder steckt?"[27] „Dieser Kitzel", so konnte man im *Saggiatore* lesen, „ist vollständig in uns und nicht in der Feder"[28].

Das war tatsächlich dieselbe Argumentationsstruktur: Das taktile Empfinden – der Kitzel – ist die sicherste der sinnlichen Wahrnehmungen, folglich wird auch die Objektivität aller anderen Phänomene der sinnlichen Wahrnehmung illusorisch sein. Diese Phänomene sind ihrer Natur nach affektiv, und wir müssen die materialen Strukturen rekonstruieren, die durch ihr unsichtbares Wirken die sinnlich wahrgenommenen Phänomene erzeugen.

Das *Traité* lieferte wie der *Saggiatore* eine korpuskulare Erklärung der Wärme und des Lichts und schlug die Identifikation von Substanz und Quantität als einzig mögliche Art vor, sich „vorzustellen", was Substanz sei. Und, wie im *Saggiatore*, schloß das *Traité* auch das Bestehen von realen Akzidenzien aus, wie von der scholastischen Philosophie vertreten und ersetzte sie durch die Bewegung von Materieteilchen: kleinste Teilchen von Erde, Luft und Feuer.

1633 war das *Traité* fertiggestellt. Wir können nun auch ein wenig besser verstehen, warum Descartes, als er von der Verurteilung Galileis erfuhr, die Veröffentlichung seines Buches über die „materiellen Dinge der Welt" aussetzte, wie er später in seinem *Discours de la Méthode* erinnern wird. Das *Traité* wird erst posthum im Jahr 1664 erscheinen: Die Vorsicht Descartes', der sehr gut über die möglichen tieferliegenden Beweggründe für die Verurteilung Galileis in Rom informiert war, ist in diesem Falle gerechtfertigt und ein Beweis für die intellektuelle Kunst der „ehrbaren Verstellung"[29].

Von dieser Tugend machte Descartes auch in den *Principia Philosophiae* Gebrauch, wo er freiwillig seinen eigenen demokriteischen Materialismus zensierte. Aber auch in den *Principia* wurde die Kritik der realen Qualitäten und die Idee, daß Farben und die anderen Empfindungen Sinnesdaten sind, beibehalten. Und ebenso wurde die Identität von Materie und Extension, eine der Voraussetzungen der cartesianischen Physik, beibehalten. Drei Jahre zuvor, nämlich 1641, hatte Descartes die *Méditations* veröffentlicht, eine bedeutende metaphysische Arbeit, die er aus Vorsicht vor der Veröffentlichung von Theologen prüfen ließ.

Die Vorbehalte und Einwendungen, die der junge Theologe an der Sorbonne, Antoine Arnauld, in den *Vierten Einwänden* gegen die *Méditations* vorbrachte, sind hinlänglich bekannt. Dort wurde die Befürchtung geäußert, die größten Schwierigkeiten würden sich in der Frage der Eucharistie ergeben[30]. Und es ist auch bekannt, daß Descartes die Befürchtungen zu zerstreuen suchte, indem er nämlich zunächst gegenüber Arnauld, dann gegenüber dem Benediktiner von Chartres, Robert Desgabets[31] und vor allem Pater Dionis Mesland, dem Philosophen am Jesuitencolleg von La Flèche gegenüber seinen Standpunkt zum Ausdruck brachte, wie das Dogma mit der neuen Philosophie in Einklang zu bringen sei.

Die Einwendungen waren dieselben wie gegenüber dem *Saggiatore*: Die Theorie der Korpuskel und die Identifikation von Substanz und Quantität bedeuteten, das war allen bewußt, die Objektivität der sinnlich wahrnehmbaren Spezies der Eucharistie zu leugnen und machten die Transsubstantiation unlogisch. Wenn, wie Descartes das vorsah, die Materie ausgedehnt ist, dann wird in der geweihten Hostie, deren Ausdehnung sich nicht verändert, auch die ursprüngliche Substanz bleiben. Wie man sieht, bedeutete die Übersetzung des zweiten Teils des Dogmas in cartesianische Begriffe die Verfälschung des ersten Teils, nämlich der Transsubstantiation.

Zunächst hatte Descartes mit unendlicher Geduld geantwortet und „die Hoffnung ausgesprochen, daß einst die Zeit kommen wird, wo jene Ansicht, die die Akzidentien als real setzt, von den Theologen beseitigt wird, weil sie nichts mit Vernunftgründen zu tun hat und unbegreiflich und zu wenig zuverlässig im Verhältnis zum Glauben ist“[32]. Diese Antwort an Arnauld stand im Anhang der lateinischen Ausgabe der *Méditations* von 1658, aber Arnauld war eben ein sehr verständiger Theologe. Auch Pater Mesland, den Descartes dringend bittet, die vertraulichen Überlegungen nicht in Umlauf zu bringen, war ihm wohlgesonnen. Descartes entwickelt einige weitere Hypothesen und behauptet, daß die Wirkung der Konsekration darin bestehe, Körper und Blut in sinnlich wahrnehmbare Dimensionen zu bringen, die natürlich die von Brot und Wein sind, „so als ob“ jene Substanzen im Sakrament wirklich vorhanden wären[33].

Der vorsichtige Pater Mersenne hatte Descartes im Jahr 1642 einige Informationen über Wyclifs Verurteilung auf dem Konzil von Konstanz übermittelt, um ihn zur Wachsamkeit zu mahnen. „Ich danke Ihnen für das, was Sie mir von dem Konstanzer Konzil über die Verurteilung Wyclifs mitteilen; ich sehe aber nicht ein, daß das irgendetwas gegen mich bedeute“, bedankte sich Descartes. „[...] sie haben noch nicht bestimmt, daß diese zufälligen Erscheinungsweisen* wirkliche seien, was ich bei den Konzilien nicht ausgedrückt gefunden habe“[34]. Descartes hatte recht: Es war eine Frage der Standpunkte.

Descartes vertrat den Standpunkt, daß die Permanenz der realen Akzidentien absurd sei und daß die Worte des Konzils einer anderen Deutung unterzogen werden müßten: Der Leib Christi sollte, anstatt die Materie zu bezeichnen, möglicherweise die bildende Seele Christi anzeigen. „Ich sehe darin keine Schwierigkeit“, schrieb Descartes an Pater Mesland, „zu denken, daß das ganze Wunder der Transsubstantiation [...] in dem Faktum bestehe, daß die Seele Christi kraft der Weihe die Partikel von Brot und Wein bilde, ohne daß sich diese dem Blute Jesu Christi beimischen, wie es hätte sein sollen [...]“[35].

Descartes sah keine Schwierigkeiten für diese wenig gottesfürchtige, wenn nicht gar, nach der offiziellen Theologie, formal häretische Interpretation der rein subjektiven eucharistischen Erscheinungen.

Die Briefe an Mesland, die Descartes' Synthese von Korpuskelphysik und eucharistischem Dogma enthalten, blieben offiziell und aus Vorsicht anonym, auch wenn ihr Inhalt mit den entsprechenden Zensuren der Jesuiten bekannt wurde[36]. Zum Glück oder auch auf höhere Weisung mußte Mesland zur Missionsarbeit nach Martinique. Die korpuskulare Physik der *Principes* war jedoch in Umlauf, und allein die reichte schon aus, auch wenn sie gar keine theologischen Schlußfolgerungen zog, das Problem erneut aufzuwerfen. Wie ein Blitz aus heiterem Himmel traf die *Principes* 1649 eine Anzeige von Pater Thomas Compton Carleton, einem englischen Jesuiten und Mathematiker, der am Collegium von Lüttich Theologie lehrte.

Der Stil der Anzeige war pragmatisch: In den *Disputationes physicae* sagte Pater Compton Carleton in der 11. Erörterung: „Kürzlich bin ich auf einen modernen Autor gestoßen, der aus dem Universum jede substantielle Form zu entfernen scheint (abgesehen vielleicht vom Menschen und den anderen Lebewesen) und er behauptet, daß Feuer, Erde und Wasser nichts anderes sind als Urmaterie in verschiedenen Bewegungen (R. Descartes, *Principia*, 4. Teil)“[37]. Für den Ankläger war Descartes „begieriger auf Neuigkeiten denn auf die Wahrheit, wobei er auch noch für sich in Anspruch nimmt, Katholik zu sein“. Es war, als hätte man Descartes einer Häresie im Stile Galileis beschuldigt.

Was die „Büchlein“ Descartes' betraf, in denen er geantwortet hatte, so konnte Pater Compton Carleton unschwer die Behauptung aufstellen, daß die Identifizierung von Materie und Ausdehnung ungeachtet ihrer Begründung nicht gottesfürchtig war.

Die theologische Fakultät von Löwen verurteilt am 7. September 1662 zwei cartesianische Thesen: die Ablehnung der realen Akzidentien ohne Subjekt und die These von der Übereinstimmung zwischen Substanz und Ausdehnung. Im darauffolgenden Jahr wurde das Werk Descartes' in Rom von der Kongregation des Index bis zu einer Korrektur verurteilt. 1672 wird auch Dom Desgabets, ein leidenschaftlicher Gefolgsmann von Descartes' Perspektiven in diesen Fragen, zensiert[38].

Das Feuer, das an der einen Stelle eingegrenzt werden konnte, hatte sich an einer anderen Stelle neu entzündet. 1636 wagte es der Professor für Medizin an der Universität Wittenberg, Daniel Sennert, den Demokrit in seinen *Hypomnemata physica* zu rühmen, mit dem Ziel, die aristotelische Theorie des natürlichen Entstehens zu widerlegen. Er schlug eine Erklärung durch die Bewegung der Atome vor, denn jeder „corpus per se est quantum“[39]. Die *Hypomnemata physica* waren klarerweise schon 1639 auf den Index gesetzt worden, aber man durfte in der Wachsamkeit nicht nachlassen, denn überall, auch in den religiösen Orden, die den neuen Philosophen ein wenig näher standen, drohte die Häresie in Gestalt dieser neuen Philosophie.

Pater Emmanuel Maignan vom Orden der Minimiten verteidigte in seinem *Cursus philosophicus* von 1652 und dann in seiner *Sacra philosophia* aus dem Jahr 1662 ohne Wenn und Aber die Vereinbarkeit zwischen cartesianischer Physik und Eucharistie. Er verstrickte sich dabei noch tiefer als Descartes in der Versuchung, den eucharistischen Spezies sämtliche objektive Realität zu bestreiten. Reine Namen, sagte Maignan, sinnliche Eindrücke, die Gott in unseren Sinnesorganen erzeugt.

Die Jesuiten mußten jetzt von Paris aus mit starker Hand dazwischenfahren. Die *Exuviae panis et vini in eucharistia qua ostenditur esse veras qualitates* des berühmten und sehr erfolgreichen Polemikers Théophile Raynaud, die 1665 in Paris veröffentlicht wurden, zeigten ein für alle Mal die Häresien oder Gottlosigkeiten von Descartes, Maignan, Balli, Ockham und aller anderen modernen „nominales“, Pythagoreer und Platoniker an[40].

Die Anzeige wog schwer, und sie traf alle: Alle neuen Philosophen wurden ganz generell mit Wyclif verglichen, sogar der arme Don Balli wurde mit dem teuflischen Berengar auf eine Stufe gestellt. Der tridentinische Glaube verlangte eine unzweideutige Unterwerfung unter die Theorie von den eucharistischen Akzidentien als realen Qualitäten ohne Subjekt. Das Autoritätsprinzip der theologischen Tradition erforderte zwingend notwendig, die Identifikation von Substanz und Quantität (oder Ausdehnung) auszuschließen. Machen wir es kurz: Das Buch von Pater Raynaud erneuerte die Positionen, die Pater Suarez und Pater Grassi zu ihrer Zeit bereits formuliert hatten, nur waren sie jetzt, entsprechend den erneuerten Dispositionen der römischen Zentrale gegen die neue Physik, auf die Herausforderung durch Descartes bezogen. Für uns ist es an der Zeit, nach Italien zurückzukehren.

Eine theologische Polizei

In der Mitte des Jahrhunderts war es vollkommen klar, wo die Gegner dieser so gewaltigen intellektuellen Umwälzung, dieser Revolution, wie sie von den Historikern genannt werden sollte, saßen.

Und es war gar nicht der wissenschaftliche Fortschritt als solcher, der ihnen Angst machte. Die Astronomie z. B. erregte keine Besorgnis, und die Jesuiten hatten bessere Theorien als die zweifelhaften Thesen des Kopernikus ausgearbeitet und besser als alle anderen gezeigt, daß man ein guter tridentinischer Katholik und zugleich ein Antiptolemäer in der Astronomie sein konnte. In der Physik jedoch war es unmöglich, tridentinischer Katholik und Antiaristoteliker zu sein. Zumindest galt dies aus der Sicht derjenigen, die sich zur Verteidigung der religiösen Dogmen des Konzils von Trient berufen fühlten und das als vorrangiges Ziel ihres religiösen und wissenschaftlichen Engagements ansahen.

Die Spitzen der Gesellschaft Jesu in Rom wurden durch eine Reihe alarmierender interner Rundschreiben gegen die atomistische Philosophie aufgeschreckt. Die Bedrohung war ernst und erforderte konservative und restriktive Maßnahmen, auch wenn das die Jesuiten in den Kreisen der wissenschaftlichen Forschung ihren Ruf der Modernität und Unvoreingenommenheit kosten sollte. Aber diese Problematik war nicht mit der Astronomie vergleichbar. Dort konnte man modern und vorsichtig fortschrittlich sein, hier dagegen kam ein Dogma des Glaubens ins Spiel. Das war zu wichtig, und dafür mußte man auch den persönlichen Ehrgeiz und die wissenschaftliche Aufgeschlossenheit der brillantesten Köpfe in der Gesellschaft Jesu opfern.

Im übrigen bestand die Stärke der Jesuiten in ihrer Fähigkeit, sich an die veränderlichen religiösen Erfordernisse der Zeit anzupassen. Und während die Jesuiten zur Zeit der neuen astronomischen Entdeckungen geduldet hatten, daß ihre Wissenschaftler mit anderen die Avantgarde bildeten, um ja nicht auf dem Gebiet der beobachtbaren und mathematischen Wahrheiten hinter irgend jemand zurückzustehen, so war jetzt, angesichts der unvermeidlichen Beschmutzung der reinen Lehre durch die neue Philosophie, Vorbeugung und Repression angesagt: Es galt, ein haarfeines Überwachungsnetz, eine theologische Polizei zu schaffen.

Wie jede andere Polizei, die mit großem Aufwand eine subversive Gefahr bekämpfen soll, so hatten auch die Jesuiten versucht, die Methoden und die Sprache ihrer potentiellen oder tatsächlichen Gegner zu reproduzieren. Ihre Collegien und Bibliotheken kamen in den Genuß einer Freiheit der Diskussion und Forschung, wie sie bei anderen intellektuellen katholischen Orden unbekannt war, denn es handelte sich nicht um eine individuelle, sondern um eine quasi offizielle Freiheit, um ein allen zugängliches Gut.

Eben deshalb war auch die Anzeige wegen Häresie in der Frage der Eucharistie, die Pater Grassi in seiner Funktion als offizieller Wissenschaftler der Gesellschaft Jesu gegen Galileis korpuskulare Philosophie gerichtet hatte, ein Allgemeingut geworden. Wir hatten allerdings auch gesehen, daß außerhalb Roms die Freiheit der Forschung, die man den jesuitischen Professoren zugestanden hatte, zur Verletzung gemeinhin im Orden akzeptierter Glaubensgrundsätze geführt hatte. Und wir hatten weiter gesehen, wie peinlich es für die Gesellschaft Jesu war, daß in einigen Collegien das Gebot der Einheitlichkeit in Fragen der Doktrin übertreten wurde.

Der Respekt vor diesem Prinzip erforderte, daß die theologische Polizei auch über einen Arm innerhalb der Organisation verfügte, wie das bei jeder Organisation mit militärischem Charakter der Fall ist.

Die Revisoren der Gesellschaft bildeten diese interne Polizei, die der unmittelbaren Aufsicht durch den Ordensgeneral unterstellt war. Ihm erstatteten die fünf Generalrevisoren in Rom Bericht. Wir wissen, daß diesem Organismus die heikle Aufgabe zukam, Arbeiten von Patres durchzusehen, die für die Veröffentlichung bestimmt waren. Daher waren die Revisoren der Gesellschaft Jesu (einer von ihnen war Pater Grassi) Patres mit einer besonders guten theologischen, wissenschaftlichen und moraltheoretischen Ausbildung. Vor allen Dingen aber mußten sie absolut zuverlässig und Anhänger der Glaubensgrundsätze des Ordens sein. Und sie mußten sich der Notwendigkeit einer einheitlichen Glaubensdoktrin, die sich nicht die geringste Abweichung leistete, vollkommen bewußt sein.

Die *Ratio studiorum* legte die Kontrollaufgaben ganz genau fest: „Niemand darf in Fragen von einigem Gewicht neue Problemstellungen oder Ansichten einführen, wenn das nicht durch einen anerkannten Autor abgesichert ist und ohne die Vorgesetzten zu befragen [...]; alle müssen den angesehensten Gelehrten und denjenigen Meinungen folgen, die im Laufe der Zeit an den katholischen Akademien akzeptiert wurden“[41].

Die Normen wurden, wie man erkennt, mit Vorsicht angewandt. Bis zur Affaire um Galilei hatten sie dank des taktischen Vorgehens von General Vitelleschi eine nur sehr zurückhaltende Anwendung gefunden; im Gebiet der Astronomie hatte sogar das Kriterium der intellektuellen Bereicherung der Gesellschaft gegenüber der Angst vor Neuerungen überwogen. Die Anwendung der Normen änderte sich erst vollständig mit der Affaire Galilei, mit der neuen Physik und mit dem neuen Ordensgeneral, Pater Carafa.

Wie die Affaire Galilei ausging, wissen wir. Die bedrohliche Gefahr, die seine Philosophie bedeutete, hatte die offizielle Verurteilung durch die Kirche jedoch unbeschadet überstanden. So mußten allein die Jesuiten die ganze Last der präventiven und repressiven Interventionen auf sich nehmen, um den Respekt für die Wahrheit durchzusetzen.

In den eigenen Reihen galt es, wachsam zu sein, und nach außen hin mußte man reagieren.

Vor allem war Wachsamkeit nach innen angebracht. Die Zeiten eines großen Religionskrieges waren sicher nicht der richtige Moment, um innerhalb der Gesellschaft gefährliche Ideen und Debatten zu verbreiten. Die große Streitmacht des Heiligen Ignatius mußte ihre Reihen enger schließen und die Kräfte auf die in diesem Moment vorrangigen Ziele der Apologetik konzentrieren.

So ungefähr muß die Einstellung der Revisoren gewesen sein, die nach der Affaire um Galilei entschieden, diesen Zielen die Freiheit der internen Diskussionen zu opfern. Die Vorschriften werden immer strikter im Wortsinn ausgelegt. Bei allen Collegien wird eine Untersuchung durchgeführt in der Absicht, eine Liste „exotischer“[42] oder verdächtiger Aussagen zusammenzustellen, die für die Lehre und die internen Diskussionen verboten werden sollen.

Selbstverständlich sind nicht alle einverstanden. Pater Pallavicino, einem alten Intellektuellen aus den Reihen der römischen Neuerer, werden 1648 die von ihm für die normative Lehre der Theologie am Collegium Romanum zusammengestellten Handbücher von den Revisoren zensiert. Er versucht, sich gegen die überhandnehmende Zensur und Kritik innerhalb des Ordens zur Wehr zu setzen. Vergebens: auf der neunten Generalkongregation im Jahr 1649 unterliegt er.

Die harte Linie der Revisoren und des Ordensgenerals behält die Oberhand. Im März 1649 muß Pater Pallavicino, ein heimlicher Bewunderer der neuen Philosophie, im Collegium Romanum öffentlich einige seiner Behauptungen zur Konstitution des Kontinuums widerrufen, genauso wie die, wie wir schon wissen, bereits verurteilte Meinung, „die Quantität werde aus Punkten gebildet“[43].

Empören wir uns von heute aus nicht allzusehr: Das war nicht sture Unnachgiebigkeit, sondern große Weitsicht. Man erkannte, daß im Gefolge einer Veränderung der Physik der nominalistische Empirismus einen neuen Aufschwung nehmen würde. Und das hätte die katholische Theologie, die auf dem Konzil von Trient ganz konsequent vereinheitlicht worden war, erneut zersplittert.

Die Achtung vor der thomistischen Tradition in der Theologie und der aristotelischen in der Philosophie bildete den entscheidenden Punkt und den gemeinsamen Nenner.

Empören wir uns also nicht, wenn die Kleriker an der Spitze der Gesellschaft Jesu die intellektuelle Neugier ihrer aufgeschlossensten und brillantesten Vertreter im Keim zu ersticken suchte. Man war Jesuit, um das Konzil von Trient zu verteidigen, und nicht, um eine wissenschaftliche Karriere als Selbstzweck zu betreiben. Welch eine Vorstellung, daß die Gesellschaft Jesu zu einer ebenso degenerierten Toleranz herunterkommen könnte wie die Franziskaner, die Dominikaner, die Minimiten [in Deutschland unter dem Namen Paulaner, U. H.] und all die anderen Orden, die in dem schlechten Ruf standen, Neuerer und Häretiker in ihren Reihen zu haben.

Pater Pallavicino blieb auch weiterhin vom Geist der Epoche Galileis durchdrungen. Seine grundsätzlichen Einwendungen gegen die kritische Treue der Jesuiten zu Aristoteles wurden als intellektuelle Sophismen abgetan. Er verwechselte angeblich die dringend notwendigen, dem Ernst der Situation angepaßten Maßnahmen, die auf das Verantwortungsbewußtsein der Spitzen an der Piazza del Gesù zurückzuführen waren, mit intellektueller Grobschlächtigkeit und Angst vor dem Neuen.

Der neue, auf der Kongregation Ende 1649 gewählte General, Pater Piccolomini, bekräftigte die unbedingte Notwendigkeit einer harten Linie, wie sie von den Sicherheitsorganen der Gesellschaft erhofft wurde. Aber auch die Mehrheit der Patres, die unmittelbar im Kampf gegen die intellektuelle Häresie engagiert waren, billigte diese Entscheidung.

Es wird eine *Ordinatio pro studiis superioribus* erlassen, die die strikte

Einhaltung der Verknüpfung von scholastischer Theologie und aristotelischer Philosophie festschreibt. Am deutlichsten in dieser Anweisung war der Abschnitt, der Aussagen verbot, die bereits zuvor in offizieller oder offiziöser Weise verurteilt worden waren[44]. Zu Beginn des Jahres 1652 bestätigte die zehnte Kongregation diese Linie und stärkte dadurch die Macht der Revisoren[45].

Man darf auch nicht vergessen, daß auf jenen internationalen Parteikongressen der Jesuiten, und das waren diese Kongregationen, die Mehrheit der Patres aus den verschiedenen Provinzen kam, die diese politische Linie verabschiedet hatten, und daß es möglicherweise keine andere Alternative gab. Diese Linie entsprach der apologetischen Hingabe, die die Jesuiten gegen alle Bedrohungen von außen leidenschaftlich verteidigten.

Horror vacui

Auf die Herausforderungen von außen zu reagieren, das war das andere Gebot der Stunde. Der tote Kopernikaner Galilei war ebenso gefährlich wie es der lebendige Philosoph, der Verfasser des *Saggiatore* in den zwanziger Jahren, gewesen war. Das Urteil von 1633 zwang die Gesellschaft dazu, offiziell die Entscheidung der Kirche, Galilei sei kein Häretiker, anzuerkennen und sich auf die Abwehr des Kopernikanismus zu beschränken.

Die apologetische und wissenschaftliche Strategie der Gesellschaft Jesu gegen ihren bedeutenden Kritiker orientierte sich im wesentlichen in drei Richtungen.

Das enorme wissenschaftliche Ansehen, das sich Galilei in der Astronomie erworben hatte, mußte diskreditiert werden. Dabei sollte wenigstens der Vorteil genutzt werden, der sich aus der Verurteilung wegen Kopernikanismus ergab. Hier mußte man die theologische Fehlinterpretation des Kopernikanismus hinsichtlich der Heiligen Schrift hervorheben. Das war eine undankbare Aufgabe, die mit Sicherheit kein Lob einbrachte und die man daher den professionellen Polemikern und Ultrakonservativen in der Gesellschaft wie Pater Melchior Inchofer und Pater Grandamy überließ. Man mußte aber auch rational, mit mathematischen Fakten und Erfahrungswerten die Fehlerhaftigkeit des *Dialogs* beweisen; mit anderen Worten, die astronomischen, mechanischen und kinematischen Konzeptionen widerlegen, derer Galilei sich bedient hatte.

Die polemische Linie auf seiten der jesuitischen Wissenschaft ist den Historikern am besten bekannt. Dank der Untersuchungen von Alexandre Koyré und den Präzisierungen von Paolo Galluzzi kennen wir die Bemühungen Pater Ricciolis sehr genau, der einen Beweis für die Unbeweglichkeit der Erde durch Fallexperimente von der Torre degli Asinelli in Bologna zu finden hoffte. Riccioli hatte sich von einem Paradox inspirieren lassen, welches Galilei im *Dialog* präsentiert hatte, daß nämlich ein schwerer Körper auf einer gekrümmten Linie von der Spitze eines Turms zu Boden fällt. Um die Theorie des Kopernikus zu widerlegen, versuchte Pater Riccioli durchaus wirkungsvoll, aus jener Theorie Konsequenzen abzuleiten, die mit den experimentellen Beobachtungen nicht in Einklang zu bringen waren[46].

Die technischen Schwierigkeiten bei der Durchführung des Experiments verunmöglichten allerdings einen stichhaltigen Beweis. Andernfalls hätte es den physikalischen Beweis für die Erdbewegung geliefert. (Der wurde erst viel später unternommen). Die Unvereinbarkeit von Galileis Fallgesetz und der Erdbewegung war mit Sicherheit eines der suggestivsten Argumente zur Widerlegung des kopernikanischen Systems; auch die Reproduktion des offiziellen Urteils gegen Galilei wurde dem berühmten Buch von Pater Riccioli, *Almagestum novum,* beigefügt. Es erschien 1651 in Bologna und wurde 1665 neu aufgelegt, was heftigen Protest seitens der Anhänger Galileis und der florentinischen Institutionen auslöste.

Ein weiterer Pater, der den *Dialog* wissenschaftlich widerlegen sollte, war: Pater Scheiner, der alte Gegner Galileis mit seinem *Prodomus pro Sole mobili et terra stabili* aus dem Jahr 1651; die wissenschaftliche Kritik an Galileis Mechanik übernahmen 1645 Pater Pierre de Cazre mit seiner *Physica demonstrative… adversus nuper excogitatur a Galileo… de eodem motu pseudo-scientiam,* die in Paris herauskam, Pater Nicolò Zucchi mit seiner Schrift *Nova de machinis philosophia* und Pater Etienne Noël in den *Aphorismi physici,* die in Flèche im Jahre 1646 publiziert wurden. Diese Aufstellung ist aber keineswegs erschöpfend.

Den Historikern bestens bekannt ist auch die zweite Stoßrichtung der jesuitischen Kontroverse um Galilei. Sie stimmt genau mit den offiziellen Dispositionen von der Piazza del Gesù überein und betrifft die Gegnerschaft zur Geometrie der Unteilbaren, die eine natürliche Verbündete des Atomismus ist. Diese Aufgabe wurde von den Patres Paul Guldin[47], dem alten Freund von Pater Grassi, Mario Bettini[48] und André Tacquet[49] gelöst. Letzterer war Autor der berühmten jesuitischen Handbücher zur Mathematik und hatte eine Serie von Polemiken verfaßt, die – ganz auf der Linie der wissenschaftlichen Literatur der Jesuiten in diesem Jahrhundert – die traditionelle Ablehnung des Unendlichen in der Mathematik durch Aristoteles verteidigen.

Weniger offensichtlich war bisher die dritte Linie des Kampfes gegen die neue Philosophie. Sie war auch die heikelste, denn sie war nicht offiziell von der Kirche verurteilt worden und konnte sich auch nicht auf eine große philosophische Tradition berufen, sie konnte einzig auf die ziemlich neuen Grundsätze für die Anwendung der dogmatischen Theologie in der Naturphilosophie bauen.

In Frankreich kämpfte man ebenso wie im Reich und in Italien mit der Waffe der eucharistischen Theologie gegen die neue Philosophie. Aber während die neue cartesianische Physik wenigstens noch die alte aristotelische Ablehnung des Vakuums beibehielt, mußte man mit Entschiedenheit zu dieser Waffe greifen, als die von Galilei inspirierten italienischen Forschungen zur Theorie des Vakuums in Frankreich von Kreisen, die den Jesuiten feindlich gesonnen waren, aufgegriffen wurden.

Als die *Unterredungen* Ende 1638 nach Rom kamen, war das Vakuum eine der am stärksten vorangetriebenen theoretischen Positionen, die Galilei seinen römischen Schülern unter der Anleitung von Pater Castelli überlassen hatte.

Nach allem, was geschehen war, konnten Galileis Schüler nicht mehr so einfach in der Öffentlichkeit von der Struktur der Materie, von materiellen oder mathematischen Atomen und auch nicht von der Naturphilosophie, von „Farbe, Geruch, Geschmack" sprechen. Die Anschuldigung gegen Galileis Naturphilosophie zwang sie dazu, die Verstellung ihres Meisters nach der offiziellen Verurteilung zu imitieren: die Kunst der intellektuellen Vorsicht. Veröffentlichen konnten sie nur im Bereich der Mathematik und der Experimente.

Die römischen Experimente von Pater Maignan im Konvent der Minimiten auf dem Pincio, von Gasparo Berti, dem Nachfolger von Pater Castelli an der „Sapienza", und von Raffaello Magiotti, von Evangelista Torricelli, auch ein Schüler von Castelli und später Nachfolger Galileis als Mathematiker des Großherzogs der Toskana, hatten zur Entwicklung der Konzeptionen des Vakuums in den *Unterredungen* beigetragen. In zwei Briefen aus dem Jahr 1644, die niemals veröffentlicht wurden, deren Inhalt aber dank Pater Mersenne dennoch im ganzen wissenschaftlichen Europa bekannt wurde, teilte Torricelli Ricci mit, er habe erfolgreich mittels eines quecksilbergefüllten Rohres, in dem ein partielles Vakuum erzeugt worden war, den Beweis für die Schwere der Atmosphäre führen können[50].

Die *Hypothese*, Luft sei schwer, vom Genueser Wissenschaftler Giovanni Battista Baliani 1630 geäußert und von Galilei vor 30 Jahren versuchsweise ausgearbeitet, war jetzt eine experimentell bewiesene *Realität*, die durch eine neue Theorie unterstützt wurde. Es war eine entscheidende Bekräftigung für die Physik Galileis. Galilei hatte sich in den *Unterredungen* noch auf die Idee einer inneren „Kraft des Vacuums" bezogen. Jetzt war es möglich, von äußerem Druck zu sprechen.

Die Idee des Vakuums, die zweifelsfrei mit der von der Schwere der Atmosphäre in Verbindung stand, war doch auf jeden Fall eine Möglichkeit, näher bei Demokrit als bei Aristoteles zu stehen – auch wenn man nicht von Atomen sprechen konnte.

Das Vakuum war eine weitere, besorgniserregende Lücke, durch die die häretische Physik Galileis sich erneut hätte ausbreiten können. Die jesuitische Wissenschaft, die bereits Erfahrung im Kampf gegen diese Bedrohung hatte und schon seit Jahren im Alarmzustand war, ergriff auch dieses Mal Maßnahmen.

Die theoretischen Auswirkungen jener Erfahrung waren wirklich fundamental für die Physik und für die archimedische Konzeption von Galilei, in deren Mittelpunkt das Gewicht als entscheidender Parameter der Physik stand.

Es handelte sich um *die* große wissenschaftliche Entdeckung des Jahrhunderts, denn sie erlaubte, das Gewicht als universellen und charakteristischen Faktor für die Untersuchung der mechanischen und hydraulischen Probleme zu verallgemeinern.

Das Quecksilberrohr (Barometer) war für die Geburt der modernen Physik das, was das optische Rohr für die Astronomie gewesen war – so formuliert es lange Zeit danach Vincenzo Antinori in seinen *Notizie istoriche relative all'Accademia del Cimento.*

Jetzt hatte die wissenschaftliche Revolution von der Erde Besitz genommen.

War es seine Bedeutung für die Physik Galileis, die den Autor des Experiments und andere Schüler Galileis in Florenz daran hinderte, es zu kommentieren und an der großen Debatte teilzunehmen, die dadurch ausgelöst wurde?

Indem sie sich der Debatte enthielten, lieferten Torricelli und die anderen Physiker und Galileischüler noch einmal einen Beweis für die große intellektuelle Tugend ihrer Zeit, die Kunst der Vorsicht, der „ehrbaren Verstellung“: „Bisweilen muß man der freien Rede Zügel anlegen, wenn schon das freie Leben zerstört ist. Wer das nicht tut, der beschleunigt eine Gewaltmaßnahme und verhindert sie nicht“[51], lehrte zu jenem Zeitpunkt ein direkter Zeuge der Anzeige gegen die galileische Physik in Rom, der Graf Virgilio Malvezzi. Das war eine sehr wertvolle Lehre.

Das Experiment von Torricelli war ebenso wichtig wie technisch und theoretisch heikel. Es handelte sich darum, in einem quecksilbergefüllten Rohr ein Vakuum herzustellen, also etwas, das bis zu diesem Moment nichts weiter als eine theoretische Hypothese war, etwas, das man nicht sah, wie die Atome, und auf das man nur theoretisch vom Konzept der Schwere der Luft her schließen konnte. Ist das, was sich in dem umgestülpten Rohr im Quecksilberbecken bildet, wirklich das unsichtbare Vakuum, oder ist es einer der üblichen Tricks der Anhänger Galileis, den man durch seriöse Experimente entlarven könnte? Zum Beispiel, indem man zeigt, daß in jenem Rohr Quecksilberdämpfe verbleiben?

In der Folge versuchten alle, das Experiment von Torricelli zu wiederholen, ehe sie die vorgeschlagenen Ergebnisse anerkannten, aber das war gar nicht so leicht.

In Genua gelang es Baliani, einem Pionier für die These von der Schwere der Luft, überhaupt nicht, die Erfahrung nachzuvollziehen, und noch 1647 wartete er noch ungeduldig auf die erfolgreiche Durchführung der Experimente. Pater Mersenne dagegen hatte sie im Frühjahr zuvor mit vollem Erfolg wiederholt[52].

1646 wurde das Experiment unabhängig davon auch am Hof zu Warschau erfolgreich durchgeführt, von Pater Magni, der als Theologe und Philosoph den Versuch zu einem großen Beweis gegen das peripatetische Denken generalisierte. Diese sensationelle Behauptung, auf die wir gleich zu sprechen kommen, zog eine sofortige Reaktion nach sich: Pater Zucchi vom Collegium Romanum und Roberval vom Collège de France antworteten[53].

Wie bekannt, wurde das Experiment von Torricelli in Frankreich unter großem allgemeinen Interesse etliche Male nachvollzogen und in der Richtung kommentiert, daß es eine große Unterstützung für die aufstrebende neue Philosophie darstelle. Die Cartesianer, Pascalianer, Gassendisten und Aristoteliker streiten sich um die Konsequenzen und versuchen, die experimentelle Beherrschung von Torricellis Rohr zu einer ganzen Palette empirischer Beweise zu nutzen. Als eingefleischter Anhänger von Experimenten lenkt Pater Mersenne voller Begeisterung die Operationen.

Und, ebenfalls in Frankreich, es sind die Jesuiten des Collegiums von Lyon, denen es unter der Leitung von Pater Honoré Fabri am besten gelingt, die Erfahrung von Torricelli nachzuvollziehen. Fabri hat aus Lyon ein Zentrum wissenschaftlicher Studien gemacht, das in der Physik dem Collegium Romanum in nichts nachsteht und so weit fortgeschritten ist, daß es den konservativsten Kreisen fast schon heterodox vorkommen mußte. Nicht nur das: Öffentlich beansprucht Pater Fabri für sich, das Experiment bereits 1642 durchgeführt zu haben und folglich besonders vertrauenswürdig zu sein, wenn er dementierte, daß es sich hierbei um die Existenz eines Vakuums handelte[54].

Die Behauptung, als erste die Entdeckung gemacht zu haben, ist nur der Anfang einer langen Kontroverse über das Vakuum, die die Jesuiten in den vierziger Jahren beginnen. Es war eine große Schlacht gegen die Schule Galileis, in der die besten Bataillone der offiziellen Wissenschaft in der Gesellschaft Jesu zum Einsatz kamen. Die Jesuiten setzen in der Tat all ihre Möglichkeiten der Forschung, das gesamte Prestige ihrer wissenschaftlichen Institutionen und schließlich, um eine verlorene Schlacht doch noch zu retten, auch die besten Argumente ihres intellektuellen Glaubens aufs Spiel.

Tatsächlich ging es um gewichtige Fragen, aber wie immer wurden die wirklichen Argumente nicht unmittelbar für alle Öffentlichkeit deutlich. Aus religiöser Vorsicht wurden sie zunächst geheimgehalten.

Ohne die Kenntnis dieser Situation versteht man die gesamte wissenschaftliche Auseinandersetzung nicht, und man müßte den Gegnern Galileis einfach nur den uralten Vorwurf der Sturheit, des Fanatismus und der fehlenden Logik machen.

Pater Fabri behauptete, als erster das Experiment mit dem Quecksilberrohr durchgeführt zu haben und verwarf die Idee, man könne mit dessen Hilfe das Vakuum beweisen. Von heute aus gesehen beweist die Widerlegung sein totales Unverständnis für die Fragen des atmosphärischen Drucks. Man schrieb das Jahr 1648, als unter dem Namen Pierre Mousnier die Arbeit *Metaphysica demonstrativa* von Pater Fabri veröffentlicht wurde. Ein Jahr später wird die Polemik am Collegium Romanum erneut aufgegriffen; diesmal sind es Pater Zucchi[55], Pater Kircher und Pater Leone Santi, die Stellung nehmen. In seinem ersten Brief gegen das Vakuum bekräftigt Pater Zucchi, daß das Vakuum im Quecksilberrohr nur scheinbar vorhanden ist, denn Experimente hätten die Ansicht bestärkt, daß es aus Luft bestehe, die durch die sich ausbreitenden Quecksilberdämpfe gebildet würde.

Die Ansichten in Lyon und in Rom ähneln sich, und ähnlich ranken sich auch Obskurantismus und Mißverständnis um das Hauptargument der Neuerer: den atmosphärischen Druck.

Von Anfang an hatten die Jesuiten mit allen Kräften versucht, die theoretische Bedeutung von Torricellis Experiment auf die Ebene von Phänomenen herunterzuspielen, die ganz normal durch die aristotelischen Kategorien erklärt werden konnten. Die Gründe, die sie dazu veranlaßten, waren klar, hingen doch ihre eigenen experimentellen philosophischen Forschungen davon ab.

Und auch die Befürchtungen waren exakt dieselben, die Pater Grassi gegen die Physik im *Saggiatore* vorgebracht hatte. Pater Honoré Fabri hatte in der zitierten Arbeit gleich zu Beginn daran erinnert, die Perspektive des Hylemorphismus müsse beibehalten werden, um die scholastische Interpretation des eucharistischen Dogmas aufrechterhalten zu können. „Aufgrund dieses Sakraments muß man zwangsläufig feststellen, daß ein Akzidens von jedem möglichen Typus von Substanz unterschieden ist“[56]. In gleicher Weise berief sich Pater Cabeo auf das Dogma[57].

Auch in Rom sind die Befürchtungen ähnlich, und Zucchi unterstreicht in seiner *Nova de machinis philosophia* im Jahre 1649 noch einmal die schwerwiegenden apologetischen Gründe für jene Schlacht um die experimentelle Philosophie. Wie schon zu Zeiten Galileis handelt es sich um eine defensive Aktion. Es sollte eine Situation verhindert werden, in der „einige in feindseliger Gesinnung die so lange anerkannte Philosophie angreifen und andere aus Leidenschaft für das Neue auch das noch zerstören, was daran viel wichtiger ist“[58]. Wichtiger, so erklärt er, sei der Hylemorphismus und schwerwiegend sei die Behauptung der neuen Physik, die sinnlich wahrnehmbaren Phänomene, die Akzidentien, „können auf natürliche Weise ohne (substantielles) Subjekt vorkommen“[59].

Die Angst vor dem Vakuum, die die besten und angesehensten Wissenschaftler der Gesellschaft Jesu zeigten, darf also aus unserer modernen, epistemologischen Perspektive nicht als groteske Komödie voller Irrtümer aus wissenschaftlichem Obskurantismus angesehen werden. Es handelte sich vielmehr um eine langfristige strategische Parteinahme, die über die experimentelle Philosophie hinausging und bis hin zur endgültigen Beilegung des Konflikts zwischen Hylemorphismus und dem Typus von Wissenschaft, den wir modern nennen, Auswirkungen hatte.

Rückkehr auf die Bühne

Hinter der Polemik der Jesuiten gegen das Vakuum steckte tatsächlich Pater Grassi. Ja, Pater Grassi war sogar der Hauptakteur.

Das strategische Zentrum der wissenschaftlich-jesuitischen Achse Lyon-Rom befand sich in Genua; dort gab es einen berühmten und verkannten Vorläufer der Theorie des Vakuums, den Senator Baliani. Und in Genua befand sich der offizielle Gegenspieler Galileis, Pater Grassi. Grassi publizierte zwar weiterhin keine Zeile, aber die Zeit der Verbannung in seine Geburtsstadt Savona war abgelaufen. Im Jahr nach dem Tod Urbans VIII. kehrt er im Juli 1646 auf die Bühne der Wissenschaft zurück. Er wird zum Rektor des Collegiums von Genua ernannt.

Pater Grassi kann nicht lehren, er wiederholt die Erfahrung von Torricelli nicht: Offiziell ist seine wissenschaftliche Karriere an der Affaire um Galilei zerbrochen, aber es eröffnet sich für ihn die Möglichkeit einer intensiven inoffiziellen Tätigkeit. Er ist der Drahtzieher der großen Schlacht der Jesuiten gegen das Vakuum.

Überflüssig, daran zu erinnern, wie eng Pater Zucchi seit jeher dem Mathematiker des Collegium Romanum aus den 20er Jahren und Architekten von S. Ignazio verbunden war. Auf jeden Fall hatte Pater Grassi im Frühjahr 1645, kaum daß Papst Urban VIII. gestorben war, einen Besuch in Rom machen können, wohin ihn das Collegium Romanum in dringender Angelegenheit gerufen hatte. Die Fortschritte beim Bau von S. Ignazio ließen zu wünschen übrig: der Ersatzmann für Grassi, auf den man hatte zurückgreifen müssen, um das Projekt durchzuführen, war der Aufgabe nicht gewachsen. Der Architekt hatte allen Grund, sich zu beklagen: die Fassade war zu hoch, ihr Entwurf entstellt, der Dachsims war falsch. Pater Grassi wurde autorisiert, seine Beschwerden in einem detaillierten Bericht vom Juni 1645 offiziell vorzutragen[60]. Eine nur zu diesem Zweck zusammengestellte Kommission von Architekten gab ihm in allen Punkten recht. Man kann sich leicht vorstellen, daß Pater Zucchi und Pater Grassi im Collegium Romanum während des Romaufenthalts des angesehenen Mathematikers auch über Physik sprachen.

Mit Blick auf Lyon erinnern wir daran, daß der Mathematiker des Collegium Romanum im Vorfeld der Veröffentlichung der *Ratio* Lyon besucht hatte. Jetzt, im Jahr 1646, war es Pater Fabri, der in Genua vorbeikam[61]. Tatsächlich besaß Pater Grassi alle Qualifikationen und Kenntnisse, um die Anstrengungen zu zentralisieren und die heikelste Aufgabe durchzuführen. Er sollte die vorsichtige Ehrerbietung des Senators Baliani den Jesuiten gegenüber, seine Verlegenheit angesichts der Unfähigkeit, das Experiment Torricellis zu wiederholen, und seine verletzte Eitelkeit als durch die galileische Schule in den Schatten gestellter Vorläufer nutzen und diesen angesehenen und unabhängigen Neuerer für den an der Frage des Vakuums wiederentfachten Kampf gegen Galilei gewinnen.

Dreizehn Jahre lang hatte er den wissenschaftlichen Polemiken ferngestanden, geschwiegen und nur religiöse Aufgaben erfüllt, aber der Mann hatte sich nicht geändert. Pater Grassi war sich treu geblieben. Zurück auf der Bühne, spielte er die Rolle, die er meisterhaft auszufüllen verstand. Mit den üblichen Höflichkeiten und seinem treuherzigen Gesicht, das er in jenem fernen Sommer in Rom Mario Guiducci gezeigt hatte, machte sich Pater Grassi im Jahr 1647 die Experimente von Pater Fabri und Pater Zucchi zu eigen und versuchte, sich bei Senator Baliani einzuschmeicheln, um ihn für die Front der Gegner des Vakuums zu gewinnen. Die wissenschaftliche Korrespondenz, die sich anschloß, ist uns im Fundus Baliani der Biblioteca di Brera erhalten[62] (Abb. 3).

Grassi wollte zuviel, und die Initiative in Genua mißlang. Senator Baliani hatte nämlich, nachdem ihm im November 1647 dank der Ratschläge Mersennes gelungen war, das Experiment von Torricelli zu wiederholen, Pater Mersenne einen Dankesbrief nach Paris geschickt. Darin hatte er unmißverständlich seine Zustimmung zu den theoretischen Ansätzen der Pariser zu verstehen gegeben[63]. Im Monat zuvor waren in Paris die *Expériences nouvelles touchant le vide* von Pascal herausgekommen: Die neue Philosophie gewann zusehends an Boden.

Pater Grassi insistierte weiter bei Baliani, denn in Rom und Lyon fand man neue Widerlegungen, Gegenexperimente und Hypothesen, um das Problem des Vakuums doch noch irgendwie zu retten. Vergeblich! Baliani gab auch den überzeugendsten Gründen nicht nach. Am 1. September 1648 starb Pater Mersenne, aber nur wenige Tage danach realisierte Florin Périer auf dem Puy de Dôme jenes Experiment, das sich Pascal ausgemalt hatte. Es war eine ganz einschneidende Erfahrung.

Am 1. Oktober elektrisierte Pascal die Neuerer in Paris mit seinem Buch *Récit de la grande expérience de l'équilibre des liqueurs.* Für die Jesuiten, die im Kampf gegen das Vakuum standen, bedeutete das eine schwere taktische Niederlage. Das wissenschaftliche Prestige des Collegium Romanum war mit allen Konsequenzen lächerlich gemacht worden, wie zu Zeiten des *Saggiatore.*

Und dies um so mehr, da die Jesuiten, wie immer, die einzigen waren, die sich dem Kampf stellten. Die anderen Orden waren unfähig und tolerierten sogar in den eigenen Reihen, daß jede heikle Frage dazu benutzt wurde, sich auf die Seite der Neuerer zu schlagen und die Autorität und das Ansehen des Collegium Romanum herauszufordern.

Auch der letzte „Schmierfink“ der modernistischen Häresie in der Naturphilosophie in Italien trug bekanntlich die Mönchskutte. In Wahrheit handelte es sich um einen alten Freund aus dem Kreis um Galilei: Es war der „lange Mönch“, nämlich Pater Valeriano, wie ihn Pascal nannte, der spindeldürre Kapuziner, der Theologe und Philosoph am polnischen Hof von Ladislaus IV.

Ein metaphysischer Anhänger Galileis: der „lange Mönch"

Gegen Ende der 40er Jahre war Pater Valeriano Magni als einziger direkter Zeuge der „wundersamen Konjunktur" noch am Leben. Nach dem Tod von Ciampoli und Don Balli war er der letzte, bei dem man noch das Echo des augustinischen Spiritualismus der „neuen Philosophie" jener Tage vernehmen konnte. Er war ein Gegner des Aristoteles, weil er dessen Lehre als heidnische Philosophie betrachtete, die völlig ungeeignet zum Studium der Natur war. Seine Stellungnahmen waren beeinflußt durch den Mystizismus eines Bonaventura und durch die Predigten und die intellektuelle Tradition der Franziskaner; seine Kontroversen gegen die Protestanten und gegen die Jesuiten machten ihn weithin berühmt.

Pater Magni machte sich das Experiment von Torricelli zu eigen und publizierte es sogar als erster, wobei er es als seines ausgab. Er besaß die theoretische Kühnheit, allerdings dank des Schutzes durch den Hof zu Warschau, seine philosophisch-theologischen Spekulationen über das Licht auf dieses Experiment zu beziehen und sie in Italien zu veröffentlichen.

Es muß kurz erwähnt werden, daß Pater Magni vierzig Jahre nach Galileis denkwürdiger Erfahrung mit dem Stein von Bologna eine neoplatonische philosophische Studie, in der es von mystischen Akzenten nur so wimmelte, in Rom veröffentlicht hatte: *De luce mentium et eius imagine.*

Das war zu dem Zeitpunkt, da die briefliche Polemik zwischen Galilei und Liceti über das Nebenlicht des Mondes erneut dazu geführt hatte, das Problem des kalten Lichtes, das durch jenen Stein unabhängig von seiner Umgebung bestand, zu erörtern. Pater Magni reihte sich „unter die vielen Naturphilosophen ein, deren Anstrengungen darauf gerichtet sind, das verborgene Licht zu erhellen, das in der Finsternis leuchtet"[64]. Er lieferte jedoch eine mystische Lösung, die auf dem allgemeinen Prinzip der Erkenntnis der Natur und auch Gottes dank der göttlichen Erleuchtung beruhte. Es handelte sich um eine „mystica theologia", die die „neue Philosophie" des christlichen Denkens von den „unzähligen Atomen", von den „leuchtenden Spezies", von dem „belebenden Licht" und von den „Größen und Gestalten" beinhaltete. Das waren die Etappen einer rationalen Einsicht in die Welt auf einem Weg, der von den bekannten Dingen „zu den verborgenen, den noch verborgeneren und den verborgensten" führte[65]. Ein mystischer Weg des Geistes, der schließlich bei Gott, der Wirkungsursache der Welt, endete.

Aber 1648, als ihm das Experiment des Vakuums einen soliden Ausgangspunkt zu bieten schien, um die aristotelische Philosophie des Lichts aufzugeben, da wurde Pater Magni auf seinem abenteuerlichen metaphysischen Weg vom wichtigsten jener „verborgensten Dinge" aufgehalten, die sich der korpuskularen Physik in den Weg stellten: dem Dogma der Eucharistie. Leibniz wird derjenige sein, der die Spuren des „langen Mönches" und seines Werks zur Metaphysik und Logik wieder aufnimmt.

1648 hatte Pater Magni in Bologna seine im Vorjahr erschienene, wenig ehrfürchtige *Demonstratio ocularis, loci corporis successive moti in vacuo luminis nulli corpori inhaerenti* wiederveröffentlicht. Darin wurde nicht nur die Existenz des Vakuums in der quecksilbergefüllten Röhre unterstellt, sondern auch der Versuch unternommen, den Beweis zu führen, daß jenes Vakuum den aristotelischen Hylemorphismus und die scholastischen Theorien von den Qualitäten vollkommen umstürzte.

Pater Magni konstatierte, daß das Barometer mit dem Vakuum Licht durchließ: Es war ein Vakuum, aber es enthielt Licht. Also zeigte sich, daß das Licht die Fähigkeit besaß, auch ohne einen substantiellen Träger zu existieren, denn in der Röhre gab es ja keine durchscheinende Luft mehr, die hätte erleuchtet werden können.

Diese Beobachtung war noch aufregender als die Idee des Vakuums. Sie bestätigte die suggestiven Intuitionen der mosaischen Physik des Lichts, das vor der Sonne geschaffen wurde und ein alles durchdringendes Element ist. Hier findet man ein fernes Echo auf die Worte, die Galilei vor langer Zeit an Monsignor Pietro Dini geschrieben hatte, und auf die Äußerungen von Don Balli aus der jüngeren Vergangenheit, der sich mit der mystischen und intellektuellen Bedeutung einer neuen philosophischen Konzeption auseinandergesetzt hatte.

Der entscheidende Punkt von Pater Magnis *Demonstratio* lag genau hier: Das Experiment des Vakuums erlaubte es, das Licht in der leeren Röhre zu sehen, „ohne daß irgendein Körper darin sei“[66].

Wie auch immer man diesen Umstand deuten mochte, sicher war, daß die Trennung des Lichts von seiner substantiellen Umgebung unweigerlich zu Schlußfolgerungen führen mußte, die „den Peripatetikern völlig zuwider“ liefen.

In der Tat: Entsteht das Licht aus dem Nichts, dann hat es keinen Sinn mehr, an eine Urmaterie zu denken, die die akzidentiellen Phänomene aufrechterhält. Will man in der Terminologie der Aristoteliker sagen, es handle sich um eine substantielle Form, dann müßte sie aus dem Nichts entstanden sein. Existiert das Licht dagegen unabhängig von irgendeiner Substanz, dann ist es kein Akzidens.

In jedem Fall konnte das Licht nur eine Substanz für sich sein. Pater Magni war sich von Anfang an darüber im klaren, welch heikles Problem er da anrührte, wenn er das Licht als Substanz dachte: „Einige setzen diesen Schlußfolgerungen einen nahezu sicheren Glaubenssatz entgegen.“ Die bewegende Aufrichtigkeit dieses Kapuziners aus Bologna lag ebenso offen zutage wie seine Überzeugungen, aber er war wenigstens so klug gewesen, ein Minimum an Verstellungskunst anzuwenden, und verschwieg das, was klugerweise nicht einmal gedacht werden sollte. Bei seinen Ausführungen über die Akzidenzien und das Licht bemerkte Pater Magni mit franziskanischer Bescheidenheit: „Ich sage, daß der christliche Glaube dieser Behauptung nicht bedarf“[67].

Eine Frage von Standpunkten. Aber wenn es jetzt soweit gekommen war, daß ein Ordensbruder es sich erlauben konnte, Lehrstunden in Theologie zu halten und dabei von dem atomistischen Slogan des Aus-nichts-entsteht-Nichts auszugehen, dann hatten die Jesuiten ihre Schlacht verloren.

In Bologna erschien unverzüglich eine orthodoxe Erwiderung, ein Büchlein des Philosophen Giovanni Fantuzzi, das sich gegen die Wiederaufnahme des Wahlspruchs von Lukrez und Gassendi richtete[68]. Wer garantierte dem Bruder denn, daß in dem Röhrchen von Torricelli ein Vakuum war?

Es waren jetzt nur noch die Wissenschaftler der Jesuiten, die solches bestritten, und die Initiative von Pater Magni hatte den Skandal allgemein sichtbar gemacht: Es handelte sich nicht mehr um die Frage des Vakuums, sondern etwas völlig anderes: um den Aristotelismus und den katholischen Glauben.

Die Taktik mußte radikal geändert werden. Man konnte sich nicht mehr bei Torricellis Barometer aufhalten und es im Lichte der aristotelischen Kategorien interpretieren.

Die konventionellen Waffen der Polemik um die Experimente und ihre Deutung waren wirkungslos, jetzt mußte man zu den strategischen Waffen des Abratens und Abbringens von Überzeugungen greifen.

Sarsi hätte wohl eine Antwort gewußt. Aber Pater Grassi veröffentlichte nicht. Es gab jedoch jemanden, der das an seiner Statt tat.

„Es gibt hier jemanden, der mich hartnäckig dazu drängt, noch über die von Pater Zucchi hinaus, eine *adäquate und deutliche* Antwort zu verfassen; vor allem in dem Punkt, daß *es einer anderen Doktrin bedarf*“[69].

Das schrieb im Juli 1648 der dreißigjährige Jesuitenpater Paolo Casati an den Aristoteliker Giannantonio Rocca. Pater Casati war vor einigen Jahren aus dem Collegium Romanum hervorgegangen und lehrte Philosophie und Theologie am Collegium in Parma.

Im großen und unerforschten Fundus Casati bei der Biblioteca Palatina in Parma habe ich Indizien gefunden, die auf offizielle Beziehungen zwischen Pater Casati und Pater Orazio Grassi deuten, jedoch scheint es keine Privatkorrespondenz zwischen dem jungen Theologen und dem alten Lehrmeister gegeben zu haben.

Dennoch dürfen wir wohl annehmen, daß es Pater Orazio Grassi war, der Pater Casati drängte, eine „neue Doktrin“ zum Thema zu verfassen. So ging Pater Casati denn auch nach Genua, um die in aller Eile geschriebene Polemik zu veröffentlichen. Unter dem Titel *Vakuum proscriptum* kam das Buch dort im Jahr 1649 heraus. Und ungeachtet aller Unerfahrenheit, die den offiziellen Verfasser hatte zögern lassen, die Schrift herauszugeben, schien das Buch aus der Feder eines Autors zu stammen, der vom wissenschaftlichen Standpunkt her sämtliche Aspekte der Polemik beherrschte. Soweit es die erforderte neue Doktrin betraf, stammte sie nun ohne den geringsten Zweifel aus der Feder von Pater Grassi, denn es war das gleiche Argument, das Sarsi 1626 in der Ratio verfochten hatte.

Das *Vacuum proscriptum* war ein kundiges und durchaus kritisches Buch. Es gestand die Nutzlosigkeit der bis dato von den Jesuiten gegen die Theorie des Vakuums vorgebrachten Zweifel und Gegenthesen zu. Es war nicht so sehr konzipiert, die These vom Vakuum abzuwehren, sondern verfolgte ein höher gestecktes Ziel: die damit verbundenen Schlußfolgerungen der Naturphilosophie zu verhindern, die mit dem Text von Pater Magni bekannt gemacht worden waren.

Das Buch, das Pater Casati als Autor auswies, bekräftigte noch einmal die aristotelische These über das Licht: ein Akzidens, das notwendigerweise einem Subjekt innewohnt. Andernfalls wäre das Wunder der eucharistischen Akzidenzien, die ohne ihre ursprüngliche Substanz weiterexistieren, nicht mehr ein Wunder im Sinne der tridentinischen Definition des Dogmas. Das *Vacuum proscriptum* griff also mit eindringlichen Worten die große Linie der eucharistischen Einwände in ihrer ursprünglichen Fassung wieder auf, die von Pater Grassi offiziell zum Ausdruck gebracht worden war: „Welches Wunder", fragte das neue in Genua erschienene Buch, „bestünde in einer Trennung [...]? Welches Wunder wäre es, wenn sich dem Priester, der die Formel der Konsekration spricht, Akzidentien präsentieren, die bereits von Natur aus vom Körper getrennt sind? Ist das vielleicht jenes Wunder, welches das Konzil von Trient Transsubstantiation genannt hat?"[70]. Hier kommt deutlich Sarsi zu Wort.

Die Kritik richtete sich nicht so sehr an die Adresse von Pater Magni, sie war vielmehr als Denkschrift gegen die Anhänger Galileis und als Anzeige gegen Pascal gedacht. An alle war die Mahnung gerichtet, die bereits gegen Galilei angeklungen war: „Ist erst einmal das unumgängliche Band zwischen Substanz und den Akzidentien gelöst, wenn ein Akzidens nicht in der einen oder in der anderen Weise von einem Körper aufrechterhalten wird (wie Pater Magni hinsichtlich des Lichts behauptet, das eine leere Glasröhre durchdringt), wer könnte sich dann nicht in die Kontroverse einmischen und behaupten, daß auch das Weiß und der Geschmack und die anderen Akzidentien des Brots aus natürlichen Notwendigkeiten getrennt von ihrem Körper bleiben"[71].

Was hier postuliert wurde, das war ein wirklich unverzichtbares Band, das ein Wunder, das Diktat eines Dogmas und die aristotelische Physik der Qualitäten zusammenhalten mußte.

Im selben Jahr, 1649, verurteilte auch der inzwischen wieder zur Orthodoxie zurückgekehrte Pater Pallavicino in seinem Werk *Vindicationes Societatis Jesu* jene Theorie der Akzidentien ohne einen Träger und zählte sie zu jenen Theorien, die die Jesuiten einmütig bei ihren Gegnern bekämpfen müssen[72].

Immer noch 1649, im Jahr, da von Genua aus die Beschuldigung gegen die Naturphilosophie Galileis erneuert wurde, denunzierte Pater Compton Carleton die Physik der *Principia* von Descartes wegen Häresie in der Eucharistiefrage. Descartes starb am 11. Februar 1650. Aber ein Jahr später verfaßte

Pascal die großartige Einleitung zu seinem *Traité du vide*. Die Inanspruchnahme der Vernunft im Gegensatz zum Autoritätsprinzip, was bereits der *Saggiatore* proklamiert hatte, wurde jetzt zu einer großen Hymne auf die Religion. Der Text von Pascal wurde nicht veröffentlicht. 1654 realisierte Otto von Guericke mit Erfolg neue Experimente zum Vakuum. Die Polemiken über das Vakuum, das Licht und die Wärme werden von Pater Zucchi, von Fabri und den anderen Jesuiten fortgesetzt. Wir verfolgen hier allein das Wiedererscheinen von Anschuldigungen, die schon gegen Galilei erhoben worden waren. Wenn auch nur vorübergehend, so tauchten sie freilich in einem sehr bezeichnenden Zusammenhang auf: es war fast so, als habe man das fünfzigjährige Jubiläum des *Saggiatore* begehen wollen.

Zunächst aber begleiten wir den Mann, der Jahrzehnte zuvor als Sprecher des Collegium Romanum die Anzeigen gegen den *Saggiatore* verfaßt hatte, bei seiner offiziellen Rückkehr nach Rom.

1653 kehrte Pater Grassi definitiv ans Collegium Romanum zurück. Er wurde dort mit allen Ehren in seine vormaligen Aufgaben als Bauleiter für die Kirche des Collegium Romanum wiedereingesetzt. Dieses große Unternehmen war nach Korrektur der schwerwiegenden Entstellungen, und nachdem es wieder seinem ursprünglichen Architekten anvertraut worden war, fast bis zum Bogen der großen Kuppel, die nie realisiert werden sollte, gediehen. Die Kirche war groß und wunderschön. 1650 wurde S. Ignazio anläßlich des Jubiläums** für das Publikum in Gegenwart von Papst Innocenz X. geöffnet.

Auch Pater Grassi war die Genugtuung zuteil geworden, dem großen Fest des Collegium Romanum und der Gesellschaft Jesu beizuwohnen. Es war am 7. August 1650, in der Woche des Heiligen Ignatius. Nichts konnte die Treue der Gefolgsleute des Ignatius gegenüber dem Katholizismus von Trient und von Rom besser unterstreichen als diese Kirche. Auch der Papst muß von diesem großen Bauwerk und der absoluten Hingabe an die gemeinsame Sache nachhaltig beeindruckt gewesen sein: Er wünschte, den bedeutenden Architekten von S. Ignazio zu sehen und ihn zu beglückwünschen[73].

Pater Grassi war fast 70 Jahre alt, aber gebrechlich kann er nicht gewesen sein, auch wenn er seine Abwesenheit offiziell damit entschuldigte. Er reiste oft zwischen Savona, Genua und Rom hin und her und arbeitete wie in alten Tagen. Er hatte ein Traktat über das Licht und die Farben vorbereitet, aber noch nicht einmal jetzt konnte er publizieren, denn, so erklärt er Baliani 1652, die „Substanz" seines neuen Buches bildeten die neuen Ideen zur Physik des Lichts. Angesichts der Doppelzüngigkeit von Pater Grassis Äußerungen kann man keine Hypothesen darüber aufstellen, ob sein Buch vielleicht im Kern mit den neuen Ideen der optischen Physik einig war – oder aus den bekannten Gründen dagegen[74]. In der Gesellschaft Jesu gab es den Pater Francesco Maria Grimaldi, der ganz neue Ideen in der Mathematik vorbrachte. Die Gesellschaft aber hatte die internen Polemiken über kontroverse Fragen dieser Art untersagt. Auch Pater Grassi, wie immer ein treuer

Gefolgsmann, übte sich in „Heiligem Gehorsam“. Als er seine Aufgabe als Bauleiter von S. Ignazio wieder aufnahm, da bereitete er auch eine Abhandlung zur Architektur vor, einen Text, den er vielleicht ohne große Schwierigkeiten hätte publizieren können, aber der Tod hinderte ihn daran. Er starb, in seinem Collegium Romanum, am 23. Juli 1654 in der Hitze des römischen Sommers an einem Infarkt[75].

Es war ein unauffälliger Tod, ohne Leichenzug und unbemerkt, ganz so, wie Pater Grassi als Jesuit immer gelebt und agiert hatte. Ein kurzer Nekrolog im Hause war die einzige Erinnerung an den großen Gegenspieler Galileis. Alle seine unveröffentlichten Texte, Handschriften und Briefe verschwanden, so hat es den Anschein, im Dunkel, in dem er sie auch verfaßt hatte.

Jetzt war auch dieser Protagonist des Dramas um Galilei von der Bühne abgetreten. Seinen Mitbrüdern hinterließ er seine Kirche und seine Vorstellungen zur theologischen Inkrimination der neuen Philosophie.

Unter den Arnobrücken verflossenes Wasser?

Auch die alte Anschuldigung gegen Galileis *Saggiatore* wurde als eine Verurteilung *ad memoriam* wieder ausgekramt, und ausgerechnet an einem Ort, wo solches nicht angebracht war: in Florenz.

In Florenz galt Galilei als der ruhmreiche Sohn der Stadt. Evangelista Torricelli, Schüler von Pater Castelli in Rom und später von Galilei in Arcetri, wurde zum großherzoglichen Mathematiker ernannt. Dadurch war dem posthumen Ruhm Galileis ein wirkungsvoller institutioneller Schutz gesichert. 1647 war jedoch Torricelli in Florenz verstorben, und in Bologna starb Pater Bonaventura Cavalieri. 1654 veröffentlichte der Verleger Dozza in Bologna mit Ausnahme des *Dialogs* sämtliche Werke Galileis, auch den *Saggiatore*.

Es kam die zweite Generation der Anhänger Galileis: Vincenzo Viviani, geistiges Haupt der Accademia del Cimento in Florenz, Giovanni Alfonso Borelli von der Universität Pisa sowie die übrigen Anhänger Galileis in Pisa, u. a. Rinaldini und Oliva; sie alle profitierten im Großherzogtum der Medici von einer beneidenswerten Freiheit der Forschung, die sich der Protektion durch die florentinischen Machthaber verdankte und zumindest bis zum Tode von Kardinal Leopoldo de Medici im Jahr 1675 währte. Straffreiheit für die vorsichtige experimentelle Forschung in der Toskana war sichergestellt.

Was jedoch die offiziellen kulturellen Institutionen betraf, so galten auch in der Heimat Galileis die traditionellen Reglementierungen zur Einhaltung des Aristotelismus in der universitären Lehre und die überkommenen theologischen Befürchtungen der Lehre und Kultur der Jesuiten. Mehr noch als anderswo herrschte an den Ufern des Arno ein heikler Kompromiß zwischen Lehre und Forschung, zwischen orthodoxer Philosophie und versteckten Anklängen an die neue Philosophie. Nicht immer war es leicht, ein Gentlemen's agreement zu finden, und wie immer war das Gleichgewicht prekär: es konnte sich nur halten, solange der Großherzog die Fäden in der Hand behielt.

In Florenz ebenso wie in Rom zeichnete sich die erneute Verurteilung Galileis darin ab, daß die aristotelisch inspirierten Kritiken am Atomismus in Galileis Philosophie immer häufiger wurden. Allerdings muß gleich präzisiert werden, daß es sich hier um die normalen akademischen Auseinandersetzungen mit viel Lärm und wenig Schaden handelte, um abgeschmackte universitäre Querelen, die zum Teil sogar Verständnis verrieten und auf keinen Fall imstande waren, die großen Probleme ins Spiel zu bringen.

Der brillante französische Aristoteliker an der Universität Pisa, Claude Bérigard, der im Jahre 1632 seine *Disputationes in Dialogum Galilaei Galilae Lincei* veröffentlicht hatte, gehörte zu den ersten, die den Rückgriff auf atomistische Thesen in Galileis berühmtem Buch bemerkten. Bérigard verglich die Aussagen des *Dialogs* mit denen des *Saggiatore* und stellte sie dann in einen Zusammenhang mit dem Denken von Lukrez: Die Substanz von Galileis Atomen und Formen „entsteht sichtbar aus dem Nichts und endet im Nichts". Noch 1661, nachdem Bérigard an den angesehenen Lehrstuhl von Liceti an der Universität Padua berufen worden war, erinnert er in seiner Lobeshymne auf den berühmten florentinischen Mathematiker an dessen verurteilenswerten Atomismus in der Physik, und zwar auch im Zusammenhang mit dem Stein von Bologna. Aber er argumentiert akademisch korrekt, zieht nur die klassischen aristotelischen Argumente gegen Galilei heran, und er läßt sogar ein gewisses Verständnis für den Korpuskularismus durchblicken[76].

Auch der hochgebildete Aristoteliker der Toskana, Giovanni Nardi, Leibarzt am Hof, respektierte die akademischen Regeln unter Laien. Giovanni Nardi war voller Neugier für die seltsamsten physikalisch-naturalistischen Phänomene. Ein Akademiker vom Schlage Licetis, mit dem er in eine denkwürdige Polemik über Fragen des Aristotelismus eintrat.

Nardi schrieb über alles. Er hatte ein Buch über Milch und Milchprodukte als himmlisches Manna, über den morgendlichen Tau und über die Wärme veröffentlicht, ein sehr bekanntes und anerkanntes Buch über das unterirdische Feuer geschrieben, das auch auf Borelli Eindruck gemacht haben muß.

Es ist daher nicht allzu erstaunlich, wenn Giovanni Nardi in einem Kommentar zu dem Poem, das die Eruptionen des Ätna besingt, nämlich das *De rerum natura*, eher ein gewisses augenzwinkerndes Einverständnis zu erkennen gibt. Lukrez war zwar ein von der Kirche verurteilter Autor, aber nachdem im Jahr zuvor in Pavia eine Art Biographie von Demokrit herausgekommen war, die *Democritus reviviscens* von Magnen, war man geneigt, die Gedankenwelt des Lukrez eher auf die Träumereien des Empedokles als auf den Atomismus von Demokrit zurückzuführen.

Allerdings sagte Nardi in seinem kritischen Kommentar zu Lukrez auch, daß die fehlerhaften atomistischen Phantasien des Dichters mehr Verständnis verdienten als die arroganten atomistischen Ansichten der modernen Neuerer. „Dem Denken der modernen Neuerer ziehe ich den Geist unseres Lukrez vor“[77]. Den Neuerern, die die aristotelischen Qualitäten abstritten und „die Natur mit mathematischen Beweisen“ erklären wollten, ließ der Arzt aus Florenz seine ganze Verachtung zukommen. Er durchsetzt seinen Kommentar mit *Animadversiones* und mit *Exercitationes* im Stile der Professoren am Jesuitenkolleg von Florenz, mit denen er „dick befreundet“ war[78].

Als Arzt kritisierte Nardi vor allem die atomistischen Ansichten von Sennert.

Was Galilei betraf, so vermied es Nardi ganz offensichtlich aus staatsbürgerlicher und höfischer Rücksicht, ihn ausdrücklich zu zitieren. Er beließ es dabei, den Verfasser des *Saggiatore* und des *Dialogs* „den Vorläufer“ zu nennen, der „Elemente, Qualitäten, Materie, das Werden neuer Dinge (verworfen) und ganz offen geleugnet hatte“ und der meinte, die Dinge „änderten sich nur der Form nach“[79]. Das konnte Galilei betreffen, aber auch Demokrit oder irgend jemanden sonst. Der Kommentar von Nardi zu Lukrez ist aber nichtsdestoweniger eine hilfreiche Quelle für die Geschichte der universitären Auseinandersetzungen zwischen Aristotelikern und Galileianhängern in der Toskana der 40er Jahre, denn hier finden wir die Beschreibungen lebhafter Dispute gegen die Ansichten der reformerischen Studenten. Nur in einem außerhalb der Toskana veröffentlichten Buch, den *Noctes geniales*, Bologna 1656, wurde Nardi noch deutlicher: Er erinnerte an die Apologie des *Saggiatore* und seine berühmte Ausführung über die Bewegung als Ursache der Wärme, die damals „allen gefiel“.

Der *Saggiatore* war also niemals wirklich in Vergessenheit geraten. Auch nachdem viel Wasser den Arno hinuntergeflossen war, stellte das schwerwiegende Problem des Atomismus in Galileis Physik, mit all den Konsequenzen, die es ausgelöst hatte, eine Art posthume Bedrohung dar; als eine unbezahlte Schuld schwebte sie immer noch über den Häuptern von Galileis Nachfolgern.

Von den Unterstellungen und pragmatischen Polemiken jener laizistischen oder aristotelischen Universitätsprofessoren ging jedoch keine Gefahr aus. Niemand von ihnen erlaubte es sich je, der Versuchung nachzugeben und gegen die neue Philosophie und die Erinnerung an Galilei das schwerwiegendste, das Argument par excellence, ins Feld zu führen.

Am besorgtesten und am meisten darauf bedacht, die eigentliche Problematik gar nicht erst wieder aufleben zu lassen, waren natürlich die Schüler Galileis, denn sie konnten es sich gewiß nicht erlauben, den Schutz, den die Medici ihnen gewährten, erneut durch einen religiösen und ideologischen Skandal wie denjenigen zu strapazieren, der die Gönner Galileis in Rom kompromittiert hatte.

Galileis Gefolgsleute in der Toskana durften auf gar keinen Fall der

„neuen Philosophie" verdächtigt werden. Insbesondere die Schüler und Augenzeugen aus den Jahren vor und nach der Verurteilung hatten vom Meister gelernt, und sie verstanden sich mehr noch als auf die Mathematik und die experimentelle Forschung auf die Kunst der klugen Verstellung ihrer Ansichten über die heikelsten Probleme der Physik.

Von Torricelli war schon die Rede. Als offizieller Nachfolger Galileis hatte er auf den Titel eines großherzoglichen Philosophen, mit dem sich Galilei öffentlich geschmückt und den er auch offiziell benutzt hatte, nicht ohne Absicht verzichtet. Das war keine Bescheidenheit, sondern eine Notwendigkeit. Wie bereits erwähnt, hatte sich Torricelli auch nicht an der Debatte um das Vakuum, die durch seine brillante Entdeckung ausgelöst worden war, beteiligt. Das wiederum geschah nicht aus Desinteresse, sondern war ebenfalls ein Gebot der Klugheit, um nämlich nicht als neuer Häretiker auf der schwarzen Liste der Jesuiten zu figurieren.

An der Accademia del Cimento, die unter dem offiziellen Schutz des Großherzogtums der Medici stand, wurden nur Experimente durchgeführt. Als man sich im Jahr 1666 dazu entschloß, eine sorgfältige Auswahl der an der Accademia del Cimento gemachten Erfahrungen zu publizieren, da hielt es der Sekretär der Akademie, Filippo Magalotti, für angebracht, offiziell zu betonen, das erste Gebot für die Akademie sei, sich aus „spekulativen Dingen" herauszuhalten.

Man konnte nicht vorsichtig genug sein. Schon Vincenzo Viviani hatte nur äußerst zurückhaltend die Gründe erwähnt, warum die Polemik über die Kometen der Anfang von Galileis Ende gewesen war. Borelli, seit 1656 Professor in Pisa, muß wohl die Einstellung seines Konkurrenten in Florenz geteilt haben, denn im Jahr 1664 zog er es vor, eine Publikation über die Kometen, die vom *Saggiatore* beeinflußt war und unweigerlich die Affaire um Galilei wieder ins Gedächtnis gerufen hätte, mit heute übertrieben wirkenden erheblichen Vorsichtsmaßnahmen unter Pseudonym zu veröffentlichen[80].

Dennoch aber brannte trotz aller Verstellung hinter der Maske der mathematischen Erfahrungswissenschaft noch immer das faszinierende Feuer der galileischen Naturphilosophie, die verbotenen „Spekulationen" um Wärme und Licht. Das jedoch wurde im Privaten gepflegt und in der Öffentlichkeit unter dem unverdächtigen Deckmantel der legitimen experimentellen Neugier verhüllt.

Einem neugierigen und solidarischen Beobachter wie Balthasar de Monconys waren Torricellis private Grübeleien in der Astronomie und Physik entlang der alten Forschungsprogramme von Galilei nicht entgangen. Die Spekulationen über den Stein von Bologna und über das Werden in der Natur waren noch lebendig. Francesco Redi setzte in seinen Experimenten mit Fliegeneiern nur jenen berühmten Passus aus dem *Dialog* fort, in dem die Entstehung der Essigfliegen aus dem Most angesprochen wird, kompromittierte aber bei alledem den Hof zu Florenz keineswegs durch ostentative

Treue zu Galilei. Alfonso Borelli geht nach Messina und verfaßt dort seinen Bericht über den Ausbruch des Ätna von 1669, die *Historiam et meteorologiam incendi Aetnei anni 1669* (1670). Er lieferte darin eine schlüssige Erklärung dafür, daß dieses gewaltige thermische Phänomen die Interpretation des *Saggiatore* bestätigte, nach der eine Bewegung die Ursache der Wärme ist. In Pisa jedoch hatte er niemals öffentlich auf den Atomismus des *Saggiatore* Bezug genommen.

Die Anklage gegen Galilei hatte nach außen hin dazu geführt, die Diskussion um den Atomismus aufzugeben, und solange jenes Urteil noch nicht allzuweit zurücklag, war man weiterhin sehr vorsichtig.

Je mehr Zeit jedoch verfloß, um so weniger konsequent war die Selbstzensur. Tatsächlich hatte die offizielle Verurteilung Galileis im Laufe der Zeit immer mehr ihre Glaubwürdigkeit eingebüßt, so daß es nicht vollkommen irreal war, wenn sich die Schüler Galileis in der Toskana sogar Hoffnungen auf eine Rehabilitierung machten. Als Pater Riccioli 1665 seine *Astronomia reformata* veröffentlichte, in der noch einmal die wissenschaftlichen Scheinargumente der offiziellen Verurteilung Galileis wegen Kopernikanismus gerechtfertigt wurden, da rief dieser Übereifer nicht den erwünschten und erwarteten Effekt der Einschüchterung hervor. Vielmehr protestierten, vielleicht auch in der Hoffnung auf Rehabilitierung des Meisters, Anhänger Galileis wie der Jesuitenpater Stefano Degli Angeli, ein Schüler von Pater Cavalieri, und Alfonso Borelli ganz offen dagegen. Der Versuch, jetzt noch einmal das Urteil gegen Galilei aufzurühren und unter dem Vorwand des Antikopernikanismus die alte Kampagne von Pressionen und Einschüchterungen wiederholen zu wollen, wie das Pater Ricciolis Absicht war, dieser Versuch kam zu spät und führte zu genau entgegengesetzten Konsequenzen. Der Schutz durch die Machthaber in der Toskana und deren Einverständnis mit dem Kopernikanismus berechtigten die Anhänger Galileis, sich in diesem Fall zur Wehr zu setzen. Aber selbst einige wissenschaftliche Exponenten der Gesellschaft Jesu wie Pater Honoré Fabri, Abgesandter an der Accademia del Cimento, und Pater André Tacquet waren nicht mehr bereit, diese durch nichts abgesicherte und abzusichernde Inszenierung mitzutragen, die einzig und allein den Schein wahren sollte[81].

Die wichtige Polemik über die Bewegung der Erde hatte vielleicht einige Hoffnung erweckt, eines Tages könnte das Urteil gegen Galilei zusammenbrechen wie ein Kartenhaus. Aber die Zeit arbeitete nicht in dieser Richtung, sondern die Uhr wurde bis in die 20er Jahre zurückgedreht, bis hin zu den verborgenen, eigentlichen Gründen der Anklage gegen Galilei.

Im Jahr 1664 war Descartes' *Monde*, in dem es von Reminiszenzen wimmelte, posthum veröffentlicht worden. Schon seit längerer Zeit hatten die *Principes* in Italien Verbreitung gefunden, und da 1663 das Werk von Descartes auf den Index gesetzt worden war, standen diejenigen, die sich seiner Gefährlichkeit von Anfang an bewußt gewesen waren, nämlich die Jesuiten, in höchster Alarmbereitschaft.

So brachte denn auch das Heilige Offizium von Rom aus eine Mitteilung in Umlauf, in der auf die große Gefahr hingewiesen wurde, die durch Descartes' Philosophie hervorgerufen werde. Seine Korpuskeltheorie verbreitete sich allmählich in ganz Italien durch die Konvente des Ordens von Pater Mersenne. Diese Zensur erneuerte noch einmal die Kritik an Galilei. Sie ist in der wiederholt von Historikern zitierten Aufforderung Kardinal Barberinis aus dem Jahr 1671 an den Erzbischof von Neapel dokumentiert. Kardinal Barberini wußte besser als jeder andere, wie dringend es geboten war, neuerliche Skandale durch die „Ansichten eines gewissen Renato des Cartes (zu vermeiden), der in den vergangenen Jahren eine Schrift über ein neues philosophisches System in Druck gegeben hatte, indem er die alten Überzeugungen der Griechen von den Atomen zu neuem Leben erweckte; und aus dieser gelehrten Doktrin behaupten einige Theologen, ableiten zu können, wie die Akzidenzien von Brot und Wein nach der Veränderung der Substanz durch die Konsekration in jener von Blut und Körper Christi erhalten bleiben“[82].

In Florenz aber nährte man die Illusion, die alten Anzeigen wären inzwischen verjährt und, wenn man die mißverständliche öffentliche Verurteilung aus dem Weg räumte, könnte man sich wieder offiziell zur Philosophie Galileis bekennen. Einige Anhänger Galileis in der Toskana suchten denn auch mit Feuereifer Galilei wieder hoffähig zu machen, indem sie erklärten, die atomistische Physik sei eine Mischung aus dem Atomismus von Lukrez, den christlichen Anschauungen Gassendis und der Physik Galileis.

Es war die lautstarke Unbekümmertheit eines vierzigjährigen Philosophen und Theologen aus Livorno, die mehr als alles andere das mühsam um den Preis unendlicher Vorsicht erreichte Gleichgewicht erschütterte. Donato Rossetti, Schüler von Borelli in Pisa und ein Schützling von Francesco Redi (von daher auch von Kardinal Leopoldo) war von Galileis Philosophie vollkommen überzeugt. Frustriert über seine Universitätserfahrungen in Pisa, machte er sich zum Hauptsprecher in der akademischen Auseinandersetzung am Ende der 60er Jahre.

Donato Rossetti, Lektor für Logik, hatte den Lehrstuhl für Philosophie an der Universität Pisa, wo er sich vorgenommen hatte, „im Stile Galileis und als Mathematiker und Physiker“[83] Philosophie zu betreiben, nicht erhalten. Schuld daran war der Widerstand der aristotelisch orientierten Akademiker gegen ihn und einen anderen Atomisten dieser Zeit, gegen Alessandro Marchetti.

Marchetti erhielt schließlich doch noch den Lehrstuhl für Mathematik, Rossetti aber nicht, und nach dem Tode seines Gönners sollte er der Toskana den Rücken kehren. Selbst Rossettis Lehrer dürften wohl kein allzu gutes Gefühl gehabt haben, wenn sie sich für die akademische Anerkennung ihres Schützlings einsetzten, wollte er doch die Philosophie Galileis erneuern: „Ich bin“, so schrieb Borelli an Alessandro Marchetti über diesen neuen Philosophen, „nicht vollständig ruhigen Gewissens, denn er ist noch unerfahren in derlei Spekulationen, und ich fürchte stark, ihm möge dasselbe widerfahren, was mir geschah, der ich doch lange Zeit und viele Jahre über die besagten Erfahrungen Spekulationen angestellt habe und dennoch häufig meine Ansicht zu ändern gezwungen war [...]. Ich habe ihm meine Ansicht bereits geschrieben, aber sie wird nicht rechtzeitig eintreffen, denn er hat es allzu eilig gehabt, etwas zu bewerkstelligen, das, so zweifle ich, ihn noch reuen wird"[84].

Borellis Befürchtungen waren vollkommen berechtigt. Im Jahr 1667 publizierte Rossetti eine kleine Arbeit mit dem Titel *Antignome fisico-matematiche*, worin er sich ganz offen zum Atomismus des *Saggiatore* bekannte und dabei indirekt das unausgesprochene Abkommen um jenes Buch verletzte: Er berief sich ganz offen auf den berühmten demokriteischen Passus des *Saggiatore*, wo von den mathematischen Zeichen des Buches der Natur die Rede ist. Rossetti schrieb: „Unter unseren Buchstaben gibt es solche, die sehr gut mit jedem anderen zusammenpassen, wie die Vokale [...], und so muß es auch bei den Atomen sein, denn wenn alle mit allen zusammengingen, würden jeden Tag neue Spezies in der Welt sichtbar werden und andere bereits sichtbar gewordene verschwänden"[85]. Und als wäre das noch nicht genug, begann Rossetti eine Polemik gegen Pater Fabri zur Verteidigung der These von der Ausstrahlung von Lichtteilchen, dem „Ausfluß von Teilchen". Im Jahre darauf polemisierte er gegen einen Aristoteliker in Bologna und berief sich dabei auf den Atomismus in Galileis *Discorso sulle cose che stanno in sull' acqua* [86]. Hätte er es dabei belassen, Gassendist zu sein, dann wäre es kein schwerwiegender Fall gewesen, aber die Affaire Galilei unvorsichtigerweise wieder aufzurühren – das war zu jenem Zeitpunkt eine unverzeihliche Provokation.

Wir erwähnen das, weil nicht einmal Donato Rossetti in Unkenntnis darüber sein konnte, wie die Dinge sich wirklich abgespielt hatten. Und nun steckte er mit einer Sorglosigkeit, die vollkommen fehl am Platze war, seine Nase in diese Dinge. Seine Bezugnahme auf den *Saggiatore* hatte sofort Zensurmaßnahmen ausgelöst, die wir nicht kennen, über die sich Rossetti aber beklagt. Er erneuert seine Herausforderung im Jahr 1671, wenn er zu Beginn seiner Schrift über die atomistische Physik mit dem Titel *Composizione e passioni dei vetri*, in dem er die Atomstruktur des Glases untersuchte, all die heiklen Probleme exponierte.

Rossetti schlug eine atomistische „Metaphysik" der Natur vor, die auf der Existenz von Lichtatomen aufbaut. Die Atome werden von der Sonne ausgeschleudert und sind im Umfeld einer „Energiesphäre" mit reziproker Anziehungskraft ausgestattet. Die lichten und die dunklen Atome verbinden sich kraft jenes Drangs nach dieser Energie an ihren „Polen" und bilden Moleküle. Aber das physikalische System von Rossetti war noch viel ehrgeiziger: Er kündigte ein Traktat über das Licht, eines über den Erhalt der Bewegungsenergie, einen „Corpo fisico-matematico" und eine große Metaphysik aus der Schule Gassendis an: den *Polista fedele*, eine Arbeit, die die neue Philosophie und die katholische Theologie durch Abhandlungen von der Auferstehung, der Sintflut und der Dogmen aussöhnen sollte.

Wieviele Probleme auf einmal waren im Kopf dieses späten und leidenschaftlichen Lesers des *Saggiatore* in Bewegung geraten!

Dieser kämpferische „Schmierfink" aus der Provinz und atomistische Häretiker hätte besser daran getan, die Ratschläge Borellis zur Vorsicht zu befolgen, anstatt sich so sehr, allzu sehr, zu engagieren. Schwerwiegend war, daß er seine atomistische Theologie, deren Publikation er ankündigte, tatsächlich bereits geschrieben hatte. 1673 war das Manuskript fertig, und wir haben es unter den Papieren Redi im „Fondo Palatino" der Biblioteca Nazionale in Florenz gefunden[87]. Offensichtlich war Francesco Redi so vernünftig gewesen, ihn von der Veröffentlichung abzubringen – jedenfalls erweckt die Korrespondenz zwischen Rossetti und Redi diesen Eindruck.

Rossetti brannte auf alle Fälle darauf, den Gegnern Galileis zu antworten, und in der Einleitung zu seinem Buch von 1671 hatte er ausgesprochen, worum es ging.

Die Aristoteliker behaupteten, ohne die aristotelische Physik „könne keines der Mysterien des Glaubens verteidigt werden", und deshalb müsse der Atomismus, „der ganz im Gegensatz zu diesem Prinzip und dieser Metaphysik steht, von allen Gläubigen verachtet und gemieden werden"[88]. Rossetti beklagte sich, weil die Schüler des Collegiums der Jesuiten in Florenz in der Überzeugung nach Pisa kamen, bei den Atomisten handle es sich um „Heiden und Schacherer"; ein Jesuit war sogar so weit gegangen, einem seiner Studenten, damit er nicht dem Atomismus verfiele, aufzuerlegen, „sich jeden Morgen als Schutzmaßnahme noch vor den christlichen Gebeten den Brei einer seiner lächerlichen Dispute gegen die Atome zu Gemüte zu führen"[89].

Alle Verdächtigungen an den Ufern des Arno zentrierten sich um das alte philosophische Problem, „wie im Sakrament der Eucharistie in Form der einzig sinnlich wahrnehmbaren Spezies von Brot und Wein der tatsächliche und wahrhaftige Körper Christi in seiner ganzen Substanz enthalten sein könne". Donato Rossetti bekannte sich als Katholik, als „polista fedele", und er bekannte auch, daß die toskanischen Atomisten „keine Anhänger des Demokrit sind, außer dem Namen nach", und daß er sich „niemals zu den Atomen bekannt hätte [...], wenn durch sie Gefahr bestünde, dort einen Schatten zu werfen, wo die Erleuchtung durch den Glauben vollkommen ungetrübt ist"[90].

Aber zur Reue wegen der Aktualisierung des alten atomistischen Skandals war es nun zu spät, die Positionsgewinne, die sich die Anhänger Galileis in so geduldiger Arbeit errungen hatten, waren kompromittiert. Als Kardinal Leopoldo [de Medici] 1675 stirbt, wenden sich die Dinge zum Schlechten, und das, was vielleicht eine Rehabilitierung Galileis und ein Festakt anläßlich des 50jährigen Jubiläums für den *Saggiatore* hätte werden sollen, verwandelte sich in eine bittere Niederlage.

Ein neues Dokument über Galilei, eine alte Schuld

Wir werden niemals erfahren, welcher Jesuit seine florentinischen Schüler zur Denunziation gegen den Atomismus aufforderte. Vom philosophischen Standpunkt aus gesehen waren Pater Sebastian Conti, Pater Vincenzo Glaria und Pater Giovanni Francesco Vanni die kämpferischsten. Der erste war Berater bei der Inquisition in Florenz und dürfte genau über die Hintergründe der Affaire Galilei unterrichtet gewesen sein. Der dritte, Philosophieprofessor am Collegium von Florenz, tut sich später als einer der erbittertsten Kritiker im Kampf der Jesuiten gegen Galilei hervor.

Vielleicht verraten uns die Reaktion auf den *Saggiatore* sowie ein neues Dokument zu Galilei, auf das ich im Antiquariat gestoßen bin und das als Dokument Nr. III im Anhang vorgestellt wird, mehr darüber, wie das morgendliche Stoßgebet lautete, das ein Schüler der Jesuiten gegen den atomistischen Irrglauben aufsagen sollte, ehe er nach Pisa ging.

Es war ein Gebet in lateinischer Sprache zur Beschwörung der Atome, scharfsinnige Umkehrung des Slogans der Anhänger des Lukrez: „von nichts kommt nichts".

Das antiatomistische Gebet ist eine Moralpredigt, die in Form eines Epigraphs einer anonymen Schrift mit dem Titel *Exercitatio de formis substantialibus et de qualitatibus physicis* vorangestellt ist. Ein Hinweis auf Ort und Jahr der Drucklegung fehlt, die charakteristische typographische Gestaltung jedoch verdeutlicht, daß es sich um eine akademische Veröffentlichung aus einer florentinischen Druckerwerkstätte (möglicherweise der des Druckers Ippolito Navesi) in der zweiten Hälfte des 17. Jahrhunderts handelt.

Spuren späterer Signaturen auf dem Frontispiz (ein falsches Frontispiz) im wiederentdeckten Exemplar zeigen, daß die Anonymität möglicherweise auf ganz zufällige Ursachen, wie beispielsweise Neubindung des Buches oder auch auf das Verlangen nach Antiquarien zurückzuführen ist. Und die Tatsache, daß dieses Dokument eine Seltenheit ist, erklärt sich damit, daß es häufig limitierte Auflagen gab und diese in den bestehenden lokalen Büchersammlungen nicht immer vertreten waren.

In der Biblioteca Nazionale von Florenz haben wir aber unter den im Jahre 1966 hochwassergeschädigten Sammlungen des Fundus Magliabechiano eine weitere *Exercitatio* gefunden, die der vorigen genau entspricht und eine Polemik gegen das Vakuum und die Wärme im Vakuum des Barometers enthält[91]. Diese zweite *Exercitatio* erlaubt den Schluß, daß auch die erste eine Liste von akademischen *Conclusiones physicae* enthalten haben muß, die sich in dieser Zeit fast alle ähnelten. Sie dienten als Resümee der Examensarbeiten im Jesuitencolleg von Florenz S. Giovanni in der Via de' Gori.

Die *Conclusiones* faßten noch einmal die wesentlichen Grundsätze des Hylemorphismus zusammen und erklärten, die atomistischen Ansichten stünden im Widerspruch zum katholischen Glauben. Die *Exercitatio,* die sie begleitete, war eine polemische Arbeit zu einer Fragestellung, einem Buch oder einem Autor und wurde, wenn nicht persönlich abgefaßt, so doch von dem Professor in ihrer Ausrichtung bestimmt, der den „Verteidiger" der Examensthesen betreut hatte. Der Name des Examenskandidaten stand auf dem eigentlichen Frontispiz der auf Kosten der wohlhabenden Familie des Studenten gedruckten Examensarbeit.

Die Ähnlichkeit zwischen den beiden *Exercitationes* erlaubt die Aussage, daß die Texte im Umfeld des Collegium Florentinum der Jesuiten vorbereitet und in Florenz zwischen 1677 und 1678 veröffentlicht wurden. Diese Hypothese wird im übrigen durch die Informationen erhärtet, die in einer wenig später veröffentlichten Examensarbeit gegeben werden; der Verfasser, der Student Lorenz Gherardini, erklärt dem Leser, er habe die beiden vorhin genannten *Exercitationes,* die zunächst getrennt veröffentlicht worden waren, durchgesehen, korrigiert und dann in einem Band zusammengefaßt. Der Hinweis des Herausgebers dieser zweiten Ausgabe ist hilfreich, denn er verrät uns den Namen des Studenten, der unsere *Exercitatio* verfaßt hat, vor allem aber den Namen des Jesuiten, der die Arbeit betreut und vielleicht sogar mitverfaßt hat[92].

Bei dem Studenten handelte es sich um den florentinischen Adligen Francesco Maria Arrighi, der 1678 sein Examen ablegte und sich im Anschluß für die Kirchenkarriere entscheidet, die er als ein für seine philosophische Bildung geschätzter Bischof von Montepulciano beschließt[93]. Sein Betreuer war der Jesuitenpater Giovanni Francesco Vanni[94].

Historisch gesehen ist die bisher unbekannte Originalausgabe von erheblichem Interesse, da sie die Kontroverse gegen Galileis Atomismus als ein Randgeschehen in der florentinischen Geschichte erleuchtet. In der Tat muß es beim Erscheinen der Originalausgabe in Florenz etliche offizielle und inoffizielle Proteste gegeben haben, denn die zweite Ausgabe suchte den harschen Ton abzumildern und erwähnte respektvoll die experimentellen Forschungen der Accademia del Cimento. Deren Mitglieder haben mit Sicherheit ihre Einwendungen gegen jene *Exercitatio* geltend gemacht, in der die alten Anschuldigungen gegen Galileis Physik aus dem *Saggiatore* erneut aufgewärmt wurden.

Mit Sicherheit waren Arrighi, Abba de Orlandis – der Student, unter dessen Namen die zweite *Exercitatio* erschienen war – und Gherardini, der beide veröffentlichte, Schüler von Pater Vanni am Collegium in Florenz, dessen Philosophiekurs sie besuchten. Vermutlich haben sie im selben akademischen Jahr über dasselbe Thema des Kurses (die gedruckten *Conclusiones physicae*) ihr Examen abgelegt und dann, im Abstand von einigen Monaten, zunächst die beiden *Exercitationes* getrennt veröffentlicht. Einige Monate später wurden sie dann als Folge der unmittelbar erhobenen Einwendungen neu herausgegeben und, soweit es Galilei betrifft, in der Form deutlich abgemildert.

Pater Vanni, der Verantwortliche für diese Publikationen, die sowohl den Atomismus Galileis als auch den der neuen Anhänger Galileis anprangerten, mußte wohl dafür kritisiert worden sein, daß er einen Gegner angegriffen hatte, der sich nicht verteidigen konnte. In den Hinweisen zur erwähnten Neuausgabe (Gherardini) scheint es so, als wolle sich der jesuitische Philosoph rechtfertigen und sich mit einer ausgewogeneren und korrekteren kritischen Würdigung zufriedengeben. In Wirklichkeit aber wurde mit großem dialektischen Geschick (durch das Zitat eines Passus im *Saggiatore*, in dem sich Galilei an die Professoren des Collegium Romanum wandte) an den Grund„fehler“ in Galileis Philosophie erinnert, den Pater Grassi erkannt hatte:

„Ich denke auch nicht“, schrieb Vanni unter dem Namen seines Schülers, „daß Galilei die Kritik meines Lehrers [Vanni] mit größerer Feindschaft aufgenommen hätte, pflegte der doch viele seiner Bücher zu zitieren und zu leben und hegte einzig die Sorge, die Zweifel zum Ausdruck zu bringen, die bei einer schwerwiegenden Kontroverse Galilei in seinem Gemüte bewegten. (Zu den Atomen hat er nur Zweifel geäußert.) Ja ganz im Gegenteil, Seite 19 im *Saggiatore* scheint uns geradezu zu ermuntern, jene Kritiken vorzutragen; dort bringt Galilei denen gegenüber, die ihn loben, diese eines Philosophen würdige Absicht zum Ausdruck: ‚Ich danke ihnen wohl für ihre Zuneigung, aber es wäre mir viel genehmer gewesen, hätten sie mir geholfen, meine Fehler zu korrigieren, und die Wahrheit gezeigt: ich schätze das Nützliche der wahrhaftigen Korrekturen sehr viel mehr als den Prunk leerer Lobreden‘“[95].

Man muß zugestehen, daß ein Kern von Wahrheit in diesen heimtückisch verlogenen Worten Pater Vannis steckte.

Die *Exercitatio de formis substantialibus et qualitatibus physicis* – in der Originalausgabe unter dem Namen von Arrighi –, die den Anlaß für diese Reflexionen lieferte, war nichts weiter als ein polemischer Gelegenheitstext. Er goß den Inhalt von Pater Grassis Polemik gegen den *Saggiatore*, der seit Jahrzehnten in jesuitischen Kreisen im Umlauf war, in die akademische Form einer Exercitatio.

Die Exercitationes waren ein sehr lebendiger akademischer Ritus, sehr viel lebendiger als die Lektionen. Darin standen sich, wie bei einem theologischen Disput, der Autor einer falschen oder abweichenden Meinung und der Opponent gegenüber, der mit aristotelischen Prinzipien bewaffnet diese Meinung als falsch oder irrig entlarvte.

Auch in unserer *Exercitatio* wurde so verfahren. Die zu widerlegende Meinung war der Atomismus des *Saggiatore*. Im ersten Teil wurden die Ansichten des *Saggiatore* unter Verwendung langer Zitate in sieben Punkten zusammengefaßt, und zwar: die geformte Substanz, die geometrischen Zeichen des Buchs des Universums, der nominalistische Charakter der sinnlichen Wahrnehmung, ihre Erzeugung durch die Bewegung von Teilchen der Substanz, die Erzeugung von Wärme durch die Bewegung von Feuerteilchen, die Mitteilung dieser Wärme durch Emission dieser Teilchen und die atomistische Konzeption des Lichts.

Der einleitende Satz diente der Zusammenfassung des gesamten ersten Teils: „Galilei neigte sehr zu der Ansicht, daß alle Dinge durch unterschiedlich geformte und kombinierte Atome gebildet werden."

Jetzt tritt der Opponent auf, der zu Beginn erklärt, daß diese ganze Theorie nach Schwefel stinkt, daß man „überall den Geist von Demokrit atmet". Es handelt sich um einen scholastischen Text, folglich ist er in seinen Argumentationen sehr gut gegliedert. Es gibt drei Gruppen von Argumenten bei Galilei, die zurückgewiesen werden müssen. Die erste und wichtigste ist theologischer, die zweite logischer und die dritte physikalischer Natur, denn Galileis Ansicht widerspricht der Erfahrung.

Die erste Argumentation (S. 12f.) stellt die Tatsache in den Vordergrund, daß der Atomismus nicht mit der katholischen Glaubenslehre der Sessio XIII des Konzils von Trient konform geht, nämlich dem Dogma von der Permanenz der eucharistischen Akzidentien. Wenn die Körpersubstanz durch „sinnlich wahrnehmbare Atome" gebildet wird, wenn es also die Atome einer Substanz sind, die die sinnlich wahrnehmbaren Effekte erzeugen, dann heißt das – unter der Voraussetzung, daß in der Eucharistie die Erscheinungen des Brotes und des Weines und nicht die des Körpers Christi sinnlich wahrnehmbar sind –, daß es in der Eucharistie Brotatome, Brotsubstanz gibt, wie es beim Feuer – nach Galilei – Feueratome gibt; und keine Substanz des Leib Christi. Und das ist falsch.

Es ist von Bedeutung, diesen Punkt deutlich herauszustreichen, denn er geht weit über die anfängliche eucharistische Kontroverse gegen den *Saggiatore* hinaus. Die nachfolgenden Entwicklungen und Versuche, vor allem bei Descartes und Balli, das Paradox durch die Theorie der intentionalen eucharistischen Spezies zu lösen, werden mit einbezogen – nämlich die Theorie des Wunders, daß die Hostie erscheint, „als ob" sie Brot wäre, es aber nicht ist.

Der Autor entgegnet mit einem dialektischen Argument: Wenn die eucharistischen Akzidentien durch ein Wunder von der Substanz getrennt existieren können, dann wäre auch die Substanz des nicht geweihten Brotes, ebenso wie der Körper Christi in der geweihten Hostie, nicht wahrnehmbar. Dann aber ist die Theorie der sinnlich wahrnehmbaren Atome falsch, sie widerlegt sich selbst. In Wirklichkeit will der Autor beweisen, daß diejenigen, die „zu antworten pflegen", der Atomismus sei mit dem Dogma der Eucharistie vereinbar, einen Fehler begehen.

Das dialektische Argument ist wirklich gut und überzeugend, ist aber eher gegen den Autor der Briefe an Mesland als an den Autoren des *Saggiatore* gerichtet. Es ist, als riefe Pater Vanni aus: Ihr Atomisten unterscheidet das, was für Euch die Substanz ist, einerseits und die Erscheinungen auf der anderen Seite. Dann können wir dasselbe tun. Ja, wir können es sogar noch besser, denn nach unserer Meinung sind Substanz und Akzidentien wirklich unterschieden, und folglich ist es legitim, zu denken, daß Gott, wenn er nur will, sie auf wunderbare Weise scheidet.

Es war Descartes, nicht Galilei, der die entscheidende Frage gestellt hatte: „Wenn eine körperliche Substanz sich in eine andere verwandelt hat und alle Akzidentien der ersteren bleiben, was hat sich dann geändert?" Pater Vannis Dialektik war die Antwort auf die Taktik der eucharistischen Theologie von Descartes.

Auch die zweite Argumentation, die „im Lichte der Vernunft" geführt wird, zeigt uns, daß der *Saggiatore* nicht mehr so sehr im Verdacht steht, Anaxagoras oder Demokrit zu propagieren, wie es für Pater Grassi erschien, sondern Descartes vorwegzunehmen, den neuen offiziellen Hauptfeind für den Index. Gesteht man dem Menschen tatsächlich eine rationale, vegetative und sensitive Seele zu, dann kann man die sensitive Seele bei den Tieren und die vegetative bei den Pflanzen nicht ausschließen. Seit Descartes stand dieses Argument auf dem Index. Auch dürfen wir nicht vergessen, daß im *Dialog* der Atomismus von Galilei vor allem beim Problem des natürlichen Werdens und Vergehens von Wichtigkeit war.

Die dritte, also die physikalische Beweisführung, enthält die zum Teil wörtliche Abschrift der Argumente von Pater Grassi aus der *Ratio.* Dieser Teil dürfte tatsächlich von dem Studenten Francesco Maria Arrighi verfaßt worden sein, denn hier wird getreulich der Inhalt des Klassikers der wissenschaftlichen Literatur der Jesuiten, des Handbuchs für die Kontroverse gegen Galilei, wiederholt.

Dasselbe gilt für die Entgegnung, die sich auf die Unmöglichkeit bezieht, die atomistische Theorie auf das natürliche Werden zu beziehen, was mit Gemüsen exemplifiziert wird; ebenso geschieht es beim Thema der Übertragung der Wärme in der Hand und zwischen Körpern. Natürlich handelte es sich um das Buch einer Schule und nicht um eine wissenschaftliche Publikation, und so werden alle Argumente, die Grassi nur kurz und polemisch andeutete, hier pedantisch und detailliert mit professoraler Logik ausgewalzt.

Man kann mit einiger Sicherheit davon ausgehen, daß die zweite Ausgabe der *Ratio* von Pater Grassi, in der das aristotelische Argument gegen die mathematische Unendlichkeit weggelassen worden war, als Vorlage für den Autor der florentinischen *Exercitatio* zugrunde lag, denn das Problem der Unteilbaren taucht auch hier nicht auf.

Das physikalische Argument von der Undurchdringlichkeit der Atome findet sich dagegen ganz genauso wie in der zweiten Ausgabe der *Ratio.* Bei der Kritik an der atomistischen Konzeption des Lichts haben die Florentiner tunlichst Wort für Wort die schöne Argumentationskette von Pater Grassi kopiert. Der hatte das Paradox der geschlossenen Lampe angeführt, die Wärme abstrahlt, während für Galilei die Feueratome weniger schnell und folglich weniger durchdringend sein sollten als die Lichtatome.

Mit der Ablehnung der substantialistischen und korpuskularistischen Theorie des Lichts, die auf ideale Weise an die eucharistische Widerlegung zu Beginn anknüpft, schließt diese Schrift, die die falschen physikalischen Vorstellungen des *Saggiatore* ins Gedächtnis zurückruft.

Wie man sieht, war dieser Text genau das Instrument, um die traditionellen Anschuldigungen gegen Galilei in einem Umfeld und zu einem Zeitpunkt zu erneuern, da Galilei in der Toskana eine positive Neubewertung erfuhr. Die Argumente der offiziellen Verurteilung hatten im Laufe der Zeit immer mehr an Überzeugungskraft eingebüßt, es drohte die Gefahr, daß dieser Damm, der im großen und ganzen bis hierher die Ausbreitung der galileischen Philosophie in Italien gebremst hatte, zusammenbrechen könnte, und es wuchs eine neue Generation von Galileischülern heran, die sich auf den *Saggiatore* bezogen. Das waren die Gründe, die die florentinischen Jesuiten zu ihrem Schritt veranlaßt hatten; fünfzig Jahre nach den ursprünglichen, noch immer lebendigen und noch immer aktuellen theologischen Bedenken, die Galileis Philosophie ausgelöst hatte, wollten sie weitere Skandale und die Hoffnung auf eine Rehabilitierung für immer ersticken.

Und eben weil es kein Originaltext ist, sondern eine modernisierte Kompilation, ist die *Exercitatio* von Vanni-Arrighi so interessant. Sie verrät, wie breit und wie langfristig angelegt die Strategie gegen Galilei war, die Pater Grassi, getragen von der Woge einer großen, Jahrhunderte währenden Kontroverse, ausgearbeitet hatte.

Allerdings muß auch das Bemühen um eine Aktualisierung gesehen werden, denn es besteht kein Zweifel, daß dieses Pamphlet die neuen Tendenzen in der Kontroverse widerspiegelt und die neuen Anregungen durch die Bücher von Pater Compton-Carleton und Pater Raynaud gegen Descartes aufgreift. Der Abschnitt zur Physik, obwohl es der am stärksten kompilierte ist, dürfte in Kenntnis der Bücher von Pater Zucchi, von Pater Fabri und vor allem von Pater Casati verfaßt worden sein. Zwischen den Zeilen der anderen *Exercitatio,* die zur Bekämpfung der Theorie über das Vakuum und der Wärmeübertragung im Barometer verfaßt worden war, ist die Kenntnis dieser Bücher zweifelsfrei ersichtlich.

Auch in diesem Zusammenhang wurde zunächst einmal mit der eucharistischen Widerlegung gearbeitet. Im Anschluß daran folgt auch hier die offizielle Anschuldigung aus der *Ratio,* aber man kann sich des Eindrucks nicht erwehren, daß Pater Vanni von der anonymen Anzeige gegen Galileis Buch beim Heiligen Offizium, gewußt haben muß, zumindest wurde wohl in Kreisen der Jesuiten am Collegium darüber gemunkelt. Und Pater Vanni hatte dort seine Ausbildung in Philosophie und Physik erhalten, dort hatte er Pater Grassi persönlich kennenlernen können. Von ihm und von den alten Kampfgefährten aus den 20er und 30er Jahren konnte er wesentliche Anregungen für die Fortführung dieses Kampfes für den rechten Glauben und gegen die galileische Philosophie erhalten haben.

Gewiß, seit der ursprünglichen Anzeige von Pater Grassi bis zur florentinischen Neuauflage war ein halbes Jahrhundert vergangen, und das merkte man. Autoren und Sprache hatten sich geändert. Pater Vanni hatte es nicht mehr nötig, das Handbuch von Pater Suarez zuhilfe zu nehmen, um eine gründliche Exegese des Atomismus durchzuführen oder etwa die in der

Scholastik klassische Trennung von Substanz und Extension zu zitieren; er wußte genau, worum es sich bei den Atomen der Neuerer Descartes und Gassendi handelte. Die Kontroverse war inzwischen so weit entwickelt und so fein ausgearbeitet, daß eine kurzgefaßte und wirkungsvolle Polemik gegen die wohlbekannten Antworten der Gegner möglich wurde. Pater Grassi dagegen hatte sich noch den Kopf darüber zerbrechen müssen, was wohl die Antworten sein würden. Die jüngsten Auseinandersetzungen in der Toskana hatten Pater Vanni des weiteren gelehrt, daß die gefährlichsten Passagen des *Saggiatore* diejenigen über das Buch der Natur waren.

Begonnen hatte ich diese Untersuchung bei einem Problem in Galileis Theorie des Lichts. Nun schließt sie mit dieser späten, 50 Jahre nach dem Erscheinen des *Saggiatore* formulierten Kritik an der Korpuskeltheorie des Lichts, die Galilei vorgeschlagen und dann aus logischen und theologischen Gründen hintangestellt hat, die stärker waren als seine wissenschaftlichen und religiösen Überzeugungen.

Damit will ich nicht ausschließen, daß sich auch noch nach den letzten zitierten Vorkommnissen und Texten interessante Spuren der ursprünglichen Anschuldigungen gegen den *Saggiatore* finden lassen.

Man müßte die Ausgaben des *Magisterium naturae ed artis,* von dem Jesuitenpater Lana-Terzi verfaßt, zitieren. Verblüfft stellt er fest, daß es erlaubt ist, den Atomismus in die Form einer mathematischen Theorie zu kleiden, um sich so tatsächlich dem theoretischen und theologischen Problem des Atomismus in der Physik zu entziehen[96].

Um einen Eindruck von dem intellektuellen europäischen Hintergrund zu vermitteln, müßte man die *Lettres* von Pascal durchgehen, die den epischen Kontroversen von Pater Magni und Port Royal gegen die Jesuiten gewidmet sind. Man müßte auch an die Kontroversen um die Eucharistie zwischen den Minimiten, den Olivetanern, den Benediktinern, den Jesuiten und den Dominikanern erinnern. Man müßte die Anzeige des Jesuiten Le Valois, Philosophieprofessor am Collegium von Caen, gegen die *Recherche de la verité* von Malebranche zitieren und die sich anschließende große Kontroverse, die losbrach, als Malebranche eine Theorie der eucharistischen Species vorstellte, in welcher er der Physiologie von Descartes Rechnung trug[97]. Malebranche, das bedeutete: große augustinische Metaphysik, Erbe der Spiritualität der Philippiner zu Beginn des Jahrhunderts und Endpunkt der Bemühungen, die sich ein ganzes Jahrhundert lang hingezogen hatten, mit dem Ziel, eine neue Philosophie mit einem erneuerten Christentum in Einklang zu bringen. Am 21. November 1689 stand der *Traité de la nature et de la grâce* von Malebranche auf dem Index. Die anderen metaphysischen Arbeiten des Schülers von Kardinal Bérulle und Descartes sollten dasselbe Schicksal erleiden.

Man könnte noch lange in dieser Geschichte fortfahren, aber soweit es Galilei betrifft, will ich meine Studie an diesem Punkt abschließen.

Die entscheidenden Motive für die große Kontroverse hatten jetzt nämlich nicht mehr ihre ursprüngliche Bedeutung. Und nicht etwa deswegen, weil jenes Verbrechen gegen die Religion verzeihlich geworden war. Ganz im Gegenteil, es blieb aktuell. Man braucht nur die Neuauflagen des Index (1704) durchzublättern, und man findet sie, unsere Hauptakteure, einen nach dem anderen: von Descartes bis Magni, von Maignan bis hin zu Don Chiavetta und Don Balli.

Aber es ist die offizielle Geschichte, die zu diesem Zeitpunkt eine neue Seite aufschlägt: Am 18. Oktober 1685 wird im Schloß von Fontainebleau das Edikt von Nantes, das schon seit Jahren praktisch wirkungslos war, durch Ludwig XIV. außer Kraft gesetzt. Die „Zwangsbekehrung" der französischen Protestanten ist der brutale Schlußpunkt einer Krise, die durch die Reform ausgelöst worden war, und sie verurteilt die Neuerer zum Schweigen. Sie müssen mitansehen, wie die Institutionen der Jesuiten die neue Philosophie mit wesentlich weniger Besorgnis betrachten können.

Das Werk von Pater Grassi, wenn auch zu dessen Lebzeiten unvollendet, wird jetzt triumphal abgeschlossen: Zum selben Zeitpunkt, 1685, bildet das Fresko *Trionfo universale della Compagnia di Gesù* von Bruder Dal Pozzo den glanzvollen Abschluß der Kirche von S. Ignazio.

Die philosophischen Ideen Galileis und ihre Verbreitung erforderten jetzt nicht mehr die ständige Überwachung der gesamten Philosophie durch die Jesuiten. Und dies aus dem einfachen Grund, daß die anfänglichen „Bedenken" der Jesuiten gegen Galileis Philosophie und ihre solide theologische Begründung inzwischen offiziell anerkannt waren. Von jetzt an gab es keinen harten Kampf mehr zwischen Ideen, der Streit wandelte sich zu einer Chronik von Strafprozessen.

Wenn auch Galilei aus Gründen der Staatsraison die eigentlichen, schwerwiegenden Anschuldigungen, als die man seine Herausforderung an die offizielle katholische Kultur hätte ansehen können, erspart geblieben waren, so war jetzt doch zumindest die Ehre von Pater Grassi wiederhergestellt. Nach zahlreichen neuen Häresien und Kontroversen, die belegen, wie berechtigt die ursprünglichen Anschuldigungen waren, wurde nun auch Galileis Physik beim Heiligen Offizium offiziell angezeigt. Ganz offen, und nicht mehr verschleiert als Sympathie für den Kopernikanismus, wurde sie als die gefährlichste Physik bezeichnet, gefährlicher noch als die von Descartes und Gassendi.

Jene inzwischen auch offiziell sanktionierte Verurteilung war praktisch in aller Öffentlichkeit wirksam geworden. Im berüchtigten Saal des Konvents von Santa Maria sopra Minerva, genau da, wo Galilei öffentlich seiner kopernikanischen Ansicht abgeschworen hatte, widerrief am 2. Dezember 1676 der Olivetanerpater Andrea Pissini aus Lucca, ein Atomist und Vertreter des subjektiven Charakters von Wärme, Geschmack, Geruch, seine Häresie: „Ich korrigiere und verändere und bekräftige, daß in der Eucharistie, ob man sie nun sieht oder nicht, berührt oder nicht, wie im Ziborium oder anderswo, tatsächlich immer das Sakrament sich befindet"[98].

Zwischen 1688 und 1697 wurde in Neapel ein großer Prozeß gegen einen Kern von „Atheisten" durchgeführt, den man dort entdeckt hatte: Es handelte sich um die Neuerer der Accademia degli Investiganti sowie cartesianische und nicht-cartesianische Atomisten[99]. Im Oktober 1691 war es auch in Florenz nicht mehr möglich, den Schein zu wahren: Großherzog Cosimo III. verurteilte das unterschwellige Fortexistieren der Ideen aus dem *Saggiatore*, die in verstellter Form überlebt hatten. Selbst der private Unterricht, „schriftlich oder mündlich", der „demokriteischen Philosophie, also des Atomismus", wird verboten[100].

Die jüngsten Übertretungen und Gefahren für den rechten Glauben wurden in Form einer kollektiven Denunziation in den *Lettere apologetiche in difesa della teologia scolastica e della filosofia peripatetica* (1694) verurteilt. Ihr Autor, der Pater Giovanni Battista De Benedictis, Präfekt der Schulen des Jesuitenordens, faßte darin zusammen, worin die Bedeutung der über ein halbes Jahrhundert sich hinziehenden kulturellen und theologischen Aktivitäten des Collegium Romanum bestanden hatte – insbesondere im Kampf an der für den Widerstand gegen die „neue Philosophie" wichtigsten Front.

Hinter den offiziellen präventiven Verboten und hinter der juristischen Repression von Neapel bis Venedig[101] stand seit langem eine offizielle Inkrimination in Rom, von wo aus die Operation gelenkt wurde. Galileis Häresie lag jetzt endlich klar zutage und wurde schließlich auch ganz offiziell verfolgt. Das wurde Vincenzo Viviani mitgeteilt, der sich Hoffnungen gemacht hatte, seinen Lehrmeister rehabilitieren und das Urteil von 1633 revidieren zu können. Zu diesem erhofften Anlaß hatte Viviani sogar schon eine Hagiographie, die *Vita di Galileo,* fertiggestellt.

Der Jesuitenpater Antonio Baldigiani, Berater beim Heiligen Offizium, setzte Viviani jedoch in Kenntnis, daß die Anschuldigungen gegen Galilei, die nichts mit dem Kopernikanismus zu tun hatten, inzwischen beim Heiligen Offizium formalisiert worden waren:

„Es wurden und werden außerordentliche Kongregationen der Kardinäle beim Heiligen Offizium auch unter Anwesenheit des Papstes durchgeführt, und man spricht davon, ein allgemeines Verbot aller Autoren der modernen Physik zu erlassen, es werden lange Listen von ihnen erstellt und an erster Stelle steht Galileo, mit Gassendi und Cartesius, als äußerst verderblich für die literarische Republik und für die Aufrichtigkeit der Religion. Die wichtigsten Ratgeber werden Männer des Glaubens sein, die zu anderen Zeiten sich bemühten, diese Verbote zu bewirken ..."[102].

Die Anstrengungen jener „Männer des Glaubens" zur Verteidigung des tridentinischen Dogmas wurden durch die Anerkennung ihrer Ideen als wahrer Glaube gekrönt, auch wenn das sehr spät geschah. „Es werden seit langer Zeit (in) dieser Affäre Fäden gezogen" bestätigt auch Marcello Malpighi gegenüber Viviani[103].

Nun war die Affäre Galilei wirklich abgeschlossen.

Zehntes Kapitel

Schluß

Die Inszenierung eines Dramas

Sonntag der 7. im Monat Bichat – dem Monat der modernen Wissenschaft – war auf der Grundlage des von Auguste Comte vorgeschlagenen positivistischen Kalenders (zwischen 1849 und 1854) der Tag der Wiederkehr des Wissenschaftlers Galilei, des Märtyrers für die Religion der Humanität und Helden der nach ihm benannten Woche, deren erster Tag, der Montag, den Namen des Kopernikus trug[1].

Die fortschreitende Veröffentlichung der Prozeßunterlagen (im Zeitraum zwischen 1850 und 1907)[2] heizte den positivistischen Kult um Galilei noch mehr an und schuf die Voraussetzungen für eine kitschige Heldenverehrung, die noch heute unser Bild von Galilei nachhaltig beeinflußt.

Im Herbst 1982, als dieses Buch nahezu abgeschlossen war, hatte ich Gelegenheit, eine bildnerische Darstellung aus jener Periode ganz aus der Nähe zu betrachten. Es handelte sich um eine Ausstellung im Palazzo Vecchio in Florenz mit dem Titel „Il museo segreto", in der Arbeiten aus privaten Sammlungen gezeigt wurden. Eine private Sammlung aus Mailand hatte ein Gemälde aus der Mitte des 19. Jahrhunderts beigesteuert, eine wichtige Arbeit, die auf der *Esposizione fiorentina della Società Promotrice delle Belle Arti* aus dem Jahr 1857 mit einer Silbermedaille ausgezeichnet worden war. Das Bild heißt *Galileo davanti all'Inquisizione*, und der Maler ist der Toskaner Cristiano Banti (1824–54)[3] – ein ausgesprochen veristisches Bild wie aus einem zeitgenössischen Bühnenbild für die Oper.

Galilei steht in einem Raum des Heiligen Offiziums vor seinen Richtern: dem Richter Pater Maculano und seinen beiden Beisitzern. Von einem unsichtbaren Fenster her fällt Licht ein und beleuchtet den inquisitorischen Eifer des Richters, der neben einem großen Kruzifix steht und mit dem Finger drohend auf die aufgeschlagenen Seiten eines Buches (vermutlich den *Dialog*) weist. Auch das Blatt eines Protokolls ist erkennbar: vielleicht handelt es sich um das berühmte Protokoll der strittigen Aufforderung durch Kardinal Bellarmin. Von den beiden zu seinen Seiten sitzenden Dominikanern scheint der eine, der zur Linken, sichtlich erschrocken, er zieht den Kopf in seine Kutte ein; der andere zur Rechten ist bis zu den Augen in der Kapuze versteckt, es scheint, als sei er eingenickt (Abb. 11).

Vielleicht wollte der Künstler auf diese Weise die drei Grundübel der Ignoranz darstellen: den Fanatismus, die Furcht und die Faulheit.

So, als wolle er sie herausfordern, steht Galilei ihnen gegenüber, sehr jugendlich für einen 70jährigen, der an Arthrose leidet, umstrahlt von einem Heiligenschein der Wahrheit. Der Mantel unter seiner Hand gibt seiner Pose eine gewisse Eleganz, vergleichbar der eines Toreros in der Arena. Galilei schaut voller Verachtung über seine Richter hinweg in die Zukunft. Es ist, als wolle er die große Arie der Wahrheit intonieren.

Zu den ästhetischen Qualitäten dieses hagiographischen Bildes möchte ich nichts sagen. Aber der gesuchte historisierende Verismus kommt mir vor wie eine gut gemachte Fälschung: nicht mehr und nicht weniger als eine der 2000 Handschriften Galileis aus der berühmten Sammlung Chasles, die in derselben Epoche (1867–70) von dem genialen Autodidakten und Fälscher Vrain Lucas angefertigt worden waren[4]. Es waren Fälschungen, auch wenn Papier und Tinte den wissenschaftlichen Untersuchungen der Académie des Sciences standhielten.

Zu Beginn unseres Jahrhunderts stellte der große Wissenschaftler und Philosoph H. Poincaré mit Hinblick auf die modernen Wissenschaftler die Behauptung auf, daß „der Glaube des Wissenschaftlers dem unruhigen, immer suchenden und niemals zufriedenen Glauben des Häretikers gleicht“[5].

Galilei ein Ketzer? In der Tat warf Galileis Unzufriedenheit mit der Physik einige Fragen auf. Warum war der Autor der *Unterredungen* so hartnäkkig unzufrieden mit der Naturphilosophie des *Saggiatore*? Wieso war es zu einem so krassen Bruch zwischen einer ursprünglich ambitionierten Philosophie mit großem Erfolg bei den Intellektuellen und der schlußendlich reinen Mathematik mit fast ängstlichen methodischen Vorbehalten gekommen?

Erkenntnistheoretisch gesehen gab es viele plausible Erklärungsmöglichkeiten dafür. Alle waren rational zureichend. Aber für uns war die mysteriöse und zugleich faszinierende Zurückhaltung Galileis Grund genug, nicht ohne weitere Nachforschung eine dieser Erklärungen zu unterschreiben. So begannen wir, ausgehend von einigen Vorahnungen, Einschätzungen und Erklärungen des Bedauerns, den langen Schatten, der über diesem Abschnitt der Geschichte des Denkens liegt, aufzurollen. Diese Schatten sind hartnäkkig und verräterisch, wie in einem Bild aus dem 17. Jahrhundert bedrohen sie den strahlenden offiziellen Erfolg des *Saggiatore* in Rom.

Es war die große, niemals wirklich erschöpfte Unruhe der physikalischen Forschungen Galileis, die uns zu einer näheren Betrachtung seines Lebensweges zwang, ohne daß wir uns allzu sehr irreführenden retrospektiven Illusionen hingeben mochten. Wenn wir uns schon im 17. Jahrhundert befinden, möchte ich diese Irreführungen einen „Don Quichotte“-Effekt nennen, nämlich das Bild von einem Wissenschaftler Galilei, der die Kunst der Verstellung nicht kennt und keinen anderen Wunsch hat, als immer und unter allen Umständen in der offen erklärten Wahrheit zu leben. Vielleicht steckte hinter der Geschichte um Galilei eine andere, nicht faßbare Realität. Wir versuchten, diese von der offiziellen Geschichte im Dunklen belassene

Wirklichkeit näher zu ergründen, und fragten, ob hier der Grund für den nie explizit erklärten Wechsel in Galileis physikalischer Theorie liegen könnte.

Dieses Buch hat sich nicht auf die alten aufklärerischen und positivistischen Schemata eingelassen, sondern versucht, die Kultur des 17. Jahrhunderts zu assimilieren, des Jahrhunderts der verräterischen Schatten in der Malerei und der Kunst der ehrenhaften Verstellung, eine aus Klugheit geborene Kunst im zivilen und intellektuellen Leben.

Die Zeit Galileis war voller List und voller Wunder. Sie hält verblüffende neue Antworten für uns bereit, neue bisher im Schatten gebliebene Dokumente tauchen aus dem Umfeld der Affäre Galilei und der von ihm mit ausgelösten wissenschaftlichen Revolution auf, deren – wenn man es denn so ausdrücken will – Märtyrer er wurde.

Retrospektive Täuschungen

Die Frage sollte nicht ohne Ironie gestellt werden: Erklären denn die neuen Dokumente alles? Nein, alles erklären sie nicht. Sie lehren uns nur, dieselben Erscheinungen in einem anderen Licht als zuvor zu sehen. Sie lehren uns ein wenig jene Kunst des genauen Blicks, den unsere modernen, erkenntnistheoretisch geschulten Augen unwiederbringlich verloren haben.

Versuchen wir nun die neuen und durch dieses Buch neu gedeuteten Dokumente zu bewerten, so sind wir gezwungen, Galileis wissenschaftliche und philosophische Unruhe, aber auch die Häresie, die ihn schließlich die Protektion durch den Papst kostete und ihm die Verurteilung durch die Kirche einbrachte, in einem anderen Licht zu sehen.

So erklärt dies Buch nicht alles, sondern versucht in erster Linie zu verstehen, und zwar von innen heraus: Die alten Schemata erklärten alles, sie wahrten den Schein und hinderten daran, zu begreifen. Dieses Buch hat sich vorgenommen, die Evidenzen zu ersetzen, und dagegen die Wahrheit und vor allem die komplexen Verwicklungen der Vergangenheit zu bewahren.

Galilei ein Ketzer? Dieses Buch hat versucht zu zeigen, daß Galileis Häresie nicht aus dem Zentrum eines Dramas hervorging, bei dem sich zwei Wahrheiten gegenüberstanden: die kopernikanische Wahrheit, die Galilei mit einem Glauben aufstellte, der schon an wissenschaftlichen Dogmatismus grenzt, und die Wahrheit der Schrift, die von der Kirche mit einem Glauben vertreten wird, der fast schon in irrationalen Fanatismus übergeht.

Es wurde versucht zu zeigen, daß die Häresie Galileis auf zwei Phänomene zurückzuführen ist: zum einen auf Galileis Zurückhaltung, seinen „Theoriewechsel" in der Physik plausibel zu machen, zum anderen in der Neigung der Epoche zu theologischer Spekulation und Polemik.

Die traditionelle Inszenierung der Affäre, die – in zwei Akte gegliedert – sich in den offiziellen Räumen von Kardinal Bellarmin und im Saal des Heiligen Offiziums abspielt, haben wir durch eine neue Anordnung ersetzt. Galileis Drama wird hier auf der Bühne jenes „Theaters der Wunder" inszeniert, das sich in Rom in den ersten Jahren des Pontifikats Barberini vollzieht. Zu dieser Zeit war Rom jung und aufgeschlossen, weil sein neuer Papst jung und aufgeschlossen war und auf den wiederentdeckten Grundlagen des Christentums das intellektuelle Leben der Stadt erneuerte; und Galilei, auf dem Höhepunkt seines Erfolges, wurde der offizielle Wissenschaftler des Katholizismus.

Ich würde mir wünschen, ein Zeitgenosse Galileis hätte die Inszenierung dieses Buches beurteilt: Es ist ein Spiel von Reflexen, deren Quellen im verborgenen liegen, von unsichtbaren Spiegeln, die künstliche Effekte als reale erscheinen lassen sollen. Es wollte jenes strenge und irgendwie ungreifbare Werk der List und des Kompromisses vorführen, als Gehorsam gegenüber den offiziellen Dokumenten ausgeben, was religiösen und politischen Opportunitätserwägungen entsprang.

Licht und Schatten. Dieses Buch hat sich bemüht, um gar keinen Preis anachronistisch zu sein, auch nicht um den Preis, unser rationales, klares und eindeutiges Verstehen dem „vernunftgemäßen Verstehen" der Zeit Galileis vorzuziehen. Jene Vernunft war dem Licht und dem Schatten gleich: „Offen und versteckt vorgehen", so lehrt Torquato Accetto, und so erfordert es die natürliche Vernunft des 17. Jahrhunderts, denn es ist die Natur, die bestimmt, daß „in der Ordnung des Universums der Tag und die Nacht sei"[6].

Wir haben uns also in den Akademien und den Bibliotheken der Literaten, der moralisierenden und lautstarken Neuerer und der galileischen „Virtuosi" umgesehen, die sich zu Gruppen zusammenschlossen als neue Asketen des Christentums. Die traditionelle Geschichtsschreibung über Galilei hatte diese Zusammenhänge und Orte ausgespart, denn die positiven wissenschaftlichen Anstöße aus dieser schmalbrüstigen philosophischen und laizistischen Mobilisierung – im Schatten des neuen politischen Pontifikats Urbans VIII. und seiner Politik der Öffnung – waren für die Geschichte der Wissenschaft absolut unerheblich. Und anders hätte es auch gar nicht sein können.

Auswirkungen gab es keine, aber es lag doch etwas Wunderbares darin, wenn jene Literaten ohne mathematische und astronomische Bildung, jene Höflinge des neuen Papstes, auf der Grundlage des Buches der Natur einen neuen Pakt zwischen Literatur, galileischer Philosophie, der Macht und dem Glauben schlossen.

Viele von ihnen waren Mystiker, fromme Christen, frommer als die Katholiken der Gegenreformation. In der Öffnung nach Frankreich nahmen sie vor allem den Christlichen König und die neue Mystik der theologischen Tradition Frankreichs wahr, sie sahen den neuen Kardinal und Theologen des neuen Pontifikats, Bérulle, und vergaßen Bellarmin.

Es sind Katholiken und Anhänger von Kopernikus und Galilei, genau wie der Papst, unter dessen Schutz sie stehen. Ihre Philosophie ist die des *Sag-*

giatore, das große trojanische Pferd der kulturellen Wende in Rom. Es handelt sich um eine christliche Philosophie, die im Gegensatz zu der der Jesuiten keine spekulative Theologie sein will. Sie kann und will nicht in das Gebiet der Theologie eintreten, denn diese reicht über die Vernunft hinaus.

Innerhalb dieser Grenzen, „der reinen natürlichen Begriffe", muß das Recht der Vernunft gewahrt bleiben. Und das des Glaubens?

Der tridentinische Glaube ist das mächtige, leidenschaftliche Wiedererwachen der Scholastik. Der tridentinische Glaube dringt ein in den Bereich der Vernunft und der Philosophie. In der Astronomie besitzt er kein Recht dazu, wohl aber hat er das Recht und die Pflicht, dies bei der Physik zu tun; das große tridentinische Dogma verlangt es geradezu, die Worte des Heiligen Thomas, die zu seiner Ausformulierung dienten, buchstabengetreu zu nehmen. Der Sensationsprozeß gegen De Dominis warnt zum ersten Mal vor den Konsequenzen, die ein Skandal um Abweichungen in der Kurie nach sich zieht. Die beinahe fanatische Sturheit, die sich in der Durchführung jenes Prozesses ausdrückte, soll den bloßen Gedanken an einen solchen Skandal abwenden.

Im Collegium Romanum der Jesuiten hat die Scholastik ihr unüberhörbares Sprachrohr. Mit Leidenschaft bekennen sich die Jesuiten zu ihrem tridentinischen Glauben: zu einer Kirchenuniversität, zu einer rationalen, totalen und modernen Selbstverleugnung und zur Treue zu Trient. Philosophie und Wissenschaft sollen danach ausgerichtet werden und durch die Erneuerung von Forschung und Kultur auf der Basis der tridentinischen Dogmen vollständig überwacht werden.

Wenn die Anhänger Galileis, aus unserer modernen Perspektive betrachtet, so etwas wie eine geistige Bewegung um einen neuen Papst darstellten, so bildeten die Jesuiten die Partei des Papsttums schlechthin. Ihnen oblag die undankbare und allen erdenklichen persönlichen und offiziellen Frustrationen ausgesetzte Aufgabe, eine theologische Polizei zu bilden, die, militärisch organisiert, oft im Verborgenen wirkte.

Sie bildeten die Partei von Trient und der Staatsraison der Kirche im Zeitalter der Gegenreformation. Daher standen sie in einem unauflöslichen Treueverhältnis zum Katholischen König, zu den Habsburgern.

Das waren also die Akteure und ihre Parteien. Die römischen Anhänger Galileis und die Jesuiten des Collegium Romanum fühlten sich gleichermaßen als Bannerträger der Erneuerung, als Interpreten der neuen Zeit und als Aristokraten des Denkens im Katholizismus. Es steckte eine große charismatische Kraft in den religiösen und intellektuellen Wurzeln ihres Willens zur Erneuerung, und so wollten die einen wie die anderen im Innern der Kirche wirken. Aber dieses Wollen stand unter völlig verschiedenen Vorzeichen, der offene Zusammenstoß war unvermeidlich.

Die Spannungen, die durch den Erfolg des *Saggiatore* in Rom erzeugt worden waren, genauer zu untersuchen, das war die Absicht des Buches.

Es waren Möglichkeiten aufgeschienen, andere waren untergegangen. So als wären sie alle auf der feinen Waage der Zeit gewogen worden, um die traditionellen Normen zu bekräftigen oder zu widerlegen.

Aber seit Jahrhunderten, und ganz besonders im 17. Jahrhundert, vertraute die Kirche ihr Schicksal nicht allein dem Glauben an. Es hing ebenso von der Fähigkeit ab, sich gegen die äußeren Feinde zu verteidigen, und nicht zuletzt von einer Regierung, die mit anderen Regierungen das Spiel von Politik und Krieg spielte.

Politik und Krieg wurden mit ihrem enormen Gewicht in die Waagschale geworfen und veränderten die Relationen entscheidend.

Eine Öffnung der römischen Politik und militärische Erfolge der katholischen Partei bringen Galilei im Triumph nach Rom, wo ihm die Auszeichnung als „frommer Sohn der Kirche" zuteil wird. Eine konservative Verhärtung der Politik bringt ihn nach Rom zurück – diesmal als Schuldigen in einer kompromittierenden Affäre.

Galilei ein Ketzer? Galilei wird auf Anweisung des Papstes, der die geheime Untersuchung in dem berühmten Prozeß an sich gezogen hatte, vom Heiligen Offizium offiziell verurteilt, weil er im starken Verdacht steht, trotz seiner wiederholten Widerrufe gegenüber der obersten Kirchenbehörde (1616 und im *Dialog*) an die kopernikanische Lehre zu glauben. Also eine disziplinarische, und keine theologische oder doktrinäre Häresie, wie sich die Handbücher der Kriminalhäresiologie von damals ausdrückten. Darauf weisen auch die seriöseren Beobachter der juristischen Affäre hin.

Inquisitorische, disziplinarische Häresie. In anderen, modernen Worten, die die Sache aber genau treffen: 1633 wurde Galilei offiziell wegen Hochverrats verurteilt. Diese offizielle Verurteilung ist das Ende eines Dramas, und nicht das Drama selbst. Der Prozeß gegen Galilei war eine Art exorzistischer Befreiungsschlag aus der schweren politischen Krise des Jahres zuvor. Ein ebensolcher exorzistischer Befreiungsschlag angesichts derselben Gefahr war auch die feierliche päpstliche Dankesmesse in S. Maria dell' Anima (der deutschen Kirche in Rom) am 11. Dezember 1632 gewesen, mit der Gott für den Tod des Königs aus dem Norden, des „Schreckens des Universums", in der Schlacht von Lützen gepriesen wurde.

Der Prozeß gegen Galilei wurde mit dem größten propagandistischen Aufwand in Szene gesetzt. Auf Anordnung des Papstes wurde das Urteil gegen Galilei wegen Hochverrats an alle Nuntiaturen gesandt und in Wien, Madrid, Prag, Paris und Brüssel verkündet. Es handelte sich um eine Staatsaffäre, nicht um eine Gewissensfrage.

Das „öffentliche Vorgehen" war zu öffentlich, als daß es hätte unbemerkt bleiben können.

Aber dieses Buch wurde nicht geschrieben, um nachzuweisen, daß die Affäre Galilei, die insgeheim als eine Staatsaffäre behandelt wurde, zugleich ein riesiger Skandal war.

Das „öffentliche Vorgehen" der Staatsraison fand – erinnern wir uns, wir sind im 17. Jahrhundert – unweigerlich sein Gegenstück in einem „verborgenen Vorgehen".

So erlebten wir den Prozeß vor dem Prozeß, wie er im Theater des Schattens und von stummen Mimen in Szene gesetzt wurde: das undurchdringliche Schweigen, das die schwere Anklage umgab. Diese führte aber am Ende dazu, daß sich die Ereignisse überstürzten und den Papst zwangen, die Sache persönlich in die Hand zu nehmen und mit Hilfe jener Sonderkommission und in einer geheimen Untersuchung die Affäre und die Verdächtigungen in eine exemplarische Verurteilung wegen Hochverrats münden zu lassen.

Es war nicht unsere Absicht, Pater Maculanos Dossier in der Weise zu vervollständigen, daß all die Beweise enthalten sind, die im Frühjahr des Jahres 1633 fehlten. Das wäre ganz und gar überflüssig. Zahllose Bücher haben versucht, von den verschiedensten parteiischen Positionen aus genau dies zu tun. Die Stellungnahmen polarisierten sich entlang des Urteils und der bedrückenden ideologischen Bedeutung der Verurteilung. Nun kündigt auch die Kirche, die ihre alte Parteinahme in Frage stellen will, die Veröffentlichung und Wiederveröffentlichung aller Prozeßunterlagen an und ist bereit, mögliche juristische Fehler zuzugestehen. Als wäre der Prozeß gegen Galilei durch eine Analyse klassischen Typs begreifbar. Die Initiative ist unter bildungsbürgerlichen Prämissen verdienstvoll, aber auf der Ebene der historischen Wirklichkeit ändert sie nichts am Stand der Dinge*.

Der Prozeß bleibt ebenso real wie unanalysierbar, denn er wurde von einem Diktator in gefährdeter Lage gewollt und gelenkt, von einem Diktator, der sich konfrontiert sah mit der schwierigsten Situation seiner Herrschaftsperiode. Die Anerkennung von Justizirrtümern und die Rehabilitation der Opfer von politischen Prozessen haben eine eindrückliche Wirkung auf die Nachfolger, für den Historiker sind sie ein fader Trost.

Die Verurteilung Galileis wurde von den Machthabern offiziell mit Hochverrat begründet: es war weder der erste noch der letzte Fall dieser Art. Wollen wir weiterhin in den widersprüchlichen und trügerischen Mechanismen eines inszenierten politischen Prozesses befangen bleiben?

Nein, als Historiker wollen wir das nicht. War Galilei ein Kopernikaner? Ja, jedenfalls in einem solchen Ausmaß, daß er deswegen offiziell verurteilt werden konnte. Ein Monstrum, sagen Juristen, die das Urteil analysiert haben, empört. Ja, ein Monstrum, aber in dem Sinn, den das Wort im 17. Jahrhundert hatte: ein Kunstgriff, ein „undurchschaubares Orakel", denn genau darum handelte es sich bei einer Sentenz des Heiligen Offiziums. Lassen wir, die die Moderne der Kunst entwöhnt hat, im Schatten etwas ausmachen zu können, uns nicht täuschen. Lernen wir von den Menschen des 17. Jahrhunderts die Kunst des genauen Hinschauens, die Fähigkeit den manifesten Schein von der Realität im Verborgenen zu trennen: mit Hilfe eines Urteilsspruches wurde pietätvoll ein Mantel der Unschuld und Autorität über einen Skandal im Herzen der Kurie geworfen. Offiziell war die Verurteilung streng, auch wenn sie durch vollkommen außergewöhnliche Privilegien abgeschwächt wurde. Aber indirekt traf dieses Urteil auch jemand anderen. In aller Öffentlichkeit hatte der Papst zu Galilei „mein ergebener Sohn" gesagt. Bei einer allzu großen Schuld des Sohnes bliebe am Vater ein Verdacht der Mitverantwortung hängen.

Mit politischem Kalkül und einer psychologischen Finesse, die uns heute verlorengegangen ist, griffen im 17. Jahrhundert die Staatsraison und die Glaubensraison beständig auf verstellte und verschleierte Strafen zurück, um Skandale zu vermeiden und dem Volk Gottes Trost zu spenden. Diese Kunst der Verstellung, eine Kunst der Klugheit, die hervorragendste politische und religiöse Tugend der Macht, hinterließ kaum je Beweise.

Einige Beweise haben wir dennoch entdeckt.

Im Licht jenes grausamen Spiels – dem aufsehenerregenden Widerruf von Galilei – erwächst, im Schatten von Kalkül und Interesse, kostbar wie eine Blüte in der Nacht, das Geheimnis.

Geheimnis: das ist vielleicht das meist gebrauchte Wort dieses Buches auf der Spur von Dingen, die niemals ausgesprochen werden, von Problemen, die nicht benannt werden dürfen, denn es genügt, zu sprechen, um zum Komplizen zu werden. Zu Galileis Zeiten hat das Geheimnis einen großen Verbündeten: den Verdacht. Und beide zusammen bestimmen in ihrer Allgegenwärtigkeit das Denken der Menschen.

Auf Verdacht und Geheimnis beruhte die Anzeige gegen den *Saggiatore*, die zunächst suspendiert wurde, um dann doch mit logischer Unausweichlichkeit wieder hervorgeholt zu werden. Es war ein Verdacht, den man in Zeiten eines Prozesses gegen De Dominis nicht äußern konnte, ohne an Verrat, trübe Machenschaften und Häresie zu denken.

Alles drehte sich um die nominalistische und atomistische Häresie gegen das Dogma der Eucharistie. Wie aktuell sie zur Zeit des *Saggiatore* war, haben wir erfahren können, und auch, in welcher Weise sie in den nachfolgenden fünfzig Jahren unter den Händen der Jesuiten zu einer strategischen Waffe im Kampf gegen die neue Philosophie und die Physik geformt wurde.

Und wir sahen weiter, welches Ansehen ihr Wiederentdecker und der Stratege ihrer Vervollkommnung genoß: Pater Orazio Grassi, eine wissenschaftliche und moralische Autorität am Collegium Romanum und ein bedeutender Architekt. Er war sich wohl bewußt, daß das eucharistische Dogma die Meßlatte für Häresie und Orthodoxie darstellte, denn das hatten ihn die großen Protagonisten des Tridentinischen Konzils gelehrt.

Auch Pater Grassi trug im Herzen den hehren Willen, die neuerliche Auflösung der katholischen Theologie, eine neue Ruine der Kirche zu verhindern.

Galilei ein Ketzer? Diese Anschuldigung ließ man versanden. Sie wurde offiziell verbreitet, und die Drohung, den Skandal publik zu machen, wurde eine Art Druckmittel, als der *Dialog* den Atomismus des *Saggiatore* wieder aufleben ließ.

Soweit bekannt ist, hat sich Galilei niemals zur Eucharistiefrage geäußert.

Aus prinzipiellen Gründen hatten Physik und Philosophie nichts mit der Sphäre des Glaubens zu tun. Aber umgekehrt mußte sich der Glaube zwangsläufig in die Sphäre von Physik und Philosophie einmischen.

Übersetzte man die sinnlichen Phänomene der Eucharistie in die atomistische und nominalistische Sprache Galileis, so waren diese nicht in Übereinstimmung zu bringen mit der eucharistischen Transsubstantiation. Daher waren sie, weil nicht im Einklang mit einem Dogma, falsche, aber auch gefährliche Lehren; und dies auch dann, wenn sie nicht unmittelbar das Problem der Doktrin aufwarfen, um das es eigentlich ging: „Eine falsche Behauptung und im Gegensatz zum katholischen Glauben, weil unvereinbar" hatte für diesen Fall *De haeresi* (1616) ausgeführt, eine hoch angesehene Abhandlung zur Häresiologie, die unter Leitung von Kardinal Bellarmin verfaßt worden war.

Erst jetzt, auf dem Höhepunkt der politischen Krise des Pontifikats Barberini, das gegen seinen Willen in die Angelegenheit verwickelt wurde, war es nicht mehr möglich, die Anschuldigungen gegen ein heimliches Einverständnis mit so schwerwiegenden Häresien einfach abzutun. Man durfte, aus Gründen der Staats- und Glaubensraison, in der Öffentlichkeit einen so kompromittierenden Verdacht nicht zulassen. Man mußte ihm die Stoßkraft nehmen.

Gegen Galilei mußte klarerweise eine strenge Mißbilligung ausgesprochen werden. Aber auch die Denunzianten und Zeugen, die lebendigen Beweise für jenen Verdacht, mußten ausgeschaltet werden. Und so geschah es.

Die Dokumente dieser großen, bisher unbekannten Affäre haben wir auseinandergenommen, dann wieder Stück für Stück zusammengefügt und auch das eine oder andere fehlende Stück eingesetzt. So ergab sich die vorliegende Geschichte und ihre Schlußfolgerung: Die Verurteilung Galileis ist nicht auf seine Person beschränkt. Die Verurteilung Galileis ist, so haben wir gezeigt, ein einzigartiges historisches Ereignis. Und zugleich ist sie ein philosophisches Ereignis, denn sie ist exemplarisch für die Geschichte der wissenschaftlichen Revolution im 17. Jahrhundert.

Ein öffentliches Gut

Wissenschaftliche Revolution, das bedeutet Revolution von Ideen. Es ist eine ergreifende Revolution der physikalischen Vorstellungen, denn diese neue Disziplin ohne eine klassische mathematische Tradition will die traditionelle philosophische Metaphysik ablösen. Sie erhebt jetzt den Anspruch, einzig und allein auf den Beinen der rationalen Erfahrung und der Mathematik zu stehen und dabei weit zu kommen, überallhin, in die Himmel und in die unsichtbaren Strukturen der irdischen Materie.

Es ist eine noch größere Revolution als die, welche sich im Himmel der Astronomen vollzog. Die Physik bringt den Himmel der Ideen auf die Erde und erschüttert dabei den gesunden Menschenverstand ebenso wie auch die Philosophie. Die Astronomie ist von jeher eine klassische Disziplin, seit je Mathematik. Aber jetzt ändert sich die Materie, man gelangt vom Kontinuierlichen zum Diskontinuierlichen, vom Sichtbaren zum Unsichtbaren.

Glauben, um zu sehen, das proklamieren die Autoren des *Saggiatore* und des *Monde*. Wir mißtrauen den sinnlichen Wahrnehmungen, zunächst erforschen wir unsere Möglichkeiten, überhaupt zu einer objektiven Erkenntnis gelangen zu können, und dann werden wir sehen, daß sich hinter den sinnlichen Phänomenen korpuskulare Strukturen verbergen, die mit Hilfe der Vernunft objektiv erkannt werden können.

Sehen, um zu glauben, lautet die Antwort der jesuitischen Wissenschaftler und Philosophen: Wir sehen das Wunder der Permanenz der sinnlich wahrnehmbaren Erscheinungen in der Eucharistie, auch nachdem die Substanz von Brot und Wein vollständig verwandelt ist.

Damit dieses Wunder nicht zu einer Beleidigung der Vernunft des Menschen gerät, muß man die Unterscheidung der Quantität von der Substanz aufrechterhalten und die Idee, daß die Phänomene wirklich existieren, außer uns und ohne uns sind.

Hier befinden wir uns im Zentrum des Glaubens der Gegenreformation und zugleich auch der wissenschaftlichen Revolution.

Im Verhältnis zu diesen Fragen ist das Problem Kopernikus nur ein kleiner Betriebsunfall, ein Mißverständnis. Jetzt geht es nicht mehr um ein paar Stellen aus der Bibel, die auch gemessen an den Möglichkeiten der Zeit mit archaischen Interpretationsmustern gedeutet werden. Nein, es handelt sich um ein neues, strenges Dogma, eines der Hauptgebote des Katholizismus. Es handelt sich um *das* zentrale theologische Problem des Jahrhunderts, den zentralen Punkt des Glaubens und der Kontroversen.

Die Wissenschaftshistoriker zucken mit den Achseln: Was hat die eucharistische Theologie mit der Physik und der Mathematik eines Galilei oder eines Descartes zu tun? Ein Pseudoargument von irgendeinem Jesuiten, ein rein dialektisches Argument, um Galilei zu schaden, ein kleiner bösartiger „Kniff". Ein außerwissenschaftliches und somit unseriöses und uninteressantes Argument. Eine Gemeinheit, die einer näheren historischen Untersuchung nicht wert ist; allerhöchstens hakt man sie unter der Rubrik ‚theologischer Fanatismus' ab, ein Ausdruck, der selbst bei einigen gebildeten jesuitischen Wissenschaftlern Einzug gehalten hat. Ich denke, es waren diese Argumente, weshalb das Problem, mit dem Galileis Physik frontal zusammenprallte, auch dann noch vollkommen links liegengelassen wurde, als es ganz unzweideutig sichtbar war.

Und die Theorien zur Eucharistie von Descartes, Varignon[7], Leibniz[8]? Da lächeln die Historiker nur nachsichtig.

Ja, wie soll man die festsitzende, für uns heute kaum verständliche Leidenschaft erklären, mit der zahllose gebildete Männer, Wissenschaftler, Theologen, Philosophen (oft genug waren sie alles in einer Person) ihre ganze Energie für Themen einsetzten, die uns heute so scholastisch vorkommen.

Wie soll man Menschen des 17. Jahrhunderts erklärlich machen, daß wir heute ihre spekulative Leidenschaft nicht begreifen und es vorziehen, uns anderen Dingen zuzuwenden. Denn sie bringen uns in Verlegenheit, weil wir Nachfahren von Galilei sind und weil wir alle, Katholiken und Laien, lange Zeit danach bigotte moderne Wissenschaftler geworden sind.

Wir lächeln teilnahmslos, aber im 17. Jahrhundert kämpften ganze Heerscharen von Theologen und Intellektuellen an verschiedenen Fronten um dieses Dogma. Für viele von ihnen war die tridentinische Formel mehr als ein Autoritätsprinzip, sie war ein Identitätsprinzip, eine Existenzgrundlage.

Trient proklamiert mit philosophischer Gewißheit die reale Präsenz von Christus in der Hostie: Dank der Formel des Sakraments und der Tatsache, daß Gott als in der Hostie reinkarnierter Christus sichtbar ist, formuliert das tridentinische Dogma das immense Privileg, zu wissen und zu begreifen, daß Gott auf die Erde kommt. Man muß sehen, um zu glauben.

Die Formel des Dogmas erneuerte eine jahrhundertealte Allianz zwischen Glauben und Vernunft. Es schien, als habe Galilei jenen durch eine spekulative Theologie formulierten rationalen Pakt herausfordern wollen. Ein „Kniff"? Ein Ad-hoc-Argument, Resultat einer heruntergekommenen Ideologie, pures Taktieren, kurz – ein hergeholter Einwand? Ich glaube nicht daran: Es handelte sich um ein wichtiges theoretisches Problem.

Braucht es noch Beispiele? Schlagen wir ein wissenschaftliches Buch auf, das unbestritten ein wichtiger Beitrag zur sogenannten positiven Wissenschaft ist, die *Physico-mathesis de lumine, coloribus et iride,* das große posthume Werk (von 1665) des jesuitischen Physikers Francesco Maria Grimaldi. In diesem Werk finden wir die Entdeckung des Diaphragmas des Lichts und die Theorie eines fließenden (nicht unbedingt substantiellen) Leuchtens, dessen Vibrieren die Hypothese erlaubt, die Farberscheinungen bei Körpern seien von den Wellenbewegungen dieses Leuchtens abhängig. Und wenn sich die geweihte Hostie im Dunkel des Ziboriums befindet, was ist dann mit der Permanenz ihres Glanzes? Wir lesen Seiten über Seiten, die Pater Grimaldi auf dieses heikle eucharistische Problem in der Sorge verwendet, seine Theorie nicht durch das Dogma zu falsifizieren oder die Eucharistie durch die neue Theorie der Farben widersprüchlich zu machen. Wie konnte man in der Eucharistie „den Schein wahren"[9], das fragt sich dieser Physiker ganz explizit. Und die Antwort darauf fällt nicht leicht. Es war tatsächlich ein schwieriges Problem.

Pater Grimaldi – so könnte man einwerfen – war ein Jesuit, und sein großes Buch zur Physik des Lichts war ein Opfer der Tatsache, daß sein Autor sich den Verboten und wissenschaftlichen Verfolgungen unterwarf, die die Gesellschaft Jesu damals auch in ihren eigenen Reihen lancierte.

Begeben wir uns also aus dem Einflußreich jener Verfolgungen und Drohungen heraus und zitieren den Dialog über die *Astronomia physica, seu de luce*, veröffentlicht in Paris 1660, von einem so aufgeschlossenen und unabhängigen Denker wie Jean Baptiste Du Hamel. Der war ein vorsichtiger Cartesianer und hatte, dank seiner Protektion durch Kardinal Antonio Barberini und Colbert, von den Jesuiten nichts zu befürchten. Auch hier handelt es sich um einen neuen Wissenschaftler, um einen allgemein anerkannten experimentellen Theoretiker. Von 1669–1697 war er Sekretär der neuen und hochangesehenen Académie Royale des Sciences. Es war bereits die Zeit der modernen Wissenschaft angebrochen, und doch können die Personen in Du Hamels Dialog nicht umhin, vor allem anderen das schwerwiegende Problem zu erörtern, das eine Theorie des Lichts im Verhältnis zum Dogma der Eucharistie aufwirft[10].

Sogar für die Männer der neuen wissenschaftlichen Kultur war es ein hartes Stück Arbeit, die Vergangenheit abzuschütteln. Es ging um ein ganz tiefgreifendes Problem, ein philosophisches und mentales Problem, das sich seit Jahrhunderten in den Köpfen und in den Ideen festgesetzt hatte, und nicht um irgendeine beiläufige Frage[11].

Von hier aus muß man die Verurteilung Galileis sehen. Seien wir nicht kurzsichtig, sehen wir sie nicht von 1616 (dem Zeitpunkt der Indizierung von Kopernikus) her, sondern betrachten wir sie mit sehr viel größerem Abstand.

Galilei schlug eine Welle entgegen, die vom Erbe der gesamten mittelalterlichen Kultur getragen war, und sie brandete noch durch das gesamte 17. Jahrhundert hindurch. Es ist die Geschichte der spekulativen eucharistischen Theologie, der Verknüpfung von Hylemorphismus und katholischer Religion.

Diese Geschichte muß noch geschrieben werden, unser Buch hat sie nur gestreift. Man muß in diesem für das europäische Denken so wichtigen Kapitel die Wissenschaftler, Theologen und Häretiker, die Künstler, die populären Frömmigkeitskulte und sogar die stummen Zeugen in Schmuck und Stein zum Sprechen bringen.

Wozu, wird man mich jetzt fragen, eine Kontroverse wieder aufrühren, die ein Dialog zwischen Taubstummen war, ohne irgendwelche positive Auswirkung? Hat sie nicht allein dazu gedient, den Gang der modernen Wissenschaftsgeschichte zu verlangsamen? Mit Sicherheit hatte die Physik, im Unterschied zur Theologie, von diesem Jahrhunderte währenden Kampf nichts als Behinderungen.

Eine Wirkung gab es doch, und diese Geschichte macht uns das deutlich. Durch diese Kontroversen hindurch erkämpften Forschung und Vernunft die Autonomie, die sie heute genießen. Und nur wenn man sich bewußt ist, daß diese Autonomie nicht vom Himmel der platonischen Ideen zu uns auf die Erde fiel, sondern im 17. Jahrhundert mühsam errungen wurde wie jede andere Freiheit des Menschen auch, wird man sie auch würdigen können. Sie ist ein öffentliches Gut, das Schutz verdient.

Ich sage das ohne jede Voreingenommenheit, mit der Freiheit, die heute allen erlaubt ist, und ich bitte die laizistischen Wissenschaftshistoriker, die am liebsten eine schwierige Fragestellung wie das philosophische und wissenschaftliche Problem der Eucharistie mit einem Federstrich wegschaffen möchten, ebenso um Verzeihung wie die frommen Gelehrten, die diese Art Fragen für sich monopolisieren möchten.

Mit einem Hinweis auf diesen Aspekt möchte ich das Buch schließen. Diese Fragen gehören niemandem allein, so wie auch Raffaels *Disputa del Sacramento* niemandem allein gehört. Es handelt sich, in jedem Fall und was auch immer die dramatischen Auswirkungen gewesen sein mögen, um Probleme, die – heute – den Erben jener Kultur der Kontroverse gehören, nämlich allen Menschen der Moderne.

Und wie jedes intellektuelle Problem, so ist auch dieses ein kostbares öffentliches Gut.

Danksagungen

„Die Vergangenheit, eben weil *vergangen*, bleibt uns auf immer unzugänglich: sie verschwindet, ist nicht mehr greifbar für uns; und nur von ihren Überresten und Spuren aus, von ihren *noch vorhandenen* Relikten – Werken, Monumenten, Dokumenten, die dem zerstörerischen Werk der Zeit und der Menschen entgangen sind – versuchen wir sie zu rekonstruieren. Aber die tatsächliche Geschichte – die, die Menschen machen und erleiden – kümmert sich kaum um die Geschichte der Historiker; sie läßt wertlose Dinge überdauern und zerstört ohne Erbarmen die wichtigsten Dokumente ...".

Wenn es einen Satz von Koyré gibt, dem ich meine Reverenz erweisen möchte, dann ist es dieser. Mehr noch als die großen historischen Studien Koyrés über Galilei hat dieses scheinbar so banale Motto Elan und Methode dieses Buches beeinflußt, das auf den unsicheren Spuren eines verdeckten Geschehens um Galilei fußt.

Anderen Autoren aus der Zeit zwischen den beiden Weltkriegen verdanke ich viel für die Perspektiven meiner Forschung. Von Lucien Febvre habe ich die Aufmerksamkeit für das geistige Universum des religiösen Menschen im 17. Jahrhundert gelernt; von Lynn Thorndike das tiefe Interesse für die weniger bedeutenden, die marginalen Autoren, die durch den Fortschritt der sogenannten positiven Wissenschaft besiegt wurden; von Delio Cantimori das Interesse für eine andere Art Besiegter, die Zeugen der religiösen Häresie. Ihm habe ich zu danken für seine posthumen Aufzeichnungen, die mir mehr Klarheit über das Urteil gegen Galilei verschafft haben als jede andere Arbeit zum Thema.

Der Autor hat für Hinweise, den Austausch von Standpunkten und Anregungen einigen Lehrern und Freunden zu danken, allesamt Spezialisten für die Wissenschaft im 17. Jahrhundert: Pierre Costabel, Sekretär der Académie Internationale d'Histoire des Sciences auf Lebenszeit, Ernest Coumet (E. H. E. S. S.), Jean Claude Guédon (Université de Montréal), Ludovico Geymonat (Università di Milano) und William Shea (McGill University).

Gedankt sei an dieser Stelle auch den Verantwortlichen und den Angestellten der zahllosen kirchlichen Archive und Bibliotheken, die diese lange und komplizierte Recherche möglich gemacht haben.

Hier seien besonders erwähnt: Seine Eminenz Joseph Ratzinger, Vorsitzender der Kongregation für Glaubensfragen (Rom) und Pater Mariani O. P.; Pater Edmondo Lamalle S. J. vom Historischen Archiv der Generalkurie der Gesellschaft Jesu (Rom); Pater Brunet S. J. (Les Fontaines, Chantilly); Pater Monachino S. J. (Università Gregoriana, Rom); Pater Nello

Morrea vom Sitz der Minoriten in Rom; Don Carmine Latina vom erzbischöflichen Seminar Teano (Caserta).

Ich danke ihnen für ihr Verständnis und ihre Höflichkeit, die mir den Zugang zu den Originaldokumenten ermöglichte und einen Ausgleich für die traditionellen Schwierigkeiten schuf: die lückenhaften Dokumentationen, das Fehlen von Raum und Personal. Nachdem dies gesagt ist, sei es einem Historiker gestattet, noch ein anderes wichtiges Anliegen auszudrücken – in aller Loyalität und aus der Freiheit dessen heraus, der versucht, Geschichte zu verstehen. Das Privileg, in dessen Genuß ich aus einer ganzen Reihe von außergewöhnlichen und unvorhersehbaren Gründen kam und das es mir erlaubte, neue Dokumente aus dem 17. Jahrhundert kennenzulernen, kann keine persönliche Genugtuung auslösen und nicht darüber hinwegtäuschen, daß normalerweise diese Archive den Historikern verschlossen sind.

Das Archiv einer bedeutenden Institution der Vergangenheit – wir sprechen vor allem das Heilige Offizium an – ist ein integraler Bestandteil des Gedächtnisses der Menschheit. Die Konservatoren eines Archivs tragen eine große Verantwortung: Die Entscheidung, den Historikern ein Archiv zu verschließen, bedeutet, einen Teil der Vergangenheit der Menschen für sich zu reklamieren, zu monopolisieren und zu verdunkeln. Das ist ein Übergriff, der durch nichts zu entschuldigen ist.

Schließlich möchte der Autor darauf hinweisen, daß die Verantwortung für eventuelle Ungenauigkeiten und Fehler selbstverständlich bei ihm liegt.

Dokumente

I. G3[1]

Da ich in den vergangenen Tagen das Buch des Herrn Galileo Galilei mit dem Titel *Saggiatore* gelesen habe, bin ich dazu gelangt, eine Lehre zu erwägen, die schon von den Alten gelehrt und von Aristoteles höchst wirksam widerlegt wurde und die nun von selbigem Herrn Galilei erneuert wird; und da ich sie vergleichen wollte mit der wahren und unanzweifelbaren Regel der offenbaren Glaubenslehren, so fand ich heraus, daß selbige Lehre im Lichte jener Erleuchtung, welche durch die Ausübung und das Verdienst des Glaubens Licht auch ins Trübe bringt und die gewisser ist als jede natürliche Erkenntnis es uns jemals sein kann, falsch erscheint oder auch (was mir nicht zu entscheiden ansteht) sehr schwierig und gefährlich derart, daß derjenige, welcher sie für wahr annimmt, später nicht zögern und unsicher sein möge in viel schwierigeren Fragen. Ich aber gedachte, sie Euch Hochwürden vorzulegen und darum zu bitten, was ich hiermit tue, mir Aufklärung zuteil werden zu lassen über ihren Sinn, daß es mir zur Lehre sein werde.

Der vorgen. Autor will in dem zitierten Buch auf Bl. 196 Z. 29 jene Aussage erklären, die Aristoteles vielmals machte, daß die Bewegung die Ursache der Wärme sei; und er will sie weiter für seinen Vorsatz zurechtbiegen, und so unternimmt er es, zu beweisen, daß die Akzidentien, die man gemeinhin Wärme, Geruch, Geschmack etc. nennt, nichts anderes als reine Vokabeln sind und nur im empfindenden Körper des Lebewesens sind, das sie verspürt. Er erklärt dies mit dem Beispiel des Juckreizes, wir können auch sagen des Kitzels auf der Haut, wie er durch die Berührung eines Körpers auf bestimmte Teile des Lebewesens ausgelöst wird; und er zieht den Schluß daraus, nähme man dem Lebewesen seinen Empfindungssinn, dann sei diese Handlung nicht anders als die Berührung und die Bewegung, die man bei einer Marmorstatue ausführe, aber alles liege in unserer Affektion. So behauptet er, die Akzidentien, die unsere Sinne wahrnehmen und die Geschmack, Geruch, Farben etc. heißen, seien weder Subjekte noch das, wofür man sie gemeinhin hält, sondern einzig in unseren wahrnehmenden Sinnen, so wie der Kitzel nicht in der Hand, der Feder ist, die zum Beispiel über die Fußsohle streicht, sondern einzig im wahrnehmenden Sinnesorgan des Lebewesens. Aber diese Rede, so halte ich dafür, gehet fehl in der Annahme, das für bewiesen zu halten, was des Beweises erst noch bedürfte, nämlich daß in jedem Fall das Objekt, das empfunden wird, in uns selbst sei, weil die Handlung, die sich auf uns richtet, in uns selbst steckt. Aber es ist auch nicht richtig, wenn einer sagt: das Sehen, mit dem ich die Sonne wahrnehme, ist in mir, folglich ist das Licht der Sonne in mir. Aber wie dem auch sein möge, ich halte mich nicht daran auf, es zu untersuchen.

Der Autor fährt fort, seine Doktrin zu erklären und verwendet viel Geschick darauf, zu beweisen, daß diese Akzidentien im Gegensatz stehen zum Objekt und Gegenstand unserer Wahrnehmung. Und wie man auf Bl. 198, Z. 12 sieht, erklärt er es mit den Atomen des Anaxagoras oder des Demokrit, die er Teilchen oder kleinste Partikeln nennt, und darin, so behauptet er fortgesetzt, lassen sich auch die Körper auflösen; im Verhältnis zu unseren Sinnen aber durchdringen sie unsere Substanz, und ganz nach den unterschiedlichen Arten der Berührung und der unterschiedlichen Formen jener Teilchen, ob sie nun glatt oder rauh, hart oder nachgiebig sind, und danach, ob es viele oder wenige sind, stechen sie uns in unterschiedlicher Weise und gehen in größerer oder kleinerer Teilung durch uns hindurch, und zwar entweder zu unserem Leidwesen oder zu unserem Gefallen. Dem taktilen Empfinden als dem gegenständlichsten und körperlichsten Sinn entsprechen, so behauptet er, Erdteilchen, dem Geschmack diejenigen des Wassers – und sie werden von ihm flüssig genannt –, dem Geruch entsprechen die kleinsten Teilchen aus Feuer – und er nennt sie Feuerteilchen –, dem Gehör entsprechen die der Luft; dem Gesicht ordnet er das Licht zu, von dem er vorgibt, nur sehr wenig zu wissen. Und auf Bl. 199, Z. 25 faßt er zusammen, daß es nichts anderes in den gemeinhin als mit Geschmack, Geruch usw. versehenen Körpern bedarf, welche in uns die Gerüche und den Geschmack erwekken, als Größe und verschiedene Formen; und daß Gerüche, Geschmack und Farben nirgends sonst sind als in unseren Augen, Nasen und auf unseren Zungen, so daß, nähme man diese Organe fort, sich die Akzidentien allein nach dem Namen von den Atomen unterscheiden.

Wenn man nun annimmt, diese Philosophie sei wahr, dann dünkt mich, können die Akzidentien, die im Hlg. Sakrament von der Substanz getrennt sind, wohl schwerlich existieren. Denn dort kommen die Begriffe und Gegenstände des taktilen Empfindens, des Gesichtssinns, des Geschmackssinns usw. vor; nach jener Theorie wird man sagen, daß hier die kleinsten Teilchen der ursprünglichen Substanz, die unsere Sinne aktivierte, verbleiben, die, wie das Anaxagoras sagte und wie es auch unser Autor auf Bl. 200, Z. 28 zu behaupten scheint, substantiell sein soll, dann folgt daraus, daß im Sakrament substantielle Teile von Brot und Wein sind, und das ist ein Irrglaube, den das Heilige Konzil von Trient in der Sessio XIII, Kanon 2 verurteilt hat.

Wenn sie aber tatsächlich nur Größen, Formen und Vielheiten etc. wären, wie der Verfasser doch ganz klar im Einveständnis mit Demokrit zum Ausdruck zu bringen scheint, so folgt daraus, wenn alle diese Akzidentien Modi oder, wie andere sagen, Formen von Quantitäten sind, daß dort, wo die Hlg. Konzilien, und besonders das tridentinische an der zitierten Stelle, festlegen, daß im Sakrament nach der Konsekration alle mit den Sinnen spürbaren Akzidentien des Brotes und des Weines erhalten bleiben, also nur die

Quantität mit ihren dreieckigen, spitzen, abgestumpften etc. Formen erhalten bliebe und daß nur mit diesen zufälligen Erscheinungen die Existenz der Akzidentien, oder auch sinnlich wahrnehmbaren Spezies, gerettet würde. Diese Konsequenz scheint mir nicht nur im Gegensatz zur gemeinsamen Ansicht aller Theologen zu stehen, die lehren, daß im Sakrament alle sinnlich wahrnehmbaren Akzidentien von Brot und Wein, Farbe, Geruch, Geschmack, erhalten bleiben und nicht nur reine Namen sind; und doch bleibt hier, wie es allgemein bekannt ist, durch guten Ratschluß keine Quantität der Substanz erhalten, außer man setze sich in offenen Widerspruch zu den Wahrheiten der Heiligen Konzilien. Wenn aber diese kleinsten Teilchen entweder mit Anaxagoras oder mit Demokrit erklärt werden, kann, wenn sie nach der Konsekration bleiben, im Brot der geweihten Hostie nicht weniger Brotsubstanz sein als zuvor. Denn nach der Ansicht jener besteht die körperliche Substanz aus einem Gemisch von Atomen, die in der einen oder anderen Weise angeordnet sind und diese oder jene Form bilden. Wenn aber diese kleinsten Teilchen nicht erhalten bleiben, dann folgt, daß kein Akzidens des Brotes in der geweihten Hostie verbleibt, denn es gibt keine anderen Akzidentien, sagt der Autor auf Bl. 197, Z. 1, als Formen, Größen und Bewegungen etc., und weil es Auswirkungen einer Substanz oder einer Quantität von Substanz sind, ist es unmöglich, wie es doch alle Philosophen und Theologen lehren, sie so voneinander zu trennen, daß sie ohne die Substanz oder Quantität existieren, deren Akzidentien sie sind.

Und das ist es, was mir so schwierig vorkommt in dieser Lehre, welche ich Euch vorlege und zusammen mit meinem Urteil, welches ich Eurer Hochverehrten Herrschaft bereits andeutete. Ich bitte mit Ehrerbietung, Eure Deutung desselben mir zu sagen und erweise meine Reverenz.

II. Examen XLVIII[1]

Um zu beweisen, daß, wie dies Aristoteles lehrt, die Flamme eines Kometen sehr lange brennen kann, ohne daß sie in einem plötzlichen Feuerschwall erlischt, hatte ich behauptet, ebenso wie wir unter den uns bekannten Feuern solche sehen, die von einer trockenen Materie gespeist werden und sehr schnell brennen, so sehen wir in Wahrheit auch andere Feuer, die von einer ölhaltigeren Materie am Leben erhalten werden und nicht sogleich erlöschen, sondern längere Zeit brennen; und so kann es geschehen, daß das, was beim Blitz oder anderen Feuern mit kurzer Lebensdauer erzeugt wird, in etwa dasselbe ist, wie mit dem trockenen Brennstoff. Mit den Kometen könnte es sich dagegen so verhalten wie bei den Fackeln oder anderen dauer-

1 Es handelt sich um die Übersetzung eines Manuskripts aus dem Archiv der Heiligen Kongregation für Glaubensfragen, Rom, Serie AD EE, ff.292r u. v, 293r (Abb. 16).

hafteren Feuern. Galilei läßt nichts unversucht und mahnt: „Hier aber stellt er mir einen ziemlich deutlichen Widerspruch auf: Denn verhielte es sich so, dann müßten die Regenbogen und Blitze als diejenigen (Feuer), die durch verdünntes und leichtes Material erzeugt werden, sich in den höchsten Schichten vollziehen, und die Kometen, die durch zähere körperlichere und folglich auch schwerere Materie entzündet werden, entsprechend in den niedrigeren Schichten. Das genaue Gegenteil ist der Fall, denn die Regenbogen und Blitze geschehen nicht weit von der Erdoberfläche..., wie uns der kleine Unterschied zwischen dem Erkennen des Blitzes und dem Donner beweist." Im Gegensatz dazu gehe ich nicht so weit, zu denken, daß die leichten und die schwereren Körper einem streng formulierten Gesetz unterworfen seien, daß unweigerlich die einen an die niederen Regionen und die anderen an die höheren Regionen gebunden sein müssen, besonders dann nicht, wenn sie nicht isoliert sind, sondern in Mischungen vorkommen. Es sind die wasserschweren Wolken, die mich darauf bringen, das zu denken: Sie schwimmen auf dem leichtesten Teil der Luft, denn das in ihnen enthaltene Wasser wird getragen von einer Materie, die leichter ist als Luft, den Feuerausdünstungen nämlich. Wenn etwas, das leichter ist als die ganze Luft darum herum, Feuriges nämlich, dank seiner Leichtigkeit die zähe und schwere Materie der Kometen in die Höhe bringen könnte, dann erschienen diese uns, als leuchteten sie von einem erhöhten Punkte aus und für lange Zeit. Die Blitze dagegen, wenn sie sich in Erdnähe ereignen, leuchten im Gegensatz dazu zwischen den Wolken auf eindrückliche Weise, aber eben nur für kurze Zeit, und dies aufgrund des Wassers oder anderer schwerer Materie, mit der sie eine Verbindung eingehen und die sie trotz allem herniederdrückt.

Hier muß ich eingehen auf die Abhandlung zur Wärme, in der sich Galileo ganz ausdrücklich als Gefolgsmann von Demokrit und Epikur zu erkennen gibt. Aber da er hier in wenigen Zeilen und ohne Herleitung ein Problem erörtert hat, das ein ganzes Buch verdienen würde, und da es mir schwerfällt, mit ihm zu diskutieren, wenn ich seine Prinzipien nicht kenne, stelle ich zu dieser Ansicht keine Behauptungen auf. Möge er die seinen ohne Einsprüche verteidigen. Über diese Frage zu urteilen steht denen an, die als Lehrmeister des wahrhaftigen Denkens und einer präzisen Sprache über die vollständige Einhaltung des Glaubens wachen. Aber dennoch kann man nicht umhin, einigen Bedenken Ausdruck zu geben, die mich beunruhigen. Sie ergeben sich aus dem, was unsererseits auf der Grundlage der Vorschriften der Kirchenväter, der Konzilien und der Kirche insgesamt als unbestreitbar erachtet werden muß. Das betrifft die Spezies (Qualitäten), deren wahrnehmbare Spezies, obwohl die Substanz des Brotes und des Weins verschwindet, dank des allmächtigen Wortes erhalten bleiben, als da sind: ihre Farbe, ihr Geschmack, ihre Wärme oder ihre Kühle. Allein durch Gottes Willen bleiben diese Spezies erhalten, und zwar, wie die Kirchenväter und

Konzilien uns lehren, in Form eines Wunders. Das ist es, was sie sagen. Galilei hingegen behauptet ausdrücklich, daß die Wärme, die Farbe und alles übrige von dieser Art außerhalb dessen, der sie wahrnimmt, also im Brot und im Wein, reine Namen seien. Bleiben also, wenn die Substanz von Brot und Wein verschwindet, nichts als die Namen der Qualitäten? Bedürfte es denn eines fortgesetzten Wunders, um reine Namen zu bewahren? Möge er also zur Kenntnis nehmen, wie weit er sich von denen entfernt, die sich mit intensivem Studium mühten, die Wahrheit und die Permanenz dieser Spezies zu untermauern, auf daß sich in diesem Effekt die Kraft Gottes verbürge. Ich weiß sehr wohl, daß hinterhältige Geister und solche, die den Gegner am liebsten angreifen, wenn er wehrlos ist, ein Schlupfloch sich ersinnen könnten, um dem zu entgehen und alles für möglich scheinen zu lassen, wenn man es denn zulassen könnte, daß die Vorschriften der heiligen Formeln des Glaubens nach Belieben interpretiert und ihr authentischer und allgemein anerkannter Sinn auf den Kopf gestellt werden könnte. Aber, um die Wahrheit zu sagen: das ist nicht zugestanden worden für die Bewegung der Erde, obwohl deren Unbeweglichkeit nicht als ein fundamentaler Grundsatz unseres Glaubens erachtet wurde; und so wird es, wenn ich nicht irre, noch weniger zulässig sein für das, was entweder den wesentlichen Punkt des Glaubens bildet oder für das, was jeden anderen wesentlichen Punkt in sich enthält. In der Hostie, so wird allgemein behauptet, bleiben die sinnlich wahrnehmbaren Spezies, die Wärme, der Geschmack usw. erhalten: Galilei sagt dagegen, daß die Wärme und der Geschmack außerhalb desjenigen, der sie wahrnimmt, und infolgedessen auch in der Hostie, reine Namen sind, also daß sie nichts sind. Man muß folglich aus dem, was Galilei sagt, den Schluß ziehen, daß Wärme und Geschmack nicht in der Hostie existieren. Allein schon bei dem Gedanken ergreift die Seele ein Schauder. Um nicht die gesamte Fragestellung zu erörtern, wollen wir hier allein die Gesichtspunkte einer Prüfung unterziehen, die der eigentlichen Fragestellung zugehören. Vor allem anderen muß ich zumindest das Argument diskutieren, das Galilei häufiger als jedes andere angeführt hat, um seine Ansicht zu stützen, daß nämlich die Wärme und die anderen sinnlich wahrnehmbaren Qualitäten nichts anderes sind als das, was wahrgenommen wird. Er sagt in der Tat: „Ein kleiner Fetzen Papier oder eine Feder (...), die uns zwischen den Augen und der Nase und unter den Nasenflügeln berührt, löst einen fast unerträglichen Kitzel aus (...) Nun ist dieser Kitzel vollständig in uns und nicht in der Feder oder einem anderen leichten Material, das ihn nach dem Kontakt in uns auslöst. (...) Ich glaube nun, daß von eben dieser und nicht höherer Existenz viele der Qualitäten sind, die den natürlich Körpern zugerechnet werden wie Geschmack, Gerüche, Farben und viele andere dieser Art (...), von denen ich nicht glaube, daß sie außerhalb des Lebewesens anderes als reine Namen seien." Um aber die Wahrheit zu sagen, beweist dies Argument gar nichts, denn es geht vom Besonderen aus. Es sei mir auch gestattet, gegen Galilei zu argumentieren. Der Kitzel existiert in dem, der ihn empfindet, dank jener leichten Reibung der Feder in der Nähe der Nasenspitze, denn in unsere Haut oder in unser Fleisch kann keine Partikel der Feder eindringen. Und ich glaube aus genau diesem Grund, daß die Wärme in uns aufgrund des durch die Reibung verursachten Kontakts mit dem Körper entsteht und daß es keine Korpuskel ist, die von diesem Körper abgesondert wurde und die kraft ihrer Bewegung in die Haut und in das Fleisch einzudringen vermag.

Im Hinblick auf den diskutierten Gegenstand bin ich der Ansicht, daß niemand auch nur in Zweifel ziehen könnte, daß das Gefühl der Wärme unabhängig von dem existiert, der sie wahrnimmt. Das scheint mir sogar eine gänzlich lächerliche Fragestellung, denn eine Empfindung könnte gar nicht anders existieren als in dem, der sie wahrnimmt: Man fragt sich also, ob die Wärme etwas anderes als die Empfindung der Wärme ist und ob diese Wärme zuvor schon in dem wärmenden Körper existiert oder allein in demjenigen, der sie wahrnimmt. Nun weist Galilei aber die Vorstellung zurück, die Wärme sei unterschieden von seiner Empfindung, sie existiere in dem, was wärmt. Ich dagegen bestreite entschieden, daß die Wärme, betrachtet man sie auf diese Weise, um in seinen Worten zu sprechen, sowohl im Wärme abgebenden Körper als auch in dem, der sich wärmt, ihren Sitz hat. Entweder will man mit den Peripatetikern behaupten, daß die Wärme eine Qualität ist, daß sie also nach dieser Schule im Agens ihren Sitz hat und in dem, der sie erleidet; oder man vertritt mit Galilei und anderen die Ansicht, die Wärme sei eine Abspaltung des Kontinuums, die die Korpuskeln im empfindenden Körper produzieren und in die sich der wärmende Körper auflöst. Auch in dieser Sicht ist die Wärme im Agens und im erleidenden Subjekt. Während sich der wärmende Körper teilt und die Feuerkorpuskeln aus ihm austreten, durchdringen und teilen jene Teilchen diesen Körper ganz genauso, wie sie in der Folge unser Fleisch durchdringen. So würde man in der gleichen Weise die Wärme spüren, wenn man die Fähigkeit, sie zu spüren, durch das Reiben von Eisen erhöht hätte, wie wenn man die Hände reiben würde. In der Tat spüren wir, wenn wir durch eine solche Bewegung Wärme erzeugen, wie sich Feuerteilchen (igniculi im Unterschied zu corpuscola ignea von Galilei U. H.) freisetzen und die Haut austrocknen. Hätte Eisen Empfindungskraft, dann hätte es die genau gleiche Empfindung wie wir. Und ebenso wie die Hand, welche die andere wärmt, selbst das empfindet, was sie an die andere Hand überträgt, so würde auch das geriebene Eisen die ganze Wärme empfinden, die es auf einen anderen Körper überträgt.

Wenn daher die Wärme nicht nur nach der Empfindung als solcher aufgefaßt wird, was auch immer die Wärme sonst seien möge, so hat sie ihren Sitz in dem, was wärmt, und in dem, was gewärmt wird: sie ist daher nicht rein wie außerhalb desjenigen, der sie empfindet. Zweitens wird die Formulierung

Die Bewegung ist die Ursache der Wärme, deren Bedeutung von Aristoteles seinerzeit nicht hinreichend geprüft wurde, jetzt in ihrer authentischen und wahren Bedeutung zum Ausdruck gebracht: „Das ist", so behauptet er (Galilei), „die Bewegung, die Wärme produziert, nämlich die Bewegung der Korpuskeln, die die lebendigen Körper durchdringen." Aber, o Galileo, diese Bewegung ist auch die Ursache der Kälte, des Geschmacks und aller Gerüche, und du bist wohl davon überzeugt. Es gibt nämlich tatsächlich keinen Grund dafür, warum das, was so akkurat für die Ursache der Wärme formuliert wurde, nicht auf den Geschmack und den Geruch angewendet werden sollte. Ich für meinen Teil hielte die Alten, von denen Aristoteles nach deiner Meinung diese Formulierung übernommen haben sollte, nicht für so unvernünftig, als daß man annehmen könnte, sie würden diese Ursache nur auf die Erwärmung anwenden, so als wäre sie essentiell für die Erwärmung, während doch die Alten sie als Ursache aller Empfindungen ansahen. Zweifellos kann man sich vorstellen, sie hätten einen besonderen Zusammenhang zwischen der Bewegung und der Wärme erkannt, wenn sie die Behauptung aufstellten, daß die Bewegung die Ursache der Wärme sei, gleich so, als behaupte jemand, fast als Gemeinplatz, die Sonne sei die Ursache der Rüben; sagte er dies, täte er dann nicht dem Kohl, den Bohnen und all den anderen Hülsenfrüchten Unrecht an, denn alle Dinge rühmen sich, auf exakt dieselbe Weise von dem einen Schöpfer hervorgebracht worden zu sein. Galilei möge also nicht glauben, die Alten seien so unbedacht gewesen, der Wärme diese Ursache vorzubehalten, so als wäre sie hauptsächlich nur dafür verantwortlich. Von den Alten wird diese selbe Ursache für alle Qualitäten in Anspruch genommen, d.h. für Bewegung der Korpuskeln, worin sich die größeren Körper auflösen.

Weiterhin behauptet er: „Die Verschiedenheit der Empfindungen rührt von den verschiedenen Formen der verschiedenen Korpuskel her." So kann es durchaus geschehen, daß runde und polierte Korpuskeln einen süßen und kantige und rauhe einen bitteren Geschmack auslösen. Eine gegebene Empfindung erfordert folglich eine entsprechende Form der Korpuskeln: Die Wärme würde also unveränderlich von Korpuskeln mit identischer Form produziert. Und wenn das Licht Wärme abgibt, dann ist es nichts anderes als eine leuchtende Substanz, die sich in unteilbare Atome aufgelöst hat. Die Unteilbaren teilen also das Fleisch, während sie es durchdringen und erwärmen es auf diese Weise. Aber die Unteilbaren haben keine Form. Die Feuerteilchen sind nicht von dieser Art, denn da sie teilbar sind, erlauben sie eine Form. Darüber hinaus kann das, was unteilbar ist, nach der von den Philosophen allgemein anerkannten Bedeutung nicht teilen, denn es nimmt keinen Raum ein. Das Licht teilt das Fleisch nicht, denn es besteht aus Unteilbaren, die voneinander unterschieden und getrennt sind. So könnte es auch keine Wärme abgeben, denn die Erwärmung bestünde in einer Teilung unseres Fleisches.

Wahrhaft erstaunlich aber ist die Tatsache, daß diese Korpuskeln ihre Form bewahren sollen, und zwar so, daß kein Zusammenstoß und keine Reibung sie dazu zwingen könnte, diese zu verändern. Der Zucker zum Beispiel, der seiner Natur nach süß ist, kann tage- und monatelang zermahlen werden, ohne daß er je durch diese Reibung bitter würde aufgrund der Formveränderung der Korpuskeln, die die Süße dank ihres geheimen süßmachenden Charakters erzeugen. Dasselbe können wir bei den bitteren Dingen konstatieren. Aber wie soll man das glauben? Wie kann man glauben, daß nach so langem Reiben keine Ecke dieser Korpuskeln abgeschliffen wäre oder daß keine glattgehobelte Oberfläche am Ende rauh würde? In der Tat müßte es ja so sein, daß der Geschmack sich ändern sollte, wenn sich die Formen ändern: Dennoch aber bleibt er gleich, sei er nun süß oder bitter. Was will man weiter? Galilei stellt die Behauptung auf, daß sich der wärmende Körper nach und nach in fortschreitend weniger große Korpuskeln auflöst und schließlich zu einer letzten und nahezu totalen Auflösung in Atome gelangt. Aber in der Zeit, in der sich diese Korpuskeln fortschreitend auflösen, bis sie schließlich Unteilbare werden, kann man annehmen, daß sich ihre Formen unaufhörlich verändern sollten. Gleichwohl fahren sie fort, zu wärmen. Daher kann diese Verschiedenheit der Formen nicht die Unterschiede der sinnlichen Wahrnehmungen hervorrufen.

Galilei hingegen behauptet, wie ich bereits sagte, daß das Licht in dem Moment entsteht, in dem sich etwas in unteilbare Atome verwandelt. Er behauptet, daß diese Unteilbaren nicht physikalischer Natur sind, wie die anderen, oben erwähnten Korpuskeln, sondern mathematischer und tatsächlich ohne Teile: *wirklich unteilbare Atome.* An diesem Punkte stoße ich auf immer größere Schwierigkeiten. Die erste Schwierigkeit besteht in dem, was ich gerade zuvor ausführte. Existiert das Licht nämlich tatsächlich durch die Ausbreitung von Unteilbaren, dann wird man, da ja die Unteilbaren keinen festen Körper teilen können, sagen müssen, daß das Licht überhaupt nicht in der Lage ist, sinnliche Wahrnehmungen auszulösen, denn laut Galilei gibt es keine Empfindung, die nicht durch Abspaltungen vom Kontinuum ausgelöst würde. Das Licht erzeugt aber zudem noch Wärme. Also muß es so sein, daß entweder das Licht nicht durch Abspaltung vom Kontinuum oder aber eben daß die Wärme durch Abtrennung vom Kontinuum entsteht.

Da es aber in dieser neuen Manier der Philosophie so scheint, als müsse unter allen Umständen alles probiert werden, Hauptsache es ist gegen die alte und gegen die religiöse Philosophie, was wird dann wohl mit dem geschehen, der diese These Galileis zurückweist, auf der das gesamte Gebäude seiner Abhandlung aufbaut? „Der Kitzel", so sagt er, „ist nichts außerhalb des wahrnehmenden Körpers." Auf daß ich jetzt mehr nach Neuigkeiten dürste, als nach der Wahrheit forsche. Ich streite diese Aussage ohne jedes Zögern ab. Aber – so sagst du nun – das abzustreiten würde bedeuten, sich gegen den gesunden Menschenverstand aller zu stellen. Das macht nichts, wir suchen mit aller Energie, zu der wir imstande sind, nach Neuigkeiten, auch wenn sie schier unglaublich erscheinen. Ich behaupte also, daß der Kitzel wie auch die Wärme eine gegebene Qualität ist, unabhängig von dem, der sie empfindet, und daß jeder beliebige Körper diese Empfindung verspürt, vorausgesetzt, seine Sinnesorgane befinden sich der Natur gemäß um die Wangen, besonders an den Nasenflügeln, rings um die Achseln und an den Fußsohlen. Wenn man sich nämlich diesen Körperteilen zart annähert, also auf die geeignete Weise, dann löst man dank jener Qualität eine teils lästige, teils angenehme Empfindung aus. Aber, so könntest du mich fragen, hat der Kitzel nun seinen Sitz in dem Stück Papier oder der Feder, mit denen man die Wangen zart berührt? Genau das, wenn man als Kitzel nicht die Empfindung versteht, zu der nur das Lebewesen fähig ist, sondern die Qualität an sich, jawohl, dann ist sie vollständig das, was die Existenz der Empfindung ermöglicht. Und genau aus dieser Überlegung heraus habe ich gesagt, es gäbe im Feuer keine Wärme, wenn man die Wärme durch ihre Wahrnehmung definiert. Die Wärme ist im Feuer, wenn diese Aussage überhaupt einen Sinn haben soll, durch etwas, das die Existenz der Wärmeempfindung ermöglicht. Aber diese Dinge habe ich allein gesagt, um Galilei einen Gefallen zu tun.

Auf der anderen Seite könnte ich gar nicht ausdrücken, wie gleichfalls ungewiß mir scheint, worauf er abzielt: Das taktile Empfinden hat seinen Sitz mit Sicherheit im ganzen Körper, vor allem aber in den Fußsohlen und in den Fingerspitzen. Tatsächlich scheinen uns diese Körperteile deshalb weniger sensibel, weil sie von Natur aus schwieliger und härter sind als die anderen. Wir können uns aus Erfahrung sicher sein, daß wir Wärme oder Kälte in anderen Körpern eher verspüren, wenn wir ihnen den Handrücken und nicht die Handfläche oder die Fingerspitzen zuwenden.

Aber weiter an dem Punkt, daß wir im Licht nichts erkennen; wäre das Licht eine sehr schnelle und fast momentane Bewegung, wie bei Galilei, dann wäre es äußerst aktiv, denn von der Bewegung geht jede Energie und Aktivität aus. Da es zudem durch Unteilbare gebildet wird, durchdringt es jedes andere Ding, denn nur die Größe eines Körpers könnte der Druchdringung Einhalt gebieten. Die Feuerteilchen (igniculi. U. H.) dagegen haben also, insoweit sie Korpuskeln sind, eine langsamere und zeitlichere Bewegung; sie werden weniger aktiv und weniger geeignet sein, sich durch die Körper hindurch auszubreiten. Aber das, was wir feststellen, ist das genaue Gegenteil: Das Licht scheint, wenn man eine Laterne geschlossen hat, ganz und gar nicht mehr außerhalb. Die Wärmekorpuskeln dagegen gelangen weiterhin nach draußen. Diese Korpuskeln müßten demnach aktiver und besser geeignet zur Durchdringung sein: Folglich muß man sie als mit schnelleren Bewegungen und kleineren Dimensionen als die Partikeln des Licht ausgestattet erachten.

Was man aber aus allem, das gesagt wurde, erkennen kann, ist, daß alles der Natur nach aus Unteilbaren besteht: jedes beliebige Ding kann in das aufgelöst werden, woraus es besteht. Wenn also alle Dinge aus unteilbaren Atomen zusammengesetzt sind, dann bestehen alle gleichermaßen aus unteilbaren Atomen. An dieser Stelle aber sei die Frage gestattet, ob dieserart Unteilbare endlich oder unendlich sind. Sind sie unendlich: Daraus würde tatsächlich eine endlose Zahl von Absurditäten folgen, die, wie Galilei wohl weiß, mathematisch unbeweisbar wären. Wären sie aber nicht unendlich: Dann muß es in der Tat so sein, daß entweder das eine zum anderen so angeordnet ist, daß jedes für sich genommen außerhalb des Ortes des anderen ist, oder es müßten zwangsläufig etliche von ihnen denselben Raum einnehmen. Diese letztere Vorstellung erweist sich nach allgemeiner Ansicht als falsch. Auf einer Linie von der Länge einer Handfläche befinden sich die Unteilbaren an den Endpunkten nicht in der Mitte und die Mitte nicht dort, wo sich die äußeren Unteilbaren befinden. Jedes Unteilbare wird sich also an seinem eigenen Ort befinden, und zwar jedes außerhalb im Verhältnis zum anderen. Daher folgt in einer beliebigen Linie auf jedes erste Unteilbare ein zweites und danach ein drittes, ein viertes und so fort. Man teile also diese Linie beim fünften Unteilbaren. Die diesermaßen geteilte Linie wird aus fünf Unteilbaren bestehen. Sie kann nicht in zwei Teile geteilt werden, obwohl doch Euklid lehrt, daß jede Linie halbiert werden kann.

Wenn irgend jemand die Behauptung aufstellt, daß sich die Unteilbaren nicht in identischer Weise verhalten, sondern daß sich einige im Verhältnis zu den anderen außerhalb befinden und daß andere denselben Raum einnehmen, dann muß er zuerst sagen, welches Kriterium die Behauptung erlaubt, daß die einen an demselben Ort sind, während andere einen anderen Ort einnehmen. Wenn sich bestimmte Korpuskeln am selben Ort aufhalten, dann haben sie diese Eigenschaften dank desselben Kriteriums der Unteilbarkeit, denn ein Unteilbares, das einem Unteilbaren zugefügt wird, erzeugt nichts Größeres: zwei Unteilbare, vorausgesetzt sie überlagern sich vollständig, nehmen in Wirklichkeit genausoviel Raum ein wie ein einziges Unteilbares. Aber aufgrund des Prinzips, daß sich alle Unteilbaren untereinander berühren, werden Unteilbare auch dort, wo sie sich berühren, nicht mehr Raum einnehmen als ein einziges Unteilbares. Daher produzieren sie keinerlei Ausdehnung: die Unendlichkeit ändert nichts an dieser Lage der Dinge. Soweit zu einer bisher noch nicht ausreichend geklärten Materie.

1. Übersetzung von: L. Sarsi (Pater Orazio Grassi), *Ratio ponderum Librae et Simbellae*, Lutetiae Parisiorum 1626 (Abb. 15 und 16), in: *Opere*, VI, S. 485–90. Die Zitate aus dem *Saggiatore* sind, da im Lateinischen Text oft ungenau, nach dem italienischen Originaltext übersetzt.

III. *Excercitatio de formis substantialibus et de qualitatibus physicis*

Nichts geht von den Atomen aus

Alle Körper der Welt leuchten in der Schönheit ihrer Formen. Ohne sie wäre der Globus ein immenses Chaos.

Am Anfang schuf Gott die Dinge, damit sie etwas hervorbrächten.
Betrachte als nichtig das, aus dem nichts hervorgehen kann.
Du, o Demokrit, du gestaltest nichts Neues, wenn du bei den Atomen beginnst.
Nichts erzeugen die Atome: folglich sind die Atome nichts.

Galilei war es, der die Ansicht vertrat, alle Körper würden durch unterschiedlich geformte und kombinierte Atome gebildet und es gäbe keine anderen Qualitäten oder Akzidentien als die der Ortsbewegung der Atome.

So führt er in seiner Arbeit mit dem Titel *Il Saggiatore*, wo er das Thema auf S. 196[1], letzte Zeile, behandelt, folgendes dazu aus:

„Daher sage ich, daß ich wohl die Notwendigkeit fühle, kaum daß ich eine Materie oder eine körperliche Substanz konzipiere, sie mir so vorzustellen, daß sie diese oder jene Gestalt besitzt, daß sie im Verhältnis zu anderen groß oder klein ist, daß sie sich an einem bestimmten Ort befindet, zu dieser oder jener Zeit, daß sie sich bewegt oder ruhig steht, daß sie einen anderen Körper berührt oder nicht, daß sie eines, wenige oder viele ist, und unter gar keinen Umständen kann ich mir vorstellen, sie aus diesen Bedingungen herauszulösen; ob sie aber weiß oder rot, bitter oder süß, tönend oder stumm, von angenehmem oder unangenehmem Geruch sei, das verleitet mich doch nicht dazu, anzunehmen, sie sei zwangsläufig von diesen Bedingungen begleitet: Nein, hätten die Sinne das nicht wahrgenommen, dann wäre die Rede oder die Vorstellung vielleicht niemals darauf gekommen. Daher denke ich, daß dieser Geschmack, diese Gerüche, diese Farben usw., soweit es den Gegenstand betrifft, dem sie scheinbar innewohnen, nichts weiter sind als reine Namen, während sie ihren eigentlichen Sitz im wahrnehmenden Körper haben; nimmt man nämlich das wahrnehmende Lebewesen fort, dann verschwinden auch all diese Qualitäten".

Diese Worte erlauben es, ein erstes Argument zu formulieren. Es ergibt sich hier die Notwendigkeit, eine körperliche Substanz so zu konzipieren, daß sie gestaltet ist, daß sie in Raum und Zeit existiert und daß sie sich in Bewegung oder auch im Stillstand befindet. Nicht notwendig ist es hingegen zu wissen, welche Farbe, welchen Geschmack oder welchen Ton sie hat: Daher ist die Form Substanz, die Farben hingegen, der Geschmack und die

1. Die Ungenauigkeiten dieser *Exercitatio* bei der Wiedergabe von Stellen aus dem *Saggiatore* wurden stillschweigend korrigiert. A. d. Ü.

Töne sind reine Namen. Der vorgängige Begriff, der hier vorausgesetzt wird, kann im übrigen auf Grundlage der Lehre von Seite 25 überprüft werden.

„Die Philosophie steht in dem gewaltigen Buch geschrieben, das immerzu vor unseren Augen aufgeschlagen daliegt (ich sage das Universum), aber man kann es nicht verstehen, wenn man nicht zuvor seine Sprache zu verstehen lernt und die Buchstaben erkennt, in denen es abgefaßt ist. Es ist geschrieben in der Sprache der Mathematik, und die Buchstaben sind Dreiecke, Kreise und andere geometrische Figuren." Daraus ergibt sich dann ein:

Zweites Argument: Die ganze Welt ist ein Buch, das mit geometrischen Buchstaben geschrieben ist, also mit Dreiecken, Kreisen. Daher bilden die Schöpfungen, die die Buchstaben dieses Buches darstellen, geformte Atome.

Das folgt konsequent aus dem ersten Argument von Seite 198.

„Ein Fetzen Papier oder eine Feder, die ganz leicht über einen beliebigen Teil des Körpers streichen, führen, soweit es sie selbst anlangt, exakt dieselbe Aktion aus, nämlich sich zu bewegen und zu berühren: bei uns selbst aber löst die Berührung zwischen den Augen, an der Nase und unter den Nasenlöchern einen fast unerträglichen Kitzel aus, kaum daß man sie bemerkt. Nun ist dieser Juckreiz gänzlich in uns und nicht in der Feder, und nachdem der lebendige und wahrnehmungsfähige Organismus nicht mehr da ist, reduziert er sich auf einen reinen Namen. Nun bin ich der Auffassung, daß viele Qualitäten, die den natürlichen Körpern zugeschrieben werden, wie der Geschmack, die Gerüche, die Farben und andere, von derselben und nicht von höherer Existenz sind." Daraus folgt ein:

Drittes Argument. Der Geschmack hat seinen Sitz in einem Geschmackskörper, der Geruch in einem riechenden Körper wie der Kitzel in einer Feder. Hierbei ist der Juckreiz ein reiner Name. Folglich sind auch der Geschmack und der Geruch reine Namen.

Wie er die äußeren Sinnesobjekte auffaßt, das erklärt er in der Folge so:

„Die Berührung mit einem festen Körper (...) löst in uns die Wahrnehmungen aus, die wir taktiles Empfinden nennen (...), sie lassen uns die feinsten Unterschiede in Rauheit und Glätte, Weiche und Härte (...) je nach der unterschiedlichen Form der berührten Gegenstände, ob glatt oder rauh, spitz oder stumpf, hart oder nachgiebig, erkennen: Und dieser Sinn, der materialer als die anderen ist und mit der Festigkeit der Materie zusammenhängt, steht anscheinend in Beziehung zum Element Erde. Aus diesen Körpern lösen sich fortwährend kleinste Partikeln heraus, von denen die einen, weil sie schwerer als die Luft sind, nach unten fallen, während die anderen, die leichter sind, nach oben steigen. Damit hängen vielleicht zwei weitere Sinne zusammen: Jene Teilchen treffen auf zwei Körperteile, die sehr viel empfindlicher als unsere Haut sind, die auf Einwirkungen so kleiner und nachgiebiger Teilchen nicht reagiert. Die kleinsten Teilchen, die herabfallen, werden auf der Oberseite der Zunge aufgefangen und durchdringen, vermischt mit ihrer Feuchtigkeit, ihre Substanz. So lösen sie angenehmen oder unangenehmen Geschmack aus, ganz nach der unterschiedlichen Gestalt dieser Minima, je nach dem ob es viele oder wenige sind und ob sie sich schnell oder langsam bewegen. Die anderen, die aufsteigen, treten zu den Nasenlöchern ein und wirken auf einige kleine Drüsen, die zur Geruchsempfindung dienen, und daher wird der Kontakt mit ihnen eben als solcher empfunden (...). Es ist gut zu erkennen, daß die Zunge und die Nasenlöcher eigens dafür eingerichtet sind. Die Zunge ist breit, um das aufzufangen, was von oben herabfällt, während die Nasenlöcher recht geschaffen sind, das aufzunehmen, was aufsteigt. Und vielleicht entsprechen in einer gewissen Analogie die flüssigen Teilchen, die in der Luft herabsinken, den Geschmackseindrücken, während den Gerüchen die aufsteigenden Feuerteilchen entsprechen. Für die Töne bleibt sodann das Element der Luft (...)." Und weiter unten: „Und wie die vier erörterten Sinne mit den vier Elementen in Beziehung stehen, so glaube ich, daß der Gesichtssinn, der Sinn, der alle anderen überragt, mit dem Licht in Beziehung steht."

Das vierte Argument ist also von dieser Art: Die Erdkorpuskeln erzeugen das taktile Empfinden, die wäßrigen Korpuskeln den Geschmack, die Feuerkorpuskeln den Geruch, die Luftkorpuskeln das Gehör, die Lichtkorpuskeln das Sehen. Da sie mittels einer Ortsbewegung auf die Sinne treffen, ist das, was man Qualitäten nennt, nichts anderes als eine Ortsbewegung.

Und genau das sagt er ganz ausdrücklich auf S. 200:

„(...) nachdem wir bereits sahen, daß viele Empfindungen, die als Qualitäten betrachtet werden, die sich in den äußeren Gegenständen befinden, in Wirklichkeit nur in uns selbst existieren und außerhalb von uns nichts anderes sind als reine Namen, so sage ich hier, daß ich sehr zu der Ansicht neige, daß die Wärme zu dieser Art gehört, und daß die Materien, die in uns die Wärme erzeugen und uns spüren lassen, was wir normalerweise als *Feuer* bezeichnen, eine Vielzahl kleinster Körperchen sind, die so und so gestaltet sind, und daß ihr Kontakt mit uns, während sie unsere Substanz durchdringen und von uns verspürt werden, die Empfindung auslöst, die wir *warm* nennen. Je nach der Vielzahl dieser Minima und der mehr oder weniger großen Geschwindigkeit, mit der sie auf uns treffen und uns durchdringen, empfinden wir sie als angenehm oder als lästig (...)" Unter physikalischem Gesichtspunkt ist die Wärme hier ein reiner Name: Es handelt sich um Feuerkorpuskeln, die sich bewegen und den wahrnehmenden Körper durchdringen.

Der Beweis findet sich auf S. 201. „(...) Wir sehen eine Quantität Feuer, die in gelöschtem Kalk eingeschlossen ist und uns nicht wärmt, obwohl wir es in der Hand halten, denn es bleibt ruhig. Wird der Stein aber ins Wasser geworfen, wo er aufgrund seiner Schwere eine größere Neigung zur Bewegung hat als an der Luft, und hat das Wasser seine Poren geöffnet, was die Luft nicht vermochte, dann entweichen die Feuerteilchen, und wenn sie auf unsere Hand treffen, durchdringen sie sie, und wir empfinden Wärme. Denn um die Wärmeempfindung auszulösen reicht die Anwesenheit von Feuerteilchen nicht aus, sondern es bedarf auch der Bewegung. Daher scheint mir, daß man sehr zu Recht behaupten kann, die Bewegung sei die Ursache der Wärme."

Aus diesen Behauptungen folgt ein

Fünftes Argument. Im Kalk sind Feuerkorpuskeln enthalten, die während der gesamten Zeit nicht wärmen, in der sie ruhig sind, während sie, wenn sie durch ein Gewicht bewegt werden, daß größer ist als das des Wassers, wärmen: die Erwärmung und die Wärme überhaupt sind nur die Bewegung von Feuerkorpuskeln.

Von dieser Doktrin ausgehend zieht Galilei die Schlußfolgerung, indem er das allgemeine Axiom für wahr erachtet, nach der die Bewegung die Ursache der Wärme ist, d. h.: die Anwesenheit der Feuerkorpuskeln ist nicht ausreichend, sie müssen sich auch bewegen, um Wärme zu erzeugen.

Auf derselben S. 201 stellt er eine zweite Ursache für diese Bewegung dar.

„(...) die Reibung zwischen zwei harten Körpern, wodurch sich aus ihnen kleinste umherfliegende Teilchen lösen oder in ihnen enthaltene Feuerteilchen nach außen gelangen können, versetzt sie am Ende in Bewegung, so daß sie auf unseren Körper stoßen und ihn durchdringen; da die empfindende Seele ihre Berührungen wahrnimmt, spürt sie diese Berührung, der wir die Namen *Wärme, Hitze* oder *Brennen* gegeben haben, als angenehm oder lästig." Daraus folgt ein

Sechstes Argument. Ein größeres Gewicht oder eine größere Reibung zwischen zwei harten Körpern drängen die Feuerteilchen gleichsam zu einer Bewegung, und eben darin besteht die Erwärmung. Ursache und Mittel der Erwärmung sind also ganz streng eingeteilt.

An dieser Stelle nun erklärt Galilei die Entstehung des Lichts. „Während möglicherweise die Verdünnung und die Reibung in den Minima eingeschlossen und zurück bleiben, ist ihre Bewegung temporär und ihre Aktion wärmt allein. Bei der letzten und höchsten Auflösung in nicht weiter teilbare Atome entsteht dann Licht durch Bewegung und augenblickliche Verbreitung; und dank seiner Durchlässigkeit, Immaterialität und anderer, unbekannter Bedingungen hat es die Fähigkeit, riesige Räume abzudecken." Zuvor hatte er auf Seite 199 gesagt, daß das Licht zum Gesichtssinn in Beziehung stehe wie die vier Elemente zu den anderen vier Sinnen: „(...) aber in jenem besonderen Maß wie es die Beziehung zwischen dem Endlichen und dem Unendlichen, zwischen dem Zeitlichen und dem Augenblicklichen, zwischem dem Quantum und dem Atom und zwischen Licht und Finsternis auszeichnet." Das also ist schließlich das

Siebente Argument. Das Licht steht zu den anderen Qualitäten in demselben Verhältnis wie das Unteilbare zum Teilbaren. Daher wird, ebenso wie die Wärme, der Geschmack und der Geruch teilbare Atome sind, die nachträglich in Bewegung versetzt werden, also auch das Licht aus unteilbaren Atomen gebildet, die augenblicklich in Bewegung versetzt werden.

Diese Auffassung Galileis ist ganz vom Geist des Demokrit durchdrungen. Das aber können wir aus drei Gründen absolut nicht akzeptieren. Erstens steht das nicht in Übereinstimmung mit der katholischen Lehre. Dies ergibt sich aus dem Konzil von Trient, Sessio XIII, Kanon 2, wo es heißt, daß in der Eucharistie die Substanz des Brotes und des Weines nicht erhalten bleibt.

Wir aber argumentieren vor allem so: Entweder besteht die körperliche Substanz aus so und so geformten Atomen oder eben nicht.

Im ersten Fall kann Gott nicht umhin, dafür zu sorgen, daß dort, wo sich fühlbare, auf bestimmte Weise geordnete und gestaltete Atome befinden, keine körperliche Substanz sei. Gott ermöglicht es in der Eucharistie, daß solche Atome nicht erscheinen, obwohl sie da sind.

Diese Antwort untermauert vorzüglich unsere Ansicht. In der Tat verhält es sich so, daß die geweihte Hostie ohne das, was das Brot konstituiert, den Anschein von Brot erweckt; daraus leitet sich ab, daß diese Spezies, also die Akzidentien, Gegebenheiten ohne Substanz sind. Anstelle der Brotsubstanz, die wesensgleich unter den Spezies existiert, beginnt also, ohne irgendeine fühlbare Veränderung, auf wunderbare Weise der Körper Christi zu existieren. Daraus ergibt sich, daß die Substanz des Brotes, die natürlicherweise existiert, nicht fühlbar ist, so wie auch der Körper Christi in der Hostie nicht spürbar ist.

Der zweite Einwand zielt darauf, daß die Ansicht Demokrits dem Lichte der Vernunft entgegengesetzt zu sein scheint. Es ist absurd, im Menschen eine rationale, sensitive und vegetative Seele anzunehmen, beim Tier jedoch keine sensitive und vegetative und bei den Pflanzen keine vegetative; ebenso absurd ist es, wenn man nur jene, diese aber nicht zugesteht.

Hier verhält es sich wieder so: Gesteht man in den Lebewesen eine Form zu, die sich von einer Kombination von Atomen unterscheidet, nämlich die Seele, aufgrund derer jedem Wesen die ihm gemäßen Eigenschaften und Handlungen zukommen, warum gesteht man dann nicht den toten Gegenstände eine Form zu, durch die dann unterschiedliche Eigenschaften auf verschiedene Komposita angewendet werden könnten?

Der dritte Grund bezieht sich auf die Tatsache, daß besagte Meinung auch im Gegensatz zu den physikalischen Erfahrungen zu stehen scheint. Es ist bekannt, daß Salat aus Salatsamen entsteht und daß die Nahrung sich in Substanz des Lebewesens verwandelt. Entweder existieren nun im Salat ebenso wie in der Erde alle konstitutiven Bestandteile, und etwas aus der Nahrung verwandelt sich in Fleisch und Blut, und das kann nur durch die Auswahl und die gegenseitige Aggregation bedingt sein, oder man muß ihre Existenz verwerfen.

Unterstellen wir ersteres, dann ergibt sich hingegen, daß unzählige andere Gemüsesorten in demselben Boden wie der Salat angepflanzt werden könnten und wachsen müßten. Man müßte also zwangsläufig zugestehen, daß sich im Boden Partikeln all dieser Gemüsesorten finden, was man ausschließen kann.

Analog hätte der Fisch, der dem Menschen zur Nahrung dient, viele Land- oder Wassertiere verschlingen und in die Substanz des Menschen oder verschiedener anderer Lebewesen verwandelt werden können. Also müßten die Partikeln all der Substanzen, in die der Fisch sich hätte verwandeln können, aktuell im Fisch vorhanden sein.

Gesteht man hingegen nicht zu, daß im Samen des Salates und in der Erde Teile dessen existieren, worin er sich verwandelt, dann ergibt sich ganz zwangsläufig, daß man substantielle Mutationen der Materie von einer substantiellen Form zu einer anderen anerkennen muß: beispielsweise von der Form der Erde oder derjenigen des Wassers zur Form des Salates, und von der Form des Fisches zu irgend etwas anderem.

Diese Formen aber können nicht durch eine schlichte Kombination bereits existierender Atome gerechtfertigt werden. Es zeigt sich also in vollkommen zureichender Weise, daß substantielle Formen existieren, die sich vollständig unterscheiden von der Kombination von Atomen.

Soweit es die physikalischen Qualitäten anlangt, müßte es sich so verhalten, daß, unter der Voraussetzung, die Erwärmung der Hand, wenn wir sie ins Wasser halten, sei der Bewegung von Feuerkorpuskeln geschuldet, im Wasser wirklich Feuer existierte. Aber das läuft der Erfahrung vollständig zuwider, denn wir sehen ja, daß Wasser das Feuer löscht.

Zudem wissen wir aus Erfahrung, daß in allen Teilen unseres ganzen Körpers, zum Beispiel an den Händen, gleichförmig verteilte Wärme vorhanden ist. Die Wärme aber könnte nicht gleichförmig verteilt sein, es sei denn, sie wäre eine Qualität, die auf natürliche Weise gleichmäßig überall durchdränge.

Wäre die Wärme dagegen auf die Bewegung von Feuerteilchen zurückzuführen, dann verstünde man nicht, wie diese Feuerteilchen sich in der ganzen Hand gleichmäßig verteilten, denn in diesem Fall könnten ihre einzelnen Teile nicht überallhin durchdringen. Eins von beiden. Das zweite nicht, denn daß sich zwei Körper durchdringen, ist von Natur aus unmöglich. Also bestätigt sich die erste Anschauung.

Für Galilei entspricht mäßige Wärme seltenen Feuerteilchen. Diese wären aber nicht in der Lage, in der Hand gleichmäßige Wärme zu verbreiten. Entweder fühlen wir keine laue Wärme in der ganzen Hand, was der Erfahrung widerspricht, oder die Wärme wird nicht von Feuerteilchen verursacht.

Mit denselben Argumenten kann man beweisen, daß der Geschmack, die Gerüche und das Licht die Eigenschaft besitzen, sich gleichförmig, mal stärker, mal schwächer in den Körpern mit Geschmack und Geruch oder in den durchscheinenden Körpern auszubreiten. Sie sind also von diesen Körpern durchdrungen.

Auf das erste Argument mag Galilei antworten, der ja behauptet, das Licht sei eine körperliche Substanz (in der Tat ist es nicht spiritueller Natur wie die Engel oder die menschliche Seele), die aus nichtteilbaren Atomen besteht. Aber die Unteilbaren besitzen keinerlei Form. Folglich kann die körperliche Substanz keine Form besitzen.

Ich antworte auf das zweite Problem. Dabei unterscheide ich vom Vorhergehenden, d. h. daß wir uns eine körperliche Substanz vorstellen, soweit sie eine Form besitzt, denn nichts existiert im Verstande, das nicht vorher bereits in den Sinnen vorhanden war. Ich gestehe das Vorige zu, daß nämlich die Form die Essenz der Körper ist. Ich bestreite die Voraussetzung und die Konsequenz.

Andere mögen beurteilen, ob Galilei unter dem Begriff erste und reale Akzidentien auch die Form der Atome begreift, von denen er auf S. 197 sagt, daß sie sich nicht von Geschmack und Gerüchen unterscheiden. Mit Sicherheit will er auf S. 200 darauf hinaus, daß das Feuer aus Korpuskeln mit einer Gestalt besteht. Entweder unterscheidet sich also das Feuer nicht substantiell vom Nicht-Feuer, oder die Gestalt, von der gesagt wird, daß sie sich allein hierin unterscheidet, muß die Substanz sein.

Nun zum zweiten Punkt. Bis auf den heutigen Tag haben die Mathematiker keine Aussagen akzeptiert, die in ihren Termini nicht bekannt oder bewiesen wären. Wir werden in diesem Sinne die Voraussetzung dann akzeptieren, wenn Galilei den Beweis geführt hat, daß das Universum ein mit Dreiecken und Kreisen geschriebenes Buch ist. Bis dahin aber verwerfen wir sie.

Beim dritten Punkt ist der legitime Syllogismus der Folgende: Wie in einem Körper mit Geschmack der Geschmack existiert, so existiert auch der Kitzel in der Feder. Also wird der Kitzel nicht durch Korpuskeln produziert, die das Fleisch durchdringen. Ebenso wird der Geschmack nicht von Korpuskeln erzeugt, die die Zunge durchdringen. Die Annäherung einer Feder an die Nasenflügel löst einen lästigen Kitzel aus, wie die Zuführung eines Körpers mit Geschmack die Geschmacksempfindung auslöst. Dennoch ist es nicht vollständig dasselbe, denn für den Kitzel reicht es, daß die Feder sich in der Nähe der Nasenflügel befindet, während es für den Geschmack unbedingt erforderlich ist, daß der der Zunge zugeführte Körper einen Geschmack besitzt.

Ich bestreite den minderen Begriff formell. Der Kitzel, der lästig wird, ist mehr als ein Name. Es handelt sich auch nicht um einen Namen von der Art einer formalen Belästigung: in derselben Weise ist ein Körper mit Geschmack mehr als ein Wort, und er ist auch nicht allein ein Wort von der Art des formalen Geschmacks.

Wäre für die Behauptung, daß die Farben reine Namen sind, die Tatsache hinreichend, daß bestimmte Blinde behaupten, mit Hilfe des taktilen Empfindens wahrzunehmen, dann wären auch die Töne Wörter, denn ein Taubstummer könnte sie vielleicht unterscheiden, wenn er das Musikinstrument in dem Moment berührte, in dem es gespielt wird.

Im Gegensatz dazu leitet sich aus der Tatsache, daß die Blinden nicht imstande sind, die Farben, sondern allerhöchstens fühlbare Qualitäten zu erkennen, die These ab, daß die Farben nicht aus einer Bewegung von Atomen bestehen. Denn in diesem Falle würde ein Blinder diese Bewegung auf dieselbe Weise erkennen, in der er auch, wenn er das Musikinstrument in dem Moment berührt, in dem es gespielt wird, die Bewegung wahrnimmt, ohne die kein Ton zustandekäme.

Gegen das vierte Argument. Entweder erlauben die sinnlich wahrnehmbaren Gegenstände zu erkennen, daß sie einzeln nichts weiter als eine reine Bewegung von Atomen sind, oder man kann sie nicht erkennen. Wenn Galilei die Behauptung aufstellt, daß sie dermaßen erkenntlich seien, dann ist dies das Gegenteil dessen, worum es geht, denn wir machen die Erfahrung, daß sie sich nur durch Kräuseln oder durch Bewegung von Luft und Wasser verbreitet. Aber wir müßten dieselbe Erfahrung auch im Falle der anderen sinnlich wahrnehmbaren Gegenstände machen, wenn ein jeder von ihnen für sich genommen aus Bewegungen der Atome bestünde.

Wenn Galilei behauptet, daß man auf diese Weise erkennen könnte, warum reduziert er dann die Produktion der Qualitäten auf einen einzigen Modus, wo doch Galilei selbst, nachdem er die Fabel von dem Hirten erzählt hat, der sich darüber wundert, daß die Musiker die Töne auf viele verschiedenen Weisen und mit den verschiedensten Instrumenten erzeugen, diese Worte auf S. 196 hatte folgen lassen?

„Mit vielen anderen Beispielen könnte ich den Reichtum der Natur bei der Erzeugung ihrer Wirkungen erklären, mit Mitteln, die wir unmöglich hätten ersinnen können, wenn die sinnliche Wahrnehmung und die Erfahrung uns das nicht schon zeigten; welche aber auch in diesem Fall nicht hinreicht, unsere Unfähigkeit zu kompensieren."

Aus diesen Worten können wir das Folgende erkennen: Die Reichtümer der Natur sind, was die Erzeugung ihrer Wirkungen angeht, unerforschlich. Reduziert man also die Erzeugung von Tönen nicht auf einen einzigen Modus, warum sollte sie sich bei der Erzeugung der Qualitäten einzig auf die Bewegung beschränken? Und auf eine schlichte Kombination von Atomen bei der Erzeugung der Substanz?

Diejenigen, die diese letzte Behauptung aufstellen, rauben der Natur jede produktive Kraft und wollen, daß die Natur Neues nur ausgehend von den alten Atomen erzeuge, wie eben die ärmsten Juden sich aus Lumpen neue Kleider schneidern und sie dann für neu verkaufen.

Darüber hinaus kann man in den Formulierungen Galileis zahlreiche falsche Aussagen finden.

1. Es ist falsch, daß das taktile Empfinden, soweit es sich aus der Festigkeit der Materie ergibt, in eben der Weise in Beziehung zur Erde steht, wie er anschließend auch die Behauptung aufstellt, daß der Gegenstand des Geschmackssinns das Wasser und der des Geruchs das Feuer ist.

Wäre die Erde tatsächlich der Gegenstand, so könnten wir nichts anderes als die Erde fühlen, und in der gleichen Weise gäbe es für die optische Wahrnehmung keine anderen als die leuchtenden und farbigen Gegenstände, denn das Objekt des Gesichtsinns sind das Licht und die Farben.

2. Es ist falsch, daß die Körper, die den Geruch beeinflussen, einer konstanten Auflösung in kleinste Partikeln unterliegen. Wir machen in Wirklichkeit die Erfahrung, daß das stark duftende Ahornholz, die Balsame und andere Kräuter sich sehr lange erhalten, ohne daß sie irgendeiner wahrnehmbaren Veränderung unterlägen.

3. Es ist falsch, daß die Körper, die den Geschmack oder den Geruch auslösen, einerseits wie die Flüssigen und auf jeden Fall diejenigen, die schwerer sind als Luft, herabsinken, während sie im anderen Fall, wie bei den Feuerbestandteilen, leichter sind als die Luft. Der Geschmack und die Gerüche beinhalten tatsächlich die Fähigkeit aller Elemente, und es gibt kein erkennbares Kriterium, daß die Behauptung erlauben würde, sie bestünden nur aus Atomen.

4. Es ist falsch zu sagen, der Geschmack würde durch wäßrige Korpuskeln ausgelöst, denn dann müßten wir das Wasser als sehr geschmackvoll empfinden.

5. Es ist ein Märchen, zu sagen: „Die kleinsten Teilchen, die herabfallen, werden auf der Oberseite der Zunge aufgefangen", so als gelangten die Körper, deren Geschmack wir empfinden, wie eine Perfusion göttlichen Morgentaus tief die Zunge hinab.

6. Es ist falsch, daß der Geruch von Feuerteilchen ausgelöst wird, denn in diesem Fall müßte das Feuer sehr stark riechen, und außerdem würden sich die Nasenflügel beim Riechen verbrennen.

7. Es ist falsch, daß der Klang sich allein mit Hilfe der Luft ausbreitet, denn das geschieht auch unter Wasser.

So sind also die vorstehenden Behauptungen korrekt bestritten, weil sie falsch sind. Im übrigen ist die Formulierung nicht glücklich, daß das taktile Empfinden und die anderen Sinneswahrnehmungen durch Objekte ausgelöst werden. Tatsächlich stellen sie vitale Handlungen des Lebewesens dar, wenn es unter bestimmten Umständen auf ein Objekt trifft.

Gehen wir über zum fünften Argument. Es besteht eine Affinität zwischen der Verwandlung von Stein in Mörtel, der von Holz in Kohle und der von Lehm in Backstein. Nach einer sehr starken Erhitzung werden sie in einem Ofen oder irgendeinem anderen Behältnis, das vollkommen luftdicht ist, zum Erlöschen gebracht.

Daher muß es so sein, daß entweder in der Holzkohle und den Backsteinen ebenfalls Feuerteilchen enthalten sind, oder nirgends. Wenn in ihnen auch Feuerteilchen enthalten sind, warum bringen dann Holzkohle und Backsteine das Wasser nicht zum Kochen, wenn man sie in selbiges tut? Enthalten sie keine Feuerteilchen, warum sollten dann welche im Kalk sein? Und wenn sie wirklich im Kalk sind, warum brennt dann das Öl nicht, wenn man den Kalk hineintaucht, obwohl doch das Öl sehr viel leichter sich entzündet und, weit davon entfernt zu löschen, das Feuer schürt?

Gestehen wir zu, daß das Öl leichter als Wasser ist und zugleich aber auch schwerer als die Feuerteilchen, und auch daß die Luft schwerer als Feuerteilchen und daß beide mit Sicherheit besser in die Poren des Kalks dringen können als Wasser. Warum gesteht Galilei allein dem Wasser die Fähigkeit zu, die Feuerkorpuskeln in Bewegung zu bringen?

Das Öl sinkt im Wasser nicht nach unten. Folglich werden die Feuerteilchen noch viel weniger im Wasser sinken. Und doch müßten sie dies zwangsläufig tun, und zwar nicht nur im Wasser, sondern auch im Blei. Wenn wir kochendes Wasser in ein Gefäß mit Blei gießen, dann fühlen wir die Wärme auf der Unterseite des Gefäßes. Daher kann diese Wärme auf gar keinen Fall eine Bewegung von Feuerteilchen sein, sondern sie muß eine Qualität sein, deren Ausbreitung nicht von der Schwere des Mittels abhängt.

So sind also die vorstehenden Behauptungen und Annahmen korrekt widerlegt worden.

Fassen wir abschließend zusammen: Entweder ergibt sich der zureichende natürliche Grund für die Wärme durch die Anwesenheit und die Bewegung der Feuerteilchen oder nicht. Gilt das erste, dann liegt hier ein Widerspruch, denn Galilei will, daß eine bestimmte Bewegung von Feuerteilchen die Ursache des Geruchs und nicht der Wärme sei.

Folglich ist nicht jede Bewegung der Feuerteilchen Ursache einzig und allein der Wärme. Wenn das zweite zutrifft, dann hat Galilei die Ursache der Wärme nicht hinreichend zwangsläufig erklärt.

Zum sechsten Punkt. Aus dem bisher zum fünften Argument Gesagten erscheint klar, daß der erste Teil der vorhergehenden Behauptung falsch ist. Ich gehe jetzt zur Erwiderung auf den zweiten Teil über. Es ist unbestritten, daß die langsame, aber sehr starke Reibung der Rollen und Taue bei den Winden, wenn große Gewichte gehoben werden, zuweilen solche Wärme freisetzt, daß sich die Stricke entzünden. Wie also wird diese Wärme erzeugt? Durch die Dekomposition der Stricke und der Rollen (die normalerweise sehr gering ist und auf jeden Fall nicht durch Bildung von Feuerteilchen geschieht, sondern von Staub), also durch Feuerteilchen, von denen man ohne irgendeine Begründung annimmt, sie würden in den Tauen und Rollen vorhanden sein? Welche Zersetzung findet denn an unseren Händen statt, wenn wir sie kräftig reiben, selbst dann wenn sie hart und voller Schwielen sind? Und vermöchte das einfache Reiben so viele Feuerteilchen freizusetzen, daß sie in der Lage wären, eine derart intensive Wärme freizusetzen?

Und hier gelangen wir an den Punkt, daß die wahre Ursache die Entzündung der Luft durch heftiges Reiben ist. Beim Reiben der Hände scheint die Ursache die Entzündung des Schweißes zu sein, der aufgrund von Kompression und Verdünnung aus den Händen entweicht. Daraus ergibt sich ganz manifest: 1. Galilei behauptet auf S. 192 fälschlich, daß Luft und Wasser keine Reibung besitzen und sich nicht entzünden; 2. auf S. 175 sagt er fälschlich, daß die Körper, die durch Reibung nicht vernutzt werden, nicht brennen.

Zum siebenten Argument. Die Äußerungen zum Licht zerstören die

Lehre von der Wärme. Galilei will in der Tat, daß das Licht ein Resultat der Disgregation von Feuerteilchen in unteilbare Atome sei, und daß das Licht sich augenblicklich ausbreite.

Es ist dagegen auf Grundlage der Erfahrungen vollkommen offensichtlich, daß das Licht die Ursache der Wärme ist. Wir argumentieren also diesermaßen: 1. Unteilbare besitzen keinerlei Gestalt. Die Unteilbaren des Lichts brennen. Also besitzt das, was brennt, keine Gestalt. 2. Die Verbrennung ist die Trennung des Fleisches durch die Feueratome. Atome können das Fleisch nicht teilen, denn sie nehmen keinen teilbaren Raum ein. Deshalb können sie entweder nicht brennen, oder die Verbrennung ist keine Trennung des Fleisches. 3. Das Licht wird aus unteilbaren Feuerteilchen gebildet, die Wärme aber von teilbaren Feuerteilchen. Daher können diese aus einer geschlossenen Laterne entweichen und das Licht in der Luft verteilen, was ihnen leichterfällt als durch die Poren der Lampe zu entweichen und die Wärme auszubreiten. Das aber widerspricht der Erfahrung. Daher besteht das Licht nicht aus Feuerteilchen, vielmehr ist es eine Qualität, deren Verbreitung nicht *(sic)* durch die geschlossene Laterne behindert wird. 4. Das Sonnenlicht breitet sich augenblicklich aus, wie auch Galilei zuzugestehen scheint. Also sind die Lichtatome entweder im gleichen Moment an verschiedenen Orten, was unmöglich ist, oder das Licht wird nicht durch Atome gebildet.

In korrekter Form erwidere ich, daß das Licht unter dem Gesichtspunkt der Beziehung von unteilbaren zu teilbaren Atomen nicht mit den anderen Qualitäten zu vergleichen ist; es ist aber vergleichbar mit der Wärme insoweit, als es sich um etwas handelt, das kein Gegenteil hat, im Unterschied zu dem, das sein Gegenteil besitzt; und im Verhältnis zu Geschmack und Geruch als eine einfache Qualität im Verhältnis zu zusammengesetzten Qualitäten.

Gelobt sei Gott

Anmerkungen

Einleitung

1. Vgl. *Enciclopedia Italiana di Scienze, Lettere ed Arti,* Bd. VI, Rom 1930, S. 548 (Abb. 17).
2. Hinzufügen kann ich einzig, daß ich bei verschiedenen Besuchen der Curia Generalizia der Gesellschaft Jesu (in Rom) zum Zwecke von Forschungen über einige gelehrte Jesuiten keine Spur jenes Originals fand. Auch in der ursprünglichen Heimstätte der Jesuiten, der Kirche Gesù, war die Erinnerung daran verloren gegangen. Mysteriös, so sagte man mir, ist die Angelegenheit auch für die anderen Kollegien und Kirchen des Ordens in Rom. Ein seltsames Mysterium: Ein Bild aus dem 17. Jahrhundert, das Bellarmin darstellt, geht nicht einfach verloren, um so mehr als es eine indirekte Zuschreibung (die Legende ist nicht vollständig klar, aber sie scheint auf eine zeitgenössische Kopie hinzudeuten) zu Pietro da Cortona gibt. Aber auch diese Zuschreibung ist seltsam. Weder dieses noch andere Portraits von Bellarmin – und auch nicht die fälschlich zugeschriebenen – werden nämlich in den Monographien erwähnt, die dem großen Meister aus dem Rom der Barberini gewidmet sind. Vgl. G. Briganti, *Fietro da Cortona,* Florenz 1962, 2. Aufl. 1982; A. E. Sanchez, *Pintura italiana del XVII siglo,* Madrid 1965, S. 264.
3. Vgl. Pater D. Bartoli S. J., *Della vita di Roberto cardinale Bellarmino, libri quattro,* Rom 1687, S. 256.
4. Zur Kunst des Blicks im 17. Jahrhundert erinnern wir an dieser Stelle an F. Bacon, *The Essays, or counsels civill and morall,* London 1597, 3. Aufl. 1629, Essay 22, S. 128 (mit einer besonderen Bezugnahme auf die Techniken des Blicks der Jesuiten); G. B. Della Porta, *De humana physiognomia,* Vico Equense 1586, sowie, allgemeiner, *Breviarium politicorum secundum rubricas mazarinicas,* Coloniae Agrippinae 1684, in der italienischen Ausgabe hrsg. von G. Macchia, Mailand 1981.

   Über die Differenz zwischen dem „Scharfblick" der Renaissance und dem Vorrang der Sicht im 17. Jahrhundert vgl. A. Koyré, *L'apport scientifique de La Renaissance et Attitude esthétique et pensée scientifique,* in: Etudes d'histoire de la pensée scientifique, Paris 1966, 2. Aufl. 1973, S. 52 u. 276.
5. Man sehe sich das bekannte Portrait Bellarmins von Bartolomeo Passarotti an, das im Jesuitenkolleg Chamartin de la Rosa (Madrid) aufbewahrt wird; es geht auf das Jahr 1606 zurück, als Bellarmin 64 Jahre alt war. Zur Ikonographie Bellarmins vgl. Pater A. Fiocchi S. J., *S. Roberto Bellarmino,* Isola del Liri 1930. Dort wird das mysteriöse Portrait des Cortona ohne weitere Erklärungen wiedergegeben, aber mit einem deutlich erkennbaren Heiligenschein (S. 480).
6. Vgl. Pater G. Fuligatti S. J., *Vita del cardinale Roberto Bellarmino,* Mailand 1624 (2. Aufl. Rom 1644); Pater A. Eudaemon-Johannes S. J., *De pio obitu Roberti card. Bellarmino,* Dilingae 1621; Bartoli, op. cit., sowie die weitläufigen modernen Biographien: Pater J. Bodrick S. J., *The life and work of Blessed Robert Francis Cardinal Bellarmino S. J.,* 2 Bde., London 1928, und Pater E. Raitz von Frentz S. J., *Vita di San Roberto Bellarmino,* Isola del Liri 1930.

7. Vgl. dazu Pater Tacchi Venturi S. J., *Il beato R. Bellarmino. Esame delle nuove accuse contro la sua santità,* Rom 1923, und: I. De Récalde (Pseudonym für Abt Boulin), *Un saint jésuite. La cause du vénérable Bellarmino,* Paris 1923.
8. Die Mittelmäßigkeit einer so groben Flickschusterei erkennt man anhand des Portraits auf dem Sarg von Kardinal Bellarmin in Sant'Ignazio.
9. Vgl. die physiognomische Analyse der Zustände der Entrückung von Bellarmin bei Fuligatti, op. cit., S. 376 (2. Aufl. S. 295).

* A.d.Ü. Das bezieht sich auf den Zeitpunkt des Erscheinens der italienischen Erstausgabe des vorliegenden Buches: 1983, also 350 Jahre nach Verurteilung Galileis durch die Inquisition. Auch der Vatikan (bzw. das Hlg. Offizium unter Kard. Ratzinger) nahm den Fall wieder auf, rehabilitierte Galilei aber nicht, sondern stellte, zur großen Enttäuschung der meisten Beobachter, die Rechtmäßigkeit des damaligen Urteilsspruches (gemessen an dem zu jener Zeit möglichen Wissensstand) fest.

1. Theoriewechsel

1. Vgl. P. Redondi, *Galilée aux prises avec les théories aristotéliciennes de la lumière,* in *Matière et lumière au XVII*[e] *siècle,* „XVIIe siècle", 34 (1982), S. 267–283.
2. Vgl. G. Reni, *La separazione della luce dalle tenebre* (1596–1598), ursprünglich im Palazzo Rossi, Bologna; vgl. C. Garboli, *L'opera completa di Guido Reni,* Mailand 1971, Anm. 10.
3. Vgl. G. Dorn, *De Naturae luce physica ex Genesi desumpta juxta sententiam Theophrasti Paracelsi Tractatus,* Francofurti 1583, S. 41 ff. zur Vorstellung von der Absonderung des Lichts; S. 59 u. 108 zur Vorstellung des Lichts als Quelle von Veränderung und Bewegung.
4. Die Berichte über Galileis Lichtexperiment in: G. C. Lagalla, *De luce et lumine,* in: *De foenomenis in obre Lunae,* Romae 1612. Letzterer findet sich ohne den Anhang *De luce et lumine*, in: G. Galilei, *Opere*, herausgegeben von A. Favaro et. al., Florenz 1890–1909, Bd. III (künftig zitiert als *Opere*). Erstmals bei N. Cabeo, *Philosophia magnetica in qua Magnetis natura penitus explicatur,* Ferrariae 1629, S. 120 ff., findet sich, daß dem Phänomen des leuchtenden Steins von Bologna magnetische Eigenschaften zugeschrieben werden.
5. „Von der Sonne geht das Licht aus [...] und schießt beständig Korpuskeln mit hoher Geschwindigkeit ab", schreibt Pater Castelli zu den Sonnenflecken im Mai 1612, *Opere*, Bd. XI, S. 294. Vgl. auch den Brief von Castelli an Galilei aus dem Jahr 1637, *Opere*, XVII, S. 156–169, bes. S. 161.
6. Galileo Galilei, *Schriften, Briefe, Dokumente,* Bd. 1, Berlin-München 1987, S. 168 ff.
7. Galileo Galilei, *op. cit.*, Bd. 2, S. 182.

* A. d. Ü. Im Original wird fälschlich der 18. Psalm angegeben. Die deutsche Version ist der Buber-Rosenzweigschen Übersetzung der Schrift, Bd. 4, *Die Schriftwerke,* Heidelberg 1980, S. 31 entnommen, denn sie kommt der italienischen Version sehr viel näher.

8. Brief von Galilei an Mons. Piero Dini vom 23. März 1615, *Opere*, II, S. 289. Galileis Auslegung des 19. Psalms war mit dem zeitgenössischen Kommentar Bellar-

mins: *Explanatio in psalmos*, ed. a Lapide, Parisiis 1861, Bd. 1, S. 105, kompatibel.

9. F. Patrizi, *Nova de Universis Philosophia*, Ferrariae 1591, S. 10.
10. G. Galilei, *Il Saggiatore*, Mascardi, Rom 1623; 2. Aufl. in: *Opere*, II, Bologna 1655–56 (spätere Auflagen Florenz 1718; Padua 1744; Mailand 1832): vgl. *Opere*, VI. Wir zitieren nach der Ausgabe von L. Sosio, Mailand 1965, die besser zu lesen ist, auch wenn man sie vergleicht mit der hervorragenden Rekonstruktion des Textes seitens A. Favaro. Sie liefert die Übersetzung der *Libra* als Anmerkung. Ebd., S. 266 (*Opere*, VI, S. 351 ff.).
11. Vgl. M. Boas, *Hero's „Pneumatica", a study of its transmission and influence*, in: „Isis", 40 (1949), S. 38–48.
12. *Il Saggiatore*, op. cit., S. 206 (*Opere*, VI, S. 231).
13. A. a. O., S. 265 (op. cit. VI, S. 351).
14. Vgl. den handgeschriebenen Zusatz Galileis zum Brief von G. B. Baliani, vom 8. August 1619, in: *Opere*, XII, S. 474–79, insbes. S. 475.
15. *Il Saggiatore*, a. a. O., S. 267 (op. cit., S. 352).
16. Zur experimentellen Methode der Messung der Lichtgeschwindigkeit auf der Erde, vgl. *Unterredungen und mathematische Demonstrationen über zwei neue Wissenszweige, die Mechanik und die Fallgesetze betreffend*, Leipzig 1890 (Reprint, Darmstadt 1973), S. 39. Zu den Versuchen, die später von den Schülern Galileis in der Toskana angestellt wurden, siehe R. Caverni, *Storia del metodo sperimentale in Italia*, 6 Bde., Florenz 1891–1900, Bd. 1, S. 41 ff.; M. L. Righini Bonelli, *La velocità della luce nella scuola galileiana*, in „Physis", II (1969), S. 493–501.
17. *Unterredungen und mathematische Demonstrationen über zwei neue Wissenszweige, die Mechanik und die Fallgesetze betreffend*, op. cit., S. 11.
18. Ebd., S. 19.
19. Ebd., S. 12 f. Zum Paradox des Rades von Aristoteles: J. E. Drabkin, *Aristotle's wheel*, in: „Osiris", 9 (1950), S. 346–59; P. Costabel, *La roue d'Aristote et les critiques françaises à l'argument de Galilée*, in: *Galilée. Aspects de sa vie et de son œuvre*, Paris 1968, S. 277–88.

** Vgl. u.a. *Unterredungen ..., op. cit., S. 25 ff. [A.d.Ü.]*.

20. Vgl. K. Lasswitz, *Geschichte der Atomistik vom Mittelalter bis Newton*, II, Hamburg 1892, S. 37–55; L. Thorndike, *History of Magic and Experimental Science*, 8 Bde., New York 1923–58, Bd. 8, S. 37 f.; M. Baas, *The Establishment of the Mechanical Philosophy*, in: „Osiris", 10 (1952), S. 412–541, besonders S. 436 f.; E. Dijksterhuis, *The Mechanization of the World Picture*, Oxford 1961.
21. *Unterredungen*, a. a. O., S. 38.
22. Vgl. *Il Saggiatore*, a. a. O., S. 266 (op. cit. S. 352).
23. Vgl. F. Liceti, *De lucernis antiquorum reconditis*, Venetiis 1622 (2. Auflage Utini 1642); Ders., *De novis astris et cometis*, Venetiis 1622, *Pyronarchia sive de fulmium natura*, Pataviae 1634, und *De luminis natura et efficientia libri tres*, Utini 1640.
24. Ebd.
25. „Das Licht ist ein Körper, von dem ein Teil angezogen wird vom Stein aus Bologna wie das Feuer vom Pech und das Eisen vom Magneten", F. Liceti, *Litheosphorus sive de lapide Bononiensi lucem (...)*, Utini 1640, S. 178.
26. Vgl. den Brief Galileis an Liceti vom 23. Juni 1640, *Opere*, XVIII, S. 208 f. Man

betrachte auch den folgenden Brief an Liceti vom 14. Juli 1640, a. a. O., S. 217. In die Polemik zu den astronomischen Aspekten griff auch Pierre Gassendi ein: vgl. den Brief von Pierre Gassendi an Liceti, 13. August 1640, a. a. O., S. 228–31.

27. Vgl. Galileis Brief an Liceti vom 25. August 1640, *Opere*, XVIII, S. 232–37: „Es hat mich verwundert, daß Ihr wegen einer Bemerkung des Philosophen Lagalla mir zuschreibt, ich hätte das Licht für ein körperliches und materiales Ding gehalten", S. 233.
28. Ebd., S. 234.
29. Brief von Liceti an Galilei, 7. September 1940, *Opere*, XVIII, S. 244–45, bes. S. 245.
30. Vgl. den Brief von Galilei an Liceti vom 15. September 1640, *Opere*, XVIII, S. 247–51, bes. S. 250. Mario Guiducci hatte 1619 unter seinem eigenen Namen den *Discorso delle comete* publiziert. Die kritische Neuausgabe von A. Favaro in den *Opere*, VI, erlaubt es zu behaupten, daß der Text direkt von Galilei überarbeitet wurde: „Es möchte wohl sein", so fühlt sich Galilei nun gehalten auszuführen, „daß ich gar keinen Anteil daran hatte, rechnet Ihr es mir zur Ehre an, daß diese Begriffe für meine gehalten werden", ebd.
31. Derselbe Brief an Liceti, a. a. O., S. 248; und Brief an Liceti vom Januar 1641, a. a. O., S. 293–95, bes. S. 295.
32. Vgl. den Brief Galileis an Liceti, 23. Juni 1640: „Hier wünschte ich nicht, daß mir vorgehalten würde, ich gäbe mich nicht mit der Wahrheit der Tatsachen zufrieden, wo doch die Erfahrung mich lehrt, daß es so geschieht. Von ihr könnte ich sagen, daß sie mich bei allen Wirkungen der Natur, die von mir zu beobachten sind, des an sit versichert, aber überhaupt keinen Gewinn für das Quomodo", *Opere*, XVIII, S. 208. Zum Gebrauch dieser Terminologie, siehe A. G. Brignole Sale, *Tacito abburrattato,* Venetia 1646.
33. Galileo Galilei, *Schriften, Briefe, Dokumente,* Bd. 2, a. a. O., S. 143.
34. Vgl. den Brief an Liceti zit. in Anm. 32. Der Brief Galileis über das Mondlicht vom 31. März 1640 wird mit dem Einverständnis Galileis in überarbeiteter Fassung in: F. Liceti, *De lunae suboscura luce,* Utini 1642, wiederveröffentlicht. L. Geymonat, *Galileo Galilei,* Turin 1957, 2. Aufl. 1969, und A. Crombie, *The Primary Properties and Secondary Qualities in Galileo Galilei's Natural Philosophy,* in: *Saggi su Galileo Galilei,* Bd. II, Florenz 1972, S. 71–90 unterstreichen das epistemologische Interesse, das diese letzten Äußerungen Galileis hervorrufen. Sie unterstreichen ihre Bedeutung für das Verständnis der Rolle der Logik (Geymonat) und des phänomenalistischen Elements (Crombie) in der wissenschaftlichen Methodologie Galileis.
35. J. Henry, *Thomas Harriot and Atomism: a Reappraisal,* in: „History of Science", 20 (1982), S. 267–96, insbes. S. 281.
36. Man betrachte hierzu W. Shea, *Galileo's Atomic Hypothesis,* in: „Ambix", 17 (1970), S. 13–27; H. E. Le Grand, *Galileo's matter theory,* in: New Perspectives on Galileo, herausgegeben von U. Baldini, *La struttura della materia nel pensiero di Galileo,* in „De Homine", 56–58 (1976). Die Fragen, die sich zu diesem Komplex A. M. Smith, *Galileo's Theory of Indivisibles: Revolution or Compromise?,* in: „Journal of the History of Ideas", S. 571–588, stellt, sind bezeichnend dafür, wie kontrovers das Problem des Austausches der atomistischen Theorien bei Galilei diskutiert wird.

2. „Kometen als Unglücksboten“

1. Vgl. J. Kepler, *Spicilegium ex Trutinatore Galilaei,* in *Tychonis Brahei Dani Hyperaspistes,* Francofurti 1625, S. 191. Es handelte sich tatsächlich um eine Berechnung auf einer mit Wasser gefüllten Glaskugel, die der des Kometen glich. In Wirklichkeit war es F. Sizi gewesen, der sich in *Dianoia astronomica, optica et physica,* Venetiis 1612 (Opere, III) auf dieses Beispiel von Kepler aus der *Astronomia pars optica* (1609) berufen hatte, um seine These von der rein optischen Natur der mediceischen Planeten zu untermauern, die mit Galileis Fernrohr entdeckt worden waren. Man beachte, daß Galilei jetzt dieselbe Strategie gegen die Kometen von Tycho und von Pater Grassi anwendet. Kepler war nicht einverstanden und erinnerte Galilei daran, daß er niemals daran gedacht habe, die Natur von Himmelskörpern wie den Kometen zu leugnen, und daß er auch niemals von ihnen als optischen Effekten gesprochen habe.
2. Ebd.
3. V. Viviani, *Racconto Istorico della vita di Galileo Galilei* (1654), in: S. Salvini, *Fasti consolari dell'Accademia fiorentina,* Florenz 1717, S. 397ff. Kritische Ausgabe von A. Favaro in *Opere*, XIX, 597–632. Wir zitieren nach der späteren Ausgabe, die von F. Flora, Mailand 1954, besorgt wurde, S. 47. (*Opere*, XIX, S. 616.).
4. Ebd., S. 47 (*Opere*, XIX, S. 616).
5. Ebd.
6. Vgl. Brief von G. Naudé an Gassendi, April 1633, *Opere*, XV, S. 88; Brief von Descartes an Pater Mersenne, *Opere*, XVI, S. 526 („Je me suis laissé dire que les Jesuites avaient aidé à la condamnation de Galilée“); sowie den Brief von Grozio an Vossius, a. a. O., S. 266: „Jesuitorum in ipsum odio“. Galilei war nicht durch unmittelbares Eingreifen der Jesuiten in Rom verurteilt worden. Aber auf der Basis welcher Fragestellung dann? Zu diesen und anderen Zeugnissen der Wirkungsweise und den dunklen Motiven der Gesellschaft Jesu vgl. A. Favaro, *Oppositori di Galileo. Il padre Cristoforo Scheiner*, in: „Atti del Regio Istituto Veneto di Scienze, Lettere ed Arti“, 78 (1918–19), S. 75–107. Auf den Seiten 90ff. begnügt sich Favaro jedoch damit, rein persönliche Gründe anzuführen, die die Feindschaft und die Nachstellungen gegenüber Galilei hätten begründen können.
7. Vgl. den Brief von Galilei an Elio Diodati vom 25/7/1634, Galileo Galilei, *Schriften, Briefe, Dokumente,* München–Berlin 1987, S. 137.
8. Pater Von Hartmann Grisar S. J., *Galileistudien. Historisch theologische Untersuchungen über die Urtheile der römischen Congregationen im Galilei-Process,* New York u. Cincinnati 1882, S. 329.
9. J. E. Montucla, *Histoire des mathématiques,* Paris an. VIII, vol. IV, Buch V, S. 294.
10. „Diese Behauptung wäre zu belegen“, tadelt P. C. Sommervogel Montucla verärgert in: *Bibliothèque de la Compagnie de Jésus,* vol. III, Brüssel–Paris 1892, Art. *H. Grassi*, coll. 1684–86, insbesondere 1686. In unserem Jahrhundert hat sich insbesondere nach den Untersuchungen von A. Favaro stillschweigend die Meinung herausgebildet, Pater Grassi sei unschuldig; außerdem eine Tendenz seitens der Historiker, die schwerwiegendsten Verdachtsmomente Pater Scheiner anzula-

sten (vgl. S. Drake, *Galileo at Work*, Chicago–London 1978). In Wirklichkeit gibt es weder für die eine noch für die andere Tendenz Beweise.

11. Vgl. *Opere*, IV, S. 48. Der *Discorso* erfuhr im Jahr 1612 zwei Auflagen. Vgl. S. Drake, *Galileo Studies*, Ann Arbor 1970, S. 159f.; W. Shea, *Galileo's Intellectual Revolution. Middle Period*, 1610–1632, London–Basingstoke 1972 (2. Aufl. New York 1977), S. 14–48.
12. Vgl. G. Coresio, *Operetta intorno al galleggiare de' corpi solidi* (Florenz 1612), *Opere*, IV und Pater B. Castelli, *Errori di Giorgio Coresio* (1612), ebd., S. 281ff.
13. *Opere*, V, S. 200.
14. *Istoria e dimostrazioni intorno alle macchie solari e loro accidenti* (Roma 1613), Opere, V, S. 190. Hinsichtlich der *Confessio belgica* vgl. de Brès, *Confession de foy* [Leyden 1562], S. 2, Art. II, die inspiriert ist durch den 1. Römerbrief des Apostel Paulus. In den Schriften, die Juvenilia genannt wurden, hatte Galilei den Ausdruck gefunden, der sich auf das „Buch der Natur", bezog, angeregt von einem Zitat aus der Bibel: „... der Himmel rollt sich ein wie ein Buch" (Jesaia, 34,4 nach der Buber-Rosenzweigschen Übersetzung, *Bücher der Kündung*, S. 108 [Die Angabe im Original 34,6 ist falsch. A. d. Ü.]) und „... und der Himmel entschwand wie eine Buchrolle, die sich zusammenrollt ..." (Offenbarung, 6,14). Vgl. dazu *Opere*, I, S. 64. Zur auffälligen Präsenz dieser Thematik vom Buch der Natur, allen zugänglich in der intellektuellen und religiösen Welt der Reform, vgl. R. Hooyakaas, *Religion and the Rise of Modern Science*, Edinburgh–London 1972, S. 105ff. und S. 114. Zu den verschiedenen literarischen und philosophischen Traditionen vom Buch der Natur, den Encyclopädisten und dem mathematischen Symbolismus, siehe E. Garin, *La cultura filosofica del Rinascimento*, Florenz 1961, S. 451–55 sowie P. Rossi, *Clavis universalis. Arti mnemoniche e logica combinatoria da Lullo a Leibniz*, Milano–Napoli, 1960.
15. Vgl. den Brief von Kard. Bellarmin an Pater Clavius und die anderen Mitglieder der Gruppe der Mathematiker am Collegium Romanum vom 19. April 1611, in: *Opere*, XI, S. 87ff. sowie die einstimmige positive Antwort hinsichtlich der Entdeckungen des Sidereus Nuncius vom 23. April 1611. Aus diesem offiziellen Schritt Bellarmins entsprang die öffentliche Anerkennung für Galilei seitens der Mathematikergruppe am Collegium Romanum, die in den Festlichkeiten aus Anlaß der *laurea honoris causa* für Galilei am Abend des 13. Mai 1611 im Salon des Collegium Romanum gipfelte.
16. *Opere*, XIX, S. 297ff.
17. Vgl. das Zeugnis Bellarmins zu Galilei vom 26. Mai 1616, *Opere*, XIX, S. 348.
18. Vgl. *Opere*, XIX, S. 321ff.
19. Vgl. den Brief von Kardinal Bellarmin an Pater Foscarini, in: Galileo Galilei, *Schriften, Briefe, Dokumente*, op. cit., S. 46ff. Bekanntlich hatte Pater Foscarini eine *Lettera sopra l'opinione dei Pitagorici e del Copernico [...] nella quale si accordano e si appaciano i luoghi della Sacra Scrittura e le proposizioni teologiche che giammai potessero addursi contro tale opinione* verfaßt (Neapel, 1615. Cfr. *Opere di Galileo*, ed E. Alberi, 1852–1856, V, S. 455–94). Das Buch des Theologen und Augustiners Diego da Zuñica, *Commentaria in Job*, Toledo 1583, 2. Aufl. Rom 1591, war bereits von Pater J. Pineda S.J., in: *Commentaria in Job*, Matriti 1597–1601, kritisiert worden. Siehe: H. Grisar, *Galileistudien*, op. cit., S. 263f.
20. Vgl. C. Clavius, *In Sphaeram Joannis de Sacro Bosco Commentarius*, Venetiis 1591, S. 195f. Im Jahr 1612 hatte das Collegium Romanum die Möglichkeit ört-

lich eingegrenzter Abweichungen bei den Himmelskörpern zugestanden. Diese Möglichkeit wird von Pater Scheiner in Anwendung gebracht, und sie ist auch dem Kardinal Bellarmin bekannt, wie aus dem Briefwechsel mit F. Cesi (1618) hervorgeht, über den wir noch sprechen werden. Hingegen wurde gar kein Zugeständnis hinsichtlich der Bewegung der Erde gemacht: In der nächsten Ausgabe der Sphaera, in: *Opera mathematica*, 5 Vol., Moguntiae 1611–12, Band III, S. 301 wünscht Pater Clavius sich einerseits sehr wohl ein neues astronomisches System und würdigt auch die Entdeckungen Galileis, hält aber andererseits unzweideutig fest an der These von der Absurdität des Kopernikanismus für die Physik der Bewegung der Himmelskörper.

21. Vgl. *Il Saggiatore,* ed. cit., S. 190 (*Opere*, VI, S. 314). Der Komet von 1577 hatte die Beobachtungen von Tycho Brahe, die in *De mundi aetherei recentioribus phaenomenis,* Uraniburgi 1588, S. 89–159 und in *Astronomiae instauratae Progymnasmata,* Pragae 1602, S. 511–513 dargelegt werden, aufgehoben.
22. Giovanbattista Rinuccini, der Hausprälat von Gregor XV., schrieb aus Rom, daß „die Jesuiten daraus in aller Öffentlichkeit ein Problem gemacht haben, und einige der Jesuiten verbreiten die Ansicht, daß dadurch Kopernikus vollkommen umgestoßen würde", *Opere*, XII, S. 443. Zur Kontroverse über die Kometen zwischen Galilei und Pater Grassi, die in allen Biographien behandelt wird, vgl. auch das Vorwort von S. Drake, *Controversy of the Comets of 1618,* Philadelphia 1960; Shea, *Galileo's Intellectual Revolution*, op. cit., S. 75–108.
23. Vgl. den Brief Galileis an Kardinal Maffeo Barberini vom 29. Juni 1619, der dem *Discorso delle Comete* beigelegt ist, *Opere*, XII, S. 461 f. Dieser *Discorso*, für den Guiducci verantwortlich zeichnet, und das *De tribus cometis,* Romae 1619 von Grassi sind in *Opere*, VI, veröffentlicht.
24. *Opere*, XII, S. 465.
25. Vgl. den Brief des 24. August 1619 von G. Ciampoli an Galilei: „Gewiß macht er [Pater Grassi] Komplimente mit sehr schmeichelnden Worten ...", *Opere, Supplemento al Carteggio,* XVIII, S. 423–25. Alle späteren Zeugnisse de visu stimmen in diesem ersten Eindruck von Pater Grassi überein. Die Begegnung mit Ciampoli und Cesarini wird auch von der *Libra* (*Opere*, VI, S. 157) und von der *Ratio* (ebd., S. 471) bestätigt.
26. Vgl. *Disputatio optica de iride proposita in Collegio romano a Galeatio Mariscotto,* Romae 1618.
27. Vgl. L. Sarsi, *Libra astronomica ac philosophica...,* Perusiae 1619 (*Opere*, VI, S. 109–79), vgl. *Il Saggiatore,* ed. cit., S. 45 ff.
28. Die Beschuldigung des „Telesismus" gegen Galilei klang erstmals in der in Florenz erschienenen Schrift *Contro il moto della Terra* an, die L. Delle Colombe zugeschrieben (1611) wird. Abgedruckt in: *Opere*, III, Teil I, S. 253–90, insbesondere S. 253.
29. Brief von J. Faber an Galilei vom 15. 2. 1620, *Opere*, XII, S. 23.
30. Brief von G. C. Lagalla an Galilei vom 6. 3. 1620, ebd., S. 26.
31. Brief von A. Santini an Galilei vom 3. April 1620, ebd., S. 29.
32. Vgl. *Opere*, XIX, S. 400 ff.
33. Vgl. den Brief von G. Ciampoli an Galilei vom 18. Mai 1620, *Opere*, XIII, S. 38 ff.
34. Ebd., S. 43.
35. Briefe von G. Ciampoli an Galilei vom 2. August 1620, ebd., S. 46 f., vom 15. Ja-

nuar 1622, ebd., S. 89; vom 26. Februar 1622, ebd., S. 84f. Vgl. auch den Brief von V. Cesarini vom 7. Mai 1622, ebd. S. 89 und den Brief von F. Magalotti, vom 7. Mai 1622, ebd., S. 89f.

36. Ebd.
37. Ebd., S. 43.
38. Vgl. das Vorwort von A. Favaro zum Band VI der *Opere* und G. Govi, *Alcune lettere inedite di Galileo Galilei,* in: „Bullettino di Bibliografia e di Storia delle Scienze Mathematiche e Fisiche", 14 (1881), S. 367. Dort stellt der Autor die Behauptung auf, eine Abschrift des *Saggiatore* „eines Kopisten und mit Korrekturen Galileis an mehreren Stellen" bei der Hand zu haben.
39. Vgl. den Brief von V. Cesarini an F. Cesi vom 22. Dezember 1622, *Opere*, XIII, S. 102, und den Brief von F. Cesi an J. Faber vom 19. November 1622, ebd., S. 100.
40. Vgl. den Brief von G. Ciampoli an Galilei vom 7. Januar 1623, ebd., S. 104 und den Brief von V. Cesarini an Galilei vom 12. Januar 1623, ebd., S. 105.
41. Ebd., S. 106.
42. Ebd.
43. Ebd.
44. Brief von F. Stelluti an Galilei vom 8. April 1623.
45. Brief von V. Cesarini an F. Cesi vom 28. Januar 1623, ebd., S. 108.
46. Brief von V. Cesarini an Galilei vom 3. Februar 1623, ebd., S. 109.
47. „Ich schätze mich glücklich, in einer Zeit geboren zu sein, wo das Gold der Wahrheit nicht mehr mit der Schnellwaage und in Bausch und Bogen gewogen wird, sondern mit einer delikaten Feinwaage", *Il Saggiatore, Imprimatur* (*Opere*, VI, S. 200). Diesen Ausdruck *(saggiuolo)*, den der aus Ligurien stammende Pater Riccardi verwandt hatte, benutzt Sarsi für die sarkastischen Formulierungen seiner Replik.
48. Vgl. A. Mascardi, *Le pompe del Campidoglio per la S. di N S. Urbano VIII*, Rom 1624, wieder veröffentlicht in: *Discorsi morali sulla tavola di Cebete Tebano,* 1642.
49. Vgl. den Brief von F. Stelluti an Galilei vom 12. August 1623, *Opere*, XIII, S. 121.
50. Ebd., S. 132.
51. Vgl. Brief von F. Stelluti an Galilei vom 28. Oktober 1623, ebd., S. 142.
52. Brief von V. Cesarini an Galilei vom 28. Oktober 1623, ebd., S. 141.
53. *Opere*, VI, S. 268. Der Abschnitt geht auf eine Randbemerkung zur *Libra* zurück, die im Text des Saggiatore mit kleinen Veränderungen, vielleicht durch die Herausgeber veranlaßt, wieder aufgenommen wird: „Jene Schlange windet, wenngleich in Stücke gehauen und tot, noch immer die letzte Schwanzspitze und hofft, bei den Vorübergehenden den Eindruck zu erwecken, sie sei lebendig und siegreich."
54. Vgl. *Opere*, XII, S. 145. Über die Bücherei „del Sole" siehe R. Pintard, *Libertinage érudit dans la première moitié du XVII*[e] *siècle,* Paris 1943, I, S. 216.
55. *Opere*, XII, S. 175 und 181.
56. Ebd., S. 183f.
57. Vgl. *Opere*, VI, S. 561ff.
58. J. Donne, *Away thou [...] humorist*, in: *Poems*, herausgegeben von H. Grierson, London 1933, S. 129.

59. *Il Saggiatore,* ed. cit., S. 261. Erst vor kurzem wurde dieser Abschnitt erörtert in: R. E. Butts, *Some Tactics in Galileo's Propaganda for the Mathematization of Scientific Experience,* in: *New Perspectives on Galileo,* op. cit., S. 59–85.
60. Zur aristotelischen Unterscheidung zwischen erstrangigen und zweitrangigen Sinneseigenschaften in *De Sensu,* 4, 442a vgl. A. Crombie, *The Primary and Secondary Qualities in Galileo Galilei's Natural Philosophy,* op. cit.
61. Vgl. Stephani Roderici Castensi, *De meteoris microcosmi libri quattuor,* Florentiae 1621. De Castro war Student an der Universität von Coimbra und ein Schüler von Fracastoro, Albertus Magnus und Agricola gewesen und war jetzt Primarius in Medizin an der Universität Pisa.
62. Vgl. Cicero, *De natura Deorum,* II, 37.
63. Vgl. Aristoteles, *De generatione et corruptione,* 315b, 14. Siehe auch: R. Cadiou, *Atomes et éléments graphiques,* in „Bulletin de l'Association Guillaume Budé“, Oktober 1958, S. 54–64.
64. Giordano Bruno, *Gesammelte Werke,* Bd. 4 (*Von der Ursache/dem Anfangsgrund/und dem Einen*), Jena 1906, S. 77. Eigene Übersetzung. Die Übersetzung in der zitierten deutschen Gesamtausgabe lautet so: „Wie also in der Kunst mögen auch ihre Formen sich nach Möglichkeit vervielfältigen, der Stoff aller Formen (bleibt) immer derselbe“. Dabei geht allerdings die Anspielung auf die Sprachwissenschaft und die Grammatik, auf welche Redondi sich stützt, vollkommen verloren. Das italienische „lettere“ wird mit Kunst übersetzt, anstatt mit Buchstaben. (A. d. Ü.)
65. Lukrez, *De rerum natura,* in der Übersetzung v. K. Büchner, Stuttgart 1981, Zweites Buch, S. 137 u. S. 139.
66. Epikur, *Philosophie der Freude. Briefe. Hauptlehrsätze. Spruchsammlung. Fragmente,* Frankfurt am Main 1988, S. 69.
67. B. Telesio, *De rerum natura iuxta propria principia liber primus et secundus,* Romae 1565 (2. Aufl. Napoli 1570), S. 80 und S. 147.
68. Vgl. G. C. Scaligero, *Exotericarum exercitationem liber quintus decimus de subtilitate ad Hieronimum Cardanum,* Lutetiae 1557, S. 31f. Die Theorie von der Bewegung als Ursache der Wärme wurde illustriert mittels Erwärmung des fliegenden Pfeils durch die Luft, ein Beispiel, das der *Libra* von Sarsi entnommen war.
69. Vgl. *Timaeus Platonis sive de Universitate interpretatibus M. Tallio Cicerone et Chalcidio,* Lutetiae Parisiorum 1563, S. 1250 und die Ausgabe Stephanus (1578), III, S. 31bff.
70. Ist bei: Giordano Bruno, *Gesammelte Werke,* Bd. 4 (*Von der Ursache/dem Anfangsgrund/und dem Einen*), Jena 1906 nicht nachweisbar.
71. *Il Saggiatore,* ed. cit., S. 267 (*Opere,* VI, S. 352).
72. N. Kopernikus, *Über die Umdrehungen der Himmelskörper. Aus seinen Schriften und Briefen,* Posen 1923, S. 24 (Ausw. herausgegeben von H. Rauschnig). Vgl. auch: N. Kopernikus, *Gesamtausgabe* (hrsg. von Heribert M. Nobis), Bd. 2 „Kritischer Text“, Hildesheim 1984, S. 488, Variante 5r32 (zum 6. Kapitel des ersten Buches).
73. Vgl. B. Pereira, *De communibus omnium rerum naturalium principiis et affectionibus,* Rom 1576, S. 162.
74. F. M. Cano, *De locis theologicis libri duodecim,* Salmanticae 1563 (2. Aufl. ed. Lovanii 1564), S. 531.
75. Brief Galileis an F. Cesi, 9. Oktober 1623, *Opere,* XII, S. 134f., insb. S. 135.

3. „*Die wundersame Konjunktur*"

1. Vgl. zu jenen Tagen im Karneval: T. M. Alfani, *Istoria degli anni santi*, Neapel 1725, S. 446; D. M. Manni, *Istoria degli anni santi dal loro principio al presente 1750*, Florenz 1750, S. 185. Vgl. außerdem: V. Prinzivalli, *Gli anni santi. Appunti storici con molte note inedite tratte dagli archivi di Roma*, Rom 1899, S. 101 ff. Hinweise auf die Anwesenheit von Descartes in Rom und seine Kontakte mit den Kreisen der Anhänger von Galilei im Umfeld von Kardinal Barberini finden sich auch bei: A. Baillet, *Le vie de Monsieur des Cartes*, 2 Bde., Paris 1691, Bd. 1, S. 122.
2. Vgl. A. Ademollo, *Il carnevale a Roma nei secoli XVII e XVIII. Appunti storici con note e documenti*, Rom 1883; F. Clementi, *Il carnevale romano nelle cronache contemporanee*, Città di Castello 1938 sowie: J. B. Thiers, *Traité des jeux et des divertissements qui doivent être défendus aux Chrétiens selon les règles de l'Eglise et les sentiments des Pères*, Paris 1686.
3. „Nobilissima atione tragica, che tre volte recitata nella romana corte sempre con nuovo plauso fu ripetuta" (Ein edles tragisches Stück, das am römischen Hofe dreimal zur Aufführung gebracht, immer wieder von neuem mit Applaus bedacht wurde. U. H.) G. V. Verzellino, *P. O. Grassi*, in: *Memorie degli uomini illustri di Savona*, 2. Bde., Savona 1885–91, Bd. 2, S. 347–51.
4. Vgl. Alfani, *Istoria degli anni santi*, op. cit., S. 446 f.
5. Zum Apparat der szenischen Darstellung der Eucharistie, wie er von der „Congregazione vecchia della communion generale" am Collegium Romanum organisiert wurde, vgl. D. Bartoli, *Della vita del padre Nicolò Zucchi*, Rom 1683, S. 38. Die Beleuchtungstechnik war so hoch entwickelt und komplex, daß es zumindest in einem Fall zu einem schweren Brand kam.
6. Vgl. I. Della Giovanna, *Agostino Mascardi e il cardinale Maurizio di Savoia*, in: *Raccolta di studi critici dedicati ad A. Ancona*, Florenz 1901, S. 117–26. Über die Spesen des Kardinals von Savoien für Repräsentation und die Dekoration von Sant'Eustachio, die von ihm bei A. Tassi in Auftrag gegeben worden war, vgl. G. B. Passeri, *Vite di pittori, scultori e architetti... morti dal 1641 al 1673*, Rom 1773, S. 110 f.
7. Hinsichtlich der philofranzösischen Kreise in Rom sei hier auf das Buch von R. Pintard, *Libertinisme érudit dans la première moitié du XVII siècle*, op. cit. Bd. 1, S. 270 ff. verwiesen.
8. Zu den römischen Akademien vgl. G. Tiraboschi, *Storia della letteratura italiana*, 2. Aufl., Modena 1783, Bd. VIII, Teil I, S. 43 f. sowie M. Maylander, *Storia delle Accademie d'Italia*, 5. Bde., Bologna 1926–30, Bd. V, S. 270 ff.
9. Vgl. A. G. Bragaglia, *Storia del teatro popolare romano*, Rom 1958, S. 64.
10. Vgl. A. Mascardi, *Saggi accademici dati in Roma nell'Accademia del Serenissimo Principe cardinale di Savoia*, Venedig 1630.
11. Vgl. P. Della Valle, *Viaggi* [...] *descritti in 54 lettere famigliari*, 3 Bde., Rom 1650.
12. *Il Saggiatore*, a. a. O., S. 15 (*Opere*, VI, S. 219 f.).
13. Vgl. den Brief von Mario Guiducci an Galilei vom 8. 2. 1625; in: *Opere*, XIII, S. 253.

14. G. Fabrici, *Dell'ambizione del letterato,* in: Mascardi, *Saggi accademici,* op. cit., S. 71–89.
15. Pater Sforza Pallavicino, *Se sia più nobile l'intelletto o la volontà,* ebd., S. 50ff.
16. Vgl. *Opere,* XIII, p. 253.
17. G. Fabrici, *Dell'ambizione del letterato,* a. a. O., S. 74.
18. Ebd.
19. Ebd., S. 77.
20. Ebd., S. 80.
21. Vgl. P. de Bérulle, *Discours de l'état et des grandeurs de Jésus,* Paris 1623, das Hauptwerk des Theologen de Bérulle, das zugleich mit dem *Saggiatore* herausgekommen war, wurde zum Manifest der mystischen Theologie in Frankreich, der Nachfolgerin des kontemplativen Spiritualismus der Karmeliter und der philippinischen Kultur. Die christologische Revolution dieser Kultur wurde unter anderem durch die heliozentrische Transformation der modernen Astronomie symbolisiert.
22. Die Eucharistie, das Bild der Einheit und Fruchtbarkeit des fleischgewordenen Wort Gottes, reflektiert sich in der französischen Schule in theologischen Arbeiten, die sich an Duns Scotus oder, in Italien, am Neoplatonismus ausrichten.
23. Mascardi, *Le pompe del Campidoglio,* op. cit., S. 96.
24. Vgl. A. Mascardi, *Dell'aritmetica e Della geometria,* in: *Discorsi morali,* op. cit., S. 213.
25. Vgl. V. Malvezzi, *Ragioni per le quali i Letterati credono non potere avantaggiarsi nella Corte,* in: Mascardi, *Saggi accademici,* op. cit., S. 13–33.
26. A. Pandolfi, *Che nella divina scrittura si contegono tutte le scienze,* ebd., S. 131–43, insbes. S. 134ff.
27. Vgl. G. Conn, *Assertionum catholicarum libri III,* Romae 1626; A. Oreggi, *De opere sex dierum,* Romae 1632. Man beachte, daß Oreggi in dieser mosaisch-neuplatonischen Abhandlung über Physik in der gleichen Weise wie Campanella (S. 170–172) die Nichtigkeit des Aristotelismus anprangert. Das Buch von Oreggi bekräftigte gemäß der Bibel die Existenz des Lichts ohne Subjekt und ließ damit dem Philosophieren über die „ätherische Materie“ des Lichts alle Möglichkeiten offen (S. 9). Die religiöse Malerei von Nicolas Poussin, der besonders eng mit F. Barberini und mit Dal Pozzo verbunden war und die Philosophie von Campanella bewunderte, bringt die gemeinsamen Ideale der römischen „Virtuosi“ zum Ausdruck, wenn er auf jede allegorische Beziehung verzichtet, um die Antike mit dem biblischen Christentum zu verbinden. Die Serie von Dal Pozzo über die *Sakramente* bietet das Beispiel einer heterodoxen religiösen Ikonographie, die in polemischer Absicht dem geschriebenen Wort und der historischen Rekonstruktion getreu bleibt, die die bildliche Darstellung von Philippe de Champaigne in Port-Royal inspiriert. Vgl. J. Busquet, *Les realtions de Poussin avec le milieu romain;* Sh. Soners Rinheart, *Poussin et la famille Dal Pozzo;* J. Vanuxem, *Les Tableaux sacrés de Richeone et l'iconographie eucharistique chez Poussin,* in: *Nicolas Poussin,* Colloque International du CNRS., Paris 1960, S. 1–18 u. 19–30 sowie 57–70; F. Haskell, S. Rinheart, *The Dal Pozzo Collection,* in „Burlington Magazine“, Juli 1960, S. 318–26; N. Poussin, *Sacraments and Bacchanales,* Edinburgh 1981.
28. Vgl. F. Cesi, *Linceografo.* Dieses wertvolle Manuskript, in dem die bibliothekarische und editorische Tätigkeit der Accademia dei Lincei geregelt wird, ist wie-

derholt beschrieben worden, und zwar von Iodescalchi, Favaro und schließlich von G. Gabrieli, *La prima biblioteca lincea o libreria di Federico Cesi,* in „Rendiconto della Regia Accademia Nazionale dei Lincei. Classe di Scienze morali", Abschn. VI, 14 (1938), S. 606–25, insbes. S. 621 ff.

29. Die Verluste und die Zerschlagung der Bibliothek Cesi in der Via Maschera d'Oro machen eine Rekonstruktion des Archivs und des ursprünglichen Buchbestandes, den F. Cesi zusammengetragen hatte, ziemlich beliebig. Es existiert aber der Katalog über die Werke, die 1633 an den Cavalier Dal Pozzo verkauft wurden; dieser Katalog wurde bei Gabrieli (*La prima biblioteca lincea,* a. a. O.) zusammen mit den Gegenständen des naturkundlichen Museums von Cesi beschrieben und zum kleineren Teil wiedergegeben. Zu den Idealen, die die Gründung der Bibliothek Cesi leiteten, vgl.: Ders., *Federico Borromeo e gli Accademici Lincei,* in: „Atti della Pontificia Accademia delle Scienze dei Nuovi Lincei", 7 (1934) und: Ders., *Scritti di Giovanni Faber Linceo,* in: „Rendiconto della Regia Accademia Nazionale dei Lincei", 1934, S. 293 f.

30. Antonio Persio gehörte zu den Zeugen des Treffens über Fragen der Astronomie im Garten des Monsignor Bonaventura Malvasia auf dem Gianicolo, das Federico Cesi am 14. April 1611 organisiert hatte. Im Verlauf dieses Treffens führte Galilei seine Erfahrungen mit dem leuchtenden Stein aus Bologna vor. Persio hatte in *Liber novarum positionum adversus Aristotelem,* Venetiis 1575, den *Trattato dell'ingenio dell'huomo,* Vinetia 1576 und, 1590, die kleineren Arbeiten des Telesio über die Kometen, den Regenbogen und die Wärme veröffentlicht. Zum Leben von Persio vgl. G. Gabrieli, *Notizie della vita e degli scritti di Antonio Persio Linceo,* in: „Rendiconti della Regia Accademia Nazionale dei Lincei. Classe di Scienze morali", 1933, S. 477 f.; über die Philosophie von Persio, E. Garin, *Nota telesiana: Antonio Persio,* in: „Giornale critico della filosofia italiana", 3 (1949) sowie ders., *La Cultura filosofica del Rinascimento italiano,* Florenz 1961, S. 432 f., wo die Auszüge aus der *Apologia pro Bernardino Telesio adversus Franciscum Patritium* veröffentlicht werden.

31. Brief von F. Cesi an Galilei vom 22. 3. 1612, *Opere,* XI, S. 285.

32. Vgl. Brief von Cesi an Galilei vom 19. 5. 1612, *Opere,* XI, S. 298.

33. Brief von F. Cesi an Galilei vom 26. 5. 1612, *Opere,* XI, S. 303. Vgl. A. Persio, *Index capitum librorum [...] de ratione recte philosophandi et de natura ignis et caloris,* Romae o. J. [1613]. Ein Exemplar der ersten sechs Bücher der *De natura ignis* verblieb im Archiv der Akademie der Lincei (Ms. Linceo V u. VI). Vgl. Gabrieli, *Notizie della vita e degli scritti di Antonio Persio Linceo*, op. cit.

34. Es handelt sich um Teil III des Bandes Ms. XII E 24 der Unterlagen der Akademie der Lincei in der Biblioteca Nazionale Vittorio Emanuele III. zu Neapel, der von Gabrieli untersucht und veröffentlicht wurde in: *L'orizzonte intellettuale e morale di Federico Cesi illustrato da uno Zibaldone inedito,* in: „Rendiconto della Regia Accademia Nazionale dei Lincei. Classe di Scienze morali", Sektion VI, 14 (1928) S. 663–725.

35. Auf jeden Fall schrieb Cesi Ende 1622 an Faber von seinem *Specchio della ragione e Theatro naturale* in einer Weise, die erkennen läßt, daß es sich um ein Programm handelt, das bereits seit längerem ausgearbeitet ist und nun in die Tat umgesetzt wird dank der in: *Plantaria distributione methodica* (vgl. Gabrieli, *L'orizzonte intellettuale...,* op. cit., S. 683) angekündigten Vervollständigung. 1618 teilt Cesi Kardinal Bellarmin einen Auszug aus dem *Coelispicium* mit, wie man

später erfahren wird. Die Datierung dieser konvergierenden Realisierungen des enzyklopädischen Programms erlaubt es, das Programm im Zeitraum zwischen 1615 und 1620 anzusiedeln.

36. Vgl. Gabriele, *L'orizzonte intellettuale e morale di Federico Cesi...*, op. cit. Anm. 32, S. 672.
37. Vgl. F. Cesi, *Apiarium*, Romae 1625 und *Phythosophicarum Tabularum... pars prima* (1620, als Cesi noch lebte, in Druck) und schließlich in: F. Hernandez, *Rerum medicarum Novae Hispaniae Thesaurus*, Romae 1649, veröffentlicht.
38. *De Laserpitio*, Ms. von Federico Cesi in der Bibliothek des Botanischen Gartens und Instituts der Universität Padua, beschrieben von Gabrieli in: Ders., *L'orizzonte intellettuale di Federico Cesi...*, op. cit., S. 714.
39. Vgl. G. Gabrieli, *Il carteggio scientifico ed accademico fra i primi Lincei (1603–1630)*, in: „Memorie della Regia Accademia Nazionale dei Lincei. Classe di scienze morali", Sektion VI, Bd. I, Rom 1925.
40. Vgl. Martin del Rio, *Disquisitionum magicarum libri sex* (1606), ed. Moguntiae 1624, S. 9; B. Pereira, *Adversus fallacies et superstitiosas artes libri III*, Lugduni 1603.
41. Vgl. D. Ciampoli, *Monsignor Giovanni Ciampoli. Un amico di Galilei*, in: *Nuovi studi letterari e bibliografici*, Rocca San Casino 1900, S. 5–170; A. Favaro, *Amici e corrispondenti di Galileo. Giovanni Ciampoli*, in: „Atti del regio Istituto Veneto di Scienze, Letter ed Arti", 62 (1902), Teil II, S. 91–145.
42. Vgl. A. Favoriti, *Virginii Cesarini Vita*, in: *P. Cesarini Carmina*, Rom 1658 (S. 1–30).
43. Vgl. ebd. und A. Gottifredi, *In funere Virginii Cesarini, Oratio*, Romae 1624, S. 19f.; Erytraeus (i.e.: Pater I. N. Rossi, S. J.), *Pynacotheca imaginum... illustrium virorum*, Coloniae 1695, I, S. 59f. Zu Cesarini als Mann der Literatur siehe: E. Raimondi, *Paesaggi e rovine nella poesia di un virtuoso*, in: *Anatomie secentesche*, Pisa 1966, S. 50–72.
44. *Il Saggiatore*, ed. cit., S. 214ff. (*Opere*, VI, S. 157).
45. Vgl. die offizielle Lobrede der Lincei, die auf Grundlage der Erinnerungen F. Cesis von J. Reck (Riquius) ausgearbeitet wurde: *De vita viri praestantissimi Virginii Cesarini Lyncaei*, Patavii 1629.
46. Vgl. Gottifredi, *In funere Virginii Cesarini...*, op. cit., S. 10.
47. Brief von Virginio Cesarini an Galilei vom 1. 10. 1618, *Opere*, XII, S. 413–415, besonders 413.
48. Gottifredi a. a. O.
49. Brief von Giovanni Ciampoli an Galilei vom 31. 12. 1616, *Opere*, XII, S. 300 und Brief von V. Cesarini an Galilei vom selben Tag, ebd., S. 299.
50. Favoriti, *Virginii Cesarini Vita...*,op. cit., S. 7.
51. Zu den Beziehungen zwischen Cesarini und Lagalla vgl. Reck, *De vita viri...*, op. cit.
52. Favoriti, op. cit., S. 8.
53. Vgl. *Lettere di Tommaso Campanella*, ed. Spampanato, Bari 1927, S. 216 und 275; G. Gabrieli, *Bibliografia lincea*, II, *Virginio Cesarini e Giovanni Ciampoli con documenti inediti*, in: „Rendiconti della Regia Accademia Nazionale dei Lincei. Classe di scienze morali", VI, 8 (1932), S. 422–62, bes. S. 430.
54. Vgl. die lyrische Lobrede von F. Testi auf V. Cesarini, *Poesie liriche*, Venedig o. J., S. 91.

55. Vgl. A. Mascardi, *Per l'esequie di Virginio Cesarini,* in: *Orazioni e discorsi,* Mailand 1626, S. 3–23, und: *Prose volgari,* Venedig, 1653, S. 355.
56. Vollständig veröffentlicht wurde das Testament von V. Cesarini in: G. Gabrieli, *Virginio Cesarini e Giovanni Ciampoli...,* op. cit., S. 445–47.
57. Vgl. Gottifredi, *In funere Virginii Cesarini...,* op. cit.
58. Vgl. G. Gabrieli, *Una gara die precendenza accademica nel Seicento fra Umoristi e Lincei,* in: „Rendiconti della Regia Accademia Nazionale dei Lincei. Classe di scienze morali", Sektion VI, 2 (1935), S. 235–57.
59. Vgl. Mascardi, *Per l'esequie...,* op. cit., Anm. 52.
60. Brief von J. Faber an F. Cesi zitiert bei Gabrieli, *Una gara di precendenza...,* op. cit., S. 242. Zum Tod von Cesarini und zu seiner Bibliothek vgl. den Brief von Faber an Cesi vom 13.4. 1624, *Opere,* XIII, S. 171. Der Autopsiebericht, den Faber in diesem Brief mitteilt, legt die Vermutung nahe, Todesursache sei eine Tuberkulose gewesen, denn „die Lungen (waren) mit den Rippen verklebt [...], die Leber zirrhotisch". Cesi hielt sich damals mit Galilei in Acquasparta auf.
61. Vgl. (Anonymus), *Vita di Monsignor Giovanni Ciampoli,* in: G. Targioni-Tozzetti, *Aggrandimenti delle scienze fisiche in Toscana,* Florenz 1780, II, S. 102–16, und: G. Negri, *Istoria degli Scrittori fiorentini,* Rom 1722, S. 272–77 (S. 210 in der Ausg. Targioni-Tozzetti).
62. Der Katalog der Manuskripte von Ciampoli wurde im Anhang zu den testamentarischen Verfügungen bei Ciampoli, *Monsignor Giovanni Ciampoli...,* op. cit., veröffentlicht. Es werden die Titel und die Zahl der Hefte zu jedem einzelnen Manuskript angegeben, was erlaubt, Vermutungen über das beachtliche Ausmaß der wissenschaftlichen und philosophischen Arbeit von Ciampoli anzustellen, die in diesen Papieren enthalten ist.
63. Vgl. G. C. Lagalla, *De coelo animato dissertatio,* Rom 1622.
64. Vgl. A. Mascardi, *Dell'arti istorica* (1636) und *Prolusiones ethicae* (1639).
65. Vgl. *De Universa Philosophia a Marchione Sfortia Fallavicino... publice asserta,* Romae 1625. Diese Arbeit stand unter dem Einfluß von Pater Vincenzo Aranea am Collegium Romanum.
66. Vgl. den Brief von Pater Raffaello Aversa an Galilei vom 1.6. 1626, *Opere,* XIII, S. 325f. und vom 6.7. 1626, ebd., S. 329f.
67. Zur Anhängerschaft von Pater Valeriano Magni an Galilei vgl. *Opere,* XV, S. 215, und XVI, S. 386. In der Folge werden wir auf noch sicherere Beweise für die Beziehungen zwischen Ciampoli und Magni stoßen.
68. Vgl. (Anonymus), *Avertissement au Roi très chrétien,* Francheville 1625 (Es handelt sich um eine falsche Ortsangabe für das Pamphlet, das in Rom gedruckt wurde und nach einhelliger Meinung Pater Eudaemon-Johannes zuzuschreiben ist). Pater Sommervogel S.J., *Bibliothèque de la Compagnie de Jésus,* 12 Bde., Brüssel und Paris 1890–1932, Bd. IV, Spalten 981–97. Er schlägt als Autor allerdings den bayerischen Jesuitenpater Jacques Keller vor.
69. A. Santarelli, *Tractatus de haeresi, schismate, apostasia...,* Romae 1625.
70. Das wenigstens ist das Argument, das Paris im Vatikan vorbrachte. Man sehe: (Anonymus), *La grande et mémorable deffaite de cinquante et deux mille Turcs, avec ce qui s'est passé à Rome entre le pape et le général des Jésuites touchant le livre de Santarelly,* Paris 1626 (Drei Exemplare in der Nationalbibliothek in Paris).
71. Ebd., S. 11.

4. „Dunkles Licht"

1. A. Bzowski (Bzovius), *Annales Ecclesiastici,* Band XVIII, Coloniae Agrippinae 1627, S. 174ff. Zu Pater Bzowski vgl. J. Quétif-J. Echard, *Scriptores Ordinis Praedicatorum recensiti,* II, Lutetiae Parisiorum 1721, S. 488f. Der Urteilsspruch gegen De Dominis wurde in *Avviso* vom 19. Oktober 1624 (Biblioteca Vaticana, Barb. 2818) angekündigt, wie L. Pastor in: *Die Geschichte der Päpste seit dem Ausgang des Mittelalters,* Bd. XIII, 2. Teilband: *Geschichte der Päpste im Zeitalter der Katholischen Restauration und des Dreißigjährigen Krieges. Gregor XV und Urban VIII. (1621–1624),* Freiburg 1929, S. 615 mitteilt.
2. Vgl. über die Chronik von Pater Bzowski hinaus: Eudaemon-Johannes, *Epistola de relapsu, morte poenaque M. Antonii De Dominis,* in: G. Stenghel, *Libri duo de duobus apostatis sive duae praenenses...,* Ingolstadii 1627, S. 556–74.
3. Da eine angemessene Biographie von De Dominis nicht verfügbar ist, vgl. A. Tamaro, *La Venetie julienne et la Dalmatie,* Rom 1918–19, III, S. 266–70; G. Goodman, *Court of King James I.,* o. O., 1839, Bd. I; H. Newland, *The life and contemporaneous church history of A. De Dominis,* Oxford und London 1859.
4. D. Cantimori, *Galileo e la crisi della Controriforma,* posthum herausgegeben in: E. Garin, *Saggi su Galileo Galilei,* Florenz 1967, neu herausgekommen in: D. Cantimori, *Storici e storia,* Turin 1971, S. 657–74.
5. D. Cantimori, *Avventuriero irenico,* in: *Prospettive di storia ereticale italiana del Cinquecento,* Bari 1960, S. 97–110 sowie ders., *L'utopia ecclesiologica di M. A. De Dominis,* in: *Convegno di storia della Chiesa in Italia. Problemi di vita religiosa in Italia nel Cinquecento,* Padua 1960, S. 103–23.
6. M. A. De Dominis, *De radiis visus et lucis,* Venetiis 1611. Dort wurde als Anhang eine (unvollständige) Theorie der optischen Funktionsweise des Fernrohrs auf der Grundlage der Brechung beigefügt. Galileo erhielt ein Exemplar des Buches von G. F. Sagredo im Sommer des Jahres 1612. Vgl. den Brief von Sagredo an Galilei vom 7. Juli 1612, *Opere,* XI, S. 355f., bes. S. 356.
7. M. A. De Dominis, *Causae profectionis suae ex Italia,* o. O., 1616[2], Amsterdam 1617.
8. Ders., *De Republica Ecclesiastica libri X,* 3 Bde., Londini 1617–22. Über die Wertschätzung, die Kepler für die Arbeit von De Dominis hegte, vgl. J. Kepler, *Gesammelte Werke,* Bd. XVII (Briefe 1612–20), München 1955, S. 283 (1618), S. 342 u. 347.
9. Vgl. P. Sarpi, *Istoria del Concilio Tridentino,* Buch IV, 2. Kapitel, Florenz 1966, Bd. 1, S. 411.
10. De Dominis, *De Republica...,* op. cit., II, S. 80.
11. Ebd., S. 70ff.
12. Vgl. R. Neyle, *Aliter Ecebolius M. A. De Dominis Pluribus Dominis inservire edoctus,* Londini 1624, S. 21.
13. Vgl. den Brief von De Dominis an Graf Gondomar vom 9. Februar 1622 in: *M. A. De Dominis, De pace religiosa Epistola,* Versuntione Sequanorum 1666, S. 16.
14. Neyle, *Aliter Ecebolius...,* op. cit., S. 64f.
15. Vgl. M. A. De Dominis, *Sui reditus ex Anglia Consilium exponit,* Romae 1623: Auf S. XIX findet sich der Text des am 24. November 1622 erklärten Widerrufs.

16. Vgl. M. A. De Dominis, *Euripus seu de fluxu et refluxu maris sententia,* Romae 1624 (die Widmung stammt aus dem Jahr 1623).
17. Bzowski, *Annales Ecclesiastici* op. cit., S. 172.
18. Vgl. Eudaemon-Johannes, *Epistola de relapsu,* op. cit., S. 557.
19. Dieses Detail hat der Arzt Johannes Faber, der Mitglied der Expertengruppe war, die die Obduktion vornahm, in einem Brief an Galilei vom 14. September 1624, *Opere,* XIII, S. 207, preisgegeben.
20. Bzowski, *Annalium Ecclesiasticorum* op. cit., S. 172.
21. Ebd.
22. Dieses Detail wird von Eudaemon, *Epistola de relapsu,* op. cit., S. 560ff. bestätigt und in den protestantischen Quellen über die Affaire De Dominis wieder aufgegriffen. Siehe: P. van Limborch, *Historia Inquisitionis. Cui subjungta liber Sententiarium Inquisitionis Tholosanae ab Anno Christi CICC–CVII ad Annum CICCCXXIII,* Amstelodami 1692. Hier nach der englischen Ausgabe: *The History of Inquisition . . .,* übertragen von Samuel Chandler, London 1731, Bd. 2, S. 282–87, inbes. S. 284.
23. Ebd.
24. F. Suarez, *Metaphysicarum Disputationum in quibus et universa naturalis theologia ordinate traditur . . .,* Salamanticae 1597 (bis 1630 waren bereits 6 Auflagen erschienen).
25. Vgl. R. Soprani, *Vite de' Pittori, Scultori e Architetti genovesi,* 2. Aufl. um die Anmerkungen von G. G. Ratti erweitert, Genua 1768–97, Bd. II, S. 9–11; L. Grillo, *Elogio di Liguri illustri,* Genua 1846, Bd. II, S. 179–83; vor allem aber C. Bricarelli, *Il padre Orazio Grassi architetto della chiesa di Sant'Ignazio in Roma,* in: „Civiltà Cattolica", II, 1922, S. 13–25; ders., *La chiesa di Sant'Igazio e il suo architetto padre Orazio Grassi,* in: *L'Università Gregoriana del Colegio romano nel primo secolo della restituzione,* Rom 1924, S. 77–100. Zu den von Pater Grassi für S. Ignazio gezeichneten Entwürfen (Abb. 4) und zur Transformation der Kirche des Collegiums in Siena (Entsendung von Pater Grassi nach Siena im Jahre 1626) vgl. M. Valléry-Radot, *Le recueil de plans d'édifices de la Compagnie de Jésus . . . et de l'inventaire des plans des archives romaines de la Compagnie par Edmond Lamalle,* Paris 1960, S. 403f. u. S. 416 (Anm. 71 u. 71 sowie Abb. 11). Zu den Entwürfen Pater Grassis für das Collegium und Il Gesú in Genua ebd. S. 101 und 103.
26. Vgl. die Anm. am Seitenfuß von Galileis Exempla der *Ratio,* in: *Opere,* VI.
27. *Otto*[neun] *lettere del Padre Orazio Grassi a Giovambattista Baliani* (1646–53), vgl. Abb. 8, Manuskript, das mit den Papieren Balianis in der Biblioteca Nazionale von Brera (Mailand) aufbewahrt wird, Ms. AF XIII, 13, Anm. 4. Diese Briefe wurden (in einer nicht immer zuverlässigen Übertragung) veröffentlicht bei S. Moscovici, *L'expérience du mouvement. Jean-Baptiste Baliani disciple et critique de Galilée,* Paris 1967; ferner werden sie bei C. Costantini, *Baliani e i gesuiti,* Florenz 1969 beschrieben. Ein weiterer Brief von Grassi, vom 22. September 1633 (Archivio di Stato in Rom) ist an Don Girolamo Bardi gerichtet, einen Ex-Jesuiten und Lektor für Philosophie in Siena. Es wurde veröffentlicht in: A. Favaro, *Galileo Galilei e il Padre Orazio Grassi. Nuovi studi galileiani,* Venedig 1891, S. 203–20, bes. S. 219.
28. Historisches Archiv der Generalkurie der Gesellschaft Jesu (Rom), *Fondo gesuitico,* 1245, 1/4. Es handelt sich um das Memorandum (5. Oktober 1650) mit dem

Titel, *Ricordi per la fabbrica della chiesa di Sant'Ignazio,* vgl. Valléry-Radot, *Le recueil...,* op. cit. S. 421 f.

29. Vgl. *Disputatio optica de iride proposita in Collegio romano a Galeatio Mariscotto,* Romae 1618.

30. *Divini Templi excisio, oratio habita in Vaticano sacello ad S. D. N. Urbanum VIII ispo parasceve die ab Horatio Grassio Savonensisi e Societate Jesu,* Romae 1631 (Kardinal L. Ludovisi gewidmet) und wiederveröffentlicht in: *Orationes quinquaginta de Christi Domini morte,* Romae 1641, S. 596 ff.

31. Vgl. G. Nappi, *Annali del Seminario romano,* Teil III (Ms. 2801 des Archivs der Pontificia Università Gregoriana). Dieses Blatt wurde bei C. Bricarelli, *Il padre Orazio Grassi,* op. cit. S. 21 veröffentlicht. Zu den Festlichkeiten aus Anlaß der Kanonisierung des Hl. Ignatius vgl. L. Pastor. *Die Geschichte der Päpste...* op. cit., Bd. XIII, S. 94 ff. Aus dieser Zeit stammt auch eine berühmte Grabrede, die von Pater Grassi in seiner Eigenschaft als Präfekt des Collegium Romanum abgefaßt wurde: *Relatione della beata morte del nostro fratello Giovanni Berchmans* (1621), in französischer Übersetzung bei P. Terwecoren, *Collection des précis historiques,* Bd. 17, Brüssel 1862, S. 17–25, 36–44, 58–67. Vgl. Sommervogel, *Bibliothèque de la Compagnie de Jésus,* op. cit., 3. Bd., Abschnitt 1684–86.

32. B. Pascal, *Préface du Traité du vide* (1651), in: *Œuvres completes,* Paris 1963.

33. Vgl. *Ragguaglio dell'aprimento solenne della nuova chiesa di Sant'Ignazio* (1650), veröffentlicht bei Bricarelli, *Il padre Orazio Grassi...* op. cit., S. 24 f.

34. Ebd., S. 25.

35. Vgl. Carlo Borromeo, *Instructiones Fabricae et suppellectibilibus Ecclesiasticae,* Mediolani 1557, neuediert bei P. Barocchi, *Trattati d'arte del Cinquecento tra Manierismo e Controriforma,* Bari, 1960–61, 3. Band, S. 1–113.

* Das ist eine Anspielung auf den heute gängigen Sprachgebrauch der Kommunisten. „Intellettuale organico", so bezeichnen die italienischen Kommunisten die Wissenschaftler und Intellektuellen ihrer Partei. U. H.

36. Da eine wissenschaftliche Biographie über Pater Grassi fehlt, gründen die hier wiedergegebenen Informationen auf den Lebenslauf im Historischen Archiv der Generalkurie der Gesellschaft Jesu. Ihr Verfasser, Pater Edmond Lavalle, hat sie mir freundlicherweise zur Verfügung gestellt. Dafür sei ihm an dieser Stelle gedankt.

37. Vgl. die Epistel von Francesco Borgia aus dem April des Jahres 1569, *De mediis conservanda spiritum Societatis et vocationis nostrae,* in: *S. Francesco Borgia, Monumenta Historia Societatis Iesu,* 4. Buch, Matriti 1911, S. 71.

38. Vgl. das Stichwort *Jésuite* in der *Encyclopédie* Diderots-d'Alemberts, Band 17, S. 515.

39. Eine Geschichte der Kultur und der Lehre am Collegium Romanum existiert nicht. Man betrachte die grundlegenden Informationen bei: R. G. Villoslada S. J., *Storia del Collegio romano dal suo inizio alla soppressione della Compagnia di Gesú,* Rom 1954. Sehr viel informativer für den Historiker sind die kostbaren Manuskripte der Gregoriana: Anonym, *Origine del Collegio romano e i suoi progressi* (Ms. 143) und die Geschichte des römischen Seminars von Gerolamo Nappi, op. cit. Das Exemplar, das uns in der Gregorianischen Universität in Rom zur Verfügung stand, war nicht vollständig. Wir danken dem Konservator des Archivs, Pater Monachino, daß er uns freundlicherweise ihre Konsultation gestattete.

40. Archiv der Pontificia Università Gregoriana: F. A. Spinola, *In libros de generatione et corruptione* (1626), ders., *In Aristotelis Organum quaestiones* (Collegium Romanum, Manuskript „della Soffitta", Nr. 520); *In octo Aristotelis libros physicos disputationes,* ebd., Nr. 1218; *Disputationes in duos libros Aristotelis de generatione et corruptione,* ebd., Nr. 1229; N. Zucchi, *Tractatus philosophiae,* ebd., Nr. 1259; *Lectiones in primum librum de generationem,* ebd., Nr. 1188; Martino Escalente, *Commentarii in tres libros de anima,* ebd., Nr. 1546. Zur Dokumentation mit diesen handschriftlichen Manuskripten aus dem Archiv der Gregoriana (den sogen. Manuskripten „della Soffitta"), die erst noch einer gründlichen Auswertung harren, müssen noch die didaktischen Arbeiten kommen, die zu jener Zeit veröffentlicht wurden. Da sind u. a.: A. Casiglio, *Introductio in Aristotelis logicam ...,* Romae 1629; V. Aranea, *De universa Philosophia a Marchione Sfortia Pallavicino publice asserta,* ebd. 1625. Dazu kommen weiter die klassischen Handbücher von B. Pereira, *De communibus omnium rerum naturalium principiis,* Romae 1576, und die Kommentare von F. Toleto zu *Physik* und *Vom Entstehen ...* (1585, 1579).
41. Zu den Handbüchern für den wissenschaftlichen Unterricht der Jesuiten und ihrem möglichen Einfluß auf das Denken Galileis siehe: A. Crombie, *Sources of Galileo's Early Natural Philosophy,* in: M. L. Righini Bonelli, W. Shea, *Reason, Experiment and Mysticism in the Scientific Revolution,* New York 1975, S. 157–75, bes. S. 163 ff.
42. N. Cabeo, *In quattuor libros meteorologicarum Aristotelis commentaria et quaestiones,* Romae 1646.
43. Zu den Feierlichkeiten bei Examensabschlüssen in dieser Zeit sei auf das anonyme Manuskript *Origine del Collegio romano e i suoi progressi* op. cit., S. 49 f. verwiesen.
44. Vgl. F. Strada S. J., *Prolusiones accademicae et paradigmata eloquentiae,* Romae 1617.
45. *Opere,* XIII, S. 107.
46. Ebd., S. 216.
47. Über Pater Spinola (1593–1671) gibt es neben dem klassischen Repertoire an Informationen aus der Gesellschaft Jesu das Buch L. Grillo, *Elogio di Liguri.,* op. cit., Bd. 2, S. 295–98. Pater Spinola ging einen sehr ähnlichen Weg wie Pater Grassi: Nachdem er Philosophie und Heilige Schrift am Collegium Romanum gelehrt hatte, wurde er Rektor des römischen Seminars und schließlich Nachfolger von Pater Grassi an der Spitze des Collegiums der Jesuiten in Genua. Er veröffentlichte Arbeiten zum Marienkult, Martyriengeschichte von Jesuiten und Hagiographien.
48. Vgl. Pater Orazio Grassi, *In primum librum de architectura M. Vitruvij et in nonum eiusdem De horologiorum descriptione duo tractati,* Audiente (nomine reciso), 1624, Ms. der Biblioteca Nazionale Brera, Mailand, beschrieben in: G. Rotondi, *Due trattatelli inediti del padre O. Grassi,* in: „Rendiconti del Regale Istituto Lombardo di Scienze e Lettere", 62 (1929), S. 261–66.
49. D. Bartoli, *Della vita del padre Nicolò Zucchi,* Rom 1683, S. 28 f. Pater Zucchi tat sich insbesondere auf dem Gebiet der Technik des Fernrohrs hervor; sein Name wird mit der Entdeckung der Flecken auf der Oberfläche von Jupiter verbunden bleiben.
50. *Opere,* XIII, S. 226 f.

51. Der Text (mss [Manuskripte] Galileiani, Teil VI, 4. Band, Blatt 3–38, Biblioteca Nazionale Florenz) wurde veröffentlicht im Anhang zu A. Favaro, *Amici e corrispondenti di Galileo. Mario Guiducci,* in: „Atti del Regio Istituto Veneto di Scienze, Lettere ed Arti“, 75 (1915–16), II, S. 1357–418, bes. S. 195 ff.
52. Ebd., S. 1402.
53. Ebd., S. 1403.
54. Ebd., S. 1408.
55. Ebd.
56. Ebd., S. 1415.
57. Ebd., S. 1417.
58. Ebd.
59. Ebd.
60. Ebd.
61. *Opere*, XIII, S. 244.
62. Bei Favaro, *Amici e corrispondenti di Galileo. Mario Guiducci,* op. cit., Anm. 48, S. 1417.
63. Vgl. *Index librorum prohibitorum (...),* Ausg. Romae 1648, S. 304. Dieser Ausgabe des Index entnehme ich die genauen Daten der Verurteilung von Marino. Weiter mache ich aufmerksam auf: *Elenchus librorum ... ad annum 1640 prohibitorum,* 2. Aufl. Romae 1640. Das Dekret mit der Verurteilung des *Adone* wurde zu Beginn des Jahres 1627 veröffentlicht: vgl. S. 208.
64. Vgl. G. B. Vermiglioli, *Biografia degli scrittori perugini,* Perugia 1829, Bd. II, S. 51–57. Nach seiner Flucht nach Frankreich stirbt Pater Lancillotti im Jahr 1653. Zu seiner Person liegen in der Biblioteca Augusta in Perugia Manuskripte vor (Ms. 1884 u. 1885).

5. *Das „Geheimnis des Heiligen Offiziums“*

* „... man bemerkt keine Veränderung weder im Aussehen noch in der Farbe, der Geruch bleibt und alles erhält sich wie zuvor. [...] Sollen die Sinne sich ruhig täuschen lassen vom Äußern, die Augen nähren sich vom nichtigen Schein, die erstarkte Kraft der Seele aber bewundert hinter diesem Schein eine unfaßliche, gewaltige göttliche Kraft. Der Glaube läßt jene Farbe nicht gelten, zieht diesen süßen Schein beiseite und bekräftigt, daß jene Gewandung einzig die äußerlichen Erscheinungen der süßen Ceres sind.“

1. Handschriften Galileis in der Biblioteca Nazionale Florenz, Teil VI, Band X 91 D2 Bl. 206–7, in: *Opere* XIII, S. 265 f. u. Bd. IX, S. 78 f.
2. Vgl. *Opere,* XIII, S. 193, 216 f., 220 f. u. 251. Auf S. 266 findet sich die verlegene Entschuldigung Guiduccis, auf die hier Bezug genommen wurde.
3. „Jetzt dünkt es mich tausend Jahr, die ich fort bin“, heißt es im Brief von Guiducci an Galilei vom 22. März 1625, und er setzt hinzu, „Von Sarsi weiß ich nichts“, *Opere* XIII, S. 261. Die Gesandtschaft von Kardinal Barberini nach Frankreich war am 17. März aus Rom abgereist.
4. Über den diplomatischen Troß von Kardinal Barberini siehe: Baillet, *La vie de Monsieur Des Cartes,* op. cit., Bd. II, S. 122; Pastor, *Geschichte der Päpste ...,* op. cit. Bd. 13, S. 285. Zu Rinuccini siehe: *Opere,* XIII, S. 255.
5. Ebd., S. 256 f.

6. Ebd., S. 266.
7. Stillman Drake, *Galileo at Work. His Scientific Biography,* Chicago-London, 1978, S. 300.
8. Vgl. Clemente Piselli, *Notizia historica della religione dei PP. Chierici regolari minori,* Rom 1710 (dem Schutzherrn des Ordens, Kardinal Francesco Barberini, gewidmet), S. 49f. Über die heutige Größe der Kongregationen, die ihre Blüte im 16. und 17. Jahrhundert erlebten, vgl. Abbé Omer Englobert, *La fleur des Saints,* Paris 1946, neue erweiterte Ausgabe, Paris 1980, S. 439f.
9. Vgl. *Index librorum prohibitorum,* Romae 1681, S. 203.
10. Zur offiziösen Duldung der kopernikanischen Lehre unter Urban VIII., der sie „als Heilige Kirche nicht verdammt hatte und auch nicht dafür war, sie als Häresie zu verdammen, sondern wegen ihrer Unverfrorenheit“, wie vom Kardinal E. F. Hohenzollern berichtet wird, vgl. den bekannten Brief von Galilei an Cesi vom 8. Juni 1624, in: Galileo Galilei, *Schriften, Briefe, Dokumente,* op. cit., S. 68ff.
11. Vgl. *Il Saggiatore,* ed. cit. S. 37.
12. Pater Rafaello Aversa, *Philosophia metaphysicam physicamque complectens,* 2 Bde., Romae 1625–27, Bd. 2, S. 4f. Pater Aversa erklärte, daß trotz der Korrekturen die heliozentrische Hypothese des Kopernikus, die physikalisch nicht zu halten sei, „mit der Sicherheit des Glaubens nicht vereinbar sei“. Er fügte hinzu, daß die strengeren und moderneren Ephemeriden von Tycho Brahe und Magini definitiv die Nichtigkeit der Behauptungen des Kopernikus erwiesen hätten.
13. *Il Saggiatore,* ed. cit., S. 33.
14. Ebd.
15. Ebd., S. 39 u. 182.
16. Ebd., S. 180.
17. Vgl. *Cod. Jur. can.,* can. 1623.
18. A. Favaro, *Galileo e l'Inquisizione. Documenti sui processo galileiano existenti nell'Archivio del Sant'Uffizio e nell'Archivio segreto Vaticano,* Florenz 1907, S. 8, *Opere,* XIX, S. 272–74.
19. Die paläographische Beschreibung und die Geschichte des Bandes 1181 des Vatikanischen Geheimarchivs ist zu finden in: A. Favaro, *I documenti del Processo di Galileo,* in: „Atti del Regio Istituto Veneto di Scienze, Lettere ed Arti“, 61 (1901–1902), Teil II, S. 757–806. Favaro hielt sich an die Version von J. B. Biot über die Rückkehr der Dokumente nach Rom über Pellegrino Rossi, in: „Journal des Savantes“, 1858, S. 398. Diese Version wurde dann aufgrund der neuen Dokumente des Vatikanischen Archivs aus Wien korrigiert. Sie wurden publiziert in: Mons. A. Mercati, *Come e quando ritornò a Roma il codice del processo di Galileo,* in: „Atti della Pontificia Accademia delle Scienze, Nuovi Lincei“, 8 (1926), S. 58–63. Vgl. die früheren Quellen: D. Berti, *Il processo originale di Galileo Galilei,* Rom 1878, 2. erw. Auflage, S. 3ff. Vgl. auch: M. Marini, *Galileo e l'Inquisizione,* Rom 1850, wo der erste Teil veröffentlicht wurde; L. Firpo, *Il processo di Galileo,* in: *Nel quarto centenario della nascità di Galileo Galilei,* „Publicazioni dell'Università cattolica del S. C.“, Mailand 1966, S. 83–101. Die kritische Edition der Prozeßunterlagen in *Opere,* Bd. XIX, S. 271–421 ist die modernste und vollständigste.
20. Vgl. B. Venturi, *Memorie e lettere finora inedite o disperse di Galileo Galilei,* Modena 1821, Teil II, S. 197–99. Ein Brief Lalandes zu diesen Prozeßunterlagen und

ihre Übersetzungen, die auf die geplante Ausgabe unter Napoleon zurückgingen, in: *Opere di Galileo,* ed. E. Alberi, op. cit., Bd. XVI, S. 305 f.

21. Zum Verbleiben der Dokumente in Paris und ihren Gefährdungen im Heiligen Offizium nach den Verhandlungen von Mons. Gaetano Manni, Mons. Marino Marini und Kardinal Consalvi, vgl. Favaro, *I documenti,* a.a.O. und Firpo, *Il processo di Galileo,* op. cit.
22. Vgl. S. Gherardi, *Il processo di Galileo riveduto sopra i documenti di nuova fonte,* Florenz 1870, S. 5.
23. Vgl. H. Gaidoz, *Les quelques registres de l'Inquisition soustraits aux Archives romaines,* in: „Revue de l'instruction publique, de la littérature et de sciences", Mai 1867, S. 102–4 u. 114–17.
24. *Opere,* XIX, S. 274.
25. Vgl. M. Del Rio, *Disquisitionum magicarum libri sex,* Moguntiae 1624, S. 755; P. Farinacci, *Tractatus de Haeresi,* Romae 1616.
26. Pater B. Pereira, *De communibus omnium rerum naturalium prinicipiis,* Romae 1576.
27. Ebd.
28. Petrus Mosnerius (Herausgeber von Pater H. Fabri S. J.), *Philosophia tomus primus,* Lugduni 1646, Art. V: *De Methodo concertationis et exercitationis* und Art. VI, *De Methodo exercitationis pro respondente,* S. 25–28.
29. J. Mestrezat, *De la communion à Jésus Christ au Sacrement de l'Eucharistie contre les cardinaux Bellarmin et du Perron,* Sedan 1624, S. 84 f. Zur hitzigen Debatte um die Eucharistie, die dem Erscheinen des *Saggiatore* vorherging, zitierten wir: A. Chrastovius, *Triumphus Iesuiticus, hoc est, Redargatio Iesuiticorum contradictionum quas propugnat Bellarminas in doctrina de Eucharistiae Mysterio,* Lipsiae 1608, 2. Aufl. 1620; Pater Pierre Coton S. J., *Du très sainct et très auguste Sacrement et Sacrifice de la Messe,* Avignon 1600; P. Du Moulin, *Apologie pour la sainte cène du Seigneur contre la présence corporelle et transubstantiation,* La Rochelle 1609; Pater F. Veron S. J., *La manducation fantastique de prétendus réformé en leur cène,* Paris 1621. Die bedeutendsten Stellungnahmen der katholischen Welt in R. Bellarmin, *Disputationes de controversiis christianae fidei,* Ingolstadt 1607, Bd. 2, S. 747 und: J.-D. Du Perron, *Traité de Saint-Sacrement de l'Eucharistie,* Paris 1622.
30. Vgl. J.-D. Du Perron, *Réfutation ...,* Paris 1624, S. 1.
31. Vgl. Aristoteles, *Über das Himmelsgebäude,* in: *Werke* (griechisch und deutsch), Leipzig 1857, Bd. 2, Buch III, 3. Kap., S. 209 f. (302 a 10–20 u. 302 b); ders., *Physikvorlesung,* in: *Werke,* Bd. 11, Darmstadt 1970, S. 13 f. (187 a 26 u. 187 b 8–9).
32. Aristoteles, *Meteorologie,* in: *Werke,* Bd. 12, 1–2, Darmstadt 1970, S. 22 (345 a 27).
33. Vgl. ebd. S. 72 (369 b 15–17). Laut Anaxagoras waren Blitze Feuerstrahlen, die durch die Wolken hindurch vom Himmel kamen. Zu den Kometen vgl. op. cit., S. 17 (342 a 27). Sowohl im *Discorso delle Comete* (1619) wie im *Saggiatore* hatte Galilei die Theorien des Anaxagoras über die Astronomie und die Meteore erwähnt.

** I.e. die *gleichteiligen Stoffe.* Vgl. *Die Vorsokratiker* (ed. W. Capelle), Stuttgart 1968, S. 262. (A.d.Ü.).

34. Vgl. *Decreta Sacrosanti Concili Tridentini ... auctoritate apostolica edita,* Vallisolati 1618. *Sess. XIII, Decretum de SS. Eucharistia,* can. 2, Denzinger, *Enchiridion*

884, Concilium Tridentinum Diariorum actorum, epistularum, Band VII, Abt. IV, 2. Buch, Freiburg 1976, S. 216.

35. Vgl. F. Suarez, *Metaphysicae Disputationes,* Paris 1619, 2. Buch, Disput 40, *De quantitate continua,* S. 365–406, zweite Sektion, S. 368f.: „Utrum quantitas molis fit res distincta a substantia materiali et qualitatibus eius" (Die Quantität der Masse wird zu einer von der materialen Substanz und deren Qualität unterschiedenen Sache).
36. Vgl. L. Allacci, *Apes Urbanae,* Romae 1683, S. 158; B. Chioccarelli, *De illustribus scriptoribus qui in civitate et Regno Neapolis floruerunt,* Neapel 1780, S. 335; N. Toppi, *Biblioteca Napoletana,* Neapel 1678, S. 119; V. F. Uguelli *Italia sacra,* Venetiis 1720, Buch VI, S. 575. Zur Rolle von Pater Guevara in der ersten Phase des Pontifikats Urbans VIII. und als Zentralfigur der Clerici Regolares Minores vgl.: Piselli, *Notizia historica della religione dei CRM,* op. cit., S. 105 f.
37. Vgl. A. Favaro, *Carteggio inedito di Ticone Brahe, Giovanni Keplero e di altri celebri astronomi e matematici dei secoli XVI e XVII,* Bologna 1886, S. 287f.
38. Ebd.
39. Vgl. Piselli, op. cit., S. 165.
40. Pater G. De Guevara, *In Aristotelis Mechanica Commentariis,* Romae 1627 (Kardinal Francesco Barberini gewidmet). Pater Guevara lernte Galilei bei der Rückkehr von der französisch-spanischen Gesandtschaft im Herbst 1626 kennen (*Opere,* XIII, S. 389f.) und führte mit ihm bis ins Jahr 1628 eine wissenschaftliche Korrespondenz. Letzterer zitiert nun seinerseits lobend den Aristoteleskommentar in den *Discorsi, Opere,* VIII, S. 68 und 165 (deutsch: Galileo Galilei, *Unterredungen und mathematische Demonstrationen,* op. cit., S. 20 und S. 105).
41. Pater G. De Guevara, *De interiori sensu libri tres,* Mascardi, Rom 1622, S. 550. Das Exemplar, welches uns vorlag, stammt aus der Biblioteca Nazionale Vittorio Emmanuele II in Rom.
42. Ebd. S. 64–68. Die Theorie der optischen Funktionsweise des Fernrohrs als „Multiplikation von leuchtenden Spezies" war „die Theorie der Brechungen", welcher sich Galilei bedient hatte. Vgl. z. B.: *Discorso delle comete (Opere,* VI, S. 75). Sie ging auf die Grundlage des *De refractione* von G. B. Della Porta zurück, wo sich Lichtspezies bei der Durchquerung eines dichten transparenten Mediums vermehren.
43. De Guevara, *De interiori sensu libri tres,* op. cit., Anm. 37, S. 50f. über das philosophische Problem der Quantität im Hinblick auf die Eucharistie.
44. Ebd.
45. Pater Th. Compton Carleton S. J., *Philosophia Universa,* Antverpiae 1649, Disputatio XII, S. 246. Diese Arbeit war von Pater A. Gottifredi, dem Emissär in Belgien von Ordensgeneral Vincenzo Carafa gebilligt worden.
46. Vgl. *Tractatus de elementis, Quaestio tertia,* in: *Juvenilia, Opere,* I, S. 132.
47. Antonio Rocco wird das Buch *Alcibiade fanciullo a scuola* (1630) zugeschrieben, das in Venedig 1650 heimlich gedruckt wird. Es ist ein Klassiker der erotischen Literatur im Italien des 17. Jahrhunderts. Das von Averroes inspirierte Buch Roccos, *Animae rationalis immortalitas,* Francofurti 1644, wird von der Kirche zensiert und auf den Index gesetzt. Zur Gestalt dieses skeptischen Libertins und Gegners von Galilei siehe: G. Spini, *Ricerca dei libertini. La teoria dell'impostura delle religioni nel Seicento italiano,* Rom 1950, S. 152f.

6. *„Die Identifizierung eines Unbekannten"*

* „Glänzender Himmelsschmuck, du Licht des Himmels / in einem kleinen / Punkte sammelst du alle Wunder: / Himmel, der von einem Sterne glänzt / der dreht mit Engelshand / den Priester, sein Beweger[...] / Dir entgegen stellte der Urheber des Lichtes / die Nebel des Sonnenuntergangs / Faustpfand des Sieges über den Tod / in dir wieder zum Leben erwacht und vielfacher Siege / vielfach gewinnst du die Völker / Botin der Göttlichen Liebe."

1. Vgl. R. Bellarmin, *De ascensione mentis in Deum per scalas rerum creatarum,* Antverpiae 1614, 2. Aufl. Antverpiae 1634, S. 110f. Auf S. 113 hingegen findet sich eine Stelle, die einen Eindruck davon gibt, welch streng aristotelische Überzeugung der Kardinal in der Frage einer Theorie des Lichts und der Wärme hegte. Vgl. zu diesem stark verbreiteten Buch einer kontemplativen Kosmologie: A. O. Lovejoy, *The great Chain of Being,* 1933, 6. Aufl., Cambridge Mass. 1957, S. 90ff.
2. Vgl. den Brief von Kardinal Bellarmin an Pater Clavius und die Mathematiker des Collegium Romanum, 19. April 1611, *Opere*, XI, S. 87.
3. Vgl. den Brief von Kardinal Bellarmin an Galilei, 23. Juni 1611, *Opere*, XI, S. 337f.
4. Pater Clavius starb am 6. Februar 1612. Vgl. ms Urb.Lat., veröffentlicht in: J. A. F. Orbaan, *Documenti sul Barocco in Roma,* Memorie della Società romana di Storia Patria, Rom 1920, S. 285.
5. F. Cesi, *De caeli unitate, tenuitate fusaque et pervia stellarum motibus natura* (14. August 1618), veröffentlicht von C. Scheiner, *Rosa Ursina,* Bracciani 1630, S. 775f. Bellarmins Antwort auf dieses Traktat von Cesi ist ebenda auf S. 775 publiziert.
6. G. Fuligatti, *Vita del cardinale Bellarmino,* Mailand 1624. Zur genaueren Bestimmung der Privatwohnung Bellarmins neben dem Collegium muß man ergänzend hinzufügen, daß es sich um das Areal handelte, welches die Jesuiten eben im Jahr 1611 en bloc erworben hatten. Vgl., Orbaan,.*op. cit.*, S. 86. Der Kardinal wird im Herbst 1611 hierher umgezogen sein.
7. Vgl. Bartoli, *Della vita di Roberto cardinale Bellarmino,* op. cit., S. 428.
8. An weiteren Gelegenheiten, mit Pater Grassi zusammenzutreffen, mangelte es nicht. Aber diese erste persönliche Begegnung, während Bellarmin Galileis Buch über die Atome aufgeschlagen auf dem Schreibtisch hat, schien uns der Erwähnung wert. Diesen Umstand bestätigt Grassi gegenüber seinem Freund, Pater Eudaemon-Johannes, und dieser berichtet es in: *Summarium,* Nr. 29, S. 101. Auch bei: Brodrick, *The life and work of Blessed Robert F. cardinal Bellarmin S.J.*, op. cit., Bd. 2, S. 346, Anm. 2. Bartoli, *Della vita die Roberto cardinale Bellarmino,* op. cit., S. 76 siedelt das Ereignis irrtümlicherweise in der vorhergehenden Wohnung Bellarmins in Trastevere an.
9. *Disputatio optica de iride, proposita in Collegium romano a Galeatio Mariscotto,* Romae 1618.
10. Vgl. den Brief von F. Stelluti an Galilei, 4. November 1623, *Opere*, XIII, S. 147.
11. Ebd.
12. Vgl. den Brief von T. Rinuccini an Galilei, 3. November 1623, a.a.O., S. 145.

13. Ebd.
14. Ebd., S. 147.
15. Vgl. den Brief von T. Rinuccini an Galilei, 2. Dezember 1623, ebd., S. 153.
16. Ebd., S. 154.
17. Ebd.
18. Ebd., S. 167.
19. Vgl. den Brief von Mario Guiducci an Galilei, 21. Juni 1624, ebd., S. 186f.
20. Ebd.
21. Ebd., S. 192f.
22. Brief von T. Rinuccini an Galilei, 20. Juli 1624, ebd., S. 294f.
23. Ebd.
24. Ebd., S. 196.
25. Ebd., S. 198f.
26. Brief von M. Guiducci an Galilei, ebd., S. 202f.
27. Ebd.
28. Vgl. G. Galilei, *Discorso del flusso e riflusso del mare* (1616), *Opere*, V, S. 378–401 und *Risposta a Monsignor Francesco Ingoli* (1624), *Opere*, VI, S. 510, 561.
29. *Opere*, XIII, S. 202f.
30. Ebd.
31. Ebd. Wir wissen aus einem indirekten Hinweis im Brief von J. Faber an F. Cesi vom 14. September 1624, daß Galilei wegen Grassis Antwort gegen den *Saggiatore* an Pater Riccardi (über die Frage des Atomismus) geschrieben hat: ebd., S. 207.
32. Opere, XIII, S. 210
33. Ebd.
34. Ebd.
35. Brief von Mario Guiducci an Galilei, 8. November 1624, S. 225–27.
36. Brief von Guiducci an Galilei, 30. November 1624, ebd., S. 232f.
37. Brief von Bartolomeo Imperiali an Galilei vom 27. Februar 1626 in: A. Favaro, *Galileo Galilei e il padre Orazio Grassi,* in: „Memorie del Regio Istituto Veneto di Scienze, Lettere ed Arti", 24 (1891), *Nuovi studi galileiani,* Venedig 1891, S. 203–20, insbes. S. 215.
38. Ebd., S. 216.
39. Ebd.
40. *Ratio ponderum librae et simbellae in qua quid e Lotharii Sarsii libra astronomica, quidque e Galilei Galilei simbellatore de Cometis statuendum sit, sollatis utriusque rationum momentis, Philosophorum arbitrio proponitur, Auctore eodem Lothario Sarsio Sigensiano,* Carmoysi, Lutetiae 1626. Weder in den Exemplaren an der Sorbonne und der Bibliothek Richelieu (Bibliothèque Nationale, Paris) noch in dem von Galilei (Biblioteca Nazionale, Florenz) findet sich eine kirchliche Autorisierung. Vgl. *Opere*, VI, S. 375–500. Das Exemplar der zitierten Pariser Ausgabe, das dem Collegium in Genua gehört hatte (jetzt in der Universitätsbibliothek Genua), enthält anstelle des Blattes mit den Stichen nachträglich ein nichtnumeriertes Blatt mit der kirchlichen Druckerlaubnis aus Paris, die auf den 4. Mai 1626 datiert ist.
41. Vgl. den Überblick von Quétif und Echard, *Scriptores ordinis praedicatorum recensitio* op. cit., Bd. 2, S. 496.

42. L. Sarsi, *Ratio ponderum librae et simbellae,* Neuauflage Matthaeus Nuccius, Neapel 1627 (cum litentia superiorum). Der Imprimatur ist vom erzbischöflichen Generalvikar in Neapel, Pater Andrea Lanfranco gezeichnet. Ein Hinweis der Druckerei informiert darüber, daß die gesamte erste Ausgabe rasch vergriffen war. In *Opere*, VI, hat Antonio Favaro in Anm. 2 auf S. 18 einige der bedeutsamsten Änderungen aufgelistet, die handschriftlich am Exemplar der ersten Ausgabe in der *Biblioteca maior* des Collegium Romanum angebracht wurden.
43. Vgl. *Opere*, VI, S. 393.
44. Vgl. *Examen*, IX, ebd., S. 397f.
45. Ebd., S. 397f. Sarsi betrachtete Galilei als telesianischen Philosophen, denn der *Saggiatore* übernahm die These der optischen Natur der Kometen und der korpuskularen Natur der Wärme. Galilei merkte zu diesem Punkt am Fuß einer Seite seines Exemplars an, ob diese Aussagen wirklich „nichtig und zu verurteilen seien wie die Leugnung der göttlichen Vorsehung oder von Gott selbst. Ah, Ihr solltet Euch schämen“, ruft Galilei aus. „Wollt Ihr unter dieser Maske Euere willkürliche Bosheit verbergen?“ Anscheinend anerkennt Galilei nicht die Legitimität der Gründe, deretwegen *De rerum natura iuxta propria principia* von Telesio aus dem Jahr 1596 auf den Index gesetzt wurde.
46. Die Auslassung in der neapolitanischen Ausgabe von 1627 bezieht sich auf die Seite 490, Zeile 12–35 (*Opere*, VI). Das wird durch den Satz „Dies sei schnell zu einem nicht hinreichend klaren Problem gesagt“ ersetzt.
47. Die *Ratio* war in Rom seit Winter 1626 im Umlauf. Vgl. den Brief von N. Aggiunti an Galilei vom 23. Dezember 1626, *Opere*, XIII, S. 210f., der die Enthüllungen von C. Accarigi enthält.
48. *Opere*, VI, S. 486.
49. Brief von B. Castelli an Galilei, 22. Januar 1628, *Opere*, XIII, S. 388f.
50. Ebd., S. 393.
51. Ebd.
52. Ebd., S. 448.
53. Vgl. (ohne Autor), *Origine del Collegio romano e i suoi progressi* (Manuskript Nr. 143, Archiv der päpstlichen Gregorianischen Universität), S. 46f. Zum festlichen Examen von Sforza Pallavicino (3. September 1625) vgl. Aranea, *Universa philosophia publice asserta* op. cit.
54. Die akademischen Rechtfertigungen von Pallavicino wurden von einem Freund des Examenskandidaten, Monsignor Ciampoli, in einer für das Studium des intellektuellen Klimas im damaligen Rom hochinteressanten Ode besungen: G. Ciampoli, *Scelta di poesie italiane,* Venedig 1686, S. 116. Vgl. auch: P. I. Affò, *Memorie della vita e degli studi del cardinale Sforza Pallavicino,* Parma 1794.
55. P. Sforza Pallavicino, *De Universa Theologia,* Romae 1628, Buch VIII, S. 139 und 149 (über Kanon 2 des eucharistischen Dogmas).

7. „Der Streit um die Eucharistie“

* „Wie der leuchtende Stern, der das Licht bringt / im Abendgrauen eines klaren Tags im Sommer, / auf seinen Weg in den Sonnenuntergang mit solcher Helligkeit leuchtet, / daß er auch das stärkste Auge blendet. [...]“. (U.H.).

1. Wir sprechen hier von der *Allegoria del Fuoco* [Allegorie des Feuers], ein Ausschnitt (nicht von Raffael) der Gewölbeausschmückung der Stanza della Segnatura in den Vatikanischen Palästen.
2. Raffael, *La Disputa del S. Sacramento* (1509–10), Fresko an der Basis der Stanza della Segnatura, Abb. 9. Vgl. die Lektüre des Freskos bei J. H. Beck, *Raphael*, New York 1982.
3. Vgl. zur *Disputa del Sacramento*, London, British Museum, Bd. 63, 1900 (8/24/108), veröffentlicht bei G. Castelfranco, *Raffaello. Disegni*, Florenz 1977, Abb. 42.
4. Raffael, *La Fede*, Feld in der Predelle der Tavola Bagnoni (1507), Pinacoteca Vaticana, Sala VIII.
5. Vgl. die kolossale Monstranz der Kathedrale zu Enna (Sizilien) von Paolo Grilli (16. Jahrhundert). Zur Geschichte der Monstranz als Instrument der katholischen Liturgie vgl: M. Righetti, *Manuale di storia liturgica*, 2. Aufl., Mailand 1950, I, S. 474f.; H. Bremond, *Histoire littéraire du sentiment religieux*, XI, Paris 1932. Die Kunst des liturgischen Geräts erreicht ihren Höhepunkt in der Identifizierung von Fleisch gewordenem Wort, Licht und Sonne im Barock. Vgl. C. Costantini, *Dio nascosto. Splendori di fede e d'arte nella S. Eucaristia*, Rom 1944 und E. Mâle, *L'art religieux après le Concile de Trente*, Paris 1936.
6. Augustinus, *Liber Sententiarium.....*, VIII, Buch IV, dist. XII, 2. Vgl. G. Lecordier, *La doctrine de l'Eucharistie chez saint Augustin*, Paris 1930.
7. Augustinus: „Fides si non cogitatur nulla est“, *De praedestinatione sanctorum*, Nr. 5, in: J.-P. Migne, *Patrologiae... Series II: Ecclesiae Latinae*, Paris 1844–55 (Migne PL), 44, § 63.
8. Berengar von Tours, *De sacra coena*, Ausg. A. F. und F. T. Wisher, Berlin 1834, S. 53. Vgl. T. Heiz, *Essai historique sur les rapports entre la philosophie et la foi de Bérenger à saint Thomas d' Aquin*, Paris 1909.
9. Lanfranco di Bec (oder di Pavia), *De corpore et sanguine Domini adversus Berengarium*, Anm. 6 u. 7, Migne PL, 150.
10. D. h. „daß Brot und Wein sich ihrer Substanz nach in das wirkliche und lebendige Fleisch selbst und in das Blut Jesus Christi [...] verwandelt haben“, H. Denzinger, *Enchiridion Symbolorum, defintionum et declarationum de rebus fidei et morum*, 32. Aufl. Freiburg 1963. Anm. 355.
11. Nämlich Form oder Substanz des Körpers Christi. Vgl. Abaelard, *Theologia*, Migne PL, 178, Z. 1120.
12. Guitmundus d' Anversa, *De corporis et sanguinis Christi veritate in Eucharistia*, Migne PL, 149, Z. 1481.
13. Vgl. Denzinger, Anm. 430.
14. Das ergibt sich aus den Anschuldigungen von Guillaume de Saint-Thierry, *Disputatio adversus Abelardum*, Bl. IX. Migne PL, 180, Z. 280 und aus dem Brief des hl.

Bernhard, *Epistola* (190), *De Erroribus Abelardi,* Migne PL, 182, Z. 1062. Vgl. *Capitula errorum Petri Abelardi,* Ausg. Cousin, Paris 1849–1859, Bd. II, S. 768.

15. Thomas v. Aquin, *Summa Theologica,* III, q. 75, a 4. Eine umfängliche Bibliographie findet sich bei: J. R. Armogathe, *Theologia Cartesiana,* La Haye 1977.
16. Ebd., q. 77.
17. Vgl. Alistair C. Crombie, *Robert Grosseteste and the Origins of the Experimental Science 1180–1700,* Oxford 1953; ders., *Von Augustinus bis Galilei. Die Emanzipation der Naturwissenschaft,* Köln-Berlin 1959.
18. William Ockham, *Summulae in libros Physicorum Aristotelis* (Venedig 1506), ed. Romae 1537 (Neudruck London 1965), I, 14.
19. „substantia est quanta", a. a. O., Kap. XVI.
20. *Tractatus venerabilis inceptoris Guglielmi Ocham de sacramento altaris* (Strasbourg 1491), krit. Ausgabe besorgt von: T. B. Birch, Burlington (Iowa) 1930, Kap. 23 und 26.
21. Ebd., Kap. 30. Vgl. A. Pelzer, *Les 51 articles de Guillaume de Occam,* in: „Revue d'histoire ecclésiastique", 18 (1922), S. 240–70, bes. S. 261. Der Satz „substantia et quantitas sunt eadem res" wurde von den theologischen Gutachtern verurteilt als „contra communem sententiam sanctorum doctorum et philosophorum". Vgl. P. Duhem, *Etudes sur Léonard de Vinci,* Paris 1909, Bd. III, S. 341; L. Rougier, *La scolastique et le thomisme,* Paris, 1925, S. 632. Man beachte, daß der *Index librorum prohibitorum* das *De sacramento altaris* nicht erwähnt.
22. Vgl. J. Lappe, *Nicolas von Autrecourt. Sein Leben, seine Philosophie, seine Schriften,* in: „Beiträge zur Geschichte der Philosophie des Mittelalters". VI., Heft 2 (1908), S. 38f. Dort sind auch die beiden erhaltenen Briefe an Bernardo d'Arezzo publiziert. Die Abhandlung im Manuskript (Bodleyan Library, Oxford) *Exigit ordo executionis* wurde bei J. R. O'Donnel, *Nicholas of Autrecourt* veröffentlicht. In: „Medieval Studies", 1939, S. 179–280. Zuvor war es bereits analysiert worden bei: P. Vignaux, *Nicholas d' Autrecourt,* in: A. Vacant e. al., *Dictionnaire de Théologie Catholique,* Bd. 11, Z. 561–87 mit Auszügen aus dem Ms.
23. Ebd., Z. 572.
24. Ebd.
25. Ebd., Z. 581. Vgl. Duhem, *Le Système du monde. Histoire des doctrines cosmologiques de Platon à Copernic,* 10 Bde., Paris, 1913–54, Bd. 6, Paris 1954, S. 665–70 u. Bd. 7, S. 20–23.
26. Vgl. die verurteilten Aussagen von Nikolaus von Autrecourt bei: Lappe op. cit., und bei Denzinger Anm. 1028–49. Die Akten des Prozesses bei: Denifle-Chatelain, *Chartularium Universitatis Parisiensis,* II, Paris 1891, S. 576–87.
27. R. Holkot O. P., *Super quattuor libros Sententiarium quaestiones,* Lugduni [Lyon, U. H.] 1497–1518; P. D'Ailly, *In IV Sententiarium libros,* a. a. O. 1500. Letzterer akzeptierte Ockhams Theorie von der Consubstantiation (IV. 6).
28. Vgl. W. of Woodford, *De censis condemnacionis... J. Wyclif, Contra trialogum Wiclefi,* in: O. Gratius, *Fasciculi rerum expetendarum et fugiendarum,* Coloniae 1535, Ausg. E. Brown, Londini 1690, I, S. 190–265, insbes. S. 191.
29. Wyclifs Irrtümer bei Denzinger, Anm. 1151–195 (581–625) gehen zurück auf die Abhandlung *De Eucharistia* (1379) und auf 12 Thesen, die er 1382 vortrug. Vgl. *The Latin Works,* Wyclif Society, London 1883–1922, Neuauflage New York 1966. Zu den Problemen der Häresie in der Eucharistie bei Wyclif: G. Leff, *Heresy in the Later Middle Ages,* Mancaster 1967, 2. Bd.; F.-X. Jansen, *Eucharisti-*

ques (accidents), in: *Dictionnaire de Théologie Catholique,* Bd. 5, Z. 1360–452, insbes. Z. 1399.

30. Denzinger, Anm. 1151 (581).
31. Vgl. J. D. Mansi, *Sacrorum Conciliorum nova et amplissima collectio,* Band 27, Venetia 1784, S. 747: Konstanzer Konzil, Sektion 15, 6. Juli 1415; das war der Tag, an dem die Ablehnung der Theorie von den Akzidentien ohne Subjekt von der Kirche ganz offiziell als „blasphemischer Unsinn" verurteilt wurde.
32. Martin Luther, *De captivitate babilonica Ecclesiae Praeludium* (1520), *Luthers Gesammelte Werke,* 1. Serie, Band 6, Weimar 1888, S. 508 (deutsch: *Die Werke Martin Luthers,* (herausgegeben von K. Ahland) Bd. 2 *Martin Luther der Reformator,* S. 180). Vgl. auch M. Luther, op. cit. S. 510 (deutsch: op. cit., S. 182: „Warum kann Christus seinen Leib nicht in der Substanz des Brotes erhalten, ebenso wie er ihn (nach der Kirchenlehre) in den Akzidenzien erhält? Siehe das Eisen und Feuer, zwei Substanzen, werden in einem glühenden Eisen so vermischt, daß jeder Teil Eisen und Feuer (zugleich) ist. Warum kann nicht der verklärte Leib Christi viel eher ebenso in allen Teilen der Substanz des Brotes sein?" (S. 182)).
33. Ebd. S. 511 (dtsch. S. 183).
34. Vgl. *Conciliorum Oecomenicorum Decreta,* Bologna 1973, S. 693–95: 11. Oktober 1551, 13. Sektion. Vgl. J. Hubert, *Il Concilio di Trento,* Brescia 1973, Bd. III, S. 379f. Es waren vor allem die kaiserlichen Bischöfe, die sich gegen die provokative Definition des Begriffs „Transsubstantiation" als Dogma aussprachen. Auf die Einwände des Bischofs von Wien antwortete der Bischof von Bitonto, es sei notwendig, den umstrittenen Begriff beizubehalten allein schon deshalb, weil die Protestanten ihn ablehnten (ebd., S. 390). Es sei daran erinnert, daß der gewichtigen Entscheidung über diese Doktrin historisch in der katholischen Liturgie der Kultus und die Feierlichkeiten des Corpus Domini entsprachen.
35. Suarez. *Metaphysicae Disputationes...,* op. cit., Pariser Ausgabe 1619, 5, 3, 8.
36. Ebd., S. 365–406.
37. Ebd., S. 369.
38. Ebd.
39. Vgl. R. Bellarmin, *Disputationes de controversiis christianae fidei adversus huius temporis haereticos,* 17 Bde., Ingolstadi 1589–93, Bd. 3, 1590, S. 1365b; ders., *Philosophia Eucharistia de potentia et voluntate Dei,* Amburgae 1604. Über das bedeutende Werk von Bellarmin in der Theologie der Eucharistie und in theologischen Streitfragen vgl: Pater J. de La Servière S. J., *La théologie de Bellarmin,* Paris 1908, S. 390f.
40. „Das Akzidens kann für sich keinen Moment lang existieren: tatsächlich können im Sakrament Akzidentien ohne Subjekt sein, aber sie existieren dennoch nicht für sich, als Substanzen, sondern sie werden auf übernatürliche Weise von Gott aufrecht erhalten", R. Bellarmin, *Disputationes....,* op. cit., Bd. 2, Buch IV u. Bd. 3, Buch III, Kap. 24. Diese wie zahllose andere gleichlautende Äußerungen Bellarmins belegen, daß seine Theologie der Eucharistie in der Scholastik gründet.
41. Vgl. G. De Luogo, *De sacramento Eucharistiae,* Lugduni 1644, 10. Disput, Sektion I, S. 363. Siehe auch L. Lessius, *De sacramentis et censuris,* Lugduni 1636, 2. Auflage 1645 u. *De perfectionibus divinis,* Antverpiae 1620.

8. „Theater im Schatten"

1. O. Grassi, *Divini templi excisto* (1631), in: *Orationes quinquaginta de Christi Domini morte habitae in die sancto parasceve a patribus SI.*, Romae 1641, S. 596f.
2. Vgl. die erste Ausgabe der *Oratio* von Pater Grassi, Romae 1631, von der wir das Exemplar in der Biblioteca Palatina in Parma in Augenschein genommen haben. Es war im Besitz von Pater Paolo Casati, einem Freund Grassis, gewesen.
3. Vgl. L. Pastor, *Die Geschichte der Päpste...*, op. cit. (Bd. 131 und 132), S. 1001–1003.
4. Vgl. den Bericht von Kardinal Francesco Barberini an die Nuntii Ceba und Grimaldi (ms. Barb. 8376, S. 85, Biblioteca Vaticanal, veröffentlicht in: Pastor, op. cit., S. 1003.
5. Vgl. den diplomatischen Rapport, den der florentinische Botschafter Niccolini übermittelt (Filza Medicea 3351, Staatsarchiv Florenz), in: Favaro, *Amici e corrispondenti di Galileo: Giovanni Ciampoli*, op. cit., S. 121 ff.
6. Der Papst revanchierte sich nicht nur an Kardinal Ludovisi, sondern auch an einem weiteren Führer der spanischen Partei: Kardinal Roberto Ubaldini. Zur politischen Krise der Jahre 1631–33 und der Wende im Pontifikat Urbans VIII. vgl.: A. Leman, *Urbain VIII et la Maison d'Autriche de 1631 à 1635*, Lille-Paris 1919.
7. Vgl. Pastor, op. cit., S. 457, Anm. 5.
8. Vgl. auch die Anweisungen von Kardinal Francesco Barberini, 1. Mai 1632 (Arch. Segr. Vaticano, a. 3. Vol. 47 und Ms. Barb. 2629, S. 135, Biblioteca Vaticana), veröffentlicht bei: Pastor, *Die Geschichte der Päpste...*, op. cit., S. 1004–1007.
9. Ebd., S. 1007.
10. Vgl. Brief von Pater Raffaello Visconti an Galilei, 16. Juni 1630, *Opere*, XIV, S. 120.
11. Vgl. Brief von Michelangelo Buonarotti an Galilei, 3. Juni 1630, ebd., S. 111.
12. Vgl. den Brief von Pater Riccardi an F. Niccolini, 25. April 1631, ebd., S. 254.
13. Vgl. den Brief von B. Castelli an Galilei vom 29. Mai 1632, ebd., S. 357.
14. Vgl. den Brief von Pater Campanella an Galilei, 5. August 1632, ebd. S. 668 und bes. S. 367.
15. Vgl. den Brief von Filippo Malagotti an M. Guiducci, 7. August 1632, ebd. S. 368–71.
16. Ebd., S. 359f. (19. Juni 1632).
17. *Opere*, XIX, S. 327.
18. Vgl. Scheiner, *Rosa Ursina*, op. cit., S. 656f.: *De coeli et idem naturali corruptibilitate.*
19. Galileo Galilei, *Dialog über die beiden hauptsächlichen Weltsysteme, das ptolemäische und das kopernikanische*, Leipzig 1891 (Nachdruck 1982), S. 40.
20. Op. cit., S. 37. Der Paralogismus von Aristoteles bezog sich auf die Theorie der natürlichen Bewegungen, den Schlußstein für die Wahrheit des Geozentrismus. Vgl. A. Koyré, *Galilée et la loi d' inertie*, in: *Etudes galiléennes*, Paris 1939, S. Aufl. 1966.

21. Op. cit., S. 42. Kurz zuvor findet sich das bekannte Beispiel Galileis über die Entstehung der [Essig]Fliegen aus dem Mostdunst des Weins.
22. Op. cit., S. 43.
23. Op. cit., S. 1.
24. Op. cit., S. 15. Zum Stil und zur pädagogischen und Argumentationen widerlegenden Methodologie des *Dialogs* gegenüber der aristotelischen Kosmologie vgl.: A. Koyré, *Etudes galiléennes*, op. cit., S. 202f.; Geymonat, *Galileo Galilei*, op. cit., S. 157f.; E. Garin, *Galileo „filosofo"*, in: *Scienza e vita civile nel Rinascimento*, Bari 1965, S. 147–70. Shea unterstreicht in: *Galileo's intellectual revolution*, op. cit. die Probleme bei der Beweisführung mit den Gezeiten. Zur Methode Galileis im *Dialog* siehe auch: M. Clavelin, *La philosophie naturelle de Galilée*, Paris 1968.
25. Op. cit., S. 18.
26. A.a.O.
27. Brief in Anm. 14, *Opere*, XIV, S. 367. T. Campanella, *Lettere*, (herausgegeben von V. Spampanato), Bari 1927, S. 241. Lange Zeit zuvor, im Jahr 1614, hatte Campanella Galilei vorgeschlagen (Galileo Galilei, *Schriften. Briefe. Dokumente*, op. cit., Bd. 2, S. 39, Brief vom 8. März 1614): „Wappnet Euch mit dem Stil der vollkommenen Mathematik, und laßt die Atome für später." Später hatte sich die Situation fühlbar verändert. Über die Vorstellung von Galilei als Atomist bei Campanella siehe: Garin, *Galileo e la cultura del suo tempo*, in: *Scienza e vita civile* op. cit., S. 109–46, bes. S. 135.
28. Vgl. den Brief von Pater Riccardi an Pater Clemente Egidi, *Opere*, XX, *Supplemento al Carteggio*, S. 571f.
29. Vgl. Archivio storico der Curia Generalizia der Gesellschaft Jesu (Rom), *Fondo gesuitico*, 657, S. 183, zitiert bei C. Costantini, *Baliani ed i gesuiti*, Florenz 1969, S. 59.
30. Vgl. Francisco Vallès, *Controversiarum medicarum et philosophicarum libri decem*, Lugduni (Lyon) 1625, S. 271–74.
31. R. Arriaga, *Cursus philosophicus*, Antverpiae 1632, S. 508f.
32. Zur Naturphilosophie von Pater Arriaga siehe: L. Thorndike, *The cursus philosophicus before Descartes*, in: „Archives Internationales d'Histoire des Sciences" 4, 1951, S. 19–24. Zur Zensur für die korpuskularistischen Ansichten von Pater Arriaga vgl.: G. M. Pachtler, *Ratio studiorum et institutiones scholasticae Societatis Jesu per Germanium olim vigentes*, III, Berlin 1980, S. 76.
33. Vgl. den Brief von Magalotti an M. Guiducci, 7. August 1632, *Opere*, XIV, S. 368f.
34. Vgl. den Brief von F. Niccolini an A. Cioli, 5. September 1632, ebd., S. 383–385.
35. Galileo Galilei, *Schriften. Briefe. Dokumente* op. cit. (Brief von Campanella an Galilei vom 21. 8. 1632), S. 90.
36. *Opere*, XIV, S. 373.
37. Vgl. den Brief von F. Magalotti an Galilei, 4. September 1632, ebd., S. 382f., bes. S. 382.
38. Vgl. den Brief von Francesco Barberini an Monsignor Giorgio Bolognetti, Nuntius in Florenz, 25. September 1632, *Opere*, XIV, S. 397 (vgl. Anm. 42).
39. Vgl. *Opere*, XIX, doc. XXIVb, S. 324–27, bes. S. 327. Die Anklage wegen Ungehorsam ist der letzte und schwerste Anklagepunkt.
40. *Opere*, XIV, S. 373.

41. Galileo Galilei, *Schriften. Briefe. Dokumente*, Bd. 2, op. cit., S. 91.
42. *Opere*, XIV, S. 397, in Anm. 38 zit. Brief (Cod. Barb. Lat. 7310, Bl. 34–35, Biblioteca Vaticana). Es handelt sich um ein von Pietro Benessi abgefaßtes Konzept, dem Sondersekretär des Kardinalsneffen.
43. Vgl. den Brief von Niccolini an A. Cioli, 11. September 1632, *Opere*, XIV, S. 388f.
44. Ebd., S. 373. Vgl. die Enthüllungen von Pater Riccardi in seinem Brief an Niccolini vom 11. September, op. cit., S. 389.
45. Vgl. A. Oldoni S. J., A. Ciaconio O. P., *Vitae et res gestae pontificum romanorum et S. R. E. Carinalium*, Romae 1677, Vol. IV, S. 593–96.
46. A. Oreggi, *Theologia, Pars prima. Physica*, Romae 1637, S. 509. Zur mosaischen Kosmologie von Oreggi, vgl. L. Thorndike, *A History of Magic and Experimental Science up to the seventeenth century*, 8 Bde., New York 1929–58, Bd. V, S. 58ff.
47. Oreggi, *Theologia*, op. cit., *Pars tertia*, S. 206.
48. Vgl. A. F. Vezzosi, *I scrittori de' chierici regolari*, Teil II, Rom 1780, S. 156f.
49. Ausgelöst hatte die Polemik Pater Giovanni B. Cataldo, *De B. Cajetani Thienaei cum E. Ignatio Loyola consaetatine... epistola*, Vicentiae 1618. Von seiten der Jesuiten wurde die Auseinandersetzung hauptsächlich durch die Patres Negrone und Rho geführt.
50. Vgl. Anonym (Pater T. Raynaud S. J.), *Eunuchi, nati, facti, mystici*, Lutetiae Parisiorum 1655. Das Werk enthält die Anklage gegen die Positionen von Pater Pasqualigo. Das moraltheologische Buch von Pasqualigo *Decisiones morales juxta Principia theologica ad sanas atque civiles leges*, Verona 1641, wird 1684 auf den Index gesetzt werden. Zu den Kastraten müssen wir daran erinnern, daß es Pater Inchofer war, der als erster in der Kontroverse gegen Pater Pasqualigo Stellung nahm: M. Inchofer, *De eunuchismo dissertatio ad Leonem Allatium*, in: L. Allacci, *Opuscula Graeca et Latina*, Coloniae 1653, in: *Supplementum Historiae Byzantinae*, Venetiis 1733, S. 73–80.
51. Vgl. Z. Pasqualigo, *De sacrificio novae legis. Quaestiones theologicae, morales, juridicae*, Lugduni 1652, S. 328. Dort kommentiert er die Naturphilosopie von Pater Pereira.
52. Ebd.
53. Pasqualigo bereitete seine *Disputationes Metaphysicae, Theologia*, Rom 1634–37 (S. 48) für den Druck vor. Auf S. 182 heißt es: „Der Gegenstand der Physik darf nicht der Metaphysik unterworfen werden“. Pater Pasqualigo fügte hinzu, daß, wenn sich Überschneidungen von Problemen ergäben, sie unserem Grad an Unwissen geschuldet sei, die Wege der Zusammensetzung zu erkennen.
54. Vgl. die Titel der astronomischen Manuskripte von Pater Inchofer, die im Inventar von Sommervogel, Vol. IV, S. 562–66 aufgeführt werden. Die Biblioteca Casanatense (Rom) bewahrt ein Manuskript mit dem Titel *Vindiciae sedis Apostolicae SS. Tribunalium auctoritate adversus neopythagoras motores* von Pater Inchofer auf, das bei D. Berti, *Il processo originale di Galileo*, Rom 1878, S. 76ff. analysiert wird.
55. Über die langwierige Affaire um den Brief der Madonna von Messina vgl.: Pater E. Aguilera S. J., *Provinciae Siculae S. J. Ortus et res gestae ab anno 1546... ad annum 1672*, Panormi 1740, Band II, S. 247ff. Die Originalausgabe des Buches von Inchofer wurde am 19. März 1633 auf den Index gesetzt. Pater Melchior In-

chofer war ein Spezialist für Kontroversen und Polemiken innerhalb und außerhalb der Gesellschaft. Später zeichnet sich hinter den Anzeigen und Einschüchterungsversuchen, die Pater Sforza Pallavicino innerhalb der Gesellschaft hinnehmen muß, seine Persönlichkeit und seine Neigung zur Polemik ab. Über die Figur von Pater Inchofer siehe das Portrait von L. Allacci, *Apes Urbanae,* Romae 1633, ad nominem.

56. Vgl. M. Inchofer, *De epistola B. Virginis Mariae ad Messanenses conjectatio plurimis rationibus et verosimilitatinis*, Romae 1631.
57. Vgl. *Opere*, XIV, S. 348 (Oreggi); S. 356–60 (Pasqualigo); S. 349–56 (Inchofer).
58. Vgl. M. Inchofer, *Tractatus syllepticus, solisque motus vel statione*, Romae 1633, S. 57f.
59. *Opere*, XIV, S. 383.
60. Ebd., S. 384.
61. Ebd., S. 388f.
62. Brief von F. Niccolini an A. Cioli, 18. September 1633, ebd., S. 391f.
63. Ebd., S. 392.
64. Ebd., S. 392f.
65. Ebd., S. 393.
66. Brief von F. Niccolini an A. Cioli, 13. März 1633, *Opere*, XV, S. 67f.
67. Vgl. den Brief von Pater Vincenzo Maculano an Kardinal Francesco Barberini vom 28. April 1633. Dieser Brief wurde in den Archiven Barberini im Jahr 1833 entdeckt. In: *Opere*, XV, S. 106ff. Zu diesem dunklen außerjuristischen Aspekt des Prozesses gegen Galilei siehe: S. Pieralisi, *Urbano VIII e Galileo Galilei*, Rom 1875, S. 197f.; G. Gebler, *Galileo Galilei e la Curia romana*, Florenz 1879, II, S. 44; F. Costanzi, *La Chiesa e la dottrina copernicana*, Siena 1898; G. De Santillana, *The Crime of Galileo*, Chicago 1955; A. Koestler, *Die Nachtwandler*, Bern-München-Wien 1959; G. Mopurgo Tagliabue, *I processi di Galileo e l'epistemologia*, Mailand 1963, 2. Aufl. Rom 1981.
68. *Opere*, XIX, S. 405.
69. Ebd.
70. Vgl. den Brief von G. Naudé an Gassendi, April 1633, in: Galileo Galilei, *Schriften. Briefe. Dokumente*, op. cit., Bd. 2, S. 102.
71. Vgl. J. Quétif, J. Echard, *Scriptores ordinis praedicatorum ... recensiti*, Lutetiae Parisiorum 1721, II, S. 593f.
72. Brief von F. Stelluti an Galilei, 2. August 1630, in: Galileo Galilei, *Schriften. Briefe. Dokumente,* op. cit., Bd. 2, S. 79.
73. Vgl. Brief von F. Stelluti an Galilei, 30. August 1630, *Opere*, XIV, S. 292.
74. Vgl. ebd., S. 250.
75. Vgl. Oldoini, Ciaconio, *Vitae et res gestae pontificum romanorum et. S.R.E. Cardinalium,* op. cit., 4. Band, S. 738–41, bes. S. 739.
76. Ebd. Vgl. Ireneo Affò, *Memorie della vita e degli scritti del Card. Sforza Pallavicino*, Parma 1794, S. 20.
77. Sforza Pallavicino, *Lettere*, Rom 1668, S. 80.
78. Vgl. das von Pater Riccardi gezeichnete Dokument bei: Gabrieli, *La prima biblioteca lincea o libreria di Federico Cesi,* op. cit., S. 615.
79. Vgl. A. Pozzobonelli, *Vita di Giovanni Ciampoli* (1644), in: G. Ciampoli, *Lettere*, Macerata 1666, S. 58–77.
80. Vgl. Anonym, *Vita di Monsignor Giovanni Ciampoli*, op. cit., S. 111.

81. Über die auch nach der Krise von 1631 zwischen Ciampoli und Magni aufrechterhaltenen Beziehungen siehe den Brief von Ciampoli an den Kapuziner von Warschau in: *Lettere*, 3. Aufl. Venedig 1661, S. 44. Zur erklärten Unterstützung Galileis in der Physik durch Pater Magni erinnern wir daran, daß dieser 1648 öffentlich die Erinnerung an Kopernikus in der Astronomie und an Galilei „in vielen Fragen der Physik" feierte. Vgl. P. V. Magni, *Philosophia Virgini Deiparae dicatae Pars prima*, Warschau 1648, S. 12.
82. Anonym, *Vita di Monsignor Giovanni Ciampoli*, op. cit., S. 115 u. Pozzobonelli, *Vita di Giovanni Ciampoli*, op. cit., S. 77.
83. Ebd. Das Testament und die Liste der Manuskripte von Giovanni Ciampoli, die er Ladislaus IV. hinterließ, bei: Ciampoli, *Un amico del Galilei, monsignor Giovanni Ciampoli*, op. cit.
84. G. Ciampoli, *Lettere*, Bologna 1679, S. 130.
85. Ebd. S. 129.
86. G. Ciampoli, *Frammenti delle opere postume*, Bologna 1654, 2. Aufl., Venedig 1655. Die sichtbarsten und auffälligsten Zensuren und Veränderungen in den posthumen Ausgaben *Prose* und *Frammenti* von Ciampoli werden aufgeführt bei: E. Raimondi, *Avventure del mercato editoriale*, in: *Anatomie secentesche*, Pisa 1966, S. 116f.
87. Vgl. G. Ciampoli, *Della novità*, in: *Prose*, Rom 1649, 4. Diskurs, S. 137f., bes. S. 154.
88. *A'Lettori*, in: G. Ciampoli, *Prose*, römische Ausgabe von 1667, die Clemens X. gewidmet ist.
89. Ebd.

9. *„Den Schein wahren"*

1. Mestrezat, *De la communion à Jesus Christ...*, op. cit., S. 81.
2. Ebd., S. 159.
3. Ebd., S. 84.
4. D. Derodon, *Dispute de l'Eucharistie*, Genf 1665, S. 4f. Für ein intellektuelles Profil von Derodon vgl. E. Haag, *La France protestante*, Genf 1966, Bd. IV, S. 229f.
5. Derodon, *Dispute...*, op. cit., S. 208f.
6. Ebd., S. 223.
7. D. Derodon, *Philosophia contracta*, Genf 1654, 3 Bde., Secunda pars Physicae, S. 138.
8. Derodon, *Dispute...*, op. cit., S. 222.
9. Ebd., S. 122 zum Thema Wärme u. S. 207 zur Korpuskeltheorie des Lichts.
10. Der Text *De motu* von Balli ist wiedergegeben bei: R. Giacomelli, *Un contemporaneo di Galileo Giuseppe Ballo*, in: „Atti della Reale Accademia delle Scienze fisiche e matematiche di Napoli", 15, 2. Serie, Nr. 10 (1914), S. 1–35, insbes. S. 24–35. Das wissenschaftliche Werk von Balli findet sich zitiert bei: Poggendorff, *Biographisch-Literarisches Handwörterbuch*, Band 1, Leipzig 1863, und bei: P. Riccati, *Bibliografia matematica*, Modena 1860. Vgl. auch die Anm. auf S. 810 des Kommentars zu: *Discorsi sopra due nuove scienze*, herausgegeben von L. Geymonat u. A. Carugo, Turin 1958.

11. G. Balli, *De foecunditate Dei circa productionem ad extra,* Pataviae 1635, S. 122ff.
12. Ebd., S. 126.
13. Es handelt sich um ein sehr seltenes Werk, das wir in der Universitätsbibliothek Padua eingesehen haben.
14. Balli, *Resolutio ...*, op. cit., S. 71.
15. Ebd., S. 6.
16. Vgl. G. Balli, *Responsio ad objectiones,* Pataviae 1640, S. 30.
17. Ebd., S. 31.
18. Vgl. G. Balli, *Assertiones apologeticae cum suis dilucidationibus,* Pataviae 1641 (posthum).
19. Vgl. O. A. (Pater G. La Chiana S. J.), *Opusculum quo probat substantia corporis Christi quae sub speciebus panis continetur non possunt appellari imaginem Corporis Christi,* o. O., o. J. (Palermo 1642?).
20. Die große Polemik um die Eucharistie, die schwerwiegendste theologische Problematik, mit der Descartes sich konfrontiert sah, wird beschrieben bei: H. Gouhier, *La pensée religieuse de Descartes,* Paris 1924, 2. Aufl. 1972; J. Laporte, *Le rationalisme de Descartes,* Paris 1945, 3. Buch, Kap. 2, S. 405f. Neuere Ausarbeitungen dazu: H. Gouhier, *Cartésianisme et augustinisme au XVIIe siècle,* Paris 1978; J. R. Armogathe, *Theologia cartesiana* op. cit. Hier finden sich Hinweise zur Rolle von Clerselier, Pater Poisson, Pater Viogué, Maignan und Rouhault.
21. Vgl. Brief von Descartes an Pater Mersenne vom 9. Februar 1639, der sich auf die *Unterredungen* von Galilei bezieht, in: *Œuvres de Descartes publiées par C. Adam et P. Tannery,* 12 Bände, 2. Auflage Paris 1669, Bd. 2, S. 493–508.
22. R. Descartes, *Die Prinzipien der Philosophie,* Hamburg 1955, S. 181f.; Brief an Dupuy (5. Januar 1645), in: *Œuvres de Descartes ...*, op. cit. Bd. IV, S. 150f. Man beachte, daß Descartes alle Widerlegungen von Galilei studiert hat. Vgl. *Œuvres ...*, op. cit., Bd. 1, S. 579.
23. Brief an Mersenne vom 25. November 1630, in: *Œuvres ...*, op. cit., Bd. 1, S. 177–82, bes. S. 179.
24. R. Descartes, *Briefe* (ausgewählt und kommentiert v. M. Bense), Köln-Krefeld 1949, S. 137, Brief an Mersenne vom 11. Oktober 1638.
25. Brief an Mersenne vom 8. Oktober 1629, *Œuvres ...*, op. cit., Bd. 1, S. 22–29.
26. Brief an Mersenne vom 25. November 1630, a. a. O.
27. R. Descartes, *Monde ou Traité de la lumiere,* in: *Œuvres ...*, op. cit., Bd. 11, S. 5ff.
28. *Opere*, VI, S. 348, Z. 31–32.
29. Brief an Mersenne vom November 1633, in: R. Descartes, *Briefe*, op. cit., S. 65ff.
30. Vgl. R. Descartes, *Meditationen. Mit sämtlichen Erwiderungen,* unveränderter Neudruck der Ausgabe von 1915, Hamburg 1972, S. 197.
31. Vgl. P. Lemaire, *Dom Roberts Desgabets, son système, son influence et son école,* Paris 1902, S. 100ff., und J. R. Armogathe, *Theologia cartesiana,* op. cit., 2. Teil, mit Bibliographie und Dokumenten zu Desgabets.
32. R. Descartes, *Meditationen ...*, op. cit., S. 231.
33. Vgl. den Brief von Descartes an Pater Mesland, 9. Februar 1645, in: *Œuvres ...*, op. cit., Bd. 4, S. 161–75, bes. S. 164; die Briefe an Pater Mesland, a. a. O.,

S. 215–17, S. 344–48, S. 348–50. In diesen Zusammenhang gehört auch noch der Brief an Clerselier vom 2. März 1646, S. 371–73 und das cartesianische Fragment zur Eucharistie, über das Clerselier informiert (22. Mai 1654), in: *Œuvres...*, op. cit., Bd. 4, S. 741–47 mit einer Anmerkung von P. Costabel.

* Im französischen Originaltext des Briefes heißt es „Accidens" also Akzidentien. A.d.Ü.

34. R. Descartes, *Briefe*, op. cit., S. 257.
35. Brief an Pater Mesland, op. cit., in: *Œuvres...*, Bd. 4, S. 168. Vgl. zur Theorie von Descartes hinsichtlich der eucharistischen Gemeinsamkeit den nachfolgenden Brief, ebd., S. 347f.
36. Die Briefe an Pater Mesland wurden unvorsichtigerweise an den Jesuitenpater Honoré Fabri geschickt, einen Aristoteliker, der im Ruf stand, Descartes gegenüber tolerant zu sein. Am 15. April 1660 schickte Pater Fabri von Rom aus eine Ermahnung los. Vgl. G. Sortais, *Le cartésianisme chez les jésuites français du XVII*[e] *et du XVIII*[e] *siècle*, in: „Archives de Philosophie", 6 (1924), III, S. 47f. und S. 51; Armogathe, *Theologia cartesiana...*, op. cit., S. 89. Übereinstimmende Zeugnisse von Zeitgenossen messen Pater Fabri eine entscheidende Rolle bei der Indizierung des Gesamtwerks von Descartes zu (1663). Vgl. F. Bouillier, *Histoire de la philosophie cartesienne*, Paris 1868, 1. Bd., S. 466f.
37. Pater T. Compton Carleton, *Philosophia Universa*, Antverpiae 1649, S. 238. Die Genehmigung des Buches wurde von Pater A. Gottifredi erteilt, der im Auftrage des Ordensgenerals Vincenzo Carafa nach Belgien gereist war.
38. Dom Desgabets modifizierte seine Ansichten zur Eucharistie im Sinne der Scholastik in: *Explication familière de la théologie eucharistique*, vgl. Dom Calmet, *Bibliothèque Lorraine*, Nancy 1751, S. 396–403. Die anonyme in Holland erschienene Schrift *Considération sur l'Etat présent de la controverse* (1671) trug Dom Desgabets eine Rüge seitens des Benediktinerordens ein. Das Protokoll des Verhörs bei: Armogathe op. cit., S. 133–25.
39. D. Sennert, *Hypomnemata physica*, Francofurti 1636, S. 103; S. 86f.
40. Pater T. Raynaud, *Exuviae panis et vini in eucharistia qua ostenditur esse veras qualitates*, in: *Opera omnia*, Bd. VI, Lugduni (Lyon) 1665, S. 427, 450, 466, u. ders., *Theologia naturalis, sive entis increatis et creati... ex naturae lumine invertigatio* (1622), in: op. cit., Bd. V, a. a. O.
41. Vgl. *La Ratio studiorum e la parte quarta delle costituzioni della Compagnia di Gesú*, herausgegeben von Pater M. Barbera S. J., Padua 1942, S. 144. Über die Kulturpolitik der Jesuiten in der zweiten Hälfte des Jahrhunderts, vgl. Costantini, *Baliani e i gesuiti*, op. cit., S. 95ff.
42. Vgl. Historisches Archiv der Generalkurie der Gesellschaft Jesu, *Fondo Gesuitico*, op. cit., Anm. 657, S. 564, ebd., S. 97.
43. Vgl. G. M. Pachtler, *Ratio Studiorum et institiones scholasticae S. I. per Germaniam olim vigentes*, Berlin 1890, Bd. III, S. 76.
44. Zur *Ordinatio pro studiis superioribus* (1651), vgl. *Institutum S. I., Regulae, Ratio studiorum*, Florenz 1893, III, S. 76.
45. Ebd., II, S. 374f. Es muß daran erinnert werden, daß das Begehren nach mehr wissenschaftlicher Freiheit aus den Reihen der jesuitischen Wissenschaftler begründet wurde mit dem Wunsch nach größerer apologetischer Wirksamkeit nach außen, gegen „die hochfahrenden Geister der Häretiker". H. Fabri, *Metaphysica demonstrativa*, Lyon 1648, S. 579. Vgl. Pater Sforza Pallavicino, *Vindi-*

cationes Societatis Iesu, Romae 1649. Zum Wiederaufgreifen von Galileis Mechanik seitens der Jesuiten in mindestens einem Fall, bei der Theorie der Maschinen von Pater Casati, vgl. U. Baldini, *L'attività scientifica nel primo Settecento,* in: *Storia d'Italia Einaudi. Annali,* 3, Turin 1980, S. 469–545.

46. Vgl. A. Koyré, *Chute des corps et mouvement de la terre de Kepler à Newton,* Paris 1973; P. Galluzzi, *Galileo contro Copernico,* in: „Annali dell' Istituto e Museo di Storia della Scienza di Firenze", 2 (1977), S. 87–148.
47. P. Guldin, *De centro gravitatio trium specierum quantitatum continuae libri quator,* Viennae 1635–1641. Umgekehrt jedoch war es Pater Fabri, einem etwas unabhängigeren Jesuiten an der Accademia del Cimento in Florenz, durchaus möglich, positiv Stellung zu beziehen zu der Mathematik des Unteilbaren, zumindest unter dem Pseudonym Antinus Fabrius. Vgl. zum mathematischen Werk von Fabri: E. A. Fellmann, *Die mathematischen Werke von H. Fabri,* in: „Physis", 1–2 (1959), S. 6–25 u. S. 69–102.
48. A. Bettini, *Apiariorum Philosophia Mathematica,* Bononiae 1656, S. 62.
49. A Tacquet, *Cylindricorum et annulorum libri IV,* Antverpiae 1651.
50. Vgl. C. De Waard, *L'expérience barométrique,* Thouars 1936, für die Rekonstruktion des Ambiente und für die Rolle der verschiedenen Personen: Berti, Magiotti, Torricelli, Mersenne, Roberval, Pascal, Magni, Zucchi, Kircher und für die gedruckten Dokumente von Zucchi und Magni, die im Anhang dokumentiert sind. (Vgl. auch: *Carteggio 1642–48,* in: *Opere dei discepoli di Galileo,* herausgegeben von P. Galluzzi u. M. Torrini, Bd. 1, Florenz 1975).
51. Vgl. V. Malvezzi, *Pensieri,* in: *Politici e moralisti del Seicento,* herausgegeben von B. Croce und S. Caramella, Bari 1930, S. 265–83.
52. Vgl. Brief von Baliani an Mersenne vom 14. Juli 1647, in: Moscovici, *L'expérience du mouvement,* op. cit., S. 125.
53. V. Magni, *Demonstratio ocularis loci sine locato, corporis successive moti in vacuo lumini nulli corpori inhaerentis,* Varsaviae 1647, 2. Aufl. Bononiae 1648.
54. Fabri, *Metaphysica demonstrativa,* op. cit., S. 570.
55. Anonym [Pater N. Zucchi], *Magno Amico* [Pater Grandami, La Flèche] *nonnemo ex Collegio romano S. I. experimenta vulgata non plenum sed vacuum et antiperistasim stabilire,* Romae 1648 (Superiorum permissu).
56. Fabri, *Metaphysica demonstrativa,* op. cit., S. 184f.
57. Vgl. N. Cabeo, *Aristotelis Meteorologicorum,* Vol. I, Romae 1646, Abschn. 4, S. 112f.
58. N. Zucchi, *Nova de machinis philosophia,* Romae 1649, S. 105.
59. Ebd., S. 144.
60. Vgl. Bricarelli, *Il padre Orazio Grassi,* op. cit., Dok. II, S. 22.
61. Vgl. Constantini, *Baliani e i gesuiti,* op. cit., S. 78f. Pater Grassi machte 1646 auf dem Weg von Lyon nach Rom in Genua Station.
62. „Ich bin mir gewiß, daß Ihnen meine (Überlegung) gefiel" und daß „er mit mir sich auf demselben Weg befindet", schmeichelte Pater Grassi im Brief an Baliani vom 17. April 1648. Vgl. Moscovici, *L'expérience ...* op. cit., S. 236.
63. Brief von Baliani an Mersenne vom 25. November 1647, a. a. O., S. 126.
64. V. Magni, *De luce mentium et eius imagine,* Romae 1642 und dann 1646 in Wien unter dem Titel *De luce ... ex ss. patribus Augustino et Bonaventura* neuveröffentlicht.
65. Vgl. *Opus philosophicum,* Lyon 1660, S. 7. Zu den Arbeiten von Pater Magni,

Lexicum Capuccinum, Rom 1951, Spalte 1776–77. Siehe bei: V. Magni, *Principia et specimen philosophiae*, Coloniae Agrippinae 1652, S. 69–72, die Rechtfertigung der Korpuskeltheorie des Lichts gegen die Anschuldigung der eucharistischen Häresie. Zur eigenständigen Rolle von Pater Magni in der Geschichte des Barometers (1644–46) im Verhältnis zu den römischen Experimenten von Gaspare Berti, zu denen in Turin und denen in Paris vgl. C. De Waard, *L'expérience barométrique* op. cit., S. 123–28. Ende 1648 veranlaßt die Wahl des neuen, philojesuitischen Königs in Polen Pater Magni dazu, sich nach Wien abzusetzen.

66. Magni, *Demonstratio ocularis*, op. cit., S. 9.
67. Ebd., S. 14f.
68. G. Fantuzzi, *Eversio demonstrationis ocularis*, Bononiae 1648.
69. Brief von Pater Casati an G. A. Rocca vom 20. Juli 1648 in: *Lettere a ... Rocca*, in: „Continuazione del Nuovo Giornale de' Letterati d' Italia“, 25 (1786). S. 9f.
70. P. Casati, *Vacuum proscriptum*, Genuae 1649, S. 7.
71. Ebd., S. 5f.
72. Vgl. Sforza Pallavicino, *Vindicationes Societatis Iesu*, op. cit., S. 224.

** 100 Jahre Collegium Romanum. (A. d. Ü.)

73. Zur Einweihung von S. Ignazio vgl. das bei C. Bricarelli, *Il padre Orazio Grassi* veröffentlichte Dokument.
74. Vgl. den Brief von Pater Grassi an Baliani vom 25. August 1652, Moscovici, *L'expérience du mouvement*, op. cit., S. 250f.
75. Vgl. Bricarelli, *Il padre Orazio Grassi*, op. cit., Dok. III, S. 24.
76. C. Bérigard, *Dubitationes in Dialogum Galilaei*, Florentiae 1632, S. 17; ders., *Circulus pisanus*, 2. Auflage Patavii 1661, S. 419 u. 428, über die Korpuskeltheorie.
77. G. Nardi (1585–1654), *T. Lucretii Cari, De rerum natura, Animadversio III De atomis*, S. 32 und *In Osores qualitatum*, S. 160f.
78. G. Nardi, *De igne subterraneo*, Florentiae 1640, Imprimatur von Pater Antonelli S. J.
79. Ebd., Anm. 77, S. 160.
80. P. M. Mutoli (G. A. Borelli), *Del movimento della cometa apparsa il mese di dicembre 1644*, Brief an Pater Stefano Degli Angeli, Pisa 1665, S. 5 über die optische Theorie des Kometen, die „Galilei höchst weitsichtig vorschlug“ (S. 15).
81. Vgl. Galluzzi, *Galileo contro Copernico*, op. cit.
82. Vgl. L. Amabile, *Il Santo Officio e L'Inquisizione in Napoli*, Città del Castello 1892, II, S. 53f.
83. Vgl. P. Galluzzi, *Libertà scientifica, educazione e ragion di stato in una polemica universitaria pisana del 1670*, in: „Atti del XXIV Congresso Nazionale di Filosofia“, L'Aquila 1973, Bd. II, Rom 1974, S. III, Pisiis 1785, S. 405. Nach einem Disziplinarverfahren in Pisa begibt sich Rossetti nach Piemont in Sicherheit, wo er 1685 stirbt.
84. Fabroni, *Historiae Accademiae Pisanae*, op. cit., 406.
85. D. Rossetti, *Antignome fisico-matematicae*, Livorno 1667, S. 66.
86. Vgl. D. Rossetti, *Insegnamenti fisico-matematici sopra la prostasi*, Livorno 1669.
87. D. Rossetti, *Due proposizioni di disinganno ... ove vedesi come il democratico possa convenire coll'Aristotelico nello spiegare il Sagramento dell'Eucaristia ...*

all'ill. mo sig. Francesco Redi, in: *Zibaldone di F. Redi*, ms. Palatino 1099, VII, Bl. 41–48, Biblioteca Nazionale Florenz.

88. D. Rossetti, *Composizione e passioni de' vetri*, Livorno 1671, Vorwort.
89. Ebd.
90. Ebd.
91. Vgl. F. M. Abba de Orlandis, *Conclusiones physicae propugnandae in Collegio florentino S. I., addita est Execitatio de transitu ignis per vitrum et de vacuo*, Navesi, Florentiae 1678. (Magliabechiano 1051.12. Biblioteca Nazionale Florenz).
92. *Exercitationes Physicae. I: De formis substantialibus et de qualitatibus physicis. II: De transitu ignis per vitrum et de vacuo. Altera editio aucta et recensita pro disputatione habenda in Collegio S. I., a Laurentio de Gherardini*, Florentiae 1678. Die in dieser Ausgabe wiedergegebenen Exercitationen werden beschrieben bei: M. Torrini, *Dopo Galileo. Una polemica scientifica (1684–1711)*, Florenz 1979, S. 20f. in der Einleitung zu den Polemiken von Pater G. F. Vanni. Das Exemplar dieser Neuausgabe wird in der Biblioteca Nazionale Vittorio Emanuele II (Rom) zusammen mit dem Band von Pater Vanni aufbewahrt: Anonym, *Exegeses physico mathematicae de motu graviorum*, Romae 1685 (Biblioteca Nazionale Rom, 12.33.E.16). Ein anderes Exemplar liegt bei der Biblioteca Nazionale Florenz (Magliabechiano 1248.13): *Conclusiones physicae propugnandae a Laurentio de Cherardinis in Collegio florentino S. I.*, ebd. Im Verhältnis zum Text Arrighi zeigt der von Gherardini einige auffällige Unterschiede in der Einleitung. S. 20f. u. S. 25. Zu Lorenzo Gherardini (1659–1714) vgl. F. Ighirami, *Storia della Toscana*, Bde. XII–XIV, *Biografia*, Fiesole 1843–44, III, S. 11 u. S. 140.
93. Zur Gestalt von F. M. Arrighi vgl. Mons. A. Baudrillart, *Dictionnaire d'histoire et de géographie ecclésiastique*, IV, Paris 1930, Spalte 723; auch G. M. Mazzucchelli, *Gli scrittori d'Italia*, Brescia 1753–63, II, S. 1127.
94. Zum wiss. Werk von Pater Vanni, vgl. Torrini, *Dopa Galileo*, op. cit.
95. Gherardini, *Exercitationes physicae*, op. cit.: „ad lectorem".
96. F. Lana-Terzi, *Magisterium naturae artis et opus*, Brixiae 1748 (1. Aufl. 1670): „Einige neuere Philosophen haben geglaubt, die Schwierigkeiten umgehen zu können, indem sie behaupten, daß ein Körperquantum, also ein Quantität, aus unteilbaren Punkten zusammengesetzt ist, die einen teilbaren Raum einnehmen", S. 27.
97. Vgl. Malebranche, *Œuvres complètes*, herausgegeben von A. Robinet, Paris 1958–67, Bd. I, S. 465; Bd. XVII ab S. 445. Ebd., S. 498 zur eucharistischen Theorie von Malebranche. Vgl. H. Gouhier, *Philosophie chrétienne et théologie. A propos de la seconde polémique de Malebranche*, in: „Revue philosophique", 1938, S. 23–65.
98. Vgl. *Ritrattazione del padre A. Pissini olivetano*, Rom 1677, Neudruck bei: G. M. Pezzo, *Dissertatio Physica. Theologica de Accidentibus Eucharistia*, Neapel 1735 und bei: F. J. A. Ferrari de Modoetia, *Philosophia peripatetica*, Venedig 1754, II, S. 170. Vgl. Jansen, *Eucharistiques (accidents)*, op. cit., Spalte 1433f. Pater Pissini hatte einen *Discorso filosofico sopra le comete...*, Ascoli di Satriano 1665, mit physischen und astrologischen Fragestellungen und hatte mit der Veröffentlichung einer atomistischen Arbeit begonnen: *Naturalium doctrina*, Augsburg 1675. Vgl. H. Hurter, *Nomenclator theologiae catholicae*, 3. Auflage Oeniponte 1903–13, Bd. IV, S. 173.

99. Vgl. L. Osbat, *L'Inquisizione a Napoli: il processo agli ateisti 1688–98,* Rom 1974.
100. R. Galluzzi, *Istoria del Granducato di Toscana sotto il governo di Casa Medici,* IV, Florenz 1781, S. 409.
101. Vgl. A. De Stefano, *Un processo dell'Inquisizione veneziana contro M. Fardella,* in: „Sicolorum Gymnasium", I, 1941, S. 135–46.
102. Zit. bei A. Favaro, *Miscellanea galileiana inedita. Studi e ricerche,* Venedig 1887, S. 155 (ms gal., 257, a. 117, Bibl. Naz., Florenz) (Hervorhebungen von uns).
103. Zitiert bei Torrini, *Dopo Galileo,* op. cit., S. 28f.

10. Schluß

1. Vgl. August Comte, *Système de Politique Positive ou Traité de Sociologie Instituant la Religion de l'Humanité,* Bd. 4, Paris 1854.
2. Angefangen bei Mons. M. Marini, *Galileo Galilei e Inquisizione,* Rom 1850 (wo zum ersten Mal die verhängnisvolle Abschrift von Bellarminos Anordnung wiedergegeben wurde) bis hin zur erschöpfenden kritischen Dokumentation der gesamten Unterlagen bei: A. Favaro, *Galileo e l'Inquisizione,* Florenz 1907. Dazwischen lag ein jahrzehntelanger wilder Streit zwischen apologetischen Historikern und antiklerikalen Forschern. Man denke an E. Wohlwill, *Der Inquisitionsprocess des Galileo Galilei,* Berlin 1870, an Berti, *Il processo originale di Galileo* op. cit., und an Moritz Cantor, dessen Bitte um Zugang zu den Originaldokumenten ebenso wie die von Alberi abschlägig beschieden wird. Einzig die Ausgabe von Gebler, *Galileo und die römische Curie,* Stuttgart 1876–77, stellte die Anforderungen an eine (wenngleich auch nur teilweise) rigorose Edition zufrieden. Vgl. zu dieser Periode auch: A. Carli, A. Favaro, *Bibliografia Galileiana (1568–1895),* Rom 1896.
3. Reproduktion im Katalog: *La città degli Uffizi,* Florenz 1982, S. 302. Zur Ausstellung in Florenz im Jahr 1857 und zur Person von C. Banti, vgl. den Katalog und die Monographie von G. Matteucci, *Cristiano Banti,* Florenz 1982.
4. Vgl. H. Bordier, E. Mabille, *Une Fabrique de faux autographes ou Récit de l'affaire Vrain Lucas,* Paris 1870.
5. H. Poincaré, *Savants et écrivains,* Paris 1910, S. VIII.
6. T. Accetto, *Della dissimulazione onesta* (1641), herausgegeb. von B. Croce, Bari 1928, S. 25–26.

* Zumal die Überprüfung des Prozesses gegen Galilei durch die Kongregation für Glaubensfragen (die Inquisition. Leitung Kard. Ratzinger) ein enttäuschendes Urteil ergab. Galilei wurde nicht rehabilitiert, sondern es wurde befunden, gemessen an den Umständen der Zeit habe das Heilige Offizium korrekt entschieden. U. H.

7. Vgl. P. Varignon, *Demonstration de la présence réelle du corps de Jésus Christ dans l'Eucharistie,* bei: o. A., *Pièces fugitives sur l'Eucharistie,* Genf 1730, S. 8ff.
8. Vgl. *Systema theologicum Leibnitii,* in: A. J. Emery, *Exposition de la doctrine de Leibniz sur la religion,* Paris 1819, S. 220–68. Masse und ‚vix motrix' waren für Leibniz die einzigen bleibenden Akzidenzien in der Eucharistie, die von der Ma-

terie unterschieden sind (S. 236). Zum „ireneischen" Charakter dieser Manuskripte aus der Bibliothek Hannover vgl. J. Baruzi, *Leibniz et l'organisation religieuse de la terre,* Paris 1907, S. 242f. Vgl. auch die Briefe von Leibniz an Arnauld, in: C. I. Gerhardt, *Philosophische Schriften,* 7 Bde., Berlin 1875–90, Bd. 1, S. 75 u. S. 61; *De vera methodo philosophiae et theologiae* (1673–75), in: *Philosophische Schriften,* Bd. 3, Berlin 1890, S. 154–59; *Demonstratio... Eucharistiae,* in: *Sämtliche Schriften,* Bd. VI, I.

9. Vgl. F. M. Grimaldi S. J., *Physico-mathesis de lumine, coloribus et iride libri duo,* Bononiae 1665 (posthum), S. 533f.; zur Kritik am Atomismus: S. 396f., und S. 406f. für die Probleme des Lichts als Substanz in der Eucharistie. Auf S. 407 die Anpassung der Hypothese von Grimaldi an das Phänomen der eucharistischen Erscheinungen. Offensichtlich hatten die Arbeiten Zensuren und Überarbeitung durch die römische Leitung der Gesellschaft erfahren.

10. Vgl. J. B. Du Hamel, *Astronomia physica, seu de luce, natura et motibus coelstium libri duo,* Paris 1660, S. 2f.

11. Zur ganzen Breite der kritischen, historischen und intellektuellen Probleme, zu denen auch das hier erörterte gehört, vgl. L. Febvre, *Au cœur religieux du XVIe siècle,* Paris 1957.

Erklärungen zu den Abbildungen

1. Frontispiz der Originalausgabe des *Saggiatore*. „Ich sah das Frontispiz des Saggiatore, welches mir von Herrn Stelluti zugeschickt wurde; es gefällt mir sehr, und wenn man zwischen den beiden Wörtern Astronomie und Philosophie das kleine Wörtchen ‚und' einfügte, dann wäre dieser Druckfehler auch beseitigt." Galilei, Brief an Federico Cesi vom 9. Oktober 1623 *(Opere*, XIII, S. 134).

2. Erste Seite (Bl. 292r) des Manuskripts G3, das im Archiv der Hl. Kongregation für Glaubensfragen (ehem. Hl. Offizium, coll. serie AD EE) aufbewahrt wird und das in diesem Buch als Dokument I wiedergegeben wird.

3. Handschriftlicher Brief von Pater Orazio Grassi an Giovanni Battista Baliani, Genua 17. April 1648. Das Dokument geht auf eine vertrauliche wissenschaftliche Korrespondenz zwischen den beiden Wissenschaftlern im Zeitraum zwischen 1647 und 1653 zurück, als sie beide schon in fortgeschrittenem Alter waren. Der Inhalt untermauert, daß Pater Grassi eine wichtige Rolle bei der wissenschaftlichen Initiative der Jesuiten gegen die „pruova del vacuo" (den Beweis für das Vakuum U. H.) gespielt hat. Der Brief wurde möglicherweise in dem neuen Collegium von Genua in der Via Balbi abgefaßt; die Pläne für das Collegium hatte Pater Grassi 1635 entworfen, im Jahre 1642 wurde es eingeweiht. Möglicherweise schrieb er den Brief aber auch in der Casa Professa von Genua bei der Kirche S. Ambrogio.

4. Frontispiz des Buches von Daniello Bartoli S. J., *Historia della Compagnia di Gesù. Della vita e dell'Istituto di S. Ignatio...*, Rom 1650. *„Ite et inflammate omnia.* Da aber jedes Feuer und jedes himmlische Licht vom Vater allen Lichts ausgehen sollte... spricht Jesus durch einen Lichtstrahl zum Herzen von Ignatius und von ihm aus breitet sich das Licht in alle vier Himmelsrichtungen aus..., erleuchtet sie und sie werden vom Göttlichen Licht befruchtet" (Fr. A. Pozzo, S. J., *Lettera al Principe di Liechtenstein*, Rom 1924, S. 6, zit. bei Villoslada, S. J., *Storia del Collegio Romano*, op. cit., S. 181). In der starken himmlischen Hand des Heiligen Ignatius triumphiert die Identifizierung zwischen dem Dogma der Eucharistie und einer qualitativen Idee des Lichts in Gestalt des Wappens der Gesellschaft Jesu: eine von übernatürlichem Licht durchstrahlte Hostie, die mit den Buchstaben I. H. S. verziert ist, *Jesus Hominum Servator.* Diese Symbolik stellt ein immer wiederkehrendes ikonographisches Element in der gesamten jesuitischen Produktion dar (von den Frontispizen der *Ratio studiorum* bis hin zu den mathematischen Arbeiten von Pater Clavius, von den Fresken Baciccias bis hin zu den Kirchenportalen); sie bezeichnet die Schwelle einer offiziellen Historiographie der Aktionen der Jesuiten in Form der universellen Wiederauferstehung (die vier Frauengestalten stellen die vier Kontinente dar, die vom Dogma des Kultes erleuchtet werden), welche sich unter der Führung des Heiligen Ignatius vollziehen soll. In dieser Haltung und mit dieser Ausrichtung des Themas

Licht-Eucharistie werden 1685 Sujet und Symbolik dieses Frontispizes von Andrea Pozzi bei der Gestaltung des *Trionfo universale della Compagnia* in der Kuppel der Kirche S. Ignazio verwendet.

5. Agostino Ciampelli (1577–1642), *Adorazione dell'Eucarestia*, Fresko im Gewölbe der Kirche Il Gesù, Rom. Die Anforderungen der katholischen Reform an die Liturgie geben hier Anlaß zu einer überschäumenden Produktion fiktiver Architekturen von Tabernakeln und Baldachinen zur Anbetung und Präsentation des Sakraments der Eucharistie, wie, um nur ein Beispiel zu zitieren, der Baldachin von C. Rainaldi in der Kirche S. Maria della Scala in Rom. Die neuen Formen der Verehrung erlauben es den Jesuiten, ihre Erfahrung bei Theaterinszenierungen in provisorische Schauspiele der Eucharistie mit Lichtspielen umzusetzen, von denen dieses Fresko einen kleinen Eindruck zu geben vermag.

6. Bartolomeo Ammannati (?). Fassade des Collegium Romanum (1584). Im Zentrum, unter dem Wappen von Gregor XIII., steht der Wahlspruch des Collegiums: *Religioni ac bonis artibus.* Religiöser Eifer und orthodoxe Lehre von hohem Niveau hielten Schritt miteinander und bedienten sich derselben Methoden, die in den *Consuetudinis* und der *Ratio Studiorum* festgelegt worden waren. Die Vorlesungen zur Glaubenslehre, die spirituelle Ausrichtung und die Meditation, die Übungen, die religiösen Praktiken und auch die Prozessionen entsprachen in ihrem didaktischen Aufbau der *praelectio*, den Repetitionen, den Disputationen und *exercitationes*, den Konferenzen und Examensfeierlichkeiten. Als didaktisches Instrument diente auch das Schultheater, eine Deklamationsstätte für die Eloquenz und die Predigt. Es gab zweitausend auswärtige Schüler zwischen 8 und 18 Jahren aus 30 Nationen: Novizen, Angehörige der verschiedensten Orden sowie Laien (die dann an der Universität Medizin oder Jus belegten). Den Professoren war die körperliche Züchtigung untersagt. Nur bei den ungebärdigsten der jungen Schüler griff man auf einen bezahlten Erzieher zurück. In Übereinstimmung mit dem individualistischen Voluntarismus des Heiligen Ignatius bestand das pädagogische Ziel im religiösen und schulischen Nacheifern; es wurde durch Preise und Ehrungen angespornt und durch Selektion der Besten in den Akademien und Kongregationen gewährleistet. Das Lehrsystem (30 Patres plus Helfer) ermöglichte Grammatik- und humanistische Schulen (Rhetorik und Geschichte) sowie theologische (4 Jahre, 5 für die Novizen) und philosophische Fakultäten (3 Jahre, Kurse in Logik, aristotelischer Physik, Mathematik und Metaphysik).

7. Grundriß des Collegium Romanum gegen Ende des 17. Jahrhunderts. Der Bau wurde von F. Valeriani und Ammannati im Jahr 1582 auf Wunsch von Gregor XIII. errichtet; seit 1584 war er der hochmoderne und allseits bewunderte Sitz des Collegium Nationum, welches von Ignazio von Loyola (1551) ins Leben gerufen worden war, um eine übernationale katholische Erziehung zu sichern. Dank seiner funktionalen Anlage wurde das Gebäude zum Prototyp der jesuitischen Architektur (vgl. das Collegium Louis Le Grand in Paris). Die Anlage mit mehreren, voneinander unabhängigen Höfen, die von den Unterrichts- beziehungsweise Gemeinschaftsräumen eingefaßt werden, stellte in der Tat eine glückliche Synthese zwischen Kloster oder mittelalterlichem Konvent und Palast der Renaissance, zwischen Gelehrtengemeinschaft und öffentlicher Lehre dar. Von der Piazza (7) gelangte man in den Hof der *scholae* (2). Im ersten Stock, zu dem man auf zwei spiegelbildlich angelegten Doppel-

treppen Zugang hatte, befanden sich die Räume und Kapellen der Kongregation, die Sala delle Declamazioni oder Aula Magna (an der Südseite) für die Examen und Theater sowie die Bibliotheken der einzelnen Fakultäten. Der gartenartige Hof der Gemeinschaft wurde von den Diensträumen eingefaßt: der Küche (10), dem Speisesaal (9), den Diensträumen, der Wäscherei, der Druckerei und, seit 1631, der Drogerie, wo den berühmten Besuchern Tinkturen, Kakao und andere Erfrischungen angeboten wurden. In den oberen Stockwerken befanden sich die Räumlichkeiten der Patres (5), der Ehrensaal für die wichtigsten Feierlichkeiten, die Krankenstation und die „geheime Bibliothek" (die Biblioteca maior, die den Patres vorbehalten war und die auch häretische und verbotene Arbeiten enthielt). Angeschlossen war das Naturmuseum von Kircher (1651) und der Kreuzgang für die astronomischen Beobachtungen. Vom befahrbaren Eingangshof aus waren die profanen Räumlichkeiten (Pferdestall, Metzgerei, Magazin, Getreidespeicher, Vorratskammer und Werkstätten) zugänglich: das Collegium verwaltete beachtliche Liegenschaften und Grundbesitz. Eine Verbindung zwischen den *scholae* und der Gemeinschaft bestand durch die Sakristei (die ehemalige Kirche der Annunziata); die neue Kirche des Heiligen Ignatius (1626–1650), die in das Gebäude nach Abriß einiger originaler Bestandteile eingegliedert wurde, vervollständigte die rigorose Harmonie des gesamten Ensembles.

8. Nicolas Poussin, *L'eucaristia. I Sette Sacramenti* (serie Dal Pozzo, Rom 1634). „In dieser Arbeit finden sich drei künstliche Beleuchtungen; zwei rühren von einer Lampe her, die mit zwei Fäden an der Decke befestigt ist; sie erleuchten die Figuren von vorne. Die dritte Lichtquelle geht von einer Kerze oberhalb einer Bank aus und verdoppelt und verdreifacht die Lichtstrahlen und Schatten, die in mehr oder weniger spitzen Winkeln und mehr oder weniger augenfällig die Abstände zergliedern, die man anhand der Bank selbst und des Bettuntergestells erkennt" (G. P. Bellori, *Vite di pittori*, Bd. 1, 1672, S. 193). Den Zeitgenossen war der geometrische Aufbau der Lichteffekte dieses Gemäldes eines Neuerers gegenüber den Arbeiten von Tintoretto und Barocci zum selben Thema nicht entgangen. Tatsächlich hob Bellori die frontale Beleuchtung der Szene hervor und erinnerte daran, daß Poussin die Manuskripte von Matteo Zoccolini zu Fragen der Optik genau studiert hatte, die in der Bibliothek des Kardinals Barberini aufbewahrt wurden. Und den Zeitgenossen war auch nicht entgangen, daß dieses Bild eine religiöse Synthese dieser „naturalistischen und mathematischen Motive" mit der Treue zur biblischen Darstellung der Eucharistie herstellte, mit Hilfe einer raffinierten archäologischen Rekonstruktion: „Die Gestalten selbst sind mit den apostolischen Gewändern der Urkirche bekleidet" (a. a. O., S. 155) und mit Hilfe der völlig heterodoxen Konzeption der Betten, die zuvor bloß von dem Maler und Anhänger Galileis, L. Cardi da Cigoli, 1592 verwendet worden war. Diese eucharistische Ikonographie von Poussin inspirierte auch Champaigne, den Maler des Klosters von Port-Royal des Champs.

9. Tintoretto, *Ultima cena* (1594), Presbyterium von S. Giorgio Maggiore, Venedig. „Er erhellte die Nacht, und ringsum ließ er in Nacht und Schrecken die Schatten irren" (G. Casoni, in: C. Ridolfi, *Le meraviglie dell'arte*, Venedig 1648, S. 66). Ein dunkles Leuchten, vergleichbar den nächtlichen Meteoren, die in so vielen seiner Bilder auftauchen, erhellt diese Szene der Eucharistie von Tintoretto „in einem extravaganten Arrangement, von einer Lampe im Zentrum erleuchtet" (ebd., S. 51). Das moderne Arrangement in einem venezianischen Lokal, die anachronistische und unein-

heitliche Auslegung des biblischen Textes von Jesus, der mit seinen Jüngern spricht, wie es die tridentinische Liturgie will, sind der Reflex auf eine orthodoxe gegenreformatorische Polemik zum Zeitpunkt, da die *Controversie* von Bellarmin (in Ingolstadt 1589–93) erschienen. Einige Jahre später erhalten wir den Beweis: 1599 wurde das Frontispiz der venezianischen Ausgabe der *Controversie* von einer eucharistischen Ikonographie geziert, die sich deutlich an diesem letzten Werk Tintorettos orientiert. Dieselbe Ikonographie und dieselben Lichteffekte tauchen 1608 in Rom in dem Gemälde *Istituzione dell'eucaristia* wieder auf, das von Clemens VIII. bei F. Barocci in Auftrag gegeben worden war; hier funkelten die Fackeln während der Gerichtsszene in S. Maria sopra Minerva (Kapelle Aldobrandini) in der Nachbarschaft des *Trionfo di san Tommaso* von Filippino Lippi (Kapelle Carafa).

10. Raffael, *Disputa del Sacramento* (1509). „Unterhalb des göttlichen Chores im Himmel öffnet sich nach beiden Seiten ein Chor von Kirchenvätern und Heiligen aus dem Alten und dem Neuen Testament, die auf Wolken sitzen und das große Mysterium des Sakraments beobachten... Inmitten der vier himmlischen Kinder strahlt der Hl. Geist in der üblicherweise verwendeten Gestalt der Taube mit ausgebreiteten Flügeln; sie wird von einem hellen Licht umrahmt und befindet sich über der Hostie des Sakraments auf dem Altar. Der Altar steht auf zwei Stufen und einer marmornen Basis, man gelangt über zwei Stufen dorthin; zu beiden Seiten sind die wichtigsten Gestalten dieser großartigen heiligen Aktion angeordnet. Auf dem Altar erkennt man die goldene Monstranz mit dem Stückchen göttlichen Brotes. Zu den Seiten die vier Doctores der lateinischen Kirche: Gregorius, Hieronymus, Ambrosius und Augustinus, wie sie vom Licht des Hl. Geistes geblendet werden... Und da variieren im Ausdruck die mit bewunderswerter Liebe zum Detail gestalteten Gesichter derer, die hinter denen in der ersten Reihe stehen und aufgrund dieser Behinderung versuchen, durch die Lücken hindurch einen Blick auf die Hostie des Sakraments werfen zu können..." (G. P. Bellori, *Descrizione delle immagini dipinte da Rafaello d'Urbino nelle camere del Palazzo Apostolico Vaticano*, Rom 1695, S. 8 ff.). „Noch größere Kunstfertigkeit beweist er bei den heiligen Gelehrten der Christenheit, die zu zweit, zu dritt oder zu sechst eifrig disputieren; ihre lebhaften Gesten, ihre gespannten Mienen, die nachdenklich gerunzelten Stirnen und mannigfaltige andere Anzeichen höchster Aufmerksamkeit zeugen von ihrer heftigen Begierde, alle Zweifel zu klären und die Wahrheit zu erkennen" (G. Vasari, *Lebensläufe der berühmtesten Maler, Bildhauer und Architekten*, Zürich 1974, S. 389). Unter den Büchern zu Füßen des Altars erkennt man die Bibel und die Apostelbriefe. Der Stuhl des Heiligen Gregorius mit den Tierköpfen als Verzierung löste in den Zeiten der Gegenreformation den Verdacht heidnischer Einsprengsel aus. Bellori verteidigte Raffael dagegen und führte einen ähnlichen Bischofsstuhl in der Kirche S. Maria in Cosmedin (Rom) zum Beweis an für die vollkommene getreue Darstellung der Gegenstände dieser frühchristlichen Kirche in der Ausgestaltung des Freskos.

11. Cristiano Banti, *Galileo davanti all'Inquisizione*, Florenz 1857 (106 cm × 140,5 cm). „Banti konnte kein besseres Sujet wählen, um seine Vaterlandsliebe auszudrücken... Galilei, ein glühender und unerschrockener Erforscher der Geheimnisse der Wissenschaft, der nach seinem Bekenntnis zu einer unschuldigen astronomischen Wahrheit... zitiert und gefangengesetzt wird... Auf einem kleinen Tisch liegt die aufgeschlagene Bibel... Im Gesicht des Bruders... erkennt man die ganze Hochmut

der Ignoranz... Die Gestalt Galileis ist für unseren Geschmack zu vulgär geraten... Unseres Erachtens ist die Szene zu monoton und hausbacken; der Maler hätte noch andere Personen einführen können, von denen einige einen Hinweis auf die Konsequenzen des Urteils hätten geben können, welches das Heilige Offizium verkündete" („Rivista di Firenze", I, 1857, S. 464; zit. bei Matteucci, *Banti*, op. cit., S. 58). In dem Bild spiegelte sich das damals hochaktuelle Verlangen des „wahrhaften Historikers" nach dem Prozeß des Jahres 1633. Es rekonstruiert die erste Sitzung, wie sie in der großherzoglichen Ausgabe Alberi der *Opere di Galileo* (Bd. 10, S. 457) beschrieben wird: „In Anwesenheit von Pater Macolano und der Assistenten Carlo Sincero, dem Prokurator, und einem anderen, der nicht genannt wird, wird ihm ein Buch mit dem Titel *Dialog* gezeigt...; er spricht also von den Vorschriften, die ihm Kardinal Bellarmin gemacht hat." Man beachte den verhüllten anonymen Assistenten, den *Dialog* und das gut sichtbare Blatt eines Protokolls, der Hauptanklagepunkt nämlich, wie Mons, M. Marini in *Galileo e l'Inquisizione*, Rom 1850 enthüllt hat. Die Details und der Titel erlauben die Annahme, daß Banti sich seine Ideen bei der offiziellen historischen Dokumentation seiner Zeit geholt und versucht hat, Galileis Figur durch erbauliche Elemente im Bild zu unterstreichen. Die gestrenge Kritik bringt Einwände zum Ausdruck, die wir heute nicht mehr teilen können. Wo wir eine forcierte Eindeutigkeit erkennen, fand sie das dramatische und didaktische Arrangement der Szene unzureichend. Die oberflächliche Interpretation der Situation durch das Bild, so als zitierte der Inquisitor fanatisch die Bibel, erleichterte eine progressistische Interpretation des Bildes und reduzierte es gar auf eine Art melodramatische Legende.

12. Detail aus dem Entwurf für die *Disputa del Sacramento.* Dieser Entwurf ist abgeschlossen und zeigt in Umrissen bereits alle Figuren. Aus ihm wird die ursprüngliche Gestaltung der Monstranz ersichtlich, die im Mittelpunkt des Freskos steht. Ihr Entwurf entspricht der traditionellen eucharistischen Ikonographie, die in engem Zusammenhang mit dem Ritus der Messe steht: über dem Kelch ragt die Hostie auf. Im schließlich realisierten Fresko wird dieser Entwurf durch eine sonnenförmige, viel abstraktere und funktionalere Monstranz ersetzt, die unabhängiger von der Liturgie ist: quasi ein Symbol für die spekulative Theologie.

13. G. Francisi, *Ritratto di san Roberto Bellarmino*, Öl auf Leinwand, 1923. Es handelt sich um eine nicht getreue Kopie eines Gemäldes aus dem 17. Jahrhundert, Rom, Palast des Heiligen Offiziums, Empfangssaal im Nordflügel. „So hätten wir es denn mit einem neuen Portrait des berühmten Mannes zu tun, ein Portrait, dessen Treue der Autor rühmt, denn seine Umrisse habe Bellarmin selbst durch seine Briefe an Verwandte, durch seine persönlichen Erinnerungen bestimmt...; es macht ihm wenig aus, daß diese Charakterisierung sich von den traditionellen Darstellungen durchaus unterscheidet, ja ihnen sogar gänzlich entgegengesetzt ist" (Pater Tacchi Venturi, S. J., *Il beato Roberto Bellarmino. Esame delle nuove accuse contro la su santità*, Rom 1923, S. 3). Ehrgeizig, verlogen, in Cliquenwirtschaft verstrickt und vor allem: er litt unter Altersschwachsinn – so charakterisierte der katholische Historiker Mons. P. M. Baumgarten in seinem neuen Portrait den Kardinal Bellarmin. Dagegen verwahrte sich Pater Tacchi Venturi und kritisierte die Darstellung als Beleidigung für die „edle Persönlichkeit von ausgezeichnetem Charakter" (ebd.). Das ist der springende Punkt für das Interesse der Zeitgenossen am Bild des alten Bellarmin. Dies wird belegt durch die nicht getreue Verwendung eines Stichs (1644) nach dem Originalportrait

(Abb. 14) zur Ausschmückung der zitierten Apologie von Pater Tacchi Venturi. Dieser war der offizielle Historiker der Gesellschaft Jesu und eine hochgestellte Persönlichkeit der Kultur und der Politik (Leiter der Abteilung für Kirchenfragen bei der *Enciclopedia Italiana)*, seit 1919 Rektor von Il Gesù sowie Verantwortlicher für das künstlerische Erbe der Kirche und des Ordenshauses, welche ihm eine ansehnliche Restaurierung mit Fußböden, Altären und Chören „in perfektem barocken Stil verdanken" (vgl. A. Dionisi, S.J., *Le stanze di S. Ignazio*, Rom 1982, S. 50–52). Einer seiner Vorgänger, der Historiker der Gesellschaft Jesu, Pater Daniello Bartoli, schrieb im 17. Jahrhundert über das Bild von Bellarmin: „Im Verhältnis zu dem viel wahreren und angemesseneren Portrait, das es von seiner Seele gibt, spielt der Körper keine große Rolle..." *(Vita...*, op. cit., S. 256). Es gab in Rom noch ein Bildnis Bellarmins aus dem 17. Jahrhundert (jetzt in der Kirche S. Ignazio in Loyola), das zum Zeitpunkt der Kanonisierung mit einem nachträglich aufgemalten Heiligenschein manipuliert wurde. Versteckt sich vielleicht gar unter dieser vorgetäuschten Seligkeit das heute nicht mehr auffindbare Altersbildnis des Kardinalinquisitors?

14. Portrait von Kardinal Roberto Bellarmin, Verbleib unbekannt. Das Foto, welches in der *Enciclopedia Italiana* im Artikel von G. Castellani, S.J., *Bellarmino R.*, Bd. VI Rom 1930, S. 548 wiedergegeben wird, stammte aus der Generalkurie des Jesuitenordens. „Er war von ziemlich kleiner Statur, die Stirn war hoch, die Augen lebhaft, die Nase ziemlich krumm, mit großen Ohren, ein schmaler Mund, dichtes Haupthaar, zuerst schwarz, später weiß, der Bart dünn, die Hautfarbe blaß und rot; während sein Charakter ausgeglichen oder höchstens etwas cholerisch und lebhaft war, so war er doch von großer Frömmigkeit, vermochte seinen Verstand gut im Zaum zu halten und war wohl bereit, sich den großen Mühen des Studiums und der Verhandlungen zu unterziehen" (G. Fuligatti, S.J., *Vita del cardinale Bellarmino*, Rom 1624, S. 344). Diese erste Biographie von Bellarmin zierte ein (in hagiographischem Sinne korrekter) Stich nach dem Originalportrait; er bildet den einzigen Anhaltspunkt für die Datierung des Gemäldes.

15. Frontispiz der Originalausgabe der *Ratio ponderum librae et simbellae* von Lotharius Sarsius Sigensanus (Anagramm von Horatius Grassius Salonensis). Wie ein Herold für den Gegner entsandt, zeigt das Frontispiz einen Merkurstab mit der Inschrift *Nunc omina pacis* über den beiden miteinander kämpfenden und durch den Olivenzweig voneinander getrennten Schlangen. Auch der Epigraph des Werkes nahm den Geist der Versöhnung wieder auf: „Versöhne die feindlichen Geister und ersticke dieses Feuer". In einer handgeschriebenen Postille kommentiert Galilei mit zwei Versen: „Das Antlitz heuchelt Frieden, Rache aber / verlangt drinnen das Herz und anderes erwartet es nicht".

16. Seite 174 des Examen 48 (in diesem Buch als Dokument II übersetzt) aus Galileis Exemplar der *Ratio ponderum librae et simbellae*. Am Rande findet sich beim Punkt der eucharistischen Widerlegungen auf dieser Seite eine unleserliche Anmerkung, die vielleicht von Galilei stammt.

17. Die erste Seite der anonymen *Exercitatio de formis substantialibus et qualitatibus physicis* ohne Hinweise auf den Druck (Navesi, Florenz 1677?), 4°, S. 24. Die Auszeichnung der 3 Füllblätter lassen den Schluß zu, daß das Exemplar, von dem weitere

Kopien nicht bekannt sind, vollständig ist. Es sollte zusammen mit *Conclusiones philosophicae* mit einem Frontispiz und mit einer Kupfergravur gebunden werden. Typenornamente und Schrift sind von der Art, wie sie Mitte des 17. Jahrhunderts allgemein üblich waren, typischerweise aber besonders bei den Schulausgaben des Kollegs der Jesuiten in Florenz S. Giovannino durch die Druckerei Ippolito Navesi Verwendung fanden.

18. Pater Orazio Grassi, Aufriß der Kirche S. Ignazio des Collegium Romanum. Es handelt sich um ein einziges großes Schiff, das durch ein Tonnengewölbe abgeschlossen wird. Die vorgesehenen großen Kapellen werden jeweils durch doppelte Lisenen voneinander getrennt. Das ganze Projekt unterstreicht wie auch bei der Fassade die skrupulöse Treue zur Kirche Gesù von Vignola. Die einzige Variante bilden hier die eleganten Stützen im Innern, die die Bögen der Kapellen tragen. Aber es handelt sich um wieder fallengelassene dekorative Innovationen, die weniger Pater Grassi zuzuschreiben sind als vielmehr den Originalentwürfen von Domenichino; vielleicht fand der Financier der Kirche, Kardinal Ludovisi, der für seinen raffinierten Geschmack bekannt war, an ihnen Gefallen. Man beachte die monumentale Kuppel (mit einem Durchmesser von mehr als 13 m), die nie realisiert werden sollte. Aber auf einer der enormen, abgeschnittenen Stützen entsteht dann im 19. Jahrhundert das berühmte astrophysikalische Observatorium von Pater Angelo Secchi S. J.

19. Galileo Galilei. Kupferstich von J. Villamena, 1613. Deutsche Staatsbibliothek, Berlin/DDR, Handschriftenabteilung/Literaturarchiv, Portraitsammlung. Foto: Dietmar Riemann.

Personenregister